ACCESO GRATIS *a la Lectura en la Nube*

Para visualizar el libro electrónico en la nube de lectura envíe junto a su nombre y apellidos una fotografía del código de barras situado en la contraportada del libro y otra del ticket de compra a la dirección:

ebooktirant@tirant.com

En un máximo de 72 horas laborables le enviaremos el código de acceso con sus instrucciones.

La visualización del libro en **NUBE DE LECTURA** excluye los usos bibliotecarios y públicos que puedan poner el archivo electrónico a disposición de una comunidad de lectores. Se permite tan solo un uso individual y privado.

CONCURSO SIN MASA, INSUFICIENCIA SOBREVENIDA, EXONERACIÓN DEL PASIVO INSATISFECHO Y CRÉDITO TRIBUTARIO

CONCURSO SIN MASA, INSUFICIENCIA SOBREVENIDA, EXONERACIÓN DEL PASIVO INSATISFECHO Y CRÉDITO TRIBUTARIO

José Luis Díaz Echegaray

Doctor en Derecho.
Abogado.
Socio fundador del Estudio Díaz Echegaray & Asoc.

Domingo Carbajo Vasco

Economista. Licenciado en Derecho y en Ciencias Políticas.
Inspector de Hacienda del Estado.

tirant lo blanch
Valencia, 2025

Directora de colección
CAROLINA DEL CARMEN CASTILLO MARTÍNEZ

EDITA: TIRANT LO BLANCH
C/ Artes Gráficas, 14 - 46010 - Valencia
TELFS.: 96/361 00 48 - 50
FAX: 96/369 41 51
Email: tlb@tirant.com
www.tirant.com
Librería virtual: www.tirant.es
DEPÓSITO LEGAL: V-614-2025
ISBN: 978-84-1095-679-7
MAQUETA: Innovatext

Para el Prof. doc. Francisco Serrano Moracho,
gran amigo, magnífico profesional
y extraordinario maestro, con motivo de su jubilación.

Índice

Abreviaturas

AAP	Auto Audiencia Provincial.
AAPP	Administraciones Públicas.
AC	Administrador concursal.
ADCo	Anuario de Derecho Concursal.
ADR	*Alternative Dispute Resolutions.* Sistemas Alternativos de Resolución de Conflictos.
AEAT	Agencia Estatal de Administración Tributaria.
AEP	Acuerdo Extrajudicial de Pagos.
AJM	Auto Juzgado de lo Mercantil.
AN	Audiencia Nacional.
AP	Audiencia Provincial.
Art/arts	Artículo/articulos.
AT/AATT	Administración/Administraciones Tributarias.
BEPI	Beneficio de exoneración del pasivo insatisfecho.
BEPS	*Base erosion and Profit Shifting.* Erosión de las bases imponibles y traslado de los beneficios.
BOE	Boletín Oficial del Estado.
Cap.	Capítulo.
CC	Código Civil.
CE	Constitución Española.
CGC	Comisión General de Codificación.
CGPJ	Consejo General del Poder Judicial.
Colecc.	Colección.
Dir/dirs	Director/directora/directores.
Directiva sobre reestructuración e insolvencia	Directiva (UE) 2019/1023 del Parlamento Europeo y del Consejo. de 20 de junio de 2019, sobre marcos de reestructuración preventiva, exoneración de deudas e inhabilitaciones, y sobre medidas para au

	mentar la eficiencia de los procedimientos de reestructuración, insolvencia y exoneración de deudas, y por la que se modifica la Directiva (UE) 2017/1132 (Directiva sobre reestructuración e insolvencia).
disp. Ad/DA	Disposición Adicional.
DOUE	Diario Oficial de la Unión Europea.
Disp tran	Disposición Transitoria.
Ed	Editorial.
EM	Exposición de Motivos.
EPI	Exoneración del Pasivo insatisfecho.
FD:	Fundamento de Derecho.
FOGASA	Fondo de Garantía Salarial.
FJ:	Fundamento Jurídico.
FMI:	Fondo Monetario Internacional.
IBFD	*International Bureau of Fiscal Documentation,* Despacho Internacional de Documentación Fiscal.
IMIVTU	Impuesto Municipal sobre el Incremento del Valor de los Terrenos Urbanos,
INE	Instituto Nacional de Estadística.
IVA	Impuesto sobre el Valor Añadido.
JM/ JJMM	Juzgado/Juzgados de lo Mercantil.
LAJ	Letrado de la Administración de Justicia.
LC	Ley 22/2003, de 9 julio, Concursal.
LE	Ley 14/2013, de 5 de septiembre, de apoyo a los emprendedores y su internacionalización.
LECiv	Ley 1/2000, de 7 de enero, de Enjuiciamiento Civil.
LGP	Ley 47/2003, de 26 de noviembre, General Presupuestaria.
LGT	Ley 58/2003, de 17 de diciembre, General Tributaria.
Lib.	Libro.
LOPJ	Ley Orgánica 6/1985, de 1 de julio, del Poder Judicial.
LPACAP	Ley 39/2015, de 1 de octubre, del Procedimiento Administrativo Común de las Administraciones Públicas.

LRLC	Ley 38/2011, de 10 de octubre, de reforma de la Ley 22/2003, de 9 de julio, Concursal.
LRTRLC	Ley 16/2022, de 5 de septiembre, de reforma del texto refundido de la Ley concursal, aprobado por el Real Decreto Legislativo 1/2020, de 5 de mayo, para la trasposición de la Directiva (UE) 2019/1023 del Parlamento Europeo y del Consejo, de 20 de junio de 2019, sobre marcos de reestructuración preventiva, exoneración de deudas e inhabilitaciones, y sobre medidas para aumentar la eficiencia de los procedimientos de reestructuración, insolvencia y exoneración de deudas, y por la que se modifica la Directiva (UE) 2017/1132 del del Parlamento Europeo y del Consejo, sobre determinados aspectos del Derecho de sociedades (Directiva sobre reestructuración e insolvencia).
LSO	Ley 25/2015, de 28 de julio, de mecanismo de segunda oportunidad, reducción de la carga financiera y otras medidas de orden social.
MAIN	Memoria de Análisis de Impacto Normativo.
Núm.	Número.
OCDE	Organización para la Cooperación y el Desarrollo Económico.
Págs.	Páginas.
PF	Persona Física
PJ	Persona Jurídica
PYME	Pequeña y Mediana Empresa.
RAE	Real Academia de la Lengua Española.
Rec.	Recurso.
RDBB	Revista de Derecho Bancario y Bursátil.
RDCyPC	Revista de Derecho Concursal y Paraconcursal.
RDGRN	Resolución de la Dirección General de los Registros y del Notariado.
RDL	Real Decreto Ley.
RDM	Revista de Derecho Mercantil.

RDSO	Real Decreto-ley 1/2015, de 27 de febrero, de mecanismos de segunda oportunidad, reducción de carga financiera y otras medidas de orden social.
REFOR	Registro de Economistas Forenses.
RGAT	Real Decreto 1065/2007, de 27 de julio, por el que se aprueba el Reglamento general de las actuaciones y los procedimientos de gestión tributaria y desarrollo de las normas comunes de los procedimientos y aplicación de los tributos.
RGR	Reglamento General de Recaudación, aprobado por el Real Decreto 939/2005, de 29 de julio.
SJDO	Sentencia del Juzgado.
Sig/ss.	Siguiente/Siguientes.
RPC	Registro Público Concursal.
RRM	Reglamento del Registro Mercantil, aprobado por el Real Decreto 1784/1996, de 19 de julio.
SAN	Sentencia de la Audiencia Nacional.
SAP	Sentencia de la Audiencia Provincial.
Sec.	Sección.
SIC	Sistemas de información crediticia.
SJM	Sentencia del Juzgado de lo Mercantil.
SMP	Salario mínimo interprofesional.
STC	Sentencia del Tribunal Constitucional.
STJUE	Sentencia del Tribunal de Justicia de la Unión Europea.
STS	Sentencia del Tribunal Supremo.
TC	Tribunal Constitucional.
TEAC	Tribunal Económico Administrativo Central
TGSS	Tesorería General de la Seguridad Social.
TJUE	Tribunal de Justicia de la Unión Europea.
TRLC	Real Decreto Legislativo 1/2020, de 7 de mayo, por el que se aprueba el texto refundido de la Ley Concursal.
Tít.	Título.
UE	Unión Europea.

Prólogo

I

Ley 16/2022, de 5 de septiembre, de reforma del texto refundido de la Ley concursal, aprobado por el Real Decreto Legislativo 1/2020, de 5 de mayo, para la trasposición de la Directiva (UE) 2019/1023 del Parlamento Europeo y del Consejo, de 20 de junio de 2019, sobre marcos de reestructuración preventiva, exoneración de deudas e inhabilitaciones, y sobre medidas para aumentar la eficiencia de los procedimientos de reestructuración, insolvencia y exoneración de deudas, y por la que se modifica la Directiva (UE) 2017/1132 del Parlamento Europeo y del Consejo, sobre determinados aspectos del Derecho de sociedades (Directiva sobre reestructuración e insolvencia), ha supuesto, sin ningún general de dudas, una reforma radical de muchos de los principios que han gobernado, de una forma o de otra, si bien con continuos cambios[1], nuestra normativa concursal desde que ésta se modernizara con motivo de la entrada en vigor de la Ley 22/2003, de 9 de julio, Concursal.

---

1 Como indica el Preámbulo (I), primer párrafo del Real Decreto Legislativo 1/2020, de 5 de mayo, por el que se aprueba el texto refundido de la Ley Concursal, a través de su enunciado que ya se ha convertido en frase de estilo entre los estudiosos del Derecho Concursal en España:
La historia de la Ley Concursal es la historia de sus reformas. Es difícil encontrar una ley que, en tan pocos años, haya experimentado tantas y tan profundas modificaciones. Las esperanzas que había suscitado ese derecho de nueva planta, con la lógica aspiración a la estabilidad normativa, pronto se desvanecieron: desde la fecha de promulgación de esta ley, sucesivas leyes y decretos-leyes, con un ritmo acentuado en la décima legislatura, han sustituido principios y enmendado normas legales, a la vez que han constituido el cauce para la inclusión de nuevas instituciones y de nuevas soluciones.

La citada Ley 16/2022, no sólo pretende afrontar las graves limitaciones de nuestras instituciones concursales y asimiladas (preconcursales[2]), *mediante una reforma estructural de calado del sistema de insolvencia*[3], sino también incorporar a nuestro Derecho doméstico la nueva filosofía (preventiva, extrajudicial, con la entrada en vigor de soluciones jurídicas para solventar el fenómeno del sobreendeudamiento, exclusivo de las personas naturales no empresariales, reductora de costes indirectos en los procesos de reestructuración empresarial, etc.), el nuevo marco sobre reestructuración e insolvencia que, en el ámbito de la Unión Europea (en adelante UE), ha implementado la Directiva (UE) 2019/1023 del Parlamento Europeo y del Consejo, de 20 de junio de 2019, sobre marcos de reestructuración preventiva, exoneración de deudas e inhabilitaciones, y sobre medidas para aumentar la eficiencia de los procedimientos de reestructuración, insolvencia y exoneración de deudas, y por la que se modifica la Directiva (UE) 2017/1132 del Parlamento Europeo y del Consejo, sobre determinados aspectos del Derecho de sociedades (Directiva sobre reestructuración e insolvencia) ("Diario Oficial de la Unión Europea"; en adelante DOUE, serie Legislación en adelante(serie L), núm. 172, de 26) y, en particular, integrar de manera completa, coherente y homogénea los sistemas preconcursales[4].

---

[2] La doctrina discute si pueden denominarse "preconcursales", en el sentido de que su inicio y, en general, su desarrollo evita la avocación al concurso de acreedores o "paraconcursales", al situarse al margen de la actuación de los Jueces o Magistrados o, en el caso español, reúnen los dos calificativos.

No consideran los autores que este libro sea el lugar idóneo para este debate, más dogmático que práctico, siendo así que la precitada EM de la Ley 16/2022 habla siempre de "instituciones preconcursales".

[3] EM, I, sexto párrafo.

[4] EM, I, párrafos tercero y cuarto, de la precitada Ley 16/2022:

El sistema de insolvencia está integrado, por una parte, por los denominados instrumentos preconcursales. Son procedimientos ágiles y con una participación reducida de la administración judicial, dirigidos a la consecución de acuerdos entre empresas viables y sus acreedores, preferentemente en un estadio temprano

Esos sistemas preconcursales, los cuales se consideran como más eficientes y menos conflictivos que el procedimiento concursal clásico (por su carácter anticipador del concurso y por su componente extrajudicial), se califican también como más adecuados para solventar la problemática particular de las personas naturales no empresariales, cuando éstas afrontan sus particulares crisis de insolvencia.

Aunque estas instituciones preconcursales se fueron implementando en España, como luego desarrollaremos en nuestra obra, de manera sincopada y en rápida sucesión de disposiciones, mediante variadas reformas de la LC, como medidas urgentes para hacer frente a la crisis financiera de 2008, empezando por el Real Decreto-ley 3/2009, de 27 de marzo, de medidas urgentes en materia tributaria, financiera y concursal ante la evolución de la situación económica (BOE núm.78, de 31), no puede decirse que sus tres modalidades conocidas hasta la fecha (acuerdos de refinanciación, planes de reestructuración y, en especial, los Acuerdos Extrajudiciales de Pagos (en adelante AEP)) hubieran adquirido una velocidad de crucero adecuada, ni que se hubieran generalizado o utilizado como alternativas al concurso estándar para solventar los problemas de insolvencia, tanto de empresas como de particulares.

De hecho, la reforma legal de 2022 se produce, sorprendentemente y quizás de manera poco coherente, en momentos en los cuales las mencionadas instituciones, en concreto, el AEP empezaban a ser objeto de interés y un número ya significativo de

---

de dificultades financieras. Por otra parte, el sistema incluye el procedimiento concursal, formal y estrechamente supervisado por la administración judicial, dirigido a la consecución de acuerdos (convenios) cuando el deudor es viable o a su liquidación cuando no lo es.

Los instrumentos preconcursales eficaces incrementan la eficiencia del sistema de insolvencia de forma directa, al posibilitar una reestructuración temprana y rápida, pero también de forma indirecta, al liberar recursos administrativos y descongestionar el procedimiento concursal, permitiendo así una gestión más rápida de los concursos.

potenciales afectados las comenzaba a utilizar como herramientas jurídicas para hacer frente a los excesos de endeudamiento.

De hecho, las estadísticas que, seguidamente, adjuntamos, permiten corroborar nuestro planteamiento, ver *infra.*

En cualquier caso, el legislador, consciente de los defectos de la normativa española vigente en 2022, plagada de retazos, auténtico popurrí de disposiciones jurídicas engarzadas, mejor o peor, sobre la trama original de la LC de 2024, claramente inadecuada a las nuevas circunstancias económicas y sociales y que había fracasado plenamente en una de sus finalidades principales declaradas: la conservación de la empresa concursada[5], aprovecha la urgencia de trasponer al Ordenamiento nacional una Directiva europea, conforme a lo regulado en su artículo (en adelante art.) 34[6] y en cumplimiento del carácter imperativo del Derecho de la

---

5 Más del 90% de las empresas que acudieron al concurso de acreedores bajo la égida de la LC acabaron en liquidación y no en convenios reguladores, cuyo devenir asegurase la continuidad de la explotación económica, del empleo y de la actividad productiva, tal y como buscaba teóricamente la LC.

6 ***Transposición***
1. Los Estados miembros adoptarán y publicarán, a más tardar el 17 de julio de 2021, las disposiciones legales, reglamentarias y administrativas necesarias para dar cumplimiento a lo establecido en la presente Directiva, a excepción de las disposiciones necesarias para dar cumplimiento al artículo 28, letras a), b) y c), que se adoptarán y publicarán a más tardar el 17 de julio de 2024, y las disposiciones necesarias para dar cumplimiento al artículo 28, letra d), que se adoptarán y publicarán a más tardar el 17 de julio de 2026. Comunicarán inmediatamente a la Comisión el texto de dichas disposiciones.
Aplicarán las disposiciones legales, reglamentarias y administrativas necesarias para dar cumplimiento a la presente Directiva a partir del 17 de julio de 2021, con la excepción de las disposiciones necesarias para dar cumplimiento al artículo 28, letras a), b) y c), que se aplicarán a partir del 17 de julio de 2024 y de las disposiciones necesarias para dar cumplimiento al artículo 28, letra d), que se aplicarán a partir del 17 de julio de 2026.
2. Como excepción a lo dispuesto en el apartado 1, los Estados miembros que experimenten especiales dificultades para aplicar la presente Directiva podrán disfrutar de una prórroga máxima de un año del plazo de aplicación previsto en

UE, para unificar, reformar y aclarar los institutos preconcursales en España.

En especial, la Ley 16/2022 suprime el AEP, subsumiendo su funcionalidad y objetivos en el nuevo programa estrella de la reforma concursal, a saber, los planes de reestructuración; a la vez que modifica profundamente el beneficio de la exoneración del pasivo insatisfecho (en adelante BEPI), reducido ahora a la rúbrica de "exoneración del pasivo insatisfecho" (en adelante EPI), convirtiéndolo, asimismo, de un "beneficio" a un "derecho" del deudor con las consecuencias que tal alteración de su naturaleza trae consigo.

II

Pero el EPI y su antecedente inmediato el BEPI no constituyen sino fórmulas para concluir, de manera ordenada, la disolución de patrimonios de personas que, de una manera u otra, son incapaces de atender a todas las deudas reclamadas por sus acreedores, rompiendo, en el terreno de las personas naturales, el tradicional (y arcaico) principio de la responsabilidad patrimonial universal, grabado a fuego en nuestro art. 1911 del Código Civil (en adelante CC).[7]

Desde el punto de vista práctico, en el concurso esta circunstancia se produce en el marco de dos figuras, relacionadas entre sí, pero diferentes y diferenciadas, naunque la doctrina y, a veces, hasta la legislación concursal las confundan, nos referimos al concurso sin masa y a la conclusión del concurso por la insuficiencia

---

el apartado 1. Los Estados miembros notificarán a la Comisión la necesidad de hacer uso de dicha posibilidad de prorrogar el período de aplicación a más tardar el 17 de enero de 2021.

3. Los Estados miembros comunicarán a la Comisión el texto de las principales disposiciones de Derecho interno que adopten en el ámbito regulado por la presente Directiva. (El subrayado es nuestro).

7 *Del cumplimiento de las obligaciones responde el deudor con todos sus bienes, presentes y futuros.*

de la masa activa para responder a las reclamaciones de sus acreedores, la masa pasiva concursal.

Estas dos figuras (a pesar de las dificultades para cuantificar su existencia y desarrollo en los procesos concursales españoles, ver abajo) han sido muy comunes en nuestra práctica concursal, aunque no han sido objeto de estudios doctrinales específicos muy abundantes, carencia que, entre otras, busca este trabajo colmar.

Vemos que, tanto el BEPI, ahora EPI, tras estas dos modalidades de conclusión, en principio, rápida o como se les ha conocido popularmente concursos "exprés", acaban en idéntica solución: se perdona al deudor concursado, parte o, en supuestos extremos (concurso sin masa), de sus deudas preexistentes, ante la imposibilidad de encontrar activos, bienes o derechos en su patrimonio o porque estos elementos patrimoniales disponen de algunas características que los invalidan para hacer frente al pago de sus deudas, por ejemplo, su inembargabilidad o porque el propio legislador, en atención a otros fines o principios del proceso (eficiencia, reducción de costes, búsqueda de una "segunda oportunidad" para el deudor, consideraciones de tipo social, etc.), entiende que una parte de su patrimonio, siquiera liquidable, ha de ser condonado.

Lógicamente, las mencionadas instituciones se articulan y se han desarrollado a lo largo de la historia de nuestro Derecho Concursal desde la reforma de la LC de manera muy diferenciada y, en muchos casos, de forma confusa, haciendo poco viable esta falta de seguridad jurídica su aplicación, que la tienen, especialmente, en situaciones de vulnerabilidad social o de crisis económica, circunstancias que acrecientan la urgencia de recuperar para la economía de mercado sujetos productivos o consumidores excesivamente endeudados.

III

Consideramos que habrá de resultar instructivo el conocimiento de las estadísticas de lo que constituye el objeto de este libro, es decir, el concurso sin masa, la insuficiencia sobrevenida de masa y la exoneración del pasivo insatisfecho (EPI). Con ello conseguiremos conocer la verdadera utilidad de cada una de estas figuras y cuáles son las auténticas finalidades prácticas a las que sirven, al propio tiempo que considerar si resulta preciso modificar todo ello.

En el año 2022, en España se declararon 14.424 concursos, de los cuales, 9.669, es decir el 67,03% del total de concursos, fueron de personas físicas. Dentro de estos, 8.861 fueron concursos voluntarios y 5.481 fueron concursos consecutivos, es decir, consecuencia de un AEP instado por el deudor, lo que hace un total de 14.342 concursos; todo lo cual supone que un 99,43% fueron iniciados, de una u otra forma, por los deudores y tan sólo un 0,57% fueron necesarios. Además, 6.537 de los concursos, lo que se traduce en el 45,32%, fueron concursos sin masa.

Por otra parte, en el ejercicio 2023, en España se declararon 20.666 concursos, de los cuales 16.122, es decir, el 78% del total de estos, fueron de personas físicas, observándose un incremento de concursos de personas físicas del 66,74% respecto de 2022. No nos ha sido posible localizar el resto de los datos del 4º trimestre de este período, lo que nos impide efectuar un cálculo anual equivalente al del ejercicio anterior. Sin embargo, llama la atención que, en los tres trimestres cuyos datos conocemos, se declararon 11.002 concursos sin masa.

En los dos primeros trimestres del presente ejercicio 2024, en otro orden de cosas, se declararon 17.897 concursos, de los cuales, 14.897, que representan el 83,24%, del total de concursos, fueron de personas físicas, observándose un importante incremento de concursos. De estos, 17.597 fueron concursos voluntarios y 210 fueron concursos consecutivos, es decir, consecuencia de un AEP instado por el deudor, lo que hace un total de 17.807 concursos, es decir, un 99,50% fueron iniciados, de una u otra forma, por los deudores y tan sólo un 0,50% fueron necesarios. Además, 14.737 de los concursos, lo que supone el 82,34%, fueron concursos sin masa.

Cuadro número 1. Estadística concursal, 2022/2024

		Total	concurso			Sin masa	Personas físicas		SL	SA	otras
			voluntario	necesario	consecutivo		Sin actividad empresarial	Con actividad empresarial			
2022	1º	2920	1476	13	1431	1030	1078	717	1043	61	21
	2º	2852	1408	11	1433	976	1045	746	991	51	19
	3º	3108	1829	23	1256	1288	809	867	1323	86	23
	4º	5544	4148	35	1361	3243	4407		1042	79	18
Total		**14424**	**8861**	82	**5481**	**6537**	**9669**		4399	277	81
2023	1º	4.895	4378	31	486	3440	3.983		810	62	31
	2º	5.934	5602	36	296	4258	4.679		1.132	83	40
	3º	4.054	3870	20	164	3304	3.027		953	43	31
	4º	5.783					3.696	737	1.265	68	17
Total		**20.666**					**16122**		4160	256	119
2024	1º	8.199	8044	39	116	6679	5.619	1.054	1.417	73	36
	2º	9.698	9553	51	94	8058	7.228	996	1.361	75	38

Fuente: Estadística Judicial[8].

A continuación, acompañamos un gráfico, en el cual se refleja de manera visual las tendencias que siguen en el tiempo cada una de las instituciones estudiadas.

---

8 https://www.poderjudicial.es/cgpj/es/Temas/Estadistica-Judicial/Estadistica-por-temas/Datos-penales–civiles-y-laborales/Civil-y-laboral/Estadistica-del-Procedimiento-concursal/

Gráfico número 1

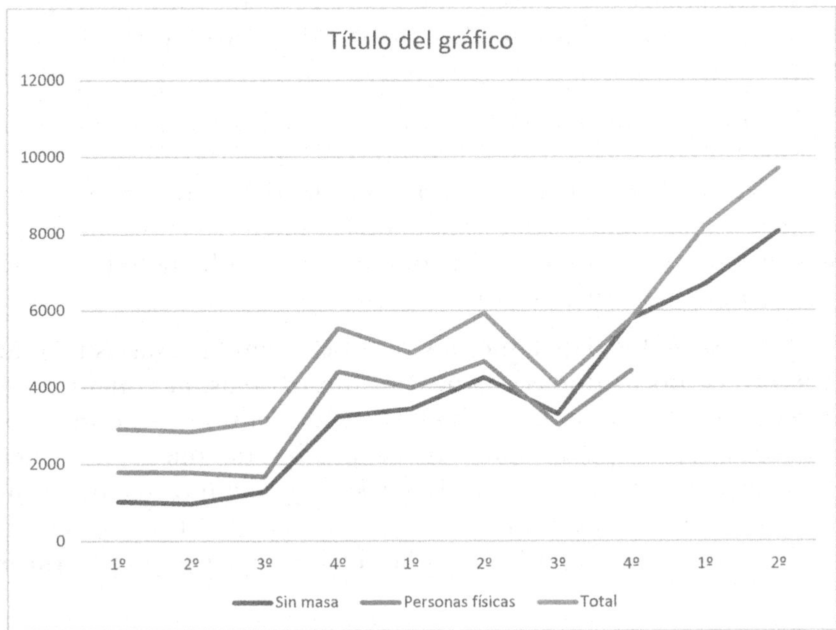

Fuente: Elaboración propia, a partir de los datos del Cuadro número 1 anterior.

De cuanto queda expuesto precedentemente se desprende: i) el ritmo de presentación de concursos se incrementa recientemente, de año en año, de manera relevante; ii) la gran mayoría de los concursos lo son de persona física, lo que también aumenta de ejercicio en ejercicio, significativamente; iii) la práctica totalidad de los concursos son voluntarios, siendo despreciable el número de los necesarios; y iv) el número de los concursos sin masa crece, asimismo, de manera muy considerable, llegando a suponer una gran mayoría de los instados durante los últimos años.

Lamentablemente, pese a lo dispuesto en la disp. fin decimosexta de la Ley de Reforma del Texto Refundido de la Ley de Reforma Concursal (en adelante LRTRLC)[9], carecemos de datos estadísticos relativos a las solicitudes del BEPI (actualmente el EPI) presentadas, lo cual resultaría sumamente esclarecedor.

Sin embargo, del resto de los datos estadísticos, muy principalmente de la circunstancia de que casi la totalidad de los concursos sean voluntarios y de personas físicas, así como de que el número de los concursos sin masa sea muy considerable y creciente, unido a nuestra experiencia profesional, nos llevan a concluir que, en la mayoría de estos supuestos, el concursado ha solicitado la exoneración del pasivo insatisfecho.

A la luz de los datos que nos proporcionan las estadísticas, lo que ofrece pocas dudas es que, en nuestro país, el concurso de acreedores en la realidad se ha convertido en un procedimiento, cuyo desarrollo apenas tiene dos finalidades: de una parte, poder liquidar sociedades, muchas de ellas largo tiempo inactivas, sin necesidad de atender al pago de la totalidad de las deudas y, de otra, alcanzar la exoneración de las deudas de las personas físicas sobreendeudadas.

Para alcanzar estas metas, los operadores jurídicos transitan por el cauce del concurso sin masa o la insuficiencia sobrevenida de masa y la exoneración del pasivo insatisfecho (EPI), con muy reducidas excepciones, sin que, por lo general, ni siquiera entren en otras fases del procedimiento concursal.

---

9 *En el plazo máximo de seis meses desde la entrada en vigor de esta ley, el Gobierno, a propuesta conjunta de los ministerios de Justicia y de Asuntos Económicos y Transformación Digital, aprobará mediante real decreto un Reglamento sobre estadística concursal, que determinará las estadísticas que han de elaborarse para analizar adecuadamente la eficacia y eficiencia de los instrumentos preconcursales y concursales, y cumplir con lo dispuesto en el artículo 29 de la Directiva (UE) 2019/1023, del Parlamento Europeo y del Consejo, de 20 de junio de 2019, sobre marcos de reestructuración preventiva, exoneración de deudas e inhabilitaciones, y sobre medidas para aumentar la eficiencia de los procedimientos de reestructuración, insolvencia y exoneración de deudas, y por la que se modifica la Directiva (UE) 2017/1132.*

Asimismo, principalmente cuando se trata de operadores que tienen la condición de empresarios, se plantea muy frecuentemente el problema de los créditos públicos, los cuales, como veremos, resultan muy limitadamente exonerables (hasta un máximo de 10.000€); todo lo cual, da lugar a que, cuando se trata de personas físicas, el EPI no resulte lo suficientemente útil para alcanzar una verdadera exoneración de las deudas de estos operadores en dificultades, debido a la relevancia de los acreedores públicos en la composición del montante de las deudas.

Esta limitación de la exoneración da lugar a que, en la realidad, no se alcance la finalidad señalada por la Directiva sobre reestructuración e insolvencia de garantizar que: *las empresas y empresarios viables que se hallen en dificultades financieras tengan acceso a marcos nacionales efectivos de reestructuración preventiva que les permitan continuar su actividad; que los empresarios de buena fe insolventes o sobreendeudados puedan disfrutar de la plena exoneración de sus deudas después de un período de tiempo razonable, lo que les proporcionaría una segunda oportunidad.*

IV

A todo lo anterior, ha venido a sumarse la reciente promulgación de la Ley 16/2022, de 5 de septiembre, de reforma del texto refundido de la Ley concursal, aprobado por el Real Decreto Legislativo 1/2020, de 5 de mayo, para la trasposición de la Directiva (UE) 2019/1023 del Parlamento Europeo y del Consejo, de 20 de junio de 2019, sobre marcos de reestructuración preventiva, exoneración de deudas e inhabilitaciones, y sobre medidas para aumentar la eficiencia de los procedimientos de reestructuración, insolvencia y exoneración de deudas, y por la que se modifica la Directiva (UE) 2017/1132 del Parlamento Europeo y del Consejo, sobre determinados aspectos del Derecho de sociedades (Directiva sobre reestructuración e insolvencia), cuya entrada en vigor exige una actualización de los conocimientos de cuantos nos dedicamos al asesoramientos empresarial.

Todas estas circunstancias que, además de su conocimiento estadístico, hemos podido detectar en nuestra práctica profesional, nos han llevado a manifestar y compartir el indudable interés que reviste para los abogados y otros asesores empresariales el conocimiento de la regulación del concurso sin masa, la insuficiencia sobrevenida de masa y la exoneración del pasivo insatisfecho, así como las posibles soluciones a la carga que representan para la empresa en crisis los créditos públicos, para poder asesorar a aquellos de sus clientes con dificultades financieras.

El libro ha sido redactado con una finalidad práctica, para lo cual, además de la exposición de toda la legislación sobre estas cuestiones, se ha recogido la parte de la doctrina de los autores más significativos y, sobre todo, abundante jurisprudencia de los tribunales, lo que habrá de permitir conocer las posibles consecuencias de las diferentes vías que se aborden para alcanzar soluciones tanto al sobreendeudamiento del consumidor final como la empresario sin patrimonio neto para hacer frente al volumen total de sus débitos.

Introducción

Como sabemos, el concurso de acreedores es un procedimiento judicial complejo, que pretende resolver la insolvencia del deudor común, esto es, las dificultades económicas del deudor que no puede cumplir regularmente sus obligaciones exigibles asumidas con una pluralidad de acreedores, mediante un convenio con los acreedores o la liquidación ordenada de todos los bienes de éste, para con el resultado obtenido atender, hasta donde resulte posible, al pago de los créditos pendientes, de acuerdo con el orden de prelación establecido actualmente en el texto refundido de la Ley Concursal, aprobado por el Real Decreto Legislativo 1/2020, de 5 de mayo.

Cuando el deudor común no puede cumplir regularmente sus obligaciones exigibles con una pluralidad de acreedores, resulta preciso colectivizar la solución a través de un procedimiento concursal. Con ello se pretende, por un lado, proteger el interés general de los acreedores, garantizando que cobren sus créditos de forma proporcional y equitativa; y, por otro lado, salvaguardar el interés del deudor, permitiéndole continuar con su actividad económica o iniciar una nueva, liberándose de sus deudas o reduciéndolas.

Para alcanzar tales fines se sustituyen las ejecuciones singulares de los créditos por la ejecución colectiva de todos ellos, atendiendo al principio de la *par conditio creditorum*, cuyo tenor expresa el derecho de igualdad que tienen los acreedores iguales, vedando que se conceda ventaja o beneficio en el pago a uno de ellos frente a los demás.

Para lograr la finalidad señalada es preciso comenzar por la determinación de la masa activa, es decir, de la totalidad de los bienes y derechos de contenido patrimonial pertenecientes al deudor común, excepto los inembargables para, a continuación, establecer la pasiva, esto es, concretar cuales son los créditos concursales que habrán de atenderse, calificados conforme al orden de prelación legalmente establecido; todo lo cual (cuyo tenor, frecuentemente, plantea numerosos problemas), habrá de llevarse a cabo durante la fase común, es decir, al inicio del concurso de acreedores.

Todas estas operaciones que, como hemos señalado, en ocasiones plantean complejos problemas, generan un elevado coste económico, principalmente derivado de los honorarios de los distintos profesionales que intervienen en esta fase del concurso, como son los abogados, procuradores, administradores concursales, peritos, etc., que habrán de satisfacerse con cargo a la masa del concurso.

La regulación del procedimiento concursal estaba inicialmente prevista para deudores comunes, los cuales disponían de los activos suficientes, cuando menos, para sufragar los costes de aquel. Sin embargo, la práctica nos enseña como en numerosas ocasiones el concursado carece de bienes y derechos que sean legalmente embargables, el coste de realización de éstos es manifiestamente desproporcionado respecto al previsible valor venal de los mismos, los bienes y derechos del concursado libres de cargas son de valor inferior al previsible coste del procedimiento o, por último, los gravámenes y las cargas existentes sobre los bienes y derechos del concursado son de un importe superior al valor de mercado de los mismos.

Estas situaciones suelen derivarse de la aversión de los operadores económicos, que se resisten, cuando devienen insolventes, a acudir a las soluciones concursales o paraconcursales que les brinda el ordenamiento jurídico. Como señaló en su día el profesor BELTRÁN[1], esta desconfianza obedece:

De un lado, a la falta de «cultura concursal», de modo que los «operadores» no consideran adecuado para la solución de la insolvencia el procedimiento legalmente establecido. Resulta necesario desterrar la idea de

---

1 BELTRÁN, Emilio, "Los problemas del Derecho concursal español", en El notario del siglo XXI, enero-febrero 2012, núm. 41, pág. 35.

que el deudor acudirá al concurso con el ánimo de defraudar a los acreedores y, en sentido contrario, hacer desaparecer por completo el «estigma del concurso»; es obligado intentar que todos los acreedores, y de modo especial los públicos, asuman el sacrificio inherente a toda insolvencia empresarial, y la gestión de la crisis debe quedar reservada a profesionales altamente especializados. De otro lado, la caótica situación de la administración de justicia, que los jueces de lo mercantil no pueden por sí mismos solucionar.

En estos supuestos, en los cuales la masa activa no alcanza ni tan siquiera para pagar la totalidad de los créditos surgidos por consecuencia del procedimiento concursal, resulta absurdo continuar con su tramitación. Es un sin sentido, pues el concurso en esos casos añade a la previa insolvencia, otra, la del procedimiento[2] y, de esta forma, se ahonda más en la insolvencia del deudor común, dando lugar a lo que se ha dado en denominar por una parte de la doctrina como el "concurso del concurso".

Esta patología concurre en numerosísimas ocasiones, en muchas de las cuales se pone de manifiesto ya desde el momento inicial de la solicitud del concurso por el deudor común. En estos supuestos se plantea un doble problema al que es preciso atender: de una parte, la necesidad de proporcionar una solución a la insolvencia del deudor y, de otra, la falta de sentido que supone abrir un complejo procedimiento judicial, el cual, únicamente, habrá de servir para generar más gastos, contribuyendo con ello a incrementar la insolvencia del operador.

Para dar solución a la dificultad planteada por estas situaciones de concurso sin masa, la jurisprudencia primero y más tarde la legislación han ideado distintas fórmulas, cuya existencia permite, sin originar nuevos gastos para la masa, poder realizar cualquier actuación propia del procedimiento concursal, principalmente mediante acciones rescisorias concursales o la calificación del

---

2 SANCHO GARGALLO, Ignacio, "Prologo" al libro de PAVÍA, Yvonne y MAGADALENA, Miriam, *El concurso sin masa,* Editorial (en adelante Ed.) Sepin, Las Rozas (Madrid), 2023, pág. 11.

concurso, que suponga evitar comportamientos fraudulentos del deudor común.

Como recientemente se ha afirmado por un prestigioso magistrado[3], las soluciones a estas situaciones señaladas, consistentes en no abrir el concurso de acreedores o de abrirlo y cerrarlo sin más *ab initio*, resultan insuficientes por muchas razones, en particular, porque incentivan las liquidaciones extraconcursales previas a la solicitud de la declaración de concurso, en las cuales, con frecuencia, se realizan por el deudor común, en concierto con algunos acreedores, conductas fraudulentas e impiden las acciones de reintegración, así como la calificación del concurso. A lo señalado, entendemos nosotros, debe añadirse también el grave perjuicio que, de generalizarse, puede originar a la seguridad del crédito.

Por todo ello, resulta preciso armonizar, de una parte, el evidente interés existente en evitar originar nuevos gastos por efecto de la tramitación de un procedimiento concursal, el cual venga a incrementar el déficit del concurso, así como en descongestionar los juzgados de la tramitación totalmente innecesaria de procedimientos complejos, cuyo resultado no habrá de favorecer a ningún operador jurídico, con la posibilidad del ejercicio de las acciones que permitan a los acreedores reaccionar frente a las actuaciones del deudor, con dolo o culpa grave, que generaron o agravaron la insolvencia o fueron perjudiciales para la masa, de otra.

La reforma introducida en esta materia por la reciente LR-TRLC, para trasponer a nuestro ordenamiento lo establecido en la Directiva sobre reestructuración e insolvencia, trata de dar nuevas soluciones a este complejo dilema, con una novedosa regulación, sin duda, más realista y posibilista que la anterior, en la cual se regulaban separadamente los supuestos de declaración de concurso sin masa y aquellos de insuficiencia sobrevenida de la masa activa puesta de manifiesto después de dictarse el auto de declaración del concurso.

---

3 SANCHO GARGALLO, "Prologo" al libro de PAVÍA y MAGADALENA, El concurso sin masa, *ob. cit.*, pág. 12.

El éxito de la citada reforma dependerá, sin ningún género de dudas, de la aplicación práctica que se realice por los diferentes operadores jurídicos intervinientes.

De otra parte, la experiencia nos enseña como en la práctica totalidad de los supuestos de conclusión del concurso de las personas naturales por insuficiencia de masa se solicita por el deudor común la concesión de la EPI, regulada en el cap. II, del tít. XI, del lib. I del TRLC, la cual se configura como la liberación forzosa de aquellas deudas que no pudo atender el operador insolvente persona física en el concurso, lo cual constituye una significativa limitación al principio de responsabilidad patrimonial universal establecido en el art. 1911 del CC, así como al principio *pacta sunt servanda*, cuyo tenor preside la teoría general del contrato y expresa que los contratos vinculan a las partes, facilitándole al deudor una segunda oportunidad, un *fresh start* o nuevo comienzo, cuya aplicación le permite recuperar su actividad económica, evitando la exclusión social.

La citada regulación ha sufrido igualmente una profunda reforma por consecuencia de la promulgación de la LRTRLC, cuyo desarrollo también debe ser objeto de estudio cuando se pretende analizar los concursos finalizados por la carencia de masa activa. Sin duda, existe en la práctica una estrecha relación ente la finalización del concurso de la persona física por insuficiencia de masa y la solicitud de la EPI, que aconsejan su estudio conjuntamente para facilitar la labor de los diferentes operadores jurídicos.

A la luz de lo señalado, parece resultar necesaria una reevaluación de todas las materias precitadas.

En el presente trabajo, los autores nos preocuparemos del estudio de la regulación de los supuestos de concurso sin masa en los tres primeros capítulos de esta obra, comenzando por la exposición de sus antecedentes históricos para, a continuación, examinar los supuestos de declaración del concurso sin masa y de insuficiencia sobrevenida después de dictarse el auto de declaración del concurso, concluyendo nuestro trabajo con la exposición de la actual regulación del API.

I. Antecedentes históricos

José Luis Díaz Echegaray

SUMARIO: INTRODUCCIÓN. 1. LA LEY 22/2003, DE 9 DE JULIO, CONCURSAL. 2. LA REFORMA INTRODUCIDA POR LA LEY 13/2009, DE 3 DE NOVIEMBRE. 3. LA REFORMA IMPLANTADA POR LA LEY 38/2011, DE 10 DE OCTUBRE. 4. EL REAL DECRETO LEY 1/2015, DE 27 DE FEBRERO, DE MECANISMO DE SEGUNDA OPORTUNIDAD, REDUCCIÓN DE CARGA FINANCIERA Y OTRAS MEDIDAS DE ORDEN SOCIAL. 5. LEY 25/2015, DE 28 DE JULIO, DE MECANISMO DE SEGUNDA OPORTUNIDAD, REDUCCIÓN DE CARGA FINANCIERA Y OTRAS MEDIDAS DE ORDEN SOCIAL. 6. EL REAL DECRETO LEGISLATIVO 1/2020, DE 5 DE MAYO, POR EL QUE SE APRUEBA EL TEXTO REFUNDIDO DE LA LEY CONCURSAL. 7. LA LEY 16/2022, DE 5 DE SEPTIEMBRE, DE REFORMA DEL TEXTO REFUNDIDO DE LA LEY CONCURSAL, APROBADO POR EL REAL DECRETO LEGISLATIVO 1/2020, DE 5 DE MAYO, PARA LA TRASPOSICIÓN DE LA DIRECTIVA (UE) 2019/1023 DEL PARLAMENTO EUROPEO Y DEL CONSEJO, DE 20 DE JUNIO DE 2019, SOBRE MARCOS DE REESTRUCTURACIÓN PREVENTIVA, EXONERACIÓN DE DEUDAS E INHABILITACIONES, Y SOBRE MEDIDAS PARA AUMENTAR LA EFICIENCIA DE LOS PROCEDIMIENTOS DE REESTRUCTURACIÓN, INSOLVENCIA Y EXONERACIÓN DE DEUDAS, Y POR LA QUE SE MODIFICA LA DIRECTIVA (UE) 2017/1132 DEL PARLAMENTO EUROPEO Y DEL CONSEJO, SOBRE DETERMINADOS ASPECTOS DEL DERECHO DE SOCIEDADES (DIRECTIVA SOBRE REESTRUCTURACIÓN E INSOLVENCIA).

INTRODUCCIÓN

En España, atendiendo a la regulación de la insolvencia derivada de la codificación del siglo XIX, estructurada sobre la base de la dualidad de códigos de derecho privado, civil y de comercio, y de la regulación separada de la materia procesal respecto de la sustantiva, en una LECiv, con una multiplicidad de procedimientos concursales que, junto a las clásicas instituciones de la quiebra y del concurso de acreedores, para el tratamiento de la insolvencia de comerciantes y de no comerciantes, respectivamente, y otras, preventivas o preliminares, como la suspensión de pagos y el procedimiento de quita y espera, la doctrina y la jurisprudencia coincidían en sostener que, sin activo suficiente para cubrir los costes del procedimiento, nos encontrábamos ante una plétora de normativas y procedimientos complejos, obsoletos, ineficaces y totalmente inadaptados a la realidad social y económica contemporánea, los cuales no podían continuar por más tiempo en pleno siglo XX.

Bajo esa arcaica regulación si, en algún momento de la tramitación del procedimiento, el activo devenía insuficiente para cubrir los gastos del mismo, el juez, atendidas las alegaciones del síndico y del quebrado, podía dictar sentencia, declarando concluida la quiebra[1].

La exposición de los antecedentes de todo tipo de la actual regulación de la declaración de concurso sin masa y de la conclusión del mismo por insuficiencia sobrevenida de ésta, muy principalmente desde la versión original de la LC, pasando por sus constantes reformas, dado que, como afirmó el propio legislador[2], *La historia de la Ley Concursal es la historia de sus reformas*, hasta llegar al actual TRLC, constituyen un importante criterio de exégesis de la vigente reglamentación, como señala el propio art. 3.1 del CC, al referirse a los antecedentes históricos y legislativos, como una de las reglas de interpretación de las normas legales.

En efecto, pocas dudas ofrece que el conocimiento de la evolución de la regulación del procedimiento concursal en el cual no existe masa activa suficiente para satisfacer los créditos contra la masa desde la promulgación de la LC, habrá de facilitar la interpretación de estas especialidades concursales en la actualidad.

A lo anterior se añade la circunstancia de que, teniendo en consideración el escaso periodo de tiempo trascurrido desde la última

---

1 RAMIREZ, José, *La quiebra*. Derecho concursal español, tomo III, Bosch, 1998, págs. 1904 y sigs.

2 EM del Real Decreto 1/2020, de 5 de mayo, por el que se aprueba el texto refundido de la Ley Concursal.

reforma legislativa introducida en esta materia, buena parte tanto de la doctrina de los autores como de la jurisprudencia de los tribunales que habremos de utilizar para la interpretación de la vigente regulación de la conclusión del concurso por insuficiencia de masa activa para atender a los gastos que origine el procedimiento, se habrá producido teniendo en consideración la normativa anterior, ello sin perjuicio de atender al estudio y análisis de las diferentes reformas introducidas durante el lapso temporal transcurrido desde la entrada en vigor de la LC, año de 2003.

En estas condiciones, parece muy conveniente ocuparnos de conocer la genealogía de la normativa actual del concurso en relación con los supuestos de insuficiencia de la masa activa para cubrir los gastos del procedimiento, para tenerla en consideración para alcanzar su mejor interpretación.

El conocimiento de las numerosas modificaciones legislativas en la materia habrá de facilitarnos la comprensión de la finalidad de los preceptos vigentes que regulan la conclusión del concurso por insuficiencia de masa activa para atender a los gastos que origine el procedimiento. A tales fines, habremos de dedicar este capítulo.

1. LA LEY 22/2003, DE 9 DE JULIO, CONCURSAL

El concurso sin masa constituye una grave patología de la LC deficientemente solucionada en la redacción originaria de la misma[3]. En efecto, como se ha señalado por parte de la doctrina[4], *La originaria redacción de la Ley concursal de 2003 no pensó en algo que, por desgracia, era y es muy común: con frecuencia, cuando el deudor insolvente acude al concurso de acreedores no cuenta con bienes o derechos suficientes para costear el procedimiento.*

---

3 SENENT MARTÍNEZ, Santiago, *Conclusión y reapertura del concurso,* en Manual de Derecho Concursal, 4ª edición, PULGAR EZQUERRA dir., Las Rozas (Madrid), Ed. La Ley, 2022, pág. 496.

4 SANCHO GARGALLO, "Prólogo" al libro de PAVÍA y MAGADALENA, *El concurso sin masa, ob. cit.*, pág. 11.

La tradicional resistencia de nuestros operadores económicos a implementar soluciones concursales o paraconcursales cuando la empresa entra en crisis origina que, cuando los operadores acuden a estos procedimientos, hayan agotado, frecuentemente en su totalidad, los recursos de que disponían, careciendo incluso de los medios necesarios para atender a los gastos que estos originan.

El propio legislador se ocupó de señalar en la EM (II) de la LC que: *La ley opta por los principios de unidad legal, de disciplina y de sistema.* En consecuencia, la regulación se contiene en un solo texto legal, en el cual se regulan los aspectos materiales y procesales del concurso, sin más excepción que la de las normas cuyo tenor, por su naturaleza, exigen el rango de ley orgánica; se superaba de esta manera la diversidad de instituciones concursales para comerciantes y no comerciantes y la unidad del procedimiento de concurso se conseguía, en virtud de la flexibilidad de que la LC lo dotada, la cual permitía su adecuación a diversas situaciones y soluciones, a través de las cuales puede alcanzarse la satisfacción de los acreedores, finalidad esencial del concurso.

A mayor abundamiento, se preveían reglas especialmente ágiles para los concursos de menor entidad.

La redacción inicial de la LC pretendía dar solución a la insolvencia del deudor común mediante un procedimiento articulado, *en principio, en una fase común que puede desembocar en otra de convenio o de liquidación.*

Como señala a continuación la EM (II) de la LC:

> *La fase común se abre con la declaración de concurso y concluye una vez presentado el informe de la administración concursal y transcurrido el plazo de impugnaciones o resueltas las formuladas contra el inventario o contra la lista de acreedores, con lo que se alcanza el más exacto conocimiento del estado patrimonial del deudor a través de la determinación de las masas activa y pasiva del concurso.*

Para alcanzar cualquiera de las dos soluciones del concurso de acreedores previstas por el legislador, el convenio o la liquidación, es preciso efectuar previamente los trabajos necesarios para determinar la masa activa, es decir, establecer cuáles son los activos —bienes y derechos embargables de contenido patrimonial— afectos al concurso, y pasiva, esto es, relacionar los créditos afectados por el concurso y calificarlos por su orden de prelación legal.

Estas operaciones de determinación de la masa activa y pasiva del concurso se tramitan durante la fase común, al inicio del procedimiento.

Tanto las operaciones de determinación de la masa activa y pasiva del concurso y para calificar los diferentes créditos de la última de ellas, como las necesarias para implementar cualquiera de las dos soluciones de la insolvencia previstas, es decir, el convenio o la liquidación, todas ellas generan un coste económico, cuyo monto no resulta despreciable.

Este importe estará compuesto, fundamentalmente, por los honorarios devengados por los abogados, procuradores, peritos y administradores concursales, así como por el que se produzca por efecto del mantenimiento de la masa activa.

Sin embargo, en relación con el procedimiento a seguir en los supuestos de inexistencia de bienes o derechos del deudor común con los que atender a la satisfacción de los acreedores, la EM (IX) de la LC señala que:

> *La ley regula detalladamente las causas de conclusión del concurso, cuya naturaleza puede ser muy diversa: ..., bien por su frustración (inexistencia de bienes y derechos con los que satisfacer a los acreedores), ..., causas éstas que, por sus características, sólo pueden operar una vez terminada la fase común del procedimiento y que exigen aceptación u homologación del juez, previo informe de la administración concursal).*
>
> *En los casos de conclusión por inexistencia de bienes y derechos, del concursado o de terceros responsables, con los que satisfacer a los acreedores, que conservan su derecho a hacer efectiva la responsabilidad del deudor sobre los que en el futuro aparezcan, la ley contempla también la reapertura del concurso, tanto si se trata de deudor persona natural como de persona jurídica. En este último caso, puesto que la conclusión por inexistencia de activos*

patrimoniales lleva consigo la extinción de la persona jurídica, la reapertura por aparición posterior de bienes y derechos se concretará a liquidarlos; pero si se trata de persona natural, la continuación de su actividad patrimonial habrá podido reflejarse tanto en la aparición de activos como de nuevos pasivos, lo que habrá de tenerse en cuenta en la actualización del inventario y de la lista de acreedores.

Para atender a la regulación de los supuestos de inexistencia de masa activa del concurso con la que satisfacer a los acreedores, a los cuales se refería la EM en la parte reproducida en los párrafos precedentes, el art. 176 de la LC, rotulado *Causas de conclusión del concurso*, disponía:

1. Procederá la conclusión del concurso y el archivo de las actuaciones en los siguientes casos:

....

4.º En cualquier estado del procedimiento, cuando se compruebe la inexistencia de bienes y derechos del concursado ni de terceros responsables con los que satisfacer a los acreedores.

....

2. En los tres últimos casos del apartado anterior —entre los cuales se encontraba el señalado en el párrafo precedente—, *la conclusión se acordará por auto y previo informe de la administración concursal, que se pondrá de manifiesto por 15 días a todas las partes personadas.*

3. No podrá dictarse auto de conclusión por inexistencia de bienes y derechos mientras se esté tramitando la sección de calificación o estén pendientes demandas de reintegración de la masa activa o de exigencia de responsabilidad de terceros, salvo que las correspondientes acciones hubiesen sido objeto de cesión.

4. El informe de la administración concursal favorable a la conclusión del concurso por inexistencia de bienes y derechos afirmará y razonará inexcusablemente que no existen acciones viables de reintegración de la masa activa ni de responsabilidad de terceros pendientes de ser ejercitadas. Las demás partes personadas se pronunciarán necesariamente sobre tal extremo en el trámite de audiencia y el juez, a la vista de todo ello, adoptará la decisión que proceda.

5. Si en el plazo de audiencia concedido a las partes se formulase oposición a la conclusión del concurso, el juez le dará la tramitación del incidente concursal.

El término *inexistencia*, utilizado por el precepto reproducido, suponía que el concurso no podía seguir adelante si no había absolutamente ningún bien patrimonial en el que concretar la responsabilidad patrimonial del deudor[5].

En efecto, si acudimos a una interpretación literal del precepto, es decir, atendiendo al sentido propio de las palabras, como señala el art. 3.1 del CC, comprobaremos como, conforme al diccionario de la RAE, el término inexistencia equivale a la falta de existencia o, lo que es lo mismo, carencia de algo.

2. LA REFORMA INTRODUCIDA POR LA LEY 13/2009, DE 3 DE NOVIEMBRE

La primera reforma del precepto examinado en el anterior epígrafe se introdujo por el art. 17.40 de la Ley 13/2009, de 3 de noviembre, de reforma de la legislación procesal para la implantación de la nueva Oficina judicial, el cual, en la materia que nos ocupa, al regular el supuesto de que alguna de las partes formulará oposición a la conclusión del concurso, se limitó tan sólo a sustituir en el apartado 5, *in fine* del art. 176 de la LC, la frase *el juez le dará la tramitación del incidente concursal*, por *se le dará la tramitación del incidente concursal*; modificación que resulta lógica si tenemos en consideración la finalidad de esta Ley de reforma.

3. LA REFORMA IMPLANTADA POR LA LEY 38/2011, DE 10 DE OCTUBRE

Mayor significado que la anteriormente expuesta tuvo en esta materia la reforma posterior, introducida por el art. único. 100 de

---

5 BALLESTEROS JIMÉNEZ, Maia, *La insuficiencia de masa activa tras la declaración de concurso*, Universidad de Zaragoza, https://zaguan.unizar.es/record/89253/files/TESIS-2020-054.pdf pág. 3, consulta de 11 de septiembre de 2024.

la Ley 38/2011, de 10 de octubre, de reforma de la Ley 22/2003, de 9 de julio, Concursal, la cual dio una nueva redacción al reiterado art. 176 de la LC, el cual pasó a disponer:

> *1. Procederá la conclusión del concurso y el archivo de las actuaciones en los siguientes casos:*
>
> ....
>
> *3.º En cualquier estado del procedimiento, cuando se compruebe la insuficiencia de la masa activa para satisfacer los créditos contra la masa.*

Por lo que respecta al novedoso enunciado de esta causa de conclusión del concurso por insuficiencia de la masa activa, con respecto a la regulación anterior, hay que destacar tres diferencias de indudable interés práctico:

a) En la nueva redacción se sustituya el término inexistencia, que utilizaba la anterior, por el de insuficiencia;

b) La insuficiencia se predica de la masa activa, cuando antes, la inexistencia lo era de los bienes y derechos del concursado o de los terceros responsables (con el empleo inadecuado de una conjunción copulativa que oscurecía el tenor de la norma); y

c) La insuficiencia pasa a ser "para satisfacer los créditos contra la masa", cuando antes, la inexistencia de bienes y derechos lo era para satisfacer a los acreedores.

Como se señaló por una parte de la doctrina[6], entre las novedades integradas en esta reforma se encontraban: *el reconocimiento de la desaparición de la situación de insolvencia como causa de conclusión del concurso; la regulación expresa de la conclusión de la fase de liquidación como causa de conclusión y, por último, la introducción de la figura de la conclusión por insuficiencia de masa, que sustituye, con una regu-*

---

6 SENENT MARTÍNEZ, Santiago, "La reforma de la ley concursal y la conclusión y reapertura del concurso", RDCyP, núm. 16, 2012, págs. 172-181.

lación más detallada, a la conclusión por inexistencia de bienes y derechos para satisfacer a los acreedores.

La jurisprudencia destacó, a este respecto, la trascendental importancia de este cambio legislativo, cuyo resultado calificó como juicio de valor la STS, Civil, de 4 de noviembre de 2014, núm. 592/2014, rec. 94/2013 (EDJ 2014/208184). En efecto, esta modificación entrañó algo más que una mejora de estilo o un prurito de precisión terminológica, al variar la referencia *de bienes y derechos del concursado ni de terceros responsables con los que satisfacer a los acreedores,* a *satisfacer los créditos contra la masa,* expresión mucho más reducida y similar a la actual regulación.

De igual forma, en esta reforma que comentamos, se modificaron los plazos hasta entonces establecidos en el núm. 2º del precepto, el cual dejó de resultar aplicable al supuesto de insuficiencia de masa y se suprimieron los núms. 3º y 4º de la norma.

De otro lado, la propia Ley de reforma señaló en su Preámbulo (VIII) que:

> *También merece destacarse la fijación de un orden de pago de los créditos contra la masa en caso de que resulte insuficiente la masa activa, lo que conecta directamente con una regulación más detallada de la insuficiencia de la masa (concursos sin masa), que la experiencia ha demostrado que constituye una forma extendida de conclusión del concurso.*

Atendiendo a lo señalado en los párrafos precedentes, el legislador concursal consideró necesario incorporar un nuevo precepto relativo a estos fenómenos, para lo cual, el art único.101 de la Ley de reforma que analizamos, añadió a la LC un novedoso art. 176 bis, rubricado *Especialidades de la conclusión por insuficiencia de masa activa,* cuyo tenor, en su redacción originaria, disponía:

> *1. Desde la declaración del concurso procederá la conclusión por insuficiencia de la masa activa cuando, no siendo previsible el ejercicio de acción de reintegración, de impugnación o de responsabilidad de terceros ni la calificación del concurso como culpable, el patrimonio del concursado no sea presumiblemente suficiente para la satisfacción de los créditos contra la masa, salvo que el juez*

considere que estas cantidades estén garantizadas por un tercero de manera suficiente.

No podrá dictarse auto de conclusión del concurso por insuficiencia de la masa activa mientras se esté tramitando la sección de calificación o estén pendientes demandas de reintegración de la masa activa o de exigencia de responsabilidad de terceros, salvo que las correspondientes acciones hubiesen sido objeto de cesión o fuese manifiesto que lo que se obtuviera de ellas no sería suficiente para la satisfacción de los créditos contra la masa.

2. Tan pronto como conste que la masa activa es insuficiente para el pago de los créditos contra la masa, la administración concursal lo comunicará al juez del concurso, que lo pondrá de manifiesto en la oficina judicial a las partes personadas.

Desde ese momento, la administración concursal deberá proceder a pagar los créditos contra la masa conforme al orden siguiente, y, en su caso, a prorrata dentro de cada número, salvo los créditos imprescindibles para concluir la liquidación:

1.º Los créditos salariales de los últimos treinta días de trabajo efectivo y en cuantía que no supere el doble del salario mínimo interprofesional.

2.º Los créditos por salarios e indemnizaciones en la cuantía que resulte de multiplicar el triple del salario mínimo interprofesional por el número de días de salario pendientes de pago.

3.º Los créditos por alimentos del artículo 145.2, en cuantía que no supere el salario mínimo interprofesional.

4.º Los créditos por costas y gastos judiciales del concurso.

5.º Los demás créditos contra la masa.

3. Una vez distribuida la masa activa, la administración concursal presentará al juez del concurso un informe justificativo que afirmará y razonará inexcusablemente que el concurso no será calificado como culpable y que no existen acciones viables de reintegración de la masa activa ni de responsabilidad de terceros pendientes de ser ejercitadas o bien que lo que se pudiera obtener de las correspondientes acciones no sería suficiente para el pago de los créditos contra la masa. No impedirá la declaración de insuficiencia de masa activa que el deudor mantenga la propiedad de bienes legalmente inembargables o desprovistos de valor de mercado o cuyo coste de realización sería manifiestamente desproporcionado respecto de su previsible valor venal.

El informe se pondrá de manifiesto en la oficina judicial por quince días a todas las partes personadas.

> *La conclusión por insuficiencia de masa se acordará por auto. Si en el plazo de audiencia concedido a las partes se formulase oposición a la conclusión del concurso, se le dará la tramitación del incidente concursal.*
>
> *4. También podrá acordarse la conclusión por insuficiencia de masa en el mismo auto de declaración de concurso cuando el juez aprecie de manera evidente que el patrimonio del concursado no será presumiblemente suficiente para la satisfacción de los previsibles créditos contra la masa del procedimiento ni es previsible el ejercicio de acción de reintegración, de impugnación o de responsabilidad de terceros.*
>
> *Contra este auto podrá interponerse recurso de apelación.*
>
> *5. Hasta la fecha en que se dicte el auto de conclusión del concurso, los acreedores y cualquier otro legitimado podrán solicitar la reanudación del concurso siempre que justifiquen indicios suficientes para considerar que pueden ejercitarse acciones de reintegración o aportando por escrito hechos relevantes que pudieran conducir a la calificación de concurso culpable y que justifiquen el depósito o consignación ante el juzgado de una cantidad suficiente para la satisfacción de los créditos contra la masa previsibles. El depósito o consignación podrá hacerse también mediante aval solidario de duración indefinida y pagadero a primer requerimiento emitido por entidad de crédito o sociedad de garantía recíproca o cualquier otro medio que, a juicio del tribunal, garantice la inmediata disponibilidad de la cantidad.*
>
> *El secretario judicial admitirá a trámite la solicitud si cumplen las condiciones de tiempo y contenido establecidas en esta ley. Si entiende que no concurren las condiciones o que no se han subsanado, el secretario judicial dará cuenta al juez para que dicte auto aceptando o denegando la solicitud. Reanudado el concurso, el instante estará legitimado para el ejercicio de la acción de reintegración o de impugnación, estando en cuanto a las costas y gastos a lo dispuesto en el artículo 54.4.*

En relación con la posibilidad de la conclusión del concurso por consecuencia de la insuficiencia de masa activa en el mismo auto de declaración de concurso se consideró por algún autor[7]

---

7 BLANCO SARALEGUI, José María, *Conclusión y reapertura del concurso*, en Tratado judicial de la insolvencia, en PRENDES CARRIL y MUÑOZ PAREDES dirs., Navarra, Ed. Aranzadi, 2012, tomo II, págs. 772 y sig.

que *se obliga simultáneamente a declarar el concurso y a concluirlo, sin que pueda imaginarse cuales son los beneficios de la declaración y el despliegue de sus efectos cuando, al tiempo, quedan sin efecto. Basta para dicho fin denegar la declaración, situación perfectamente revisable en apelación directa.*

En efecto, este precepto aportó una novedosa solución, calificada como ciertamente original[8], la cual amplió notablemente las facultades del juez del concurso, al permitirle en el numeral cuarto del precepto anteriormente reproducido *a limine litis* declarar y concluir en el mismo auto el concurso de acreedores cuando la masa activa resulte insuficiente para la satisfacción de los previsibles créditos contra la masa y no sea predecible el ejercicio de acciones de reintegración, de impugnación o de responsabilidad de terceros.

4. EL REAL DECRETO LEY 1/2015, DE 27 DE FEBRERO, DE MECANISMO DE SEGUNDA OPORTUNIDAD, REDUCCIÓN DE CARGA FINANCIERA Y OTRAS MEDIDAS DE ORDEN SOCIAL

Es claro que, con la anterior reforma introducida por la LRLC, el legislador dio una respuesta apresurada a este problema, la cual, sin embargo, no aportó la necesaria solución de los conflictos generados por la insolvencia en aquellos momentos.

Todo ello, obligó al legislador, cuando apenas habían trascurrido tres años y cuatro meses desde el cambio dispositivo anterior, a proceder a promulgar una nueva reforma del precepto introducido para dar cumplida respuesta a las carencias puestas de manifiesto en su aplicación por parte de la doctrina y la jurisprudencia al unísono.

---

[8] GARCÍA CRUCES, José Antonio, "El fracaso del proceso concursal ya declarado", ADCo, núm. 30, septiembre- diciembre 2013, pág.12.

En efecto, la última reforma legal, introducida en la regulación del concurso de acreedores sin masa activa, antes de la promulgación del TRLC —dado que, como veremos a continuación, la posterior LSO se limitó a ratificar la redacción anterior— fue la introducida en el año 2015 por el art. 1.1.3 del RDSO, el cual alteró los apartados 3º y 4º del art. 176 bis de la LC, los cuales, a partir de entonces, pasaron a quedar redactados en los siguientes términos:

> ...
>
> *3. Una vez distribuida la masa activa, la administración concursal presentará al juez del concurso un informe justificativo que afirmará y razonará inexcusablemente que el concurso no será calificado como culpable y que no existen acciones viables de reintegración de la masa activa ni de responsabilidad de terceros pendientes de ser ejercitadas o bien que lo que se pudiera obtener de las correspondientes acciones no sería suficiente para el pago de los créditos contra la masa. No impedirá la declaración de insuficiencia de masa activa que el deudor mantenga la propiedad de bienes legalmente inembargables o desprovistos de valor de mercado o cuyo coste de realización sería manifiestamente desproporcionado respecto de su previsible valor venal.*
>
> *El informe se pondrá de manifiesto en la oficina judicial por quince días a todas las partes personadas.*
>
> *La conclusión por insuficiencia de masa se acordará por auto. Si en el plazo de audiencia concedido a las partes se formulase oposición a la conclusión del concurso, se le dará la tramitación del incidente concursal. Durante este plazo, el deudor persona natural podrá solicitar la exoneración del pasivo insatisfecho. La tramitación de dicha solicitud, los requisitos para beneficiarse de la exoneración y sus efectos se regirán por lo dispuesto en el artículo 178 bis.*
>
> *4. También podrá acordarse la conclusión por insuficiencia de masa en el mismo auto de declaración de concurso cuando el juez aprecie de manera evidente que el patrimonio del concursado no será presumiblemente suficiente para la satisfacción de los previsibles créditos contra la masa del procedimiento ni es previsible el ejercicio de acción de reintegración, de impugnación o de responsabilidad de terceros.*
>
> *Si el concursado fuera persona natural, el juez designará un administrador concursal que deberá liquidar los bienes existentes y pagar los créditos contra la masa siguiendo el orden del apartado 2. Una vez*

concluida la liquidación, el deudor podrá solicitar la exoneración del pasivo insatisfecho ante el Juez del concurso. La tramitación de la solicitud, los requisitos para beneficiarse de la exoneración y sus efectos se regirán por lo dispuesto en el artículo 178 bis.

Contra este auto podrá interponerse recurso de apelación.

Como puede verse, el cambio producido por el art. 1. 1. 3 del RDSO consistió en la introducción de dos nuevos párrafos en la anterior redacción del art. 176 bis. 3 y 4 del TRLC con la finalidad de establecer la muy novedosa posibilidad del deudor común, persona natural, de solicitar al juez del concurso el beneficio de la exoneración de pasivo insatisfecho, tanto en el supuesto de insuficiencia sobrevenida como en el de concurso sin masa.

En el primero de estos casos, permitiéndole durante el plazo señalado para formular oposición a la conclusión del concurso solicitar el BEPI y, en el segundo, previendo que el juez designase un administrador concursal, quien liquidaría los bienes existentes y pagaría los créditos contra la masa, siguiendo el orden establecido en el apartado 2 del precepto, concluido lo cual, podría el deudor solicitar la BEPI ante el Juez del concurso. En ambos supuestos se disponía que la tramitación de la solicitud, los requisitos para beneficiarse de la exoneración y sus efectos se regían por lo dispuesto en el art. 178 bis del TRLC.

Este nuevo precepto fue criticado por una parte de la doctrina señalando que su lectura permitía constatar la falta de técnica legislativa de su contenido, añadiendo como la nueva regulación de los concursos sin masa era deficiente por varias razones, verbigracia, supuestos de hecho mal estructurados, procedimientos absurdos y sistemática discutible[9].

Como, sin duda, habrá podido comprobar ya el atento lector, la reforma incorporada por el RDSO en nada afectó a la anterior-

---

9 ALCOVER GARAU, Guillermo, "Aproximación al régimen jurídico de los concursos sin masa", ADCo, núm. 28, enero- abril 2013, pág. 30; GARCÍA CRUCES, "El fracaso del proceso concursal ya declarado", *ob. cit.*, pág.13.

mente establecida regulación de la conclusión del concurso de acreedores *cuando el patrimonio del concursado no sea presumiblemente suficiente para la satisfacción de los créditos contra la masa,* la cual, contenida en los numerales anteriores del precepto, no fue en absoluto modificada, permaneciendo inalterada.

5. LEY 25/2015, DE 28 DE JULIO, DE MECANISMO DE SEGUNDA OPORTUNIDAD, REDUCCIÓN DE CARGA FINANCIERA Y OTRAS MEDIDAS DE ORDEN SOCIAL

Cuando apenas habían trascurrido unos pocos meses desde la promulgación de la reforma expuesta en el epígrafe precedente, la citada Ley 25/2015, de 28 de julio, de mecanismo de segunda oportunidad, reducción de la carga financiera y otras medidas de orden social, la cual formalmente introdujo la última modificación de la LC antes de la publicación del TRLC, en su art. 1.1.3, se limitó a ratificar la precedente redacción del precepto analizado, resultante de la anteriormente citada alteración, implantada por el RDSO, sin introducir en el mismo ninguna nueva modificación.

6. EL REAL DECRETO LEGISLATIVO 1/2020, DE 5 DE MAYO, POR EL QUE SE APRUEBA EL TEXTO REFUNDIDO DE LA LEY CONCURSAL

Tras las veintiocho reformas introducidas en la LC durante los escasamente dieciséis años de su vigencia, el 5 de mayo de 2020 se promulgo un texto refundido de la Ley, mediante cuya redacción se pretendió lograr una mayor seguridad jurídica en esta materia, superando las dificultades derivadas de los excesos reformadores del legislador concursal y su sucesión sincopada de alteraciones normativas.

Como hemos adelantado ya, comienza la EM (I) del TRLC señalando como:

La historia de la Ley Concursal es la historia de sus reformas. Es difícil encontrar una ley que, en tan pocos años, haya experimentado tantas y tan profundas modificaciones. Las esperanzas que había suscitado ese derecho de nueva planta, con la lógica aspiración a la estabilidad normativa, pronto se desvanecieron: desde la fecha de promulgación de esta ley, sucesivas leyes y decretos-leyes, con un ritmo acentuado en la décima legislatura, han sustituido principios y enmendado normas legales, a la vez que han constituido el cauce para la inclusión de nuevas instituciones y de nuevas soluciones.

Añadiendo al final de este idéntico numeral de la EM, a modo de conclusión:

En pocos casos la necesidad de un texto refundido es más necesaria. Las dificultades que, tras tantas reformas, suscita la lectura y la interpretación de las normas legales e incluso la comprensión de la lógica interna del sistema concursal vigente exigían no posponer por más tiempo esa tarea que, aunque delicada, resulta insoslayable afrontar. Esta y no otra fue la causa que aconsejo proceder a una refundición de la normativa concursal, para a continuación implementar a una nueva y significativa reforma, por consecuencia de la trasposición de la Directiva sobre reestructuración e insolvencia.

En su versión original el TRLC dedicaba a la materia que nos ocupa, de una parte, su art. 465.5 y, de otro lado, la Subsección 4.ª, rubricada *De la conclusión por insuficiencia de la masa activa simultánea a la declaración del concurso*, en la cual se incluían los arts. 470 a 472, ambos inclusive, de la sec. 2ª, del cap. I, del tít. XI, del lib. I, cuyo contenido, parece conveniente adelantar, ha sido ya suprimido por el art. único. 124 de la LRTRLC.

El primero de los preceptos citados en el párrafo precedente, esto es, el art. 465.5 del TRLC disponía:

La conclusión del concurso con el archivo de las actuaciones procederá en los siguientes casos:

………………………………

5.º En cualquier estado del procedimiento, cuando se compruebe la insuficiencia de la masa activa para satisfacer los créditos contra la masa.

Complementando lo establecido en el precepto reproducido en el párrafo precedente, el derogado art. 470 del TRLC, el cual se ocupaba de los presupuestos necesarios para que pudiera acordarse la conclusión del procedimiento, disponía:

> *El juez podrá acordar en el mismo auto de declaración de concurso la conclusión del procedimiento cuando aprecie de manera evidente que la masa activa presumiblemente será insuficiente para la satisfacción de los posibles gastos del procedimiento, y además, que no es previsible el ejercicio de acciones de reintegración o de responsabilidad de terceros ni la calificación del concurso como culpable.*

En consecuencia, la norma replicada permitía al juez del concurso, una vez constatada la insuficiencia de la masa activa para la satisfacción de los posibles gastos del procedimiento, acordar la declaración y conclusión simultáneamente del concurso de acreedores, dentro de la misma resolución, sin conceder a los acreedores intervención alguna, lo cual ya no resulta posible en la actualidad, tras la alteración establecida por la LRTRLC, como analizaremos en el lugar adecuado.

Pero, es preciso destacar como, también se preveía en el siguiente precepto, es decir, en el art. 471 del TRLC que, quienes ostentaban interés legítimo, podían interponer recurso de apelación contra el pronunciamiento del auto por el cual se hubiese decretado la conclusión del concurso, para evitar su indefensión.

En cualquier caso, ya antes de la promulgación del texto refundido, se discutía si bajo la LC resultaba posible al juez del concurso decretar de manera simultánea la apertura y la conclusión del concurso de acreedores en caso de ausencia de masa de masa activa suficiente.

Como hemos recogido en el epígrafe anterior, la norma precedente era el art. 176 bis. 4 de la LC. Con su redacción, surgieron dos posiciones en la doctrina y práctica judicial. Una, entendía que no era posible, en caso de concurso de persona física, decretar de forma simultánea la declaración y conclusión del concurso, ya que la conclusión no podría producirse hasta la firmeza de la resolución que denegara o concediera el BEPI.

El principal argumento a favor de esta posición estaba en la previsión, según la cual, el juez había de designar un administrador concursal para liquidar los bienes existentes y pagar los créditos contra la masa. La otra posición, en cambio, consideraba posible la simultánea declaración y conclusión del concurso, también en el caso de persona física[10].

La situación se intentó resolver con el art. 472.1 del TRLC, rotulado *Especialidades en caso de concurso de persona natural*, en el cual se disponía:

> *Si el concursado fuera persona natural, el juez, en el mismo auto que acuerde la conclusión, designará un administrador concursal que deberá liquidar los bienes existentes y pagar los créditos contra la masa siguiendo el orden establecido en esta ley para el supuesto de insuficiencia de masa.*

Al margen de posibles críticas relativas a la redacción de la norma reproducida, parecía que el legislador se decantaba de esta forma por la posibilidad de la apertura y conclusión simultáneas del concurso de persona física. Pero no dejaban de surgir interrogantes sobre la aplicación práctica de esta solución[11].Una vez comunicada al juzgado la finalización de la liquidación, el deudor común, dentro de los quince días siguientes, podía solicitar la exoneración del pasivo insatisfecho al juez del concurso, siendo de aplicación la tramitación, los requisitos y los efectos establecidos en la propia ley.

Se ha afirmado por algunas autoras[12] que se han ocupado del estudio del concurso sin masa recientemente que, *El trámite de este tipo*

---

10 GARCÍA-VILARRUBIA, Manuel, *Incertidumbres del nuevo concurso sin masa, tras la Ley 16/2022*, URIA-MENENDEZ, Boletín Mercantil, núm. 113, https://www.uria.com/es/publicaciones/8242-incertidumbres-del-nuevo-concurso-sin-masa-tras-la-ley-162022, consulta de 11 de septiembre de 2024.

11 Algunos de ellos se formulaban en GARCÍA-VILARRUBIA, Manuel, "Dos cuestiones sobre el concurso de personas físicas: el «archivo exprés» en el concurso de persona física y la extensión del beneficio de exoneración del pasivo insatisfecho", en El Derecho. Revista de Derecho Mercantil, núm. 96, 2021.

12 PAVÍA, Yvonne y MAGADALENA, Miriam, *El concurso sin masa*, Ed. Sepin, Las Rozas (Madrid), 2023, pág. 42.

de procedimientos permitía agilizar la liquidación y extinción de estas sociedades que se encontraban con una evidente insuficiencia de masa activa. La consecuencia directa y positiva para la Administración de Justicia era la de descongestionar los juzgados de la tramitación ordinaria de estos procedimientos. La resolución judicial que declaraba la conclusión del concurso por liquidación o por insuficiencia de masa activa (también en procedimientos de insuficiencia de masa activa sobrevenida) del concursado acordaba la extinción de la persona jurídica concursada y la cancelación de su inscripción en los registros públicos en virtud del anterior art. 485 del TRLC.

La siguiente sec. 5ª, compuesta por los arts. 473 a 476, ambos inclusive, se ocupaba *De la conclusión por insuficiencia de la masa activa posterior al auto de declaración del concurso.*

7. LA LEY 16/2022, DE 5 DE SEPTIEMBRE, DE REFORMA DEL TEXTO REFUNDIDO DE LA LEY CONCURSAL, APROBADO POR EL REAL DECRETO LEGISLATIVO 1/2020, DE 5 DE MAYO, PARA LA TRASPOSICIÓN DE LA DIRECTIVA (UE) 2019/1023 DEL PARLAMENTO EUROPEO Y DEL CONSEJO, DE 20 DE JUNIO DE 2019, SOBRE MARCOS DE REESTRUCTURACIÓN PREVENTIVA, EXONERACIÓN DE DEUDAS E INHABILITACIONES, Y SOBRE MEDIDAS PARA AUMENTAR LA EFICIENCIA DE LOS PROCEDIMIENTOS DE REESTRUCTURACIÓN, INSOLVENCIA Y EXONERACIÓN DE DEUDAS, Y POR LA QUE SE MODIFICA LA DIRECTIVA (UE) 2017/1132 DEL DEL PARLAMENTO EUROPEO Y DEL CONSEJO, SOBRE DETERMINADOS ASPECTOS DEL DERECHO DE SOCIEDADES (DIRECTIVA SOBRE REESTRUCTURACIÓN E INSOLVENCIA)

Por último, al menos hasta la fecha, la reciente LRTRLC, además de trasponer a nuestro ordenamiento, con algún retraso, la Directiva sobre reestructuración e insolvencia, introdujo significativas modificaciones en la materia de las cuales nos ocuparemos, sobre todo, por la integración de la novedosa sec. 4ª, del cap. V, del tít. I, compuesta por los arts. 37 bis, 37 ter, 37 quater y 37 quinquies del TRLC, reguladores del concurso sin masa activa en el momento de la declaración del concurso, dejando simultáneamente sin contenido alguno la subsección 4ª, de la sec. 2ª, del tít. XI, del lib. I, en la cual se contenían los arts. 470 a 472, ambos inclusive, del mismo cuerpo legal anterior de la reforma, cuyo contenido reglamentaba esta materia.

De otra parte, la conclusión por insuficiencia de la masa activa posterior al auto de declaración del concurso continúa regulándose por la subsección 5ª, en la cual se contienen los arts. 473 a 476, ambos inclusive, del cap. 1°, del tít. XI, del lib. I del TRLC, si bien todos sus preceptos fueron reformados por la LRTRLC, a excepción del último, como se analizará más adelante en el capítulo III de este estudio.

Pese a la gran importancia de la reforma recientemente introducida en relación con la regulación tanto del concurso sin masa como de la insuficiencia sobrevenida de ésta por la LRTRLC, no entraremos aquí a analizarla, para evitar innecesarias duplicidades, por cuanto la misma ha conformado la presente regulación de esta materia, la cual será analizada a continuación en los dos capítulos siguientes de este texto, a cuyo contenido nos remitimos.

II. La declaración de concurso sin masa

JOSÉ LUIS DÍAZ ECHEGARAY

SUMARIO: INTRODUCCIÓN. 1. CONCURSO SIN MASA. a) El concursado carezca de bienes y derechos que sean legalmente embargables. b) El coste de realización de los bienes y derechos del concursado fuera manifiestamente desproporcionado respecto al previsible valor venal. c) Los bienes y derechos del concursado libres de cargas fueran de valor inferior al previsible coste del procedimiento. d) Los gravámenes y las cargas existentes sobre los bienes y derechos del concursado lo sean por importe superior al valor de mercado de esos bienes y derechos. 2. APLICACIÓN DEL CONCURSO SIN MASA EN EL PROCEDIMIENTO ESPECIAL PARA MICROEMPRESAS. 3. ESPECIALIDADES DE LA DECLARACIÓN DE CONCURSO SIN MASA. 4. SOLICITUD DE NOMBRAMIENTO DE ADMINISTRADOR CONCURSAL. 5. RETRIBUCIÓN DE LA ADMINISTRACIÓN CONCURSAL POR LA ELABORACIÓN DEL INFORME. 5.1. Naturaleza de la retribución. 5.2. Cuantificación de la retribución. 5.3. Momento del pago de la retribución. 6. AUTO COMPLEMENTARIO. 7. CONSECUENCIA DE NO DICTARSE EL AUTO COMPLEMENTARIO. 8. RÉGIMEN DE RECURSOS.

INTRODUCCIÓN

Los concursos de acreedores sin masa son, desafortunadamente, una realidad muy presente y frecuente en nuestra economía, que se incrementa de año en año, como hemos recogido en el "Prólogo", al reproducir la estadística concursal, formando una parte significativa del día a día de nuestros juzgados de lo mercantil, más que cualquier otra cosa, más, por supuesto, que los planes de reestructuración.

Conforme a los datos incluidos en la estadística concursal del año 2023 de los Registradores de España[1], cerca del 80% de los

---

1 https://www.registradores.org/actualidad/portal-estadistico-registral/estadisticas-concursales

concursos que se dan en la actualidad son sin masa. Sin duda, esta circunstancia trae su origen en la aversión de los operadores económicos en nuestro país al concurso de acreedores y demás soluciones legales a la insolvencia, denunciada por la doctrina[2]. De hecho, estos procedimientos son tan importantes para el legislador concursal que, en la reciente reforma del TRLC, se les ha querido dotar de una regulación independiente y separada.

Pero, se afirma por una parte de la doctrina de los autores[3], el tratamiento legislativo de los concursos de acreedores sin masa deja demasiadas cuestiones abiertas, a las cuales, a falta de otra solución, corresponde responder a los operadores jurídicos, principalmente, a la doctrina de los autores y a los jueces de lo mercantil, añadiendo que los intentos hasta ahora realizados a este respecto solo merecen reconocimiento.

Ciertamente la situación deja mucho que desear porque las lagunas y deficiencias de la regulación legal hacen que resulte muy difícil establecer criterios uniformes de aplicación con independencia del lugar de tramitación del concurso. Con ello, la sacrificada es la seguridad jurídica en una materia clave para la solución de las situaciones de crisis económica de los deudores.

Como hemos señalado anteriormente, el concurso de acreedores es un procedimiento legal que procede aplicar cuando una persona física o jurídica deviene en una situación de insolvencia, es decir, no puede cumplir regularmente sus obligaciones exigibles. Su principal finalidad es alcanzar la máxima satisfacción posible de los acreedores por medio bien de un acuerdo o convenio con los mismos, para lo que se puede pactar una quita o una espera, una mezcla de las dos soluciones, o bien, finalmente, mediante la liquidación de todos los bienes y derechos del deudor común,

---

2 BELTRÁN, Emilio, "Los problemas del Derecho concursal español", *ob. cit.*, pág. 35.

3 GARCÍA-VILLARRUBIA, *Incertidumbres del nuevo concurso sin masa, Ley 16/2022, ob. cit.*

para con el resultado obtenido de ella atender ordenadamente al pago de los créditos pendientes.

Pero la carencia de bienes y derechos del deudor común, los cuales se califiquen como legalmente embargables o la circunstancia de que estos tengan un valor inferior al previsible coste del procedimiento, impiden tanto que el concurso pueda alcanzar su finalidad como que resulte posible sufragar los gastos originados por éste, ocasionando su continuación una mayor deuda insatisfecha.

En estos supuestos, los cuales desgraciadamente se plantean mucho más frecuentemente de lo que sería deseable, surge un problema practico: si la finalidad del concurso es atender al pago de los créditos de los acreedores y el deudor común carece de bienes o derechos para hacerlo, incluso de los necesarios para sufragar los gastos que origina el procedimiento, qué sentido tiene iniciar un proceso de esta clase, largo y costoso, el cual únicamente servirá para incrementar la deuda pendiente, originando lo que se ha dado en denominar por una parte de la doctrina el concurso del concurso.

La opción del legislador concursal desde la promulgación de la LC para atender a estas situaciones ha sido establecer una reglamentación específica para cuando el concurso carece de masa, en la cual se pretende conciliar la necesidad de satisfacer los intereses de los acreedores y la finalidad propia del concurso con la posibilidad de asumir los gastos que éste genera[4].

Si se pone de manifiesto que, con los bienes y derechos embargables del concursado no es posible ni tan siquiera atender a las costas del procedimiento y tampoco resulta viable el ejercicio de acciones cuyo desarrollo pueda suponer un incremento de la masa activa del concurso, éste debe ser concluido en cualquier momento del procedimiento, incluso en sus inicios.

---

4 SENENT MARTÍNEZ, Santiago, *Conclusión y reapertura del concurso,* en Tratado Práctico del Derecho Concursal y su Reforma, MARTÍNEZ SANZ, F. (dir.) y PUETZ, A. (Coordinador), Madrid, 2012, ob. cit., pág. 499.

Es claro que la inexistencia o insuficiencia de masa activa citada anteriormente puede concurrir: bien ya *in limine litis*, esto es, en el momento inicial de la declaración de concurso o bien sobrevenir en un momento posterior del procedimiento, tras dictarse el auto de declaración del concurso.

Atendiendo a esta doble posibilidad señalada, desde la modificación recientemente introducida por la LRTRLC, se distingue entre los supuestos en los cuales la insuficiencia de la masa activa es patente desde el momento inicial de la solicitud de declaración del concurso, en los cuales ésta se acuerda sin masa activa, y aquellos otros, en cuyo tenor esto acontece cuando el procedimiento ya está tramitándose; en estos últimos habrá de declararse su conclusión por insuficiencia de masa activa de forma posterior al auto de declaración del concurso.

La nueva regulación de esta materia, introducida en septiembre de 2022 por la LRTRLC, cambia el paradigma anterior y regula separadamente el concurso sin masa de la causa de conclusión del concurso por insuficiencia sobrevenida de la masa activa.

Esta nueva reglamentación *afronta el problema del concurso sin masa y propone una nueva legislación en la que favorece la defensa de los intereses de la masa crediticia para los supuestos de insuficiencia de masa simultánea a la solicitud de declaración de concurso*[5].

La nueva norma, nacida de la reforma señalada, no sólo traspone lo dispuesto por la Directiva UE sobre reestructuración e insolvencia de 2019, sino que, además, introduce novedades sustanciales en el TRLC. Una de las más llamativas es el establecimiento de un nuevo concurso sin masa o *exprés*, como suele denominarse de manera vulgar, cuya regulación figuran en los arts. 37 bis a 37 quinquies, ambos inclusive, los cuales componen la sec. 4ª, del cap. V, del tít. I, del líb. I del citado texto refundido.

En relación con esta regulación, adquiere especial importancia la determinación de su aplicación a las denominadas micropymes,

---

5 PAVÍA y MAGADALENA, *El concurso sin masa*, ob. cit., pág. 39.

lo cual parte de la doctrina deriva de lo establecido en el nuevo art. 689 del TRLC, cuyo contenido se remite al libro primero del TRLC de forma supletoria, teniendo en consideración que la gran mayoría de los concursos habrán de ser de esta clase, dado lo amplio que resulta su ámbito de aplicación.

Como señala, en este sentido, el Preámbulo (V) de la LRTRLC:

> *Según los datos del Ministerio de Industria, Comercio y Turismo a 31 de agosto de 2020, las microempresas constituían el 93,82% de las empresas españolas y daban empleo a 4.887.003 personas, lo que representa el 31,63% del empleo total. En la mayoría de los sectores, las microempresas constituyen una parte esencial del tejido productivo: el 61,83% de las empresas del sector agrario son micropymes, el 49,58% en la construcción, y el 31,24% en el sector servicios.*

Como hemos mencionado con anterioridad, aunque la inexistencia o insuficiencia de masa activa puede constatarse y dar lugar a la conclusión del concurso en cualquier fase del procedimiento, el tratamiento que de esta circunstancia hace el TRLC tras la última reforma incorporada diferencia entre los casos en los cuales se comprueba tal circunstancia ya en el momento inicial de la declaración de concurso y aquéllos en los que la comprobación se verifica en un momento posterior del procedimiento.

Por lo tanto, para atender a esta diferente regulación resulta preciso realizar el análisis separadamente de cada una de estas dos situaciones. Al primero de los supuestos, esto es, el concurso sin masa, dedicaremos este capítulo y a aquellos otros, en los cuales la constatación de la insuficiencia de masa activa se verifica en un momento posterior al auto de declaración del concurso, el siguiente.

De regular el primero de los casos fácticos anteriormente señalados, es decir, aquel en el cual la insuficiencia de la masa es patente desde el momento inicial de la solicitud del concurso, anteriormente previsto en la subsección 4ª, intitulada *De la conclusión por insuficiencia de la masa activa simultánea a la declaración del concurso*, compuesta por los arts. 470 a 472, ambos inclusive, de la sec. 2ª, del tít. XI, del lib. I, actualmente suprimida por el art único 124 de la LRTRLC, tras la reciente reforma, se ocupa de la regulación presente la sec. 4ª, rotulada *De la declaración de concurso sin masa,* en la cual se comprenden los nuevos arts. 37 bis, 37 ter, 37 quater y 37 quinquies del TRLC, del cap. I, del tít. I del lib. I de idéntico cuerpo legal que ha sido añadida por el art. único. 15 de la nueva LRTRLC.

En relación con la reciente regulación de la materia que nos ocupa, señala el Preámbulo (VI) de la LRTRLC como:

> *Destaca también el régimen de los concursos sin masa. La ley sustituye los concursos que nacen y fenecen al mismo tiempo por un sistema más abierto al control de los acreedores. Si de la solicitud de declaración de concurso y de los documentos que la acompañen resultaren determinadas condiciones, el juez dictará auto declarando el concurso de acreedores con expresión del pasivo que resulte de la documentación, sin más pronunciamientos, ordenando que se publique edicto en el «Boletín Oficial del Estado» y en el Registro público concursal. El acreedor o los acreedores que representen, al menos, el cinco por ciento del pasivo pueden solicitar el nombramiento de un administrador concursal para que presente informe sobre si existen indicios suficientes de que el deudor hubiera realizado actos perjudiciales para la masa activa que sean rescindibles, si existen indicios suficientes para el ejercicio de la acción social de responsabilidad contra los administradores o liquidadores o si existen indicios suficientes de que el concurso pudiera ser calificado de culpable. En el supuesto de que el administrador concursal emita informe apreciando la existencia de tales indicios, el juez dictará auto complementario con los demás pronunciamientos de la declaración de concurso y apertura de la fase de liquidación de la masa activa, continuando el procedimiento conforme a lo establecido en la ley.*

Esta nueva sistemática busca de forma evidente deslindar el concurso sin masa de la causa de conclusión del concurso por insuficiencia de la masa activa (esto es, cuando tras declarar el concurso se constata que la masa activa resulta insuficiente para satisfacer los créditos contra la masa)[6].

---

6 GARCÍA-VILLARRUBIA, I*ncertidumbres del nuevo concurso sin masa, tras la Ley 16/2022, ob. cit.*

Se ha sostenido por algunas autoras[7] que la reforma introducida por la LRTRLC configura un sistema de concurso sin masa más maduro, fruto de la experiencia vivida con las reformas concursales anteriores. Sin duda, resulta evidente que la nueva regulación introducida por la reforma señalada es más respetuosa que la anterior con los derechos de los acreedores, sin por ello prolongar innecesariamente la tramitación del concurso.

Hasta que tuvo lugar la reforma implementada por la LRTRLC, como hemos señalado ya, el derogado art. 470 del TRLC permitía al juez acordar en el mismo auto de declaración de concurso la conclusión del procedimiento si apreciaba de manera evidente que la masa activa, presumiblemente, resultaba insuficiente para la satisfacción de los posibles gastos del procedimiento concursal y, además, que no era previsible el ejercicio de acciones de reintegración o de responsabilidad de terceros ni la calificación del concurso como culpable.

Parece conveniente destacar desde este momento inicial que, por el contrario, conforme a lo dispuesto en la nueva regulación de la insolvencia, cuando concurre esta carencia o insuficiencia de masa activa se impone la necesidad de declarar el concurso de acreedores, aun cuando ésta conste desde el inicio, sin cerrarlo en la misma resolución, a diferencia de la normativa precedente.

Como analizaremos más adelante, la regulación actualmente vigente, contenida en la novedosa sec. 4ª, del cap. 5º, del tít. I, del lib. I, del TRLC, introducida por la LRTRLC, impide que el juez pueda acordar en el mismo auto de declaración de concurso la conclusión del procedimiento, atribuyendo el protagonismo a esta materia a los acreedores, como veremos a continuación.

Lo que se trata de evitar con este tipo de procedimiento exprés es que un deudor, carente de patrimonio para hacer frente a los gastos procesales del propio concurso, inicie un procedimiento concursal que le generaría más deuda de la que ya tiene, la cual

---

7 PAVÍA y MAGADALENA, *El concurso sin masa, ob. cit.*, 2023, pág. 32.

tampoco podría satisfacer, sin por ello desconocer los derechos de los acreedores. En la práctica, el concurso sin masa se aplicará generalmente a las pequeñas y medianas empresas, pymes, porque es un procedimiento rápido y económico, aunque cualquier tipo de empresa puede optar a él, si concurren los requisitos legales requeridos.

En efecto, cuando las pequeñas sociedades entran en situación de crisis económica irreversible, cuyo devenir hace imposible el pago de la totalidad de sus deudas, la única solución viable para su liquidación es la del concurso de acreedores, pero éste conlleva un elevado coste y una dilatada tramitación, la cual perjudica tanto al deudor como a los acreedores. Ahora bien, el procedimiento del concurso sin masa permite minimizar estos gastos y agilizar la liquidación y extinción de las sociedades implicadas con una evidente insuficiencia de la masa activa, incluso para atender a los gastos del procedimiento.

Además, la declaración de los concursos sin masa propicia la descongestión de los juzgados de lo mercantil, al permitir evitar el largo procedimiento concursal, cuya tramitación resulta mucho más compleja y dilatada, consumiendo los escasos recursos de estos órganos judiciales sin arrojar ventaja alguna que lo justifique.

Por otra parte, pocas dudas ofrece que, en la práctica, habrá de resultar un camino frecuentemente utilizado por los operadores personas naturales para de forma sencilla alcanzar la EPI. Como se ha señalado[8], en la regulación del concurso sin masa, el deudor encuentra la vía para conseguir todo lo que el itinerario del plan de pagos le dificulta.

---

8 CUENA CASAS, Matilde, *Impugnación del plan de pagos* (art. 498 bis), en Comentario a la Ley Concursal, PULGAR EZQUERRA dir., Ed. La Ley, Las Rozas (Madrid), 3ª edición, 2023, tomo 2º, pág. 391.

1. CONCURSO SIN MASA

Como sabemos, la finalidad de referencia, propia del concurso, es la satisfacción ordenada de los acreedores conforme a la *par conditio creditorum*, pero para hacer frente a ella es preciso que los elementos patrimoniales sobre los cuales actúa la responsabilidad del deudor alcancen un valor económico mínimo cuyo valor permita esa satisfacción, por escasa que ésta sea. Tales elementos patrimoniales son los que integran la masa activa y es de ella de la que debe predicarse la insuficiencia.

Como hemos señalado en el capítulo precedente, al analizar los antecedentes históricos, antes de la modificación introducida por la reciente LRTRLC, el art. 470 del TRLC recogía un solo supuesto, en el cual debía considerarse que concurría el supuesto de hecho para la declaración del concurso sin masa desde el momento inicial de la solicitud de la declaración de concurso.

En la actualidad, de determinar los casos en los cuales habrá de considerarse que concurre el supuesto de hecho para la declaración del concurso sin masa, es decir, desde el momento inicial de la solicitud, se ocupa el nuevo art. 37 bis del vigente TRLC, intitulado *Concurso sin masa*, de acuerdo con cuya expresión *Se considera que existe concurso sin masa cuando concurran los supuestos siguientes por este orden:*

a) El concursado carezca de bienes y derechos que sean legalmente embargables

Nada se indica respecto de la forma en que habrá de acreditarse este supuesto. A este respecto se afirma[9] que, en materia de concurso voluntario, es evidente que la información dada por el deudor común en su solicitud será trascendental y por ello se

9 SANJUÁN Y MUÑOZ, Enrique, *Reestructuración y liquidación de microempresas en crisis. El procedimiento especial para microempresas y su régimen transitorio*, Ed. Tirant lo Blanch, Valencia, págs. 118 y sig.

activará el régimen de los acreedores previsto en los artículos siguientes para su oposición.

La enumeración de los bienes que no son legalmente embargables, los cuales no habrán de ser tenidos en cuenta para determinar si existe o no concurso sin masa, se contiene en los arts. 605 y sigs. de la LECiv y engloba a todos aquellos bienes cuya traba no resulta posible, con independencia de las circunstancias personales del ejecutado.

El citado art. 605 de la Ley rituaria civil dispone que:

> *No serán en absoluto embargables:*
>
> *1.º Los animales de compañía, sin perjuicio de la embargabilidad de las rentas que los mismos puedan generar.*

Este supuesto de hecho constituye una novedad, introducida recientemente por el art. 3.1 de la Ley 17/2021, de 15 de diciembre, de modificación del Código Civil, la Ley Hipotecaria y la Ley de enjuiciamiento Civil, sobre el régimen jurídico de los animales.

> *1.º bis Los bienes que hayan sido declarados inalienables.*

Entendiendo por tales aquellos bienes o derechos que no pueden ser enajenados, es decir, no pueden ser válidamente transmitidos a terceros. Lógicamente tampoco pueden embargarse, dado que, si la finalidad del embargo es la individualización de bienes concretos del deudor para realizarlos mediante la vía de apremio para con el efectivo obtenido atender al pago de una deuda, al tratarse de un bien inalienable, el ejecutante nunca vería satisfecho su derecho a cobro. De igual forma, tampoco resultan útiles en el concurso, al no permitir su ejecución para la satisfacción de los créditos.

Dentro de los bienes inalienables pueden incluirse los de dominio público del Estado, de las Comunidades Autónomas y de las Entidades Locales, los bienes comunales, los buques de patrimonio nacional, los productos mineros e hidrocarburos y los derechos de uso y habitación.

2.º Los derechos accesorios, que no sean alienables con independencia del principal.

Se encuentran comprendidos dentro de este apartado de los derechos accesorios aquéllos que están subordinados a otro principal y, por lo tanto, no pueden transmitirse ni tampoco embargarse con independencia de éste.

Dentro de este grupo pueden incluirse: los derechos reales de servidumbre, dado que el art. 534 del CC establece que son inseparables de la finca a que sirven; los elementos comunes de un edificio en régimen de propiedad horizontal; los derechos de tanteo y retracto legales, pero no el convencional pues este sí es susceptible de transmisión independiente y, por lo tanto, de embargo; los derechos de hipoteca, prenda o anticresis, los cuales no pueden transmitirse con independencia del derecho de crédito que garantizan como establece el art. 1258 del CC cuando dispone que la venta o cesión de un crédito comprende la de todos los derechos accesorios como la fianza, hipoteca, prenda o privilegio; y el derecho de explotación que constituya el objeto de una patente de titularidad de un tercero.

3.º Los bienes que carezcan, por sí solos, de contenido patrimonial.

Resulta lógico que estos bienes no puedan ser embargados, pues nunca se podrá hacer pagos al acreedor a través de la realización de los mismos. Un sector de la doctrina distingue entre aquellos bienes que carecen en absoluto de contenido patrimonial y aquellos otros que, aun teniendo contenido patrimonial, sin embargo, por su inidoneidad para la venta o por su escaso valor, hacen inútil el embargo, aunque, en términos estrictos, el mismo podría tener lugar.

Son bienes que carecen en absoluto de contenido patrimonial: los derechos de la personalidad, dado que los mismos son inherentes a la persona y, en ningún caso los puede transmitir como son el derecho a la vida, a la intimidad personal y familiar o al honor, derechos que son inalienables, imprescriptibles e irrenunciables. Igualmente, dentro de este grupo debemos incluir los derechos políticos, honoríficos, corporativos o sociales que se conceden en atención a una condición puramente personal de su destinatario.

> *4.° Los bienes expresamente declarados inembargables por alguna disposición legal.*

Estos bienes, en sentido estricto, son susceptibles de transmisión y de embargo, pero no tienen el carácter de embargables por establecerlo así expresamente una disposición legal. Dentro de ellos se comprenden los bienes patrimoniales del Estado, de las Comunidades Autónomas y las Entidades Locales, así como los derechos, fondos, valores y bienes de la Hacienda Pública y de la Seguridad Social. También debe incluirse la propiedad forestal, las concesiones del transporte por carretera o las explotaciones ferroviarias.

Asimismo, conforme a lo establecido en el art. 606 de la reiterada Ley procesal civil, rotulado *Bienes inembargables del ejecutado. Son también inembargables:*

> *1.° El mobiliario y el menaje de la casa, así como las ropas del ejecutado y de su familia, en lo que no pueda considerarse superfluo. En general, aquellos bienes como alimentos, combustible y otros que, a juicio del tribunal, resulten imprescindibles para que el ejecutado y las personas de él dependientes puedan atender con razonable dignidad a su subsistencia.*
>
> *2.° Los libros e instrumentos necesarios para el ejercicio de la profesión, arte u oficio a que se dedique el ejecutado, cuando su valor no guarde proporción con la cuantía de la deuda reclamada.*
>
> *3.° Los bienes sacros y los dedicados al culto de las religiones legalmente registradas.*
>
> *4.° Las cantidades expresamente declaradas inembargables por Ley.*
>
> *5.° Los bienes y cantidades declarados inembargables por Tratados ratificados por España.*

En esta materia, especial importancia reviste el art. 27. 2 del texto refundido de la Ley del Estatuto de los Trabajadores, aprobado por el Real Decreto Legislativo 2/2015, de 23 de octubre, de conformidad con el cual *El salario mínimo interprofesional, en su cuantía, tanto anual como mensual, es inembargable.*

No impedirá la declaración de insuficiencia de masa activa la circunstancia de que el deudor mantenga la propiedad de algunos bienes legalmente inembargables, lo que, como se ha señalado por algún autor[10], es razonable pues no integran la masa activa, según señala el art. 192.2 del TRLC.

Ya antes de la reforma introducida por la LRTRLC, el AAP de Valencia, sec. 9ª, de 10 de mayo de 2022, núm. 79/2022, rec. 263/2022 (EDJ 2022/625640) señaló en su FD 2º que:

> *A la vista de las alegaciones de las partes en sus respectivos escritos, se considera oportuno abordar qué debemos entender por masa activa del concurso y, al respecto, si bien rige el principio de universalidad en la composición de la misma, de la que forman parte todos los bienes y derechos integrados en el patrimonio del concursado a la fecha de declaración de concurso, los que se reintegren al mismo y los que adquiera hasta la conclusión del concurso, también es cierto que existen unos límites o excepciones, y así quedan excluidos de la masa activa del concurso aquellos bienes o derechos que, aún, teniendo carácter patrimonial, sean legalmente inembargables (art. 192 TRLC).*

b) *El coste de realización de los bienes y derechos del concursado fuera manifiestamente desproporcionado respecto al previsible valor venal*

Para determinar si concurre esta circunstancia, lo que se compara es el coste de la realización de los bienes y/o derechos de la masa activa del concurso con su valor venal, es decir, el importe monetario que se obtendría si se procediera a su venta. Este monto está siempre sujeto en su precisa cuantificación a factores tales como la antigüedad del bien, su estado de desgaste o conservación y a la ley de la oferta y la demanda.

Para la valoración habrá de tenerse en cuenta lo que señala el art. 201 del TRLC, en el cual se dispone que *El avalúo de cada uno*

---

10 SENENT MARTÍNEZ, *Conclusión y reapertura del concurso*, ob. cit., pág. 500.

de los bienes y derechos incluidos en el inventario se realizará con arreglo al valor de mercado[11] *que tuvieren.*

c) Los bienes y derechos del concursado libres de cargas fueran de valor inferior al previsible coste del procedimiento

No podemos olvidar el carácter instrumental del proceso concursal y el coste que éste comporta. Si el propio instrumento se revela inidóneo para la finalidad a la que sirve, es inútil su sustanciación. Y así ocurre cuando la masa activa es tan exigua que no permite atender los gastos que genera el procedimiento concursal, es decir, los créditos contra la masa, identificados estos como los que derivan de las costas y gastos judiciales y los que se refieren a las obligaciones nacidas durante el concurso o que se mantengan tras su declaración y que han de ser satisfechos con preferencia a los créditos concursales y concurrentes.

En definitiva, la insuficiencia de la masa activa como causa de conclusión del concurso viene a expresar que no es posible, no ya la satisfacción de los acreedores, sino incluso de los gastos del procedimiento para actuarlo. No es solo que no pueda realizarse el fin del proceso concursal, sino que no puede ejecutarse el procedimiento necesario para llegar a ese buen fin.

Se sostiene en la doctrina[12] que quizás es aquí donde se pretende ver un supuesto orden. Primero, veríamos si se cumplen los supuestos señalados anteriormente por el precepto e, incluso tras realizar este análisis, podríamos tener bienes y derechos libres de cargas, pero insuficientes para atender al coste del procedimiento.

---

[11] El valor de mercado se refiere al precio que un comprador estaría dispuesto a pagar por un activo en un mercado determinado en un momento dado. En términos generales, se puede definir como la estimación del precio justo de un bien o servicio en un mercado libre y competitivo.

[12] SANJUAN Y MUÑOZ, *Reestructuración y liquidación de microempresas en crisis, ob. cit.*, pág. 120.

En relación con éste y el siguiente supuesto de los contenidos en el art. 37 bis del TRLC, señala el Acuerdo 1/2022 del Tribunal de Instancia Mercantil de Sevilla como:

> *De estos supuestos, el que mayores problemas pudiera suscitar para poder entender acreditada su concurrencia al analizar la solicitud de declaración de concurso es el relativo a la existencia de bienes o derechos gravados cuyo valor es inferior al de la carga, pues la valoración pudiera ser incierta y es preciso conocer la deuda garantizada pendiente.*

Y continúa afirmando que:

> *Para solventar estos problemas, sería conveniente que el solicitante aportase con la solicitud de declaración de concurso, por una parte, una valoración técnica del bien o derecho que resulte suficiente para que el juez del concurso pueda apreciar que es inferior al coste de realización, al previsible coste del procedimiento y al importe de los gravámenes y las cargas existentes y, por otra parte, un documento que informe del importe pendiente de la deuda garantizada.*
>
> *En cualquier caso, resulta adecuado que se acuerde la* ***averiguación del patrimonial del deudor a través del punto neutro judicial*** *en la diligencia de ordenación por la que se dé cuenta de la solicitud de concurso* (la negrita es nuestra).

De otra parte, la norma indica como el otro término de la comparación es el coste del procedimiento, lo cual excluye el cumplimiento de cualquier otro tipo de obligaciones. Teniendo en cuenta lo establecido por el art. 242 del TRLC, el cual regula los créditos contra la masa, éste incluirá:

> 4.º *Los créditos por costas en caso de declaración de concurso a solicitud del acreedor o de los demás legitimados distintos del deudor.*
>
> 5.º *Los créditos por la publicidad de la declaración de concurso y de cualquier otra resolución judicial que acuerde el juez, así como los relativos a la adopción de medidas cautelares.*
>
> 6.º *Los créditos por la asistencia y representación del concursado y de la administración concursal durante toda la tramitación del procedimiento y sus incidentes y demás procedimientos judiciales en cualquier fase del concurso cuando su intervención sea legal-*

> *mente obligatoria o se realice en interés de la masa hasta la eficacia del convenio o, en otro caso, hasta la conclusión del concurso, con excepción de los ocasionados por los recursos que interponga el concursado contra resoluciones del juez cuando fueren total o parcialmente desestimados con expresa condena en costas.*
>
> *7.° Los créditos por los gastos y las costas judiciales ocasionados por la asistencia y representación del concursado, de la administración concursal o de acreedores legitimados en los juicios que, en interés de la masa, continúen o inicien conforme a lo dispuesto en esta ley, salvo lo previsto para los casos de desistimiento, allanamiento, transacción y defensa separada del deudor y, en su caso, hasta los límites cuantitativos en ella establecidos.*
>
> *8.° Los créditos por la condena al pago de las costas como consecuencia de la desestimación de las demandas que se hubieran presentado o de los recursos que se hubieran interpuesto por la administración concursal o por el concursado con autorización de la administración concursal o como consecuencia del allanamiento o del desistimiento realizados por la administración concursal o por el concursado con autorización de la administración concursal. En caso de transacción, se estará a lo pactado por las partes en materia de costas.*
>
> *9.° Los créditos por la retribución de la administración concursal, así como los créditos por la retribución del experto para recabar ofertas de adquisición de la unidad productiva.*

d) Los gravámenes y las cargas existentes sobre los bienes y derechos del concursado lo sean por importe superior al valor de mercado de esos bienes y derechos

La redacción de este supuesto es un tanto confusa; si bien, dada la finalidad del precepto, su concurrencia debe ser expresión de una insuficiencia patrimonial sustancial, por lo que no es suficiente que se dé esa circunstancia sobre uno o más bienes del deudor, si existen otros libres de cargas cuyo valor de mercado es superior al previsible coste del procedimiento[13].

---

13 SENENT MARTÍNEZ, Santiago, *De la declaración de concurso sin masa* (art. 37 bis), en Comentario a la Ley Concursal, PULGAR EZQUERRA dir., Ed. La Ley, Las Rozas (Madrid), 2023, tomo 1°, pág. 371.

La concurrencia de alguna de las circunstancias señaladas por el art. 37 bis del TRLC debe ser manifestación de una insuficiencia patrimonial sustancial, por lo cual no resulta bastante que se produzca esa circunstancia sobre uno o más bienes o derechos del deudor común, antes, al contrario, si existen otros libres de cargas, cuyo valor de mercado es superior al previsible coste del procedimiento, no podrá considerarse que se trata de un concurso sin masa.

La previsión normativa debe afectar a todos los bienes y derechos del deudor, dado que otra interpretación iría en contra de la finalidad de la norma.

Señala MUÑOZ PAREDES[14] en este punto como:

> *Lo que el Anteproyecto separara por comas y «cuándos», sin aparente jerarquía o interna preferencia, la Ley 16/2022 lo ordena en letras, mutando, además, su colocación. Lo que al ojo inocente podría parecer mero cambio de estilo y orden, comienza a angustiar al precisar el precepto que el concurso sin masa existe «cuando concurran los supuestos siguientes por este orden». Tal parece, por la forma plural del verbo, que han de concurrir todos y precisamente por este orden.*

Añadiendo a continuación que:

> *Afortunadamente la angustia dura poco, pues ya en el artículo siguiente el propio legislador se desmiente y aclara que basta para declarar el concurso que el deudor se encuentre «en cualquiera de las situaciones a que se refiere el artículo anterior». Por tanto, pese a la torpeza legislativa, las cuatro expresiones de insuficiencia no operan entre sí con ningún régimen de prioridad y son autosuficientes, esto, es, basta —como aclara el art. 37 ter— que el deudor se encuentre en cualquiera de ellas para que el juez de inicio a la primera de las fases.*

---

14 MUÑOZ PAREDES, Alfonso, *El concurso sin masa: sunt lacrimae rerum*, en *Diario La Ley*, núm. 10165, de 8 de noviembre de 2022, https://www.google.com/search?client=safari&rls=en&q=MU%C3%91OZ+PAREDES%2C+El+concurso+sin+masa%3A+sunt+lacrimae+rerum%E2%80%9D%2C+en+Diario+La+Ley%2C+n.%C2%BA+10165%2C+de+8+de+noviembre+de+2022&ie=UTF-8&oe=UTF-8, consulta de 7 de julio de 2024.

Basta con que concurra uno de los supuestos para que estemos en presencia de un concurso sin masa[15]. En efecto, hemos de coincidir en que bastará con la concurrencia de uno cualquiera de los cuatro supuestos que el precepto recoge, anteriormente señalados, para que nos encontremos en presencia de un concurso sin masa, sometido, en consecuencia, a la nueva regulación establecida en la reiterada sec. 4ª del cap. V, del tít. I, del lib. I del TRLC, la cual examinaremos a continuación.

El juez del concurso valorará si existe o no insuficiencia de la masa y para ello tendrá en cuenta los datos facilitados por el deudor en su solicitud, sin perjuicio de que podrá requerir cualquier información complementaria que estime necesaria conforme dispone el art. 11.1 del TRLC[16].

Ciertamente, el primero de los elementos que tendrá en consideración el juzgador, para valorar si concurre alguno de los ejemplos del art. 37 bis del cuerpo legal citado, será la solicitud presentada por el deudor, junto con los documentos acompañados con la misma.

A estos fines, habrá de tenerse en cuenta lo señalado por el art. 192 del TRLC, conforme al cual:

> *La masa activa del concurso está constituida por la totalidad de los bienes y derechos integrados en el patrimonio del concursado a la fecha de la declaración de concurso y por los que se reintegren al mismo o adquiera hasta la conclusión del procedimiento*

Y añade en el siguiente numeral que:

> *Se exceptúan de lo dispuesto en el apartado anterior aquellos bienes y derechos que, aun teniendo carácter patrimonial, sean legalmente inembargables.*

---

15 SENENT MARTÍNEZ, art. 37 bis, en ComLC, PULGAR EZQUERRA dir., *ob. cit.*, 2023, tomo 1°, pág. 371.

16 SENENT MARTÍNEZ, *Conclusión y reapertura del concurso*, ob. cit., pág. 497; art. 37 bis, en ComLC, PULGAR EZQUERRA dir., *ob. cit.*, 2023, tomo 1°, pág. 371.

Una vez seleccionados los bienes y derechos integrados en el patrimonio del deudor común con objeto de determinar el contenido de la masa activa del concurso pueden plantearse dos significativos problemas respecto de estos:

i) La existencia de bienes que, a pesar de encontrarse en posesión del deudor pertenezcan a un tercero, lo que se regula en el cap. V, rotulado *De la reducción de la masa*, cuya extensión abarca los arts. 239 a 241, ambos inclusive, del tít. IV del TRLC; y

ii) La reintegración al patrimonio del deudor de bienes que, perteneciéndole, se encuentran en poder de un tercero, de la cual se ocupa el cap. IV, intitulado *De la reintegración de la masa* activa, compuesto por los arts. 226 a 238, ambos inclusive, del tít. IV del mismo cuerpo legal.

Por su parte, el art. 4.4 del Real Decreto 1860/2004, de 6 de septiembre, por el que se establece el arancel de derechos de los administradores concursales previene que *El valor de la masa activa será el que resulte del inventario definitivo, y el valor de la masa pasiva, el que resulte de la lista de acreedores definitiva.*

El hecho de referirse a los diferentes supuestos con la expresión *Se considera que existe*, se asevera por una parte de la doctrina[17], parece presuponer una presunción *iuris tantum*, cuya existencia podría ser opuesta por cualquier acreedor. Pero esa presunción lo es respecto de esos concretos supuestos y no, en relación con otros posibles que den lugar a considerar que nos encontramos ante una insuficiencia de masa para atender a los gastos del procedimiento. A los cuales se añade por el mismo autor que, conforme al art. 37 bis del TRLC, se califica la existencia de concurso sin masa cuando concurran los supuestos enumerados en ese artículo en un pretendido orden el cual, evidentemente no es en sí sino una enumeración, cuya redacción suponemos no puede ser limitativa, salvo para el caso de la presunción.

---

17 SANJUAN Y MUÑOZ, *Reestructuración y liquidación de microempresas en crisis, ob. cit.*, pág. 118.

En nuestra opinión, la relación realizada por el precepto citado asume el carácter de *numerus apertus*, teniendo en consideración la dicción literal de la disposición, al señalar que *se considera*; las voces no suponen cerrar el paso a la existencia de otros supuestos si bien, añadiendo que resulta difícil concebir un supuesto de concurso sin masa al margen de los citados por la norma.

2. APLICACIÓN DEL CONCURSO SIN MASA EN EL PROCEDIMIENTO ESPECIAL PARA MICROEMPRESAS

El lib. III del TRLC, introducido por la LRTRLC, rotulado *Procedimiento especial para microempresas*, se divide en tres títulos, los cuales se ocupan, a su vez, de las *Reglas generales*, el *Procedimiento de continuación* y el *Procedimiento de liquidación*, en cuyo ámbito se contienen los arts. 685 a 720, ambos inclusive, conforma una de las más significativas creaciones de la última reforma y regula el novedoso procedimiento especial para las microempresas, en vigor a partir del 1 de enero de 2023.

Afirma el Preámbulo (I) de la LRTRLC que:

> *En el diseño de estos procedimientos* —se refiere a los concursales— *se ha prestado especial atención a las microempresas, que constituyen en torno al 94% de las empresas españolas, para las que los instrumentos vigentes no han funcionado satisfactoriamente: los acuerdos extrajudiciales de pago han tenido un uso escaso y el concurso tiene unos elevados costes fijos que detraen los escasos recursos disponibles para los acreedores.*

Atendiendo a las razones señaladas en el Preámbulo, el legislador ha decidido crear un nuevo procedimiento de insolvencia único para las microempresas, de la máxima simplificación procesal posible, dentro del cual pretende canalizar tanto las situaciones concursales como las preconcursales y cuyo tenor se aplicará de manera obligatoria a todos los deudores que presenten las características mencionadas en el art. 685 del TRLC.

Es habitual que este tipo de empresas sólo hagan uso del procedimiento concursal cuando su situación financiera se ha menoscabado de manera irreversible. La única opción en esos casos es la liquidación de la compañía a través de un proceso concursal, cuyo desarrollo supone un coste muy elevado para la sociedad que se encuentra en estas circunstancias[18]; todo lo cual se ha pretendido por el legislador resolver en la LRTRLC mediante la introducción de un nuevo cap. III, en cuyo ámbito se regula el procedimiento especial para microempresas, de la máxima simplicidad procedimental.

Como también señala el Preámbulo (V) de la LRTRLC:

> *La modernización del sistema legal para dar solución a la crisis de las microempresas es una pieza necesaria de la transposición al derecho español de la Directiva (UE) 2019/1023 del Parlamento Europeo y del Consejo, de 20 de junio de 2019.*

Y afirma poco más adelante que:

> *El procedimiento especial diseñado* —se refiere al especial para microempresas— *busca reducir los costes del procedimiento, eliminando todos los trámites que no sean necesarios y dejando reducida la participación de profesionales e instituciones a aquellos supuestos en que cumplan una función imprescindible, o cuyo coste sea voluntariamente asumido por las partes. Todo ello, sin menoscabo de la plena tutela de los derechos de los participantes en el procedimiento.*

Dentro del lib. III, dedicado a la regulación del procedimiento especial para microempresas, teniendo en consideración lo señalado en el art. 3.1 de la Directiva 2013/34 UE del Parlamento Europeo y del Consejo de 26 de junio de 2013[19], el art. 685.1 del

---

18 PAVÍA y MAGADALENA, *El concurso sin masa, ob. cit.*, pág. 43.

19 *1. Al aplicar una o varias de las opciones del artículo 36, los Estados miembros definirán las microempresas como las empresas que, en la fecha del balance, no rebasen los límites numéricos de por lo menos dos de los tres criterios siguientes:*
a) total del balance: 350.000 EUR;
b) volumen de negocios neto: 700.000 EUR;
c) número medio de empleados durante el ejercicio: 50.

TRLC dispone que *será aplicable a los deudores que sean personas naturales o jurídicas que lleven a cabo una actividad empresarial o profesional y que reúnan las siguientes características:*

> *1.ª haber empleado durante el año anterior a la solicitud una media de menos de diez (10) trabajadores.*
>
> *2.ª tener un volumen de negocio anual inferior a setecientos mil euros (600.000€) o un pasivo inferior a trescientos cincuenta mil euros (350.000€) según las últimas cuentas cerradas en el ejercicio anterior a la presentación de la solicitud.*

En principio, se trata de un procedimiento de carácter único, exclusivo y obligatorio para todos los deudores, sean personas físicas o jurídicas, que reúnan las características indicadas en el precepto reproducido. Tiene una regulación completa, especial respecto de la general del lib. I, se refiere a todos los bienes y derechos integrados en el patrimonio del deudor, afecta a todos sus acreedores e incluye dos diferentes itinerarios también completos: i) el procedimiento de continuación o ii) el de liquidación, con o sin transmisión de la empresa en funcionamiento.

Llegados a este punto, es preciso destacar que no existe en el lib. III, el cual se ocupa del procedimiento especial para microempresas, una regulación de lo que, en el tít. I del lib. I, se llama *De la declaración de concurso sin masa,* contemplando únicamente de forma expresa la insuficiencia de masa como causa de conclusión del concurso, lo cual, como hemos visto ya, resulta diferente a *la declaración de concurso sin masa.*

En el sentido señalado, el art. 720.1. 3.º del TRLC dispone que *La conclusión del procedimiento especial con el archivo de las actuaciones procederá:*

> *Cuando se compruebe la insuficiencia de la masa activa para satisfacer créditos contra la masa.*

Ocupándose a continuación el precepto, dentro del mismo párrafo, de regular la liquidación de los exiguos bienes del deudor común, si los hubiere, para lo cual dispone:

> *Si los bienes de un deudor no se hubieran liquidado íntegramente, se mantendrá en la plataforma, que continuará realizando pagos periódicos a los acreedores a medida que se vayan produciendo las ventas de los activos, de acuerdo con las reglas generales del libro primero y conforme a la lista final de créditos insatisfechos aportada a la plataforma por el deudor o por el administrador concursal en el momento de conclusión del procedimiento especial de liquidación. Los gastos necesarios para la conservación de estos bienes se satisfarán también con cargo al producto obtenido de la venta de activos.*

El precepto anteriormente reproducido se completa con una norma relativa al concurso del deudor persona física, contenida en su apartado 3º y último, coincidente con lo establecido con carácter general en los arts. 483 y 484 del TRLC, conforme a cuya expresión:

> *Tras la conclusión del procedimiento especial del deudor persona natural,* ***cesarán las limitaciones*** *sobre las facultades de administración y de disposición sobre aquel, salvo las que, en su caso, se contengan en la sentencia de calificación abreviada, y el deudor seguirá siendo responsable del pago de los créditos insatisfechos, salvo que obtenga la exoneración del pasivo insatisfecho* (la negrilla es nuestra).

A la vista de cuanto disponen respecto de la insuficiencia de masa activa los preceptos precedentemente reproducidos en este epígrafe, se ha cuestionado en la doctrina y la jurisprudencia si, en los casos del procedimiento especial para microempresas, cabe la declaración de concurso sin masa, lo cual constituye una cuestión de capital importancia práctica, teniendo en consideración la cantidad de tales procedimientos.

La notoria importancia de la materia señalada es indudable, porque si la respuesta es negativa, quedarán fuera de esta posibilidad un conjunto de supuestos que, *a priori*, pueden ser los más frecuentes en la práctica y la gran mayoría de los operadores económicos insolventes (*en torno al 94% de las empresas,* conforme al Preámbulo de la Ley). La posibilidad de declaración de concurso sin masa se vería, así, limitada a los casos de persona física no empresario y a los de deudor empresario, sea persona natural o jurídica, que no entre dentro de la definición de microempresa que establece el art. 685 del TRLC.

En principio, al tratarse de un procedimiento especial con una regulación completa, argumentos de pura técnica de interpretación normativa pueden conducir a entender que no cabe la declaración de concurso sin masa porque así lo ha querido el legislador al establecer su diseño. Solo se contempla tal circunstancia en la regulación del procedimiento especial para microempresas en la conclusión del concurso por insuficiencia de la masa activa para satisfacer créditos contra la masa, pero no la declaración de concurso sin masa.

Hay, además, características de ese procedimiento que pueden hacer difícil compatibilizar las previsiones de los arts. 37 bis a 37 quinquies del TRLC con su regulación, como pueden ser, el papel protagonista que se da al deudor en la tramitación del procedimiento, incluida la liquidación, en su caso, de los bienes o la limitada función que corresponde al administrador concursal, de ser éste nombrado[20].

Frente a ello, quienes abogan a favor de la posibilidad expuesta de la declaración de concurso sin masa también en el procedimiento especial para microempresas, acuden para justificar su posición a la previsión del art. 689.1 del TRLC, según el cual:

> *Se* ***aplicará supletoriamente*** *al procedimiento especial para microempresas lo establecido en los libros primero y segundo, con las adaptaciones que resulten precisas para acomodar los principios que presiden este procedimiento especial y las reglas que integran este libro tercero* (la negrilla es nuestra).

En efecto, puede defenderse, a partir de lo establecido en la disposición reproducida, que cabe la declaración de concurso sin masa también en el procedimiento especial para microempresas, con las adaptaciones y matizaciones precisas, lo cual, a su vez, abri-

---

20 GARCÍA-VILLARRUBIA, *Incertidumbres del nuevo concurso sin masa, tras la Ley 16/2022, ob. cit.*

ría la puerta a la discusión sobre cuáles pueden ser esas adaptaciones necesarias, dando lugar a un sinfín de posibilidades y, con ello, a un incremento de las dudas y los problemas.

Parece razonable considerar que será muy probablemente este último, a saber, la posibilidad de declaración de concurso sin masa en el procedimiento especial para las microempresas, el planteamiento doctrinal que se imponga en la práctica de los tribunales. Dosis de pragmatismo pueden ayudar a ello porque, como se verá, por el diseño incorporado en la reforma lo normal será que, a los supuestos de declaración inicial de concurso sin masa siga una rápida conclusión del concurso si no hay solicitud de nombramiento de administrador concursal.

Además, puede afirmarse que no tiene demasiado sentido excluir de esa solución a los concursos de microempresas, es decir, un grupo de casos especialmente propicio para sustentar la necesidad de tramitar el procedimiento especial de manera expeditiva y ágil.

En estricta técnica de interpretación normativa, se afirma por algún autor[21], la balanza parece inclinarse, sin embargo, hacia la no aplicación en sede de procedimiento especial de microempresas. Pero no faltan buenos argumentos para defender la posición contraria, apoyados en razones de pragmatismo que también han de considerarse.

Asimismo, se sostiene[22] que *entendemos (aun a pesar de la literalidad de la norma y con toda prudencia) aplicable la normativa de los concursos sin masa también a los supuestos de microempresa aún a pesar de que existen obstáculos para ello.*

El Acuerdo 1/2022 del Tribunal de Instancia Mercantil de Sevilla se pronunció sobre este particular al señalar:

---

21 GARCÍA-VILLARRUBIA, *Incertidumbres del nuevo concurso sin masa, tras la Ley 16/2022, ob. cit.*

22 SANJUAN Y MUÑOZ, *Reestructuración y liquidación de microempresas en crisis, ob. cit.*, pág. 117.

> *Hasta la entrada en vigor del Libro III del TRLC, la regulación de los concursos sin masa se aplicará a todo tipo de deudores. Cuando dicho libro entre en vigor, la regulación de los concursos sin masa (contenida en el Libro I),* **no se aplicará a las microempresas** *ya que las mismas deberán someterse al procedimiento especial regulado en el referido Libro III* (la negrita es nuestra).
>
> *Sin embargo, para que un deudor tenga la consideración de microempresa a tales efectos es necesario que cumpla con los parámetros delimitados en el artículo 685 del TRLC, entre los que no solo se incluye que no supere unos límites cuantitativos (relativos al número medio de trabajadores del año anterior y al volumen de negocio anual o al pasivo que conste en las cuentas del ejercicio anterior), sino también, que cumpla con una exigencia cualitativa, pues* ***es preciso que se trate de personas*** *naturales o jurídicas* ***que "lleven a cabo una actividad empresarial o profesional"****.*
>
> *Por tanto, aquellos deudores que hayan cesado en su actividad, o que nunca la hayan tenido, no pueden acceder al procedimiento especial del Libro III, sino que han de solicitar la declaración de concurso, de modo que, si concurriere alguno de los supuestos del artículo 37 bis del TRLC, resultará de aplicación la regulación relativa a los concursos sin masa*[23]. (La negrita es nuestra).

Por el contrario, para una parte de la doctrina[24]:

> *En los supuestos de microempresas en situación de insolvencia de masa simultánea a la declaración de concurso podríamos interpretar que según expone el art. 689.1 del TRLC supletoriamente se podría aplicar la normativa establecida en el lib. 1° y 2°. Esto supondría que es legalmente aplicable el lib. I (arts. 37 bis y sigs.).*

En relación con la posibilidad de aplicación del concurso sin masa también a las microempresas, se pronunció el AJM núm. 6 de Madrid, de 13 de abril de 2023, rec. 131/2023 (EDJ 2023/566797), el cual en su FD 3° dispuso:

> *Apertura limitada de proceso especial en su modalidad liquidativa por insuficiencia originaria de masa.*
>
> *1.— La solicitud cumple las condiciones y se acompañan los documentos que se expresan en el art. 685 y 696 LCo para la apertura*

---

23 https://www.icas.es/wp-content/uploads/ACUERDO-1.22.pdf

24 PAVÍA y MAGADALENA, *El concurso sin masa, ob. cit.*, pág. 45.

del procedimiento especial liquidativo para microempresas; y de la documentación aportada del art. 691 LCo, apreciada en su conjunto, se desprende la concurrencia de los presupuestos subjetivo y objetivo para la apertura de dicho procedimiento especial de insolvencia.

Por lo expuesto, y como señala el art. 692.1 LCo procede dictar auto abriendo e iniciando el procedimiento especial liquidativo, a solicitud del deudor, por insolvencia actual.

2.— Dispone el apartado 1° del art. 689 LCo que "... 1. Se aplicará supletoriamente al procedimiento especial para microempresas lo establecido en los libros primero y segundo, con las adaptaciones que resulten precisas para acomodarlos principios que presiden este procedimiento especial y las reglas que integran este libro tercero ...".

No regulada en sede de procedimiento especial del Libro tercero la presencia de insuficiencia inicial de masa para atender los gastos del procedimiento [-incluidas las publicaciones, honorarios y retribuciones de los profesionales intervinientes, etc.-], de apreciarse la evidente y clara situación de total ausencia o manifiesta insuficiencia de los bienes de la masa para atender los costes del procedimiento [art. 242.1.4° a 9°, inclusive LCo], debe estarse, con las adaptaciones necesarias, a la regulación contenida en el Libro primero en sus arts. 37 bis y ss LCo.

3.— Conforme al art. 37 bis LCo, se considera que existe concurso sin masa "cuando concurran los supuestos siguientes por este orden:

a) El concursado carezca de bienes y derechos que sean legalmente embargables.

b) El coste de realización de los bienes y derechos del concursado fuera manifiestamente desproporcionado respecto al previsible valor venal.

c) Los bienes y derechos del concursado libres de cargas fueran de valor inferior al previsible coste del procedimiento.

d) Los gravámenes y las cargas existentes sobre los bienes y derechos del concursado lo sean por importe superior al valor de mercado de esos bienes y derechos ".

En el presente caso, de las propias alegaciones del deudor, así como de los documentos generales y complementarios, resulta que estamos ante un procedimiento especial de microempresa sin masa, o con bienes y derechos carentes de valor de realización, o tan ínfimo que no pueden soportar los costes del procedimiento; todo ello de conformidad con el precepto citado.

> *Procedería, por ello, de conformidad con el art. 37 ter. 1° LCo dictar Auto declarando el concurso de acreedores, con expresión del pasivo que resulte de la documentación, SIN MÁS PRONUNCIAMIENTOS. Y en lógica coherencia, y adaptando el contenido del art. 692 LCo a las previsiones de las reglas del concurso sin masa, procede aperturar e iniciar el proceso especial para microempresas, SIN MÁS PRONUNCIAMIENTOS.*

Conviene resaltar que a aquellas microempresas que ya no tengan actividad, lo cual habrá de resultar sumamente frecuente en la práctica, se les aplicará el procedimiento regulado en el lib. I del TRLC. Este presupuesto sobre la continuidad en la actividad es esencial, ya que el no tenerla, impide que se pueda aplicar el procedimiento especial, conforme a lo que dispone el art. 685.1 del cuerpo legal señalado[25].

Así pues, una salvedad relevante es que se considera que si, al tiempo de instarse la declaración de concurso, el deudor ha cesado su actividad, no podrá acogerse al procedimiento especial para microempresas y, en consecuencia, será de aplicación lo dispuesto sobre la declaración de concurso sin masa en los arts. 37 bis a 37 quinquies del TRLC[26].

3. ESPECIALIDADES DE LA DECLARACIÓN DE CONCURSO SIN MASA

Señalados en un epígrafe anterior los supuestos en los cuales existe concurso sin masa, el siguiente art. 37 ter del TRLC, añadido también por la LRTRLC, rotulado *Especialidades de la declaración de concurso sin masa*, en su núm. 1° dispone que:

> *Si de la solicitud de declaración de concurso y de los documentos que la acompañen resultare que el deudor se encuentra en cualquiera de las situaciones a que se refiere el artículo anterior,*

---

25 PAVÍA y MAGADALENA, *El concurso sin masa, ob. cit.*, pág. 44.

26 GARCÍA-VILLARRUBIA, *Incertidumbres del nuevo concurso sin masa, tras la Ley 16/2022, ob. cit.*

> *el juez dictará auto declarando el concurso de acreedores, con expresión del pasivo que resulte de la documentación, sin más pronunciamientos, ordenando la remisión telemática al BOE para su publicación en el suplemento del tablón edictal judicial único y la publicación en el RPC con llamamiento al acreedor o a los acreedores que representen, al menos, el cinco por ciento (5%) del pasivo a fin de que, en el plazo de quince (15) días a contar del siguiente a la publicación del edicto, puedan* ***solicitar el nombramiento de un administrador concursal*** *para que presente informe razonado y documentado sobre los siguientes extremos:*
>
> *1.º Si existen indicios suficientes de que el deudor hubiera realizado actos perjudiciales para la masa activa que sean rescindibles conforme a lo establecido en esta ley.*
>
> *2.º Si existen indicios suficientes para el ejercicio de la acción social de responsabilidad contra los administradores o liquidadores, de derecho o de hecho, de la persona jurídica concursada, o contra la persona natural designada por la persona jurídica administradora para el ejercicio permanente de las funciones propias del cargo de administrador persona jurídica y contra la persona, cualquiera que sea su denominación, que tenga atribuidas facultades de más alta dirección de la sociedad cuando no exista delegación permanente de facultades del consejo en uno o varios consejeros delegados.*
>
> *3.º Si existen indicios suficientes de que el concurso pudiera ser calificado de culpable (la negrilla es nuestra).*

Así pues, en el supuesto de hecho de la norma reproducida para que proceda la aplicación del mandato en ella incluido se limita a la comprobación por el juez de que de la solicitud de declaración de concurso y de los documentos anexos resulta que el deudor se encuentra en alguna de las situaciones a señaladas en el art. 37 bis del TRLC, las cuales hemos analizado en el epígrafe precedente.

En consecuencia, el juez, para dictar el auto de declaración de concurso sin masa, se limitará a examinar la solicitud presentada por el deudor común y la documentación adjunta a ella, sin perjuicio de que pueda requerir al deudor la información complementaria que estime necesaria conforme al art. 11.1 del TRLC.

Partiendo de que la norma reproducida dispone que, *de la solicitud de declaración de concurso y de los documentos que la acompañen* resulte una situación de concurso sin masa, se ha señalado por algún magistrado[27] que es como si se pretendiera que tal circunstancia fuera una apreciación judicial. En cualquier caso, la precitada doctrina recuerda que los autos deberán ser necesariamente motivados por aplicación de la normativa general de la LOPJ y la LECiv, *por lo que la limitación de la norma lo es a los pronunciamientos no a la motivación.*

En relación con la declaración por el juez del concurso sin masa, señala el Acuerdo de la Jurisdicción Mercantil de Andalucía, Granada, de 10 y 11 de noviembre de 2022. Concursos sin masa que:

> *El supuesto contemplado en el apartado d) ("Los gravámenes y las cargas existente sobre los bienes y derechos del concursado lo sean por importe superior al valor de mercado de esos bienes y derechos") resulta especialmente problemático a la hora de la valoración por parte del juzgador sobre la concurrencia del mismo.*
>
> *Por ello, con el fin de que el órgano judicial pueda disponer de la información más adecuada en orden a la aplicación del régimen especial de los artículos 37 bis y siguientes, sería conveniente que el solicitante aportase (con la solicitud de la declaración de concurso) la información más adecuada para la valoración del bien y derecho y del importe de los gravámenes y cargas existentes, así como de la deuda garantizada pendiente en el momento de la presentación de la solicitud.*
>
> *Por otro lado, y con la misma finalidad, resulta adecuado que el órgano judicial, con carácter previo a la adopción de la resolución prevista en el artículo 37 ter 1 TRLC, acuerde la* ***averiguación patrimonial*** *del deudor a través del Punto Neutro Judicial* (la neguilla es nuestra).

El juez ha de partir de la solicitud de declaración de concurso y de los documentos que la acompañen para tomar la decisión de dar a las actuaciones el curso propio de los concursos sin masa.

---

27 SANJUAN Y MUÑOZ, *Reestructuración y liquidación de microempresas en crisis, ob. cit.*, pág. 125.

Por tanto, lo habitual será que el deudor tome la iniciativa y manifieste en su solicitud, justificándolo documentalmente, encontrarse ante una de las situaciones contempladas en el art. 37 bis del TRLC.

En la práctica, normalmente, el juzgado tomará como buena la solicitud (salvo que de la documentación manifiestamente resulte otra cosa) y actuará en la forma dispuesta en el art. 37 ter.1 del TRLC, para lo cual dictará *auto declarando el concurso de acreedores, con expresión del pasivo que resulte de la documentación, sin más pronunciamiento,* ordenando la publicación del auto en la forma establecida en el precepto examinado[28].

Sin disponer, por lo general, de otra información que la suministrada por el deudor en su solicitud y la documentación acompañada, el juez deberá dictar auto declarando el concurso de acreedores sin masa.

A diferencia de lo previsto en la redacción original del TRLC, cuyo tenor en su art. 47, vigente hasta la promulgación de la LR-TRLC, permitía al juez acordar en el mismo auto de declaración de concurso la conclusión del procedimiento cuando apreciaba de manera evidente que la masa activa presumiblemente sería insuficiente para la satisfacción de los posibles gastos del procedimiento y, además, que no resultaba previsible el ejercicio de acciones de reintegración o de responsabilidad de terceros ni la calificación del concurso como culpable, tras la reforma, el nuevo art. 37 bis del TRLC le impone declarar inicialmente el concurso por auto, *con expresión del pasivo que resulte de la documentación y sin más pronunciamientos.*

El protagonismo del deudor está aquí claro. Frente al modelo derogado, en el cual el juez podía de oficio acordar la conclusión del concurso en el propio auto de su declaración cuando apreciara la insuficiencia de la masa, la normativa vigente deja la

---

28 GARCÍA-VILLARUBIA, *Incertidumbres del nuevo concurso sin masa, tras la Ley 16/2022,* ob. cit.

iniciativa a los acreedores cuyo porcentaje represente al menos un cinco por ciento (5%) del pasivo; siendo éstos los que pueden promover la continuación del procedimiento, solicitando el nombramiento de un administrador concursal quien emita informe sobre los extremos expuestos en el art. 37 ter[29] del vigente TRLC.

De esta forma, la LRTRLC ha reducido notablemente las facultades de que disponía el juez del concurso en la regulación anterior, cuya existencia le permitían a *limine litis* declarar y concluir el concurso de acreedores por insuficiencia de la masa activa en el mismo auto inicial, si apreciara la insuficiencia de la masa.

La regulación actualmente vigente, por el contrario, dispone que el auto declarará el concurso, con indicación del pasivo que resulte de la documentación aportada por el deudor, *sin más pronunciamientos.*

Los pronunciamientos que no se harán son los que, con carácter general, han de integrar el contenido del auto de declaración del concurso según la regulación contenida en la sec. 1.ª del cap. V del lib. I del TRLC (arts. 28 y sigs. del TRLC). Eso no significa que no se esté ante una declaración de concurso propiamente dicha, con todas las consecuencias y efectos que le son inherentes.

Coincide con esta valoración el Acuerdo del Tribunal de Instancia Mercantil de Sevilla cuando afirma que *La declaración de concurso habrá provocado los efectos inherentes a la misma.* Esta constatación es importante para después determinar qué sucede si ningún acreedor legitimado para ello interesa la emisión del informe del administrador concursal o si, haciéndolo, el informe concluye que no se dan indicios sobre los extremos referidos en el art. 37 ter del TRLC.

El auto en que se declare el concurso, el único de los tres potenciales que necesariamente han de dictarse, debe publicarse en la forma señalada por el precepto, con llamamiento al acreedor

---

29 SENENT MARTÍNEZ, *Conclusión y reapertura del concurso, ob. cit.*, pág. 505.

o a los acreedores que representen, al menos, el cinco por ciento (5%) del pasivo, a fin de que éstos puedan solicitar el nombramiento de un administrador concursal para que presente un informe razonado y documentado sobre los extremos que la norma señala.

Así pues, en la actualidad queda en manos de los acreedores que posean el porcentaje señalado la decisión acerca de la continuación o el archivo del concurso.

Primero, corresponde al juez valorar si de la solicitud de declaración de concurso sin masa presentada y de los documentos que la acompañen resulta que el deudor se encuentra en cualquiera de las situaciones a que se refiere el art. 37 bis del TRLC y, en tal condición, previa declaración del concurso, acordar en el mismo auto su publicación; lo cual, seguidamente, permitirá a los acreedores que reúnan el porcentaje señalado, interesar el nombramiento de un administrador concursal que emita el informe previsto en el art. 37 ter del mismo cuerpo legal, en cuyo cuerpo habrá de pronunciarse sobre la existencia de indicios suficientes de que el deudor hubiera realizado actos perjudiciales para la masa activa que sean rescindibles, para el ejercicio de la acción de responsabilidad de terceros o de que el concurso pudiera ser calificado culpable.

Queda, por tanto, en la actualidad en manos de los acreedores que representen el menos el cinco por ciento (5%) del pasivo la decisión relativa a la continuación del procedimiento, solicitando el nombramiento de un administrador concursal para que, de acuerdo a lo regulado en el art. 37 quater, emita informe respecto de los extremos incluidos en el art. 37 ter del TRLC.

Ahora bien, anticipamos que la retribución del administrador concursal por la emisión de este informe, cuyo importe será fijada por el juez en el auto de nombramiento, será asumida por el acreedor o los acreedores que lo hayan solicitado, lo cual, sin duda, habrá de retraer muy frecuentemente a los acreedores a la hora de solicitar este nombramiento.

Si, por el contrario, éstos no solicitan dentro del plazo previsto de quince días desde el siguiente a la publicación del edicto el nombramiento del administrador concursal, procederá la conclusión del concurso.

Se ocupa la norma de señalar a continuación que:

> *En el caso de que, dentro de plazo, ningún legitimado hubiera formulado esa solicitud, el deudor que fuera persona natural podrá presentar solicitud de exoneración del pasivo insatisfecho.*

En este supuesto contemplado por la norma reproducida en el párrafo precedente, según dispone el art. 502 del TRLC, no podrá dictarse el auto de conclusión del concurso hasta que se resuelva respecto de la exoneración solicitada por el deudor común, lo cual constituirá el único objeto del procedimiento.

La idea del legislador es que se concluya el concurso inmediatamente después de su declaración, cuando no existan bienes suficientes para cubrir los gastos a generar por el propio concurso, pero estableciendo una serie de garantías a fin de salvaguardar el interés de los acreedores y la propia finalidad del concurso. Se trata de evitar la tramitación de procedimientos concursales innecesarios, sin por ello descuidar la defensa del interés de los acreedores.

A diferencia de la anterior regulación, cuyo desarrollo atribuía la garantías al juez del concurso, quien debía verificar que concurrían los requisitos para acordar la conclusión, lo cual resultaba poco operativo por la dificultad que suponía para éste su comprobación en el momento inicial, sin más información que la facilitada por el deudor en su solicitud; en la actualidad, son los acreedores quienes pueden pedir o no el nombramiento de un administrador concursal para que emita un informe valorativo del cumplimiento de las condiciones para la terminación del procedimiento.

Por último, para salvaguardar también el interés de los empleados del deudor común, el mismo art. 37 ter. 3 del TRLC se ocupa de señalar expresamente que *El auto de declaración de concurso, en caso de que el deudor fuera empleador, se notificará a la representación legal de las personas trabajadoras.*

Con ello se trata de salvaguardar los intereses de los operarios, si bien, no señala cuál pueda ser la intervención de estos. Pocas dudas ofrece que si el crédito de estos operadores, como ocurrirá con bastante frecuencia, supera el cinco por ciento (5%) del pasivo, al igual que el resto de los acreedores, podrán solicitar el nombramiento de un administrador concursal para que presente un informe razonado y documentado sobre los extremos citados en la disposición.

El legislador no ha regulado un supuesto que puede producirse en la práctica, a saber, el de un acreedor, cuyo crédito aparezca en la lista presentada por el deudor común por un importe inferior al cinco por ciento (5%) del total pero que, en realidad, supera dicho límite. Puede entenderse que, al referirse el precepto, a *los acreedores que representen, al menos, el cinco por ciento del pasivo,* sin añadir ninguna otra precisión, este acreedor no habrá de tener problemas para poder solicitar el nombramiento de un administrador concursal, lo cual nos parece acertado en un primer momento.

Sin embargo, entonces surge la duda respecto a la forma en que habrá de tramitarse la acreditación de tal extremo por el acreedor, lo cual requiere de un pronunciamiento declarativo del juez, teniendo en consideración que el legislador no ha previsto trámite alguno entre el auto de la declaración del concurso sin masa y la solicitud del nombramiento de un administrador concursal por los acreedores legitimados.

Sí se ocupó de esta posibilidad el Acuerdo de la Jurisdicción Mercantil de Andalucía, Granada, de 10 y 11 de noviembre de 2022. *Concursos sin masa,* en el cual se afirma que:

> *Lógicamente el porcentaje viene referido a la relación de acreedores que debe presentar el solicitante de conformidad con el art. 7.3º TRLC.*
>
> *El problema que se puede plantear consiste en la discrepancia entre la pretensión del acreedor para solicitar el nombramiento de Administrador Concursal y el contenido de la relación presentada*

por el deudor, en cuanto a si el acreedor reúne (o no) la participación del 5 % del pasivo para interesar dicho nombramiento.

Dado que el legislador no contempla un trámite específico para resolver esta controversia, el juzgador deberá resolver la legitimación del acreedor solicitante atendiendo a la documentación presentada por este acreedor y la información contenida en la solicitud de concurso, sin necesidad de efectuar un nuevo trámite de audiencia contradictorio.

Esta resolución despliega sus efectos para resolver sobre la legitimación del acreedor de conformidad con el artículo 37.1 ter TRLC sin producir efectos de cosa juzgada respecto a la posible impugnación de la lista de acreedores.

Se ha cuestionado si este primer auto del art. 37 ter TRLC produce alguno de los efectos propios de un genuino auto de declaración de concurso, afirmándose que, dada su ausencia de integridad, parece servir únicamente como vehículo procesal del llamamiento. Ciertamente, no se parece a un auto de declaración de concurso, el cual, por imperativo del art. 28 del texto legal citado, debe contener:

1º El carácter voluntario o necesario del concurso, con indicación, en su caso, de que el deudor ha presentado propuesta de convenio, ha solicitado la liquidación de la masa activa o ha presentado una oferta vinculante de adquisición de unidad o unidades productivas;

2º Los efectos sobre las facultades de administración y disposición del deudor respecto de la masa activa;

3º El nombramiento de la administración concursal, con expresión de las facultades del administrador o de los administradores concursales nombrados;

4º El llamamiento a los acreedores para que pongan en conocimiento de la administración concursal la existencia de sus créditos en el plazo de un mes a contar desde el día siguiente a la publicación de la declaración de concurso en el BOE; y

5º La publicidad que haya de darse a la declaración de concurso.

También, en caso de concurso necesario, el auto de declaración del concurso deberá incluir el requerimiento al concursado para que, en diez días desde la notificación de la declaración de concurso, presente los documentos que el deudor debe acompañar a la solicitud de concurso; además, el juez podrá acordar las medidas cautelares que considere necesarias para asegurar la integridad, la conservación o la administración de la masa activa hasta que el administrador o los administradores concursales acepten el cargo y, si el deudor fuera empleador, el auto se notificará a la representación legal de los trabajadores.

A mayor abundamiento, el art. 30 del TRLC establece que *el auto de declaración de concurso abrirá la fase común del concurso* y *si el deudor hubiera solicitado la liquidación de la masa activa, el juez la acordará en el propio auto en el que declare el concurso solicitado, con simultánea apertura de la fase de liquidación y con los demás pronunciamientos establecidos en esta ley.*

Asimismo, el art. 32 del mismo texto refundido nos recuerda que *el auto de declaración de concurso producirá de inmediato los efectos establecidos en esta ley y tendrá fuerza ejecutiva, aunque no sea firme.*

En otro orden de cosas, debemos preguntarnos qué eficacia tiene el primer auto del concurso sin masa, a lo cual se viene dando por la doctrina dos respuestas: i) la que atribuye al auto los efectos propios de una declaración de concurso; y ii) la que se los niega en absoluto.

En el concurso con insuficiencia de masa inicial pueden dictarse tres diferentes autos, los cuales, en su conjunto, vendrían a constituir el equivalente al auto de declaración de concurso con el contenido que establece el citado art. 28 del TRLC. Así tenemos:

i) En el primer auto se acuerda la declaración del concurso;

ii) En el segundo, en caso de solicitarlo los acreedores que reúnan el porcentaje del 5% señalado, el nombramiento de la administración concursal; y

iii) Para finalizar, un *auto complementario con los demás pronunciamientos de la declaración de concurso y apertura de la fase de liquidación de la masa activa, continuando el procedimiento conforme a lo establecido en esta ley.*

Los autores que niegan efectos al primer auto, más allá del llamamiento, coinciden en atribuírselos todos al tercero. Sin embargo, se ha afirmado que no se acierta a comprender la razón de unificar los efectos en el tercer auto, pretiriendo el primero, el cual es el que, de derecho, declara el concurso y, por imperativo del art. 32 del TRLC (no reformado cuando podía serlo), *producirá de inmediato los efectos establecidos en esta ley y tendrá fuerza ejecutiva, aunque no sea firme.*

El argumento de que este art. 32 se limita a los autos de concurso «unitarios» y no a los «trifásicos», ver *infra,* tiene poco recorrido, ante la ausencia de una norma especial para los concursos sin masa; diferir los efectos al tercero de los autos (por ley, meramente complementario), hurtándoselos al primero, en una suerte de ejercicio de concentración procesal, no está libre de problemas de calado:

i) Si ese tercer auto llega a dictarse, se ha afirmado que se retrotraen los efectos del concurso al primero, sin norma en la cual amparar tal aserto; aún peor sería no retrotraerlos pues en el espacio de tiempo que, necesariamente, ha de mediar (llamamiento, informe y simple devenir judicial) entre la emisión de los diferentes autos, el patrimonio que se trataba de acrecer habrá, por el contrario, estado sujeto a todo tipo de agresiones; y

ii) Si el tercer auto no llegara a dictarse, lo cual será lo más habitual en la práctica, el concurso se cerrará, ya veremos cómo, sin haber surtido el más mínimo efecto.

En opinión de MUÑOZ PAREDES:

> *... el auto del art. 37 ter declara el concurso y, como tal, produce todos aquellos efectos que le son propios, salvo aquellos que la ley difiere al tercer auto (expresamente la apertura de la liquidación). Parece evidente que ha de ser el tercer auto, y no el primero, el que contenga el llamamiento a los acreedores para que comuniquen*

> *sus créditos; y también parece evidente que ha de ser el tercer auto, y no el primero, el que determine el régimen de intervención de facultades del deudor. En lo restante, el* ***auto de declaración*** *produce los* ***efectos naturales de todo concurso****, tanto sobre el deudor (salvo los legalmente vinculados a la intervención de sus facultades), las acciones individuales (declarativos y ejecuciones), los créditos (suspensión del devengo de intereses, compensación, retención y prescripción) y los contratos, con las necesarias* ***adaptaciones****, habida cuenta de que aún no tenemos administración concursal o, aun teniéndola, tiene unas funciones tasadas*[30] (la negrita es nuestra).

4. SOLICITUD DE NOMBRAMIENTO DE ADMINISTRADOR CONCURSAL

A partir de la declaración de concurso sin masa, el testigo se cede a los acreedores del concursado. Se habla, por lo tanto, del protagonismo de los acreedores porque el devenir del procedimiento desde ese momento depende directamente de lo que hagan éstos, una vez producido el llamamiento por el juzgado.

Como hemos señalado, la solicitud de nombramiento de un administrador concursal está sometida a un presupuesto de legitimación. En efecto, hasta en dos ocasiones, en los arts. 37 ter.1 y 37 quater.1, se señala en el vigente TRLC que esa solicitud podrá formularse por el acreedor o acreedores que representen, al menos, el cinco por ciento (5%) del pasivo del concurso. Tan solo estos operadores quienes, individual o conjuntamente, reúnan la participación requerida en la masa pasiva del concurso, dentro del plazo de quince (15) días a contar del siguiente a la publicación del edicto, podrán solicitar el nombramiento de un administra-

---

30 MUÑOZ PAREDES, Alfonso, *El concurso sin masa: una palabra más*, Diario La Ley, núm. 10.194, Ed. Wolters Kluwer, 22 de diciembre de 2022, https://diariolaley.laleynext.es/Content/Documento.aspx?params=H4sIAAAAAAAEAMtMSbF1CTEAAmMzQwMjI7Wy1KLizPw8WyMgxxCI1PLyU1JDXJxtS_NSUtMy81JTQEoy0ypd8pNDKgtSbdMSc4pT1VKT8vOzUUyKh5kAAOGNXbNjAAAAWKE.

dor concursal para que emita un informe razonado y documentado sobre los extremos indicados en primer lugar por la norma.

Durante la tramitación parlamentaria de la LRTRLC en el Senado, frente a la regulación que, finalmente, fue promulgada, la cual, como acabamos de señalar, limita la designación del administrador concursal a los supuestos pedidos por algún legitimado para ello, la enmienda núm. 31 propuso:

> *Articulo 37 quater. Solicitud de nombramiento de administrador concursal.*
>
> *1. ~~En el caso de que, dentro del plazo, acreedor o acreedores que represente, al menos el cinco por ciento del pasivo formularan solicitud de nombramiento de administrador concursal para que emita el informe a que se refiere el artículo anterior~~. El juez, mediante auto, procederá al nombramiento de medidor concursal para que, ~~en el plazo de un mes a contar desde la aceptación,~~ emitía el informe* solicitado *a que se refiere el título anterior. En el mismo auto fijará la retribución ~~del administrador~~ por la emisión del informe encomendado, ~~cuya satisfacción corresponderá al acreedor o acreedores que lo hubieran solicitado~~ cuyo importe será crédito contra la masa. En caso de no existir masa suficiente su satisfacción corresponderá a todos los acreedores.*
>
> *2. (…)*
>
> *JUSTIFICACIÓN: La evaluación de la existencia o no de los indicios previstos en el artículo 37 ter no solo afecta a los acreedores actuales del deudor sino a la sociedad en general, por lo que no debe obviar en ningún caso la determinación de su existencia. Por ello es preciso que el informe se realice por un mediador, aunque no lo soliciten los acreedores actuales. Además, hay que tener en cuenta que la determinación del pasivo y activo no habrá sido supervisada por nadie hasta ese momento.*

Esta enmienda, cuyo tenor pretendía imponer en todo caso la emisión del informe citado, no fue aceptada, pero merece ser recordada, al igual que su justificación, por cuanto implica un interesante criterio diferente del finalmente aceptado por el legislador respecto de esta materia.

En el caso de que, dentro del plazo anteriormente señalado, *de quince* (15) *días a contar del siguiente a la publicación del edicto,* el acreedor o acreedores, representando, al menos, el cinco por ciento (5%) del pasivo, formularan solicitud de nombramiento de un administrador concursal para que emita el informe al cual se refiere el artículo anterior, el art. 37 quater. 1° del TRLC dispone que el juez, mediante un nuevo auto, procederá al nombramiento de aquél para que, en el plazo de un mes a contar desde su aceptación, emita el informe solicitado.

La norma del art. 37 ter del TRLC habla de una doble publicación de este auto: en el BOE y en el RPC. Se cuestiona por parte de la doctrina[31] si el día de publicación no coincide, lo cual será frecuente, cuál ha de tenerse en cuenta para determinar el inicio del cómputo del plazo de quince días. Resuelve esta cuestión, a nuestro juicio de manera acertada, el Acuerdo del Tribunal de Instancia Mercantil de Sevilla para quien, *Lo razonable es atender a la última de las publicaciones, ya que, en caso contrario, es decir, si tenemos en cuenta la primera, carecería de sentido efectuar la segunda.* Además, esta interpretación es la más garantista para los derechos de los acreedores.

De igual forma, puede plantearse si el cómputo de este plazo debe efectuarse por días hábiles o naturales, inclinándonos por entender que se trata de días hábiles, como todos los plazos citados en el TRLC, teniendo en consideración que su art. 521 establece la LECiv como norma supletoria.

La Ley no dice nada en relación con la solicitud por el administrador concursal de una prórroga para la realización de este informe, pero se puede entender que cabe la posibilidad de solicitar un mes más, como máximo, por aplicación de lo dispuesto en el art. 291.2 del TRLC para el informe provisional. Y también por la misma analogía se considerará que, si la administración concursal no realiza el informe en tiempo y forma, el juzgador podría llegar a separarlo del cargo, tal como disponen los arts. 298.2 y 100 del TRLC[32].

---

31 GARCÍA-VILLARUBIA, *Incertidumbres del nuevo concurso sin masa, tras la Ley 16/2022, ob. cit.*

32 PAVÍA y MAGADALENA, *El concurso sin masa, ob. cit.*, pág. 38.

Así lo entendieron también en el Encuentro de la Jurisdicción Mercantil de Andalucía. Granada de 10 y 11 de noviembre de 2022. *Concursos sin masa*, al afirmar:

> *a) Posibilidad de prórroga*
>
> *El art. 37 quáter contempla el plazo de un mes, desde la aceptación, para la emisión del informe.*
>
> *Pese a la ausencia de previsión expresa, consideramos admisible la concesión de una prórroga por un periodo máximo de un mes, aplicando analógicamente los criterios del art. 291.2 TRLC, siempre que se hubiese formulado la solicitud de prórroga por el Administrador Concursal antes de la expiración del plazo inicial.*
>
> *b) Incumplimiento del plazo de presentación del informe*
>
> *En todo caso, el incumplimiento de la obligación de presentación del informe determinará la separación del cargo de conformidad con el art. 296.2 y 100 TRLC y el nombramiento de un nuevo Administrador Concursal.*

La referencia al *acreedor o acreedores* es indicativa de que es posible la agrupación de varios acreedores para completar el porcentaje cuyo valor, conforme a lo que la norma establece, da acceso a la facultad de solicitud de designación de administrador concursal, añadiéndose por algún autor[33] la posibilidad de que, *incluso la solicitud separada de varios acreedores cuyos créditos superen ese porcentaje, situación más teórica que previsible en la práctica.*

Se cuestiona la forma en que los acreedores podrán saber si superan ese porcentaje del cinco por ciento (5%) del pasivo. Podría ser acudiendo al auto inicial, el cual ha de incluir la referencia a la cifra de pasivo. Sin embargo, MUÑOZ PAREDES[34] habla de *expresión del pasivo total que figura en la solicitud, sin individualización de los acreedores ni del importe confesado de sus créditos* cuando hace una relación de los extremos que ha de contener ese auto inicial.

---

33 GARCÍA-VILLARUBIA, *Incertidumbres del nuevo concurso sin masa, tras la Ley 16/2022, ob. cit.*

34 MUÑOZ PAREDES, *El concurso sin masa: sunt lacrimae rerum*, ob. cit.

Las normas, por otro lado, hablan del pasivo en términos generales, sin distinción sobre el tipo al cual se refieren. Parece razonable, se afirma por parte de la doctrina[35], entender que el porcentaje se ha de calcular sobre el pasivo total, del mismo modo que, para efectuar este cálculo, los acreedores podrán tener en cuenta todos los créditos de que sean titulares, con independencia de su calificación.

En efecto, coincidimos con la opinión citada, destacando como debemos considerar que, como señala el adagio *ubi lex non distinguit nec nos distingueré debemus,* al no diferenciarse por el legislador un tipo concreto de pasivo habrán de temerse en consideración todo.

En relación con esta exigencia para la legitimación para solicitar el nombramiento de un administrador concursal surge la duda respecto de qué ocurre si los acreedores discrepan de la cifra de pasivo incluida en la solicitud de concurso por el deudor o si los que formulan la solicitud, manifiestan ser titulares de créditos por un importe diferente del declarado por el deudor en la solicitud de concurso. Sin duda, se trata de cuestiones que pueden resultar relevantes para determinar si se supera o no el porcentaje del cinco por ciento (5%) establecido por el legislador y, en consecuencia, si existe la legitimación para solicitar el nombramiento.

Una posible solución práctica a esta cuestión planteada es la de entender que ha de estarse a los datos contenidos en la solicitud de concurso presentada por el deudor común, tanto respecto del pasivo total, como en cuanto al importe de los concretos créditos de los acreedores solicitantes.

Se ha sostenido por algunas autoras[36] que, por el momento procesal en el cual nos encontramos, tal operación se hará en base al listado que haya aportado el deudor, según el art. 7.3 del

---

35 GARCÍA-VILLARUBIA, *Incertidumbres del nuevo concurso sin masa, tras la Ley 16/2022, ob. cit.*

36 PAVÍA y MAGADALENA, *El concurso sin masa, ob. cit.*, pág. 35.

TRLC y de la relación del pasivo que haya hecho constar el juez del concurso, conforme a art. 37 ter.1 del mismo cuerpo legal. Añadiendo respecto a esta materia de cómo se debe *determinar que acreedores son los que representan el 5% del pasivo, y que podrán solicitar su nombramiento*; dando como respuesta: *Evidentemente, ese porcentaje solo podrá ser sobre la relación de acreedores por el momento procesal en el que nos encontramos, será en base al listado que haya aportado el deudor según el art. 7.3 del TRLC, y de la relación del pasivo que haya hecho constar el juez del concurso según el apartado 1° del art. 37 ter.*

Ésta puede ser la solución más práctica, pero no parece en absoluto satisfactoria, dado que lesiona los legítimos intereses de los acreedores, a los cuales origina una grave indefensión. Si el acreedor o acreedores solicitantes aportan documentación de la cual resulten importes diferentes, el juez debe valorar todo el material dispuesto y decidir acerca de la realidad incluida en él.

En cualquier caso, siempre quedará la posibilidad de calificación de culpabilidad del concurso por inexactitud grave o falsedad en la documentación acompañada a la solicitud de concurso, supuesto especial de calificación de culpabilidad, en todo caso, del art. 443.1.° del TRLC y comportamiento que está especialmente penalizado en los arts. 688, 716 y 717 del mismo cuerpo legal al regular el procedimiento especial para microempresas. Pero, desafortunadamente, si no se llega a nombrar un administrador concursal, la cuestión no se podrá resolver porque no habrá sección de calificación. Se trata, se afirma, de un verdadero callejón sin salida si no se admite la solución anteriormente planteada[37].

En los Criterios sobre concursos sin masa de la Jurisdicción Mercantil de Andalucía (apartado 2) parece admitirse que, en este momento inicial, pueda suscitarse esta pregunta. En ambos casos, sin embargo, se indica que el juez ha de decidir a la vista de

---

[37] GARCÍA-VILLARUBIA, *Incertidumbres del nuevo concurso sin masa, tras la Ley 16/2022, ob. cit.*

la información y documentación contenida en la solicitud de concurso del deudor y en la petición de nombramiento de administrador concursal por los acreedores, sin que proceda un trámite adicional de contradicción en el caso de existir discrepancia entre deudor y acreedores.

De otra parte, se entiende por la doctrina[38] que los acreedores, aunque la ley no lo indique de forma expresa en sede de insuficiencia, deberán solicitar el nombramiento de administración concursal asistidos de abogado y procurador, quienes les defiendan y representen.

5. RETRIBUCIÓN DE LA ADMINISTRACIÓN CONCURSAL POR LA ELABORACIÓN DEL INFORME

En el mismo auto en que se nombre al administrador concursal, prevé el precepto señalado, art. 37 quater. 1 del TRLC, que se fijará su retribución por la emisión del informe encomendado, cuya satisfacción corresponderá al acreedor o acreedores que lo hubieran solicitado. Como hemos anticipado, esta previsión respecto del pago del informe habrá de resultar un grave freno para la solicitud de nombramiento del administrador concursal.

Uno de los problemas sobre los cuales más se discute en la doctrina y la jurisprudencia es el relativo a la retribución que corresponderá al administrador concursal por la emisión del informe con relación a los extremos contenidos en el art. 37 ter.1 del TRLC. Solo dos cosas se regulan en la Ley, en concreto, en el art. 37 quater.1 del TRLC: (i) que en el mismo auto de nombramiento se fijará también esa retribución; y (ii) que su satisfacción corresponderá al acreedor o acreedores peticionarios del nombramiento.

Lo que no encontramos en disposición legal alguna es una regulación de los criterios que habrán de emplearse para la determinación del importe de la retribución, ni del momento en

---

38 MUÑOZ PAREDES, *El concurso sin masa: sunt lacrimae rerum, ob. cit.*

que habrá de efectuarse su pago, ni de la clasificación del crédito derivado de la misma.

Ante la posible existencia de una pluralidad de acreedores solicitantes, señala MUÑOZ PAREDES[39] como:

> *En el concurso necesario, si hay varias solicitudes sucesivas, la STS de 21 de diciembre de 2015 aclara que ha de estarse a la primera presentada, siempre que el tribunal estime su petición. El acreedor solicitante absorbe para sí todo el privilegio. Si la solicitud, es única en la forma, pero plural en su composición (una solicitud, varios acreedores), el TS, en esa misma sentencia, se inclina por la «distribución interna proporcional»; esto es, no la prorrata pura (tantas porciones iguales como acreedores), sino en función del importe respectivo de cada crédito.*

Y se pregunta inmediatamente el mismo autor si:

> *¿Debemos trasladar esos criterios, mutatis mutandis, a la carga de financiar la retribución del administrador concursal?*

A lo que contesta:

> *Mi respuesta es negativa. Atender al orden de llegada (aquí llamada) tiene su razón de ser cuando lo reconocido es el premio de un privilegio; pero si al llamamiento va anejo una carga, nos parece más ajustado el reparto entre todos* (los solicitantes) *(aunque ya el primero de ellos colmara la legitimación) y por simple prorrata, pues todos son potenciales y abstractos beneficiarios del nombramiento de un administrador concursal y del eventual incremento de masa. Siendo el reparto interno a prorrata, frente al requerimiento del juez de hacer frente a su abono impera la solidaridad externa. El juez puede requerir a cualquier acreedor (o grupo de ellos que iguale o supere el 5%) por el todo. Los problemas internos de reparto entre los acreedores son eso, internos, y, por ello, ajenos y no oponibles al órgano judicial.*

Sin duda, conforme a la opinión señalada, el reparto entre todos los solicitantes, nos parece la forma más adecuada de distribución del pago de la retribución al administrador concursal por la emisión del informe encomendado.

---

39 *El concurso sin masa: sunt lacrimae rerum, ob. cit.*

Por lo que se refiere a la cuantía de la retribución que habrá de corresponder al administrador concursal, hubiera sido deseable que el legislador proveyera al juez de algún material normativo para permitirle fijar la retribución con criterios objetivos[40]. Pero, ante la ausencia de reglas legales expresas, nos encontramos con una materia abierta, en la cual los operadores jurídicos deben encontrar una solución fundada en Derecho.

El Acuerdo 1/2022 del Tribunal de Instancia Mercantil de Sevilla[41] consideró, a este respecto, que:

> *...es preciso unificar los criterios a tener en cuenta, de manera que los mismos puedan ser, no solo tenidos en cuenta a la hora de dictar el auto de nombramiento de la administración concursal, sino también para poder incluirlos en el auto de declaración del concurso a los efectos de que los acreedores puedan calibrar la conveniencia o no de solicitar el nombramiento de la administración concursal en función del coste que les podría suponer.*

En este mismo sentido se pronunció el AJM núm. 6 de Madrid de 11 de octubre de 2022, (EDJ 2022/828375) en su FJ 4º, en el cual señaló:

> ...
>
> *3.- Si bien el coste del informe, por razón de la retribución de la administración concursal [-sin perjuicio de otros que pudiera generar la emisión del informe, tales como certificaciones registrales, tasas, aranceles, etc.-], debe fijarse en un posterior Auto una vez formulada la solicitud y al tiempo del nombramiento de aquel, parece razonable el fijar provisionalmente [-con valor puramente informativo-] dicho coste a los fines de que el acreedor o acreedores puedan deliberar sobre la utilidad de dicha solicitud e informe en relación con el importe que deben soportar.*

A continuación, el precitado acuerdo del Tribunal de Instancia Mercantil de Sevilla señala que la retribución a percibir por la administración concursal como consecuencia de su nombramiento a

---

40 MUÑOZ PAREDES, El concurso sin masa: *sunt lacrimae rerum*", *ob. cit.*

41 https://www.icas.es/wp-content/uploads/ACUERDO-1.22.pdf, consulta de 14 de septiembre de 2024, consulta 25 de agosto de 2024.

instancia de los acreedores plantea tres problemas principales: su naturaleza, su cuantificación y el momento de su abono. Los tres problemas señalados nacen como consecuencia de que el legislador no ha establecido ningún parámetro orientador al respecto.

Seguidamente, conforme al orden señalado por el citado acuerdo del Tribunal de Instancia Mercantil de Sevilla, analizaremos por separado cada una de las cuestiones antedichas.

5.1. Naturaleza de la retribución

Por lo que se refiere a la naturaleza a atribuir a la retribución de la administración concursal por la emisión del informe, existen dos opciones doctrinales posibles:

i) De una parte, considerar que la retribución fijada forma parte de la que tiene derecho el administrador concursal por su labor en el procedimiento concursal propiamente dicho y que, por tanto, en el supuesto de dictarse el auto complementario, al cual se refiere el art. 37 quinquies del TRLC, el importe correspondiente a la remuneración por la elaboración del informe se verá absorbido por la retribución global a obtener por el concurso; y,

ii) De otra, entender que la administración concursal tendrá derecho a dos retribuciones diferentes y completas, una, por la emisión del informe y otra, por su actuación en el seno del concurso.

En relación con este asunto de la naturaleza que debe atribuirse a la retribución de la administración concursal, el reiteradamente mencionado Acuerdo 1/2022 del Tribunal de Instancia Mercantil de Sevilla estimó que:

> *Aunque la cuestión sea controvertida, consideramos que la actuación que ha de llevar a cabo la administración concursal para emitir el informe a que se refiere el artículo 37 ter del TRLC es una actuación que formaría parte del informe de la administración concursal regulado en los artículos 290 y siguientes del mismo cuerpo legal, por lo que si finalmente llegara a dictarse auto complemen-*

> *tario lo que habría hecho la administración concursal es adelantar parte de su labor, de manera que no tendría sentido que se retribuyera nuevamente el trabajo ya realizado y retribuido.*
>
> *Además, no puede obviarse que en sede de concurso sin masa no se establece de modo expreso que el derecho de crédito de la administración concursal surgido como consecuencia de la emisión del informe tenga a diferencia de lo que sucede, por ejemplo, en el caso del nombramiento de experto para recabar ofertas de adquisición de unidades productivas, en el que tanto el apartado tercero del artículo 224 sexies como el artículo 242.1.9º del TRLC, califican la retribución como derecho contra la masa de manera expresa.*
>
> *Y no se indica de manera expresa porque, a diferencia de lo que sucede con la retribución del experto para recabar ofertas de adquisición de unidades productivas, al tratarse de una actuación propia de la administración concursal, que además se devenga tras su nombramiento,* ***su remuneración se incluye en la retribución propia de la administración concursal*** (la negrilla es nuestra)

Si se dicta el auto complementario del art. 37 quinquies del TRLC, los importes abonados por la emisión del informe se deducirán de los correspondientes al administrador concursal por toda la tramitación del procedimiento concursal, en concreto, los de la fase común, sin que haya una doble retribución, una, por la emisión del informe y otra, por la sustanciación del procedimiento concursal.

Compartimos la conclusión alcanzada en el acuerdo del Tribunal de Instancia Mercantil de Sevilla reproducido en los párrafos precedentes, conforme al cual, la retribución por el informe regulada en el art. 37 ter del TRLC se incluye en la correspondiente como administradores concursales, principalmente, porque la posición contraria supone una doble remuneración por idéntica actividad, lo que supondría un enriquecimiento sin causa de estos operadores.

5.2. Cuantificación de la retribución

Por lo que respecta a la cuantificación de la retribución, el Acuerdo 1/2022 del Tribunal de Instancia Mercantil de Sevilla afirma que:

> *... atendiendo a que, como hemos visto, el trabajo que desarrollará la administración concursal para emitir el informe forma parte de la labor que realizará en la fase común del concurso en el caso de dictarse el auto complementario, parece lógico acudir a los parámetros establecidos en el Real Decreto 1860/2004, de 6 de septiembre, por el que se establece el arancel de derechos de los administradores concursales.*
>
> *De esta forma, atendiendo a que el informe ha de ser realizado en un mes, consideramos razonable atender al criterio establecido por el citado Real Decreto respecto de aquellas fases en las que la actuación de la administración concursal se retribuye por periodos temporales, como es el caso de la liquidación y del convenio, de manera que se concrete la retribución en el 10% de la que correspondería a la fase común.*

Pero, añade a continuación el Acuerdo citado, para evitar que la aplicación de los parámetros anteriores suponga que la administración concursal haya de realizar un informe por una cantidad irrisoria en aquellos supuestos en los cuales el pasivo no sea elevado, entiende que, en cualquier caso, la retribución acordada no podrá ser inferior a 300€.

En la misma línea se pronuncian los *Criterios sobre concursos sin masa de la Jurisdicción Mercantil de Andalucía*, cuyo contenido hace propios los del Acuerdo del Tribunal de Instancia Mercantil de Sevilla, con la diferencia de que se fija el límite mínimo en 500€.

Sin embargo, también se ha sostenido en la doctrina por algún autor[42] que el recurso automático al arancel de derechos de los administradores concursales, fijado por el Real Decreto 1860/2004, de 6 de septiembre, no parece adecuado, por razones varias:

i) Aunque dispongamos de las cifras de activo y pasivo facilitadas por el deudor en su solicitud, susceptibles de ser llevadas a las escalas del arancel, éste contempla unas retribuciones por fases, no necesariamente por funciones. De las fases del concurso, la común es la más asimilable a las funciones demandadas por los arts. 37 *quater* y *quinquies;*

---

42 MUÑOZ PAREDES, *El concurso sin masa: sunt lacrimae rerum*", *ob. cit.*

sin embargo, el informe pedido al administrador es limitado y no equiparable al de los arts. 290 del TRLC y sucesivos.

ii) Tampoco la retribución asociada a la fase de liquidación le parece apropiada. Ciertamente, si el informe fuera positivo, en cuanto al hallazgo de indicios de acrecimiento posible de la masa, el art. 37 *quinquies* del TRLC ordena la apertura de la liquidación, pero ello no implica que deba el juez atender al art. 9 del arancel para fijar la retribución del administrador concursal por la emisión del informe, por razones varias:

   (a) **Temporales**: el juez ha de fijar la retribución en el segundo de los autos, siendo así que la apertura de la liquidación es propia del tercero y condicionada al hallazgo de indicios; y

   (b) **Materiales**: la emisión del informe requerido por la ley no es una función propia de la fase de liquidación; es previa a su apertura y, en el mejor de los casos, añadida a las propiamente liquidatorias, las cuales, de existir masa finalmente liquidable, habrán de retribuirse de forma independiente y con sujeción estricta al arancel, ya como imprescindible, ya por vencimiento si lo insuficiente torna suficiente.

iii) Además, la heterogeneidad de supuestos del art. 37 *bis* del TRLC, cuyo contenido puede comprender desde la más absoluta carencia de bienes a activos de alto valor teórico y nulo valor venal (inmuebles hipotecados), podría arrojar un rango retributivo que vaya desde lo ridículo (no excluyendo que sea cero) hasta lo inabordable para los acreedores.

Por tanto, concluye el autor citado que la opción que ha empezado a anunciar en los primeros autos dictados en su juzgado es la **fijación a tanto alzado**. Sin embargo, este planteamiento no nos parece aceptable por la excesiva discrecionalidad que supone.

Una posición diferente a las anteriormente citadas es la seguida por el AJM de A Coruña núm. 1, de 25 de octubre de 2023, rec. 358/2023 (EDJ 2023/804442) el cual, en su fallo, dispuso:

> …
>
> *5.- En cuanto a la retribución que corresponde percibir al administrador concursal, por la emisión del informe, procede acudir a lo dispuesto en el artículo 342.3 LEC, para la provisión de fondos en supuestos de nombramiento* ***judicial de peritos****. La satisfacción de esta retribución corresponderá al acreedor o acreedores que lo hubieran solicitado.*
>
> *El acreedor solicitante deberá abonar la provisión de fondos necesaria, que será a cuenta de la liquidación final. El plazo para el ingreso en la Cuenta de Consignaciones y Depósitos de este Juzgado será de cinco días, desde que se conozca cuál es el importe solicitado por el administrador designado, siendo requerido el acreedor, a estos efectos, por el juzgado.*
>
> *Una vez entregada al profesional designado la provisión, se iniciará el cómputo del plazo para la realización del informe requerido* (la negrita es nuestra)

Otra solución es la acogida por el AJM núm. 2 de Valencia, de 15 de noviembre de 2022, cuyo tenor, tras analizar las diferentes alternativas que le parecen disponibles (con referencias incluso al salario mínimo interprofesional) y de afirmar que, en la emisión del informe por el administrador concursal, *su función se asemeja más a la de una pericia técnica, que una función de AC en los términos que expone el TRLC,* considera que *la fórmula más acertada, a juicio de este juzgador, en aras de tener un criterio estable, sería establecer una cuantía fija en función del pasivo del deudor, de forma que la cuantía variaría en función de si éste es o no superior a los 500.000€, que es la [h]orquilla a partir de la cual se fija la retribución en las tablas del RD 1860/2004; y a ello multiplicar por un número de horas proporcional al mes que se tiene para la elaboración del informe.* Según este Juzgado, además, *la cuantía no debe de espantar a los acreedores, y debe de ser proporcional, a priori, con el encargo, de forma que [no] suponga también un trabajo a pérdidas o sin ningún incentivo al profesional.*

Por su lado, el ya citado anteriormente AJM núm. 6 de Madrid, de 11 de octubre de 2022 (EDJ 2022/828375), en su FD 4º, sostuvo que:

> *En atención a tal exigencia de análisis, estudio, indagación, valoración, documentación y evaluación que exige la formulación del informe "razonado y documentado", estima este tribunal que la retribución provisional [-acudiendo al Arancel aprobado por Real Decreto 1860/2004, en tanto no se desarrolle la D.F.13ª de la Ley 16/2022, de 5 de septiembre-] debe equivaler a la mitad (50%) del límite retributivo fijado en el art. 86.1.2ª TRLCo si bien aplicado al pasivo concursal, pues en buena lógica un concurso sin masa carece de ella para fijar la retribución y su límite; y es precisamente esta la que debe indagar, analizar y tratar de incrementar el informe que dispone el art. 7. ter TRLCo.*

Por otra parte, en la doctrina[43] se ha sostenido que no es fácil decantarse por alguna de las respuestas propuestas pero, si hubiera de optarse necesariamente por una de ellas, se tendería a acudir a la última: fijación a tanto alzado, teniendo en cuenta los datos del procedimiento concreto, los criterios del arancel y el trabajo efectivo que pueda requerir la emisión del informe; ahora bien, reconociendo que decir esto es casi no decir nada, incluyendo, además, los inconvenientes de la incertidumbre y de la dificultad de su aplicación práctica si el número de solicitudes de designación de administrador concursal se hace inmanejable (lo que está por ver), por eso, al final, le parece inteligente y realista la solución propuesta en Andalucía.

En cualquier caso, también manifiesta que sería deseable que la situación se resuelva cuanto antes con la correspondiente intervención normativa y que, si ésta no llega, se pudiese establecer una solución lo más uniforme posible en todo el territorio nacional a través de los correspondientes acuerdos entre los órganos de la especialidad mercantil de las distintas plazas y Comunidades Autónomas, dado que no puede ser que esta retribución sea diferente, según el lugar en el cual se esté tramitando el concurso.

Sin ningún género de dudas, se puede afirmar la inexistencia de una solución clara a la forma en que habrá de fijarse esta re-

---

43 GARCÍA-VILLARUBIA, *Incertidumbres del nuevo concurso sin masa, tras la Ley 16/2022, ob. cit.*

tribución; como también lo es que lo deseable sería una solución legislativa y, a falta de ésta, una doctrina uniforme de todos los órganos jurisdiccionales.

En nuestra opinión, deberá tenerse en cuenta que, si bien la labor del administrador concursal se asemeja en este supuesto a la de un perito, la solución deberá encontrarse dentro del ámbito de la normativa concursal, concretamente, en la reguladora de la remuneración de estos operadores, teniendo en consideración que, en el informe mencionado por el art. 37 ter del TRLC, habrán de contenerse varios pronunciamientos, cuyos contenidos también son propios del informe de la administración concursal conforme a los arts. 292 y 293 del TRLC.

5.3. Momento del pago de la retribución

Por lo que se refiere al momento en el cual debe el acreedor o los acreedores solicitantes del nombramiento abonar la retribución por la elaboración de este informe a la administración concursal, puede optarse por exigirlo antes de su elaboración o por permitir el abono con posterioridad.

El Acuerdo 1/2022 del Tribunal de Instancia Mercantil de Sevilla manifiesta sobre esta materia que:

> *... la segunda opción plantea varios problemas, tales como qué juzgado sería competente para conocer de la reclamación que, en caso de impago, tendría que plantear la administración concursal frente al acreedor, o cómo compatibilizar el hecho de que la ley imponga su satisfacción al acreedor solicitante y, si se dictara auto complementario, la retribución del informe quedaría absorbida por la retribución global de la administración concursal.*

Y añade a continuación que:

> Por ello, es preferible que se exija al acreedor solicitante que satisfaga la retribución fijada por el **juez antes de que la administración concursal elabore el informe**, de manera que no sea precisa reclamación ante el impago y que, en caso de dictarse auto complementario, el acreedor ostente un crédito contra la masa por el importe abonado, ya que no sería lógico que resultara perjudicado

> cuando su actuación ha favorecido al resto de acreedores. Y es que, si fructifican las acciones rescisorias o de responsabilidad o el concurso es calificado como culpable con condena pecuniaria al administrador societario, los acreedores podrían llegar a cobrar parte de sus créditos y debe resarcirse a quien lo impulsó. En cambio, si el informe es desfavorable o si, tras el auto complementario, no se ingresa cantidad alguna en la masa del concurso, el acreedor solicitante no verá reembolsado el importe que abonó para la emisión del informe (la negrilla es nuestra).

Todas estas razones llevan a considerar que la retribución debe abonarse en el breve plazo de cinco días desde la aceptación del cargo por la administración concursal[44].

De otra parte, en la doctrina[45] se ha señalado como la ley, de nuevo, omite las consecuencias del impago. Para, a continuación, afirmar que:

> *Ausente también un régimen de exacción forzosa de un auto de retribución que carece positivamente del carácter de título ejecutivo (aunque, de ordinario, se reconozca a los autos de retribución arancelarios), podría haberse previsto la obligación de la minoría de acreedores de consignar el importe en un determinado plazo (al modo del 475.2) y la consecuencia de no hacerlo. A pesar de la omisión, el pago o consignación* ***debe ser previo*** *al inicio del encargo al administrador concursal, de modo que si no se consigna el importe fijado en el plazo que se determine, el administrador concursal quedará liberado de su obligación de emitir el informe y se procederá a la conclusión del concurso* (la negrita es nuestra).

En relación con la retribución de la administración concursal fijada para la emisión del informe, se ha sostenido por otro autor[46] como, aunque inicialmente fue asumida por el o los acreedores solicitantes, dado que el mismo ha redundado en la declaración del concurso, debería generar un **crédito contra la masa a favor**

---

44 El Acuerdo 1/2022 del Tribunal de Instancia Mercantil de Sevilla https://www.icas.es/wp-content/uploads/ACUERDO-1.22.pdf.

45 MUÑOZ PAREDES, *El concurso sin masa: sunt lacrimae rerum, ob. cit.*

46 SENENT MARTÍNEZ, *Conclusión y reapertura del concurso, ob. cit.*, pág. 506.

de quien lo asumió inicialmente, de conformidad con lo establecido en el art. 242.1.9 del TRLC, cuyo tenor se refiere expresamente al crédito por la retribución del administrador concursal, opinión que compartimos, dado que nos parece la solución más adecuada, teniendo en cuenta la equidad, toda vez que lo actuado habrá de redundar en beneficio del conjunto de los acreedores.

Por el contrario, con respecto a si *los acreedores tienen derecho a recuperar lo abonado* al administrador concursal, se ha sostenido que:

> *El importe abonado lo es* ***a fondo perdido****, ya que el art. 37 quinquies reduce la posibilidad de recuperación de gastos judiciales y costas a los casos de ejercicio subsidiario de las acciones social y/o rescisorias y el art. 242 no contempla el reembolso como posible crédito contra la masa*[47] (la negrita es nuestra).

Para otra parte de la doctrina[48] la solución no es evidente porque nada dice la Ley acerca de la posibilidad de recuperación del importe abonado por los acreedores. Incluso pesa en contra el hecho de que el art. 242.1. 9.º del TRLC califique como crédito contra la masa el crédito por los honorarios del experto para recabar ofertas de adquisición de la unidad productiva, sin decir nada en lo relativo al informe del art. 37 ter del mismo cuerpo legal.

Pero es más que razonable, a la vista de la naturaleza de la actuación de la administración concursal en la realización del informe, cuyo resultado, de ser positivo en cuanto a la existencia de indicios, redundará en beneficio del conjunto de los acreedores del deudor y, frente a lo establecido en Sevilla, con independencia del resultado final del ejercicio de las acciones allí previstas en términos de ingreso de cantidades en la masa activa.

Pese a la falta de claridad de la exposición, del conjunto del trabajo citado, resulta evidente que este autor se inclina porque si el administrador concursal en su informe apreciara la existencia

---

47 MUÑOZ PAREDES, *El concurso sin masa: sunt lacrimae rerum, ob. cit.*

48 GARCÍA-VILLARUBIA, *Incertidumbres del nuevo concurso sin masa, tras la Ley 16/2022, ob. cit.*

de indicios que dieran lugar a que el juez dictará el auto complementario, el acreedor demandante del nombramiento tendrá un crédito contra la masa por el importe satisfecho en concepto de honorarios.

Para el Acuerdo del Tribunal de Instancia Mercantil de Sevilla y los *Criterios sobre concursos sin masa de la Jurisdicción Mercantil de Andalucía*, la retribución de la administración concursal por la emisión del informe se integra en sus honorarios generales, por lo cual parece razonable que el acreedor o acreedores demandantes del informe y quienes abonaron los honorarios correspondientes, puedan, por subrogación, considerarse titulares de un crédito contra la masa de la misma naturaleza que los honorarios generales de la administración concursal (art. 242.1.9.º del TRLC).

Con una salvedad para el Acuerdo del Tribunal de Instancia Mercantil de Sevilla, cuyo contenido no aparece en los precitados *Criterios sobre concursos sin masa de la Jurisdicción Mercantil de Andalucía*: si el informe es desfavorable o pese al ejercicio de las acciones contempladas en el art. 37 ter del TRLC o de la tramitación de la sección de calificación no se ingresa nada en la masa activa, porque no prosperen o porque, prosperando, no se consiga el ingreso de cantidades en la masa activa, entonces, no procederá el reembolso.

A la vista de lo señalado anteriormente, entendemos debe concluirse que el acreedor demandante del informe y pagador de los honorarios correspondientes es titular de un crédito contra la masa de idéntica naturaleza a los honorarios generales de la administración concursal. Pero, si el informe concluye que no se dan los indicios del art. 37 ter del TRLC y, en consecuencia, no se dicta el auto complementario, nada podrá repercutir, lo cual, en la práctica, parece habrá de resultar indiferente, dado que tampoco habrá masa activa de cuyo monto percibir lo pagado.

En relación con este punto, resulta de interés el AJM núm. 19 de los de Madrid, en su FD 5º, donde se afirma:

> *No se esconde que un óbice para que los acreedores puedan solicitar el nombramiento de administrador concursal que confeccio-*

> *ne el informe del art. 37 ter.1 TRLC puede ser la previsión del art. 37 quater apartado 1, in fine, en el sentido de que la retribución por la emisión del informe encomendado habrá de ser satisfecha por el acreedor o acreedores que lo hubieran solicitado.*
>
> *Por ello, desde este momento inicial conviene reflejar el criterio de este juzgador acerca de qué trato se habrá de dar al pago efectuado por dicho acreedor, considerando sumamente prudente y acertado el acogido en auto de 19 de mayo de 2023 por el Juzgado de lo Mercantil n.° 16 de Madrid (Iltmo. Sr. Nieto Delgado), en el sentido de establecer las siguientes reglas de compensación y liquidación: 1ª) el importe que abone el/los acreedor/es al administrador concursal deberá detraerse de la total retribución que corresponda al mismo, por el desempeño de sus funciones, caso de declararse, a la vista del informe confeccionado, el auto complementario del art. 37 quinquies TRLC; 2ª) en tales supuestos, el acreedor que abone dicha retribución verá reconocido en el concurso un crédito contra la masa por dicho importe, que tendrá, además, en caso de insuficiencia sobrevenida de masa, la calificación de crédito imprescindible para concluir la liquidación, a los fines prevenidos por el artículo 250 del TRLC. Sería paradójico que, a instancia y exclusivamente a costa de uno o varios acreedores, se dictara el mencionado auto complementario, dando lugar a la tramitación del procedimiento concursal, que podría favorecer al resto, que mantuvieron una posición pasiva, sin abonar cantidad alguna.*

Sin duda, para facilitar su labor, el art. 37 quater. 2° del TRLC, de forma similar al art. 135 de idéntico cuerpo legal, impone al deudor el deber de facilitar de inmediato toda la información requerida por el administrador concursal para la elaboración del informe que le ha sido encomendado. Sin contar con esta colaboración del deudor común, no resultaría posible contar con la información imprescindible para la confección del informe.

6. AUTO COMPLEMENTARIO

Finalmente, completa la regulación de la declaración de concurso sin masa, el art. 37 quinquies del TRLC, intitulado *Auto complementario*, último precepto de los contenidos en la sec. 4ª, el cual, en su núm. 1° dispone que:

Si en el informe el administrador concursal apreciara la existencia de los indicios a que se refiere el art. 37 ter, el juez dictará auto complementario con los demás pronunciamientos de la declaración de concurso y apertura de la fase de liquidación de la masa activa, continuando el procedimiento conforme a lo establecido en esta ley.

El precepto reproducido en el párrafo precedente, como se señala por una parte de la doctrina[49], integra tres diferentes posibilidades, una de ellas expresa y las otras dos tácitas:

i) Si el informe del administrador concursal nombrado para ello nos dice que existen razones para no concluir el concurso, porque concurre alguno de los supuestos del art. 37 ter del TRLC, entonces, se dicta un auto, llamado complementario, el cual apertura la fase de liquidación de la masa activa y continua con esa liquidación por el régimen que corresponda;

ii) En caso contrario, si no existe ninguno de los supuestos que recoge el art. 37 ter citado, la solución es tácita, ya que, aunque el precepto no lo dispone, debe entenderse que concluye el concurso porque no hay auto complementario; y

iii) Una tercera opción, también tácita, es que no se produzca el llamamiento del administrador concursal porque no lo ha solicitado ningún acreedor de más del 5% del pasivo, por lo cual tampoco hay complemento del auto de declaración del concurso y, por tanto, debe procederse a la conclusión del concurso.

Añadiendo a continuación, en su núm. 2º el mismo precepto anteriormente citado que:

El administrador concursal ***deberá ejercitar las acciones*** *rescisorias y las acciones sociales de responsabilidad antes de que transcurran*

---

[49] SANJUAN Y MUÑOZ, *Reestructuración y liquidación de microempresas en crisis, ob. cit.*, págs. 132 y sigs.

> *dos meses a contar desde la presentación del informe a que se refiere el artículo anterior. Si no lo hiciera, el acreedor o los acreedores que hubieran solicitado el nombramiento de administrador concursal estarán legitimados para el ejercicio de esas acciones dentro de los dos meses siguientes. El régimen de las costas y de los gastos será el establecido en esta ley (art. 122.2) para los casos de ejercicio subsidiario de acciones por los acreedores* (la negrita es nuestra).

Según se afirma por alguna autora[50]:

> *Estamos ante un cometido a realizar por parte de la administración concursal pero no ante un deber, ya que, de no tomar las acciones legales descritas, en el mismo apartado del precepto se prevé que el acreedor o los acreedores que solicitaron el nombramiento del administrador concursal estén legitimados para el ejercicio de esas acciones en el plazo de los dos meses siguientes. No establece ninguna consecuencia de carácter sancionador para el administrador concursal y es por ello, que no puede decirse que consista en una acción de obligado cumplimiento por parte del administrador concursal.*

Sin embargo, no podemos aceptar dicha posición, atendiendo a lo que establece el tenor literal de la norma reproducida, la cual comienza disponiendo que *El administrador concursal* ***deberá ejercitar*** *las acciones*, dejando claro que se trata de una obligación impuesta a este órgano de administración del concurso, el cual podrá incurrir en la responsabilidad que establece con carácter general los arts. 94 y sigs. del TRLC si incumple este deber.

En el supuesto del ejercicio de esas acciones por el acreedor o los acreedores que solicitaron el nombramiento del administrador concursal, éstos litigaran a su costa en interés de la masa, pero, en la circunstancia de que la demanda fuese total o parcialmente estimada, una vez que la sentencia sea firme, tendrán derecho a reembolsarse con cargo a la masa activa de los gastos y costas en que hubieran incurrido hasta el límite de lo efectivamente percibido por la masa.

---

50 PAVÍA y MAGADALENA, *El concurso sin masa, ob. cit.*, pág. 39.

7. CONSECUENCIA DE NO DICTARSE EL AUTO COMPLEMENTARIO

Para comenzar, debemos señalar que el legislador no se ha ocupado de regular de ninguna forma qué acontece en caso de que ninguno de los acreedores interese el nombramiento del administrador concursal para la emisión del informe o el informe de éste manifieste que no se aprecia ningún indicio de los relacionados en el art. 37 ter del TRLC. Sin embargo, parece evidente que el concurso no puede quedar abierto de manera indefinida, en una suerte de limbo jurídico, especialmente, porque la sola declaración de concurso habrá producido los efectos que le son propios.

Sí se trata de persona jurídica o de persona natural que no formule la solicitud de exoneración, deberá dictarse auto de conclusión del concurso, de conformidad con lo dispuesto en el art. 465.7 del TRLC. Esta debería ser la misma solución para el caso de que el informe del administrador concursal exponga que no se aprecia ningún indicio de los relacionados en el art. 37 ter del mismo cuerpo legal; aunque surge la duda relativa a la posibilidad de aplicar analógicamente lo regulado en el art. 475 del texto refundido para la oposición a la conclusión del concurso por insuficiencia de masa sobrevenida, materia a analizar en el capítulo siguiente.

Entendemos que, en este caso, existe identidad de razón y el acreedor que solicitó el nombramiento del administrador concursal y discrepe de sus conclusiones, debería ostentar legitimación para oponerse a la conclusión, si bien habrá de garantizar una cantidad suficiente para la satisfacción de los previsibles créditos contra la masa que puedan generarse durante la tramitación de la oposición en los términos del art. 475.2 del reiterado texto refundido[51].

También se ocupó de qué sucede en la circunstancia de que ningún acreedor solicite dentro del plazo de quince días el nom-

---

51 SENENT MARTÍNEZ, *Conclusión y reapertura del concurso, ob. cit.*, pág. 506 y sigs.

bramiento de administración concursal o de que su informe concluya que no existen indicios suficientes de la concurrencia de ninguno de los supuestos previstos en el art. 37 ter del TRLC, respecto de lo cual el legislador tampoco se ha pronunciado de manera expresa, el Acuerdo 1/2022 del Tribunal de Instancia Mercantil de Sevilla, señalando:

> *Esta ausencia de previsión legal expresa no puede llevarnos a pensar que no es precisa actuación judicial posterior, puesto que la declaración de concurso habrá provocado los efectos inherentes a la misma y debe ponerse fin a dicha situación.*
>
> *Si el concurso lo es de persona natural, el artículo 501 del TRLC prevé que se dé comienzo al plazo de diez días que el deudor tiene para solicitar la exoneración del pasivo insatisfecho, de forma que resultará de aplicación lo dispuesto en el artículo 502 que prevé que si no hay oposición a la exoneración la concesión de la exoneración se producirá "en la resolución en la que declare la conclusión del concurso" y que si la hay "(n)o podrá dictarse auto de conclusión del concurso hasta que gane firmeza la resolución que recaiga en el incidente concediendo o denegando la exoneración solicitada".*
>
> *Por tanto, no deben albergarse dudas de que en los concursos sin masa de personas naturales que soliciten la exoneración debe dictarse auto de conclusión del concurso.*
>
> *Por otra parte, debemos tener en cuenta que, de acuerdo con el ordinal séptimo del artículo 465 del TRLC procede la conclusión del concurso "(c)uando, en cualquier estado del procedimiento, se compruebe la insuficiencia de la masa activa para satisfacer los créditos contra la masa, y concurran las demás condiciones establecidas en esta ley".*
>
> *El precepto prevé la conclusión "en cualquier estado del procedimiento", pero solo se regula de modo expreso la tramitación de la conclusión por insuficiencia sobrevenida en los artículos 473 a 476, sin que, tras la derogación de los artículos 470 a 472, se regule la conclusión por insuficiencia ya presente en el momento de declarase el concurso, que es lo que ocurre en el supuesto que analizamos.*
>
> *Existen otras causas de conclusión que no tienen regulada una tramitación específica, como sucede con la prevista en el ordinal segundo del citado artículo 465, es decir, en el caso de que "de la lista definitiva de acreedores resulte la existencia de un único acreedor", por lo que esta ausencia de regulación no puede in-*

> *terpretarse en el sentido de negar que la insuficiencia de masa no sobrevenida sino inicial sea causa de conclusión, sino en el sentido de negar que sea precisa una tramitación previa al dictado del auto de conclusión.*
>
> *Por tanto,* ***deberá dictarse directamente auto de conclusión del concurso sin masa*** *en los siguientes supuestos:*
>
> *Primero, en el caso de personas jurídicas, cuando haya vencido el plazo para que los acreedores soliciten el nombramiento de administración concursal sin que lo hayan hecho y cuando el informe de la administración concursal no aprecie indicios suficientes para la continuación del procedimiento.*
>
> *Segundo, en el caso de personas naturales, cuando hayan transcurrido el plazo para solicitar la exoneración del pasivo insatisfecho, sin que lo hayan hecho.*
>
> *Y, tercero, en el caso de personas naturales que hayan solicitado la exoneración del pasivo insatisfecho, en los momentos previstos en artículo 502 del TRLC*[52] (la negrita es nuestra).

En parecidos términos, en lo relativo a esta materia, señalada en los párrafos precedentes, en las conclusiones del Encuentro de la Jurisdicción Mercantil de Andalucía. Granada, 10 y 11 de noviembre de 2022. *Concursos sin masa*, se afirma:

> *Si no se hubiese solicitado el nombramiento de Administrador Concursal dentro del plazo de 15 días, el artículo 37 ter 2 solo contempla, para el supuesto de personas naturales, que "se podrá presentar solicitud de exoneración del pasivo insatisfecho".*
>
> *Ahora bien, tanto si no se hubiese solicitado el nombramiento de Administrador Concursal como si se hubiese solicitado el nombramiento de Administrador Concursal y este hubiese presentado el informe del que no resulta la existencia de los indicios a los que se refiere el artículo 37 ter, el juez* ***dictará auto de conclusión del concurso*** *al amparo del artículo 465.7 TRLC:*
>
> *"Cuando, en cualquier estado del procedimiento, se compruebe la insuficiencia de la masa activa para satisfacer los créditos contra la masa, y concurran las demás condiciones establecidas en esta ley"* (la negrita es nuestra).

---

52 El Acuerdo 1/2022 del Tribunal de Instancia Mercantil de Sevilla https://www.icas.es/wp-content/uploads/ACUERDO-1.22.pdf

En la doctrina, MUÑOZ PAREDES[53] se cuestiona qué sucede si nadie acude al llamado, respondiendo que, si el concurso lo es de persona física, el fracaso del llamamiento abre al deudor la posibilidad de interesar el EPI. Si lo es de persona jurídica, nada se dice.

Como el legislador se ha olvidado de regular este supuesto como causa de conclusión, ello obliga a acudir a la norma general del art. 465.7° del TRLC, en el cual se norman las causas de insuficiencia de masa activa en cualquier estado del procedimiento, cuya redacción, por sus términos, dado su "exigencia" de que la insuficiencia «se compruebe», parece ajustarse mejor a la insuficiencia sobrevenida que a la inicial y, en ésta, más al caso de informe negativo del administrador concursal (que permite dar por comprobada la insuficiencia) que al supuesto de fracaso del llamamiento, cuyo tenor, a lo sumo, permite constatar el desinterés de los acreedores, pero no necesariamente su conformidad, al menos expresa, con el pronóstico judicial de insuficiencia.

No obstante, a falta de norma de mejor encaje, debemos acudir a la única existente, pues la alternativa, es decir, dejar el concurso en vía muerta, no le parece al precitado autor atendible. Por ello, si, expirado el plazo, no existieren solicitudes de nombramiento, **se procederá a dictar auto de conclusión del concurso, no susceptible de** recurso alguno.

De otra parte, GARCÍA-VILLARUBIA[54] argumenta que se hace aquí preciso distinguir entre los supuestos de deudor persona física y los de deudor persona jurídica. Según el art. 37 ter.2 del TRLC, *en el caso de que, dentro de plazo, ningún legitimado hubiera formulado esa solicitud, el deudor que fuera persona natural podrá presentar solicitud de exoneración del pasivo insatisfecho.* Si el deudor formula la solicitud y nadie se opone a su concesión, se procederá a la conclusión del concurso.

---

[53] *El concurso sin masa: sunt lacrimae rerum, ob. cit.*

[54] Incertidumbres del nuevo concurso sin masa, tras la Ley 16/2022, *ob. cit.*

Como previene el art. 502.1 del TRLC, *si la administración concursal y los acreedores personados mostraran conformidad a la solicitud del deudor o no se opusieran a ella dentro del plazo legal, el juez del concurso, previa verificación de la concurrencia de los presupuestos y requisitos establecidos en esta ley concederá la exoneración del pasivo insatisfecho en la resolución en la que declare la conclusión del concurso.*

Parece, por lo tanto, que, con el otorgamiento de la exoneración, se acordará igualmente la conclusión del concurso, con los efectos que le son propios (arts. 483 y 484 del TRLC). Ahora bien ¿Y si el deudor no formula la solicitud de exoneración? La solución ha de ser la misma, por razones similares a las que, seguidamente, se exponen para el caso de concurso de persona jurídica.

A nuestro entender, conforme a la doctrina mayoritaria, podemos concluir que, tanto en el supuesto de que el deudor común sea una persona física como si es jurídica, cuando ningún acreedor titular de más del cinco por ciento (5%) del pasivo haya solicitado el nombramiento de un administrador concursal o si el designado en su informe ha considerado la no concurrencia de ninguno de los supuestos contemplados en el art. 37 ter del TRLC, deberá entenderse que procederá la conclusión del concurso, dictándose la correspondiente resolución, con los efectos que señalan los arts. 483 a 485, ambos inclusive, del cuerpo legal citado.

El AAP de Murcia, sec. 4º, de 16 de noviembre de 2023, núm. 262/2023, rec. 720/2023 (EDJ 2023/836354), en su FD 2º.2, manifiesta que:

> *Los arts. 37 bis a 37 quinquies del Texto Refundido de la Ley Concursal, en la redacción dada por la Ley 16/2022, de 5 de septiembre, dentro de la Sec. 4ª, de la declaración de concurso sin masa, no contiene una regulación de la conclusión del concurso en caso que ningún acreedor solicite el nombramiento de un administrador concursal para el análisis de los presupuestos del art. 37 bis TRLC; por lo que debemos acudir a la regulación de la conclusión del concurso, a partir del art. 473 TRLC.*

El citado AAP de Murcia, sec. 4ª, de 16 de noviembre de 2023, en su FD 2º. 6 reproduce igual decisión, con idéntica justificación, bajo el régimen legal actual, contenida en el AAP Valencia, Sec. 9ª, de 12 de junio de 2023, núm. 54/2023, rec. 79/2023 (EDJ 2023/678123), cuyo tenor afirma:

> …
>
> *5. Ahora bien, en caso de que el concurso se concluya sin oposición, se dictará* ***auto de conclusión****. Este auto no será recurrible conforme al artículo 481.1 del Texto Refundido de la Ley Concursal. Esta misma solución, se entiende, concurre en el caso del concurso sin masa en el que nadie interesa el nombramiento de administrador concursal conforme al artículo 37 ter ya que, pese al silencio de la norma, procede que el juez dicte auto de conclusión del concurso. Situación que ocurrió en el presente caso (la negrita es nuestra).*

Otro tema, de gran trascendencia práctica, el cual tampoco resuelve el TRLC, es la de a quién corresponderá la legitimación para certificar la deuda laboral ante el FOGASA. A la vista de esta laguna legal, parece que los trabajadores tendrán que acudir a la jurisdicción social, con la demora que ello supone, para que por ésta se dicte la declaración judicial de insolvencia de la empresa, como impone el art. 15 del Real Decreto 505/1985, de 6 de marzo, sobre organización y funcionamiento del Fondo de Garantía Salarial.

8. RÉGIMEN DE RECURSOS

Antes de finalizar, resulta necesario hacer una última referencia al régimen de recursos contra los tres diferentes autos regulados, con distintos contenidos y pronunciamientos, en los arts. 37 bis a 37 quinquies, ambos inclusive, del TRLC, analizados en los epígrafes precedentes, cuestión que también está abierta a interpretaciones.

Estos son, como hemos visto:

i) El primero, es decir, el del art. 37 ter.1 del TRLC, se limita a la declaración de concurso, sin más pronunciamientos, y debe contener el razonamiento correspondiente a la concurrencia de uno de los supuestos previstos en el art. 37 bis del TRLC, para entender que se está ante un concurso sin masa;

ii) El segundo es el auto regulado en el art. 37 quater.1 del TRLC y se pronunciará sobre el nombramiento de administrador concursal, para lo cual deberá de examinarse la legitimación del acreedor o acreedores solicitantes y habrá también de fijar la retribución del administrador concursal; y

iii) El tercero es el denominado "auto complementario" del art. 37 quinquies del TRLC, en el cual se incluirán *los demás pronunciamientos de la declaración de concurso y apertura de la fase de liquidación de la masa activa, continuando el procedimiento conforme a lo establecido en* el TRLC.

Es lo que MUÑOZ PAREDES[55] denomina, de manera gráfica, como *el concurso sin masa trifásico.* Y todavía pueden dictarse más, como el auto de conclusión del concurso si nadie interesa el informe o si, interesado, en él se sostiene que no se dan los indicios relacionados en el art. 37 ter.1 del TRLC.

Para comenzar, es preciso señalar que no hay en los preceptos relacionados ninguna previsión relativa al régimen de recursos contra los autos mencionados. En consecuencia, parece que lo razonable es acudir al régimen general de recursos regulado en el TRLC, en cuyo art. 546 se dispone que:

> *Contra las providencias y autos que dicte el juez del concurso* ***solo cabrá recurso de reposición****, salvo que en esta ley se excluya todo recurso o, en el caso de los autos, se otorgue expresamente recurso de apelación.* (La negrita es nuestra).

Como quiera que, en ninguna de las normas indicadas, se excluye todo recurso, ni se señala alguno concreto, contra los autos

---

55 MUÑOZ PAREDES, Alfonso, El concurso sin masa: una palabra más, ob. cit.

a que se está haciendo referencia, entendemos cabe recurso de reposición ante el propio juez que los dictó, sin posibilidad de ulterior recurso. Así lo entendió también el Acuerdo del Tribunal de Instancia Mercantil de Sevilla.

Sin embargo, MUÑOZ PAREDES[56] estima que:

> *... el auto de retribución no será susceptible de recurso ni por el deudor (carece de gravamen, pues no se satisface a su costa) ni por los acreedores promoventes. La apelación, como medio de impugnación natural de los autos de retribución, dilataría un tránsito que, para su eficacia, debe ser necesariamente rápido.*

Se ha cuestionado[57], asimismo, si *los acreedores pueden discutir el diagnóstico inicial de insuficiencia,* manifestando que el juez, a la vista de la solicitud, efectúa un diagnóstico inicial de insuficiencia e invita a los acreedores, no a emitir una segunda opinión, sino a financiar la expedición de búsqueda. Pero, a la vista del escaso fervor por acudir al llamamiento, debemos cuestionar si es lícito que el acreedor, en lugar de interesar el nombramiento de administrador concursal, cuestione por vía de recurso el presupuesto básico: la insuficiencia inicial de la masa activa.

Si bien el art. 37 *ter* del TRLC nada dispone al respecto, como norma general, el art. 546 del mismo cuerpo legal concede recurso de reposición salvo cuando en la ley se excluya todo recurso o se otorgue recurso de apelación, esto nos llevaría a afirmar que ese primer auto del juez del concurso es susceptible de aquel recurso.

En consecuencia, parece lo más acertado admitir la posibilidad de formular este recurso, a fin de que los acreedores puedan discutir la apreciación judicial de insuficiencia de masa activa. Todo ello, sin perjuicio de que los acreedores, al recurrir, tendrán únicamente la misma documentación que el juez del concurso, más la privativa de su posición crediticia, todo lo cual, por lo general, hará muy difícil fundamentar el recurso correspondiente.

---

56 *El concurso sin masa: sunt lacrimae rerum, ob. cit.*

57 MUÑOZ PAREDES, *El concurso sin masa: una palabra más,* ob. cit.

Figura número 2. Tramitación básica del concurso sin masa (arts. 37 bis a 37 quinquies del TRLC)

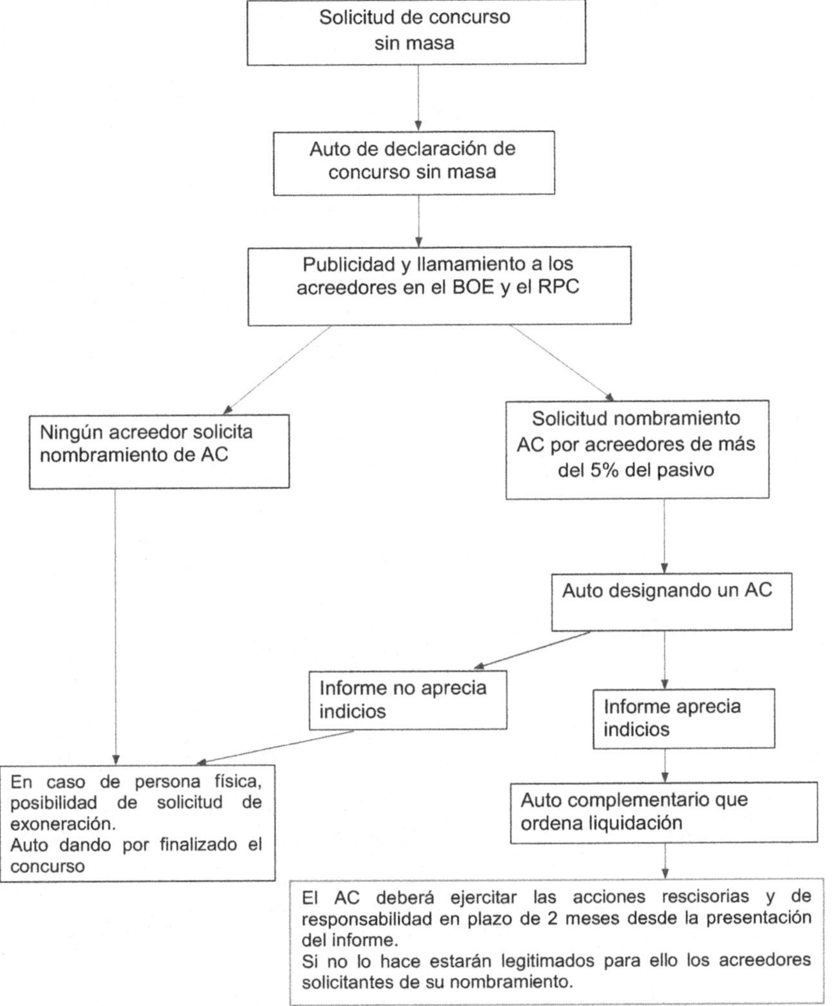

III. La insuficiencia sobrevenida

José Luis Diaz Echegaray

SUMARIO: INTRODUCCIÓN. 1. ESPECIALIDADES EN EL SUPUESTO DE INSUFICIENCIA SOBREVENIDA. 1.1. Deber de comunicación de la insuficiencia de la masa activa. 1.2. Pago de los créditos contra la masa en caso de insuficiencia de la masa activa. i) Regulación en la LC. ii) Regulación tras la promulgación de la LRTRLC. 2. CAUSAS DE CONCLUSIÓN DEL CONCURSO. 3. DE LA CONCLUSIÓN POR INSUFICIENCIA DE LA MASA ACTIVA POSTERIOR AL AUTO DE DECLARACIÓN DEL CONCURSO. 3.1. Informe de la administración concursal sobre la insuficiencia sobrevenida. 3.2. Presupuesto de la solicitud. 3.3. Oposición a la conclusión. 3.4. Solicitud de continuación del concurso. 4. DE LA RENDICIÓN DE CUENTAS. 4.1. Rendición de cuentas. 4.2. Oposición y resolución. 4.3. Efectos de la aprobación o desaprobación de las cuentas. 5. LOS RECURSOS Y DE LA PUBLICIDAD. 6. EFECTOS DE LA CONCLUSIÓN DEL CONCURSO. 6.1. Efectos generales. 6.2. Efectos específicos en caso de concurso de persona natural. 6.3. Efectos específicos en caso de concurso de persona jurídica. 7. CONCLUSIÓN DEL PROCEDIMIENTO ESPECIAL.

INTRODUCCIÓN

Además de los supuestos en que concurre el concurso sin masa desde el momento inicial de la solicitud, a cuyo estudio hemos dedicado el capítulo precedente, también resulta posible que la insuficiencia o inexistencia de masa activa se produzca o constate en un momento posterior a la declaración del concurso.

En efecto, el segundo momento en el cual es posible apreciar que la masa activa es insuficiente o es previsible que lo sea para el pago de los créditos contra la masa, es aquel en que el concurso ha sido ya declarado, en marcha y con la administración concursal designada.

Desde que esta posibilidad de la insuficiencia sobrevenida de masa activa se reguló en la LC, ha correspondido al órgano de administración del concurso la facultad de apreciación de esta circunstancia.

Atendiendo a sendas posibilidades de insolvencia del deudor señaladas en los párrafos precedentes, en la regulación actualmente vigente de esta materia, se diferencia entre:

i) Los supuestos en los cuales la insuficiencia de la masa activa se pone de manifiesto *in limite litis*, es decir, desde el momento inicial de la solicitud del concurso, en el cual corresponde al deudor declarar y al juez valorar tal circunstancia, permitiendo a los acreedores solicitar el nombramiento de un administrador concursal, quien emita informe sobre los particulares que regula el art. 37 ter del TRLC; y

ii) Aquellos otros en los cuales, sobrevenidamente, en cualquier estado del procedimiento, se compruebe la insuficiencia de la masa activa para satisfacer los créditos contra la masa y concurran, asimismo, las demás condiciones establecidas en el art. 474 del cuerpo legal citado, en los cuales la legitimación para hacer constar tal circunstancia se atribuye únicamente a la administración concursal, mediante la presentación de un informe razonado.

La finalización del concurso de acreedores por insuficiencia sobrevenida de la masa se regula en diferentes preceptos del TRLC, en primer lugar, al configurar los créditos contra la masa activa, a continuación, al establecer las causas de conclusión del concurso y, por último, cuando el TRLC se ocupa de la conclusión por insuficiencia de la masa activa en un instante posterior al auto de declaración del concurso.

Teniendo en consideración lo establecido en el derogado art. 176 bis de la LC —en la actualidad, arts. 465.7 y 473 a 476, ambos inclusive, del TRLC—, cuyo tenor contenía las especialidades de la conclusión del concurso por insuficiencia de masa activa, MUÑOZ PAREDES[1] planteó las siguientes cuestiones:

---

1 MUÑOZ PAREDES, Alfonso, *La insuficiencia de bienes para sufragar los créditos contra la masa y la rendición de cuentas*, https://www.icjce-euskadi.com/IVforoconcursal/S6-Munoz.pdf, consulta 12 de septiembre de 2024.

a) ¿Cuándo debe la administración concursal efectuar la comunicación?

b) ¿Qué efectos tiene sobre sus obligaciones (presentación del informe, confección del plan de liquidación, etc.)?

c) ¿Qué retribución tiene derecho a cobrar la administración concursal?

d) ¿Qué efecto despliega sobre el art. 176 bis.2, la doctrina denominada de la "congelación incidental", emanada de las SSTS de 10 de junio de 2015, 11 y 18 de marzo de 2016?

Del estudio de la regulación en el vigente TRLC de todas estas cuestiones, planteadas cuando aún permanecía vigente la LC, por el autor citado, así como del resto de las que guardan relación con la insuficiencia sobrevenida de masa activa, habremos de ocuparnos a lo largo de este capítulo.

1. ESPECIALIDADES EN EL SUPUESTO DE INSUFICIENCIA SOBREVENIDA

En primer término, el cap. VI, del tít. IV, del lib. I del TRLC, dentro de la regulación de los créditos contra la masa, dedica su sec. 3ª, compuesta únicamente por los arts. 249 y 250, a las especialidades en el supuesto de insuficiencia de masa activa, a cuyo análisis dedicaremos los siguientes epígrafes.

1.1. Deber de comunicación de la insuficiencia de la masa activa

Como hemos señalado al exponer el relato histórico de la regulación de la conclusión del concurso por insuficiencia de la masa activa, en la primera redacción de la LC, el art. 176.1, disponía:

> *Procederá la conclusión del concurso y el archivo de las actuaciones en los siguientes casos:*
>
> ...
>
> *4.º En cualquier estado del procedimiento, cuando se compruebe la inexistencia de bienes y derechos del concursado ni de terceros responsables con los que satisfacer a los acreedores—*

Ningún otro precepto se ocupaba de desarrollar esta materia la LC hasta la reforma introducida por la LRLC.

En la legislación vigente, dentro de los distintos preceptos destinados a regular los supuestos en que, en cualquier momento de la tramitación del procedimiento, con posterioridad a la declaración del concurso, se constata la insuficiencia de masa o que es previsible que lo sea, se sitúa, en primer lugar, el acto procesal regulado por el art. 249 del TRLC, rotulado *Deber de comunicación de la insuficiencia de la masa activa*, modificado por el art único 57 de la LRTRLC, el cual establece:

> *En cuanto conste que la masa activa es insuficiente o es previsible que lo sea para el* ***pago de los créditos contra la masa****, la administración concursal lo comunicará al juez del concurso. El letrado de la Administración de Justicia notificará por medios electrónicos esta comunicación a las partes personadas* (la negrita es nuestra)

El término previsible es una novedad introducida por el artículo único, 67 de la LRTRLC, cuyo tenor permite a la administración concursal anticiparse solo con que prevea la insuficiencia de la masa activa, lo cual resultaría bastante para adelantar la comunicación de la insuficiencia de la masa.

La posibilidad de que sea previsible la insuficiencia de masa activa se afirma[2], ya es suficiente para su reconocimiento y la conclusión del procedimiento; tal previsión es tremendamente útil por una cuestión de economía procesal.

Para evitar el riesgo de que se pueda continuar generando créditos contra la masa, cuyos importes no podrán abonarse, cuanto conste que la masa activa es insuficiente o es previsible que lo sea para el pago de los créditos contra la masa, conviene concluir el procedimiento concursal cuanto antes, para impedir que tenga lugar lo que una parte de la doctrina ha denominado "concurso del concurso"; por ello, la norma reproducida impone al adminis-

---

2 PAVÍA y MAGDALENA, *El concurso sin masa, ob. cit.*, pág. 61.

trador concursal la obligación de comunicar al juez del concurso dicha circunstancia.

Para la exégesis del precepto anteriormente reproducido debemos partir de que la insuficiencia es un estado de hecho, no de derecho. En consecuencia, no precisa de la comunicación de la administración concursal para nacer, ni tampoco de una resolución judicial que la declare o constate.

Cuestión distinta es que, para que ese estado de hecho tenga efectos procesales, precise de la comunicación de la administración concursal, la cual deberá efectuarse tan pronto acontezca, pero ello no altera la circunstancia fáctica de la insuficiencia ni tampoco el momento de su aparición[3].

La insuficiencia de la masa, como estado de hecho, discurre al margen del procedimiento concursal, por lo cual es posible que se haga patente durante la tramitación de cualquiera de las secciones de aquél, incluso en la de convenio, si bien, salvo que resulte muy notoria, no se pondrá claramente de manifiesto hasta la presentación del informe de la administración concursal, definido en la sec. 2ª, del cap. I, del tít. VI, del lib. I, compuesto por los arts. 290 a 296, ambos inclusive.

Para poder determinar si la masa activa resulta insuficiente, la administración concursal deberá efectuar un cálculo, de una parte, del valor de realización de los bienes y derechos de la masa activa del concurso y, de otra, del importe de los créditos contra la masa, algo que habrá de resultarle relativamente sencillo en los epílogos del concurso y más complejo en sus inicios.

La confirmación de la insuficiencia, constatada o previsible, de la masa activa del concurso, frecuentemente no habrá de resultar fácil, pudiendo dar lugar a dudas que originen situaciones de incertidumbre. Por ello, el precepto mencionado no exige, en todo

---

3 MUÑOZ PAREDES, *La insuficiencia de bienes para sufragar los créditos contra la masa y la rendición de cuentas, ob. cit.*

caso, un juicio de certeza de la insuficiencia, siendo suficiente la mera previsibilidad.

La norma no requiere que la insuficiencia se acredite de forma plena, lo cual, en la mayoría de los casos, resultaría imposible, dado que los créditos contra la masa se devengan a lo largo de todo el concurso y resulta difícil prever con seguridad lo que vamos a obtener por la venta de los activos, siendo suficiente, a estos efectos, la mera previsibilidad, por lo cual basta un informe razonado y justificado de la administración concursal para entender salvado este requisito.

Para comprobar la concurrencia de esa insuficiencia, constatada o previsible, de la masa activa, el administrador concursal, se sostiene por parte de la doctrina[4], puede basarse en los indicios que enumera el art. 37 bis del TRLC, tal y como hemos analizado en el capítulo anterior, razonamiento que nos parece acertado.

Como hemos señalado ya, no impide la declaración de insuficiencia de la masa activa, la circunstancia de que el deudor mantenga la propiedad de bienes inembargables, dado que no forman parte de la masa activa del concurso, conforme a lo que dispone el art. 192.2 del TRLC o desprovistos de valor de mercado o de los bienes y derechos, cuya realización tuviera un coste desproporcionado respecto a su previsible valor venal o de bienes y derechos del concursado libres de cargas que fueran de valor inferior al previsible coste del procedimiento o en el supuesto de que los gravámenes y las cargas existentes sobre los bienes y derechos del concursado lo sean por importe superior a su valor de mercado.

Como juicio indiciario y provisional, se señala[5], la comunicación de la administración concursal está sujeta a error, por lo tan-

---

4 SENEN MARTINEZ, Santiago, *Deber de comunicación de la insuficiencia de la masa activa* (art. 249), en Comentario a la Ley Concursal, PULGAR EZQUERRA dir., Ed. La Ley, Las Rozas (Madrid), 2023, tomo 1°, pág. 1396.

5 MUÑOZ PAREDES, *La insuficiencia de bienes para sufragar los créditos contra la masa y la rendición de cuentas, ob. cit.*

to, si la masa que, en un principio, se revelaba insuficiente, luego es bastante, dejará de aplicarse el orden de pagos del art. 176 bis. 2 —art. 250 del TRLC— y el concurso habrá de concluir por otra causa de las previstas en el art. 176 —art. 477 del TRLC—.

La comunicación de insuficiencia es, en suma, reversible, como lo es el propio estado de hecho de cuya existencia parte.

En caso de que la insuficiencia de bienes o derechos acaezca o se compruebe durante la tramitación del concurso ya declarado, la legitimación para hacer constar tal circunstancia y comunicarla al juez, se atribuye por el precepto al administrador concursal. La imposición a la administración concursal de esta obligación resulta lógica, dado que es el órgano del concurso al cual se atribuye la intervención o, incluso la sustitución del deudor en las facultades de administración y disposición de la masa activa, lo que implica su conocimiento del estado de ésta.

Esta comunicación de la insuficiencia de la masa activa del administrador concursal reviste una gran importancia porque activa el orden de prelación de pagos previsto en el artículo siguiente, el cual, como veremos a continuación, altera el orden de preferencia de pago de los créditos contra la masa.

Dada la relevancia de esta comunicación de la insuficiencia de la masa activa para los acreedores, con el fin de permitirles la mejor defensa de sus legítimos intereses, el art. 242.2 del TRLC, introducido por la LRTRLC, dispone:

> *Cualquier acreedor de la masa podrá requerir en cualquier momento a la administración concursal para que se pronuncie sobre si la masa es insuficiente o es previsible que lo sea para el pago de esos créditos.*

Con tal redacción, se permite a los acreedores de la masa controlar esta importante función de la administración concursal.

Añadiendo a continuación en el mismo numeral que, si el administrador concursal no contestara al citado requerimiento en el término de tres días o lo hiciera en términos genéricos o imprecisos, el acreedor de la masa podrá solicitar el auxilio del juez del concurso, a fin de que le requiera para pronunciarse de inmediato o para que lo haga en términos concretos y precisos, con la advertencia, según tenga por conveniente, de la posible reducción de la retribución fijada o de la separación del cargo.

Resulta claro que el interés de los acreedores de la masa en que tenga lugar este pronunciamiento de la administración concursal, establecido por norma reproducida, deriva de que la continuación del procedimiento habrá de generar nuevos créditos contra la masa, lo cual puede dar lugar a que el suyo no se cobre, por existir otros imprescindibles para la conclusión de la liquidación, al gozar de preferencia.

Lo que no es admisible, se afirma por uno de los jueces de lo mercantil[6], es que el administrador concursal dilate la comunicación, a fin de facilitar el pago de determinados créditos o aproveche la reclamación de un crédito contra la masa para realizar la comunicación de insuficiencia de masa y eludir, de esta forma. su pago en beneficio de otro.

La comunicación de insuficiencia de la masa precede necesariamente a la conclusión del concurso por este motivo, pero la insuficiencia es un estado de hecho, no de derecho, como hemos señalado anteriormente. En consecuencia, no precisa de la comunicación de la administración concursal para nacer a la vida jurídica, ni tampoco de una resolución judicial que la declare o constate. Pero, para que ese estado de hecho tenga efectos procesales, precisa de la comunicación del administrador concursal, la cual deberá efectuarse tan pronto acontezca; pero ello no altera la circunstancia fáctica de la insuficiencia ni el momento de su aparición[7].

---

6 SENEN MARTINEZ, art. 249, en ComLC, PULGAR EZQUERRA dir., *ob. cit.*, pág. 1398.

7 MUÑOZ PAREDES, *La insuficiencia de bienes para sufragar los créditos contra la masa y la rendición de cuentas, ob. cit.*

1.2. Pago de los créditos contra la masa en caso de insuficiencia de la masa activa

Son muy escasos en la práctica los supuestos en los cuales, cuando por la administración concursal se comunica al juez la insuficiencia de la masa activa, constante el concurso, en la misma no existe absolutamente ningún bien o derecho. Lo normal es que quede, cuando menos, un mínimo patrimonio residual del concursado, aunque su cuantía resulte insuficiente para atender a todos los créditos contra la masa, debiendo en ese momento decidirse cuáles de ellos se deben pagar con esa masa insuficiente.

La comprobación de la insuficiencia de la masa activa para satisfacer los créditos contra la masa, concurriendo al mismo tiempo las demás condiciones establecidas en el TRLC, como hemos señalado anteriormente, impone a la administración concursal la obligación de comunicarlo al juez del concurso y pagar o consignar el importe de los créditos contra la masa ya devengados conforme al orden establecido en idéntico texto legal.

El cumplimiento de estas exigencias establecidas por la norma conlleva que la administración concursal habrá de realizar la poca o mucha masa activa del concurso calificada como insuficiente para satisfacer la totalidad de los créditos contra la misma, a fin de atender con su producto el pago de los créditos contra la masa, conforme al orden de prelación legalmente establecido.

i) Regulación en la LC

En la redacción original de la LC, si bien ésta preveía en su art. 176.1. 4° que procedía la conclusión del concurso y el archivo de las actuaciones, cuando se comprobaba *la inexistencia de bienes y derechos del concursado ni de terceros responsables con los que satisfacer a los acreedores*, no se regulaba el orden en el cual debía atenderse al pago de los créditos contra la masa no satisfechos.

La primera regulación del citado orden de satisfacción de los créditos pendientes contra la masa en los casos de conclusión del concurso por insuficiencia de la masa activa se produjo en el art. 176 bis de la LC, introducido en el 2011 por la LRLC, el cual optó por otorgar preferencia a una serie de créditos contra la masa, pendientes en ese mismo momento de la comunicación al juez, con postergación de otros de la misma naturaleza; más tarde, con motivo de la refundición de la legislación anterior, esta normativa pasó al art. 250 del TRLC en su redacción inicial.

De esta forma, el art. 176 bis de la LC disponía que, en el instante en el cual la administración concursal comunicaba la situación de insuficiencia, debía proceder al pago de los créditos contra la masa conforme al orden legalmente establecido, ligado a criterios de ontología del crédito y no meramente temporales[8] y, en su caso, a prorrata dentro de cada número, salvo los créditos imprescindibles para concluir la liquidación:

1. Los salariales de los últimos treinta días de trabajo efectivo en una cuantía que no superara el doble del SMI;
2. Los debidos por salarios e indemnizaciones en la cuantía que resultara de multiplicar el triple del SMI por el número de días de salario pendientes de pago;
3. Los debidos por alimentos devengados tras la apertura de la fase de liquidación en cuantía que no superara el SMI;
4. Los generados por costas y gastos judiciales del concurso de acreedores; y
5. Los demás créditos contra la masa.

Esta primera regla del orden de satisfacción de los créditos contra la masa, en las condiciones de conclusión del concurso por insuficiencia de la masa activa, en la práctica generó una gran litigiosidad, promovida por los acreedores contra la masa que se veían postergados del pago en este escenario, litigiosidad que, fi-

---

8 MUÑOZ PAREDES, *La insuficiencia de bienes para sufragar los créditos contra la masa y la rendición de cuentas, ob. cit.*

nalmente, llegó hasta el Tribunal Supremo, dando lugar a una nutrida doctrina jurisprudencial pacífica en dos cuestiones.

En primer orden, en relación con el efecto que la comunicación de la insuficiencia tenía sobre el pago de los créditos, **definió el carácter constitutivo** de la misma, la STS, Civil de 9 de junio de 2015, núm. 306/2015, rec. 1665/2013 (EDJ 2015/111126), la cual se ocupó de exponer *cómo debe interpretarse el controvertido art. 176 bis.2 LC*, señalando:

> *En relación con la cuestión ahora controvertida en casación, el originario art. 154 de la Ley Concursal prescribía, además del carácter prededucible de los créditos contra la masa (apartado 1), que: i) debían satisfacerse a su respectivos vencimientos, cualquiera que fuera el estado del concurso (primer inciso del apartado 2); ii) las deducciones para atender a su pago se harían con cargo a los bienes y derechos del concursado que no estuvieran afectos al pago de créditos con privilegio especial (primer inciso del apartado 3); y iii) «en caso de resultar insuficientes, lo obtenido se distribuiría entre todos los acreedores de la masa por el orden de sus vencimientos » (último inciso del apartado 3).*
>
> *La reforma introducida por la Ley 38/2011, de 10 de octubre, mantiene en el art. 154 LC el carácter prededucible de los créditos contra la masa y que las deducciones para el pago de estos créditos se hagan con cargo a los bienes y derechos del concursado que no estuvieran afectos al pago de créditos con privilegio especial.*

Esta doctrina de la sentencia parcialmente reproducida se reiteró en las SSTS, Civil, de 11 de junio de 2015, núm. 310/2015, rec. 1796/2013 (EDJ 2015/122588), de 18 de marzo de 2016, núm. 187/2016, rec. 2636/2013 (EDJ 2016/23784) y de 8 de junio de 2016, núm. 390/2016, rec. 126/2014 (EDJ 2016/81974).

Por su parte, la STS, Civil, de 10 de junio de 2015, núm. 305/2015, rec. 1644/2013 (EDJ 2015/160219), mantuvo también igual doctrina, si bien en este supuesto concurría una circunstancia muy relevante, diferenciadora de los anteriores, a saber:

> *... cuando la TGSS interpuso su demanda de incidente concursal en la que reclama el pago de su crédito contra la masa en atención al criterio del vencimiento, la administración no había realizado la comunicación al juzgado de insuficiencia de la masa activa para el*

pago de los créditos contra la masa. Esta comunicación constituye el presupuesto legal, contenido en el art. 176 bis 2 LC para que opere el orden de prelación de pago previsto en dicho precepto. Si al tiempo de presentarse la demanda no se había realizado aquella comunicación, no cabe oponer aquel orden de prelación de pago, distinto del vencimiento, como consecuencia de la comunicación que la administración concursal realizó con posterioridad, una vez se le dio traslado de la demanda de la TGSS.

En relación con las reglas de pago, en concreto, el orden de prelación aplicable desde la comunicación de insuficiencia de la masa activa para el pago de los créditos contra la masa, aplicando lo previsto en el art 176 bis de la LC, la STS, Civil, de 11 de marzo de 2016, núm. 152/2016, rec. 1862/2013 (EDJ 2016/20748), indicó:

...

3. Reiteramos la jurisprudencia contenida también en las reseñadas sentencias —SSTS 306/2015, de 9 de junio, 310/2015, de 11 de junio y 311/2015, de 11 de junio—, *de que las reglas de pago contenidas en el art. 176 bis.2 LC, en concreto el orden de prelación,* **se aplican necesariamente** *desde la comunicación de insuficiencia de la masa activa para el pago de los créditos contra la masa, y afecta, en principio, a todos créditos contra la masa pendientes de pago. Con ello rechazamos nuevamente la interpretación de que sólo se aplican a los créditos contra la masa posteriores a la comunicación. Se aplican a los ya vencidos y a los que pudieran vencer con posterioridad.*

Esta regla de prelación de créditos no deja de ser la solución al fracaso del propio concurso de acreedores, en cuanto que genera más gastos prededucibles que el valor de masa activa y da lugar a un «concurso de acreedores de créditos contra la masa» dentro del propio concurso. Este «concurso del concurso» provoca la necesidad de concluir cuanto antes para no generar más créditos contra la masa y ordenar el cobro de los ya vencidos. Por eso se aplica a todos los pendientes de pago.

Conforme a la propia dicción del art. 176 bis. 2 LC, la regla del pago a su vencimiento cesa y ***es sustituida por la del pago conforme al reseñado orden de prelación****. El crédito vencido con anterioridad no tiene derecho a ser pagado al margen de dicho orden de prelación, sino que se ve igualmente afectado por este orden, con independencia de que el administrador concursal haya podido*

> *incurrir en responsabilidad por no haber cumplido o respetado, antes de la comunicación, el orden de los vencimientos en la satisfacción de los créditos contra la masa, que es la queja que subyace al recurso de la TGSS.*
>
> *El remedio frente al quebranto que puede suponer para la TGSS que su crédito contra la masa no haya sido satisfecho a su vencimiento, y sin embargo otros créditos contra la masa de vencimiento posterior sí lo hayan sido antes de la comunicación de insuficiencia de masa activa, con el efecto consiguiente de verse afectado por el orden de prelación del art. 176bis. 2 LC, no es la inaplicación de este orden de prelación.*
>
> *Lo argumentado hasta ahora no se ve alterado por el hecho de que antes de la comunicación de insuficiencia de la masa activa pudiera haber habido alguna reclamación extrajudicial de la TGSS frente a la administración concursal, reclamando el pago del crédito contra la masa* (la negrita es nuestra).

Por su lado, la STS, Civil, de 6 de abril de 2017, núm. 225/2017, rec. 2383/2014 (EDJ 2017/37051) (RJ 2017/2674), consideró que, en el supuesto de insuficiencia de la masa activa para pagar todos los créditos contra la masa, procede la aplicación del orden de prelación de pago establecido en el art. 176 bis. 2 de la LC, al margen de cuál sea la fecha de vencimiento de los créditos afectados, ahora bien, dicho orden de prelación de créditos sólo resultara de aplicación, a partir de que la administración concursal comunique expresamente la insuficiencia de la masa activa (FJ 2°).

El art. 176 bis. 2 LC preveía que, antes del pago de los créditos concurrentes, se satisficieran los **gastos imprescindibles** para realizar las operaciones de liquidación y pago y, a falta de una identificación legal expresa, el TS consideraba exigible que fuera la administración concursal la identificadora de cuáles eran las actuaciones imprescindibles para realizar esas funciones y cuál es su importe, para su posterior valoración por el juez del concurso (FJ 3°).

Finalmente, la STS, Civil, de 13 de septiembre de 2017, núm. 501/2017, rec. 298/2015 (EDJ 2017/184863) aclaró y reiteró la doctrina jurisprudencial expuesta, en el sentido de que, mientras no se hubiera hecho la comunicación por la administración concursal, no podía pretenderse la aplicación del orden de prelación regulado para el pago de créditos contra la masa en caso de insuficiencia de la masa activa.

En segundo lugar, nuestro más alto tribunal se centró en analizar el **concepto de crédito imprescindible para la liquidación**, en realidad los únicos que se acababan pagando en los concursos sin masa, principalmente en estudiar el encaje en ese concepto de los honorarios de la administración concursal. La lógica indicaba que no podía acometerse ningún acto de liquidación, sin que el órgano encargado de la misma lo decidiera, por ello, los honorarios de quien decidía y que correspondían a la fase de liquidación, siempre serían imprescindibles.

En relación con esta especifica materia de la determinación del concepto de crédito imprescindible para la liquidación, la STS, Civil, de 8 de junio de 2016, núm. 390/2016, rec. 126/2014 (EDJ 2016/81974), afirmó que:

> ...
>
> *3.- La administración concursal está conceptuada, junto con el juez, como uno de los órganos imprescindibles del concurso, a diferencia de otros, como la junta de acreedores o el Ministerio Fiscal, que tienen carácter contingente, en función del desarrollo procesal del propio concurso. Así se desprende inequívocamente, con carácter general, de los arts. 21.1. 2.º y 26 LC; y específicamente para la fase de liquidación, de los arts. 145, 148, 149, 151, 152, 153, 154, 155, 156, 157, 158, 159, 160, 161, 162, 176 y 176 bis LC. Conforme a tales preceptos, la administración concursal es el órgano especialmente llamado a realizar las tareas de liquidación del concurso, hasta su finalización, sin cuya actuación el procedimiento devendría imposible y encallaría sin solución.*
>
> *Ahora bien, el art. 176 bis 2 LC* establece *un matiz, pues no da tratamiento singular a todos los actos de la administración concursal generadores del derecho a honorarios, sino únicamente a aquellos que tengan el carácter de imprescindibles, una vez que se ha comunicado la insuficiencia de la masa activa. Por ello, a falta de identificación legal expresa, resulta exigible que sea la propia administración concursal quien identifique con precisión que actuaciones son estrictamente imprescindibles para obtener numerario y gestionar la liquidación y el pago, y cuál es su importe, para que el juez del concurso, con audiencia del resto de acreedores contra la*

> *masa (art. 188.2 LC), valore aquellas circunstancias que justifiquen un pago prededucible.*

De esta forma, la sentencia reproducida delineó un novedoso procedimiento específico, no previsto legalmente, para determinar qué créditos eran *estrictamente imprescindibles para obtener numerario y gestionar la liquidación y el pago,* consistente en que la administración concursal debía solicitar al juez del concurso la declaración de imprescindibilidad de un concreto crédito contra la masa y éste ratificaba mediante resolución judicial dicho carácter, previa audiencia de todos los acreedores. Con arreglo a esta doctrina, los gastos ocasionados para la liquidación se beneficiaban de la preferencia de cobro incluida en el precepto, pero solo respecto de esos gastos y no de todos los que constituyeran sus honorarios[9].

La doctrina jurisprudencial anterior, cuyo tenor estableció el procedimiento específico que se generalizó en la práctica concursal a través del incidente regulado en el art. 188 de la LC, hoy art. 518 del TRLC, fue ratificada en la posterior STS, Civil, de 15 de septiembre de 2020, núm. 467/2020, rec. 190/2018 (EDJ 2020/660983), la cual indicó que:

> *...el art. 176 bis 2 LC establece un matiz, pues no da tratamiento singular a todos los actos de la administración concursal generadores del derecho a honorarios, sino únicamente a aquellos que tengan el carácter de imprescindibles, una vez que se ha comunicado la insuficiencia de masa activa. Por ello, a falta de identificación legal expresa, resulta exigible que sea la propia administración concursal quien identifique con precisión qué actuaciones son estrictamente imprescindibles para obtener numerario y gestionar la liquidación y el pago, y cuál es su importe, para que el juez del concurso, con audiencia del resto de acreedores contra la masa (art. 188.2 LC), valore aquellas circunstancias que justifiquen un pago prededucible.*

Esta doctrina jurisprudencial alteró el procedimiento incorporado en el derogado art. 176 bis de la LC, vigente cuando se dictó

---

9 SENENT MARTINEZ, art. 249, en ComLC, PULGAR EZQUERRA dir., *ob. cit.*, pág. 1400.

la sentencia, el cual atribuía la decisión y el pago de los créditos contra la masa a la administración concursal, con un control judicial *a posteriori*.

De acuerdo con la norma citada, dicho órgano comprobaba la situación de insuficiencia de la masa activa, liquidaba el patrimonio existente, abonaba los créditos calificados como procedentes e informaba de ello en sede de conclusión y rendición de cuentas, lo cual podía ser impugnado en dicho momento.

Sin embargo, la doctrina de los tribunales se inclinó por el modelo contrario, al exigir la **autorización judicial previa al gasto**, mecanismo consolidado en la práctica, generando gran número de resoluciones judiciales, motivadas por las oposiciones mantenidas por el acreedor público, quien se resistió a la idea de que el patrimonio insuficiente fuera consumido por esa vía, y se opuso de forma sistemática al carácter de imprescindible de los honorarios de la administración concursal.

Al propio tiempo, se intentó recortar los honorarios de la administración concursal, acudiendo a bases objetivas de cálculo con fijación de cuantías discrecionales, cuyo monto oscilaba entre 50 y 300€, sin referencia al arancel; se requirió una justificación de cada actuación del órgano de administración, distinguiendo funciones imprescindibles de otras que no lo eran o se exigió que las actuaciones imprescindibles tuvieran una razonable expectativa de éxito para obtener masa.

De otra parte, se argumentó que la actividad en la liquidación era de prestación de servicios y formaba parte de un todo indivisible, lo cual impedía distinguir actuaciones imprescindibles de otras que no lo fueran, por lo cual todos los honorarios en liquidación debían ostentar tal carácter. Y en esta línea, se introdujeron límites: temporales, a pesar de que la liquidación siguiera abierta o con el criterio de buena fe de la administración concursal, en la idea de evitar dilaciones innecesarias.

En un intento de sistematizar los requisitos para considerar imprescindible un crédito contra la masa, se llegó a exigir la concurrencia de diversos elementos: el procesal, con petición precisa de la actuación que generase el crédito y su cuantía; el temporal, que se devengara tras la comunicación del escenario de insuficiencia; el funcional, de análisis de cada una de las funciones desarrolladas; y el cuantitativo, cuya existencia permitía acudir a criterios alternativos al arancel para la liquidación.

Analiza el orden de pago de los créditos contra la masa en los supuestos de insuficiencia de masa activa, aplicando la regulación anterior a la última reforma introducida por la LRTRLC, la STS, Civil, de 9 de diciembre de 2022, núm. 865/2022, rec. 2769/2019 (EDJ 2022/767317), la cual señala:

> ...
>
> *3.- Es jurisprudencia constante de esta sala que, una vez comunicada por la administración concursal la insuficiencia de la masa activa para pagar todos los créditos contra la masa, su pago debe ajustarse al orden de prelación del apartado 2 del art. 176 bis LC, al margen de cuál sea su fecha de vencimiento (desde la sentencia 306/2015, de 9 de junio, confirmada por las posteriores sentencias 310/2015, de 11 de junio; 311/2015, de 11 de junio; 187/2016, de 18 de marzo; 219/2019, de 9 de abril; y 467/2020, de 15 de septiembre).*
>
> *Según esta interpretación jurisprudencial, las reglas de pago contenidas en el art. 176 bis.2 LC, en concreto el orden de prelación, se aplican necesariamente desde la comunicación de insuficiencia de la masa activa para el pago de los créditos contra la masa, y afecta, en principio, a todos los créditos contra la masa pendientes de pago. No se aplican solamente a los créditos contra la masa posteriores a la comunicación, sino a todos los ya vencidos y a los que pudieran vencer con posterioridad. En consecuencia, todos los créditos contra la masa que estuvieran pendientes de pago al tiempo de la comunicación de insuficiencia de la masa activa quedan sujetos a este orden de prelación de pago.*
>
> *4.- No obstante, en las sentencias 305/2015, de 10 de junio, y 187/2016, de 18 de marzo, sin contradecir la doctrina jurisprudencial expuesta, entendimos que, como la declaración de insuficiencia de activo había sido realizada por la administración concursal como una reacción a la demanda de incidente concursal de reclamación del crédito contra la masa, en esos casos no podían oponerse los efectos previstos en el art. 176 bis 2 LC para la prelación de créditos respecto de los créditos contra la masa reclamados en*

> *tales incidentes concursales. Excepción que venía justificada por la necesidad de evitar el abuso que podría suponer, por parte de la administración concursal, no formular la declaración de insuficiencia de activo hasta que un acreedor contra la masa le reclama judicialmente el pago.*

La dinámica establecida por la parcialmente reproducida STS se mantuvo en el tiempo, a pesar de lo cual, con la entrada en vigor del TRLC, el 1 de septiembre de 2020, el legislador omitió toda referencia a este posicionamiento jurisprudencial, manteniendo en los arts. 249, 250 y 473 y sigs. del citado cuerpo legal, en su redacción original, previa a la promulgación de la LRTRLC, de manera idéntica el sistema de fiscalización judicial *a posteriori*, lo cual no fue obstáculo para que se siguiera instando la autorización judicial previa para conceptuar un crédito como imprescindible para la liquidación.

ii) Regulación tras la promulgación de la LRTRLC

En los momentos actuales, de regular el pago de los créditos contra la masa en caso de insuficiencia de masa activa se ocupa el art. 250 del TRLC, el cual incorpora una normativa relativa al pago de dichos créditos, aplicable en el supuesto previsto en el artículo anterior (art. 249 del mismo cuerpo legal), cuyo contenido regula el deber de la administración concursal de comunicar al juez del concurso dicha insuficiencia.

En relación con la nueva regulación de los supuestos de insuficiencia de masa activa, el Preámbulo (VI) de la LRTRLC manifiesta que:

> *Al servicio de esa misma finalidad* —el propósito de simplificar el régimen legal— *se han introducido algunas normas que tratan de evitar pronunciamientos judiciales en materias tradicionalmente conflictivas. Así, la declaración de que, en caso de insuficiencia de la masa activa, tienen la consideración de* ***créditos imprescindibles*** *para la conservación y liquidación los créditos por salarios de los trabajadores devengados después de la apertura de la fase de liquidación mientras continúen prestando sus servicios; la retribución de la administración concursal; y las cantidades adeudadas a partir*

> *de la apertura de la fase de liquidación en concepto de rentas de los inmuebles arrendados para la conservación de bienes y derechos de la masa activa* (la negrita es nuestra).

Atendiendo a los criterios señalados en el mencionado Preámbulo, la administración concursal deberá pagar los créditos contra la masa, según lo establecido en el art. 250 del TRLC, rotulado *Pago de los créditos contra la masa en caso de insuficiencia de la masa activa*, modificado por el art único 58 de la LRTRLC, el cual comienza otorgando preferencia a los créditos imprescindibles para concluir la liquidación, al disponer:

> *1. Desde que la administración concursal comunique al juez del concurso que la masa activa es insuficiente para el pago de los créditos contra la masa, tendrán preferencia de cobro los créditos vencidos o que venzan después de esa comunicación que sean* ***imprescindibles para la liquidación*** *de la masa activa* (la negrita es nuestra).

Como hemos tenido ocasión de precisar anteriormente, esta comunicación de la insuficiencia de la masa activa de la administración concursal tiene una gran importancia, por cuanto da origen a la aplicación de un nuevo orden de prelación de los pagos a los acreedores, el cual altera el criterio de rembolso de los créditos contra la masa, dejando de ser el del vencimiento, dispuesto en el art. 245.2 del TRLC.

Como se ha señalado durante la vigencia de la LC por algún autor[10] estos créditos *presentan el carácter de créditos doblemente preferenciales dada su naturaleza de créditos contra la masa y que, además, serán satisfechos antes que cualquier otro crédito contra la masa.*

La prededucibilidad de los créditos *imprescindibles para la liquidación de la masa activa* suscita la necesidad de determinar adecua-

---

10 CABALLERO GARCÍA, Fernando, *La especialidad de la conclusión del concurso por insuficiencia de masa activa*, en La aplicación práctica de la nueva Ley Concursal tras un año de vida, MARTIN MOLINA dir., Ed. Dykinson, Madrid, 2013, pág. 408.

damente la correcta interpretación de tal previsión, concretando que créditos merecen tal calificativo.

Para una primera interpretación literal, habremos de acudir a lo señalado por el diccionario de la RAE, conforme al cual, imprescindible es aquello *de lo que no se puede prescindir*, o lo que es *necesario, obligatorio.* De otra parte, para una interpretación finalista deberá tenerse presente que el supuesto de hecho del precepto se ocupa de concretar que la finalidad para la que debe resultar imprescindible, para *la liquidación de la masa activa.*

Durante la vigencia de la normativa anterior, teniendo en consideración que, si el mecanismo del art. 176 bis de la LC podía aplicarse en cualquier fase del concurso, era lógico pensar que, antes de la comunicación, podían haberse devengado créditos contra la masa, se cuestionó[11] si les afectaba la comunicación o si ésta sólo vinculaba a los nacidos con posterioridad, es decir, si la comunicación tenía efectos retroactivos o su eficacia era exclusivamente profuturo.

El precepto permitía afirmar tres posibilidades en lo relacionado con el comienzo de la aplicación del nuevo criterio regulado: el momento de la insuficiencia, el de la comunicación de la administración concursal y el de la puesta de manifiesto de la comunicación por el juez del concurso a las partes personadas. Contestando que la comunicación, simplemente, imponía un orden de pago a partir de que tenía lugar y desde ese momento los créditos contra la masa —anteriores o posteriores— debían pagarse con arreglo al nuevo orden.

En la actualidad, el art. 250.1 del TRLC da solución expresa a esta incógnita al disponer que la preferencia **afecta a *los créditos vencidos o que venzan después de esa comunicación*** (la negrita es nuestra). Ello no implica que la comunicación de la administración concursal tenga carácter constitutivo ya que la insuficiencia

---

11 MUÑOZ PAREDES, *La insuficiencia de bienes para sufragar los créditos contra la masa y la rendición de cuentas, ob. cit.*

es un estado de hecho, el cual existe al margen del concurso, con independencia de cuándo se comunique su aparición. Pero ese estado de hecho tiene que manifestarse en el concurso y la forma de reflejarse no es otra que la comunicación de la administración concursal.

En consecuencia, en los supuestos en que la administración concursal comunique al juez del concurso que la masa activa es insuficiente para el pago de los créditos contra la masa, se sucederán dos diferentes órdenes de pago de los créditos contra la masa: comenzará rigiendo el de vencimientos, que impone el art. 245 del TRLC, hasta que, una vez efectuada la comunicación de insuficiencia por la administración concursal, habrá de aplicarse el nuevo orden establecido en el art. 250 del mismo texto refundido, el cual atiende a criterios de ontología del crédito y no cronológicos, operando hacia el futuro, sin que ello afecte a los pagos ya realizados.

Por todo ello, la administración concursal deberá ser especialmente cuidadosa en elegir bien el momento de la comunicación, pues dependiendo del tiempo en que lo haga, un concreto crédito contra la masa puede ser abonado o quedar en descubierto[12].

El siguiente numeral del precepto que analizamos, se ocupa de concretar algunos créditos imprescindibles para la liquidación, señalando en el núm. 2º que:

> *En todo caso, se consideran imprescindibles para la liquidación los créditos por salarios de los trabajadores devengados después de la apertura de la fase de liquidación mientras continúen prestando sus servicios, la retribución de la administración concursal durante la fase de liquidación; y las cantidades adeudadas a partir de la apertura de la fase de liquidación en concepto de rentas de los inmuebles arrendados para la conservación de bienes y derechos de la masa activa.*

---

12 MUÑOZ PAREDES, *La insuficiencia de bienes para sufragar los créditos contra la masa y la rendición de cuentas, ob. cit.*

Esta relación que la norma establece se conceptúa en la doctrina[13] que no es exhaustiva, por lo cual, la condición de créditos imprescindibles para concluir la liquidación puede concurrir en otros distintos de los relacionados, lo cual, seguramente, dará lugar a numerosos incidentes para su reconocimiento.

De otra parte, en relación con esta materia, en el informe del Consejo de Estado acerca del Anteproyecto de LRTRLC[14], aprobado por la Comisión Permanente celebrada el día 14 de diciembre de 202, se señaló:

> *Nada hay que objetar al criterio de otorgar preferencia a los créditos imprescindibles para la liquidación de la masa activa.*

Sin embargo, en el párrafo siguiente se añade en el informe:

> *Pero cabe advertir que el Anteproyecto no contempla lo que sucedería si, en presencia de varios de los créditos imprescindibles, la masa activa fuera insuficiente para atenderlos. La regulación proyectada no establece para tal caso un orden de preferencia entre los créditos imprescindibles ni, en defecto de este orden, prevé la aplicación de la regla de prorrata a todos ellos. Parece claro que debería establecerse alguna regla de aplicación a este supuesto.*

Sin embargo, el art. 250. 2 *in fine* del TRLC ha dado solución a la cuestión anteriormente señalada por el Consejo de Estado en su informe, imponiendo uno de los criterios señalados en éste, al disponer: *Si la masa activa fuera insuficiente para atender estos créditos, el pago de los que hubieran vencido se realizará a prorrata.*

Para atender a un supuesto concreto, la reciente SAP de Baleares, sec. 5ª, de 2 de noviembre de 2023, núm. 731/2023, rec. 508/2023 (EDJ 2023/786156), afirmó que:

---

13 SENEN MARTINEZ, art. 249, en ComLC, PULGAR EZQUERRA dir., *ob. cit.*, pág. 1397 y sig. y 1400.

14 https://www.mjusticia.gob.es/es/AreaTematica/ActividadLegislativa/Documents/Dictamen%20CE%20firmado%20APL%20Concursal.pdf, consulta 28 de agosto de 2024, págs. 57 y sigs. ultima revisión 24/12/2024

> *El crédito del arrendador por las rentas vencidas e impagadas sea cual fuera su clasificación en el concurso adquieren en virtud del artículo 242.1. 15° la condición de créditos contra la masa. Y, por tanto, al considerarse de forma sobrevenida extra concursales, prededucibles y pagaderos con preferencia (artículo 249 del TRLC).*

A continuación, el mismo precepto estudiado con anterioridad se ocupa de disponer en el siguiente núm. 3° que.

> *El pago de los créditos contra la masa que no sean imprescindibles para la liquidación de la masa activa se satisfarán por el orden establecido en el artículo 242.1, sin perjuicio de lo establecido en el siguiente apartado.*

Así pues, el pago de los créditos contra la masa que no sean considerados imprescindibles para la liquidación de la masa activa, se afirma en la doctrina[15], se satisfará por el orden establecido en el art. 242 del TRLC, en cuyo cuerpo se relacionan todos los créditos contra la masa.

Finalmente, el último apartado del precepto, el art. 250.4 del TRLC, con una finalidad proteccionista de los trabajadores, dispone que:

> *Tendrán prelación sobre los créditos del artículo 242.1. 2.° los créditos por salarios e indemnizaciones por despido o extinción de los contratos de trabajo generados tras la declaración del concurso en la cuantía que resulte de multiplicar el triple del salario mínimo interprofesional por el número de días de salario pendientes de pago.*

Después de la reforma introducida en el precepto analizado por la LRTRLC, la reciente SAP de Baleares, sec. 5ª, de 20 de diciembre de 2023, núm. 873/2023, rec. 1000/2022 (EDJ 2023/841971), aplicando lo dispuesto en el art. 250.2 del TRLC, en su FD 3°, expuso:

> *La Sentencia de primera instancia desaprueba las cuentas rendidas y acuerda que se reordenen los pagos para sujetarlos al orden*

---

15 SENENT MARTÍNEZ, *Conclusión y reapertura del concurso, ob. cit.*, pág. 507.

legal al haber prescindido la Administración concursal de promover la oportuna autorización judicial para alterar el orden de pago conforme al artículo 250.2 TRLC. Siendo ello así la Sala, atendido que la Administración concursal no ha satisfecho ninguno de los créditos que calificaba de imprescindibles para llevar a efecto la liquidación, entiende que con carácter previo a resolver sobre la aprobación de las cuentas que se han rendido antes de proceder a aquel pago, ***debe tramitarse la solicitud de autorización de la Administración concursal*** *para actuar conforme al artículo 250.2 TRLC. Esta autorización judicial era necesaria para considerar el crédito por retribución de la Administración concursal como crédito imprescindible para concluir la liquidación (Sentencia de Sala Primera del Tribunal Supremo nº 390/2016, de 8 de junio) al tiempo en que se hizo la comunicación de insuficiencia de masa activa conforme a la redacción del al artículo 250 TRLC que le era aplicable. Será una vez resuelta esa solicitud con intervención de los interesados cuando los pagos deban ajustarse a lo que se disponga y rendirse cuentas por la Administración concursal. Se estima, en consecuencia, el recurso a fin de que el órgano ante el que se tramita el concurso proceda conforme a lo acordado* (la negrita es nuestra).

2. CAUSAS DE CONCLUSIÓN DEL CONCURSO

Sin duda alguna, resulta obvio que todo concurso de acreedores concluye, más pronto o más tarde y de diferentes formas, pero siempre termina. Ya sea tras la liquidación de los bienes y derechos de la masa activa del concurso y el pago a los acreedores con el importe obtenido, por el cumplimiento del convenio suscrito, con la íntegra satisfacción de los acreedores, o por cualesquiera de las restantes causas previstas en el art. 465 del TRLC.

Como consecuencia de la promulgación en el año 2020 del TRLC, el listado de causas de conclusión del concurso de acreedores pasó de cinco a siete supuestos y la reforma implementada por la LRTRLC introdujo una octava causa en su art. 465.8, consistente en: la fusión de la concursada con otra u otras sociedades, su absorción por otra, su escisión total o la cesión global de su activo y pasivo, razón esta última que se reitera en el art. 399 ter.2 del texto refundido.

Además, la LRTRLC reordenó el listado de los casos de conclusión del concurso, siguiendo, en buena medida, el orden lógico del procedimiento concursal e introdujo dos modificaciones relevantes, una por adición y otra, por eliminación, en dos de los supuestos de conclusión ya existentes anteriormente.

Sistematiza MARIN DE LA BARCENA[16] las causas de conclusión del concurso, diferenciando entre: i) las relacionadas con la inexistencia de presupuestos para la declaración del concurso; ii) las relacionadas con la realización de las soluciones típicas del concurso; y iii) las anómalas, incluyendo dentro de este último grupo la conclusión por insuficiencia de masa activa.

El concurso sin masa constituyó una patología de la LC, deficientemente solucionada en la redacción originaría de la misma[17], como hemos reiterado. La declaración del concurso pone en marcha un procedimiento que genera una serie de importantes gastos y tiene como principal finalidad la satisfacción de los créditos mediante el convenio o la liquidación. En consecuencia, la insuficiencia de masa activa no solo impide alcanzar esa finalidad, sino también que pueda atenderse a los gastos generados por el procedimiento.

De establecer las causas de conclusión del concurso de acreedores se ocupa en la actualidad la sec. 1ª, del cap. I, del tít. XI, del lib. I, compuesta exclusivamente por el art. 465 del TRLC en el cual, tras la reforma introducida por el art único.123 de la LRTRLC, entre otras varias, prevé que *la conclusión del concurso con el archivo de las actuaciones procederá en los siguientes casos:*

> *7.º Cuando, en cualquier estado del procedimiento, se compruebe la* ***insuficiencia de la masa activa para satisfacer los créditos con-***

---

16 MARIN DE LA BARCENA, Fernando, *Causas* (art. 465), en Comentario a la Ley Concursal, PULGAR EZQUERRA dir., La Ley, Las Rozas (Madrid), 2023, tomo 2º, pág. 196.

17 MARIN DE LA BARCENA, art. 465, en ComLC, PULGAR EZQUERRA dir., ob. cit., pág. 201; SENENT MARTÍNEZ, Exoneración del pasivo insatisfecho y concurso de acreedores, 4ª edición, ob cit., pág. 496

***tra la masa**, y concurran las demás condiciones establecidas en esta ley* (la negrilla es nuestra).

Antes de entrar en el análisis del régimen jurídico que establece el precepto es preciso, como cuestión previa, delimitar el supuesto de hecho de la insuficiencia de masa. La norma se refiere exclusivamente a *la insuficiencia de la masa activa para satisfacer los créditos contra la masa* y no a otros supuestos, los cuales, no obstante su proximidad podría representar la consecución o la no consecución de la finalidad del concurso. Tan inidóneo para cumplir la función de soporte de la responsabilidad patrimonial bajo cualquiera de las formas de ejecución, incluida la concursal, es un patrimonio carente por completo de bienes y derechos como con un grado de insuficiencia del activo tal que no pueda atender las costas y gastos que han de satisfacerse en la ejecución.

El precepto viene a requerir un juicio de comparación entre dos realidades. Deberá realizarse una valoración del estado de la masa activa y de los créditos contra la masa que se habrán de satisfacer con cargo a ésta. Delimitadas ambas realidades, ha de realizarse un juicio de comparación para determinar si aquella resultará suficiente para atender al pago de estos.

Como se ha señalado por una parte de la doctrina[18] *El presupuesto* (la insuficiencia de la masa activa) *no debe entenderse desde una visión puntual y concreta, sino como hemos indicado desde una perspectiva dinámica, es decir, sólo procederá apreciar este presupuesto cuando se llegue a la conclusión que sea previsible que la masa activa no va a permitir atender el pago de los créditos contra la masa.* Otra interpretación llevaría a que cualquier crisis puntual de la masa determinaría la procedencia de la conclusión del concurso.

A fin de que la administración concursal pueda realizar el juicio de comparación, se habrá de determinar cuál es la masa activa que debe tomarse como referencia para predicar la insuficiencia.

---

18 CABALLERO GARCÍA, *La especialidad de la conclusión del concurso por insuficiencia de masa activa*, ob. cit., pág. 405.

De regular la masa activa del concurso se ocupa el tít. IV, del lib. I, compuesto por los arts. 192 a 250, ambos inclusive, del TRLC, de entre los cuales debemos tener muy principalmente en consideración el art 192, el cual establece el *Principio de universalidad*, al disponer: *La masa activa del concurso está constituida por la totalidad de los bienes y derechos integrados en el patrimonio del concursado a la fecha de la declaración de concurso y por los que se reintegren al mismo o adquiera hasta la conclusión del procedimiento.*

Para determinar la masa activa, de la que luego se predicará su insuficiencia, en su caso, se requiere atender a dos extremos: en primer lugar, ha de procederse a concretar cuáles son los bienes y derechos que integran ésta; pero también resulta necesario actuar una valoración o estimación acerca del ejercicio de ciertas acciones[19]. Una vez efectuada esa delimitación de la masa activa, a través de esa doble operación, podrá actuarse el juicio de comparación que resulta necesario para llegar o no a la conclusión de la insuficiencia de la masa activa para satisfacer los créditos contra la masa.

No se trata de aquella insuficiencia patrimonial cuya existencia normalmente está en la causa de una situación de insolvencia, sino de una más grave que, no solo no procurar ningún pago a los acreedores, sino que tampoco permite satisfacer las deudas de la masa que el propio dispositivo concursal puede generar. De manera que, si de la valoración del activo resulta que, deducidos los créditos contra la masa (ya devengados o que previsiblemente se vayan a devengar), no puede pagarse cantidad alguna a los acreedores, el concurso debe concluir por quedar impedida, por razones objetivas, la finalidad que es propia; y no así cuando se estime que, aun siendo insuficiente la masa, la continuación del concurso puede procurar algún resultado útil en la satisfacción del pasivo reconocido[20].

---

19 GARCÍA CRUCES, "El fracaso del proceso concursal ya declarado", ob. cit., pág. 15.

20 YANES YANES, Pedro, *Especialidades de la conclusión por insuficiencia de masa activa* (art. 176 bis), en Comentario a la Ley Concursal, PULGAR EZQUERRA dir., La Ley, Las Rozas (Madrid), 2016, pág. 1885.

Al supuesto de conclusión del concurso porque, en cualquier momento del procedimiento, se compruebe la insuficiencia de la masa activa para satisfacer los créditos contra la masa, establecido en el actual art. 465.7 del TRLC, el cual reproduce prácticamente la anterior redacción, modificando su numeración, se ha añadido por el art. único. 123 de la LRTRLC un párrafo final que establece la exigencia de que *concurran las demás condiciones establecidas en esta Ley*, para que proceda la conclusión del concurso de acreedores.

En efecto, en la actualidad, tras la reforma, la posibilidad de que la administración concursal solicite la conclusión del concurso con archivo de las actuaciones por insuficiencia sobrevenida de masa activa se vincula a diversas condiciones negativas reguladas en el art. 474 del TRLC, las cuales analizaremos más adelante. Así pues, este añadido es consecuencia de lo establecido en el citado precepto en el cual se prohíbe a la administración concursal solicitar la conclusión por insuficiencia sobrevenida de la masa activa mientras estén en tramitación los procedimientos que señala.

En la resolución que se dicte, el juez del concurso viene obligado a dar una respuesta expresiva de los elementos o razones de juicio, mediante la exteriorización de los razonamientos que conducen a la apreciación y valoración de la prueba, identificando la estructura y formación del supuesto fáctico que ha de enjuiciar, así como la interpretación y aplicación de la norma que vincula al mismo el efecto querido por el legislador.

La motivación no puede ir referida a la evidencia, sino a la actividad cognoscitiva y valorativa que despliega el juez para llegar a la evidencia, de manera que el auto de conclusión ha de contener los elementos y las razones de juicio que permitan conocer cuáles han sido los criterios jurídicos que fundamentan su decisión (art. 218.2 de la LECiv)[21].

---

21 YANES YANES, art. 176 bis, en ComLC, PULGAR EZQUERRA dir., 2016, pág. 1890.

Para finalizar este epígrafe, parece de interés recoger la doctrina contenida en la SJDO de lo Mercantil núm. 7 de Barcelona de 8 de noviembre de 2022, núm. 752/2022, rec. 79/2022 (EDJ 2022/749888), la cual en su FD 2º señaló:

> *La conclusión ha sido solicitada por el AC sobre la base de la insuficiencia de masa activa, una vez liquidados los bienes de la sociedad en concurso, para el pago de los créditos contra la masa, causa de conclusión del art 465 7º.*
>
> *La oposición a la conclusión se basa en que la AC no ejercita un recurso de casación frente a una sentencia de apelación que implica que no entre en la* **masa activa determinada** *cantidad de dinero. Esta razón no es propia de la oposición a la conclusión del concurso, sino, en su caso, más propia de una acción de responsabilidad de la AC. Lo que se ha de comprobar en una oposición a la conclusión es si concurre la causa de conclusión, en este caso insuficiencia de masa, no las razones por las que se está ante una insuficiencia de masa.*

3. DE LA CONCLUSIÓN POR INSUFICIENCIA DE LA MASA ACTIVA POSTERIOR AL AUTO DE DECLARACIÓN DEL CONCURSO

Como hemos analizado precedentemente, en la actualidad el TRLC asume la tesis de la necesidad de declarar el concurso, aun cuando conste desde el inicio la inexistencia de bienes y/o derechos suficientes para sufragar los gastos del procedimiento; pero diferencia entre aquellos supuestos en los cuales la insuficiencia se pone de manifiesto desde el momento de la solicitud y aquellos otros en los que la insuficiencia de la masa activa se revela durante la tramitación del procedimiento, con posterioridad a dictarse el auto de declaración del concurso.

De analizar la regulación del procedimiento procedente en el primero de los supuestos señalados en el párrafo anterior ya nos hemos ocupado en el capítulo precedente, debiendo ahora abordar la exposición del que corresponde en el señalado en segundo lugar, es decir, el de la insuficiencia sobrevenida.

En el primero de los supuestos señalados se atribuye a los acreedores que representa al menos el cinco por ciento (5%) del pasivo la decisión respecto de la continuación del procedimiento, permitiéndoles solicitar el nombramiento de un administrador concursal para que presente informe razonado y documentado sobre: sí existen indicios de la posibilidad de rescindir actos del deudor perjudiciales para la masa activa, para el ejercicio de la acción social de responsabilidad o de que el concurso pudiera ser calificado de culpable.

En caso de que la insuficiencia de la masa activa acaezca o se compruebe su existencia durante la tramitación del concurso que ya ha sido declarado judicialmente, la legitimación para hacer constar esta circunstancia la atribuye el legislador a la administración concursal, mediante comunicación razonada al juez del concurso.

De regular la tramitación de la conclusión del concurso por insuficiencia sobrevenida de masa activa posterior a dictarse el auto de declaración del concurso se ocupa la subsección 5ª, compuesta por los arts. 473 a 476, ambos inclusive, de la sec. 1ª, del cap. I, del tít. XI, del lib. I, rubricada *De la conclusión del concurso por insuficiencia de masa activa posterior al auto de declaración del concurso*, del TRLC.

3.1. *Informe de la administración concursal sobre la insuficiencia sobrevenida*

Se inicia la regulación del procedimiento de conclusión del concurso de acreedores por insuficiencia de masa activa posterior al auto de declaración de éste en el art. 473 del TRLC, cuya novedosa redacción actual le fue dada por el art único. 125 de la LRTRLC, el cual se ocupa del *Informe de la administración concursal sobre la insuficiencia sobrevenida*, y comienza disponiendo:

> *1. En caso de insuficiencia sobrevenida de la masa activa para satisfacer todos los créditos contra la masa, la administración concursal, una vez pagados o consignado el importe de aquellos ya*

> *devengados conforme al orden establecido en esta ley,* ***deberá solicitar del juez la conclusión*** *del concurso de acreedores, con rendición de cuentas* (la negrita es nuestra)

Así pues, la insuficiencia sobrevenida de la masa activa para atender al pago de los créditos contra la masa tiene como consecuencia ineludible el surgimiento de diversas obligaciones para la administración concursal, en particular el deber de comunicarla y solicitar al juez del concurso, después de satisfacer todos los créditos contra la masa, la conclusión del procedimiento.

Conforme a lo dispuesto por el precepto reproducido, la administración concursal está obligada a solicitar del juez la conclusión del concurso cuando le conste la insuficiencia sobrevenida de la masa activa para satisfacer todos los créditos contra la masa. Dada la redacción imperativa del mismo, que utiliza el término *deberá*, tercera persona del singular del futuro de indicativo del verbo deber, el cual conforme al diccionario de la RAE implica: *Estar obligado a algo por la ley divina, natural o positiva*, constituye un deber de este órgano del concurso, el cual está obligado a cumplirlo.

La conclusión del procedimiento por insuficiencia sobrevenida de masa debe relacionarse con la concurrencia de las circunstancias señaladas en el art. 37 bis del TRLC, analizadas en el capítulo precedente, el cual detalla los supuestos en que existe un concurso sin masa activa, lo cual se traduce en la fase de solicitud en la insuficiencia de bienes para satisfacer los gastos del procedimiento; mientras que en el caso de insuficiencia sobrevenida se va más allá y se alude expresamente a la **imposibilidad de satisfacer todos los créditos contra la masa**, los cuales se relacionan en el art. 242 del texto refundido, en el cual se incluyen créditos que no son estrictamente gastos del procedimiento. En consecuencia, en el supuesto de que *in limine litis* existan bienes suficientes para cubrir el previsible coste del procedimiento, pero no bastantes para pagar la totalidad de los créditos contra la masa, debe continuar el concurso y tras la apertura de la fase de liquidación se estará a lo establecido en el art. 468 del texto legal citado.

No impedirá la declaración de insuficiencia sobrevenida de masa activa que el deudor mantenga la propiedad de bienes legalmente inembargables, pues no integran la masa activa, según el art. 192.2 del TRLC, o desprovistos de valor de mercado o cuyo valor sea inferior al coste del procedimiento o cuyo coste de realización sería manifiestamente desproporcionado respecto de su previsible valor venal[22].

Antes de emitir el informe y solicitar la conclusión del concurso, como hemos expuesto anteriormente, constatada la insuficiencia sobrevenida de la masa, la administración concursal debe comunicar esta circunstancia al juez del concurso, por exigirlo así el art. 249 del TRLC, a continuación, proceder al pago de los créditos contra la masa conforme a los criterios que establece el art. 250 del mismo cuerpo legal, para finalmente, solicitar del juez la conclusión del concurso de acreedores, con rendición de cuentas, aplicando lo prevenido en el art. 473.1 del reiterado texto legal.

Se ha señalado[23] como en ocasiones se viene entendiendo, de forma errónea, que la comunicación de insuficiencia lleva aparejada, sin solución de continuidad, la conclusión del concurso. Pero ese tránsito, que en la sistemática de la ley parece muy breve, en la realidad puede ser bastante largo. Sólo cuando la masa liquidable se haya reducido a metálico y se haya repartido lo obtenido deberá la administración concursal presentar el informe del art. 176 bis. 3 —en la actualidad art. 473 del TRLC— solicitando al juez la conclusión.

Después de establecer en su numeral primero el deber de la administración concursal, tras el pago o la consignación del importe de los créditos contra la masa, de solicitar del juez la conclusión del concurso, con rendición de cuentas, el art. 473.2 del

---

22 SENENT MARTÍNEZ, *Conclusión y reapertura del concurso, ob. cit.*, pág. 508 y sigs.

23 MUÑOZ PAREDES, *La insuficiencia de bienes para sufragar los créditos contra la masa y la rendición de cuentas, ob. cit.*

TRLC se ocupa de exigir que a la solicitud de conclusión del concurso se acompañe *un informe con el mismo contenido establecido para el informe final de liquidación,* —que se regula en los arts. 468 y 478 del TRLC— *en el que, además, razonará inexcusablemente*:

1.º *Que el deudor no ha realizado actos perjudiciales para la masa activa que sean rescindibles conforme a lo establecido en esta ley.*

En relación con este primer supuesto, habrá de tenerse en cuenta lo establecido respecto de este tipo de actos en el art. 226 del TRLC, el cual, como sabemos, regula las acciones rescisorias de los actos del deudor, previendo:

> *1. Son rescindibles los actos perjudiciales para la masa activa realizados por el deudor dentro de los dos años anteriores a la fecha de la solicitud de declaración de concurso, así como los realizados desde esa fecha a la de la declaración, aunque no hubiere existido intención fraudulenta.*
>
> *2. Son igualmente rescindibles los actos perjudiciales para la masa activa realizados por el deudor dentro de los dos años anteriores a la fecha de la comunicación de la existencia de negociaciones con los acreedores o la intención de iniciarlas, para alcanzar un plan de reestructuración, así como los realizados desde esa fecha a la de la declaración de concurso, aunque no hubiere existido intención fraudulenta, siempre que concurran las dos siguientes condiciones:*
>
> *1.º Que no se hubiera aprobado un plan de reestructuración o que, aun aprobado, no hubiera sido homologado por el juez.*
>
> *2.º Que el concurso se declare dentro del año siguiente a la finalización de los efectos de esa comunicación o de la prórroga que hubiera sido concedida.*

La justificación de tal exigencia resulta evidente, dado el significado material de tales acciones, en cuanto que el éxito de su ejercicio puede acarear un incremento de la masa activa, como ha señalado una parte significativa de la doctrina[24]. En efecto, el resultado de las acciones rescisorias puede dar lugar a la incorpora-

---

24 GARCÍA CRUCES, "El fracaso del proceso concursal ya declarado", *ob. cit.*, pág. 17.

ción a la masa activa de bienes o derechos que hagan desaparecer la insuficiencia sobrevenida con anterioridad a su ejercicio.

2.º Que no existe fundamento para el ejercicio de la acción social de responsabilidad contra los administradores o liquidadores, de derecho o de hecho de la persona jurídica concursada; o contra la persona natural designada por la persona jurídica administradora para el ejercicio permanente de las funciones propias del cargo de administrador persona jurídica y contra la persona, cualquiera que sea su denominación, que tenga atribuidas facultades de más alta dirección de la sociedad cuando no exista delegación permanente de facultades del consejo en uno o varios consejeros delegados.

Este numeral hace referencia a la posibilidad del ejercicio de la acción social de responsabilidad de los administradores que se regula en los arts. 236 y sigs. del texto refundido de la Ley de sociedades de capital, que hace responsables a éstos, *del daño que causen por actos u omisiones contrarios a la ley o a los estatutos o por los realizados incumpliendo los deberes inherentes al desempeño del cargo, siempre y cuando haya intervenido dolo o culpa*[25].

Como sabemos, conforme a lo dispuesto por el art. 132.1 del TRLC una vez declarado el concurso, corresponderá exclusivamente a la administración concursal el ejercicio de las acciones

---

25 En relación con la responsabilidad civil de los administradores puede verse: DIAZ ECHEGARAY, José Luis, *La responsabilidad de los administradores de la sociedad anónima*, Editorial Montecorvo, Madrid, 1995; *Deberes y responsabilidad de los administradores de sociedades de capital*, Editorial Aranzadi, Pamplona, 2004; *La responsabilidad civil*, en La responsabilidad de los administradores de las sociedades de cápita, civil, concursal, fiscal, laboral y penal, DÍAZ ECHEGARAY coord., Ed. Thomson Reuters Aranzadi, Navarra, 2022; *Responsabilidad en el supuesto de concurso de la sociedad, en La responsabilidad de los administradores de las sociedades de cápita.* Civil, concursal, fiscal, laboral y penal, DIAZ ECHEGARAY coord., Ed. Thomson Reuters Aranzadi, Navarra, 2022; *Régimen de responsabilidad de los administradores en los grupos de sociedades*, en De iure mercatus. Libro homenaje al Prof. Dr. h. c. Alberto Bercovitz Rodríguez Cano, Ed. Tirant lo blanch, Valencia, 2023.

de responsabilidad de la persona jurídica concursada contra sus administradores o liquidadores, de derecho o de hecho; contra la persona natural designada para el ejercicio permanente de las funciones propias del cargo de administrador persona jurídica y contra la persona, cualquiera que sea su denominación, que tenga atribuidas facultades de más alta dirección de la sociedad cuando no exista delegación permanente de facultades del consejo en uno o varios consejeros delegados.

La misma justificación señalada respecto de la exigencia contenida en el numeral anterior resulta de aplicación a esta. En efecto, de prosperar alguna de las acciones señaladas por el precepto habrá de producirse un incremento de la masa activa, incluso de una cuantía suficiente para que desaparezca la insuficiencia de ésta que da lugar a la conclusión del concurso.

> *3.º Que no existe fundamento para que el concurso pueda ser calificado de culpable.*

El motivo de la introducción de esta exigencia es, asimismo, los efectos económicos anudados a la sentencia que calificara el concurso como culpable, en la medida en que pudiera venir a incrementar la masa activa por consecuencia de los pronunciamientos previstos en el art. 455.2 del TRLC, el cual dispone que la *sentencia que califique el concurso como culpable contendrá, además, los siguientes pronunciamientos*:

> *3.º La pérdida de cualquier derecho que las personas afectadas por la calificación o declaradas cómplices tuvieran como acreedores concursales o de la masa;*
>
> *4.º La condena a las personas afectadas por la calificación o declaradas cómplices a devolver los bienes o derechos que indebidamente hubieran obtenido del patrimonio del deudor o recibido de la masa activa*; y
>
> *5.º La condena a las personas afectadas por la calificación o declaradas cómplices a indemnizar, con o sin solidaridad, los daños y perjuicios causados.*

Al propio tiempo, el siguiente art. 456 de la misma Ley concursal conforme al cual el juez del concurso en la sentencia de calificación puede condenar, con o sin solidaridad, a la cobertura, total o parcial, del déficit a estos mismos operadores jurídicos, con lo que desaparece totalmente la insuficiencia de la masa activa[26].

> *4.º Que lo que se pudiera obtener del ejercicio de las correspondientes acciones no sería suficiente para el pago de los créditos contra la masa pendientes de pago.*

La insuficiencia de lo que pudiera obtenerse del ejercicio de todas estas acciones para el pago de los créditos contra la masa pendientes de pago, permitirá acordar la conclusión del concurso por insuficiencia sobrevenida de la masa activa del concurso.

Tan solo procederá la conclusión del concurso por insuficiencia sobrevenida de masa cuando se compruebe que no puede plantearse ninguna de las diversas acciones que la norma reproducida señala, lo que se concreta en la imposibilidad de ejercitar acciones de reintegración o de ejercicio de la acción social de responsabilidad o la calificación como culpable del concurso. Pero también podrá concluirse el concurso cuando resulte evidente que lo que pudiera obtenerse por el ejercicio de estas acciones no sería suficiente para satisfacer los créditos contra la masa pendientes de pago[27].

Llegados a este punto, parece conveniente recordar como de regular el contenido establecido para el informe final de liquidación, el cual debe también incluirse en el Informe de la administración concursal sobre la insuficiencia sobrevenida, se ocupa el art. 468.2 del TRLC, estableciendo:

---

26 Sobre esta materia puede verse: DÍAZ ECHEGARAY, José Luis, *Calificación del concurso. Doctrina y jurisprudencia*, Ed. Civitas, Madrid, 2023, 2ª ed. DIAZ ECHEGARAY, José Luis, La discutida naturaleza jurídica de la responsabilidad concursal a la luz de la última jurisprudencia, núm. 29, ADCo, 2013

27 SENENT MARTÍNEZ, Santiago, *Informe de la administración concursal sobre la insuficiencia sobrevenida* (art. 473), en Comentario a la Ley Concursal, PULGAR EZQUERRA dir., Ed. La Ley, Las Rozas (Madrid), 2023, tomo 2º, pág. 218.

> *En el informe final de liquidación, el administrador concursal expondrá las operaciones de liquidación que hubiera realizado y las cantidades obtenidas en cada una de esas operaciones, así como los pagos realizados y, en su caso, las consignaciones efectuadas para la satisfacción de los créditos contra la masa y de los créditos concursales.*

Además, conforme al siguiente numeral de la norma:

> *En el informe final de liquidación el administrador concursal expondrá si el deudor tiene la propiedad de bienes o derechos legalmente inembargables, y si en la masa activa existen bienes o derechos desprovistos de valor de mercado o cuyo coste de realización sea manifiestamente desproporcionado respecto del previsible valor venal, así como si existen bienes o derechos pignorado o hipotecados.*

El art. 473 del TRLC, dentro de la regulación de la tramitación a seguir por el informe de la administración concursal sobre la insuficiencia sobrevenida de masa activa, también se ha ocupado de establecer qué el mismo día de la presentación de la solicitud de conclusión del concurso la administración concursal remitirá el informe a los acreedores de cuya dirección electrónica tenga constancia.

Por último, además de la anterior, se impone la exigencia de que el mismo día de la presentación de la solicitud de conclusión o, si no fuera posible, en el siguiente, el LAJ lo pondrá de manifiesto en la oficina judicial a todas las partes personadas por el plazo de diez días. Este traslado, como veremos en el lugar adecuado, activa el plazo para formular la oposición regulada en el art. 475 del citado cuerpo legal.

3.2. Presupuesto de la solicitud

Como hemos anticipado ya, la insuficiencia sobrevenida de la masa activa para satisfacer todos los créditos contra ésta, analizada en los epígrafes precedentes, no resulta suficiente por si sola para solicitar la conclusión del concurso, puesto que para ello deben también concurrir otros requisitos legales de carácter negativo, que pasamos a estudiar a continuación.

El art. 176 bis. 1°. II de la LC preveía que no podía dictarse auto de conclusión del concurso por insuficiencia de la masa activa mientras se estuviera tramitando la sección de calificación o estuvieran pendientes demandas de reintegración de aquella o de exigencia de responsabilidad de terceros, salvo que las correspondientes acciones hubiesen sido objeto de cesión o fuese manifiesto que lo que se obtuviera de ellas no sería suficiente para la satisfacción de los créditos contra la masa

En la actualidad, se ocupa de regular estos presupuestos negativos para solicitar la conclusión del concurso por insuficiencia sobrevenida de la masa activa el art. 474 del TRLC, el cual, en la redacción dada por el art. único. 126 de la LRTRLC, dispone:

> *La administración concursal* —a la que corresponde la legitimación para hacer constar la insuficiencia sobrevenida de la masa activa y solicitar la conclusión del concurso por tal circunstancia— *no podrá solicitar la conclusión del concurso por insuficiencia sobrevenida de la masa activa mientras esté en tramitación incidente de rescisión de cualquier acto del deudor perjudicial para la masa activa o de exigencia de responsabilidad de terceros o se encuentre en tramitación la sección de calificación, salvo que las correspondientes acciones ya ejercitadas hubiesen sido objeto de cesión o fuese manifiesto que lo que se obtuviera de ellas no sería suficiente para la satisfacción de los créditos contra la masa.*

Si la administración concursal no dispone de los datos necesarios para realizar tamañas afirmaciones o los existentes revelan la posibilidad de acrecer la masa por cualquiera de esas vías, la conclusión deberá esperar. Por ello, MUÑOZ PAREDES ha afirmado[28], que el tránsito entre la comunicación de insuficiencia y la petición de conclusión puede ser muy breve o dilatado.

La norma pretende por este medio conciliar la conclusión por insuficiencia sobrevenida de la masa activa para satisfacer todos los créditos contra la masa con la realización de los fines del concurso, entre los cuales, como sabemos, destaca la satisfacción del

---

28 *La insuficiencia de bienes para sufragar los créditos contra la masa y la rendición de cuentas, ob. cit.*

interés de los acreedores del deudor común. Si ni tan siquiera existen bienes para atender al pago de los créditos contra la masa, ni es posible obtenerlos por otros medios, pero únicamente en este supuesto, carecerá de sentido continuar un procedimiento concursal que únicamente habrá de servir para incrementar la deuda que no habrá de satisfacerse.

No se puede concluir el concurso por insuficiencia sobrevenida de masa si resulta posible el ejercicio de acciones de reintegración o es previsible la calificación del concurso como culpable, porque con el resultado de las mismas podría incrementarse aquella. En efecto, no podrá solicitarse la conclusión por esta causa siempre que se esté tramitando alguna de ellas, resultando preciso esperar a conocer su resultado antes de poder valorar la insuficiencia de masa activa, salvo los supuestos en los cuales resulte evidente que lo que se pueda conseguir no permitirá atender a los créditos contra la masa.

Lo anteriormente mencionado, se asevera en la doctrina[29], nos lleva a estadios avanzados del concurso, pues en una fase muy inicial es difícil que la administración concursal pueda conocer tales circunstancias. Por ello hay que incidir, para evitar confusiones, en que una cosa es la comunicación del art. 176 *bis*.2 —art. 249 del TRLC—, que sólo exige el presupuesto fáctico de la insuficiencia, y otra la conclusión, la cual requiere que se hayan realizado lo bienes hasta donde sea posible y que no sea previsible la entrada de otros nuevos vía rescisión o calificación. El tránsito entre uno y otro estadio puede ser más o menos rápido, según el número y la naturaleza de los bienes a liquidar o la complejidad de las operaciones de rescisión o susceptibles de calificación que haya que analizar.

Asimismo, se ha sostenido[30] como pese a que en este precepto no se hace referencia expresa a la acción social de responsabili-

---

29 MUÑOZ PAREDES, *La insuficiencia de bienes para sufragar los créditos contra la masa y la rendición de cuentas, ob. cit.*

30 SENEN MARTÍNEZ, Santiago, *Presupuesto de la solicitud* (art. 474), en Comentario a la Ley Concursal, PULGAR EZQUERRA dir., Ed. La Ley, Las Rozas (Madrid), 2023, tomo 2º, pág. 220.

dad, a la que sin embargo alude el art. 473.1.2º del TRLC, al regular el informe de la administración concursal sobre la insuficiencia sobrevenida, por razones de analogía, al existir identidad de razón, debería impedirse también la solicitud de la conclusión del concurso por insuficiencia de masa sobrevenida si estuviera tramitándose una acción de esta naturaleza, para la que, declarado el concurso, es competente el juez del concurso de conformidad con los dispuesto en el art. 86 ter. 4º de la LOPJ, siendo un obstáculo para la conclusión del concurso por esta causa.

Un detallado análisis de los presupuestos de la solicitud de la conclusión del concurso por insuficiencia sobrevenida de la masa activa, durante la vigencia del derogado art. 176 bis de la LC lo encontramos en la STS, civil de 4 de noviembre de 2014, núm. 592/2014, rec. 94/2013 (EDL 2014/208184) la cual en su FD 3º señaló:

> *1. Las razones que justifican la conclusión del concurso son diversas, pero las que asisten a la referida insuficiencia de la masa activa para satisfacer los créditos contra la masa son consecuencia, entre otras, por la frustración que supone no alcanzar uno de los fines que proclama la LC, el convenio o la liquidación. Es una causa tradicionalmente habitual cuando se comprueba que el activo del deudor no cubre para atender el pasivo. Supone el agotamiento de la masa activa que no puede satisfacer siquiera los gastos del proceso. Por esta razón, el art. 176 ha sufrido una profunda modificación en su contenido, siendo, además, objeto de desarrollo en el artículo siguiente, el art. 176 bis, por medio de la Ley 38/2011, de 10 de octubre, de reforma de la Ley concursal, que de acuerdo con la Disposición Transitoria Undécima comenzó a aplicarse a los concursos en tramitación a la fecha de su entrada en vigor (1 de enero de 2012).*
>
> *Antes de la citada reforma, el art. 176.1. 4º (referido a la insuficiencia de bienes) establecía que: "procederá la conclusión del concurso y el archivo de las actuaciones en los siguientes casos... 4º. En cualquier estado del procedimiento, cuando se comprueba la inexistencia de bienes y derechos del concursado ni de terceros responsables con lo que satisfacer a los acreedores". Actualmente, tras la reforma, la conclusión del concurso por insuficiencia de bienes se regula en el número 3º del art. 176 con el siguiente tenor literal: "en cualquier estado del procedimiento cuando se*

compruebe la insuficiencia de la masa activa para satisfacer los créditos contra la masa". La diferencia es importante en cuanto a su ámbito objetivo. Mientras en la redacción originaria sólo podía concluir el concurso por la inexistencia de bienes para satisfacer a los acreedores, a todos los acreedores, y por la inexistencia de bienes y derechos de terceros responsables, bien por su situación de insolvencia o por cualquier otra causa, en la actualidad puede declararse concluso el concurso cuando la insuficiencia de bienes no cubre los créditos contra la masa, es decir, los gastos del procedimiento. El legislador ha sustituido la expresión "inexistencia" por la de "insuficiencia", lo que supone un juicio de valor, una previsión, lo que de forma expresa recoge el artículo siguiente, 176 bis, 1, segundo párrafo.

En efecto, a la diferencia apuntada, se añade el desarrollo de esta causa de conclusión, con un nuevo artículo, el 176 bis, que rotula "Especialidades de la conclusión por insuficiencia de la masa activa", que en su apartado 1, párrafo segundo dice: "no podrá dictarse auto de conclusión del concurso por insuficiencia de la masa activa mientras se esté tramitando la sección de calificación o estén pendientes demandas de reintegración de la masa activa o de exigencia de responsabilidad de terceros, salvo que las correspondientes acciones hubiesen sido objeto de cesión o fuese manifiesto que lo que se obtuviera de ellas no sería suficiente para la satisfacción de los créditos contra la masa ".

2. Este es el supuesto que debe aplicarse al caso enjuiciado. Pero no por las razones apuntadas en la sentencia recurrida por no haber impugnado el concursado el Informe de la Administradora concursal, y su inventario de bienes y derechos, en la relación de pleitos expresados en el mismo. Pues, aun cuando no hubiere mediado impugnación alguna, de existir otros bienes, derechos y acciones es llano que el concurso no pudiera concluir, y los bienes, derechos y acciones, debieran ser objeto de incorporación a la masa, para su posterior reparto entre los acreedores. Como tampoco justifica la conclusión del concurso por la previsión legal del art. 179 LC, según la cual procederá su reapertura de aparecer otros bienes con posterioridad. El último de los preceptos transcritos exige que previamente se haya realizado un juicio de valor acerca de la insuficiencia manifiesta de los bienes, pues, en el presente caso, la conclusión del concurso es siempre provisional, aunque limitada en el tiempo (cinco años).

3.- En efecto, la relación de eventuales litigios que pretendía interponer el concursado en su escrito rector del incidente, y el resultado de aquellos ya interpuestos, sin expresar cantidades, constituyen, como reconoce el propio recurrente, supuesto que pueden conducir a "la no atención de créditos contra la masa". Confesión de reconocimiento de una realidad fáctica, a todas luces subsumible, al supuesto que contempla, al final del precepto, es decir, si "fuese manifiesto que lo que se obtuviera de ellas no sería suficiente para la satisfacción de los créditos contra la masa". Se refiere, entre otras acciones, a la "exigencia de responsabilidad de terceros", que es el caso de autos, que equivale a interpretar supuestos de inexistencia o insuficiencia de bienes de terceros. No tienen esta condición aquellos terceros que responden de deudas concretas de la masa pasiva (deudores o fiadores solidarios, pero no frente a la totalidad de ellos o frente al deudor que le asiste un derecho de repetición o de reembolso. Los terceros a que se refiere el precepto son los que responden con sus bienes frente a todos los acreedores.

Ninguna valoración ni contraste se ha realizado en el incidente que pudiera impedir la conclusión del concurso, pues, aparte de la falta de cuantificaciones realistas por parte del concursado (en el propio recurso destaca la existencia de un inmueble por valor de 85.700.-Eur., su vivienda, pero oculta que la hipoteca que pesa sobre la misma asciende a 84.500.-Eur., etc.), los valores son tan insuficientes, y los términos en que describía las acciones ejercitadas o por ejercitar tan inconcretas y faltas de apariencia de prosperabilidad que constituyen, todas estas circunstancias, suficientes para entender concluso el concurso,

3.3. Oposición a la conclusión

Hemos visto como la administración concursal debe remitir el informe solicitando la conclusión del concurso por insuficiencia sobrevenida de la masa activa mediante comunicación telemática a los acreedores de cuya dirección electrónica tenga conocimiento y el LAJ ponerlo de manifiesto en la oficina judicial a todas las partes personadas por diez días. La puesta de manifiesto en la oficina judicial del informe de la administración concursal sobre la insuficiencia sobrevenida activa el plazo para formular la oposición a la conclusión que regula el art. 475 del mismo texto legal.

Se ocupa de reglar la oposición de los operadores que acrediten interés legítimo para ello a la conclusión del concurso por insuficiencia sobrevenida de la masa activa requerida por el administrador concursal el art. 475.1 del TRLC, en su actual redacción, que le fue dada por el art. único. 126 de la LRTRLC, el cual dispone:

> *Dentro del plazo en que el informe estuviera de manifiesto en la oficina judicial* —de 10 días—, *cualquier persona que acredite interés legítimo podrá formular* ***oposición a la conclusión del concurso****, siempre que justifique la existencia de indicios suficientes para considerar que pueden ejercitarse acciones de reintegración o de exigencia de responsabilidad o acrediten por escrito hechos relevantes que pudieran conducir a la calificación de concurso como culpable* (la negrita es nuestra).

Como puede apreciarse la legitimación para formular oposición a la conclusión del concurso por insuficiencia sobrevenida de la masa activa no se restringe únicamente a los acreedores o al concursado, sino que se extiende a cualquier operador que acredite un interés legítimo, lo que otorga una gran amplitud a la misma. Este interés legítimo puede corresponder, además de al concursado y sus acreedores, a los socios y administradores de la persona jurídica o a quienes puedan resultar responsables de las deudas del concursado, entre otros.

Pero el interés legítimo por sí solo no resulta suficiente para formular oposición a la conclusión del concurso, sino que resulta necesario, además, aportar indicios suficientes de la posibilidad de ejercitar acciones de reintegración o de responsabilidad o acreditar por escrito hechos relevantes que pudieran conducir a la calificación de concurso como culpable. La norma reproducida no exige una prueba irrefutable de la concurrencia de esas causas de oposición a la conclusión del concurso, pero sí al menos unos indicios razonables, lo cual constituye un concepto jurídico indeterminado que habrá de ser valorado por el juez.

Pero, además de los señalados hasta aquí, el núm. 2 del mismo precepto dispone otro requisito adicional para formular oposición a la conclusión del concurso consistente en que:

> *Al escrito de oposición deberá acompañar documento acreditativo de la constitución de depósito o la consignación en el juzgado de* ***una cantidad suficiente para la satisfacción de los previsibles créditos***

> ***contra la masa***. *El depósito o consignación podrá hacerse también mediante aval solidario de duración indefinida, pagadero a primer requerimiento, emitido por entidad de crédito o sociedad de garantía recíproca, o por cualquier otro medio que, a juicio del tribunal, garantice la inmediata disponibilidad de la cantidad* (la negrilla es nuestra).

La norma no aclara el alcance de la cantidad *suficiente para la satisfacción de los previsibles créditos contra la masa*, sin concretar si esa cantidad habrá de calcularse deduciendo la parte que puede satisfacerse con la masa activa existente, como parece razonable, o por el contrario habrá de consignarse el importe íntegro de éstos. De otra parte, no parece razonable la referencia a todos los créditos contra la masa, en lugar de a los gastos procesales originados por consecuencia de la oposición, lo cual parece habría de resultar suficiente para la finalidad perseguida por la norma.

Con esta medida de garantía pretende el legislador evitar que durante la tramitación de la oposición puedan generarse nuevos créditos contra la masa que resulten insatisfechos ante la insuficiencia de masa constatada, corriendo a cargo de quien se opone a la conclusión garantizar el pago de estos[31]. Sin duda, esta exigencia habrá de limitar en la práctica el número de oposiciones que habrán de formularse a la conclusión del concurso por insuficiencia sobrevenida de la masa activa.

El juez valorará si pueden *considerase suficientes los indicios y los hechos acreditados por quien hubiera formulado oposición y suficiente la garantía,* en cuyo caso *la admitirá a trámite conforme a lo establecido para el incidente concursal* —que regula el cap. II, del tít. XII, compuesto por los arts. 532 a 543 del TRLC—. *Si,* por el contrario, *considerase insuficiente la garantía concederá a quien hubiera formulado oposición el plazo de cinco días para que pueda mejorarla.*

Este incidente se resolverá por sentencia que acordará o denegará la conclusión del concurso por insuficiencia sobrevenida de la masa activa solicitada por la administración concursal, contra la

---

31 SENENT MARTÍNEZ, *Conclusión y reapertura del concurso, ob. cit.*, pág. 509.

cual cabrá interponer el recurso de apelación, como disponen los arts. 481.2 y 547 del TRLC.

Si, por el contrario, *dentro del plazo establecido por la ley ninguna persona con interés legítimo formulase oposición a la conclusión del concurso, el juez resolverá mediante auto sobre la conclusión solicitada,* según dispone, por último, el arts. 475.4 del TRLC.

En el caso de que el auto estimará la petición y concluyera el concurso no cabe recurso alguno frente al mismo al no existir controversia, puesto que no se formuló oposición por parte legitimada; si se rechaza la petición y se acuerda continuar la tramitación del procedimiento concursal, el auto será susceptible de recurso de apelación en los términos del art 481.1 del TRLC.

La oposición a la conclusión del concurso por insuficiencia sobrevenida de la masa guarda muchas similitudes con la petición de continuación del mismo regulada en el art. 476 del TRLC, siendo fácil la confusión entre ambas, si bien se distinguen por su objeto, ya que en el caso del art. 475 del mismo cuerpo legal el objeto procesal es la reconsideración de las conclusiones formuladas por la administración concursal en su informe de conclusión por insuficiencia de masa, a fin de evitar la conclusión del procedimiento de insolvencia; por el contrario, en el supuesto del art. 476 del citado texto refundido el objeto es el ejercicio por el solicitante de una concreta acción de reintegración o, en su caso, la apertura de la sección de calificación a fin de alegar hechos que permitan la calificación culpable del concurso[32].

3.4. Solicitud de continuación del concurso

Para finalizar esta subsección 5ª, que se ocupa de la conclusión del concurso por insuficiencia sobrevenida de masa activa pos-

---

32 SENENT MARTÍNEZ, Santiago, *Oposición a la conclusión* (art. 475), en Comentario a la Ley Concursal, PULGAR EZQUERRA dir., Ed. La Ley, Las Rozas (Madrid), 2023, tomo 2º, pág. y sig.

terior al auto de declaración del concurso, el art. 476 del TRLC, único de la subsección que no ha sido reformado por la LRTRLC, el cual regula la solicitud de continuación del concurso, comienza estableciendo que:

> *Hasta la fecha en que se dicte el auto de conclusión del concurso, los acreedores y cualquier otro legitimado* —aunque la ley no lo dice expresamente, SENENT MARTÍNEZ[33] entiende que se refiere al legitimado para solicitar la declaración de concurso, es decir, los sujetos señalados en el art. 3 del TRLC— *podrán solicitar la continuación del concurso siempre que justifiquen la existencia de indicios suficientes para considerar que pueden ejercitarse determinadas acciones de reintegración o aporten por escrito hechos relevantes que pudieran conducir a la calificación de concurso culpable y la constitución de depósito o la consignación en el juzgado de una cantidad suficiente para la satisfacción de los previsibles créditos contra la masa. El depósito o consignación podrá hacerse también mediante aval solidario de duración indefinida, pagadero a primer requerimiento, emitido por entidad de crédito o sociedad de garantía recíproca, o por cualquier otro medio que, a juicio del tribunal, garantice la inmediata disponibilidad de la cantidad.*

En consecuencia, la insuficiencia de la masa activa no se erige en un obstáculo absoluto, aunque difícil de superar, para la continuación del concurso, ya que la norma permite solicitarla al acreedor que justifique existen datos suficientes para poder ejercitar acciones de reintegración o aporte por escrito hechos relevantes que pudieran conducir a la calificación de concurso culpable, siempre que asuma los gastos de los previsibles créditos contra la masa y los garantice desde el momento de la solicitud. No resulta previsible que se plantee esta solicitud con demasiada frecuencia, teniendo en consideración el efecto disuasorio que supone la exigencia de efectuar el depósito que para ello impone el precepto.

Como acertadamente señaló el AAP de Barcelona, sec. 15, de 29 de junio de 2023, núm. 81/2023, rec. 77/2023 (EDJ 2023/731332) en su FD 4º:

---

[33] *Conclusión y reapertura del concurso, ob. cit.*, pág. 510.

> *Este precepto responde a la necesidad de garantizar que la continuación del concurso sea económicamente viable, y que por lo menos el administrador concursal designado pueda cubrir una parte de sus honorarios.*

Así pues, de acuerdo con lo que establece el precepto reproducido, los tres presupuestos habrán de concurrir para que proceda la *continuación del concurso,* solicitada por *los acreedores y cualquier otro legitimado,* son que:

i) No se haya dictado aún el auto de conclusión del concurso;

ii) Se justifiquen la existencia de indicios suficientes para considerar que pueden ejercitarse determinadas acciones de reintegración o aporten por escrito hechos relevantes que pudieran conducir a la calificación de concurso culpable; y

iii) La constitución de depósito o la consignación en el juzgado de una cantidad suficiente para la satisfacción de los previsibles créditos contra la masa o de un aval.

Señala a continuación la misma norma que el LAJ *admitirá a trámite la solicitud si cumple las condiciones de tiempo y contenido establecidas en esta ley.* Si, por el contrario, *entiende que no concurren las condiciones o que no se han subsanado, dará cuenta al juez para que dicte auto aceptando o denegando la solicitud.*

Por último, el art. 476 del TRLC prevé que, si continuase el concurso, *el instante estará legitimado para el ejercicio de las acciones de reintegración que hubiere identificado en la solicitud, estando en cuanto a las costas y gastos a lo establecido en esta ley para el ejercicio subsidiario de acciones por los acreedores.*

Consiguientemente, la continuación del concurso legitima al instante de la continuidad del concurso para el ejercicio de las acciones de reintegración o de impugnación, pero el que las ejerza litiga a su costa, pero en interés de la masa del concurso. Sin embargo, se considera en la doctrina[34] que con arreglo a lo esta-

---

34 SENENT MARTÍNEZ, *Conclusión y reapertura del concurso, ob. cit.*, pág. 510.

blecido en el art. 122.3 del TRLC, tendrá derecho al reembolso con cargo a la masa de los gastos y costas en que hubiera incurrido hasta el límite de lo percibido por esta.

Este posicionamiento del autor señalado nos parece acertado, puesto que, sin duda, constituye un principio de equidad que la masa que ha resultado beneficiada por la acción del instante atienda a las costas y gastos satisfechos por éste para lograrlo, el cual habrá de ponderarse para la interpretación del precepto, conforme dispone el art. 3.2 del CC.

Este precepto, no solo no ha sido modificado por la LRTRLC, sino que reproduce, con alguna ligerísima modificación de redacción, el art. 176 bis. 5 de la LC, lo cual supone que sigue resultando de aplicación tanto la doctrina de los autores como la jurisprudencial dictada durante la vigencia de este artículo.

Como no se establece en el art. 476 un trámite especifico, ni se prevé traslado a las partes personadas, se ha considerado[35] que cabe concluir que debería seguirse el cauce de las autorizaciones judiciales reguladas en el art. 518 del TRLC. En consecuencia, de la solicitud presentada se dará traslado a todas las partes que deban ser oídas respecto de su objeto, concediéndoles para alegaciones un plazo de igual duración no inferior a tres días ni superior a diez, atendidas la complejidad e importancia de la cuestión. El juez resolverá sobre la solicitud mediante auto dentro de los cinco días siguientes al último vencimiento y contra el auto que conceda o deniegue la autorización solicitada no cabrá más recurso que el de reposición.

Hay que señalar que la finalidad de esta norma es muy similar a la del art. 475 del TRLC. Lo dispuesto en ambos casos impide la conclusión del concurso cuando existe posibilidad de ejercer acciones de reintegración o de calificación del concurso como

---

35 SENEN MARTINEZ, Santiago, *Solicitud de continuación del concurso* (art. 476), en Comentario a la Ley Concursal, PULGAR EZQUERRA dir., Ed. La Ley, Las Rozas (Madrid), 2023, tomo 2º, pág. 225.

culpable, pero el art. 476 no prevé el ejercicio de acciones de responsabilidad de terceros que si regula el art. 475 ambos del texto legal anteriormente señalado.

Asimismo, coinciden las dos normas en la exigencia de que quien formule la solicitud está obligado a la *constitución de depósito o la consignación en el juzgado de una cantidad suficiente para la satisfacción de los previsibles créditos contra la masa.*

En tal sentido se pronuncia la SAP de Cádiz, sec. 5ª, de 7 de julio de 2023, núm. 576/2023, re. 328/2022 (EDJ 2023/717849) cuando afirma en su FD 3º lo siguiente:

> *En la misma línea, pero con el soporte de sacrificio correspondiente a cargo del acreedor contradictor, cabría considerar la posibilidad (o alternativa) que se menciona de oposición a la conclusión conforme al art. 476 TRLC, pero que lo es propiamente de "solicitud de continuación del concurso", precisamente para permitir mayor desarrollo del concurso carente de capacidad para ello, y mediante la constitución de depósito o la consignación de cantidad suficiente para la satisfacción de los previsibles créditos contra la masa.*

Durante la vigencia del art. 176 bis. 5 de la LC, de contenido prácticamente idéntico al art. 476 del TRLC, se llegó a afirmar en la doctrina[36] que la reanudación del concurso previa a la conclusión, cuyo solapamiento con el trámite de oposición a la conclusión —tanto en los plazos como en el contenido— permite dudar de la oportunidad y sensatez de la opción legislativa.

El art. 476 no contempla el ejercicio de la acción social de responsabilidad lo cual, por el contrario, si prevé el art. 475, ya que el acreedor no tiene legitimación por sí mismo para el ejercicio de esta acción que compete exclusivamente, una vez declarado el concurso, al administrador concursal, como establece el art. 132 todos ellos del TRLC.

---

36 YANES YANES, art. 176 bis, en ComLC, PULGAR EZQUERRA dir., 2016, pág. 1896.

4. DE LA RENDICIÓN DE CUENTAS

La presentación del escrito de rendición de cuentas de su gestión por la administración concursal, como accesorio de la solicitud de conclusión de concurso, aparece regulada en la sec. 3ª, en la que se contienen los arts. 478 a 480, ambos inclusive, del cap. I, del tít. XI del lib. I del TRLC.

Como señala la STS, civil, de 22 de junio de 2015, núm. 424/2015, rec. 2003/2013 (RJ 2015, 3289) (EDJ 2015/136049) sobre el deber de rendir cuentas, la cual desaprueba la rendición de cuentas presentada, a la que hace referencia la SAP de Barcelona, sec. 15, de 23 de diciembre de 2020, núm. 2842/2020, rec. 1775/2020 (EDJ 2020/768499);

> *... [e]ste deber de rendir cuentas constituye una manifestación de la exigencia que el ordenamiento jurídico impone a cualquier persona que gestione intereses ajenos»;* con él *«culmina el deber de la administración de informar sobre el cumplimiento de su cargo (art. 35 LC), como órgano concursal» que exige la elaboración y presentación ante el Juez del concurso de un informe donde debe darse cuenta de todas las actuaciones realizadas en el ejercicio del cargo e informar del resultado y saldo final de las operaciones realizadas.*

4.1. Rendición de cuentas

De regular la rendición de cuentas por la administración concursal se ocupa el art. 478 del TRLC, el cual en su núm. 1º dispone:

> *Con el informe final de liquidación, con el informe justificativo de la procedencia de la conclusión del concurso por cualquier otra causa de conclusión del concurso o con el escrito en el que informe favorablemente la solicitud de conclusión deducida por otros legitimados, el administrador concursal presentará escrito de rendición de cuentas.*

Tras la reforma introducida por el art único. 128 de la LRTRLC, en su núm. 2º el precepto citado previene el contenido que corresponde al escrito señalado en último lugar, estableciendo que:

> *En el escrito de rendición de cuentas, el administrador concursal:*
>
> - *justificará cumplidamente la utilización que haya hecho de las facultades conferidas;*
> - *señalará las acciones de reintegración de la masa activa y las acciones de responsabilidad que hubiera ejercitado, con expresión de los respectivos resultados;*
> - *expondrá las operaciones de liquidación de la masa activa que hubiera realizado y la fecha y el modo en que hubieran sido hechas;*
> - *enumerará los pagos y, en su caso, las consignaciones realizadas de los créditos contra la masa y de los créditos concursales;*
> - *expresará los pagos de cualesquiera expertos, tasadores y entidades especializadas que hubiera contratado, con cargo a la retribución del propio administrador concursal; y*
> - *detallará la retribución que le hubiera sido fijada por el juez, especificando las cantidades y las fechas en que hubieran sido percibidas, con expresión de los pagos del auxiliar o auxiliares delegados, si hubieran sido nombrados.*

Con ello se busca, por un lado, proporcionar una visión global del desarrollo de la fase de liquidación, más allá de las previas informaciones periódicas y, por otro, poner de manifiesto que, a juicio de la administración concursal, se debe poner fin a dicha fase y, con ello, al propio procedimiento concursal, por no existir ya bienes o derechos en la masa activa con los que dar satisfacción a los acreedores, ni tampoco otras vías alternativas de reintegración de dicha masa que permitieran proseguir dicha satisfacción atacando otros patrimonios diferentes al del concursado[37].

La SAP de Barcelona, sec. 15, de 23 de diciembre de 2020, núm. 2842/2020, rec. 1775/2020 (EDJ 2020/768499), declara:

> ...
>
> *4. Ello nos lleva a entender que este procedimiento carece de objeto, y que solo deberá efectuarse la rendición de cuentas del*

---

37 GONZÁLEZ VÁZQUEZ, José Carlos, *Informes sobre la liquidación* (art. 152), en Comentario a la Ley Concursal, PULGAR EZQUERRA dir., Ed. La Ley, Las Rozas (Madrid), 2016, pág. 1700.

administrador cuando haya concluido las actuaciones a las que legalmente está obligado, por lo que en estos términos dejamos sin efecto la aprobación de cuentas que recoge la sentencia recurrida, a expensas de que se complete dicha rendición según lo expuesto.

Añadiendo a continuación el núm. 2º *in fine* del art. 478 del TRLC, reformado por el art único 128 de la LRTRLC:

Asimismo, precisará el número de trabajadores o personal contratado a estos efectos que se hubieren asignado por la administración concursal al concurso y el número total de horas dedicadas por el conjunto de estos trabajadores al concurso.

La SAP de Madrid, sec. 28, de 12 de marzo de 2024, núm. 93/2024, rec. 1203/2022 (EDJ 2024/ 571957), en su FD 1º, indicó como:

...

7] El art. 478.2, en la redacción resultante del Real Decreto Legislativo 1/2020, de 5 de mayo, disponía que "[e]n el escrito de rendición de cuentas, justificará cumplidamente el administrador concursal la utilización que haya hecho de las facultades conferidas; y detallará la retribución que le hubiera sido fijada por el juez para cada fase del concurso, especificando las cantidades percibidas, incluidas las complementarias, así como las fechas de cada una de esas percepciones, y expresará los pagos del auxiliar o auxiliares delegados, si hubieran sido nombrados, así como los de cualesquiera expertos, tasadores y entidades especializadas que hubiera contratado, con cargo a la retribución del propio administrador concursal. Asimismo, precisará el número de trabajadores asignados por la administración concursal al concurso y el número total de horas dedicadas por el conjunto de estos trabajadores al concurso.

Por último, en su núm. 3 del precepto prevé la obligación del LAJ de remitir el escrito de rendición de cuentas por medios electrónicos al RPC, reproduciendo la redacción anterior a su reforma por el art. único 128 de la LRTRLC, el cual se limitó a añadirle el medio de remisión, que precedentemente no se indicaba.

La rendición de cuentas que analizamos se encuentra estrechamente relacionada con la supervisión judicial a la cual se refiere el art. 82 del TRLC, según el cual la administración concursal está sometida a la supervisión del juez del concurso; pudiendo el juez, en cualquier momento, requerirle una información específica o una memoria sobre el estado del procedimiento o sobre cualquier otra cuestión relacionada con el concurso[38].

Hay que señalar que la rendición de cuentas no solo procede en el supuesto de la conclusión del concurso, dado que conforme al art. 102 del TRLC, también en el caso de cese del administrador concursal antes de la conclusión del concurso, el juez le requerirá para que en el plazo de un mes presente una completa rendición de cuentas. Añadiendo que esta rendición de cuentas se regirá por lo establecido en la sec. 3.ª del cap. I del tít. XI del lib. I, es decir, por las mismas normas que cuando tiene lugar la conclusión de concurso.

4.2. Oposición y resolución

La presentación por la administración concursal del informe de rendición de cuentas da lugar a un trámite procedimental regulado en el art. 478, anteriormente analizado, y 479 del TRLC, el cual terminará con la aprobación o desaprobación de estas por el juez del concurso.

Se ocupa el art. 479 del TRLC, cuya redacción no ha sido modificado desde la promulgación del TRLC, de regular en sucesivos numerales las diferentes posiciones que pueden adoptar, tanto el concursado como los acreedores, en relación con la aprobación de las cuentas y la conclusión del concurso, disponiendo que:

- *Dentro del plazo de audiencia para formular oposición a la conclusión del concurso —el cual se establece el art. 475, también por remisión a lo que dispone el art. 473.4, ambos del mismo cuerpo legal anteriormente citado, es decir, diez*

---

38 SENENT MARTÍNEZ, Santiago, *Rendición de cuentas* (art. 478), en Comentario a la Ley Concursal, PULGAR EZQUERRA dir., Ed. La Ley, Las Rozas (Madrid), 2023, tomo 2º, pág. 230.

días desde que el LAJ ponga de manifiesto en la oficina judicial la solicitud de conclusión del concurso—, tanto el concursado como los acreedores podrán formular oposición razonada a la aprobación de las cuentas.

- *Si no se formulase oposición a las cuentas ni a la conclusión del concurso, el juez mediante auto decidirá sobre la conclusión de concurso, y de acordarse esta, declarará aprobadas las cuentas.*
- *Si solo se formulase oposición a las cuentas, esta se sustanciará por los trámites del incidente concursal —regulado en el cap. II, compuesto por los arts. 532 a 543, ambos inclusive, del tít. XII, del lib. I, del TRLC— y en la sentencia que ponga fin a este incidente se resolverá sobre esta y se decidirá sobre la conclusión del concurso.*
- *Si la oposición solo afecta a la conclusión de concurso, el juez aprobará las cuentas en la sentencia que decida sobre la conclusión, en el caso de que esta sea acordada.*
- *Si se formulase oposición a la aprobación de las cuentas y también a la conclusión del concurso, ambas se sustanciarán en el mismo incidente y se resolverán en la misma sentencia.*

A este respecto, la SAP de Madrid, sec. 28, de 25 de septiembre de 2023, núm. 572/2023, rec. 1738/2022 (EDJ 2023/732659), en su FD 1º, declaró:

> *Además, se tomaba en consideración que el artículo 479.5 TRLC dispone que "si se formulase oposición a la aprobación de las cuentas y también a la conclusión del concurso, ambas se sustanciaran en el mismo incidente y se resolverán en la misma sentencia" y señalando que la función de la rendición de cuentas consiste en la justificación cumplida de la utilización que se haya hecho de las facultades de administración, y además, en la exposición del resultado y saldo final de las operaciones, por lo que en caso de oposición el Juez del Concurso debe contrastar en qué han consistido las actuaciones de la administración concursal, se argumentaba que, en el presente caso, por todo lo acontecido hasta llegar a este momento procesal, resulta de especial interés detenerse en el artículo 479.1 TRLC, precepto que sólo reconoce legitimación para formular oposición razonada a la aprobación de cuentas "al concursado y a los acreedores", a diferencia del artículo 469 TRLC (oposición a la conclusión) que no circunscribe la legitimación a los acreedores, sino a todos lo que están personados, y por tanto, a los interesados en sentido genérico y al concursado, concluyendo*

> *que, como se desprende del estado de los autos, M. ABOGADOS Y ASESORES TRIBUTARIOS, S.L.P. no tiene reconocido ningún crédito y, por tanto, no ostenta la condición de acreedor,..., lo que obliga a situarnos en el apartado 4 del artículo 479, debiendo aprobarse la rendición de cuentas presentada por la A.C.*

Lo que no señala ni tasa la norma son los motivos que pueden fundamentar la oposición, y por ello serían de variada índole: unas veces, de carácter formal, a través de los que se denunciarían la inobservancia de reglas procedimentales o de forma de los actos; otras, de carácter material, que manifestarían una discrepancia con el fundamento de la actuación del órgano técnico sobre la base del estándar de diligencia exigible. La necesidad de que la oposición sea razonada reclama un *prius* de concreción de los motivos de oposición[39].

Si el concursado o los acreedores formularan oposición razonada a la aprobación de las cuentas ésta se sustanciará por los trámites del incidente concursal y se resolverá con carácter previo en la sentencia, que también decidirá sobre la conclusión del concurso. Si además hubiese oposición a la conclusión del concurso, ambas se sustanciarán en el mismo incidente y se resolverán en la misma sentencia, que será susceptible de recurso de apelación conforme prevén los arts. 481.2 y 547 del TRLC[40].

Por último, en su núm. 6° la norma del art. 479 del TRLC dispone que a la sección segunda[41] del procedimiento concursal se

---

39 YANES YANES, Pedro, *Rendición de cuentas* (art. 181), en Comentario a la Ley Concursal, PULGAR EZQUERRA dir., La Ley, Las Rozas (Madrid), 2016, pág. 1944.

40 SENENT MARTÍNEZ, Santiago, *Oposición y resolución* (art. 479), en Comentario a la Ley Concursal, PULGAR EZQUERRA dir., Ed. La Ley, Las Rozas (Madrid), 2023, tomo 2°, pág. 232.

41 De acuerdo con el art. 508 del TRLC:

...

2.° La sección segunda comprenderá todo lo relativo a la administración concursal del concurso, al nombramiento y al estatuto de los administradores concursales, a la determinación de sus facultades y a su ejercicio, a la rendición de

unirá un testimonio de la resolución que decida sobre la rendición de cuentas de la administración concursal.

4.3. Efectos de la aprobación o desaprobación de las cuentas

Tras el análisis realizado de la regulación del escrito de rendición de cuentas presentado por la administración concursal y de la posible oposición a su aprobación por los operadores legitimados para ello, hemos de examinar ahora los efectos que produce su aprobación o desaprobación, de lo que se ocupa el art. 480 del TRLC, el cual mantiene la redacción inicial, no habiendo sido reformado por la LRTRLC, conforme al cual:

> La *desaprobación de las cuentas* comportará la inhabilitación *temporal del administrador o administradores concursales para ser nombrados en otros concursos durante un período que determinará el juez en la sentencia de desaprobación y que no podrá ser inferior a seis meses ni superior a dos años* (la negrilla es nuestra).

Aplicando la norma reproducida la SAP de Castellón, sec. 3ª, de 20 de julio de 2023, núm. 328/2023, rec, 158/2022 (EDJ 2023/716519) resolvió:

> *Se añade a lo anterior la significativa circunstancia de que, pese a tratarse de un incidente de oposición a la aprobación de la rendición de cuentas, el fallo no contiene, de forma expresa, pronunciamiento de aprobación o desaprobación de las mismas. Cabe deducir que, toda vez que se requiere una nueva rendición, se desaprueban las presentadas, mas, en tal caso, no se ha efectuado un pronunciamiento necesario, cual es la inhabilitación de la administración concursal (artículo 480.1 del TRLC, equivalente al artículo 181.4 de la LC; Sentencias de la Sala Primera del Tribunal Supremo nº 424/2015, de 22 de julio —fundamento tercero, apartado 5, in fine—, y n.º 225/2017, de 6 de abril —fundamento tercero, apartado 4, in fine—).*

---

cuentas y, en su caso, a la responsabilidad de los administradores concursales. En esta sección se incluirá el informe de la administración concursal con los documentos que se acompañen y, en su caso, los textos definitivos.

Por otra parte, la SAP de Vizcaya, sec. 4ª, de 16 de febrero de 2024, núm. 92/2024, rec. 687/2023 (EDJ 2024/599056), en su FD 3º, señaló:

> ...
>
> *19.- Pues bien, la estimación de la oposición al informe final de liquidación del art. 468 TRLC y de la rendición de cuentas del art. 478 TRLC supone, por un lado, que no cabe la conclusión de concurso y, además, que se produce la desaprobación de las cuentas. Sólo así puede considerarse el rechazo que hace la sentencia, que tras el incidente de oposición aprecia que no se atienden las exigencias legales que dispone art. 478.2 TRLC. Y si no se atienden, las cuentas no han sido aprobadas, o lo que es lo mismo, si se estima la oposición a la rendición de cuentas, éstas se desaprueban. Eso es lo que hace la sentencia y, por lo tanto, el presupuesto legal concurre, porque se ha declarado, aunque no de manera expresa, la desaprobación de las cuentas, lo que explica que se ordene volver a presentar rendición en el término de un mes, y además se hace tal declaración en una "sentencia de desaprobación", por emplear la expresión del art. 480.1 TRLC.*
>
> *20.- Atendidas tales circunstancias, el presupuesto legal para la inhabilitación concurre. Debió disponer en la sentencia, o al menos atender la solicitud de complementarla cuando se solicitó. Era procedente realizar el pronunciamiento, porque lo exige la norma, que tras la refundición ha despejado las dudas interpretativas que otros tribunales, no esta Audiencia, mantuvieron al respecto.*

Antes de la promulgación del TRLC, aplicando la norma de la LC, en la cual se imponía la misma consecuencia que en la actual, la STS, civil, de 6 de abril de 2017, núm. 225/2017, rec. 2383/2014 (EDJ 2017/37051) (RJ 2017/2674) declaró en su FD 3º:

> *Conforme al art. 181.4 LC, la desaprobación de las cuentas comporta la inhabilitación temporal del administrador concursal para ser nombrado en otros concursos. Se trata de una sanción legal asociada a la desaprobación de las cuentas, que debe aplicarse, aunque no se haya solicitado. Eso sí, en estos casos, el período de inhabilitación será el mínimo legal, seis meses.*

Pero, debe destacarse que el propio precepto analizado en su núm. 2 se ocupa de aclarar a continuación que *la aprobación o la desaprobación de las cuentas no prejuzga la procedencia o improcedencia de la acción de responsabilidad de los administradores concursales,* de cuya regulación se ocupan los arts. 94 y sigs. del TRLC.

El precepto precisa que la desaprobación de las cuentas no prejuzga la procedencia o improcedencia de la acción de responsabilidad contra la administración concursal. No la prejuzga, en primer lugar, respecto a su ejercicio, el cual podrá intentarse bajo las diferentes modalidades previstas. En segundo lugar, la desaprobación de las cuentas tampoco prejuzga la procedencia o improcedencia de la acción de responsabilidad contra los administradores concursales en relación con el resultado de su ejercicio, sirviendo como un elemento probatorio más que podría fundar la decisión que se adopte por el juez.

La sanción de inhabilitación se anotará en la sec. 4ª del RPC[42], conforme a lo que dispone el art. 561.4 del TRLC. De conformidad con dicho precepto cuando un administrador concursal sea inhabilitado el LAJ lo pondrá en conocimiento del RPC a fin de que se le dé de baja por el periodo de inhabilitación, sin perjuicio de que continúe actuando en aquellos concursos en los que hubiera sido nombrado antes de la firmeza de la resolución judicial que lo hubiera inhabilitado.

---

42 Art.561. 4.ª:
En la sección cuarta, de administradores concursales y auxiliares delegados, se inscribirán, ordenadas alfabéticamente por orden de apellidos, si fueran personas naturales, y por denominación, si no lo fueran, las personas naturales y jurídicas que, cumpliendo los requisitos legales y reglamentarios para poder ser nombradas como administrador concursal y auxiliares delegados, hayan solicitado la inscripción en este registro manifestando la voluntad de ejercer como administrador concursal o auxiliar delegado. Si el administrador concursal estuviera habilitado para actuar en concursos de media o gran complejidad se hará costar en la inscripción.

5. DE LOS RECURSOS Y DE LA PUBLICIDAD

La sec. 4ª, compuesta por los arts. 481 y 482, del cap. 1°, del tít. XI, del lib. I del TRLC, se ocupa de regular los recursos y la publicidad que corresponde en la conclusión del concurso de acreedores.

El primero de dichos preceptos dispone, de una parte, que contra el auto que acuerde la conclusión del concurso no cabrá recurso alguno y contra el que la deniegue podrá interponerse el de apelación; y, de otra, que contra la sentencia que resuelva la oposición a la conclusión del concurso, cabrán los recursos previstos en esta ley para las sentencias dictadas en incidentes concursales.

El segundo de los artículos citados establece que la resolución en la cual se acuerde la conclusión del procedimiento se notificará a las mismas personas a las que se hubiera notificado el auto de declaración de concurso —regulado en el art. 33 del TRLC—, publicándose en el RPC y, por medio de edicto, en el BOE.

6. EFECTOS DE LA CONCLUSIÓN DEL CONCURSO

La conclusión del concurso lleva aparejada una serie de efectos de cuya regulación se ocupa la sec. 5.ª, compuesta por los arts. 483 a. 485, ambos inclusive, del cap. I, del tít. XI, del lib. I del TRLC, en la cual se diferencia entre los generales, los específicos del concurso de persona natural y de persona jurídica.

Esta diferencia de tratamiento de las personas físicas y las jurídicas es uno de los aspectos que ha recibido más comentarios. Así, durante la vigencia de la LC, SENENT MARTÍNEZ[43], destacó que:

> *La Ley en el caso de la conclusión del concurso con pasivo insatisfecho no trata del mismo modo a la persona jurídica que a la per-*

---

[43] SENENT MARTÍNEZ, *Conclusión y reapertura del concurso, ob. cit.*, pág. 1021.

> *sona física, tampoco facilita una explicación objetiva de por qué se produce esa circunstancia en supuestos iguales o muy similares,* lamentando que en aquellos momentos se hubiera dejado pasar la oportunidad de *abordar la introducción en nuestro derecho de algún mecanismo de discharge o exoneración del pasivo insatisfecho para la persona física.*

6.1. *Efectos generales*

El primero de los preceptos contenidos en esta sección, es decir, el art. 483 del TRLC, se ocupa de regular los efectos generales que origina la conclusión del concurso, disponiendo:

> *En los casos de conclusión del concurso,* ***cesarán las limitaciones sobre las facultades de administración y de disposición del concursado****, salvo las que se contengan en la sentencia de calificación, y* ***cesará la administración concursal****, ordenando el juez el archivo de las actuaciones, sin más excepciones que las establecidas en esta ley.* (Las negritas son nuestras).

En primer término, resulta conveniente destacar que la redacción de esta norma en el TRLC inicialmente promulgado no resultó en absoluto afectada por la reciente reforma introducida por la LRTRLC, la cual, a su vez, en su primera parte reproducía prácticamente el anterior art. 178.1 de la LC, al cual se añadió la parte final en la que se dispone el cese de la administración concursal, la orden de archivo de las actuaciones y un nuevo párrafo en el cual se prevé que lo anteriormente establecido en el precepto no tendrá *más excepciones que las establecidas en esta ley*. Consiguientemente, tanto la doctrina como la jurisprudencia dictada aplicando los dispuesto por dichos preceptos anteriores sigue resultando de interés para la interpretación de esta norma.

Durante la vigencia de la LC se señaló[44], que la norma reproducida tiene un alcance limitado en cuanto al cese de los efectos

---

44 YANES YANES, Pedro, *Efectos de la conclusión del concurso* (art. 178), en Comentario a la Ley Concursal, PULGAR EZQUERRA dir., Ed. La Ley, Las Rozas (Madrid), 2016, pág. 1901.

del concurso el cual se predica exclusivamente de aquellos de naturaleza patrimonial que la declaración de concurso hizo recaer sobre el deudor.

Sin embargo, se afirmó, también de este enunciado se deriva —empleando el argumento *a fortiori: a maiore ad minus*— una regla general (no escrita) en materia de efectos de la conclusión del concurso según la cual la conclusión enerva los efectos de la apertura. Como regla general puede someterse, y de hecho se somete, a unas y otras matizaciones en los supuestos concretos, pero como regla facilita la interpretación de los textos allí donde los silencios la dificultan.

El más relevante, se afirma[45] tras la promulgación del TRLC y su reciente reforma, es el cese de las limitaciones a las facultades de administración y disposición sobre el patrimonio del deudor. No obstante, no opera de una manera absoluta, dado que, como la propia norma se ocupa de señalar, se mantienen los efectos derivados de la sentencia de calificación, en la cual, conforme al art. 455.2.2 del TRLC, puede acordarse la inhabitación del concursado y de las personas afectadas por la calificación.

Junto a los anteriores, hay asimismo otros efectos ligados a la conclusión del concurso entre los cuales es posible destacar la rendición de cuentas, regulada en el art. 102 en relación con el 478 del TRLC, y el cese de la administración concursal. En tal sentido se pronuncia el art. 483 del TRLC, desde su primera redacción, en la cual, como hemos destacado, se añadió al final a lo anteriormente señalado en el art. 178.1 de la LC un nuevo párrafo en el que se señala: *y cesará la administración concursal, ordenando el juez el archivo de las actuaciones, sin más excepciones que las establecidas en esta ley*. Este nuevo párrafo no introdujo en realidad ninguna novedad respecto de la regulación anterior, pero aclara los efectos que produce la conclusión del concurso.

---

45 SENENT MARÍINEZ, Santiago, *Efectos generales* (art. 483), en Comentario a la Ley Concursal, PULGAR EZQUERRA dir., Ed. La Ley, Las Rozas (Madrid), 2023, tomo 2°, pág. 238.

Así, el AAP de Granada, sec. 3ª, de 30 de junio de 2023, núm. 130/2023, rec. 917/2022 (EDJ 2023/870039) en su FD 3º afirmó:

> *En la medida que el auto de conclusión del concurso se dictó con posterioridad al auto de declaración de concurso, eran de aplicación los artículos 473 a 476 TRLC y los efectos que con carácter general produce la conclusión del concurso y que se regulan en los arts. 483 y 484 TRLC. Por tanto, además de cesar las limitaciones sobre las facultades de administración y disposición del concursado debía haberse acodado el cese de la administración concursal. Conforme a estas consideraciones, en la medida que el concurso finalizó durante la fase común sin haberse tramitado la sección 5ª de liquidación, no debió admitirse la solicitud de aprobación del plan de liquidación.*

La regla general establecida en el precepto tiene sus manifestaciones concretas en diferentes ámbitos, distinguiéndose los efectos que la conclusión del concurso produce sobre el deudor y sobre los acreedores, junto a otros que tienen básicamente una proyección orgánica.

i) Efectos sobre el deudor.

Dentro de las consecuencias sobre el deudor común producidas por la conclusión del concurso conforme a la norma reproducida, hay que diferenciar a su vez entre:

a) Efectos patrimoniales.

La norma es clara a este respecto al establecer que la conclusión del concurso determina el cese de las limitaciones de las facultades de administración y disposición del deudor, sin más excepciones que la establecidas en el propio TRLC. Incluso prevé el cese de la administración concursal, Sin embargo, excepciona las que puedan contenerse en la sentencia de calificación.

Como consecuencia del alzamiento de las limitaciones a las facultades de administración y disposición del deudor, de acuerdo con lo que disponen el art. 457 del TRLC y 325 del RRM se remitirá mandamiento judicial al Registro Mercantil comunicando la conclusión del concurso. De igual modo, se expedirá mandamiento al Registro Civil en que este inscrito el concursado.

Como analizaremos en los epígrafes siguientes, los arts. 484 y 485 del TRLC regulan los efectos específicos tanto en el concurso de la persona natural, como en el de la persona jurídica, anteriormente recogidos en el art. 178. 2 y 3 la LC.

b) Efectos no patrimoniales.

En el ámbito no patrimonial la conclusión del concurso comportara la cesación de todos los efectos de esta naturaleza anudados a su declaración. En consecuencia, cesarán las restricciones que se hubieran producido sobre derechos y libertades fundamentales del deudor común en materia de comunicaciones, residencia y circulación conforme a las previsiones de la Ley Orgánica 8/2003, de 9 de julio, para la Reforma Concursal, por la cual se modifica la Ley Orgánica 6/1985, de 1 de julio, del Poder Judicial.

Estas restricciones pueden establecerse por el juez del concurso a fin de asegurar la normal tramitación del procedimiento y en la medida estrictamente necesaria para ello, por lo que finalizado el concurso su mantenimiento carecería de sentido.

De igual manera, con la conclusión del concurso cesaran los diferentes deberes no patrimoniales que señala el TRLC de: puesta a disposición de los libros y documentos (art. 134) y comparecencia, colaboración e información (art. 135), debiendo revocarse las medidas acordadas para la efectividad de dichos deberes. También decaerá el derecho de alimentos del deudor y la obligación de prestarlos a terceros con cargo a la masa (arts. 123 y 124).

ii) Efectos sobre los acreedores.

La aplicación de la regla general del art. 483 del TRLC trae consigo la desaparición de los efectos del concurso que sobre este ámbito produjo su declaración. Así, tras la conclusión del concurso desaparecerá la masa pasiva, constituida *ex lege* como consecuencia de la apertura del concurso, de conformidad con lo establecido en el art. 251 del citado cuerpo legal, y con ello la integración de los derechos de todos los acreedores.

Como es lógico, a lo anterior se añadirá la cesación de aquellos otros que la declaración del concurso asignó sobre los créditos, decayendo la suspensión del devengo de intereses, impuesta por el art. 152, la prohibición de compensación que dispone el art. 153, del derecho de retención de bienes y derechos de la masa activa establecida en el art. 154 y la interrupción de la prescripción regulada en el art. 155 todos ellos del TRLC.

Por el contrario, se afirmó[46] durante la vigencia de la anterior LC, lo que no parece que pueda reponerse al estado anterior es la conversión dineraria que experimentaron los créditos no dinerarios como consecuencia de la apertura de la liquidación (art. 146 de la LC —en la actualidad art. 414 del TRLC). Este efecto, señala el autor citado, no se confunde con el del cómputo de los créditos en dinero (art. 88 de la LC —en la actualidad art. 267 del TRLC) el cual, como el propio precepto señala, se producirá *a los solos efectos de la cuantificación del pasivo.*

6.2. Efectos específicos en caso de concurso de persona natural

Tras señalar los principales efectos generales que se originan en los casos de conclusión del concurso, de regular los efectos específicos en los supuestos de concurso de persona natural, cuando la conclusión tiene lugar por liquidación o insuficiencia de masa activa, se ocupa el art. 484 del TRLC —art. 178.2, I LC— el cual dispone:

> *1. En caso de conclusión del concurso por liquidación o insuficiencia de masa activa, el deudor persona natural* quedará ***responsable del pago de los créditos insatisfechos****, salvo que obtenga el beneficio de la exoneración del pasivo insatisfecho* (la negrita es nuestra)

A diferencia del precepto anterior, la norma se refiere únicamente a los supuestos *de liquidación o conclusión del concurso por liquidación o insuficiencia de masa activa*, por cuanto en los demás

---

[46] YANES YANES, art. 178, en ComLC, PULGAR EZQUERRA dir., 2016, pág. 1903.

casos de conclusión que prevé el art. 465 del TRLC no hay ya créditos restantes de que responder.

El precepto consagra, para la persona física el mantenimiento del principio de responsabilidad patrimonial universal. La conclusión del procedimiento por sí sola no comporta la exoneración del pasivo insatisfecho o *discharge,* ni altera el régimen de causas de extensión de las obligaciones establecidas en los arts. 1156 y 1157 del CC, manteniéndose el principio de responsabilidad patrimonial universal del deudor, que instaura el art. 1911 del mismo cuerpo legal, quedando vinculados sus bienes presentes o futuros al cumplimiento de dichas obligaciones, salvo que obtuviera el EPI.

Ello sin perjuicio del posible efecto especifico contemplado en el TRLC asociado al concurso de la persona natural, consistente en el EPI, al cual alude el precepto, que constituye un instituto jurídico, por virtud del cual, tras la conclusión del procedimiento de insolvencia, el deudor persona física se libera de la deuda no satisfecha en el mismo, lo cual supone una excepción al principio de responsabilidad patrimonial universal del deudor, establecido en el art. 1911 del CC. De la regulación del EPI nos ocuparemos en un capítulo posterior.

En relación con la conservación de los derechos de crédito con posterioridad a la conclusión del concurso, de forma inequívoca, reproduce el art. 178.2, II de la LC[47] sin introducir modificación alguna, el art. 484.2 del TRLC que dispone:

> *2. Los acreedores podrán iniciar ejecuciones singulares, en tanto no se acuerde la reapertura del concurso o no se declare nuevo concurso. Para tales ejecuciones, la inclusión de su crédito en la lista definitiva de acreedores se equipará a una sentencia firme de condena.*

En relación con los efectos específicos producidos por la conclusión del concurso en caso de persona física se pronuncia el

---

[47] Redactado por la LSO.

AAP de Madrid, sec. 13ª, de 7 de julio de 2023, núm. 197/2023. Rec. 915/2022 (EDJ 2023/722787), el cual en su FD 3º previene:

> *Sin embargo, como acertadamente argumenta la parte ejecutante en su escrito de oposición al recurso, los artículos 503 y 504 TRLC aluden a la posibilidad de reapertura del concurso en el que es deudor una persona física en los cinco años siguientes, pero lo determinante en el presente supuesto es que no se había acordado una exoneración del pasivo* ***insatisfecho****, por lo que el precepto aplicable sería el artículo 484 TRLC, relativo a los efectos específicos en el caso de concurso de persona física, conforme al cual, en el caso de conclusión por liquidación o insuficiencia de más activa, como sucedió en este supuesto, el deudor persona natural seguirá siendo responsable del pago de los* ***créditos insatisfechos*** *en el supuesto de no haberse obtenido la exoneración del pasivo* ***insatisfecho****, pudiendo los acreedores iniciar ejecuciones singulares, en tanto en cuanto no se acuerde la reapertura del concurso o no se declare uno nuevo. En consecuencia, precisamente porque no se ha procedido a la reapertura del concurso, ese precepto abre la posibilidad de iniciar ejecuciones singulares en relación a* ***créditos pendientes****, siendo suficiente que figurasen en la lista definitiva de acreedores, equiparando ese reconocimiento a una sentencia firme de condena.*
>
> *Es incuestionable que en este supuesto no se impugna el título ejecutivo que sirve de base a la reclamación, pues es una sentencia firme, y el precepto mencionado avala la posibilidad de nuevas ejecuciones singulares tras la finalización por liquidación del concurso, tal y como se ordenó en el auto dictado por el Juzgado de lo Mercantil.*
>
> *En este mismo sentido, el auto de la Audiencia Provincial de Barcelona de 4 de noviembre de 2021 (ECLI:ES:APB:2021:10342A) señalaba: "En el concurso de persona natural y en la medida que el deudor, una vez concluido el concurso con la liquidación de la masa, queda responsable del pago de los* ***créditos insatisfechos****, salvo que obtenga el beneficio de la exoneración, el artículo 484 abre a los acreedores la posibilidad de iniciar ejecuciones singulares, equiparando para la ejecución la inclusión del* ***crédito*** *en la lista definitiva de acreedores a una sentencia firme de condena (que figura como título ejecutivo en el artículo 517.2º-1º de la LEC). Por el contrario, en el caso de concurso de persona jurídica el artículo 485 del TRLC descarta esa posibilidad como un efecto de la conclusión del concurso por liquidación o por insuficiencia de masa, dado que la conclusión determina la extinción de la persona jurídica concursada y la cancelación de su inscripción en los registros públicos correspondientes.*

> *7. Los artículos 484 y 485 del TRLC tienen como precedente los apartados segundo y tercero del artículo 178 de la Ley Concursal, que también distinguen con idéntica redacción según que la conclusión del concurso afecte a una persona natural o a una persona jurídica. Tal distinción no figuraba en el texto originario de la Ley de 2003, ni en su Reforma de la Ley 2011, que introduce la inclusión del* ***crédito*** *en la lista de acreedores como título equiparable a una sentencia firme de condena, sino que aparece por primera vez con la modificación del artículo 178 operada por la Ley 25/2015, de 28 de julio. Es decir, la Ley distingue conscientemente los efectos de la conclusión del concurso en la persona natural (subsistencia de los* ***créditos****, con la posibilidad de iniciar ejecuciones singulares) y en la persona jurídica (extinción de la personalidad y cancelación registral).* (La negrilla es nuestra).

Más recientemente, en relación con la lista de créditos contra la masa, la SAP de Cuenca, sec. 1ª, de 16 de abril de 2024, núm. 191/2024, rec. 63/2024 (EDJ 2024/591276), en su FD 1º, resolvió:

> *Es cierto que las discrepancias con el contenido de la lista de créditos contra la masa se ha de resolver por el cauce del incidente concursal, pero no a través de la impugnación de la lista de acreedores que se reserva exclusivamente a los créditos concursales. Y la cuestión no es baladí en cuanto tiene señalado el TS (STS 26- 5-21) que la inclusión de un crédito en el listado de la masa pasiva tiene consecuencias jurídicas de fondo (como v.g la prevista en el art. 484.2 TRLC).*

Como hemos visto, se reconoce el efecto de sentencia de condena firme a la inclusión del crédito a favor del acreedor en la lista definitiva de acreedores, lo cual facilitará, no cabe duda, la reclamación posterior del acreedor que no ha podido ver satisfecho su crédito en el concurso, convirtiendo el reconocimiento de su crédito en la lista definitiva, con independencia de que haya o no existido incidente previo, en título ejecutivo, lo que le permitirá no tener que acudir al declarativo correspondiente.

6.3. Efectos específicos en caso de concurso de persona jurídica

Ya en el art. 221. 3 del Código de Comercio de 1885 se contemplaba como causa de disolución la quiebra de la compañía. A continuación, la Ley 17 de julio de 1951 sobre régimen jurídico de las Sociedades Anónimas en su art. 150 señalaba también que *La quiebra de la Sociedad determinará su disolución cuando se acuerde expresamente como consecuencia de la resolución judicial que la declare.* Esta redacción se mantuvo en el art. 260.2 del texto refundido de la Ley de Sociedades Anónimas, aprobado por el Real Decreto Legislativo 1564/1989, de 22 de diciembre.

Antes de la reforma del precepto introducida por el art único 129 de la LRTRLC, el art. 485 del TRLC en su redacción inicial, traspuso la norma del art. 178.3 de la LC, con algunas modificaciones de redacción, disponiendo:

> *La resolución judicial que declare la conclusión del concurso por liquidación o por insuficiencia de la masa activa del concursado persona jurídica acordará la extinción de la persona jurídica concursada y dispondrá la cancelación de su inscripción en los registros públicos que corresponda, a cuyo efecto se expedirá mandamiento conteniendo testimonio de la resolución firme.*

En ambos preceptos se establecía que la conclusión del concurso por insuficiencia de la masa activa del deudor persona jurídica suponía su extinción y la consecuente cancelación de su inscripción en el Registro. Lo anterior, en realidad, equivalía a una tácita condonación del pasivo insatisfecho tras la conclusión del concurso por haberse extinguido el titular de dicho pasivo.

En la actualidad, de regular los efectos específicos que se originan en el caso de conclusión del concurso por inexistencia de bienes de la persona jurídica se ocupa el art. 485 del TRLC, el cual, tras la modificación recientemente introducida por el art único 129 de la LRTRLC, en su núm. 1°, dispone:

> *En la resolución que acuerde la conclusión del concurso por finalización de la liquidación o por insuficiencia de la masa activa del concursado persona jurídica, el* ***juez ordenará el cierre provisional*** *de la hoja abierta a esa persona jurídica en el registro público en el que figure inscrita* (la negrilla es nuestra).

La nueva redacción del art. 485 del TRLC sigue en la línea de la anterior de considerar que la conclusión del concurso por liquidación o insuficiencia de masa activa lleva consigo como efecto natural, la cancelación y extinción de la sociedad, si bien, ahora se prevé un régimen transitorio de un año antes de que se declare de oficio la cancelación definitiva de la inscripción de la sociedad en el Registro correspondiente.

A diferencia de la redacción anterior del precepto, el cual disponía que en esta resolución se *acordará la extinción de la persona jurídica concursa y dispondrá la cancelación de su inscripción en los registros públicos que corresponda*, tras la última reforma se limita a establecer que *el juez ordenará el cierre provisional de la hoja abierta a esa persona jurídica en el registro público.*

A los fines de facilitar lo acordado respecto del cierre de la hoja registral, la norma analizada previene a continuación que, en cuanto esta resolución devenga firme, el LAJ *expedirá mandamiento conteniendo testimonio de la resolución, con expresión de la firmeza, que remitirá por medios electrónicos al registro correspondiente.*

Por último, en consonancia con lo establecido en el art. 485.1 del TRLC, reproducido anteriormente, el núm. 2º del mismo precepto, introducido *ex novo* por el art único 129 de la LRTRLC, previne:

> *Transcurrido un año a contar desde que se hubiera ordenado por el juez el cierre de la hoja registral sin que se haya producido la reapertura del concurso, el registrador procederá a la* ***cancelación de la inscripción de la persona jurídica****, con cierre definitivo de la hoja* (la negrilla es nuestra).

Considera MUÑOZ PAREDES[48] que:

> *Esta liquidación societaria consecutiva al concurso no dejaba de ser un fenómeno un tanto paralegal y, si me apuran, casi paranormal. Si en la concepción inicial del legislador la liquidación societaria*

---

48 MUÑOZ PAREDES, Alfonso, *Cuestiones sobre la reforma concursal* (I): Cronología de la insolvencia, Diario La Ley, núm. 10126, septiembre de 2022, Ed. Wolters Kluwer, pág. 8 http://www.icaoviedo.es/res/comun/biblioteca/4477/ARTICULO%20DOCTRINAL%20MUÑOZ%20PAREDES.1.pdf, consulta de 14 de septiembre de 2024.

> *está para dar solución a situaciones liquidativas con suficiencia para pagar a todos los acreedores (o a todos menos uno, Resoluciones de la DGRN de 1 y 22 de agosto de 2016), tras la Ley 38/2011 si la insuficiencia era extrema, por más que hubiera insolvencia, se pasó a considera que el concurso no era operativo, sin más solución que remitir al deudor a la liquidación societaria. En suma, un instrumento creado para liquidar sociedades solventes, en que el pago a todos y del todo era presupuesto para obtener la extinción y el cierre registral —de ahí que se pague por vencimiento (o, como decía, el art. 228 del Código de 1885 y omite la LSC, «según vayan venciendo»)— se convertía de forma inopinada en la cláusula de cierre del sistema concursal, absorbiendo a los insolventes de toda insolvencia, aquellos cuyos bienes no alcanzaban a pagar, no ya todo el pasivo, sino el pasivo contra la masa; y por no poder pagar a todos, el liquidador habría de pagar por el orden de los arts. 1921 y ss. del Código Civil, a falta de otro criterio ordenador.*

Si esto ya es patológico, se mire con ojos concursales o societarios, qué decir del archivo exprés, en que, con un solo auto del juez del concurso, se pasaba a la extinción per saltum, de forma directa, sin pasar por la disolución (al faltar la apertura de la liquidación concursal) ni por un proceso previo de liquidación, que curiosamente, debía iniciarse con la sociedad ya extinta.

En relación con lo dispuesto en el art. 485 del TRLC se plantea el problema del cierre en falso del concurso, es decir, de la coordinación entre la cancelación legal de la persona jurídica y el hecho de que, tras esa cancelación, pueda suceder que aparezcan en la masa activa del concursado bienes o derechos que puedan atender total o parcialmente al pago de los créditos pendientes tras la conclusión del concurso.

No hay problema cuando aparecen nuevos bienes con la relevancia económica suficiente para reabrir el concurso ya que los acreedores insatisfechos pueden solicitar su reapertura conforme al art. 505.1 del TRLC, sin embargo, esta solicitud debe plantearse *En el año siguiente a la fecha de la conclusión del concurso por liquidación o por insuficiencia de la masa activa.*

En la doctrina y la jurisprudencia se han planteado diferentes soluciones respecto de esta situación cuando no cabe la reapertura, siendo la posición más extendida la doctrina de la personalidad jurídica latente, como resulta de la STS, Civil pleno, de 24 de mayo de 2017, núm. 324/2017, rec. 197/2015 (EDJ 2017/72659) (EDJ 2017/72659), la cual se ocupó de declarar en su FD 2°, que la inscripción de la extinción de una sociedad conlleva la pérdida de la personalidad jurídica, pero la conserva frente a reclamaciones pendientes basadas en pasivos sobrevenidos por un cumplimiento defectuoso de las obligaciones contractuales asumidas por la misma.

Aplicando la doctrina de la sentencia de nuestro más alto tribunal citada en el párrafo precedente, el AAP de Asturias, sec. 1ª, de 14 de abril de 2021, núm. 60/2021, rec. 197/2021 (EDJ 2021/640029), en su FD 2°, afirmó:

> *Así delimitado, en necesaria síntesis, el objeto de este recurso, conforme pasa a razonarse y a tenor de la doctrina que pasa a exponerse, el mismo debe ser estimado. En este sentido ya se ha expresado esta Sala en auto 123/2019, de 25 de octubre.*
>
> *Aborda la cuestión que se plantea la STS de Pleno 324/2017, de 24 de mayo, que, en extensas consideraciones, hace referencia a la existencia de pronunciamientos contradictorios de la Sala sobre la capacidad para ser parte de la sociedad de capital disuelta y liquidada, después de la cancelación de todos sus asientos registrales y, asimismo, a la doctrina de la Dirección General de los Registro y el Notariado, para terminar ratificando la posición contenida en las sentencias 979/2011, de 27 de diciembre, y 220/2013, de 20 de marzo, y entender que la personalidad jurídica de la sociedad mercantil no concluye con la formalización de las operaciones liquidatorias, sino cuando se agotan todas sus relaciones jurídicas, debiendo, mientras, responder de las obligaciones antiguas no extinguidas y de las obligaciones sobrevenidas.*
>
> *Incluso, al concreto caso que nos ocupa (artículos 477 y 483 a 485 de Real Decreto Legislativo 1/2020, de 5 de mayo por el que se aprueba el Texto Refundido de la Ley Concursal), se refiere la Resolución de la DGRN de 14 de diciembre de 2.016, en que se señala que la conclusión del concurso por esta causa conllevará la extinción de la persona jurídica y la cancelación de su inscripción registral, pero, ello no significa que se produzca una extinción vía condonación de las deudas de la sociedad, ni que los bienes que permanezcan a nombre de la sociedad pasen a ser "res nullius". La*

extinción de la personalidad jurídica que dispone el artículo 485 LC debe entenderse como una presunción de extinción de la sociedad a favor o en garantía de terceros de buena fe, pero resulta inoperante respecto a los acreedores subsistentes, ya que estos, según dispone el artículo 484 LC, podrán iniciar ejecuciones singulares contra el deudor persona jurídica, por lo que ésta ha de conservar su personalidad jurídica o capacidad procesal para soportar en el lado pasivo esas reclamaciones. Postura que ha sido seguida por la DGRN en otras resoluciones que cita, manteniendo que incluso después de la cancelación persiste la personalidad jurídica de la sociedad extinguida como centro residual de imputación en tanto no se agoten totalmente las relaciones jurídicas de que la sociedad es titular, de forma que la cancelación de sus asientos no perjudica al acreedor toda vez que se mantiene la aptitud de la sociedad para ser titular de derechos y obligaciones, mientras no se hayan agotado todas las relaciones jurídicas de la misma.

Doctrina ésta que se reitera en la RDGRN de 30 de agosto de 2017, con cita ya de la STS antes indicada.

En suma, de conformidad con lo expuesto, es procedente estimar el recurso interpuesto y revocar el auto en que se aprecia la falta de capacidad para ser parte de la ejecutada y el archivo de la ejecución seguido contra ella, debiendo continuar la ejecución, sin perjuicio de las especificidades que la misma pudiera presentar.

Conviene destacar lo sostenido por distintos autores[49], para los cuales la acordada en estos supuestos es una disolución de pleno derecho y, en consecuencia, no cabe la reactivación de la sociedad, dado que el art. 370.1 de la LSC prevé que *No podrá acordarse la reactivación en los casos de disolución de pleno derecho.* Sin embargo, nos hemos pronunciado[50] en contra de dicha posición, por estimar que si resulta posible.

---

49 SACRISTÁN BERGIA, Fernando, "Liquidación concursal y reactivación de la sociedad disuelta de pleno derecho", Revista General de Insolvencia & Restauraciones: Journal of insolvency & Restructuring, núm. 6, 2022, págs. 65-96; SENENT MARTÍNEZ, Santiago, *Efectos específicos en caso de concurso de persona jurídica* (art. 485), en Comentario a la Ley Concursal, PULGAR EZQUERRA dir., Ed. La Ley, Las Rozas (Madrid), 2023, tomo 2º, pág. 246.

50 DÍAZ ECHEGARAY, José Luís, "La reactivación de las sociedades de capital después de acordada la liquidación en el concurso de acreedores",

7. CONCLUSIÓN DEL PROCEDIMIENTO ESPECIAL[51]

Una de las novedades más relevantes introducidas por la LR-TRLC es la creación de un nuevo procedimiento especial para microempresas, a cuya regulación se dedica el nuevo libro III, incluyendo los arts. 685 a 720, ambos inclusive, del TRLC incorporado por el art. único. 153 de la aquella. En este, se recoge uno de los supuestos que debemos tratar de insuficiencia de masa activa para atender al pago de los créditos contra la masa, muy probablemente el que habrá de plantearse con mayor frecuencia en la práctica, el que se origina cuando dicha insuficiencia tiene lugar en un procedimiento especial para microempresas.

Dentro del cap. V, rotulado *Conclusión del procedimiento especial de liquidación,* del tít. III, del novedoso lib. III, del TRLC, se ocupa de la conclusión del procedimiento especial de liquidación para microempresas su art. 720, regulando en su núm. 1° las causas que la originan, así como las específicas consecuencias jurídicas derivadas de tal conclusión, dependiendo de si el deudor es persona jurídica en el art. 720.2 o natural en el art. 720.3, todos ellos del TRLC.

En esencia, podemos afirmar que el art. 720.1 es el equivalente simplificado del art. 465 del lib I del TRLC, en el cual se recogen las causas de conclusión del concurso.

Este precepto del art. 720 del TRLC dispone que *La conclusión del procedimiento especial con el archivo de las actuaciones procederá,* entre otros diversos supuestos*:*

> *3.° Cuando se compruebe* ***la insuficiencia de la masa activa*** *para satisfacer créditos contra la masa* (la negrita es nuestra).

Esa comprobación a la que se refiere la norma reproducida puede darse desde un primer momento y con la propia solitud,

---

El Notario del siglo XXI, enero/febrero 2022, núm. 101, pág. 22.

51 En el epígrafe 2° del cap. II nos hemos ocupado de la aplicación del concurso sin masa en el procedimiento especial para microempresas.

sin perjuicio del trámite necesario que ha de darse a dicho efecto[52]. Sin embargo, comprobar la circunstancia de este supuesto de hecho señalado por la norma en el momento inicial del concurso habrá de resultar de cierta dificultad, dado que no se dispondrá por lo general de más datos que los suministrados por el deudor en su solicitud.

Tal como hemos señalado, este motivo de conclusión del concurso encuentra correspondencia en el art. 465.7 del lib. I, del TRLC, teniendo en cuenta lo cual, se ha sostenido[53] que la ausencia de ulterior regulación de esta causa exige integrar su régimen por remisión al lib. I, lo cual nos parece adecuado teniendo en consideración que se trata de normas que no contemplan el mismo supuesto específico, pero regulan otro semejante entre los que se aprecia claramente identidad de razón.

De igual manera, se ha afirmado[54] que, en el ámbito de las microempresas es evidente que la existencia de las causas establecidas en el art. 37 bis del TRLC podrían motivar la conclusión del procedimiento. Sin embargo, a ello se puede oponer la posibilidad de liquidación con venta de la empresa como una de las alternativas para que, aun dándose dichas situaciones, pudiera llevarse a efecto. La idea en el régimen ordinario es que aquella se consiga en supuestos preconcursales con el plan de reestructuración, pero en el ámbito de las microempresas ese régimen no es aplicable, salvo en los supuestos transitorios y supletorios. Existiendo esa posibilidad entonces podría argumentarse que se adopten las medidas previstas en el art. 712 del mismo cuerpo legal, que operen las cáusalas *ipso facto* de los contratos. En estos

---

52 SANJUAN Y MUÑOZ, *Reestructuración y liquidación de microempresas y su régimen transitorio, ob. cit.*, pág. 117.

53 RECAMÁN GRAÑA, Eva, *Conclusión del procedimiento especial* (art. 720), en Comentario a la Ley Concursal, PULGAR EZQUERRA dir., 3ª edición, ED. La Ley, Las Rozas (Madrid), 2023, tomo 2º, pág. 1763.

54 SANJUAN Y MUÑOZ, *Reestructuración y liquidación de microempresas y su régimen transitorio, ob. cit.*, pág. 122.

casos debemos tener también en cuenta que, si no se alcanzan los valores mínimos fijados en el art. 710 del texto refundido, e incluso si no se puede atender al coste que supone esa venta, carece de sentido su continuación.

Ocupándose a continuación el precepto del art. 720.1.3 del TRLC, dentro de este mismo numeral, del destino que habrá de darse a los activos de la masa del concurso que hubieran quedado pendientes de liquidar, establece:

> *Si los bienes de un deudor no se hubieran liquidado íntegramente, se mantendrá en la plataforma, que continuará realizando pagos periódicos a los acreedores a medida que se vayan produciendo las ventas de los activos, de acuerdo con las reglas generales del libro primero y conforme a la lista final de créditos insatisfechos aportada a la plataforma por el deudor o por el administrador concursal en el momento de conclusión del procedimiento especial de liquidación. Los gastos necesarios para la conservación de estos bienes se satisfarán también con cargo al producto obtenido de la venta de activos.*

Entendemos, a pesar de la literalidad de la norma y con toda prudencia, aplicable la normativa de los concursos sin masa también a los supuestos de microempresas, a pesar de que existen obstáculos para ello, fundamentalmente los arts. 695 y 696 del TRLC, en cuanto recogen particularidades para las acciones de reintegración y de responsabilidad que pudieran afectar a la masa activa del procedimiento.

A pesar de que esta regla se ubica en el núm. 1. 3 del precepto analizado, es decir, del art. 720 del TRLC, debe entenderse también de aplicación al supuesto de conclusión del procedimiento por extinción del plazo máximo sin liquidación completa de los activos[55].

A continuación, el art. 720.2 del TRLC se ocupa de señalar las consecuencias de la conclusión del concurso de la persona jurídica, disponiendo que:

---

55 RECAMÁN GRAÑA, art. 720, en ComLC, PULGAR EZQUERRA dir., 2023, *ob. cit.*, tomo II, pág. 1764.

> *En el auto de conclusión del procedimiento especial de liquidación del deudor persona jurídica, el juez ordenará la* ***cancelación de la hoja abierta a esa persona jurídica en el registro público*** *en el que figure inscrita, con cierre definitivo de la hoja* (la negrita es nuestra).

Y, por último, en el núm. 3°, este precepto que examinamos regula las consecuencias de la conclusión del concurso de la persona física, previendo:

> *Tras la conclusión del procedimiento especial del deudor persona natural, cesarán las limitaciones sobre las facultades de administración y de disposición sobre aquel, salvo las que, en su caso, se contengan en la sentencia de calificación abreviada, y el deudor seguirá siendo responsable del pago de los créditos insatisfechos, salvo que obtenga la exoneración del pasivo insatisfecho.*

Este artículo debe leerse y entenderse en estrecha coordinación con lo dispuesto en el art. 719 del mismo texto legal donde, además de la presentación del informe final de liquidación, se regula la oposición a la conclusión del procedimiento especial de liquidación.

Nada se dice ni en el art. 719 ni en el 720 sobre la oposición a la conclusión del procedimiento de liquidación en los otros supuestos de conclusión distintos a los recogidos en el art. 719, a saber, la conclusión de la liquidación por ausencia de masa activa, como tampoco por pago o consignación de la totalidad de los créditos reconocidos o por la íntegra satisfacción de los acreedores por cualquier otro medio, o el desistimiento o la renuncia de la totalidad de los acreedores. De ahí que la norma haga referencia a la oposición a la conclusión, pensando, precisamente, en supuestos distintos a la conclusión derivada de la presentación del informe final de liquidación regulada en el art. 719.

En consecuencia, se sostiene[56], aun cuando esos dos casos (conclusión ex art. 720.1. 3° y art. 720.1. 4°) son distintos a los

---

[56] RECAMÁN GRAÑA, Eva, *Informe final de liquidación* (art. 719), en Comentario a la Ley Concursal, PULGAR EZQUERRA dir., 3ª edición, Ed.

recogidos en el art. 719.1, debe entenderse que también es de aplicación el régimen de oposición regulado en el art. 719.4 para esos dos supuestos, aunque en principio, no parece que la ley esté previendo la presentación en esos casos de un informe final de liquidación, al menos, como el previsto en el art.719, todos ellos del TRLC.

Añadiendo que, independientemente de la manera en la que sistemáticamente se explique, el trámite de oposición regulado en el art. 719.4 del TRLC rige tanto para los supuestos de presentación de informe final por conclusión de la liquidación de masa activa y pago a los acreedores o por transcurso del plazo máximo de tiempo establecido para la ejecución de las operaciones de liquidación como para los demás supuestos regulados en el art. 720 del mismo cuerpo legal, con excepción del primero.

La Ley, Las Rozas (Madrid), 2023, tomo 2º, pág. 1760.

Figura número 3. Tramitación básica de la conclusión del concurso por insuficiencia sobrevenida (arts. 249, 473 a 476 del TRLC)

En cuanto conste que la masa activa es insuficiente o es previsible que lo sea para el pago de los créditos contra la masa, la AC lo comunicará al juez del concurso

El LAJ notificará por medios electrónicos esta comunicación a las partes

Pago o consignación importe créditos contra la masa

Solicitud al juez de la AC de conclusión del concurso.
Con rendición de cuentas, con el contenido del informe final de liquidación.

La AC remitirá el informe a los acreedores de cuya dirección electrónica tenga constancia

El LAJ pondrá el informe de manifiesto en la oficina judicial por 10 días

Dentro del plazo de manifiesto en la oficina judicial cualquier persona que acredite interés legítimo puede formular oposición a la conclusión del concurso, acompañando justificación de depósito o consignación suficiente para satisfacer los créditos previsibles contra la masa

Si el juez considerase suficientes los indicios y los hechos acreditados por quien hubiera formulado oposición y suficiente la garantía, la admitirá a trámite conforme a lo establecido para el incidente concursal.

Si dentro del plazo establecido por la ley ninguna persona con interés legítimo formulase oposición a la conclusión del concurso, el juez resolverá mediante auto sobre la conclusión solicitada.

Hasta que se dicte el auto de conclusión del concurso, los acreedores y cualquier legitimado podrán solicitar la continuación del concurso si justifican indicios de que pueden ejercitarse acciones de reintegración o aporten por escrito hechos relevantes que pudieran conducir a la calificación de concurso culpable y la constitución de depósito o la consignación de cantidad suficiente para la satisfacción de los previsibles créditos contra la masa.

El LAJ admitirá a trámite la solicitud si cumple las condiciones de tiempo y contenido establecidas en esta ley.

Si el LAJ entiende que no concurren las condiciones o que no se han subsanado, dará cuenta al juez para que dicte auto aceptando o denegando la solicitud

Si continuase el concurso, el instante estará legitimado para el ejercicio de las acciones de reintegración que hubiere identificado en la solicitud, estando en cuanto a las costas y gastos a lo establecido en esta ley para el ejercicio subsidiario de acciones por los acreedores

IV. Exoneración del pasivo insatisfecho

José Luis Díaz Echegaray

SUMARIO: 1. PRELIMINAR. 2. SISTEMAS DE EXONERACIÓN DEL PASIVO INSATISFECHO. 2.1. Sistema anglosajón. 2.2. Sistemas de rehabilitación. 2.3. El sistema mixto español. 3. DIRECTIVA (UE) 2019/1023 SOBRE REESTRUCTURACIÓN E INSOLVENCIA. 4. INTRODUCCIÓN DEL BEPI EN NUESTRO ORDENAMIENTO. 4.1. La regulación del BEPI hasta la reforma introducida por la LRTRLC. 4.2. La última reforma introducida por la LRTRLC. 5. ÁMBITO DE APLICACIÓN. 6. ELEMENTOS COMUNES DE LA EXONERACIÓN. 6.1. Excepción y prohibición. 6.2. Extensión de la exoneración. 6.3. Efectos de la exoneración. 6.3.1. Efectos de la exoneración sobre los acreedores. 6.3.2. Efectos de la exoneración respecto de los bienes conyugales comunes. 6.3.3. Efectos de la exoneración sobre obligados solidarios, fiadores, avalistas, aseguradores y quienes, por disposición legal o contractual, tengan obligación de satisfacer la deuda afectada por la exoneración. 6.3.4. Efectos de la exoneración sobre las deudas con garantía real. 6.3.5. Efectos de la exoneración respecto de sistemas de información crediticia. 6.4. Revocación de la exoneración. 6.4.1. Supuestos de revocación de la concesión de la exoneración. 6.4.2. Régimen de la revocación. 6.4.3. Efectos de la revocación de la concesión de la exoneración. 6.5. Efectos del pago por terceros de deuda no exonerable o no exonerada. 7. DE LAS MODALIDADES DE LA EXONERACIÓN. 7.1. Exoneración con plan de pagos. 7.1.1. Solicitud de exoneración mediante plan de pagos. 7.1.2. Contenido del plan de pagos. 7.1.3. Vencimiento e intereses. 7.1.4. Duración del plan de pagos. 7.1.5. Aprobación del plan de pagos. 7.1.6. Impugnación del plan de pagos. 7.1.7. Efectos de la exoneración provisional. 7.1.8. Extensión de la exoneración en caso de plan de pagos. 7.1.9. Alteración significativa de la situación económica del deudor. 7.1.10. Revocación de la exoneración en caso de plan de pagos. 7.1.11. Exoneración definitiva en caso de plan de pagos. 7.1.12. Cambio de modalidad de exoneración. 7.2. Exoneración con liquidación de la masa activa. 7.2.1. Solicitud de exoneración tras la liquidación de la masa activa. 7.2.2. Resolución sobre la solicitud. 8. EL EPI EN EL SUPUESTO DE MICROEMPRESAS.

1. PRELIMINAR

La estigmatización social y financiera derivada de la solicitud del concurso voluntario, junto a lo dilatado y costoso de este proceso, frente a los nulos beneficios que aportaba al deudor común persona natural, llevaba a estos operadores a huir de este procedimiento, incorporándose a la economía sumergida al amparo de la insolvencia absoluta, evitando de esta forma a sus acreedores que le perseguían indefinidamente, haciendo para ello uso de la responsabilidad patrimonial universal establecida por el art. 1911 del CC.

El principio de la responsabilidad patrimonial universal fue introducido en las codificaciones europeas, incluida la nuestra, por el art. 2092 del Code Napoleón, conforme al cual *Quiconque s'est obligé personnellement, est tenu de remplir son engagement sur tous ses biens mobiliers et immobiliers, présents et à venir.*

La responsabilidad patrimonial universal se configura, en nuestro ordenamiento jurídico, como una garantía del acreedor de la satisfacción de los créditos que éste ostenta frente al deudor. En base a ello, se permite al acreedor, dirigirse contra todo el patrimonio, presente o futuro, del deudor.

Pero tan importante principio, tiene desde hace tiempo sus limitaciones en nuestro Derecho positivo. A través de ellas se impide que, la agresión a los bienes del deudor iniciada por un acreedor se materialice en toda su plenitud y alcance a todos ellos, cercenándose así la utilización del principio de responsabilidad patrimonial universal que, en ocasiones resulta proyectado de forma limitada sobre los bienes del deudor, bien cualitativamente, bien de forma cuantitativa[1].

En consecuencia, tal principio no tiene carácter absoluto, sino que viene delimitado en su aplicación bien por la propia concordancia de voluntades entre acreedor y deudor —el tradicional convenio—, bien a través de los propios remedios legales establecidos al efecto, como la inembargabilidad de determinados bie-

---

1 Sobre el particular, VÁZQUEZ LÉPINETTE, Tomás, *Estudio de la remisión legal de la deuda en sede concursal*, en Estudios sobre el futuro Código Mercantil: Libro homenaje al profesor Rafael Illescas Ortiz, Ed. Universidad Carlos III (Madrid, 2015), 312-26.

nes prevista en los arts. 605 a 607 de la LECiv, como limite a la aplicación del art. 1911 del CC[2].

Más recientemente, entre las limitaciones al principio de responsabilidad patrimonial universal en nuestro ordenamiento jurídico se configura la EPI la cual, en realidad, se afirma[3], supone un traslado del riesgo del deudor al acreedor. Se trata de ponderar, de una parte, los intereses de la masa del concurso, en consecuencia, de los acreedores, y de otra, los del deudor de resurgir a la vida económica.

La posibilidad de alcanzar el EPI constituye una limitación al principio de responsabilidad universal establecido en el art. 1911 del CC, el cual, como sabemos, dispone que *Del cumplimiento de las obligaciones responde el deudor con todos sus bienes, presentes y futuros,* así como al principio *pacta sunt servanda,* el cual impone a todos los operadores el cumplimiento de las obligaciones asumidas. Se configura como un instrumento para la superación de la insolvencia del deudor común, facilitándole una segunda oportunidad, un *fresh start,* el cual le permite recuperar su actividad económica, evitando de esta forma la exclusión social.

En este sentido, señala el Preámbulo (I) de la LRTRLC como:

> *Los sistemas de insolvencia tienen como finalidad económica procurar una reasignación eficiente de los recursos productivos. En el caso de actividades económicamente viables, pero con dificultades financieras, estos procedimientos tratan de facilitar reestructuraciones del pasivo que garanticen a la vez los derechos de los acreedores y la continuidad de la empresa. En el caso de actividades inviables, el procedimiento trata de extraer el mayor valor de los activos para devolver a los acreedores el mayor porcentaje de sus créditos, siguiendo un orden de prelación. Cuando el deudor insolvente es una persona física, el concurso pretende identificar a*

---

2 SENDRA ALBIÑANA, Álvaro, *El beneficio de exoneración del pasivo insatisfecho,* Ed. Tirant lo blanch, Valencia, 2018, pág. 30.

3 CUENA CASAS, Matilde y FERNANDEZ SEIJO, José María, *La exoneración del pasivo insatisfecho en el concurso de acreedores de persona física,* Ed. Aranzadi, Cizur Menor (Navarra), 2023, pág. 23.

los deudores de buena fe y ofrecerles una exoneración parcial de su pasivo insatisfecho que les permita beneficiarse de una segunda oportunidad, evitando su paso a la economía sumergida o a una situación de marginalidad.

El beneficio de la EPI se configura como la liberación forzosa para los acreedores de aquellas deudas que no resulta posible atender por una persona física tras la conclusión del concreto procedimiento tendente a la solución de la crisis económica del sujeto[4]. Es clara la ruptura con los dogmas y pilares clásicos del Derecho de obligaciones y contratos desencadenada por el mecanismo de la EPI. Sin duda, afecta a la responsabilidad patrimonial, pero también a la obligación y a su exigibilidad de cumplimiento. Se afirma que la exoneración de las deudas impuesta por la norma y declarada por el juez constituye una especie de expropiación del derecho de crédito, en palabras de CARNELUTTI, legitimada por un interés público superior[5].

La EPI o *discharge*, en la terminología anglosajona, constituye un instrumento jurídico, de origen legal, en virtud del cual, tras la conclusión de un procedimiento de insolvencia, el deudor persona natural se ve liberado de la deuda no satisfecha en el seno del procedimiento concursal o después de el transcurso de un plazo establecido tras su conclusión[6].

---

4 DÍAZ ECHEGARAY, José Luis, *Acuerdos extrajudiciales de pago, concurso consecutivo y segunda oportunidad. Conforme al nuevo texto refundido de la Ley Concursal*, Ed.Ttirant lo blanch, Valencia, 2021, pág. 287.

5 YAÑEZ VIVERO, Fátima, *La exoneración judicial de deudas del consumidor vulnerable. Perfiles jurídicos y avatares de un nuevo derecho a no pagar las deudas*, Ed. Marcial Pons, Madrid, 2024, *pág. 11.*

6 RUBIO VICENTE, Pedro J., "A vueltas con la exoneración del pasivo restante en el concurso", RDCyP, núm. 6, 2007, pág. 139; SENENT MARTÍNEZ, Santiago, *Exoneración del pasivo insatisfecho y concurso de acreedores*, Tesis Doctoral, Universidad Complutense de Madrid, 2015, pág. 233, http://eprints.ucm.es/28133/1/T35661.pdf, 13/08/2020 y *La exoneración del pasivo insatisfecho del deudor concursado persona natural*, en Manual de Derecho Concursal, PULGAR EZQUERRA dir., 4ª edición, Ed. La Ley, Las Rozas (Madrid), 2022, pág. 526; YANES YANES,

Para obtener la exoneración de la deuda, el deudor insolvente debe someterse a lo que se denomina *test de discharge*, quedando excluidos del EPI aquellos supuestos en los cuales concurren comportamientos que pueden generar o agravar la insolvencia y en los que subyace la conciencia de su delicada situación económica y una voluntad de perjudicar el interés de los acreedores, poniendo de manifiesto una evidente falta de honestidad del deudor. Se trata de proteger al deudor de buena fe, honesto, pero desafortunado, excluyendo del beneficio a quienes han llevada a cabo conductas censurables.

Resulta una medida humanitaria y social con evidente repercusión económica, a través de la cual el deudor persona física resulta liberado del cumplimiento de aquellas obligaciones que, de otra forma, le serían exigibles aplicando el principio tradicional de responsabilidad patrimonial universal.

De esta forma se cumple lo señalado en su día por BALZAC[7], cuando afirmó que ha de tenerse en cuenta el siguiente aforismo:

> *La población de un imperio o de un reino también consiste en dos clases de gentes: los productores y los consumidores. Los productores no son otra cosa que los acreedores. Los consumidores que gastan dinero son los deudores. Es decir: si no existiera gente que gasta dinero, entonces también la gente que produce, que crea valores, sería superflua. O sea, que son aquellos que gastan, los que permiten vivir a aquellos que producen, los que crean valores. Por consiguiente, resulta que una persona que crea valores, un productor, es decir un acreedor, le debe algo a los deudores o consumidores: el no tener que pagar lo que sea le debe, pues si no le debieran nada, lógicamente se moriría de hombre.*

Pedro, *Beneficio de exoneración del pasivo insatisfecho* (art. 179 bis), en Comentario a la Ley Concursal, PULGAR EZQUERRA (dir.), Ed. Wolters Kluwer, Las Rozas (Madrid), 2016, pág. 1915.

7 DE BALZAC, Honoré, *El arte de pagar sus deudas sin gastar un céntimo*, Ediciones Espuela de Plata, 4ª ed., 2014, págs. 45 y sig.

A pesar de tratarse de una figura regulada, con diferentes matices, en numerosos ordenamientos de nuestro entorno, verbigracia, Alemania, Francia, Italia, Portugal o Estados Unidos, recogida en la guía legislativa sobre el régimen de la insolvencia de UNCITRAL de 25 de junio de 2004, en la cual se recomienda incorporar a las distintas legislaciones concursales el mecanismo de la *discharge* anglosajona, a fin de *incentivar las solicitudes de procedimientos concursales, al menos voluntarios, y favorecer la recuperación patrimonial del deudor una vez concluido el procedimiento* (cap. VI A Exoneración) y de las recomendaciones de que fuera introducida del Banco Mundial y de las instituciones de la UE, como la Recomendación de la Comisión de 12 de marzo de 2014, sobre nuevo enfoque frente a la insolvencia y fracaso empresarial[8], en nuestro país no se recogió hasta la Ley 14/2013, de 27 de septiembre, de apoyo a los emprendedores y su internacionalización.

Asimismo, la instauración de un sistema de liberación de deudas pendientes para la persona física venía reclamándose insistentemente por nuestra doctrina[9], bajo el argumento, entre otros muchos y muy variados, de que, de facto, el mismo concurría para las personas jurídicas y ello, por aplicación del art. 178.3 de la LC, en virtud del cual declarada la conclusión del concurso por liquidación o insuficiencia de masa activa se acordaba la extinción de la personalidad jurídica concursada.

En este sentido se pronuncia también la Directiva sobre reestructuración e insolvencia, recientemente traspuesta a nuestro ordenamiento jurídico, cuando en su art. 20, intitulado como *Acceso a la exoneración*, previene:

> *1. Los estados miembros velarán por que los empresarios insolventes tengan acceso al menos a un procedimiento que pueda*

---

8 DOUE, L 74/65, de 14.3.2014.

9 PULGAR EZQUERRA, Juana, "Concurso y consumidores en el marco del Estado Social del Bienestar", RDCyP, núm. 9, 2008, pág. 43.

> *desembocar en la plena exoneración de deudas de conformidad con la presente Directiva.*

Para defender la introducción de esta medida SENDRA ALBIÑANA afirmó[10], con un argumento similar al expuesto anteriormente del gran escritor realista Honoré DE BALZAC, que, desde el punto de vista económico, si la eficiencia es la norma básica para permitir la continuidad de una determinada empresa en el mercado, de forma tal que quienes no pueden cumplir sus obligaciones deben abandonar éste, se ha de considerar, en contraposición a ello, que el individuo siempre compra y vende mercancías u ofrece su trabajo en el mercado, por lo tanto, la exclusión económica o selección natural en los términos expuestos no le resulta aplicable.

Como aspectos positivos de la EPI menciona el mismo autor[11]: la reactivación de la economía, la lucha contra la exclusión social, la prevención del sobreendeudamiento y el crédito responsable y la configuración de mayores garantías de atención de créditos para los acreedores; y como aspectos negativos se citan: el riesgo de deudores oportunistas, el impacto en el sistema financiero y el encarecimiento del crédito, el riesgo de desincentivación para alcanzar soluciones consensuadas y el denominado efecto llamada, además del colapso de los tribunales.

Además, desde esta perspectiva del mercado, como otro aspecto positivo del EPI, se estima por la generalidad de la doctrina que el EPI desincentiva la economía sumergida, favorece una cultura empresarial que redunda en beneficio del empleo y ayuda a la lucha contra la exclusión social. Asimismo, se considera por otra parte de la doctrina[12] que la EPI puede ser un instrumento po-

---

10 *El beneficio de exoneración del pasivo insa*tisfecho, *ob. cit.*, 2018, pág. 42.

11 SENDRA ALBIÑANA, *El beneficio de exoneración del pasivo insatisfecho, ob. cit.*, págs. 47 y sigs.

12 CUENA CASAS, Matilde, *Ámbito de aplicación* (art. 486), en Comentario a la Ley Concursal, PULGAR EZQUERRA dir., Ed. La Ley, Las Rozas (Madrid), 3ª edición, 2023, tomo 2º, pág. 260.

deroso para hacer realidad la concesión responsable de crédito y constituye una medida preventiva del sobreendeudamiento del sujeto[13], así como un incentivo para la negociación y novación de los créditos con el deudor[14].

En relación con el régimen del crédito responsable el DOUE[15] publicó el 30 de octubre de 2023 la nueva Directiva del crédito al consumo, que deberá ser transpuesta en nuestro ordenamiento antes del 20 de noviembre de 2025, cuyo art. 18 regula la obligación de evaluar la solvencia del consumidor y los datos que debe considerar para prevenir el sobreendeudamiento. Sin embargo, no ahonda en los problemas reales, como, por ej. qué criterios deben tenerse en cuenta para evaluar la insolvencia, o qué consecuencias tiene el incumplimiento del operador financiero de la obligación de evaluar la insolvencia. Por lo que se refiere a la sanción por el incumplimiento del deber de evaluar la insolvencia la Directiva establece que debe ser proporcionada, disuasoria y efectiva.

Destaca a este respecto la conocida STJUE de 11 de enero de 2024, asunto NÁROKUJ, la cual concluyó que el Derecho checo no se opone a la Directiva 2008/48/CE del Parlamento Europeo y del Consejo, de 23 de abril de 2008, relativa a los contratos de crédito al consumo, cuando sanciona con la nulidad del contrato de crédito y la pérdida del derecho al cobro de intereses a los prestamistas que incumplan el deber de evaluar la solvencia del prestatario consumidor.

En nuestro ordenamiento, para los supuestos de incumplimiento de este deber de evaluar la solvencia del prestatario se

---

13 CUENA CASAS, Matilde, "Reformas de la Ley Concursal e insolvencias de la Persona física. La persona física insolvente, de nuevo olvidada", Revista CESCO de Derecho de Consumo, 11, 2014, pág. 170.

14 CUENA CASAS, Matilde, "El nuevo régimen de la segunda oportunidad, Pocas luces y muchas sombras", ADCo, 37, 2015, pág. 15.

15 Directiva (UE) 2023/2225 del Parlamento Europeo y del Consejo, de 18 de octubre de 2023, relativa a los contratos de crédito al consumo y por la que se deroga la Directiva 2008/48/CE.

prevén exclusivamente sanciones administrativas en el art. 29 de la Ley 2/2011, de 4 de marzo, de Economía Sostenible; el art. 14 de la Ley 16/2011, de 24 de junio, de contratos de crédito al consumo; y, el art. 18 de la Orden EHA/2899/2011, de 28 de octubre, de transparencia y protección del cliente de servicios bancarios, lo cual no parece resulte muy disuasorio para el prestamista.

Sin embargo, debe tenerse en consideración que de acuerdo con una estadística de ASNEF sobre crédito al consumo, en el ejercicio anterior se firmaron aproximadamente 9 millones de contratos bancarios. Teniendo en cuenta que únicamente se aprueban un tercio de los solicitados, ello quiere decir que se solicitaron aproximadamente 27 millones de contratos, lo que supone unas 100.000 solicitudes al día. Hay que tener en cuenta estos números para ser conscientes de lo que ello supone, y que no todo crédito o préstamo personal puede materialmente someterse a un detenido estudio de solvencia.

Al igual que alguno de los autores, por nuestra parte consideramos como aspectos negativos del EPI: el riesgo de los deudores oportunistas, los cuales, nuestra experiencia como administrador concursal nos ha enseñado que abundan en la práctica, su impacto sobre el sistema financiero, el encarecimiento del crédito, la desincentivación para alcanzar soluciones consensuadas, el efecto llamada y el colapso de los tribunales.

En el año 2023 se declararon 20.666 concursos, de los cuales 16.122, es decir, el 78% del total de éstos, fueron de personas físicas, observándose respecto de 2022 un incremento de concursos de personas físicas del 49%. Dentro de estos, en la medida en que tienen un control muy escaso, están proliferando los concursos sin masa y la concesión generalizada del EPI. Además, los acreedores no se personan en estos procedimientos porque no tienen ningún incentivo para hacerlo y es más costoso para una entidad financiera personarse en un concurso e impugnar la solicitud de exoneración, que limitarse a trasladar el coste de ésta a sus clientes solventes. Lo señalado está dando al mercado un mensaje demoledor: *endéudese que el juez le concederá el perdón de sus deudas.*

En nuestro ordenamiento, se afirma por parte de la doctrina[16], que el EPI se configura de forma excepcional, a disposición de todos los deudores personas naturales —sean o no empresarios o profesionales—, pero bajo una serie de condiciones restrictivas que preservan la responsabilidad patrimonial universal del deudor tras la conclusión del concurso por liquidación o insuficiencia de masa activa.

Se conforma el EPI como uno de los remedios curativos o rehabilitadores que el legislador puede y debe utilizar para tratar de aportar soluciones a las familias y deudores aquejados por la crisis económica compartiendo, desde el punto de vista constitucional, la fundamentación de otros principios curativos o rehabilitadores como la inembargabilidad de determinados bienes y derechos[17].

Al amparo de esta figura, el deudor persona natural, sea o no empresario, podrá solicitar la EPI en los términos y condiciones dispuestas en el TRLC, siempre que sea deudor de buena fe: con sujeción a un plan de pagos sin previa liquidación de la masa activa o con liquidación de la masa activa, si la causa de conclusión del concurso fuera la finalización de la fase de liquidación de la masa activa o la insuficiencia de esta para satisfacer los créditos contra la masa, el pasivo restante queda exonerado por decisión judicial y sin necesidad del consentimiento de los acreedores. Aunque en el futuro el deudor exonerado obtenga nuevos ingresos, éstos ya no responderán del pago de las deudas anteriores a la declaración de concurso, salvo en los supuestos especiales señalados por el legislador.

En consecuencia de todo ello, el deudor persona natural insolvente podrá volver a empezar, iniciar una nueva actividad empresarial o profesional con la tranquilidad de que los ingresos que obtenga podrá utilizarlos para crear más actividad económica y

---

16 YANES YANES, art. 179 bis, en PULGAR EZQUERRA, ComLC, *ob. cit.* pág. 1915.

17 SENDRA ALBIÑANA, *El beneficio de exoneración del pasivo insatisfecho, ob. cit.*, pág. 33.

no serán embargados por los acreedores que no lograron cobrar en el procedimiento concursal. Constituye una medida fundamentada en razones humanitarias y económicas en cuanto incide en la productividad económica.

Se ha cuestionado en la doctrina por qué este mecanismo del EPI se aplica solo tras el procedimiento concursal y no, también, en los de ejecución singular en los cuales el deudor, por ejemplo, haya empleado el instrumento del crédito al consumo. Señalando que las motivaciones de orden socioeconómico —de reintegro del deudor en la posición de consumidor o de elemento productivo— que subyacen en la permisividad jurídica de este mecanismo son las mismas en un procedimiento universal que en uno singular[18], posicionamiento que no compartimos, ya que obvia el carácter universal del concurso, que garantiza la *par conditio creditorum.*

La exoneración de deudas tiene su origen en el Derecho anglosajón, en concreto en la legislación norteamericana. Así, la Bankruptcy Act de 1898 estableció la *discharge* en Estados Unidos y desde allí ha servido de referente a otras legislaciones que han introducido esta figura en sus ordenamientos, convirtiéndose en un referente habitual de los sistemas concursales de los países de nuestro entorno. De esta forma se fomenta el dinamismo de la actividad económica, otorgando una segunda oportunidad a los deudores, muy en la línea de los modelos norteamericanos de dar salida a las quiebras familiares y empresariales

En la práctica el logro de este beneficio de la EPI es la estación final de un viaje a la que aspiran llegar la generalidad de los deudores persona física, tras pasar por el largo itinerario que supone la tramitación de todo el procedimiento concursal hasta alcanzar la conclusión de este, bien por liquidación o bien por insuficiencia de la masa activa.

---

18 YAÑEZ VIVERO, *La exoneración judicial de deudas del consumidor vulnerable.* Perfiles jurídicos y avatares de un nuevo derecho a no pagar las deudas, *ob. cit.*, pág. 19.

Da idea de la importancia de este mecanismo la afirmación doctrinal[19] de que la posible concesión del BEPI era el principio que inspiraba todo el concurso consecutivo —hoy suprimido—, postura que no compartimos, por parecernos exagerada, pero pone de manifiesto su trascendencia. Esta afirmación señalada se fundamentaba en que:

i) En la solicitud de concurso consecutivo formulada por el mediador concursal el art. 242.2 b) de la LC, más tarde art. 706.3 del TRLC, establecía que, en caso de ser de persona natural, aquél debía pronunciarse sobre la concurrencia de los requisitos establecidos legalmente para el BEPI (actualmente EPI) en los términos previstos en el art. 178 bis de la citada Ley reguladora de la insolvencia, el cual fue traspuesto en el cap. II del tít. XI del lib. I, arts. 486 a 502 del citado TR.

ii) El concursado y los acreedores, dentro del plazo de alegaciones al plan de liquidación, señalaba el art. 242.2.8 de la LC, posteriormente art. 489 del TRLC, podían formular también observaciones acerca de la concurrencia de los requisitos exigidos para acordar el BEPI para el concursado persona natural.

iii) El art. 178 bis 2 de la LC imponía al deudor presentar su solicitud de exoneración del pasivo insatisfecho ante el juez del concurso dentro del plazo de audiencia que se le había conferido de conformidad con lo que establecía en el art. 152.3 del mismo cuerpo legal, traspuesto como art. 469 del citado TR.

iv) En caso de conclusión por insuficiencia de masa el art. 178 bis 3 ó 4 de la LC, el cual se corresponde con el art. 489.1 del TRLC, antes de su reforma, establecían que tras el nombramiento del administrador concursal y una vez

19 PUELLES VALENCIA, José M., *Guía práctica de la segunda oportunidad de las personas físicas*, Ed. Sepin, Las Rozas (Madrid), 2019, pág. 81.

concluida la liquidación, el deudor persona natural podía solicitar el BEPI.

Si bien hemos manifestado nuestra opinión contraria a la afirmación de que la posible concesión del BEPI era el principio inspirador de todo el concurso consecutivo, lo que no estimamos fuera así, hemos de reconocer que nuestra experiencia como mediador concursal fue la de que la finalidad de la práctica totalidad de las personas físicas solicitantes de la iniciación del procedimiento para alcanzar un AEP no era otra que la de conseguir finalmente la exoneración del pasivo insatisfecho o *discharge*.

En su momento, lo señalado hasta aquí nos hizo considerar que debía modificarse la legislación para imponer que, cuando menos, se exigiera que se tratara de lograr realmente el AEP para poder obtener la exoneración, lo que en la práctica no sucedía cuando se realizaban propuestas verdaderamente inasumibles, como solicitar una quita del noventa y cinco por ciento (95%) y una espera de diez años para el pago del cinco por ciento (5%) restante, con que nos hemos encontrado en algún supuesto[20].

Como ha señalado nuestro más alto tribunal en su importantísima y conocida STS, civil pleno, de 2 de julio de 2019, núm. 381/2019, rec. 3669/2016 (EDJ 2019/639018)[21] el art. 178 bis LC era una norma de difícil comprensión, que requería de una interpretación jurisprudencial para facilitar su correcta aplicación. La nueva regulación por el TRLC, tras su reforma por la LRTRLC, cuando menos, resulta un poco más clara que la anterior.

---

20 DÍAZ ECHEGARAY, *Acuerdos extrajudiciales de pago, concurso consecutivo y segunda oportunidad. Conforme al nuevo texto refundido de la Ley Concursal, ob. cit.*, pág. 291.

21 Comenta esta sentencia: MOYA, Jorge, "El tratamiento del crédito público en el beneficio de exoneración del pasivo insatisfecho, comentario de la Sentencia del Tribunal Supremo (1ª) de 2 de julio de 2019", ADCo, núm. 49, enero-abril 2020, págs. 285 y sigs.

Al estudiar el art. 178.2 de la LC —en la actualidad arts. 486 y sigs. del TRLC— se señaló en la doctrina[22] que:

> *... plantea de inmediato la cuestión de su constitucionalidad, dado que se impone al acreedor la asunción de unas pérdidas determinadas, de tal suerte que su derecho a la propiedad privada se ve afectado. A nuestro entender, no puede sino concluirse que la institución de la remisión de la deuda, tal y como está regulada en la actualidad, forma parte de las limitaciones a la propiedad inherentes a su función social (art. 33.2 CE).*

Ciertamente, como veremos más adelante, en el lugar adecuado, a primera vista, la EPI parece chocar con el derecho de propiedad del acreedor, recogido en nuestra Carta Magna, sin otorgarle ninguna compensación, al menos, de manera directa.

Antes de finalizar esta introducción, parece conveniente señalar que, si bien se ha cuestionado la constitucionalidad del EPI, principalmente en la doctrina italiana[23], en la española únicamente tenemos noticias de un estudio sobre esta materia[24].

2. SISTEMAS DE EXONERACIÓN DEL PASIVO INSATISFECHO

Siguiendo en este extremo lo expuesto por SENDRA ALBIÑANA[25], podemos diferenciar distintos sistemas legislativos en la regulación del BEPI (EPI en la actualidad) en función de los requisitos, alcance y modo, mediante los cuales el deudor insolvente queda liberado del pasivo pendiente de satisfacer tras finalizar la tramitación del concurso de acreedores. Dependiendo de las políticas le-

---

22 VÁZQUEZ LÉPINETTE, *Estudio de la remisión legal de la deuda en sede concursal, ob. cit.*, pág. 319.

23 CARNELUTTI, Francesco, "Espropriazione del Creditore", Rivista di Diritto Commerciale, fascicolo 10-11,1930, pag. 676 y sigs.

24 YAÑEZ VIVERO, *La exoneración judicial de deudas del consumidor vulnerable.* Perfiles jurídicos y avatares de un nuevo derecho a no pagar las deudas, *ob. cit.*

25 *El beneficio de exoneración del pasivo insatisfecho,* ob. cit., págs. 86 y sigs.

gislativas de cada país y/o atendiendo a sus concretas circunstancias económicas y también sociales, culturales o de cualquier otro tipo, se adopta un modo u otro de configurar tal liberación de deudas.

Conviene, asimismo, señalar que resulta común a todos los sistemas legislativos, por una parte, el ámbito subjetivo de su aplicación, únicamente al deudor persona física puede acceder al EPI y, por otra, que sus efectos son la liberación de las deudas anteriores insatisfechas, si bien con exclusión de algunas de ellas cuya concreción puede diferir en la regulación de cada ordenamiento jurídico. La configuración de estos tipos de sistemas de exoneración cumple una función social allí donde la situación económica es desfavorable y el deudor honesto merece salir de una situación que, de otro modo, se antoja irreversible[26].

Siguiendo la posición del autor citado al inicio de este epígrafe diferenciaremos entre un sistema propio de los ordenamientos anglosajones y otro denominado de rehabilitación, propio fundamentalmente de algunos países europeos como Alemania o Portugal, para finalmente referirnos al sistema mixto adoptado por el legislador español.

El profesor BELTRÁN estableció una clasificación distinta a la anterior, diferenciando dos concepciones diferenciadas de la institución. En primer lugar, según el citado autor, nos encontramos con la concepción de la "*nueva oportunidad*", la cual identifica con los sistemas anglosajón y el alemán, en una segunda opción, establece el denominado sistema de "*reeducación*" que identifica como más próximo a los ordenamientos jurídicos continentales[27].

---

26 SENENT MARTÍNEZ, *Exoneración del pasivo insatisfecho y concurso de acreedores, ob. cit.*, pág. 238.

27 BELTRÁN SÁNCHEZ, Emilio, *Insolvencia de las familias en la ley concursal española*, en El futuro de la protección jurídica de los consumidores (actas del I Congreso Euroamericano de Protección Jurídica de los Consumidores), ROMILLO URBINA y ÁLVAREZ RUBIO coor., Ed. Civitas, 2008, pág. 208.

Por su parte, SENENT MARTÍNEZ[28], el cual afirma seguir a CUENA CASAS[29], recoge básicamente la existencia de dos modelos respecto al tratamiento concursal de la persona física insolvente. El modelo anglosajón de *volver a empezar* (*fresh start* o *discharge*), adoptado también en algunos países europeos, se basa en los principios de liquidación inmediata del patrimonio no exento del deudor y la condonación directa de las deudas no pagadas, a excepción de las no condonables. Tiene como fundamentos la responsabilidad limitada del deudor, la división del riesgo con los acreedores y la necesidad de recuperar rápidamente al deudor para la actividad económica y el consumo, además de la voluntad de no estigmatizar a la persona sobreendeudada. El otro modelo es el de la rehabilitación, que prevalece en algunos países europeos, y se basa en la idea de que el deudor ha cometido una falta y merece ser ayudado, pero no exonerado pura y simplemente de cumplir con sus obligaciones *(pacta sunt servanda)*. El deudor tendrá que pasar un período de prueba, durante el que destinará una parte de su renta al reembolso de la deuda restante.

De otra parte, entre los diferentes sistemas existentes en la actualidad para alcanzar el EPI, CUENA CASAS y FERNANDEZ SEIJO[30] diferencian entre el modelo de mercado, el de merecimiento y el de segunda oportunidad ganada.

Igualmente se han clasificado los sistemas atendiendo al "*iter procedimental*" que siguen. Se diferencia así, en relación con los modelos europeos entre los "modelos de rehabilitación económica", como el francés o los "modelos de redención" como el alemán o portugués y ello, en atención a que, en ambos se establece

---

28 *Exoneración del pasivo insatisfecho y concurso de acreedores, op. cit.*, págs. 234 y sigs.

29 CUENA CASAS, Matilde, "Conclusión del concurso de acreedores de persona física y exoneración del pasivo pendiente (A propósito del Auto del Juzgado Mercantil nº 3 de Barcelona de 26 de octubre de 2010)", en RDBB. Ed. Lex Nova, núm. 125, pág. 289 y s.

30 *La exoneración del pasivo insatisfecho en el concurso de acreedores de persona física, ob, cit.*, págs. 34 y sigs.

un plan de pagos, si bien, en el primero de ellos, ésta se configura con carácter previo a la liquidación del patrimonio del deudor, mientras que, en el segundo tal plan de pagos es simultáneo a la liquidación y ulterior liberación de deudas[31]. También se establece la distinción entre modelo anglosajón y modelo europeo en base al lapso temporal en el que se obtiene la liberación, automático en el primero y prolongado en el segundo.

2.1. Sistema anglosajón

Denominado también modelo de mercado se caracteriza por la concesión automática del beneficio de liberación de deudas para el deudor de buena fe. La esencialidad del sistema consiste en la realización de una liquidación inmediata de los bienes del deudor que no habrán de resultar exentos, tras lo cual se le concede a éste la exoneración de los créditos insatisfechos. El control de acceso al sistema se produce *ex* ante, siendo característico de países como USA —*Chapter 7*—, Canadá, Australia o Nueva Zelanda.

Una vez ejecutado todo el patrimonio embargable del deudor común persona física de buena fe, el pasivo restante queda exonerado por decisión judicial, sin necesidad del consentimiento de los acreedores. Aunque el deudor obtenga en el futuro nuevos ingresos, éstos no podrán ser utilizados para el pago de deudas anteriores a la declaración de concurso. De esta forma, el deudor *puede* volver a empezar, iniciar una nueva actividad empresarial o profesional con la tranquilidad de que los nuevos ingresos que genere podrán ser utilizados para crear más actividad económica y no podrán ser embargados por los acreedores que no consiguieron cobrar en el

---

[31] En este sentido, BASTANTE GRANELL, Víctor, "La necesaria configuración de un "plan de pagos forzoso ex ante" a favor del consumidor insolvente", RDCyP, núm. 24, 2016, pág. 2; VALERO FERNÁNDEZ-REYES, Ángel, *Las últimas reformas legislativas en materia de préstamos hipotecarios y su repercusión en el futuro de la hipoteca en España*, en Presente y futuro del mercado hipotecario y ley de segunda oportunidad, Cizur Menor, Ed. Aranzadi, 2016, pág. 389 y 390.

concurso. Se trata de una medida fundamentada en razones humanitarias y económicas en cuanto incide en la productividad.

En el sistema anglosajón se percibe la insolvencia como una consecuencia ineludible del mercado y, a través de la concesión de este beneficio se pretende la asunción compartida de los costes de la exoneración de las deudas entre todos los acreedores tratando de obtener con ello, una rápida rehabilitación y reincorporación del deudor en tanto en cuanto sujeto posibilitado de producir o desarrollar iniciativas empresariales.

Se considera que toda la sociedad se beneficia de tal recuperación, lo que se identifica con la denominada teoría humanitaria o de utilidad social por entenderse por algunos autores que la ratio del sistema radica en razones humanitarias, si bien, también en razones económicas por cuanto la institución incide en la productividad económica.

2.2. *Sistemas de rehabilitación*

Asimismo, denominados de responsabilidad, son aquellos sistemas de exoneración aplicados en países como Alemania, Portugal y Austria, caracterizándose por un control *ex post* de los requisitos para la obtención del beneficio[32]. Este sistema parte de responsabilizar al deudor de su situación de insolvencia y se centra en torno a la renegociación de las deudas con los acreedores con vistas a la aprobación de un plan global de reembolso.

El sistema se establece bajo el transcurso del determinado lapso temporal partiendo de una concesión del beneficio en forma provisional que deberá de ser confirmada definitivamente, tras el transcurso de determinado plazo durante el cual, el deudor, además de observar determinada conducta[33], debe destinar su renta

---

32 SENENT MARTÍNEZ, *Exoneración del pasivo insatisfecho y concurso de acreedores, ob. cit.*, pág. 454.

33 LLEDO YAGÜE, Francisco, *La ley de segunda oportunidad en Europa y algunas consideraciones notables en la legislación norteamericana,* en Presente y futuro del Mercado Hipotecario y Ley de Segunda Oportunidad

embargable a la satisfacción de parte de las deudas restantes a través de la intervención de un fiduciario. Una vez transcurrido tal plazo señalado el deudor común podrá obtener la exoneración, por lo tanto, la obtención del beneficio no es nunca automática.

Frente a la clasificación de los dos distintos modelos o sistemas de regulación del EPI, expuestos hasta aquí, alguna autora ha pretendido introducir un tercero, al cual viene a denominar de merecimiento, caracterizado principalmente por otorgar un cierto margen de maniobra al juzgador para que, tras el fracaso en la tramitación de determinado procedimiento administrativo en el cual se pretende un acuerdo amistoso entre las partes, sea el propio juez quien, atendiendo a las circunstancias concurrentes en el concreto supuesto —también se valora el comportamiento del acreedor a la hora de la concesión de crédito— y con una gran flexibilidad, adopte una decisión en base a las concretas posibilidades del deudor y atendiendo a su necesaria recuperación. Este tercer modelo de exoneración ha venido a instaurarse en países como Francia y Bélgica[34].

2.3. El sistema mixto español

Antes de la reforma introducida por la LRTRLC se sostuvo por una parte de la doctrina[35] que el sistema adoptado en el orde-

---

para consumidores y empresarios/as, Eds. Aranzadi, Thomson Reuters, 2015, pág. 627.

34 CUENA CASAS, Matilde, *Régimen Jurídico e impacto económico aparente del régimen de "segunda oportunidad" introducido por la Ley 25/2015, de 28 de Julio,* Presente y futuro del Mercado Hipotecario y Ley de Segunda Oportunidad para consumidores y empresarios/as, Ed. Aranzadi, Thomson Reuters, 2015, pág. 747.

35 SENDRA ALBIÑANA, *El beneficio de exoneración del pasivo insatisfecho,* ob. cit., pág. 90; el cual cita en el mismo sentido a FERNÁNDEZ GONZÁLEZ, Víctor; BLANCO GARCÍA- LOMAS, Leandro; DÍAZ REVORIO, Enrique, *El concurso de los acreedores de la persona física,* Ed. La Ley, Madrid, 2016, pág. 358; MOLINA HERNÁNDEZ, Cecilio, "La controvertida revocación del beneficio de exoneración del pasivo insatisfecho", CEF Legal: revista práctica de Derecho, núm. 190, 2016, pág. 47 quien

namiento jurídico español —hoy derogado— debía considerarse como sistema mixto dada la configuración de diversas vías y modelos para el acceso a la obtención definitiva del BEPI (EPI tras la última reforma).

Compartía esta posición, que identifica nuestro sistema como mixto, CUENA CASAS[36], criticándolo al mismo por partir de una premisa que, a su juicio, resulta errática, conforme a la cual para acceder al beneficio debía de partirse del necesario pago a los acreedores de un determinado umbral de deudas, reprochando que se impidiera la posibilidad de acceder al BEPI al que más lo necesitaba. Esta afirmación, si bien refleja una realidad, en nuestra opinión, ignora por completo los intereses de los acreedores, a los que atendía el pago necesario, en la actualidad suprimido, de parte de las deudas.

Indudablemente el sistema español exigía el pago de parte del pasivo a los acreedores para poder acceder al BEPI, pero tal requisito concurre también en diferentes países como Austria e Italia, los cuales establecen igualmente como necesario el pago de un porcentaje del pasivo para dicho acceso. Incluso la Directiva sobre reestructuración e insolvencia recoge la posibilidad de que se establezca esta exigencia. En la cuantificación de tal exigencia, juntamente con el examen de las deudas exoneradas, radica la mayor o menor accesibilidad de los deudores a la institución, en esencia, la eficacia práctica de la ordenación[37].

La regulación instaurada en España antes de la reforma introducida por la LRTRLC, establecía dos diferentes vías para la obtención del BEPI por el deudor:

---

afirma que nuestro legislador ha venido a configurar un sistema "hibrido".

36 *Régimen Jurídico e impacto económico del aparente régimen de "segunda oportunidad" introducido por la Ley 25/2015, de 28 de Julio, op. cit.*, pág. 767.

37 DÍAZ ECHEGARAY, *Acuerdos extrajudiciales de pago, concurso consecutivo y segunda oportunidad. Conforme al nuevo texto refundido de la Ley Concursal, ob. cit.*, pág. 301.

i) Una primera, al amparo de la sec. 2ª, titulada *Del régimen general*, del cap. II del tít. XI del lib. I, arts. 487 a 492 del TRLC —art. 178 bis. 3. 4ª de la LC—; y

ii) Una segunda, regulada en la sec. 3ª, rotulada *Del régimen especial de exoneración por aprobación de un plan de pago*, del cap. II del tít. XI del lib. I, arts. 493 a 499 del TRLC— art. 178 bis. 3. 5ª de la LC—.

En la primera, se conseguía la exoneración de forma automática, sin sujeción a plazo. Desde el inicio se exigía el pago de un determinado umbral de pasivo el cual, una vez satisfecho, determinaba el cumplimiento de los requisitos —junto a otros que debían de preexistir— para la obtención por el deudor de la liberación de sus deudas cuya concesión era automática. Se trataba de un modelo de obtención del BEPI instantáneo previa liquidación del patrimonio del deudor a modo del sistema anglosajón.

La segunda de las vías para la obtención del BEPI consistía, en esencia, en la inicial obtención del beneficio con carácter provisional, al que seguía el sometimiento del deudor a un plan de pagos con un plazo de cinco años, a través del cual se pretendía el pago de las deudas no exonerables del concursado. Durante el plazo de vigencia del plan de pagos el deudor, además, debía de observar determinada conducta que, transcurrido el término fijado, le permitía la obtención de la exoneración definitiva de las deudas exonerables. Se trataba de una regulación muy parecida a la recogida en el sistema de rehabilitación alemán.

A mayor abundamiento, el carácter mixto de nuestro sistema anterior no sólo derivaba de la conjugación de las dos vías alternativas expuestas precedentemente, sino que, antes de la reforma, el art. 499.2 del TRLC —art. 178 bis.8. II de la LC— establecía, además, una tercera para el caso de que el deudor no pudiera cumplir los compromisos instaurados en el plan de pagos. Es lo que se calificó como la obtención del beneficio por merecimiento, el cual era valorado por el juez atendidas las circunstancias del deudor común, como señalaba el precepto citado. Se configuraba esta forma de obtención del BEPI como residual y bajo la supervisión de la autoridad judicial.

Como examinaremos más adelante, en el lugar adecuado, en la actualidad, la reciente reforma introducida por la LRTRLC supuso una completa modificación en esta materia, pasando a regular dos diferentes modalidades de exoneración: con plan de pagos y con liquidación de la masa activa; pudiendo alcanzarse el EPI sin que se exija del pago de un determinado umbral de pasivo de las deudas.

3. DIRECTIVA (UE) 2019/1023 SOBRE REESTRUCTURACIÓN E INSOLVENCIA

Recientemente se ha ocupado de la EPI la Directiva (UE) 2019/1023 del Parlamento Europeo y del Consejo, de 20 de junio de 2019, sobre marcos de reestructuración preventiva, exoneración de deudas e inhabilitaciones, y sobre medidas para aumentar la eficiencia de los procedimientos de reestructuración, insolvencia y exoneración de deudas, y por la que se modifica la Directiva (UE) 2017/1132 (Directiva sobre reestructuración e insolvencia), la cual ha sido traspuesta por la LRTRLC a nuestro ordenamiento concursal, dando lugar a una profunda transformación de la regulación de la exoneración.

Para comenzar, en su Considerando 1° la Directiva sobre reestructuración e insolvencia señala como objetivo eliminar obstáculos, sin que ello afecte a los derechos fundamentales y libertades de los trabajadores, garantizando que: *los empresarios de buena fe insolventes o sobreendeudados puedan disfrutar de la plena exoneración de sus deudas después de un período de tiempo razonable, lo que les proporcionaría una segunda oportunidad.*

Y, más adelante, añade en el 5° Considerando que:

> *En muchos Estados miembros, son necesarios más de tres años para que los empresarios que sean insolventes, pero de buena fe puedan obtener una exoneración de sus deudas y empezar de nue-*

> *vo. La ineficiencia de los marcos de exoneración de deudas y de inhabilitación tiene como consecuencia que los empresarios se vean obligados a trasladarse a otros territorios con objeto de disfrutar de una nueva oportunidad en un período de tiempo razonable, lo que conlleva un elevado coste adicional tanto para sus acreedores como para los propios empresarios. La inhabilitación prolongada que suele ir aparejada a los procedimientos encaminados a la exoneración de deudas supone un obstáculo a la libertad de emprender y ejercer una actividad empresarial por cuenta propia.*

A la exoneración de deudas e inhabilitaciones de los empresarios dedica la Directiva sobre reestructuración e insolvencia su tít. III, rotulado *Exoneración de deudas e inhabilitaciones*, compuesto por los arts. 20 a 24, ambos inclusive.

El primero de tales preceptos se ocupa del acceso a la exoneración, manifestando que:

> *Los Estados miembros velarán por que los empresarios insolventes tengan acceso al menos a un procedimiento que pueda desembocar en la plena exoneración de deudas de conformidad con la presente Directiva.*

Añadiendo a continuación el precepto en su siguiente numeral que, cuando la plena exoneración de las deudas esté supeditada a un reembolso parcial de éstas por el empresario, se garantizará que la correspondiente obligación de pago se base en su situación individual y, en particular, será proporcionada a sus activos y renta embargables o disponibles durante el plazo de exoneración, y que también tenga en cuenta el interés equitativo de los acreedores.

Se establece que el plazo tras el cual los empresarios insolventes pueden obtener la plena exoneración de sus deudas no deberá ser superior a tres años. Asimismo, se prevé que cuando un empresario insolvente obtenga una exoneración de deudas de conformidad con la Directiva sobre reestructuración e insolvencia, cualquier inhabilitación para iniciar o continuar una actividad comercial, industrial, artesanal o profesional dictada por el mero hecho de su insolvencia deje de tener efecto, a más tardar, al final del plazo de exoneración.

De otra parte, el art. 23 de la Directiva permite mantener o introducir disposiciones que denieguen o restrinjan el acceso a la exoneración de deudas o las revoquen o que establezcan plazos más largos para la obtención de la plena exoneración de deudas o períodos de inhabilitación más largos cuando el empresario insolvente haya actuado de forma deshonesta o de mala fe, así como, excluir algunas categorías específicas de éstas en los casos que enumera, debatiéndose en la doctrina si la relación que efectúa tiene carácter de *numerus clausus* o *apertus*, lo cual resulta de gran trascendencia práctica, dado que entre estos no se recogen las deudas con entidades públicas, extremo éste que se analizará más adelante.

En relación con la materia que nos ocupa, afirma el dictamen del Consejo de Estado sobre el Anteproyecto de LRTRLC[38]:

> .... como *el sistema de exoneración de deudas impuesto por la directiva se caracteriza por, entre otras, las siguientes notas (arts. 20 a 24):*
>
> - *Los sujetos beneficiarios del procedimiento deben ser "personas físicas" insolventes que tengan la condición de "empresarios", es decir, que ejerzan una actividad comercial, industrial, artística o profesional, aunque los Estados miembros también pueden aplicarlo a los "consumidores".*
> - *El acceso al concurso debe reservarse para aquellos deudores que hayan actuado de "forma honesta" y de "buena fe". Por ello, los legisladores nacionales están facultados para introducir excepciones a dicho acceso para los deudores deshonestos o de mala fe.*
> - *El procedimiento de exoneración de deudas puede articularse a través de un "plan de pagos" o de una "ejecución de activos" del deudor, o con un combinado de ambos métodos. Los estados miembros pueden optar por el que consideran más adecuado.*
> - *El plazo máximo en el que el deudor insolvente debe obtener la exoneración de sus deudas no podrá ser superior a "tres*

38 https://www.mjusticia.gob.es/es/AreaTematica/ActividadLegislativa/Documents/Dictamen%20CE%20firmado%20APL%20Concursal.pdf, págs. 57 y sigs.

años". No obstante, el derecho interno puede prever un plazo de exoneración más largo en determinadas circunstancias. Asimismo, puede introducir límites temporales para nuevas solicitudes de exoneración.

- *Determinadas categorías de deudas pueden ser excluidas del beneficio de la exoneración. Son las denominadas "deudas no exonerables", cuya determinación se remite al legislados nacional, en el marco del Derecho de la Unión Europea. El objetivo de la "plena exoneración" debe pues entenderse sin perjuicio de la existencia de deudas no exonerables.*
- *Finalmente, la exoneración puede ser objeto de "revocación", en los términos previstos en el derecho nacional, cuando el deudor haya actuado de forma. Deshonesta o mala fe o mejorado de fortuna.*

4. INTRODUCCIÓN DEL BEPI EN NUESTRO ORDENAMIENTO

Hasta la reforma de la LC introducida en el 2013 por la LE, la regla en el Derecho español era que el deudor persona física respondía de las deudas impagadas en el concurso de acreedores después de la liquidación de su patrimonio, conforme al principio de responsabilidad patrimonial universal establecido en el art. 1911 del CC y al principio *pacta sunt servanda.*

Hasta la promulgación de la LE, estos principios enunciados en el párrafo precedente seguían aplicándose con igual intensidad tras la finalización del concurso de acreedores del deudor común. No existía en nuestro país la figura de la EPI, en virtud del cual el deudor de buena fe puede solicitar al juez la extinción del pasivo exonerable tras la liquidación de su patrimonio embargable.

4.1. La regulación del BEPI hasta la reforma introducida por la LR-TRLC

La regulación de un régimen de segunda oportunidad en España llego tarde, una vez que los peores años de la crisis financiera surgida a partir del 2007 pasaron y que el sobreendeudamiento familiar superó con creces las previsiones más pesimistas[39]. La crisis económica sufrida en nuestro país produjo una suerte de movimiento que abogó por la introducción de medidas para facilitar la reestructuración de las deudas, a fin de promover la reinserción del deudor en el sistema económico.

El primer ensayo prelegislativo lo encontramos en el Anteproyecto Ley Orgánica para la reforma Concursal, por la que se modifican la Ley Orgánica 6/1985, de 1 de julio, del Poder Judicial, y la Ley Orgánica 10/1995, de 23 de noviembre, del Código Penal y el Anteproyecto de Ley Concursal, el cual en su art. 261 permitía al deudor sometido al procedimiento de gestión controlada —que regulaba el cap. IV, compuesto por los arts. 247 a 261, ambos inclusive, del tít. VI— que hiciera abandono de sus bienes integrados en la masa activa con la finalidad de que su responsabilidad fuera limitada a los bienes abandonados[40].

Durante la tramitación parlamentaria de la LC se presentaron por el Grupo Parlamentario Catalán de Convergència i Unió sendas enmiendas[41] dirigidas a permitir a las personas físicas la liberación de sus deudas insatisfechas tras la conclusión del concurso.

---

39 ORRICO, Ignacio, "La nueva segunda oportunidad regulada por la Ley 16/2022, de 5 de septiembre", RDM, núm. 330, octubre diciembre 2023, pág. 230.

40 En relación con este Anteproyecto puede verse: ROJO, Ángel, "Las opciones del Anteproyecto de Ley Concursal de 1983", Revista de la Facultad de Derecho de la Universidad Complutense, núm. Extra 8, 1985, págs. 89 a 131.

41 ENMIENDA NÚM. 560 PRIMER FIRMANTE: Grupo Parlamentario Catalán (Convergència i Unió) Enmienda que presenta el Grupo Parlamentario Catalán (Convergència i Unió) al Proyecto de Ley Concursal a los efectos de modificar el apartado 2 del artículo 178. Redacción que se propone: «Artículo 178. Efectos de la conclusión del concurso. [...] 2. En los casos de conclusión del concurso por insuficiencia de bienes y derechos, el deudor quedará responsable del pago de los créditos restantes. Los acreedores podrán iniciar ejecuciones singulares, en tanto no se acuerde la reapertura del concurso o no se declare nuevo concurso. Lo dispuesto en el presente apartado se entiende sin perjuicio de

los que para el deudor persona física se establece en el artículo siguiente.» JUSTIFICACIÓN Con la adición del último inciso en el apartado 2 del artículo 178 y la inclusión del nuevo artículo 178 bis, se pretende introducir un régimen de exoneración para aquellos concursados personas físicas honestos, en relación con las deudas que no hubieran sido satisfechas con el producto de la liquidación concursal. Se trata, pues, de procurar a estos deudores honestos una segunda oportunidad, un fresh start, como ocurre en otros ordenamientos: Así en la regulación estadounidense, en la belga de 1997 y, muy especialmente, en los 286 a 303 de la Insolvenzordnung alemana.
ENMIENDA NÚM. 561 PRIMER FIRMANTE: Grupo Parlamentario Catalán (Convergència i Unió) Enmienda que presenta el Grupo Parlamentario Catalán (Convergència i Unió) al Proyecto de Ley Concursal a los efectos de adicionar un nuevo artículo 178. Redacción que se propone: «Artículo 178 bis. Exoneración de deudas residuales del deudor persona física. 1. En los casos de conclusión del concurso por insuficiencia de bienes y derechos del deudor persona física, éste podrá solicitar que se le exonere de las deudas que no hayan sido satisfechas con el producto de la liquidación, siempre que concurran los siguientes presupuestos: 1.o La sentencia de calificación haya declarado el concurso como fortuito. 2.o El deudor se comprometa a ceder al administrador judicial designado por el Juez el importe de los salarios, sueldos, pensiones, retribuciones o sus equivalentes embargables según lo dispuesto en el artículo 607 de la Ley de Enjuiciamiento Civil durante un período de cinco años, contado desde la clausura del concurso. 3.o El deudor haya solicitado esta exoneración de las deudas residuales antes de la conclusión de la fase común del concurso. 2. El Juez de concurso decidirá mediante auto sobre la petición del deudor, previa audiencia de los acreedores y de la administración judicial. Si el Juez concede al deudor la exoneración de las deudas residuales, designará al Administrador judicial a quien el deudor ha de realizar los pagos para la satisfacción de los acreedores concursales, fijará la remuneración del Administrador y su régimen de actuación. 3. Los efectos de la exoneración se extienden a todos los acreedores concursales. Sin embargo, a solicitud del Administrador judicial o de cualquier acreedor concursal, el Juez de concurso revocará la exoneración de deudas residuales cuando el deudor incumpliere el compromiso de cesión, o cuando durante dicho período hubiere sido condenado en sentencia firme por delito contra el patrimonio, contra el orden socioeconómico, falsedad documental, contra la Hacienda Pública, la Seguridad Social o contra los derechos de los trabajadores.»

La Defensora del Pueblo en las conclusiones de su Estudio sobre Crisis económica e insolvencia personal: actuaciones y propuestas[42], en el epígrafe 6. *Conclusión y nueva recomendación, señaló:*

> ***Se trata de instaurar una segunda oportunidad para todas aquellas personas que se han visto inmersas en una situación económica no prevista ni deseada.*** *De la misma manera que el concurso de acreedores procura la continuidad de las empresas,* ***el procedimiento de insolvencia personal ha de ofrecer viabilidad para la liberación de las deudas con el mínimo perjuicio para todas las partes y no solo de deudores en insolvencia leve.*** *El deudor pagará de forma ordenada atendiendo sus mínimos vitales, salvaguardando su dignidad y eludiendo su exclusión social y marginación hasta quedar definitivamente exonerado con un límite temporal* (la negrilla aparece en el original).

Se ocupo también de esta materia, entre otros varios, el Informe del CGPJ de 2012, rotulado Medidas de agilización y reforma procesal de los procesos civiles. Anexo: Propuestas en materia de sobreendeudamiento familiar y medidas de protección del deudor frente a las consecuencias de la ejecución hipotecaria[43].

Asimismo, en la reunión anual de jueces decanos de España, celebrada en Valencia del 1 al 3 de diciembre de 2014 propusieron afrontar en nuestro país, como sucedía en otros de nuestro entorno, una regulación en materia de segunda oportunidad que permitiera modular el principio de responsabilidad patrimonial universal del artículo 1911 del CC en relación con la insolvencia de las personas físicas[44].

Los informes y dictámenes publicados fueron acompañados de alguna resolución judicial que en situaciones particulares permitieron a concretos sujetos liberarse de sus obligaciones de pago, como el conocido AJM núm. 3 de Barcelona de 26 de octubre de 2010

---

42 Defensordelpueblo.es/wp-content/uploads/2015/05/2013-11-crisis_economica_e_insolvencia_personal. Última revisión 25/01/2021.

43 https//www.icam.es//docs/observatorio/obs_27804.pdf.

44 www.poderjudicial. Es/cgpj/es/Poder-Judicial/En-portada/conclusiones-de-la-XXIV-Reunión-nacional-de-jueces-decanos-de-españa.

dictado en el concurso voluntario 671/2007 (EDJ 2010/290931) en el cual se acordó la exoneración a los concursados del pasivo restante no satisfecho en la fase de liquidación, bastante antes de que se regulara la exoneración del pasivo insatisfecho en nuestro ordenamiento[45] y el AAP de Navarra de 17 de diciembre de 2010, núm. 111/2010, rec. 74/2010 (EDJ 2010/297286).

El clima resultante de cuanto antecede propició que esta figura fuera introducida en nuestro ordenamiento en el año 2013 por la LE, en cuya EM (II) se afirma que:

> *La reforma incluye una regulación suficiente de la exoneración de deudas residuales en los casos de liquidación del patrimonio del deudor que, declarado en concurso, directo o consecutivo, no hubiere sido declarado culpable de la insolvencia, y siempre que quede un umbral mínimo del pasivo satisfecho.*

Así, atendiendo a las circunstancias señaladas en la EM, el art. 21.5, 2º de dicha Ley modificó sustancialmente el art. 178.2 de la LC, el cual quedo redactado de la forma siguiente:

> *La resolución judicial que declare la conclusión del concurso del deudor persona natural por liquidación de la masa activa* ***declarará la remisión de las deudas insatisfechas****, siempre que el concurso no hubiera sido declarado culpable ni condenado por el delito previsto por el artículo 260 del Código Penal o por cualquier otro delito singularmente relacionado con el concurso y que hayan sido*

---

45 En relación con la resolución judicial señalada puede verse: GÓRRIZ LÓPEZ, Carlos, "La extinción de los créditos concursales no satisfechos durante el concurso (AJM 3 Barcelona 26.10.2010)", ADCo, núm. 26, 2012. pág. 475 y sigs.; RUBIO VICENTE, Pedro J., "La exoneración del pasivo, entre la realidad judicial y el mito legislativo: a propósito del Auto del Juzgado Mercantil núm. 3 de Barcelona, de 26 de octubre de 2010, sobre conclusión del concurso y extinción de deudas (asunto 671/2007- C 4, concurso sección 1a)", RcP, La Ley, núm. 14/2011, pág. 229 y sigs.; JIMÉNEZ PARÍS, Teresa, "El fresh start o nueva oportunidad para el deudor sobreendeudado de buena fe. A propósito del Auto del Juzgado de lo Mercantil núm. 3 de Barcelona, de 26 de octubre de 2010", Rev. Critica de Derecho Inmobiliario, núm. 729, 2012, págs. 516 y s

satisfechos en su integridad los créditos contra la masa, y los créditos concursales privilegiados y, al menos, el 25 por ciento del importe de los créditos concursales ordinarios. Si el deudor hubiere intentado sin éxito el acuerdo extrajudicial de pagos, podrá obtener la remisión de los créditos restantes si hubieran sido satisfechos los créditos contra la masa y todos los créditos concursales privilegiados (la negrilla es nuestra).

Se ha destacado por la doctrina[46] como esta normativa de la segunda oportunidad tuvo un efecto práctico nulo por el ámbito de aplicación tan reducido que tenía y la cantidad de pasivo insatisfecho que debía abonarse previamente a la exoneración.

En el mismo sentido debe entenderse la Recomendación de la Comisión Europea de 12 de marzo de 2014, sobre un nuevo enfoque frente a la insolvencia y el fracaso empresarial[47], la cual afirmó en su primer considerando, que:

... la (r)ecomendación también se propone ofrecer una segunda oportunidad a los empresarios honrados incursos en procesos de insolvencia en toda la Unión. Asimismo, apostilla en el último Considerando que se deben adoptar medidas para reducir los efectos negativos de la insolvencia para los empresarios, mediante disposiciones que prevean la plena condonación de deudas después de cierto plazo máximo.

Y en el cuerpo de la citada Recomendación, en sus apartados 30 y 31, se articuló la proposición referida a la plena condonación de deudas del concursado, en el siguiente sentido:

30. Los efectos negativos de la insolvencia para los empresarios deberían limitarse a fin de darles una segunda oportunidad. A los empresarios se les deberían condonar totalmente las deudas incursas en la insolvencia en un plazo máximo de tres (3) *años a partir de:*

a) en el caso de un procedimiento que concluya con la liquidación de los activos del deudor, la fecha en que el órgano

---

46 ORRICO, "La nueva segunda oportunidad regulada por la Ley 16/2022, de 5 de septiembre", *ob. cit.*, pág. 232.

47 https://eur-lex.europa.eu/legal-content/ES/TXT/?uri=celex%3A32014H0135.

> *jurisdiccional decidió, previa petición, iniciar el procedimiento de insolvencia;*
>
> *b) en el caso de un procedimiento que incluya un plan de reembolso, la fecha en que se inició la aplicación del plan de reembolso;*
>
> *31. Al expirar el periodo de condonación, a los empresarios se les deberían condonar de sus deudas sin necesidad, en principio, de volver a recurrir a un órgano jurisdiccional.*
>
> *Aunque es cierto que la recomendación admitía que la regulación nacional permitiera negar este beneficio al deudor de mala fe, así como excluir algunas categorías de deuda cuando señala:*
>
> *33. Los Estados miembros pueden excluir algunas categorías específicas de deuda, como las derivadas de la responsabilidad delictual, de la regla de la condonación total.*

En febrero de 2015 en nuestro ordenamiento se promulgo el RDSO, cuyo art. 1.1.2, ratificado posteriormente por la LSO, introdujo en la LC un nuevo art. 178 bis, intitulado *Beneficio de la exoneración del pasivo insatisfecho,* más amplio que el anterior regulado por la LE, el cual constituye el precedente inmediato de la actual legislación de la materia, conforme a cuya redacción:

> *1. El deudor persona natural podrá obtener el beneficio de la exoneración del pasivo insatisfecho en los términos establecidos en este artículo, una vez concluido el concurso por liquidación o por insuficiencia de la masa activa.*
>
> *2. El deudor deberá presentar su solicitud de exoneración del pasivo insatisfecho ante el juez del concurso dentro del plazo de audiencia que se le haya conferido de conformidad con lo establecido en el artículo 152.3.*
>
> *3. Solo se admitirá la solicitud de exoneración del pasivo insatisfecho a los deudores de buena fe. Se entenderá que concurre buena fe en el deudor siempre que se cumplan los siguientes requisitos:*
>
> *1.º Que el concurso no haya sido declarado culpable. No obstante, si el concurso hubiera sido declarado culpable por aplicación del artículo 165.1.1.º el juez podrá no obstante conceder el beneficio atendidas las circunstancias y siempre que no se apreciare dolo o culpa grave del deudor.*
>
> *2.º Que el deudor no haya sido condenado en sentencia firme por delitos contra el patrimonio, contra el orden socioeconómico, de falsedad documental, contra la Hacienda Pública y la Se-*

guridad Social o contra los derechos de los trabajadores en los 10 años anteriores a la declaración de concurso. Si existiera un proceso penal pendiente, el juez del concurso deberá suspender su decisión respecto a la exoneración del pasivo hasta que exista sentencia penal firme.

3.º Que, reuniendo los requisitos establecidos en el artículo 231, haya celebrado o, al menos, intentado celebrar un acuerdo extrajudicial de pagos.

4.º Que haya satisfecho en su integridad los créditos contra la masa y los créditos concursales privilegiados y, si no hubiera intentado un acuerdo extrajudicial de pagos previo, al menos, el 25 por ciento del importe de los créditos concursales ordinarios.

5.º Que, alternativamente al número anterior:

i) Acepte someterse al plan de pagos previsto en el apartado 6.

ii) No haya incumplido las obligaciones de colaboración establecidas en el artículo 42.

iii) No haya obtenido este beneficio dentro de los diez últimos años.

iv) No haya rechazado dentro de los cuatro años anteriores a la declaración de concurso una oferta de empleo adecuada a su capacidad.

v) Acepte de forma expresa, en la solicitud de exoneración del pasivo insatisfecho, que la obtención de este beneficio se hará constar en la sección especial del Registro Público Concursal por un plazo de cinco años. Únicamente tendrán acceso a esta sección las personas que tengan interés legítimo en averiguar la situación del deudor, entendiéndose en todo caso que tienen interés quienes realicen una oferta en firme al deudor ya sea de crédito o de cualquier otra entrega de bienes o prestación de servicios, que tenga que ser remunerada o devuelta por éste y que esté condicionada a su solvencia, así como las Administraciones Públicas y órganos jurisdiccionales habilitados legalmente para recabar la información necesaria para el ejercicio de sus funciones. La apreciación de dicho interés se realizará por quién esté a cargo del Registro Público Concursal.

4. De la solicitud del deudor se dará traslado por el Secretario Judicial a la Administración concursal y a los acreedores personados por un plazo de cinco días para que aleguen cuanto estimen oportuno en relación a la concesión del beneficio.

Si la Administración concursal y los acreedores personados muestran su conformidad a la petición del deudor o no se oponen a la misma, el juez del concurso concederá, con carácter provisional, el beneficio de la exoneración del pasivo insatisfecho en la resolución, declarando la conclusión del concurso por fin de la fase de liquidación.

La oposición solo podrá fundarse en la inobservancia de alguno o algunos de los requisitos del apartado 3 y se le dará el trámite del incidente concursal. No podrá dictarse auto de conclusión del concurso hasta que gane firmeza la resolución que recaiga en el incidente reconociendo o denegando el beneficio.

5. El beneficio de la exoneración del pasivo insatisfecho concedido a los deudores previstos en el número 5.° del apartado 3 se extenderá a la parte insatisfecha de los siguientes créditos:

1.° Los créditos ordinarios y subordinados pendientes a la fecha de conclusión del concurso, aunque no hubieran sido comunicados, y exceptuando los créditos de derecho público y por alimentos.

2.° Respecto a los créditos enumerados en el artículo 90.1, la parte de los mismos que no haya podido satisfacerse con la ejecución de la garantía quedará exonerada salvo que quedara incluida, según su naturaleza, en alguna categoría distinta a la de crédito ordinario o subordinado.

Los acreedores cuyos créditos se extingan no podrán iniciar ningún tipo de acción dirigida frente al deudor para el cobro de los mismos.

Quedan a salvo los derechos de los acreedores frente a los obligados solidariamente con el concursado y frente a sus fiadores o avalistas, quienes no podrán invocar el beneficio de exoneración del pasivo insatisfecho obtenido por el concursado ni subrogarse por el pago posterior a la liquidación en los derechos que el acreedor tuviese contra aquél, salvo que se revocase la exoneración concedida.

Si el concursado tuviere un régimen económico matrimonial de gananciales u otro de comunidad y no se hubiere procedido a la liquidación de dicho régimen, el beneficio de la exoneración del pasivo insatisfecho se extenderá al cónyuge del concursado, aunque no hubiera sido declarado su propio concurso, respecto de las deudas anteriores a la declaración de concurso de las que debiera responder el patrimonio común.

6. Las deudas que no queden exoneradas conforme a lo dispuesto en el apartado anterior, deberán ser satisfechas por el concursado dentro de los cinco años siguientes a la conclusión del concurso, salvo que tuvieran un vencimiento posterior. Durante los cinco años siguientes a la conclusión del concurso las deudas pendientes no podrán devengar interés.

A tal efecto, el deudor deberá presentar una propuesta de plan de pagos que, oídas las partes por plazo de 10 días, será aprobado por el juez en los términos en que hubiera sido presentado o con las modificaciones que estime oportunas.

Respecto a los créditos de derecho público, la tramitación de las solicitudes de aplazamiento o fraccionamiento se regirá por lo dispuesto en su normativa específica.

7. Cualquier acreedor concursal estará legitimado para solicitar del juez del concurso la revocación del beneficio de exoneración del pasivo insatisfecho cuando durante los cinco años siguientes a su concesión se constatase la existencia de ingresos, bienes o derechos del deudor ocultados. Se exceptúan de esta previsión los bienes inembargables conforme a lo dispuesto en los artículos 605 y 606 de la Ley 1/2000, de 7 de enero, de Enjuiciamiento Civil.

También podrá solicitarse la revocación si durante el plazo fijado para el cumplimiento del plan de pagos:

a) Incurriese en alguna de las circunstancias que conforme a lo establecido en el apartado 3 hubiera impedido la concesión del beneficio de la exoneración del pasivo insatisfecho.

b) En su caso, incumpliese la obligación de pago de las deudas no exoneradas conforme a lo dispuesto en el plan de pagos, o.

c) Mejorase sustancialmente la situación económica del deudor por causa de herencia, legado o donación; o juego de suerte, envite o azar, de manera que pudiera pagar todas las deudas pendientes sin detrimento de sus obligaciones de alimentos.

La solicitud se tramitará conforme a lo establecido en la Ley de Enjuiciamiento Civil para el juicio verbal. En caso de que el juez acuerde la revocación del beneficio, los acreedores recuperan la plenitud de sus acciones frente al deudor para hacer efectivos los créditos no satisfechos a la conclusión del concurso.

8. Transcurrido el plazo fijado para el cumplimiento del plan de pagos sin que se haya revocado el beneficio, el juez del concurso, a petición del deudor concursado, dictará auto reconociendo con carácter definitivo la exoneración del pasivo insatisfecho en el concurso.

También podrá, atendiendo a las circunstancias del caso y previa audiencia de los acreedores, declarar la exoneración definitiva del

> *pasivo insatisfecho del deudor que no hubiese cumplido en su integridad el plan de pagos pero hubiese destinado a su cumplimiento, al menos, la mitad de los ingresos percibidos durante el plazo de cinco años desde la concesión provisional del beneficio que no tuviesen la consideración de inembargables o la cuarta parte de dichos ingresos cuando concurriesen en el deudor las circunstancias previstas en el artículo 3.1, letras a) y b), del Real Decreto-ley 6/2012, de 9 de marzo, de medidas urgentes de protección de deudores hipotecarios sin recursos, respecto a los ingresos de la unidad familiar y circunstancias familiares de especial vulnerabilidad.*
>
> *A los efectos de este artículo, se entiende por ingresos inembargables los previstos en el artículo 1 del Real Decreto-ley 8/2011, de 1 de julio, de medidas de apoyo a los deudores hipotecarios, de control del gasto público y cancelación de deudas con empresas y autónomos contraídas por las entidades locales, de fomento de la actividad empresarial e impulso de la rehabilitación y de simplificación administrativa.*
>
> *Contra dicha resolución, que se publicará en el Registro Público Concursal, no cabrá recurso alguno. No obstante, la exoneración definitiva podrá revocarse cuando concurra la causa prevista en el párrafo primero del apartado anterior.*

El régimen recogido en esta norma, a diferencia de la actual regulación, configuraba el BEPI como un beneficio, es decir, la obtención de éste era excepcional y la regla era que el deudor respondía *ex* art. 1911 del CC[48]. Se supeditaba la exoneración al abono de un umbral de pasivo mínimo objetivo, al margen de la situación del deudor que debía abonar el pasivo no exonerable bien de manera inmediata o bien a través de un plan de pagos el cual estaba integrado por el pasivo no exonerable.

En la EM del citado RDSO se explica de forma esclarecedora la necesidad de la introducción de esta nueva regulación de la exoneración del pasivo insatisfecho señalada, afirmando:

> *La segunda es que todavía existen muchos españoles que siguen padeciendo los efectos de la recesión. Y es misión de los poderes*

---

48 CUENA CASAS, art. 486, ComLC, PULGAR EZQUERRA dir., 3ª ed., *ob. cit.*, pág. 260.

públicos no cejar nunca en el empeño de ofrecer las mejores soluciones posibles a todos los ciudadanos, a través de las oportunas reformas encaminadas al bien común, a la seguridad jurídica y, en definitiva, a la justicia.

En este ámbito se enmarca de manera muy especial la llamada legislación sobre segunda oportunidad. Su objetivo no es otro que permitir lo que tan expresivamente describe su denominación: el que una persona física, a pesar de un fracaso económico empresarial o personal, tenga la posibilidad de encarrilar nuevamente su vida e incluso de arriesgarse a nuevas iniciativas, sin tener que arrastrar indefinidamente una losa de deuda que nunca podrá satisfacer.

La experiencia ha demostrado que cuando no existen mecanismos de segunda oportunidad se producen desincentivos claros a acometer nuevas actividades e incluso a permanecer en el circuito regular de la economía. Ello no favorece obviamente al propio deudor, pero tampoco a los acreedores ya sean públicos o privados. Al contrario, los mecanismos de segunda oportunidad son desincentivadores de la economía sumergida y favorecedores de una cultura empresarial que siempre redundará en beneficio del empleo.

A esta finalidad responde la primera parte de este real decreto-ley, por el cual se regulan diversos mecanismos de mejora del Acuerdo Extrajudicial de Pagos introducido en nuestra legislación concursal por la Ley 14/2013, de 27 de septiembre, de apoyo a los emprendedores y su internacionalización, y se introduce un mecanismo efectivo de segunda oportunidad para las personas físicas destinado a modular el rigor de la aplicación del artículo 1911 del Código civil.

Continua el legislador en el texto citado señalando que:

... conviene explicar brevemente cuáles son los principios inspiradores de la regulación introducida a este respecto, comenzando por poner de manifiesto como las sociedades de capital puedan *liquidarse y disolverse (o morir en sentido metafórico), extinguiéndose las deudas que resultaren impagadas tras la liquidación, y sin que sus promotores o socios tengan que hacer frente a las eventuales deudas pendientes una vez liquidado todo el activo,*

Y añadiendo seguidamente que:

Pero la limitación de responsabilidad es una limitación de responsabilidad de los socios, que no de la sociedad, la cual habrá de responder de sus deudas con todo su patrimonio presente y futuro.

> *La cuestión que se plantea entonces es el fundamento último para el diferente régimen de responsabilidad que se produce cuando una persona natural decide acometer una actividad empresarial a través de una persona jurídica interpuesta y cuando esa misma persona natural contrae obligaciones de forma directa. Si en el primer caso podrá beneficiarse de una limitación de responsabilidad, en el segundo quedará sujeta al principio de responsabilidad patrimonial universal recogido en el artículo 1911 del Código Civil.*
>
> *Además, muchas situaciones de insolvencia son debidas a factores que escapan del control del deudor de buena fe, planteándose entonces el fundamento ético de que el ordenamiento jurídico no ofrezca salidas razonables a este tipo de deudores que, por una alteración totalmente sobrevenida e imprevista de sus circunstancias, no pueden cumplir los compromisos contraídos. No puede olvidarse con ello que cualquier consideración ética a este respecto debe cohonestarse siempre con la legítima protección que el ordenamiento jurídico debe ofrecer a los derechos del acreedor, así como con una premisa que aparece como difícilmente discutible: el deudor que cumple siempre debe ser de mejor condición que el que no lo hace.*

Recuerda a continuación la EM precitada los antecedentes y el contexto legislativo de este precepto, mencionando los derogados arts. 1919 y 1920 del CC, así como la doctrina de MANRESA sobre esta cuestión, y lo que a este respecto establecía la Ley de Partidas de Alfonso X el Sabio, para concluir manifestando:

> *La segunda oportunidad que recoge este real decreto-ley responde obviamente a una técnica legislativa más moderna, pero se inspira de unos principios ya presentes, como se acaba de demostrar, en nuestro derecho histórico. Siempre debe constituir un motivo de confianza en las normas legales el que sus principios inspiradores no obedezcan a una improvisación, sino antes bien al resultado de muchos años o incluso siglos de reflexión sobre la materia. Es preciso que el legislador huya siempre de toda tentación demagógica que a la larga pueda volverse en contra de aquellos a quienes pretende beneficiar. Para que la economía crezca es preciso que fluya el crédito y que el marco jurídico aplicable dé confianza a los deudores; pero sin minar la de los acreedores, pues en tal caso se produciría precisamente el efecto contrario al pretendido: el retraimiento del crédito o, al menos, su encarecimiento.*
>
> *Por ello, el mecanismo de segunda oportunidad diseñado por este real decreto-ley establece los controles y garantías necesarios para*

> *evitar insolvencias estratégicas o facilitar daciones en pago selectivas. Se trata de permitir que aquél que lo ha perdido todo por haber liquidado la totalidad de su patrimonio en beneficio de sus acreedores, pueda verse liberado de la mayor parte de las deudas pendientes tras la referida liquidación. Y se trata igualmente de cuantificar la mejora de fortuna que, eventualmente, permitirá revocar dicho beneficio por las razones de justicia hacia los acreedores que tan acertadamente expusieron autores como Manresa.*
>
> *Con ello se alcanza el debido equilibrio y la necesaria justicia que debe inspirar cualquier norma jurídica.*

Más recientemente, con posterioridad a la reforma de 2015 de la LC, la Directiva (UE) 2019/1023 del Parlamento Europeo y del Consejo sobre acuerdos marcos de reestructuración preventiva y exoneración de deudas[49] prevé en su art. 20, anteriormente reproducido, el acceso a la exoneración, remarcando el objetivo de la plena exoneración del deudor. Y en el apartado 2, como se ha señalado precedentemente, permite que en algún Estado la plena exoneración de deudas se supedite a un reembolso parcial, pero garantizándose que esta obligación se base en la situación del empresario, y sea proporcionada a los activos y la renta embargables o disponibles durante el plazo de exoneración, y tenga en cuenta el interés de los acreedores.

A continuación, tras la promulgación del Real Decreto legislativo 1/2020, de 5 de mayo, por el que se aprueba el texto refundido de la Ley Concursal, cuya redacción parte de la Propuesta confeccionada por la Ponencia especial designada dentro de la Sección de Derecho Mercantil de la CGC, se ocupó de regular el BEPI el cap. II, titulado *Del beneficio de la exoneración del pasivo insatisfecho*, compuesto por los arts. 486 a 502, ambos inclusive del tít. X, del lib. I, del citado cuerpo legal.

Desde el punto de vista de la ordenación sistemática del referido Capítulo del TRLC, como explica la MAIN[50]:

---

[49] https://eur-lex.europa.eu/legal-content/ES/TXT/?uri=CELEX%3A32019L1023, 25/12/2020.

[50] En su página 66.

> *... [l]a regulación contenida en este capítulo II, se divide en tres secciones. La primera se dedica al ámbito de aplicación, resolviendo qué deudor y en qué fase se puede solicitar la exoneración. En la sección segunda se establece un régimen que se ha considerado "general" que es aquel en el que el deudor abona un umbral de pasivo mínimo por contar con la liquidez suficiente para llevarlo a cabo. En la sección tercera se regula el "régimen especial de exoneración cuando el deudor se sujeta a un plan de pagos". Se concluye con la sección cuarta, dedicada a los efectos comunes de la exoneración que tienen lugar para todo deudor, se acoja a un plan de pagos o no.*

De otra parte, sobre la cuestión que ahora nos ocupa, señaló el Informe confeccionado por el CGPJ sobre el Proyecto de Real Decreto Legislativo por el que se aprueba el texto refundido de la Ley Concursal[51] (462) como:

> *Por lo que respecta a su contenido, sigue razonando la MAIN (página 66) que: "Se ha desdoblado el vigente artículo 178 bis de la Ley Concursal en 16 artículos. El artículo 178 bis de la Ley Concursal parte de un principio fundamental y es que se supedita la exoneración del pasivo exonerable al abono del no exonerable. Este planteamiento se mantiene en el texto refundido por lo que el sistema sigue siendo igual de restrictivo que el establecido en el artículo 178 bis de la Ley Concursal. El abono del pasivo no exonerable puede llevarse a cabo de forma inmediata, o bien mediante la asunción de un plan de pagos. Estos son las dos modalidades de obtención de la exoneración que actualmente contempla el artículo 178 bis de la Ley Concursal. La primera vía fue ya implantada en el artículo 178.2 en la redacción dada por la Ley 14/2013, de apoyo a los emprendedores y su internacionalización de 27 de septiembre (LE). Fue el Real Decreto 1/2015 de 27 de febrero, y posteriormente la Ley 25/2015 de 28 de julio, de mecanismo de segunda oportunidad, reducción de carga financiera y otras medidas de orden social, la que adicionó la posibilidad de abonar el pasivo no exonerable a través de un plan de pagos que duraría 5 años. Este iter legislativo ha justificado que en el texto refundido se*

---

51 https://www.poderjudicial.es/cgpj/es/Poder-Judicial/Consejo-General-del-Poder-Judicial/Actividad-del-CGPJ/Informes/Informe-sobre-el-proyecto-de-Real-Decreto-Legislativo-por-el-que-se-aprueba-el-Texto-Refundido-de-la-Ley-Concursal.

haya optado por considerar que el régimen general es precisamente aquel que instauró inicialmente la Ley de Emprendedores, en el que el deudor debe abonar un umbral de pasivo mínimo."

4.2. La última reforma introducida por la LRTRLC

Como afirma en su Preámbulo (I) la reciente LRTRLC:

> *... configura un procedimiento de segunda oportunidad más eficaz, ampliando la relación de deudas exonerables e introduciendo la posibilidad de exoneración sin liquidación previa del patrimonio del deudor y con un plan de pagos, permitiendo así que este conserve su vivienda habitual y sus activos empresariales*, introduciendo con ello un cambio notable en la regulación del EPI; en realidad, como también se afirma en el mismo Preámbulo (IV): *Dentro de los cambios introducidos en el libro primero destacan los que tienen que ver con la exoneración del pasivo insatisfecho, institución que prescinde del sustantivo «beneficio» en su propia definición.*

Para justificar la necesidad de los cambios tan significativos que la LRTRLC introduce en la regulación de la EPI con la finalidad de dotarla de una mayor eficacia, convirtiendo en un derecho lo que era un beneficio, suprimiendo la necesidad de pago de un umbral mínimo de deuda y de la liquidación previa del patrimonio del deudor y ampliando la relación de deudas que pueden ser exoneradas, el legislador concursal en el Preámbulo (IV) de aquella afirma:

> *La recuperación del concursado para la vida económica, tras el fracaso que el concurso supone, permite al deudor volver a emprender reincorporándose con éxito a la actividad productiva, probablemente sacando enseñanza de la crisis sufrida, en beneficio de la sociedad en general e incluso de los propios acreedores que tampoco obtendrían satisfacción a la legítima pretensión de cobro en ausencia de un expediente como el de la exoneración si el deudor, como la experiencia reiteradamente ha demostrado, se mantenía en situaciones de economía sumergida.*
>
> *Los beneficios macroeconómicos de la «segunda oportunidad» han sido enfatizados en reiterados estudios de organismos económicos internacionales, como el Fondo Monetario Internacional o el*

> *Banco Mundial. Del mismo modo, un número creciente de legislaciones acogen ya la figura del fresh start, incorporado a nuestro derecho por primera vez mediante la Ley 25/2015, de 28 de julio, de mecanismo de segunda oportunidad, reducción de la carga financiera y otras medidas de orden social.*
>
> *Pero las estadísticas demuestran que en España se ha hecho un escaso uso de la exoneración del pasivo insatisfecho si se compara con lo que sucede en otros Estados de la Unión Europea. La explicación de esa menor incidencia en la práctica de este instituto en nuestro país ha de buscarse, quizá, en dos desajustes básicos que presenta la normativa vigente: por una parte, la modalidad básica de exoneración presupone* ***el pago de un umbral mínimo de deuda****, que se fija normativamente sin ninguna consideración de las circunstancias personales y patrimoniales del deudor. Por otra parte, el modelo hasta ahora vigente de exoneración del pasivo insatisfecho tiene como base o presupuesto la* ***previa liquidación del patrimonio del deudor****, lo cual resulta ilógico respecto del deudor que aspira a mantener una parte de sus bienes —precisamente aquellos que le permitirían desarrollar la actividad empresarial o profesional de la que resultarán esas rentas o ingresos futuros. Resulta indispensable superar esta limitación de nuestro sistema de exoneración, de modo que el deudor pueda optar entre una exoneración inmediata con previa liquidación de su patrimonio y una exoneración mediante plan de pagos, en la que destine sus rentas e ingresos futuros durante un plazo a la satisfacción de sus deudas, quedando exonerada la parte que finalmente no atienda y sin necesaria realización previa de todos sus bienes o derechos.*
>
> *La Directiva 2019/1023 obliga a todos los Estados miembros al establecimiento de un mecanismo de segunda oportunidad para evitar que los deudores se vean tentados a deslocalizarse a otros países que ya acojan estos institutos, con el coste que esto supondría tanto para el deudor como para sus acreedores. Al tiempo, la homogeneización en este punto se considera imprescindible para el funcionamiento del mercado único europeo* (la negrita es nuestra).

Como se ha señalado en la doctrina[52], el cambio quizá más radical respecto a nuestro Derecho anterior estriba en que se pasa de

---

52 AZOFRA VEGAS, Fernando, "La exoneración del pasivo insatisfecho tras la transposición de la Directiva 2019/1023", Revista General de Insolvencias&Reestauraciones: Journal og Insolvency &Restructuring,

un sistema en el cual la EPI estaba condicionada a la satisfacción de un determinado tipo de deudas (las deudas contra la masa y privilegiadas, e incluso un porcentaje de las ordinarias si el deudor no había intentado un AEP previamente al concurso, *ex.* art. 487.2 TRLC anterior a la Ley 16/2022), a un novedoso sistema de exoneración por mérito que abre la posibilidad de exoneración de todo tipo de deudas, salvo las declaradas no exonerables por la ley, con tal de que se satisfaga un estricto estándar de la buena fe en que se asienta el instituto de la EPI. De esta forma la norma se aproxima al modelo de los países nórdicos, imponiendo una mayor rigurosidad en torno al requisito de la buena fe, evitando la moral *Hazard* o riesgo moral, unido a una extensión del concepto de deuda exonerable, alejándose con todo ello del modelo americano.

Se ha afirmado por algún autor[53] que los principales cambios introducidos en la regulación del EPI con respecto a la precedente por la LRTRLC son: i) el paso de beneficio de exoneración a derecho de exoneración; ii) el cambio de modelo basado en la capacidad de pago por un sistema de mérito; y iii) la no necesidad de la previa liquidación del patrimonio del deudor, de los cuales nos ocuparemos más adelante, en el lugar adecuado. A lo anterior, habría de añadirse la nueva regulación de la exoneración del crédito público, la cual hay que decir resulta bastante cicatera.

Tras la reforma señalada, la regulación actual de la institución de la EPI la encontramos en el cap. II, rotulado *De la exoneración del pasivo insatisfecho*, integrado por los arts. 486 a 502, ambos inclusive, del tít. XI, del lib. I del TRLC, redactados de nuevo por la LRTRLC, el cual se divide en tres secciones, subdivididas a su vez en diversas subsecciones, a cuyo análisis habremos de dedicar el resto de este capítulo.

---

núm. extra-7, 2022, (Ejemplar dedicado a: Reforma del Texto refundido de la Ley Concursal para la transposición de la Directiva (UE) 2019/1023), pág. 284.

53 ORRICO, "La nueva segunda oportunidad regulada por la Ley 16/2022, de 5 de septiembre", *ob. cit.*, págs. 236 y sigs.

Se ha destacado por quien, además de su condición de estudioso de la materia, como juez de lo mercantil, tiene también que resolver sobre su aplicación en la práctica[54], como una de las principales novedades de la nueva regulación es que la EPI deja de ser una excepción al principio de responsabilidad patrimonial universal y pasa a convertirse en un derecho del deudor. Este cambio de orientación es pródigo en consecuencias prácticas y es una imposición de la Directiva sobre reestructuración e insolvencia, por virtud de la cual todo empresario debe tener acceso a un procedimiento que pueda desembocar en la plena exoneración de sus deudas.

Así lo señaló también el Informe del CGPJ sobre el Anteproyecto de la LRTRLC[55] al afirmar:

> ...
>
> *248.— El prelegisador ha optado por prescindir del sustantivo "beneficio" en el enunciado del capítulo, en consonancia con la Directiva, que parte de considerar la exoneración de deudas como un derecho del deudor, bajo determinadas condiciones, orientado a lograr su recuperación para la vida económica tras el fracaso que le ha abocado a la vía concursal. No obstante, esté derecho no desplaza el principio de responsabilidad patrimonial universal previsto en el artículo 484 TRLC —que no se prevé modificar— y con carácter general en el artículo 1911 CC, por lo que, en realidad, la exoneración de deudas constituye una medida subsidiaria prevista para el deudor insolvente que no puede hacer frente al pago de todas sus deudas.*

Como hemos señalado anteriormente, tras la última reforma, el cap. II del tít. XI, del lib. I del TRLC, que se ocupa de regular

---

54 SENENT MARTÍNEZ, *La exoneración del pasivo insatisfecho del deudor concursado persona natural, ob. cit.*, pág. 529; CUENA CASAS, art. 486, ComLC, PULGAR EZQUERRA dir., 3ª edición, ob. cit., tomo 2º, pág. 262.

55 https://www.poderjudicial.es/cgpj/es/Poder-Judicial/Consejo-General-del-Poder-Judicial/Actividad-del-CGPJ/Informes/Informe-sobre-el-Anteproyecto-de-Ley-de-reforma-del-texto-refundido-de-la-Ley-Concursal–aprobado-por-el-Real-Decreto-Legislativo-1-2020–de-5-de-mayo.

la exoneración del pasivo insatisfecho, se estructura en las tres diferentes secciones siguientes:

- La 1ª, contiene un único art. 486, que regula el ámbito de aplicación del mecanismo de segunda oportunidad;
- La 2ª, compuesta por los arts. 487 a 494, versa sobre los elementos comunes de la exoneración, y se estructura en 5 subsecciones, referidas, respectivamente: a la excepción y a la prohibición de la exoneración, a la extensión de la exoneración, a los efectos de la exoneración, a la revocación de la exoneración y a los efectos del pago por terceros de la deuda no exonerable o no exonerada; y
- La 3ª, relativa a las modalidades de la exoneración, se subdivide en 2 subsecciones, referidas, respectivamente, a la exoneración con plan de pagos y a la exoneración tras la liquidación de la masa activa. A continuación, analizaremos cada una de ellas.

Se ocupa de indicar varias de las modificaciones introducidas por la LRTRL en materia de la exoneración, el reciente AJM núm. 1°, de La Coruña de 14 de noviembre de 2023, rec. 348/2023 (EDJ 2023/787702), en su FD 6°, cuando afirma:

> *En cuanto a la extensión de la exoneración, con la reforma operada por la Ley 16/2022, el acceso a la exoneración no queda supeditado al pago de un umbral de pasivo mínimo, lo que constituye una diferencia fundamental respecto de la regulación en el Derecho previgente.*
>
> *El sart. 489 TRLC proclama que la exoneración se extenderá a la totalidad de las deudas insatisfechas, salvo las específicamente enumeradas en este precepto. Nos encontramos ante deudas que se elevan a la condición de pasivo no exonerable, con independencia de cuál sea su naturaleza y clasificación crediticia dentro del concurso.*
>
> *Ello permite a los titulares de estos créditos ejercitar acciones contra el deudor y promover la ejecución judicial o extrajudicial, por lo que no se verán afectados, en ningún caso, por la concesión de la exoneración (art. 490 TRLC). Dado que el art. 489 TRLC se ubica en la sección dedicada a los elementos comunes de la exo-*

neración, debe quedar claro que se aplica cualquiera que sea la vía de acceso utilizada por el deudor. De hecho, durante el plazo de cumplimiento del plan de pagos, si el deudor hubiera optado por esta modalidad, los titulares de deuda no exonerable pueden ejercitar acciones declarativas y de ejecución, aunque el art. 499.2 TRLC atribuye la competencia para su conocimiento al juez del concurso.

Por el contrario, las deudas que comparten la naturaleza de pasivo exonerable —que son todas las que no encajan en alguna de las categorías del art. 489— quedarán extinguidas (rectius, devendrán inexigibles), por razón de la exoneración. Y, en el caso de exoneración mediante plan de pagos, esta se extenderá a la parte del pasivo exonerable que, conforme al plan, vaya a quedar insatisfecha.

La LRTRLC vino acompañada por la reforma operada por la Ley Orgánica 7/2022, de 27 de julio, de modificación de la Ley Orgánica 6/1985, de 1 de julio, del Poder Judicial, la cual **devolvió a los juzgados de lo mercantil la competencia sobre los concursos de los consumidores**, toda vez que la experiencia de su gestión por los juzgados de primera instancia no había resultado satisfactoria.

Esta reforma atiende, además, a lo señalado en el art. 25 de la Directiva, cuando exige que:

Sin perjuicio de la independencia judicial y de la diversidad de la organización del poder judicial en el territorio de la Unión, los Estados miembros garantizarán que: a) los miembros de las autoridades judiciales y administrativas que se ocupen de los procedimientos de reestructuración, insolvencia y exoneración de deudas reciban una formación adecuada y tengan los conocimientos especializados necesarios para el ejercicio de sus funciones, y b) los procedimientos de reestructuración, insolvencia y exoneración de deudas se tramiten de forma eficiente, a los fines de una tramitación rápida de los procedimientos.

5. ÁMBITO DE APLICACIÓN

Desde la promulgación del TRLC se ocupó de la regulación legal, primero del BEPI y en la actualidad de la EPI, el cap. II, en el cual se agrupan los arts. 486 a 502, ambos inclusive, del tít. XI, del lib. I, el cual comienza con una sec. 1ª, rotulada *Del ámbito de aplicación*, compuesta exclusivamente por el art. 486, intitulado de forma similar, que dio nueva redacción a lo establecido hasta entonces en el art. 178 bis. 1 de la LC, pasando a disponer:

> *Si la causa de conclusión del concurso fuera la finalización de la fase de liquidación de la masa activa o la insuficiencia de esa masa para satisfacer los créditos contra la masa, el deudor persona natural podrá solicitar el beneficio de la exoneración del pasivo insatisfecho.*

El citado art. 486 de la redacción inicial del TRLC, reproducido en el párrafo precedente, fue a continuación reformado por el art. único. 130 de la LRTRLC, cuyo tenor suprimió el párrafo en que se reflejaba que la exoneración podía ser solicitada tras la conclusión del concurso, bien por liquidación bien por insuficiencia de masa, pasando a disponer hasta la actualidad:

> *El deudor persona natural, sea o no empresario, podrá solicitar la exoneración del pasivo insatisfecho en los términos y condiciones establecidos en esta ley, siempre que sea deudor de buena fe:*
>
> *1.º Con* ***sujeción a un plan de pagos*** *sin previa liquidación de la masa activa, conforme al régimen de exoneración contemplado en la subsección 1.ª de la sección 3.ª siguiente; o*
>
> *2.º Con* ***liquidación de la masa activa*** *sujetándose en este caso la exoneración al régimen previsto en la subsección 2.ª de la sección 3.ª siguiente si la causa de conclusión del concurso fuera la finalización de la fase de liquidación de la masa activa o la insuficiencia de esa masa para satisfacer los créditos contra la masa (la negrilla es nuestra).*

Así pues, el nuevo art. 486 del TRLC, tras la reforma introducida por el art único. 130 de la LRTRLC, después de delimitar el presupuesto subjetivo del EPI, deja claro que es posible obtener la exoneración del pasivo insatisfecho bien con sujeción a un plan de pagos, sin previa liquidación de la masa activa, bien con liquidación de la masa activa.

En el precepto reproducido se alude a que el deudor de buena fe *podrá solicitar* la exoneración, lo que en sí mismo implica un reconocimiento de que todo deudor persona natural puede solicitar la exoneración. No se trata, en cualquier caso, de un derecho de carácter absoluto, sino que el ejercicio de su derecho viene limitado porque debe producirse, como se establece en el mismo artículo, *en los términos y condiciones establecidos en esta ley*. Y esos términos, vienen definidos de forma negativa en el art. 487, puesto que se establece qué deudores personas naturales no *podrán obtener* la exoneración[56].

En efecto, pese a que el objetivo de política jurídica es concebir el EPI como un derecho del deudor persona natural de buena fe, hay algunos aspectos que obstaculizan su ejercicio real, los cuales comentaremos más adelante, en el lugar adecuado, así, se endurecen los requisitos de acceso, se añaden nuevos criterios subjetivos para la desestimación por el juez de la exoneración, se incluyen, también, nuevas posibilidades de revocación, así como de reducción de la extensión de los efectos.

Al regular el ámbito de aplicación de este instrumento el legislador ha optado, en línea con la Recomendación de 12 de marzo de 2014 de la UE sobre un nuevo enfoque frente a la insolvencia y el fracaso empresarial[57], de los organismos internacionales y de la propia Directiva en el Considerando 21[58] y el art. 1.4, por mantener la extensión de la exoneración a toda persona natural, sea o no empresario, y con independencia del origen empresarial o no de la deuda, lo que se ha valorado positivamente por la doctrina. Así, se orilla la dificultad de determinar la naturaleza de la deuda y se evita incurrir en discriminaciones injustificadas.

---

56 FERNÁNDEZ PEREZ, Nuria, "La exoneración del pasivo insatisfecho tras la Ley 16/2022, de 5 de septiembre", ADCo, núm. 58, enero de 2023, pág. 53.

57 https://www.boe.es/doue/2014/074/L00065-00070.pdf.

58 Al final el Considerando 21 señala:
... aunque la presente Directiva no incluye normas vinculantes en materia de sobreendeudamiento de los consumidores, conviene recomendar a los Estados miembros que apliquen también a los consumidores, en el plazo más breve posible, las disposiciones de la presente Directiva en materia de exoneración de deudas.

Al mismo tiempo, al no separar el pasivo doméstico del empresarial, se da cumplimiento a lo dispuesto en el art. 24.1 de la Directiva, que impone un procedimiento único de exoneración de deudas.

El legislador español ha optado por considerar a las personas físicas como únicas destinatarias de la regulación del EPI, sin establecer discriminación alguna entre ellas. El precepto reproducido, como ya establecía en su redacción anterior a la reciente reforma, comienza imponiendo como primer requisito para que el deudor insolvente pueda solicitar del juez del concurso el otorgamiento del EPI que el concursado debe ser una persona natural, con independencia de que sea o no empresario, no siendo aplicable en ningún caso a las jurídicas.

Sin embargo, hay que señalar que el EPI no resulta necesario para las personas jurídicas, las cuales, tras la liquidación concursal o la constatación de la insuficiencia de bienes para atender al pago del coste del procedimiento, se extinguen y desaparecen como sujeto de derecho, dejando insatisfecho el pasivo pendiente.

Cualquier deudor persona natural, sea o no empresario, podrá solicitar la exoneración del pasivo insatisfecho, como destaca el Preámbulo (IV) de la LRTRLC cuando afirma:

> *Se mantiene la opción, ya acogida por el legislador español en 2015, de conceder la exoneración a cualquier deudor persona natural de buena fe, sea o no empresario.* Añadiendo que, *Aunque la Directiva no lo impone, sí aconseja, y de hecho se ha optado, por mantener la regulación de la exoneración también para el caso de personas naturales cuyas deudas no provengan de actividades empresariales (consumidores).*

Esta aclaración de que el EPI puede concederse tanto a los empresarios como a los que no lo son no se contenía en la norma anterior a la reforma, lo cual no impedía su aplicación en la práctica a todos ellos.

La nueva redacción del art. 486 del TRLC introdujo un párrafo en el que se condiciona la solicitud de la exoneración a que ésta se produzca *en los términos y condiciones establecidos en esta ley, siempre que sea deudor* ***de buena fe*** (la negrita es nuestra), lo que no implica ninguna novedad.

La EPI supone un sacrificio del derecho de crédito de los acreedores, por ello hay que evitar la generación de incentivos al incumplimiento de las obligaciones. En consecuencia, la exoneración ha sido destinada desde sus orígenes a proteger al deudor honesto pero desafortunado (*honest bat unfortunate debut*), el cual deviene insolvente por circunstancias que no puede controlar[59], imprevisibles o que siéndolo, resultan inevitables.

Sin embargo, se menciona[60] como en la Directiva sobre reestructuración e insolvencia se prescinde del concepto de deudor de buena fe y solo se indica que los empresarios insolventes tendrán acceso al menos a un procedimiento que pueda desembocar en la plena exoneración de deudas de conformidad con la presente Directiva. Añadiendo que el cambio es relevante porque lo que antes se concebía como un beneficio podría considerarse un derecho a partir de entonces y el tratamiento que deba darse al deudor de mala fe debe encuadrarse en el ámbito de las excepciones que se contemplan en el art. 23 de la Directiva.

La Directiva sobre reestructuración e insolvencia opta por un concepto valorativo de buena fe, no configurándola como requisito para obtener la exoneración, sino como una excepción recogida en su art. 23.1.

El precepto exige que el deudor sea de buena fe, sin embargo, no se define en parte alguna del articulado del TRLC qué debe entenderse por tal a estos efectos, ni resulta aplicable en este ámbito el concepto del art. 7 del CC[61].

---

59 CUENA CASAS, art. 486, ComLC, PULGAR EZQUERRA dir., 3ª edición, *ob. cit.*, págs. 266 y sig.

60 SENENT MARTÍNEZ, *La exoneración del pasivo insatisfecho del deudor concursado persona natural, ob. cit.*, pág. 529.

61 SANCHO GARGALLO, Ignacio, "El requisito de la buena fe para obtener la exoneración del pasivo insatisfecho", Revista General de Insol-

En este sentido se pronunciaron, también, entre otras, las SSTS, civil, de 13 de marzo de 2019, núm. 150/2019 (EDJ 2019/536559) y civil pleno de 2 de julio de 2019, núm. 381/2019 (EDJ 2019/639018), la cual en su FD 2º expone:

> *Por lo tanto, la referencia legal a que el deudor sea de buena fe no se vincula al concepto general del art. 7.1 CC, sino al cumplimiento de los requisitos enumerados en el apartado 3 del art. 178 LC. La naturaleza de estos requisitos es heterogénea.*

En relación con la buena fe requerida por el art. 178 bis de la LC —en la actualidad art. 487 del TRLC—, FERNÁNDEZ SEIJO[62] señaló como la normativa concursal configura un concepto de buena fe que no coincide con el concepto de buena fe que inspira otras instituciones civiles o mercantiles.

En la normativa concursal la buena fe no se presume y obliga al deudor a acreditar determinadas circunstancias respecto del origen de su solvencia y su comportamiento, obligándole al mismo tiempo a cumplir con determinadas condiciones u objetivos.

Es el comportamiento honesto y adecuado el que hace merecedor al deudor de la EPI y su control puede realizarse de diferentes maneras. De este modo, cabe optar por un sistema normativo en el que en la Ley se establezca un listado de hechos impeditivos para la obtención de la exoneración, como resultaba del art. 178 bis de la LC que al definir el concepto de buena fe señalaba los requisitos para acceder al BEPI; o por un modelo valorativo en el cual la buena fe constituye un requisito necesario para la obtención del EPI, sujeto a apreciación judicial en base a unos criterios objetivos.

El Considerando 79 de la Directiva dice que:

> *Al determinar si un deudor fue deshonesto, las autoridades judiciales o administrativas pueden tener en cuenta circunstancias como*

---

vencias & Reestructuraciones: Journal of Insolvency & Restructuring, núm. 5, 2022, págs. 31-46.

62 FERNÁNDEZ SEIJO, José María, *La reestructuración de las deudas en la Ley de segunda oportunidad*, Ed. Bosch, Barcelona, 2015, págs. 205 y sigs.

> *las siguientes: la naturaleza y el importe de la deuda; el momento en que se ha contraído la deuda; los esfuerzos realizados por el empresario para abonar la deuda y cumplir con las obligaciones legales, incluidos los requisitos para la concesión de licencias públicas y la exigencia de llevar una contabilidad correcta; las actuaciones, por parte del empresario, para frustrar las pretensiones de los acreedores; el cumplimiento de las obligaciones en caso de insolvencia inminente que incumben a los empresarios que sean administradores sociales de una sociedad; el cumplimiento de la normativa de la Unión y nacional en materia de competencia y en materia laboral. También deben poder establecerse tales excepciones cuando el empresario no haya cumplido determinadas obligaciones jurídicas, incluida la obligación de maximizar los rendimientos para los acreedores, que podría adoptar la forma de una obligación general de generar ingresos o activos. Asimismo, deben poder establecerse excepciones específicas cuando sea necesario garantizar el equilibrio entre los derechos del deudor y los derechos de uno o varios acreedores, por ejemplo, cuando el acreedor sea una persona física que necesita más protección que el deudor.*

Antes de que tuviera lugar la última reforma, FERNÁNDEZ PÉREZ[63] consideró que el concepto de la buena fe es un concepto jurídico normativo, con el cual se elimina la inseguridad jurídica pero también queda excluida la discrecionalidad judicial.

Para CUENA CASAS[64] cabría entender que el concepto de buena fe se deduce a contrario de las excepciones previstas en el art. 478 del TRLC y, desde este punto de vista se puede decir que se mantiene un concepto normativo. Sin embargo, el citado precepto en su núm. 1.6 introduce un concepto valorativo de buena fe en línea con el sugerido en la Directiva sobre reestructuración e insolvencia. Concluyendo, que se puede considerar que el modelo de valoración de la conducta del deudor en el Derecho español tras la reforma es un modelo mixto, normativo y valorativo.

La exoneración está vinculada a la insolvencia del deudor de buena fe. La nueva redacción del art. 486 del TRLC mantiene

---

63 FERNÁNDEZ PÉREZ, La exoneración del pasivo insatisfecho tras la Ley 16/2022, de 5 de septiembre", ob. cit., pág. 55.

64 art. 486, ComLC, PULGAR EZQUERRA dir., 3ª edición, *ob. cit.*, pág. 274.

este requisito el cual delimita subjetivamente este instrumento y, si bien no define a estos efectos qué debe entenderse por deudor de buena fe, no deja de construir este concepto bajo un modelo normativo, no valorativo.

Como hemos indicado, la Directiva abre el paso a un sistema valorativo para apreciar la buena fe del deudor, apreciación que podrá ayudarse de determinados parámetros de conducta, tal y como aparecen recogidos en el Considerando núm. 79 reproducido precedentemente.

No solo se mantiene un modelo normativo para determinar la buena fe del deudor, sino que este concepto se restringe aún más, pues a los casos establecidos en el anterior art 487 —que el concurso no haya sido declarado culpable y que el deudor no haya sido condenado en sentencia firme por determinados delitos en los diez años anteriores a la declaración del concurso— se unen ahora otros supuestos los cuales, como demostrativos de la ausencia de buena fe, operan como excepción a la exoneración en el citado art. 487 del nuevo TRLC.

Como señala el Informe del CGPJ sobre el Anteproyecto de la LRTRLC:

> ...
>
> *253.— Ciertamente, la construcción normativa de la buena fe evita los riesgos de la inconcreción vinculados a un modelo valorativo. En esa misma línea se sitúa la eliminación del requisito consistente en que el deudor no haya rechazado una oferta de empleo en los cuatro años anteriores a la declaración de concurso (artículo 493.1º TRLC), que presentaba contornos subjetivos de muy difícil valoración. Y, como se ha visto, la Directiva no impone un modelo concreto de determinación de la buena fe; ni siquiera impone un modelo de carga de la prueba de este requisito, pues solo exige que en aquellos ordenamientos en los que no se establezca una presunción de buena fe y honestidad del deudor la carga de la prueba de estas no debe dificultar innecesariamente el procedimiento ni hacerlo costoso [Considerando (78)].*

A diferencia de lo que sucedía antes de la reforma, donde el deudor debía acreditar la concurrencia del presupuesto subjetivo de la buena fe, conforme al art. 489.2 del TRLC, en la nueva redacción de este cuerpo legal, se parte de la buena fe del deudor insolvente, pues las conductas con arreglo a las cuales no cabrá apreciarla, es decir, las demostrativas de la ausencia de buena fe, operan como excepción a la obtención de la exoneración.

Por tanto, corresponderá a los acreedores demostrar su concurrencia, sin que el deudor tenga que acreditar el hecho contrario al supuesto contemplado más que, en su caso, en la medida en que sea necesario para desvirtuar el hecho o la circunstancia enervante de la buena fe alegada por los acreedores.

Se ocupa de analizar detalladamente la nueva regulación de la exigencia de buena fe del deudor necesaria para obtener la EPI y su acreditación, tras la reforma del TRLC, la reciente SAP de Zaragoza, sec. 5ª, de 5 de junio de 2024, núm. 422/2024, rec. 62/2024 (EDJ 2024/667348) la cual en su FD 4º, establece:

> *El art. 486 restringe la concesión de la exoneración del pasivo a los deudores de buena fe.*
>
> *El art. 487 titulado "excepción" expresa que no podrá obtener la exoneración del pasivo insatisfecho el deudor que se encuentre en alguna de las circunstancias siguientes (entre ellas):*
>
> *"5.º Cuando haya incumplido los deberes de colaboración y de información respecto del juez del concurso y de la administración concursal.*
>
> *6.º Cuando haya proporcionado información falsa o engañosa o se haya comportado de forma temeraria o negligente al tiempo de contraer endeudamiento o de evacuar sus obligaciones, incluso sin que ello haya merecido sentencia de calificación del concurso como culpable."*
>
> *Existe la opinión doctrinal más fundada de que el legislador ha recogido diversas influencias para llegar a un modelo mixto, a mitad de camino entre el modelo de mercado propio del mundo anglosajón y del de rehabilitación propio de modelo continental, incluso con rasgos propios del modelo de merecimiento en el que existe la imposición de determinadas exigencias que el juez puede valorar para conceder o denegar la exoneración. De otra parte, en cuanto a la configuración del presupuesto subjetivo de la buena fe, la doctrina está conforme en que, de un concepto normativo, en el que la buena fe venía dada por el cumplimiento de los requisitos legales*

—concepto normativo de la buena fe consolidado en la jurisprudencia conforme a las STS de Pleno nº 150/2019, de 13 de marzo, 381/2019, de 2 de julio, y 383/2020, de 1 de julio—, se ha pasado en la nueva regulación a un modelo mixto. El juez no solo verifica que se da la buena fe constituida por la falta de concurrencia de alguna de las circunstancias del art. 487 del TRLCon, sino que algunas de ellas, singularmente la del número 1. 6º, aunque también la del 1. 5º de dicho precepto, establecen el deber del juez de realizar valoraciones sobre la conducta personal pasada del deudor que han determinado su insolvencia inminente o actual. Además, para esta valoración, le impone realizarla tomando como referencias determinadas circunstancias que tienen un componente sumamente indeterminado —por ejemplo, nivel social o profesional del deudor, circunstancias personales del sobreendeudamiento— y que puedan determinar que el endeudamiento pudiera ser considerado como realizado en forma temeraria o negligente, bien al tiempo de contraer sus obligaciones, bien al tiempo de evacuarlas.

En esta causa, endeudamiento temerario o negligente, no se limita el juez a valorar la concurrencia de un hecho, condena penal, sentencia firme de calificación, existencia de previas sanciones administrativas, ... sino que se le impone al juez del concurso la decisión sobre conceptos con una fuerte carga valorativa, sobreendeudamiento de forma temeraria o negligente, sobre la base de unas genéricas directrices generales. Lo mismo sucede con la causa del nº 1.5 del art. 487 TRLCon, el cumplimiento de la obligación de colaboración o información.

La determinación de este concepto de buena fe, que parece alejarse en estos extremos de su carácter normativo, llevará al juez a valorar la información facilitada. y tal valoración no se limitará a constatar unos requisitos de matiz objetivo, sino a la valoración de la conducta seguida con criterios de reproche culpabilísimo, negligencia, culpa consciente o dolo.

En conclusión, frente a un concepto normativo de la buena fe recogido a partir de la Ley 25/2015, de 28 de julio, de mecanismo de segunda oportunidad, reducción de la carga financiera y otras medidas de orden social, el concepto de buena fe introducido por la Ley 16/2022 es mixto, en cuanto impone un concepto normativo, pero también introduce importantes elementos valorativos que permiten examinar la conducta del deudor y asimilarla, al menos parcialmente, con la conducta impuesta con arreglo al art. 1258 CC, esto es, le obligan a contraer obligaciones y cumplirlas con arreglo a las reglas de la buena fe, bajo la admonición de que, caso de insolvencia posterior, no podrán acceder ante la falta de este presupuesto a la exoneración de su pasivo.

Estas consideraciones de derecho material permiten inducir a la doctrina a la opinión de que la regulación establece inicialmente la existencia de una presunción de buena fe en la conducta del deudor con referencia a su endeudamiento —art. 486 TRLCon—, que solo puede ser desvirtuada mediante la acreditación de alguna de las circunstancias expresamente previstas en el art. 487.1. La mayor parte de ellas consisten en la aportación al proceso concursal para obtener el EPI de previas declaraciones judiciales de otros órganos: sentencia penal de condena (art. 487.1.1° TRLCon), resoluciones administrativas firmes (art. 487.1, 2°) o concursales (art. 487.1.3° y 4° TRLCon). Estas causas enervan la presunción de buena fe del precepto anterior sin mucha capacidad —casi nula— de valoración por parte del juez del concurso.

Así lo entendió también el CGPJ en su Informe Jurídico sobre el anteproyecto, en el que advertía (párrafo 254) que:

"a diferencia, de lo que sucede en el Derecho vigente, donde el deudor debe acreditar la concurrencia del presupuesto subjetivo de la buena fe (artículo 489.2 TRLC), en el anteproyecto se parte de la buena fe del deudor insolvente, pues las conductas con arreglo a las cuales no cabrá apreciarla —es decir, las demostrativas de la ausencia de buena fe— operan como excepción a la obtención de la exoneración. Por tanto, corresponderá a los acreedores acreditar su concurrencia, sin que el deudor tenga que acreditar el hecho contrario al supuesto contemplado más que, en su caso, en la medida en que sea necesario para desvirtuar el hecho o la circunstancia enervante de la buena fe alegada por los acreedores".

Sin embargo, la falta de colaboración e información al juez del concurso (art. 487.1. 5° del TRLCon- y, en mayor medida, el suministro de información falsa o engañosa o el denominado endeudamiento temerario (arts. 487. 1.6° del TRLCon exigen al juez un esfuerzo valorativo del material aportado en el proceso para determinar su concurrencia.

Frente a la presunción de existencia de buena fe en el actuar del concurso habrá de aportarse material probatorio al mismo que la desvirtué. Singularmente en las dos últimas causas referidas, que aproximan el sistema español a los denominados —sistemas de merecimiento— en los que el deudor ha de acreditar que se hace merecedor de la exoneración por haber observado una conducta de buena fe en su actuar, especialmente al tiempo de la concesión del crédito, pero también para el cumplimiento del mismo.

Resulta evidente que serán los acreedores, a la vista de la concesión del crédito y el modo en que el mismo se ha ido cumpliendo en cuanto a su devolución, los que primariamente y con arreglo al principio de facilitad, deberán aportar la prueba, singularmente la documental, que acredite el sobreendeudamiento y/o el incumplimiento temerario o negligente de las obligaciones del deudor.

Al margen de esta vía, para obtener material probatorio habrá de tenerse en cuenta la imposición al deudor del cumplimiento de determinados requisitos de orden documental al tiempo de presentar el concurso —art. 7 TRLCon—, al tiempo de la solicitud del EPI —arts. 495.1 y 501.3 TRLCon— así, como ante eventuales peticiones de subsanación de que puede realizar el juez del concurso —art. 11 TRLCon—. y cumplimiento de los deberes de colaboración e información en todo lo necesario o conveniente para el interés del concurso —art. 135 TRLCon.—.

De conformidad con lo establecido en el art. 487 del TRLCon. no podrá obtener la exoneración del pasivo insatisfecho el deudor que se encuentre en alguna de las circunstancias que expresa el precepto. Ello afecta a la totalidad de las deudas. No cabe interpretar el precepto en el sentido de que concurriendo alguna de las circunstancias que exceptúa la exoneración del pasivo ello afecte a alguna deuda y no a otras.

La no exoneración del art. 487 TRLCon. afectará a todo el pasivo insatisfecho. No cabe estimar al concursado no colaborador; no informador; proporcionador de información falsa o engañosa; temerario o negligente en su endeudamiento respecto a alguna deuda según su naturaleza y no respecto de otras.

Estima la Sala que, desde la nueva regulación del EPI introducida por la Ley 16/2022, los créditos exonerables, a los efectos de la propia exoneración, son una categoría única frente a los inexorables, art. 489.1 del TRLCon. del 1° al 8°. No es válida a estos efectos la clasificación concursal del art. 269 del TRLCon para la fijación de la masa pasiva, que distingue entre privilegiados, ordinarios y subordinados. Por tanto, todos los créditos no inexorables son exonerados en la nueva regulación concursal.

De otra parte, parece conveniente resaltar como la nueva redacción del art. 489. 1° del TRLC, tras la modificación introducida por el art único. 130 de la LRTRLC, ha suprimido la exigencia legal de que se haya concluido el concurso por liquidación o por insuficiencia de la masa activa, que se contenía en la anterior.

Como hemos señalado ya, en los distintos ordenamientos de nuestro entorno legal actualmente vigentes podemos encontrar diferentes sistemas que permiten al deudor común alcanzar la exoneración de sus deudas:

i) El modelo de mercado, propio de los países anglosajones, concede la exoneración inmediata de deudas al deudor de buena fe, sin plan de pagos;

ii) El modelo de responsabilidad o de rehabilitación, que se aplica en Alemania, Austria o Portugal, en el cual se concede provisionalmente el beneficio de la exoneración y tras un periodo de conducta de buena fe se alcanza la exoneración definitiva del pasivo que no haya podido abonar el deudor tras la entrega a un fiduciario de sus ingresos embargables estableciéndose un umbral de pasivo inembargable especifico. Durante un periodo de tiempo el deudor debe intentar pagar sus deudas y las que no logre satisfacer quedan exoneradas; y

iii) El modelo de merecimiento, vigente en Francia y Bélgica, se caracteriza por conceder margen de maniobra al juez para acordar la exoneración de deudas, previo paso por un procedimiento comandado por órganos administrativos.

En su actual redacción el art. 486 del TRLC introduce la determinación de los dos diferentes itinerarios o regímenes, los cuales se regulan posteriormente de forma separada, en sendas subsecciones de la sec. 3ª, del cap. II, del tít. XI, del lib. I, que examinaremos más adelante, a través de los cuales el deudor común puede alcanzar el EPI: (i) con sujeción a un plan de pagos sin previa liquidación de la masa activa; o (ii) con liquidación de la masa activa.

Así lo recoge expresamente el Preámbulo (IV) de la LRTRLC cuando menciona:

> *Se articulan dos modalidades de exoneración: la exoneración con liquidación de la masa activa y la exoneración con plan de pagos. Estas dos modalidades son intercambiables, en el sentido de que el*

deudor que haya obtenido una exoneración provisional con plan de pagos puede en cualquier momento dejarla sin efecto y solicitar la exoneración con liquidación. Con estas dos rutas o itinerarios para la exoneración del pasivo, nuestro derecho se aproxima a otros como el derecho norteamericano, en el que cabe una exoneración inmediata para deudores que carecen de recursos (en el denominado Chapter 7 del Bankruptcy Code) y una exoneración con plan de pagos y sin obligatoria liquidación de la masa activa (en el Chapter 13), el derecho francés (art. L 742-24 del Código de Consumo/Code de la Consommation), o el derecho finlandés (art. 36.1 de la Ley de reestructuración de deudas de la persona natural), en los que el deudor puede obtener una exoneración tras un plan de reembolsos, manteniendo parte de sus bienes.

Si bien la finalidad primaria del concurso es el pago de las deudas de manera paritaria en caso de insolvencia del deudor común, la satisfacción de los acreedores no siempre se puede alcanzar en su integridad, siendo lo más habitual que al final del proceso estos no hayan logrado la satisfacción de la totalidad de sus créditos, sino tan sólo una parte de ellos incluso no resulta extraño que no hayan recibido cantidad alguna. Sin embargo, el deudor puede quedar liberado definitivamente de sus deudas, de modo que el concurso habrá servido a la finalidad de superar la situación de insolvencia.

6. ELEMENTOS COMUNES DE LA EXONERACIÓN

Después de regular el ámbito de aplicación del EPI, se ocupa el legislador de los elementos comunes de la exoneración, a lo cual dedica la sec. 2ª, en la que se contienen los arts. 487 a 494, ambos inclusive, divididos en cinco Subsecciones: *Excepción y prohibición*, *De la extensión de la exoneración*, *De los efectos de la exoneración*, *De la revocación de la exoneración* y *Efectos del pago por terceros de deuda no exonerable o no exonerada*, las cuales analizaremos separadamente a continuación.

Este mecanismo de exoneración ha sido recientemente objeto de una profunda transformación introducida por la LRTRLC, tanto en las condiciones y formas de acceso a la misma, como en los créditos que pueden verse afectados, entre otras modificaciones relevantes.

También en la parte que se refiere a la afectación de la exoneración a los créditos públicos que se encuentren pendientes de pago se ha producido una alteración significativa de la regulación anterior. Así, como veremos, desde la entrada en vigor de las modificaciones contempladas en la citada Ley, es viable una exoneración parcial de los créditos cuya gestión recaudatoria corresponde a la AEAT y a la TGSS, pero muy restrictiva y limitada.

Con la incorporación de nuevos requisitos referidos al ámbito subjetivo de la exoneración del pasivo insatisfecho se restringe el concepto de buena fe y, con ello, el ámbito material y aplicativo de la exoneración de deudas.

6.1. Excepción y prohibición

Con independencia de que el solicitante sea empresario o no, en ambos casos impera el requisito de la buena fe. Pero, con el cambio de planteamiento, no es tanto que el deudor tenga que probar su buena fe, sino que son los acreedores quienes, tras la solicitud del deudor, deben acreditar que éste no cumple con el estándar de buena fe. Antes de la reforma se establecía que era de buena fe el deudor que cumplía con determinados requisitos; ahora ostenta buena fe quien no incurre en alguna de las excepciones contempladas en el art. 487 del TRLC. Se articula la buena fe vía excepción, al igual que la Directiva sobre reestructuración e insolvencia[65].

Con la redacción actual del precepto existe una presunción general de buena fe del deudor común, y **será el acreedor quien tenga que probar lo contrario**. En línea del criterio establecido en Directiva sobre reestructuración e insolvencia de configurar

---

65 ORRICO, "La nueva segunda oportunidad regulada por la Ley 16/2022, de 5 de septiembre", ob. cit., págs. 236 y sigs. y 241 y sig.

la EPI como un derecho, tras la reciente reforma, el art. 487 del TRLC establece hechos impeditivos para la obtención de la exoneración que atañen a la conducta del deudor[66].

La ley presume la buena fe del deudor, siendo los supuestos de hecho enumerados en los arts. 487 y 488 del TRLC los que destruyen esta presunción, teniendo que ser invocadas por los acreedores, como señala el AJM de La Coruña núm. 1°, de 13 de noviembre de 2023, rec. 289/2023 (EDJ 2023/ 787967) en su FD 5° en el cual redacta:

> *Únicamente el deudor honesto es merecedor de la segunda oportunidad. La ley presume la buena fe del deudor insolvente, siendo las conductas enumeradas en aquel precepto las demostrativas, precisamente, de la ausencia de buena fe. Por tanto, habrán de ser los acreedores quienes invoquen su concurrencia, aunque el juez del concurso está obligado a realizar un control y verificación de los presupuestos y requisitos legales de la exoneración.*

En parecidos términos que el anterior se pronuncia respecto de la buena fe necesaria para la solicitud del EPI también el AJM de Santander núm. 2, de 6 de noviembre de 2023, núm. 53/2023 (EDJ 2023/738324) cuando en su FD 2° sostiene:

> *Se plantea la cuestión del alcance del examen de oficio del juez del concurso. La verificación judicial no supone una carga probatoria del deudor de acreditar su "buena fe" (art. 486.1 TRLC), que debe presumirse. Este es el sentido de la nueva regulación en la materia.*
>
> *El deudor no deberá probar que no concurren los supuestos de los art 487 y 488, pero el juez del concurso podrá, a la vista de la documentación aportada y de las "alegaciones" formuladas, no conceder la exoneración. El acceso al EPI se establece no ya como un beneficio, sino como un derecho al que cabe oponer ciertas excepciones, que son las que deberán en su caso probarse por quien esgrima su concurrencia, y hacerlo ante el juez del concurso (art. 487.2 TRLC en relación con el art. 487.1.6 TRLC).*

---

66 CUENA CASAS, Matilde, *Excepción* (art. 487), en Comentario a la Ley Concursal, PULGAR EZQUERRA dir., Ed. La Ley, Las Rozas (Madrid), 3ª edición, 2023, tomo 2°, pág. 281.

> *La regla es por tanto el acceso a la EPI y la buena fe, y la excepción las circunstancias que exceptúan o prohíben ese acceso, cuya acreditación y alegación pasan a descansar fundamentalmente sobre los hombros de los acreedores, sin perjuicio de que de la propia documentación incorporada (o ausente) resulte de modo objetivo la concurrencia de alguna excepción o prohibición, apreciable por el Juez.*

Señala el Preámbulo (I) de la LRTRLC, por su parte, que:

> *... la decisión de convertir el beneficio de la exoneración de las deudas, cuando concurran determinadas circunstancias, en un derecho de la persona natural deudora.*

Como se ha mantenido en la doctrina[67] esta reforma es relevante y mejora el extinto régimen. Anteriormente se requería al deudor solicitante de la exoneración justificar los requisitos de acceso a la misma (art. 489.2 del TRLC), en tanto que al calificarse como beneficio era el deudor quien debía ganarse ese premio de la exoneración; en cambio, al articularse ahora como un derecho del deudor le basta a éste con hacer la solicitud (art. 495 del TRLC), siendo los acreedores quienes al recibir la misma pueden alegar cuento consideren respecto al cumplimiento o no de los presupuestos y requisitos legales para la exoneración (art. 498 del TRLC).

Se trata del mismo régimen para todo deudor, al margen del itinerario que escoja para la exoneración, con lo cual se termina con la discriminación negativa de los deudores en función de su capacidad económica que era lo que sucedía en la regulación derogada en la cual se imponían más exigencias al deudor cuando por carencia de liquidez tenía que acudir al plan de pagos.

En la determinación de los requisitos para poder acceder al EPI que se imponen en la regulación tras la reforma introducida por la LRTRLC, como resultaba obligado, ha influido de modo

---

67 ORRICO, "La nueva segunda oportunidad regulada por la Ley 16/2022, de 5 de septiembre", *ob. cit.*, págs. 236 y sig.; en el mismo sentido: CUENA CASAS y FERNÁNDEZ SEIJO, *La exoneración del pasivo insatisfecho en el concurso de acreedores de persona física*, ob. cit.

significativo la Directiva sobre reestructuración e insolvencia, en la cual se limitan sustancialmente los requisitos para obtenerlo.

De hecho, en la Directiva se prescinde del concepto de deudor de buena fe y solo se requiere que los empresarios insolventes tengan acceso al menos un procedimiento que pueda desembocar en la plena exoneración de deudas de estos. El cambio, se afirma[68], es relevante porque lo que antes se concebía como un beneficio podría considerarse un derecho a partir de entonces y el tratamiento que deba darse al deudor de mala fe debe encuadrarse en el ámbito de las excepciones que se contemplan en el art. 23 de la Directiva. Sin duda, la reforma introducida para la trasposición de la Directiva sobre reestructuración e insolvencia ha resultado de gran trascendencia práctica.

Dentro de la normativa de la UE, se ocupa de regular las excepciones aplicables a la concesión del EPI la Directiva sobre reestructuración e insolvencia en su art. 23, rotulado *Excepciones*, en el cual se establece:

> *1. Como excepción a lo dispuesto en los artículos 20 a 22, los Estados miembros podrán mantener o introducir disposiciones que denieguen o restrinjan el acceso a la exoneración de deudas o revoquen dicha exoneración o que establezcan plazos más largos para la obtención de la plena exoneración de deudas o períodos de inhabilitación más largos cuando el empresario insolvente haya actuado de forma deshonesta o de mala fe, según la normativa nacional, respecto a los acreedores en el momento de endeudarse, durante el procedimiento de insolvencia o durante el pago de la deuda, sin perjuicio de las normas nacionales en materia de carga de la prueba.*
>
> *2. Como excepción a lo dispuesto en los artículos 20 a 22, los Estados miembros podrán mantener o introducir disposiciones que denieguen o restrinjan el acceso a la exoneración de deudas o revoquen una exoneración o que establezcan plazos más largos para la obtención de la plena exoneración de deudas o períodos de inhabilitación más largos en determinadas circunstancias bien*

---

68 SENENT MARTÍNEZ, *Exoneración del pasivo insatisfecho y concurso de acreedores, ob. cit.*, pág. 529.

definidas y siempre que tales excepciones estén debidamente justificadas, como en los casos siguientes:

a) cuando el empresario insolvente haya vulnerado sustancialmente las obligaciones asumidas en virtud de un plan de pagos o cualquier otra obligación jurídica orientada a salvaguardar los intereses de los acreedores, incluida la obligación de maximizar los rendimientos para los acreedores:

b) cuando el empresario insolvente haya incumplido sus obligaciones en materia de información o cooperación con arreglo al Derecho de la Unión y nacional;

c) en caso de solicitudes abusivas de exoneración de deudas;

d) en caso de presentación de una nueva solicitud de exoneración dentro de un determinado plazo a partir del momento en que el empresario insolvente haya obtenido la plena exoneración de deudas o del momento en que se le haya denegado la plena exoneración de deudas debido a una vulneración grave de sus obligaciones de información o cooperación;

e) cuando no esté cubierto el coste del procedimiento conducente a la exoneración de deudas, o

f) cuando sea necesaria una excepción para garantizar el equilibrio entre los derechos del deudor y los derechos de uno o varios acreedores.

3. Como excepción a lo dispuesto en el artículo 21, los Estados miembros podrán prever unos plazos de exoneración más largos en los casos en que:

a) una autoridad judicial o administrativa apruebe u ordene medidas cautelares para salvaguardar la residencia principal del empresario insolvente y, cuando corresponda, de su familia, o los activos esenciales para que el empresario pueda continuar su actividad comercial, industrial, artesanal o profesional, o

b) no se ejecute la vivienda principal del empresario insolvente y, cuando corresponda, de su familia.

Pone de manifiesto esta trasformación de nuestra legislación el Preámbulo (IV) de la LRTRLC indicando como:

Uno de los cambios más drásticos de la nueva normativa es que, en lugar de condicionar la obtención de la exoneración a la satisfacción de un determinado tipo de deudas (como ha venido a recoger el artículo 487.2 del texto refundido de la Ley Concursal), se acoge un sistema de ***exoneración por mérito*** *en el que cualquier deudor, sea o no empresario, siempre que satisfaga el estándar de buena fe en*

> *que se asienta este instituto, puede exonerar todas sus deudas, salvo aquellas que, de forma excepcional y por su especial naturaleza, se consideran legalmente no exonerables.* (La negrita es nuestra).

Y, agrega, a continuación, que:

> *La buena fe del deudor sigue siendo una pieza angular de la exoneración. En línea con las recomendaciones de los organismos internacionales, se establece una delimitación normativa de la buena fe, por referencia a determinadas conductas objetivas que se* ***relacionan taxativamente*** *(numerus clausus), sin apelación a patrones de conducta vagos o sin suficiente concreción, o cuya prueba imponga una carga diabólica al deudor. Se elimina el requisito para poder gozar de la exoneración consistente en que el deudor no haya rechazado oferta de empleo en los cuatro años anteriores a la declaración de concurso. Y también se elimina la obligación de haber celebrado, o haber al menos intentado, un acuerdo extrajudicial de pagos* (la negrita es nuestra).

Como se ha expuesto por una parte de la doctrina[69], constituyendo un objetivo loable, es dudoso que el resultado sea el pretendido, añadiendo unas líneas más adelante, que puede considerarse que el TRLC de 2020 ofrecía un concepto de deudor de buena fe claro frente al régimen actual.

Para la exegesis de la determinación de los hechos impeditivos de la obtención de la exoneración, resulta de capital importancia tener en consideración que, como señala el Preámbulo (IV) de la LRTRLC, en la parte reproducida en el párrafo precedente, la actual regulación del EPI *establece una delimitación normativa de la buena fe, por referencia a determinadas conductas objetivas que se* ***relacionan taxativamente*** *numerus clausus* (la negrilla es nuestra). Es decir, únicamente en los concretos supuestos de hecho que la actual redacción de los arts. 487 y 488 del TRLC prescribe el deudor no podrá alcanzar la EPI y ningún otro puede propiciar tal consecuencia jurídica.

Atendiendo al posicionamiento inscrito en el Preámbulo de la LRTRLC, la primera de las subsecciones en que se divide la sec.

---

69 FERNÁNDEZ PÉREZ, La exoneración del pasivo insatisfecho tras la Ley 16/2022, de 5 de septiembre", *ob. cit.*, pág. 57.

2ª, compuesta por los arts. 487 y 488 del texto refundido, se ocupa de regular las excepciones y prohibiciones.

i) Excepción.

En línea con el criterio establecido en la Directiva sobre reestructuración e insolvencia de configurar el EPI como un derecho, el art. 487 del TRLC establece una relación de hechos impeditivos para la obtención de la exoneración, que atañen a la conducta del deudor. Se trata del mismo régimen para todo deudor, sea o no empresario y al margen del itinerario de exoneración que escoja.

De esta manera se termina con el absurdo de discriminar negativamente a deudores en función de su capacidad económica, como sucedía en la regulación derogada, la cual imponía más exigencias al deudor cuando por falta de liquidez se tenía que acoger a un plan de pagos.

El legislador español ha optado por un modelo que mezcla el concepto normativo de buena fe con el valorativo, pues veremos cómo en algunas de las excepciones previstas en el precepto, el juez tiene un importante margen de maniobra para valorar las circunstancias del endeudamiento del concursado, dando entrada a un criterio valorativo[70].

La opción por configurar un concepto normativo de la buena fe tiene la ventaja de que con la predeterminación objetiva de los supuestos que la excluyen se facilita la labor del juez del concurso. Pero, este efecto beneficioso no se produce en toda su dimensión dado que se mantienen esferas en las que ha de operar la valoración judicial, como en la apreciación de temeridad o negligencia al tiempo de contraer el endeudamiento o de cumplir las obligaciones del deudor, así como al comprobar el incumplimiento por el deudor de sus obligaciones de colaboración e información respecto del juez y la administración concursal.

---

70 CUENA CASAS, art. 487, en ComLC, PULGAR EZQUERRA dir., 3ª edición, tomo 2º, pág. 281.

La actual regulación, a diferencia de la anterior, no configura la buena conducta como requisito, sino la mala como excepción, en consecuencia, la carga de la prueba de los hechos impeditivos les corresponde a quienes se opongan a la concesión. Ello sin perjuicio de que el art. 502 del TRLC dispone que el juez debe verificar de oficio la concurrencia de los requisitos para la obtención del EPI. Se afirma[71] que el deudor no debe probar su buena fe, sino sólo que no concurren las prohibiciones, con lo que no podemos estar de acuerdo ya que es a quienes se oponen a la concesión a los que corresponde acreditar la presencia de éstas. La prueba negativa o prueba diabólica, como también se la denomina, resultaría prácticamente imposible.

El legislador ha prescindido de considerar, en la comprobación del requisito de la buena fe y las excepciones de la exoneración, la conducta del acreedor financiador.

La valoración de la conducta del acreedor a la hora de verificar el requisito de la buena fe del deudor viene exigiéndose desde los organismos internacionales, y se muestra coherente con las obligaciones impuestas por las normas del Derecho de la UE a los financiadores en lo relativo a comprobar la solvencia del deudor

Se ocupa de regular las excepciones a la consecución del EPI el art. 487.1. 1° del TRLC, conforme al cual:

> *No podrá obtener la exoneración del pasivo insatisfecho el deudor que se encuentre en alguna de las circunstancias siguientes:*
>
> *1.° Cuando, en los diez años anteriores a la solicitud de la exoneración, hubiera sido condenado en sentencia firme a penas privativas de libertad, aun suspendidas o sustituidas, por delitos contra el patrimonio y contra el orden socioeconómico, de falsedad documental, contra la Hacienda Pública y la Seguridad Social o contra los derechos de los trabajadores, todos ellos siempre que la pena máxima señalada al delito sea igual o superior a tres años, salvo que en la fecha de presentación de la solicitud de exoneración*

---

71 FERNÁNDEZ PÉREZ, "La exoneración del pasivo insatisfecho tras la Ley 16/2022, de 5 de septiembre", *ob. cit.*, pág. 57.

> *se hubiera extinguido la responsabilidad criminal y se hubiesen satisfecho las responsabilidades pecuniarias derivadas del delito.*

La nueva norma modifica el *dies a quo* o fecha en que da comienzo el computo del plazo de diez años que establece, pasándolo de *la declaración de concurso,* señalado en la norma derogada, a la *solicitud de la exoneración,* actualmente establecido, lo cual parece más adecuado. El *dies ad quem* o último del plazo, será aquel en que ganó firmeza la sentencia condenatoria.

Si bien no resulta obligado, parece conveniente que el deudor aporte una certificación de antecedentes penales con su solicitud, si bien debe tenerse en consideración la regulación de la cancelación de los antecedentes penales[72], pudiendo ocurrir que en la certificación no conste una condena producida dentro del plazo de los diez años que la norma establece.

Los tipos penales que excluyen del derecho a la exoneración son los relacionados con la actuación del deudor en el ámbito patrimonial. Se mantienen los tipos que ya estaban presentes en el art. 487.2 del TRLC anterior a la reforma. Pero en la regulación derogada no se hacía referencia a la pena y ahora el deudor debe haber sido condenado por dichos tipos penales *siempre que la pena máxima señalada al delito sea igual o superior a tres años.*

La norma no ha recogido el supuesto contenido en el Anteproyecto que excluía de la EPI al deudor que hubiera cometido *delitos que llevan aparejada una pena de privación de libertad superior a tres años, sin necesidad de que se trate de tipos penales de especial naturaleza,* atendiendo a las indicaciones del Consejo de Estado en este sentido.

Esta supresión ha sido criticada por alguna autora[73], sin embargo, para otros[74]:

---

72 Art. 133 del Código Penal.

73 CUENA CASAS, art. 487, en ComLC, PULGAR EZQUERRA dir., 3ª edición, *ob. cit.*, tomo 2º, pág. 283.

74 SANCHO GARGALLO, “El requisito de la buena fe para obtener la exoneración del pasivo insatisfecho”, ob. cit., pág. 37.

El legislador debe superar la tentación de emplear este instrumento (la EPI) para pautar conductas que no guarden relación con la acusación y con los comportamientos en situaciones de preinsolvencia o proximidad, posición esta última que nos parece la más acertada.

A diferencia de la regulación anterior, si existe un procedimiento penal en trámite no se suspende la tramitación de la solicitud del EPI hasta que recaiga resolución judicial firme que ponga fin al mismo, sino que se resuelve y en caso de que se estime la petición será susceptible de revocación en los términos que se regulan en la subsección 4ª. Pero, si la sentencia condenatoria del deudor se dicta trascurridos los tres años ya no será posible la revocación, manteniéndose la exoneración.

Esta regulación, se señala[75], puede parecer censurable pero es, a juicio de la autora citada, la más acorde con el objetivo del instituto de la exoneración, la consecución de una segunda oportunidad, pues la excesiva duración, en la práctica, de un proceso penal afecta también al procedimiento de exoneración suspendido hasta la sentencia penal firme, con el riesgo de que la exoneración pierda su razón de ser, en cuanto a su objetivo de obtención de una segunda oportunidad, porque ha transcurrido tanto tiempo que el deudor, por circunstancias personales y económicas, ha perdido toda posibilidad de recuperar un lugar en el mercado.

Sin embargo, consideramos que lo realmente censurable es la excesiva duración de los procedimientos, penales o de cualquier otro tipo, los cuales deberían resolverse con mayor celeridad en evitación de los graves daños a los justiciables que produce tal dilación, no la regulación establecida de esta excepción.

El supuesto de condena por delitos que no sean los relacionados por la norma no impide la concesión del EPI, dado que, al tratarse de una norma desfavorable, es decir, sancionadora o res-

---

75 AHEDO PEÑA, Olga, "La Ley 16/2022 de reforma del texto refundido de la ley concursal como «solución» a los «desajustes» de la exoneración del pasivo insatisfecho", El Derecho, https://elderecho.com/reforma-concursal-como-solucion-desajustes-exoneracion-pasivo-insatisfecho.

trictiva de derechos, la interpretación debe ser siempre restrictiva, mientras que las favorables, las que conceden derechos o beneficios, pueden ser interpretadas de forma extensiva.

Pero, en el caso de que la comisión de dichos delitos dé lugar a la responsabilidad civil que determine la insolvencia del deudor, la conducta tendrá que ser enjuiciada en el ámbito de la cláusula general de culpabilidad del art. 442 del TRLC a los efectos de calificar como culpable el concurso y, en consecuencia, excluir el beneficio de la exoneración por esta causa.

> *2.° Cuando, en los diez años anteriores a la solicitud de la exoneración, hubiera sido sancionado por resolución administrativa firme por infracciones tributarias muy graves, de seguridad social o del orden social, o cuando en el mismo plazo se hubiera dictado acuerdo firme de derivación de responsabilidad, salvo que en la fecha de presentación de la solicitud de exoneración hubiera satisfecho íntegramente su responsabilidad.*
>
> *En el caso de infracciones graves, no podrán obtener la exoneración aquellos deudores que hubiesen sido sancionados por un importe que exceda del cincuenta por ciento de la cuantía susceptible de exoneración por la Agencia Estatal de Administración Tributaria a la que se refiere el artículo 489.1. 5.°, salvo que en la fecha de presentación de la solicitud de exoneración hubieran satisfecho íntegramente su responsabilidad.*

Esta limitación no se contemplaba en la normativa anterior a la reforma, constituyendo una novedad introducida por la LRTRLC, la cual pretende, una vez más, proteger el crédito público, el cual no es exonerable en su mayor parte, como veremos más adelante, en el lugar adecuado.

Por lo que se refiere al cómputo del plazo establecido, la norma señala como *dies a quo* en el cual da comienzo el computo de los diez años fijando, el de la *solicitud de la exoneración* y como *dies ad quem* o último del plazo, aquel en que gane firmeza la *resolución administrativa* sancionadora.

Los requisitos que la norma reproducida establece para que proceda la aplicación de esta excepción a la obtención de la exoneración del pasivo insatisfecho son los siguientes:

i) La sanción por resolución administrativa debe ser firme y, si aún no lo es cuando se solicita la EPI, el proceso puede continuar, pero en caso de que se conceda, es revocable en los términos del art. 493.1.3 del TRLC;

ii) Debe haber sido acordada dentro de los diez años anteriores a la solicitud de la exoneración; y

iii) Habrá de corresponder a infracciones tributarias muy graves, de seguridad social o del orden social, o a un acuerdo firme de derivación de responsabilidad; o a infracciones graves por un importe que exceda del cincuenta por ciento (50%) de la cuantía susceptible de exoneración por la AEAT a la que se refiere el art. 489.1. 5.º del texto refundido[76].

Sin embargo, el propio precepto se ocupa de señalar expresamente que esta excepción no resultara aplicable cuando *en la fecha de presentación de la solicitud de exoneración hubieran satisfecho íntegramente su responsabilidad.*

Para CUENA CASAS[77] ésta es una de las reglas merecedora de una mayor censura pues, a su juicio, es contraria a la norma europea, ya que carece de la justificación requerida por el art. 23 de la Directiva sobre reestructuración e insolvencia.

Supone una doble sanción al deudor porque las sanciones ya son crédito no exonerable conforme al art. 489.1.6 del TRLC. Impedir, afirma, que el deudor no sólo no se exonere de tales sanciones sino de otro pasivo que no tiene nada que ver con las infracciones es una regla desproporcionada que sólo obedece a la voracidad recaudatoria de la AEAT y la Tesorería de la SS.

---

76 De la calificación de las infracciones tributarias se ocupa el art. 184 de la Ley 58/2003, de 17 de diciembre, General Tributaria, conforme al cual:

1. Las infracciones tributarias se calificarán como leves, graves o muy graves de acuerdo con lo dispuesto en cada caso en los artículos 191 a 206 de esta ley.

77 art. 487, en ComLC, PULGAR EZQUERRA dir., 3ª edición, *ob. cit.*, pág. 286.

La afirmación de que esta excepción resulta contraria a la normativa europea resulta contradicha por la doctrina sentada por la STJUE, Sala 2ª, de 11 de abril de 2024 en el sentido de que el catálogo recogido en el art.23.4 es un catálogo no exhaustivo, teniendo la relación que contiene carácter de *numerus apertus.*

Llegados a este punto conviene recordar cómo conforme a la disp. ad 1ª, añadida por el art único. 157 de la LRTRLC:

> *Las referencias que en esta ley se hacen a la Agencia Estatal de Administración Tributaria se entenderán también referidas a las Haciendas Forales de los territorios forales. La extensión de la exoneración contemplada en el numeral 5.º del apartado 1 del artículo 489 será común para todas las deudas por créditos de derecho público que un deudor mantenga en el mismo procedimiento con las Haciendas referidas en el párrafo anterior.*

La SAP de Zaragoza, sec. 5 ª, de 22 de febrero de 2024, núm. 163/2024, rec. 83/2024 (EDJ 2024/566903), impidió el acceso al régimen de la exoneración del pasivo porque se había dictado un acuerdo firme de derivación de responsabilidad con carácter subsidiario frente al concursado.

> *3.º Cuando el concurso haya sido declarado culpable. No obstante, si el concurso hubiera sido declarado culpable exclusivamente por haber incumplido el deudor el deber de solicitar oportunamente la declaración de concurso, el juez podrá atender a las circunstancias en que se hubiera producido el retraso.*

Como sabemos, las causas que llevan al juez de lo mercantil a la calificación del concurso como culpable en la sentencia son las recogidas en los arts. 442 a 444 del TRLC, las cuales no han sido modificadas por la LRTRLC[78].

La no declaración de culpabilidad del concurso constituye un presupuesto básico para la concesión del EPI. Sin embargo, como

---

[78] DÍAZ ECHEGARAY, José Luis, *Calificación del concurso. Doctrina y jurisprudencia,* ob. cit.; *Responsabilidad en el supuesto de concurso de la sociedad, ob. cit.*

se ha destacado[79], no es lo mismo exigir la calificación de concurso fortuito que limitarse a requerir que el concurso no haya sido declarado culpable.

Si la pieza de calificación es la sede de valoración de la conducta del deudor merecedor de la exoneración, ésta debería abrirse siempre[80], lo que, como sabemos, no ocurre en la realidad.

Se cuestiona por algún autor la excepción que la norma establece para el supuesto de incumplimiento del deber de solicitar la declaración de concurso, señalando[81] que no debe olvidarse que la causa de culpabilidad a la que se refiere se trata, con arreglo a lo establecido en el art 444 del TRLC, de una presunción *iuris tantum,* por lo tanto, admite prueba en contrario, debiendo valorarse por el juez en la sentencia de calificación la incidencia que tuvo este hecho en la generación o agravación de la insolvencia.

No tiene sentido esta excepción, pues el mero retraso no determina la calificación de culpabilidad, sólo dará lugar a la calificación culpable cuando el retraso sea doloso o intervenga culpa grave y, además, haya agravado la insolvencia, en cuyo sentido se pronunciaron las SSTS, civil pleno, de 12 de enero de 2015, núm. 772/2014, rec. 473/2013 (EDJ 2015/8258), de 17 de septiembre de 2015, núm. 492/2015, rec. 2072/2013 (EDJ 2015/161344) y de 22 de abril de 2016, núm. 269/2016, rec. 2431/2013 (EDJ 2016/44817) la cual en su FD 5° declaró que la calificación del concurso como culpable requiere la existencia de retraso fraudulento en la solicitud del concurso, que agrave la situación de insolvencia y aumente el déficit patrimonial.

---

79 SALA SANJUNTA, Abel, *La culpabilidad en el concurso del deudor persona natural y la concesión del BEPI culpable*, en La insolvencia del deudor persona natural ante la transposición de la Directiva 2019/1023, GOMEZ ASENSIO (dir.), Ed. Aranzadi, Cizur Menor, 2021, pág. 357.

80 CUENA CASAS, art. 487, en ComLC, PULGAR EZQUERRA dir., 3ª edición, ob. cit., pág. 292.

81 SENENT MARTÍNEZ, *Exoneración del pasivo insatisfecho y concurso de acreedores, ob. cit.*, pág. 533.

Sería un tanto incongruente que, por un lado, este hecho sirviera para calificar el concurso como culpable y, por tanto, constitutivo de dolo o culpa grave del deudor común y, por otro, no se tuviera en cuenta en orden a calificar al mismo deudor como deudor de buena fe a fin de obtener la concesión del EPI.

> *4.º Cuando, en los diez años anteriores a la solicitud de la exoneración, haya sido declarado persona afectada en la sentencia de calificación del concurso de un tercero calificado como culpable, salvo que en la fecha de presentación de la solicitud de exoneración hubiera satisfecho íntegramente su responsabilidad.*

Se trata también de una novedad introducida por la LRTRLC. Esta excepción reviste especial relevancia en el supuesto de los administradores sociales en el concurso de la persona jurídica, los cuales por esta vía pudieran pretender eludir su responsabilidad, lo que les queda vedado tras la inclusión de este precepto.

Como sabemos, la sentencia que califique el concurso como culpable deberá contener la determinación de las personas afectadas por la calificación, así como, en su caso, la de las declaradas cómplices, por exigirlo así el art. 455. 2. 1° del TRLC, conforme a cuyo contenido:

> *En caso de persona jurídica, podrán ser consideradas personas afectadas por la calificación los administradores o liquidadores, de derecho o de hecho, los directores generales y quienes, dentro de los dos años anteriores a la fecha de la declaración de concurso, hubieren tenido cualquiera de estas condiciones.*

Se ha afirmado por una parte de la doctrina[82] que, salvo aquellos casos en los cuales las responsabilidades derivadas al administrador sean las que justifiquen, a su vez, la calificación como culpable de su propio concurso, en el resto, no debería hacer que los administradores fueran excluidos. Sin embargo, hemos

---

82 SANCHO GARGALLO, "El requisito de la buena fe para obtener la exoneración del pasivo insatisfecho", ob. cit., pág. 44; FERNANDEZ PEREZ, La exoneración del pasivo insatisfecho tras la Ley 16/2022, de 5 de septiembre", *ob. cit.*, pág. 61.

de destacar que, por lo general, la insolvencia de los administradores suele ser consecuencia precisamente de la derivación de responsabilidad acordada en el concurso de la sociedad de la que formaban parte.

De nuevo, como quiera que se trata de una norma restrictiva de derechos, en la cual únicamente se hace referencia a los que hayan sido declarados afectados, no resulta posible una interpretación extensiva, por lo que no cabe ensanchar sus efectos a los cómplices señalados en la sentencia de calificación, quienes, al no haber sido mencionados en el precepto, si podrán acceder al EPI.

> *5.° Cuando haya incumplido los deberes de colaboración y de información respecto del juez del concurso y de la administración concursal.*

Esta excepción a la concesión de la exoneración del pasivo insatisfecho pretende incentivar un comportamiento diligente del concursado en su relación con el juzgado y la administración concursal durante la tramitación del procedimiento.

Esta conducta puede dar también lugar a la aplicación de la presunción *iuris tantum* de culpabilidad del concurso prevista en el art. 444. 2 del TRLC para el supuesto de que:

> *Hubieran incumplido el deber de colaboración con el juez del concurso y la administración concursal, no les hubieran facilitado la información necesaria o conveniente para el interés del concurso, o no hubiesen asistido, por sí o por medio de apoderado, a la junta de acreedores, siempre que su participación hubiera sido determinante para la adopción del convenio.*

Ahora bien, a la luz de lo dispuesto en este apartado, puede ser también aplicado de modo autónomo para la exclusión de la concesión del EPI.

De cara a la obtención de la exoneración de deudas, todo incumplimiento de estas obligaciones legales, al margen del reproche culpabilístico, puede provocar la pérdida del beneficio de exoneración de la deuda insatisfecha, si bien, parece que para ello se requiere que el incumplimiento tenga una cierta entidad.

6.º Cuando haya proporcionado información falsa o engañosa o se haya comportado de forma temeraria o negligente al tiempo de contraer endeudamiento o de evacuar sus obligaciones, incluso sin que ello haya merecido sentencia de calificación del concurso como culpable. Para determinar la concurrencia de esta circunstancia el juez deberá valorar:

a) La información patrimonial suministrada por el deudor al acreedor antes de la concesión del préstamo a los efectos de la evaluación de la solvencia patrimonial.

b) El nivel social y profesional del deudor.

c) Las circunstancias personales del sobreendeudamiento.

d) En caso de empresarios, si el deudor utilizó herramientas de alerta temprana puestas a su disposición por las Administraciones Públicas.

Esta última excepción, que abarca la malgama de diferentes supuestos señalados por la norma, también constituye una importante novedad de la reforma introducida por la LRTRLC.

En relación con la inclusión de la referida excepción, conviene recordar que tanto la información falsa, como el comportamiento negligente o temerario, debieron ser analizados en la sentencia de calificación ya que podrían dar lugar a la culpabilidad del concurso. Si se trata de conductas que en la calificación del concurso no se consideraron relevantes, tal vez no debieran privar al deudor de la posibilidad de alcanzar la EPI.

Sin embargo, consideramos que esta posibilidad señalada en el párrafo precedente habrá de resultar especialmente útil en los supuestos en los cuales, por cualquier motivo, no haya llegado a abrirse la fase de calificación del concurso, al permitir la valoración de la conducta del deudor, al margen de aquélla.

Si bien afirmando[83] que el nuevo régimen de exoneración previsto no valora la conducta del concedente del crédito, como sucede en otros ordenamientos jurídicos de nuestro entorno, lo

---

83 ORRICO, "La nueva segunda oportunidad regulada por la Ley 16/2022, de 5 de septiembre ", *ob. cit.*, págs. 263.

cual considera hubiera sido deseable, se aboga por un sistema en el cual se valore la conducta del prestamista y, en caso de que el juez concluya que el comportamiento de éste ha sido irresponsable, y no tanto el del deudor, esa actuación tenga un efecto en el régimen de la exoneración de deudas.

Este posicionamiento nos parece más adecuado en los ejemplos de personas físicas no comerciantes, no, por el contrario, cuando se trate de empresarios, tanto personas físicas como jurídicas, dado que les corresponde un deber de mayor diligencia.

La SAP de Burgos, sec. 3 ª de 16 de junio de 2024, núm. 224/2024, rec. 20/2024 (EDJ 2024/677810), en su FD 3º, al valorar las circunstancias personales del sobreendeudamiento tuvo en consideración que:

Los prestamistas eran en su mayor parte entidades que sabían los recursos con los que el Sr. Rubén contaba para pagar sus deudas, y tenían medios para saber qué otros créditos había solicitado, a pesar de lo cual no dudaron en conceder esa financiación.

ii) Prohibición.

La subsección 1ª, de la sec. 2ª, intitulada *Excepción y prohibición*, del tít. XI, del lib. I del TRLC se cierra con un art. 488, el cual establece una prohibición con un doble contenido.

Dada la gravedad de los efectos del EPI, que da lugar a la extinción de los derechos de crédito afectados por el mismo, parece razonable poner límites temporales a una nueva solicitud, para evitar que se produzcan situaciones de abuso por parte de los deudores.

La Directiva sobre reestructuración e insolvencia recoge entre las posibles excepciones a la exoneración las *solicitudes abusivas de exoneración de deudas*, sin explicitar ningún plazo, dejando así margen a los Estados.

A tales fines, a las excepciones señaladas en el precepto analizado anteriormente, se añade la prohibición establecida en el art. 488 del TRLC, tras la modificación de este por el art único.

130 de la LRTRLC, con la finalidad evitar el uso abusivo de este beneficio, conforme al cual, el deudor para presentar una nueva solicitud de exoneración del pasivo insatisfecho:

i) Tras una exoneración mediante plan de pagos será preciso que hayan transcurrido, al menos, dos años desde la exoneración definitiva. Toda vez que el plazo general de duración del plan de pagos es de tres años, ello implica que el deudor tiene que esperar cinco años desde la aprobación del plan de pagos para poder iniciar un nuevo proceso; y

ii) Después de una exoneración con liquidación de la masa activa será preciso que hayan transcurrido, al menos, cinco años desde la resolución que hubiera concedido la exoneración.

Se ha afirmado por algún autor[84] que la principal novedad que incluye con acierto el art. 488 del TRLC es que se reduce notablemente el plazo en el cual se puede presentar una nueva solicitud de exoneración. La Directiva no impone un periodo de tiempo determinado entre la obtención de la exoneración y la presentación de una nueva solicitud de exoneración de deudas.

No obstante, al articular las excepciones a la exoneración que los Estados miembros podrán incluir en sus ordenamientos, el art. 23.2 contiene un catálogo de ellas, enunciado a título ejemplificativo, entre las cuales se incluyen las solicitudes abusivas de exoneración y la presentación de una nueva solicitud de exoneración dentro de un determinado plazo a partir del momento en que el empresario haya obtenido la plena exoneración o del momento en que se haya denegado debido a una vulneración grave de sus obligaciones de información y cooperación.

Como expone el Preámbulo (IV) de la LRTRLC:

> *Se ha considerado igualmente oportuno reducir el plazo mínimo hasta ahora vigente de diez años que debía mediar entre una so-*

---

84 SANCHO GARGALLO, "El requisito de la buena fe para obtener la exoneración del pasivo insatisfecho", ob. cit., pág. 63.

licitud de exoneración y la exoneración anteriormente concedida al mismo deudor.

Se reducen, en consecuencia, los plazos respecto de la normativa anterior del art. 493 del mismo cuerpo legal que establecía diez años, si bien solo exigible para aquellos que utilizaran la fórmula de plan de pagos.

Se sostiene en la doctrina[85] que esta limitación temporal para presentar una nueva solicitud tiene lugar cuando el deudor efectivamente obtuvo la EPI y, por el contrario, no opera en casos de desestimación de la solicitud, dado que el precepto notoriamente se refiere a supuestos de concesión. Esta conclusión resulta evidente, según se deduce claramente del tenor literal del precepto, así como de la finalidad de la norma.

Para unos autores[86] se entiende que los plazos señalados por la norma se contarán atendiendo a la solicitud de exoneración y no de declaración del concurso, aunque otros[87] sostienen que es desde la obtención de la exoneración.

Asimismo, el precepto dispone en su último numeral que las nuevas solicitudes de EPI no alcanzarán en ningún caso al crédito público. Coincido con quienes consideran que esta norma constituye otro exceso del legislador respecto del blindaje del crédito público[88], ello sin perjuicio de que la Directiva sobre reestructuración e insolvencia lo permita, como viene señalando la jurisprudencia del TJUE[89]. Esta norma no figuraba en el Anteproyecto,

---

85 CUENA CASAS, Matilde, *Prohibición* (art. 488), en Comentario a la Ley Concursal, PULGAR EZQUERRA dir., Ed. La Ley, Las Rozas (Madrid), 3ª edición, 2023, tomo 2º, pág. 301.

86 FERNÁNDEZ PÉREZ, "La exoneración del pasivo insatisfecho tras la Ley 16/2022, de 5 de septiembre", *ob. cit.*, pág. 63.

87 CUENA CASAS, "La exoneración del pasivo insatisfecho", *ob. cit.*, pág. 117.

88 CUENA CASAS, art. 488, en ComLC, PULGAR EZQUERRA dir., 3ª edición, *ob. cit.*, pág. 302.

89 STJUE, Sala 2ª, de 11 de abril de 2024. Puede verse en: https://eur-lex.europa.eu/legal-content/ES/TXT/HTML/?uri=CELEX:62022CJ0687.

apareciendo en el Proyecto de Ley finalmente presentado en el Congreso.

Como analizaremos más adelante, el art. 489.3 del TRLC dispone que el crédito público será exonerable en la cuantía establecida en el párrafo segundo del apartado 1. 5.º, pero únicamente en la primera exoneración del pasivo insatisfecho, no siéndolo importe alguno en las sucesivas exoneraciones que pudiera obtener el mismo deudor.

Los requisitos y prohibiciones señalados hasta aquí se aplican a todos los deudores que pretendan obtener el EPI, con independencia del modo por el que se vaya a acceder al mismo, a diferencia de la regulación anterior en la cual los requisitos diferían según se accediera directamente a la exoneración o a través de un plan de pagos.

En la actualidad se aplican a todos los deudores, para excluir a aquellos cuyo comportamiento merezca reproche y, en consecuencia, desmerezca la concesión del EPI.

6.2. Extensión de la exoneración

Resulta evidente que la eficacia del régimen de la segunda oportunidad dependerá en gran medida de la amplitud del pasivo del deudor exonerable, es decir, de la determinación de la extensión de las deudas que habrán de resultar finalmente exoneradas. Un sistema restrictivo, que limite excesivamente los créditos afectados por la exoneración, dificultará la recuperación del deudor.

La Directiva sobre reestructuración e insolvencia configura la exoneración como un derecho del deudor, por lo cual los hechos impeditivos tienen que estar justificados y habrán de ser interpretados restrictivamente.

De regular las categorías que resulta posible al legislador nacional excluir de la exoneración se ocupa en su art. 23.4, rotulado *Excepciones*, el cual dispone:

> *Los Estados miembros podrán excluir algunas categorías específicas de la exoneración de deudas, o limitar el acceso a la exoneración de*

deudas, o establecer un plazo más largo para la exoneración de deudas en caso de que tales exclusiones, restricciones o prolongaciones de plazos estén debidamente justificadas, en los siguientes casos:

a) deudas garantizadas;

b) deudas derivadas de sanciones penales o relacionadas con estas;

c) deudas derivadas de responsabilidad extracontractual;

d) deudas relativas a obligaciones de alimentos derivadas de relaciones de familia, de parentesco, de matrimonio o de afinidad;

e) deudas contraídas tras la solicitud o la apertura del procedimiento conducente a la exoneración de deudas, y

f) deudas derivadas de la obligación de pagar los costes de un procedimiento conducente a la exoneración de deudas.

En nuestro Derecho, en la redacción del TRLC anterior a la reforma, de determinar los créditos a los que se extendía el BEPI se ocupaban sus art. 491 y 497, en los cuales se establecían distintos alcances atendiendo: a la satisfacción de los créditos contra la masa y concursales privilegiados, en cuyo supuesto se extendía a la totalidad de los insatisfechos, exceptuando los créditos de derecho público y por alimentos; a que el deudor reuniendo los requisitos necesarios para poder hacerlo no hubiera intentado un AEP, en la cual comprendía el setenta y cinco por ciento (75%) de los créditos ordinarios y a la totalidad de los subordinados; y si se había solicitado la exoneración con sujeción a un plan de pagos alcanzaba a los créditos ordinarios y subordinados pendientes a la conclusión del concurso, aunque no hubieran sido comunicados, exceptuando los de derecho público y por alimentos y a los créditos con privilegio especial, al importe de los mismos que no hubiera podido satisfacerse con la ejecución de la garantía, salvo en la parte que pudiera gozar de privilegio general.

Para la mayoría de la doctrina, la exigencia al deudor del abono de los créditos contra la masa era un requisito desproporcionado difícil de lograr y que limitaba esa opción a unos pocos acreedores con patrimonio suficiente para poder sufragar la continuidad ante un interés superior por recuperar el causal adeudado[90].

---

90 SENENT MARTINEZ, *Conclusión y reapertura del concurso, ob. cit.*, pág. 1014.

Por otra parte, en el sistema derogado resultaba más fácil acceder al BEPI a los consumidores que a los empresarios, dado que estos últimos suelen asumir un mayor pasivo privilegiado, derivado de las obligaciones tributarias, laborales y de SS, cuyo importe debían satisfacer para ello.

Para SENENT MARTÍNEZ[91] la trasposición de la Directiva sobre reestructuración e insolvencia por la LRTRLC ha incidido decisivamente en este ámbito, puesto que, con arreglo a tal norma europea es muy discutible que pudiera mantenerse la exigencia de abonar todo el pasivo privilegiado, tanto especial, como general y las deudas de la masa, ya que la norma de la UE no confunde, como hacía nuestro texto legal anterior, entre deudas que deben ser satisfechas, referidas a categorías concursales de deudas, y deudas exonerables, ni distingue entre los tipos de deudas que se exoneran en función del modelo de exoneración por el que haya optado el deudor.

La nueva norma, fruto de la reforma, a diferencia de la anterior, enumera categorías concretas de deuda, desvinculadas de la calificación que pudieran merecer en el concurso. El carácter no exonerable de los créditos se establece por razón de su naturaleza, no en atención a su calificación concursal.

Además, incorpora un solo elenco de deudas no exonerables, aplicable a todo deudor, al margen del itinerario de exoneración elegido, terminando con la discriminación anterior a la reforma conforme a los arts. 491 y 497 del TRLC derogado.

La reforma no quiso configurar la buena fe como un requisito de valoración o apreciación judicial, sino puramente normativo que, además se define de forma negativa: se presume de buena fe el deudor que no incurre en alguno de los supuestos legalmente establecidos. Esta determinación normativa (negativa) de la buena fe tiene, además, carácter de *numerus clausus*[92].

---

91 *Exoneración del pasivo insatisfecho y concurso de acreedores*, *ob. cit.*, pág. 535.

92 AZOFRA VEGAS, "La exoneración del pasivo insatisfecho tras la trasposición de la Directiva 2019/1023", *ob. cit.*, pág. 285.

La buena fe del deudor constituye, por tanto, una pieza central en la exoneración, que se excluirá cuando concurran ciertas circunstancias en el deudor, que la ley enumera taxativamente[93].

De determinar la extensión de la exoneración se ocupa en la actualidad el art. 489 del TRLC, el cual dispone:

> *1. La exoneración del pasivo insatisfecho* ***se extenderá a la totalidad de las deudas insatisfechas, salvo las siguientes*** (la negrilla es nuestra)*:*
>
> *1.º Las deudas por responsabilidad civil extracontractual, por muerte o daños personales, así como por indemnizaciones derivadas de accidente de trabajo y enfermedad profesional, cualquiera que sea la fecha de la resolución que los declare.*

El crédito por responsabilidad extracontractual ha sido generalmente considerado como no exonerable, dado que no deriva de una relación jurídica voluntaria, evidenciando un comportamiento reprobable del deudor causante de los daños y para que la víctima sea reparada del daño sufrido.

En nuestro ordenamiento concursal se encuentra especialmente protegido al tratarse de un crédito con privilegio general según dispone el art. 280.5 o contra la masa de conformidad con lo establecido en el art. 242.1.1 del TRLC.

Como resulta del tenor literal del propio precepto, no todas las deudas por responsabilidad civil son no exonerables, sino únicamente las que han provocado muerte o daños personales, así como por indemnizaciones derivadas de accidente de trabajo y enfermedad profesional.

Si bien se aclara que estas deudas son excluibles *cualquiera que sea la fecha de la resolución que los declare,* habrá de tenerse en cuenta que el plazo de prescripción establecido para la responsabilidad

---

93 *El procedimiento de insolvencia único para microempresas. Análisis práctico del procedimiento especial para microempresas introducido por la Ley 16/2022,* Ed. Colex, 2ª ed., A Coruña, 2024, pág. 85.

civil extracontractual es de tan sólo un año, conforme dispone el art. 1968 del CC[94].

2.º Las deudas por responsabilidad civil derivada de delito.

En relación con la categoría anterior de deudas aparece ésta, ambas tratadas conjuntamente en el Anteproyecto y disociadas en el Proyecto de Ley de reforma remitido a la Cámara. Si bien se trata de una responsabilidad extracontractual derivada de delito, al analizar el ámbito subjetivo de la exoneración vimos como no toda condena penal opera como excepción a los efectos de la concesión del EPI, sino únicamente la derivada de la comisión de determinados delitos.

En consecuencia, es posible obtener la exoneración (EPI) a pesar de haber sido condenado por otros delitos diferentes de los señalados en el art. 487. 1. 1° del TRLC, pero el deudor queda obligado a asumir el pago de dicha responsabilidad civil, de la cual no queda exonerado.

3.º Las deudas por alimentos.

De esta forma protege el legislador las deudas de carácter asistencial, teniendo en consideración su especial trascendencia social. A diferencia de la anterior regulación, el carácter no exonerable de las deudas por alimentos afecta a todo deudor y no sólo al que se acoge a un plan de pagos, como sucedía conforme a lo establecido en la LC.

Merece destacarse que la norma no distingue entre los alimentos legales y los convencionales, por lo que habrán de considerarse incluidas ambas modalidades, conforme al aforismo *ubi lex non distinguir, nec nos distinguere debemus.*

4.º Las deudas por salarios correspondientes a los últimos sesenta días de trabajo efectivo realizado antes de la declaración de concurso en cuantía que no supere el triple del salario mínimo

---

94 CUENA CASAS, Matilde, *Extensión de la exoneración* (art. 489), en Comentario a la Ley Concursal, PULGAR EZQUERRA dir., Ed. La Ley, Las Rozas (Madrid), 3ª edición, 2023, tomo 2°, pág. 307.

> *interprofesional, así como los que se hubieran devengado durante el procedimiento, siempre que su pago no hubiera sido asumido por el Fondo de Garantía Salarial.*

Esta norma otorga la protección que se considera merece al crédito de los trabajadores por los sueldos devengados en las fechas próximas a la declaración de concurso, atendiendo a la indudable necesidad social del mismo.

El carácter no exonerable de estas deudas se hace depender de que el FOGASA no haya asumido su pago. Si, por el contrario, el FOGASA asumió el pago de dichos salarios, en principio, tendría acción de repetición contra el concursado.

Para evitar que el concursado pague los salarios cuando el FOGASA los asumió, por aplicación del art. 494 del TRLC, el art. 489.1.4 del TRLC declara no exonerable la deuda. De esta forma se bloquea la acción de repetición del FOGASA contra el deudor porque al ser deuda exonerable, ya no cabe la acción de repetición *ex* art. 494 del TRLC[95].

> *5.° Las deudas por créditos de Derecho público. No obstante, las deudas para cuya gestión recaudatoria resulte competente la Agencia Estatal de Administración Tributaria podrán exonerarse hasta el importe máximo de diez mil euros por deudor; para los primeros cinco mil euros de deuda la exoneración será integra, y a partir de esta cifra la exoneración alcanzará el cincuenta por ciento de la deuda hasta el máximo indicado. Asimismo, las deudas por créditos en seguridad social podrán exonerarse por el mismo importe y en las mismas condiciones. El importe exonerado, hasta el citado límite, se aplicará en orden inverso al de prelación legalmente establecido en esta ley y, dentro de cada clase, en función de su antigüedad.*

Parece conveniente señalar como existe una divergencia fundamental entre la reforma y la Propuesta de reforma presentada por la CGC: mientras que la Comisión resolvió no conceder al

---

95 CUENA CASAS, art. 489, en ComLC, PULGAR EZQUERRA dir., 3ª edición, *ob. cit.*, pág. 310.

crédito público el carácter de deuda no exonerable, el Gobierno decidió excluir al crédito público de la exoneración.

Durante la tramitación parlamentaria de la Reforma, se modificó, aunque sólo parcialmente, esa opción de política legislativa, pues se permite la exoneración de ciertos créditos públicos, pero sólo hasta un cierto importe y sólo en la primera exoneración concedida al mismo deudor[96].

La, previamente citada, STS, civil pleno, de 2 de julio de 2019, núm. 381/2019, rec. 3669/2016 (EDJ 2019/639018) buscó una solución armónica a los problemas que planteaba el régimen del crédito público en el mecanismo de la segunda oportunidad durante la vigencia de la legislación derogada.

No puede afirmarse que esta Sentencia fijara una verdadera jurisprudencia ya que se trata de una única resolución que puede fijar un criterio o tendencia, pero que no puede considerarse doctrina consolidada.

La resolución se inicia afirmando que;

> *... el art. 178 bis LC es una norma de difícil comprensión, que requiere de una interpretación jurisprudencial para facilitar su correcta aplicación.*

Por lo tanto, asume que se abre un camino de frontera, ante las contradicciones de la norma, se opta por la vía que permite una interpretación generosa del precepto, asumiendo que la segunda oportunidad no es un régimen excepcional y restrictivo, sino que aspira a convertirse en un derecho del deudor, en la línea que marca la Directiva (UE) 2019/1023[97].

---

96 AZOFRA VEGAS, "La exoneración del pasivo insatisfecho tras la transposición de la Directiva 2019/1023", *ob. cit.*, pág. 282.

97 FERNÁNDEZ SEIJO, José María, *La exoneración del crédito público en los procedimientos de «segunda oportunidad»*, Almacén de Derecho, jun 2020, https://almacendederecho.org/la-exoneracion-del-credito-publico-en-los-procedimientos-de-segunda-oportunidad, consulta de 3 de septiembre de 2024; MUÑOZ PAREDES, Alfonso, "Prosa de la ley o

El Tribunal Supremo consideró que:

> *...la exoneración plena en cinco años (alternativa del ordinal 5.º) está supeditada, como en el caso de la exoneración inmediata (alternativa del ordinal 4.º), al pago de los créditos contra la masa y con privilegio general, aunque en este caso mediante un plan de pagos que permite un fraccionamiento y aplazamiento a lo largo de cinco años.*

En estas condiciones, el plan de pagos sólo debería hacer previsiones respecto de la parte de crédito público que tuviera la consideración de crédito privilegiado, no así el clasificado como ordinario o subordinado.

El criterio del Tribunal Supremo supuso un salto cualitativo en la interpretación de la norma ya que determinó que si el deudor puede exonerar el resto de pasivo insatisfecho si paga el umbral del crédito contra la masa y privilegiado, ese mismo umbral debe servir para fijar el plan de pagos.

Sin embargo, de conformidad con la norma posterior a la reforma, las deudas tributarias y de Seguridad Social podrán exonerarse hasta un máximo de diez mil euros (10.000€) por deudor, los primeros cinco mil euros (5.000€) íntegramente y a partir de esa cifra el 50% hasta el máximo señalado.

Por tanto, se señala por alguna autora[98], si el concursado tiene deudas con todas la Administraciones Públicas mencionadas hay que entender que puede alcanzar los treinta mil euros (30.000€) en total.

Llegados a este punto, debemos determinar el concepto de crédito **público**, a cuyos fines habremos de acudir al art. 5 de la LGP conforme al cual:

> *Son derechos de naturaleza pública de la Hacienda Pública estatal los tributos y los demás derechos de contenido económico cuya*

---

poesía del resultado. De nuevo sobre la exoneración del pasivo", Diario La Ley, núm. 9707, octubre 2020.

98 CUENA CASAS, art. 489, en ComLC, PULGAR EZQUERRA dir., 3ª edición, *ob. cit.*, pág. 311.

> *titularidad corresponde a la Administración General del Estado y sus organismos autónomos que deriven del ejercicio de potestades administrativas.*

Para aclarar el alcance del citado concepto a los efectos del precepto analizado, habrá de tenerse en cuenta que la disp. ad. 1ª, introducida por el art único.157 de la LRTRLC, rotulada *Haciendas Forales,* establece que:

> *Las referencias que en esta ley se hacen a la Agencia Estatal de Administración Tributaria se entenderán también referidas a las Haciendas Forales de los territorios forales. La extensión de la exoneración contemplada en el numeral 5.° del apartado 1 del artículo 489 será común para todas las deudas por créditos de derecho público que un deudor mantenga en el mismo procedimiento con las Haciendas referidas en el párrafo anterior.*

La consideración de esta categoría de créditos como deuda no exonerable resulta muy polémica porque, se afirma, carece de sentido y supone un trato desigual respecto del resto de los acreedores, lo que consideramos acertado, frete a lo cual otros esgrimen principios como el de la indisponibilidad del crédito público.

Se ha afirmado[99] que la reciente Ley 16/2022, se enfoca en dar apoyo y protección al acreedor, en concreto y en especial al acreedor público, lo que supondrá el fracaso de nuestro derecho concursal ya que impedirá el acceso o el fin de la consecución en algunas de las alternativas que nos ofrece la nueva legislación concursal.

Sobra decir los efectos que esta decisión ultraproteccionista del crédito público tiene para la eficacia de un sistema de exoneración de deudas, particularmente cuando de persas físicas empresarios se trata.

El Estado sigue optando por mantener su posición privilegiada al puro estilo del privilegio personal, que se concedía en el De-

---

99 PAVIA y MAGDALENA, *El concurso sin masa, ob. cit.*, pág. 17.

recho histórico en atención a la persona o sus cualidades personales, que en el Derecho moderno no es admisible en virtud del principio de igualdad de todos ante la ley, incluidos los Poderes públicos[100].

A la vista de la limitación que la norma del TRLC establece a la exoneración de los créditos de Derecho Público, se ha debatido en la doctrina y la jurisprudencia si los términos en los que está redactado el art. 23.4 de la Directiva sobre reestructuración e insolvencia permite al Estado miembro excluir de entre las deudas exonerables una no recogida expresamente en dicha relación.

Si se considera que se trata de una relación exhaustiva, dado que en dicho precepto no aparece la deuda pública, habrá de concluirse que esta deuda, salvo que se trate de deuda contra la masa, no puede obtener un trato especial según la norma europea.

La norma del TRLC permite la exoneración parcial de la deuda pública, pero se limita a un muy reducido importe, sobre todo cuando se refiere a profesionales o empresarios.

Por una parte, de la doctrina[101] se afirma que la enumeración realizada en el precepto de la Directiva es ejemplificativa, sien-

---

100 ORRICO, "La nueva segunda oportunidad regulada por la Ley 16/2022, de 5 de septiembre", ob. cit., págs. 262 y sigs.; critican esta decisión del legislador, entre otros, JUAN GÓMEZ, Mateo, "El mecanismo de segunda oportunidad: un nuevo comienzo", Diario La Ley, núm. 10008, Sección Tribuna, 11 de febrero de 2022, https://diariolaley.laleynext.es/Content/DocumentoRelacionado.aspx?params=H4sIAAAAAAAEAC2NQW_CMAyFf81ymTS1Y0AvvpQeEZq2anc3sdJIIYbE6ei_xxtYerKf_NnvWimvI90ELLvg-fVCCaMpa-K0nmHMlYzgVKB52dtW9W7QSsU4sIV982fCQiNO0BjOjnK_6iQsGL-oQNtut6bM_HvCJXiUwKnH_HgbnINhbLQ2H12368xCuSgAP8FTEjJz8PNRJQ--EGY7f6In0PB6VobfsFxuz01fRfR6kvT9742N2gcUOmCk5J65d-Ph0uzyAAAAWKE, consulta el 7 de agosto de 2024; CUENA CASAS y FERNÁNDEZ SEIJO, *La exoneración del pasivo insatisfecho en el concurso de acreedores de persona física, ob. cit.*, pág. 125 y sig.

101 CUENA CASAS, art. 489, en ComLC, PULGAR EZQUERRA dir., 3ª ed., tomo 2º, *ob. cit.*, págs. 304 y sig.

do en consecuencia posible la inclusión por la norma nacional de un mayor pasivo no exonerable, siempre que esté justificado, sosteniéndose[102] que de los considerandos y del texto original de la Directiva parece concluirse que la relación tan solo es ejemplificativa por lo cual no estaría vedada la inclusión del crédito de derecho público.

Por AAP de Alicante, sec. 8ª, de 11 de octubre de 2022, rec. 1769/2021 (EDJ 2022/714456), teniendo en consideración la dudosa justificación de la falta de exoneración del crédito público, planteo una cuestión prejudicial al TJUE, respecto de la exclusión de la exoneración de deudas de los créditos de Derecho público y su justificación con arreglo al Derecho nacional, la cual fue resuelta por la STJUE, sala 2ª, de 11 de abril de 2024, núm. C-687/22 (EDJ 2024/527771)[103] en el sentido de que el catálogo recogido en el art. 23.4 es un catálogo no exhaustivo («*numerus apertus*») y que, por tanto, los Estados Miembros pueden recoger en su legislación nacional otros supuestos distintos de excepción a la exoneración, siempre que lo justifiquen debidamente y que la justificación otorgada por la LRTRLC y su vaga referencia a la justicia y solidaridad social, constituye motivación suficiente a los efectos del art. 23.4 de la Directiva.

La STJUE ha aguado las esperanzas de los empresarios españoles que ven que el mismo Estado que les pide que se aprieten el

---

102 SENENT MARTÍNEZ, *Exoneración del pasivo insatisfecho y concurso de acreedores, ob. cit.*, pág. 539.

103 La sentencia respecto de este particular señaló literalmente:

...

2) El artículo 23, apartado 4, de la Directiva 2019/1023 debe interpretarse en el sentido de que la relación de categorías específicas de créditos que figura en él no tiene carácter exhaustivo y de que los Estados miembros tienen la facultad de excluir de la exoneración de deudas categorías específicas de créditos distintas de las enumeradas en esa disposición, siempre que tal exclusión esté debidamente justificada con arreglo al Derecho nacional.

Puede consultarse completa en: https://eur-lex.europa.eu/legal-content/ES/TXT/HTML/?uri=CELEX:62022CJ0687.

cinturón no hace lo propio, ni tan siquiera para sus créditos ordinarios y subordinados, situándose en mejor posición que la que había tenido desde 2015, cuando sólo se libraban de la purga los créditos privilegiados. Ahora cualquier multa de tráfico, peor aún, los intereses y el recargo de dicha multa, pueden quedarse al margen de la exoneración. Resulta conveniente recordar que existen otras cuestiones prejudiciales pendientes de resolución por el TJUE

El Informe del CGPJ acerca del Proyecto de RDL por el que se aprueba el TRLC menciona respecto de este particular:

> ...
>
> 467.- *Sin entrar a valorar la posible incidencia en los privilegios de los créditos de Derecho público, esta nueva declaración excedería del mandato recibido para regularizar, aclarar y armonizar los textos legales que deban ser refundidos, al estar vedada la introducción de nuevos mandatos jurídicos inexistentes con anterioridad. Sin perjuicio de lo anterior, se ha de admitir que la inclusión de los créditos de Derecho público sirve, funcionalmente, en mayor medida a las finalidades a las que está anudado este instituto, coadyuvando a su operatividad dentro del sistema del concurso.*

En nuestra opinión, no parece razonable que las deudas de carácter sancionatorio tengan la calificación de créditos subordinados conforme al art. 281.1.3 y 4 del TRLC y, en cambio, tras la conclusión del concurso tengan mejor trato que los créditos concursales ordinarios e incluso privilegiados.

Como señaló el Banco Mundial[104], excluir de la exoneración el crédito público socaba todo el sistema de tratamiento de la insolvencia porque priva a los deudores, a los acreedores y a la sociedad de muchos beneficios del sistema. El Estado debe soportar el mismo tratamiento que los demás acreedores.

Por último, el art. 489.3 del TRLC incluye otra limitación a la exoneración de este tipo de créditos disponiendo que:

---

[104] Banco Mundial, Informe del Banco Mundial sobre el tratamiento de la insolvencia de las personas naturales, traducido por José María GARRIDO, ADCo, núm. 31, enero-abril 2014, pág. 240.

> *El crédito público será exonerable en la cuantía establecida en el párrafo segundo del apartado 1. 5.°, pero únicamente en la primera exoneración del pasivo insatisfecho, no siendo exonerable importe alguno en las sucesivas exoneraciones que pudiera obtener el mismo deudor.*

Sin duda, lo deseable y lo único razonable sería que el crédito público no tuviera un tratamiento diferente al del privado y menos aún tan excesivo.

Ese trato diferenciado no encuentra justificación en Derecho y, si alguna parte tiene que sacrificarse por el bien colectivo que supone el EPI, es más razonable que fuera el Estado.

La medida adoptada de exonerar hasta diez mil euros (10.000€) es ridícula, máxime si se toma en consideración que *el importe exonerado, hasta el citado límite, se aplicará en orden inverso al de prelación legalmente establecido en esta ley y, dentro de cada clase, en función de su antigüedad*. Es decir, primero quedarán exoneradas las multas por una sanción grave que los salarios impagados anteriores a la declaración de concurso[105].

De estas cuestiones habrá de ocuparse, sin duda, el siguiente capítulo, dedicado al crédito público ante el EPI, redactado por otro autor especializado, con mayores conocimientos en esta materia.

> *6.° Las deudas por multas a que hubiera sido condenado el deudor en procesos penales y por sanciones administrativas muy graves.*

Aunque las deudas por multas penales y por sanciones administrativas muy graves a que se refiere la norma podrían incluirse dentro de las deudas por créditos de Derecho público, parece que el legislador ha preferido realizar una mención específica de estas para evitar que pudieran beneficiarse de la limitada exoneración que se contempla en el numeral anterior.

---

105 ORRICO, "La nueva segunda oportunidad regulada por la Ley 16/2022, de 5 de septiembre", *ob. cit.*, págs. 263.

Las sanciones evidencian un comportamiento censurable del deudor cuya existencia debe valorarse a los efectos de la concesión del EPI. En consecuencia, resulta indiferente a estos efectos la condición de crédito subordinado atribuido a estas deudas por el art. 281.1. 4º del TRLC.

> *7.º Las deudas por costas y gastos judiciales derivados de la tramitación de la solicitud de exoneración.*

Estas deudas, a las que se refiere expresamente el art. 23 f) de Directiva sobre reestructuración e insolvencia, tradicionalmente considerados como créditos contra la masa, tampoco resultaban exonerables en la regulación anterior.

Para determinar en qué consisten tales deudas por costas y gastos judiciales derivados de la solicitud del EPI habremos de acudir al art. 241 de la LECiv, conforme a cuya redacción:

> *Se considerarán gastos del proceso aquellos desembolsos que tengan su origen directo e inmediato en la existencia de dicho proceso, y costas la parte de aquéllos que se refieran al pago de los siguientes conceptos:*
>
> *1.º Honorarios de la defensa y de la representación técnica cuando sean preceptivas.*
>
> *2.º Inserción de anuncios o edictos que de forma obligada deban publicarse en el curso del proceso.*
>
> *3.º Depósitos necesarios para la presentación de recursos.*
>
> *4.º Derechos de peritos y demás abonos que tengan que realizarse a personas que hayan intervenido en el proceso.*
>
> *5.º Copias, certificaciones, notas, testimonios y documentos análogos que hayan de solicitarse conforme a la Ley, salvo los que se reclamen por el tribunal a registros y protocolos públicos, que serán gratuitos.*
>
> *6.º Derechos arancelarios que deban abonarse como consecuencia de actuaciones necesarias para el desarrollo del proceso.*
>
> *7.º La tasa por el ejercicio de la potestad jurisdiccional, cuando sea preceptiva. No se incluirá en las costas del proceso el importe de la tasa abonada en los procesos de ejecución de las hipotecas constituidas para la adquisición de vivienda habitual. Tampoco se incluirá en los demás procesos de ejecución*

> *derivados de dichos préstamos o créditos hipotecarios cuando se dirijan contra el propio ejecutado o contra los avalistas.*

El Preámbulo (IV) de la LRTRLC justifica esta excepción porque:

> *... la exoneración de las deudas por costes o gastos judiciales derivados de la tramitación de la propia exoneración podría desincentivar la colaboración de ciertos terceros con el deudor en este objetivo (por ejemplo, los abogados), lo cual perjudicaría el acceso del concursado al expediente.*
>
> *8.° Las deudas con garantía real, sean por principal, intereses o cualquier otro concepto debido, dentro del límite del privilegio especial, calculado conforme a lo establecido en esta ley.*

El legislador se ha ocupado de justificar el motivo del establecimiento de la no exoneración de los créditos hipotecarios, el cual también se contempla en el art. 23.4 de la Directiva sobre reestructuración e insolvencia, citando en el Preámbulo (IV) de la LRTRLC:

> *... la exoneración de deudas que gocen de garantías reales socavaría, sin fundamento alguno, una de las piezas esenciales del acceso al crédito y, con ello, del correcto funcionamiento de las economías modernas, cual es la inmunidad del acreedor que disfrute de una garantía real sólida a las vicisitudes de la insolvencia o el incumplimiento del deudor.*

En relación con la exoneración de las deudas con garantía real resulta de interés la determinación de la posibilidad de su aplicación a los créditos garantizados con reserva de dominio de lo que se ocupó la SAP de Murcia, sec. 4ª, de 4 de julio de 2024, núm. 717/2024, rec. 809/2023 (EDJ 2024/700393) en su FD 2º, en el cual indica:

> *Crédito garantizado con reserva de dominio inscrita en el Registro de Bienes Muebles*
>
> *1.- Nos encontramos ante una pura cuestión jurídica derivada de la nueva redacción dada por la Ley 16/2022 al art. 489.1. 8º TRLC, que establece:*
>
> *"1. La exoneración del pasivo insatisfecho se extenderá a la totalidad de las deudas insatisfechas, salvo las siguientes: 8.° Las deudas con garantía real, sean por principal, intereses o cualquier otro*

concepto debido, dentro del límite del privilegio especial, calculado conforme a lo establecido en esta ley".

Este precepto se encuentra ubicado en la Sec. 2ª, De los elementos comunes de la exoneración, dentro de la Subsec. 2ª, De la extensión de la exoneración.

Por su parte, bajo la redacción anterior, el art. 4971.2° TRLC preveía "1. El beneficio de la exoneración del pasivo insatisfecho concedido a los deudores que hubiesen aceptado someterse al plan de pagos se extenderá a la parte que, conforme a este, vaya a quedar insatisfecha, de los siguientes créditos: 2.° Respecto a los créditos con privilegio especial, el importe de los mismos que no haya podido satisfacerse con la ejecución de la garantía, salvo en la parte que pudiera gozar de privilegio general".

El cambio en la redacción es relevante, pues si anteriormente se excluía de la exoneración "los créditos con privilegio especial", sin matizaciones; la redacción actual se refiere a "las deudas ***con garantía real*** *dentro del límite del privilegio especial". Por tanto, con la redacción actual sólo quedarán exonerados los créditos con privilegio especial que ostenten o se consideren una garantía real.*

2.- Dado que la redacción actual es distinta, no resulta aplicable automáticamente la jurisprudencia dictada bajo la normativa anterior, como son las sentencias invocadas por la parte recurrente.

Así, la SAP de Madrid, sección 28, n° 275/2020, de 22 de junio de 2020, sobre la reserva de dominio como derecho real de garantía en favor del vendedor (o financiador) interpretó el art. 90.1.4° LC.

3.- Naturaleza de la reserva de dominio

Siguiendo la Resolución de la Dirección General de Seguridad Jurídica y Fe Pública de 14 de Julio de 2020 (BOE de 5 de agosto de 2020) consideramos:

"La reserva de dominio, como su propio nombre indica, consiste en una retención de la propiedad por el vendedor hasta el pago del precio por el comprador. Se produce en el seno de un contrato de compraventa con precio aplazado y en los préstamos de financiación a comprador donde el vendedor puede ceder esa garantía al financiador. Es precisamente en el ámbito de la compraventa a plazos y los préstamos de financiación, donde la reserva de dominio despliega sus funciones de garantía. Una vez inscrita, la presunción de legitimación derivada del Registro de Bienes Muebles despliega toda su eficacia en favor del vendedor o financiador que tiene reservado el dominio a su favor.

(...)

... en la compraventa a plazos, al finalizar el contrato, se le transmite directamente la propiedad del bien al comprador cuando cumple con el pago de la última cuota. Es decir, el pago de todas las cuotas estipuladas determinará irremediablemente la adquisición de la propiedad del bien, porque esta es la única finalidad del contrato: la transmisión de la propiedad". Los subrayados son nuestros.

En nuestra sentencia núm. 623/2015 de 5 noviembre de 2015, haciéndonos eco de la STS de 16 de marzo de 2007, indicamos que la jurisprudencia citada destaca la función de garantía de la reserva, función que según la STS de 16 de marzo de 2007, supone "que el pacto de reserva de dominio no concede al vendedor el poder de disposición voluntaria o forzosa sobre la cosa vendida con dicho pacto, ni impide al comprador transmitir voluntaria o forzosamente (por embargo y vía de apremio) su derecho a un tercero, que es la sociedad demandante en el presente caso".

La reserva de dominio, según tal doctrina, no permite a quien tiene inscrito el dominio en el Registro de Bienes Muebles facultad de disposición, pues en realidad es simple garantía del abono del precio y no otorga facultades dominicales típicas como la de disposición, al venir concedidas éstas al comprador.

Y ello sin perjuicio que, como pone de manifiesto el juez a quo, la doctrina no sea pacífica sobre la reserva de dominio, de forma que algunos consideran que se trata de una garantía real cuando figura inscrita, al sostener que la compraventa con pacto de reserva de dominio se configura como una venta sujeta a la condición suspensiva de que el comprador pague la totalidad del precio, produciéndose ipso iure la transferencia de dominio a su favor —tesis principal del Tribunal Supremo (SSTS de 1 de diciembre de 1987, y núm. 924/2003, de 14 de octubre); e incluso otros la definen como condición resolutoria (STS de 16 de marzo de 2007 citada ut supra).

Ahora bien, una vez nos encontramos en sede de exoneración del pasivo insatisfecho, debemos estar al tenor literal del art. 489.1.8º TRLC, que exige no sólo ser calificado como crédito con privilegio especial sino, además, dicho privilegio proceda de la constitución de una garantía real, para que el crédito no sea exonerable. Y, de acuerdo con la doctrina expuesta, consideramos que nos encontramos ante un crédito con privilegio especial que no obstante no nace de la constitución de una garantía real.

4.- Así resulta de la decisión contenida en la SAP Zaragoza, Sec. 5ª, núm. 123/2024, de 7 de febrero de 2024.

Si bien no se analiza la problemática, lo cierto es que se pone de manifiesto la existencia de un crédito con privilegio a favor de una entidad financiera por la adquisición de una furgoneta, con reserva de dominio debidamente inscrita, y en el fallo se incluye en los créditos exonerables.

5.- Hacemos propia la tesis de Dª Rosario en su ponencia sobre "EXONERACIÓN DE PASIVO Y CONTRATOS DE FINANCIACIÓN A COMPRADOR:

"Debe quedar claro que, según la literalidad del art. 489.1.8º TRLC, sólo participan de la condición de pasivo no exonerable las deudas con garantía real y hasta el límite del privilegio especial. Así las cosas, la exoneración sí proyecta sus efectos sobre otros créditos a los que el art. 270 TRLC atribuye la condición de créditos con privilegio especial, siempre que esta clasificación no traiga causa en la constitución de una garantía real. Así sucede, específicamente, con los créditos por contratos de arrendamiento financiero o de compraventa con precio aplazado de bienes muebles o inmuebles, que el art. 270.4º TRLC clasifica como privilegiados especiales sobre los bienes arrendados o vendidos con pacto de reserva de dominio. Pero, como comentaremos, este privilegio no tiene su origen en la existencia de una garantía real.

Primeramente, hemos de detenernos en el análisis del privilegio especial motivado por la existencia de un pacto de reserva de dominio, pues ello nos ayudará a comprender cuál es la posición en la que quedan los créditos provenientes de este tipo de contratos de financiación cuando el deudor accede a la exoneración. Sí adelanto que, a pesar de que el crédito no puede beneficiarse de la condición de crédito no exonerable —al no mencionarse dentro de la enumeración del artículo 489.1 TRLC—, ello no puede suponer, para el deudor exonerado, la automática transferencia de dominio del bien sobre el que pesa la reserva (cuando no se ha atendido el pago de la totalidad del importe que se hubiera pactado con el vendedor o el financiador).

Respecto de esta cuestión, debemos traer a colación la tesis mayoritaria en la doctrina autorizada, que ha definido la reserva de dominio como aquella cláusula incorporada a un contrato de venta a plazos en virtud de la cual el vendedor y el comprador pactan que la transmisión de la propiedad no tenga lugar hasta el íntegro pago del precio convenido. Para los partidarios de esta concepción, el vendedor se reserva la titularidad del bien hasta el momento en que el comprador abone en su integridad el precio pactado. De este modo, durante la fase de pendencia de la condición, el comprador es titular de un derecho expectante dotado de protección jurídica ex artículo 1121 CC, por lo que no es una mera esperanza de adquirir, sino que se trata de "una condición que depende de que pague el precio, algo que nadie le puede impedir". La doctrina jurisprudencial consolidada de la Sala Primera ha configurado la compraventa con pacto de reserva de dominio como una venta sujeta a la condición suspensiva de que el comprador pague la totalidad del precio, produciéndose ipso iure la transferencia de dominio a su favor —cfr. SSTS de 1 de diciembre de 1987 y n° 924/2003, de 14 de octubre—. Su funcionamiento del pacto nos lo explica la STS de 12 de marzo de 1993:

"(...) todo ello quiere decir que el adquirente bajo condición suspensiva, titular de un derecho expectante, puede, antes del cumplimiento de la condición, ejercitar las acciones procedentes para conservar su derecho (art. 1121) y una vez cumplida la condición, los efectos de la obligación condicional se retrotraen al día de su constitución (art. 1120), pues desde la perfección son queridos y el cumplimiento de la condición confirma el derecho que existía en estado latente o expectante desde la celebración del contrato".

Por tanto, si asumimos la tesis que mantiene el Tribunal Supremo en relación con la naturaleza del pacto de reserva de dominio, queda claro que el tratamiento concursal del crédito procedente del contrato de compraventa con precio aplazado, como privilegiado especial, no tiene su origen en la existencia de una garantía real.

La consecuencia es que tal crédito es exonerable, pero el bien en su caso se mantiene en la propiedad del B SANT, que la mantiene hasta el pago de la última cuota. La exoneración del crédito en su caso no llevará consigo la transmisión del bien a favor del concursado.

Como dice la autora en esta ponencia "Respecto de los bienes transmitidos con pacto de reserva de dominio, ALGABA ROS se posicionó a favor de la tesis que entendía retenido el dominio en manos del vendedor, en tanto no se hubiera abonado la totalidad del precio; según esta autora, admitir otra interpretación implicaría desanimar al vendedor de celebrar este tipo de contratos pues si la propiedad es del comprador podría ver en peligro su garantía frente a la acción de los acreedores de comprador.

Este tipo de consideraciones son totalmente acertadas y, al tiempo, mantienen su plena vigencia con la última modificación que ha sufrido la normativa concursal en materia de exoneración del pasivo insatisfecho. Si trasladamos a este ámbito las explicaciones suministradas en torno a la naturaleza jurídica del pacto de reserva de dominio, podremos clarificar cuál es la situación en que quedan los bienes que continúan en poder del concursado después de obtenida la exoneración. A mi juicio, no cabe sostener jurídicamente que quepa la liberación de la deuda conlleve que el deudor pueda hacer suya la propiedad del bien vendido con pacto de reserva de dominio, a no ser que cumpliera con lo estipulado en el contrato, esto es, proceder al pago íntegro del precio aplazado.

> *Recuérdese que, si el comprador no abona en su integridad el precio del bien, no se cumple la condición para que tenga lugar la transferencia de dominio a fu favor. De este modo, podemos decir que, mientras el deudor exonerado no paga en su totalidad el precio aplazado, no adquiere la titularidad del bien que fue vendido con pacto de reserva de dominio. Y, por tanto, en caso de incumplimiento de la obligación de pago del precio aplazado, el vendedor o el financiador, según proceda, podrían exigir la resolución del contrato, ejercitando la acción a la que alude el artículo 250.1.11 LEC: esta acción de tutela sumaria les permitiría obtener la inmediata entrega del bien y recuperar su posesión.*
>
> *6.- La forma de solventar la situación del titular del crédito con privilegio especial derivado de la existencia y registro de la reserva de dominio, es que la exoneración de la deuda no determinar que la deudora exonerada adquiera de forma automática la titularidad del vehículo sobre el que pesa la reserva, porque no se ha atendido el pago de la totalidad del importe y porque se vaciaría de contenido la reserva de dominio existente.*
>
> *Pero ello no se articulará a través del art. 490 TRLC en el seno del concurso, como bien dice el recurrente, pues resulta imposible, sino fuera del concurso a través del procedimiento previsto en el art. 250.1.11 LEC, ya que en caso de incumplimiento de la obligación de pago del precio aplazado, el vendedor o el financiador, según proceda, podrían exigir la resolución del contrato a través de esta acción de tutela sumaria que les permitiría obtener la inmediata entrega del bien y recuperar su posesión.*

Por último, afirma el Preámbulo (IV) de la LRTRLC que:

> *... de forma excepcional, se permite al juez que declare la no exonerabilidad total o parcial de ciertas deudas cuando ello sea necesario para evitar la insolvencia del acreedor.*

Atendiendo a los propósitos citados en el Preámbulo (IV), el art. 489.2 del TRLC tras la reforma dispone que:

> *Excepcionalmente, el juez podrá declarar que no son total o parcialmente exonerables deudas no relacionadas en el apartado anterior cuando sea necesario para evitar la insolvencia del acreedor afectado por la extinción del derecho de crédito.*

Sin embargo, el precepto no especifica cuál habrá de ser el procedimiento que deberá de seguirse para que el juzgador pueda disponer lo señalado.

La nueva norma establece una relación de créditos no exonerables, los cuales no resultan afectados por el EPI, pudiendo ser exigidos por el acreedor después de concluido el concurso, pero el pago de dichos créditos no exonerables, no es requisito para obtener la exoneración del resto de los créditos.

La relación contenida en el art. 489 del TRLC, es cerrada, de *numerus clausus*, la cual debe interpretarse restrictivamente, de modo que si un crédito concreto no se puede subsumir en alguna de las categorías excluidas por la norma legal será exonerable y, tras el reconocimiento de la EPI por él juez, el deudor quedará liberado del mismo.

6.3. Efectos de la exoneración

De regular los efectos que origina la EPI sobre los distintos operadores jurídicos, sobre las deudas con garantía real y respecto de sistemas de información crediticia, se ocupa la subsección 3ª, compuesta por los arts. 490 a 492 ter, ambos inclusive, del cap. II, del tít. XI, del lib. I del TRLC.

Esta regulación no está directamente condicionada en la mayor parte de los casos por la Directiva sobre reestructuración e insolvencia. A continuación, procedemos a analizar cada uno de estos efectos separadamente.

6.3.1. Efectos de la exoneración sobre los acreedores

De disponer los efectos que origina la exoneración del pasivo insatisfecho sobre los créditos de los acreedores se ocupa el art. 490 del TRLC, tras su actualización por el art único. 130 de la LR-TRLC, conforme al cual:

> *Los acreedores cuyos créditos se extingan por razón de la exoneración no podrán ejercer ningún tipo de acción frente el deudor para su cobro, salvo la de solicitar la revocación de la exoneración.*
>
> *Los acreedores por créditos no exonerables mantendrán sus acciones contra el deudor y podrán promover la ejecución judicial o extrajudicial de aquellos.*

El párrafo primero del precepto, el cual reproduce literalmente lo señalado anteriormente en el art. 500 del TRLC en su versión original, aclara que la exoneración del pasivo pendiente conlleva la extinción del derecho de crédito, de manera que el acreedor ya no puede ejercitar ninguna acción frente a su deudor por un crédito extinguido por consecuencia de la EPI. Pero, la LRTRLC le ha añadido al precepto la aclaración de que el acreedor podrá solicitar la revocación de la exoneración, lo cual resulta lógico.

Si los efectos del EPI no son otros que la exoneración del pasivo insatisfecho y la liberación del deudor de sus créditos, la consecuencia de la extinción de éstos de cada uno de los perímetros de exoneración no puede ser otra que la pérdida de las acciones por los acreedores afectados por la exoneración del deudor. En efecto, extinguido el crédito por consecuencia de la exoneración judicialmente acordada, no resultará posible el ejercicio de acción alguna para reclamar una deuda que ya no existe.

Sin embargo, no concurre ninguno de los requisitos para entender que el auto de exoneración tenga un efecto directo sobre las reclamaciones actuales o futuras contra el deudor, las cuales afecten a créditos exonerables y se considera por la doctrina[106] que el deudor tendrá que acudir y personarse, en las reclamaciones judiciales que pudieran reanudarse o iniciarse frente a él tras la exoneración para alegar que la deuda reclamada ya no existe, por haberse extinguido como consecuencia del auto de exoneración.

Esta actuación corresponderá formalmente al propio deudor ya que el administrador concursal habrá sido cesado ya y sus cuen-

---

106 FERNÁNDEZ SEIJO, José María, *Los efectos del reconocimiento del derecho a la exoneración del pasivo insatisfecho en los procedimientos judiciales seguidos contra el deudor*, Hay Derecho, 16 de enero de 2023, https://www.hayderecho.com/2023/01/19/los-efectos-del-reconocimiento-del-derecho-a-la-exoneracion-del-pasivo-insatisfecho-en-los-procedimientos-judiciales-seguidos-contra-el-deudor/.

tas se habrán aprobado por el juzgado, por lo cual no tendrá ninguna competencia o facultad.

Al regular los efectos de la exoneración sobre los acreedores, y después de disponer que aquellos cuyos créditos se extingan por razón de la exoneración no podrán iniciar ningún tipo de acción frente al deudor para el cobro de estos, el precepto deja a salvo, como no podía ser de otra manera, la acción encaminada a la revocación de la exoneración, la cual se regula en el art. 498 del TRLC, como hemos analizado anteriormente.

De fijar las consecuencias fiscales originadas por el EPI se ocupa la disp. ad. cuadragésima tercera, rotulada *Exención de rentas obtenidas por el deudor en procedimientos concursales*, de la Ley 35/2006, de 28 de noviembre, del Impuesto sobre la Renta de las Personas Físicas y de modificación parcial de las leyes de los Impuestos sobre Sociedades, sobre la Renta de no Residentes y sobre el Patrimonio, la cual dispone:

> *Estarán exentas de este Impuesto las rentas obtenidas por los deudores que se pongan de manifiesto como consecuencia de quitas y daciones en pago de deudas, establecidas en un convenio aprobado judicialmente conforme al procedimiento fijado en la Ley 22/2003, de 9 de julio, Concursal, en un acuerdo de refinanciación judicialmente homologado a que se refiere el artículo 71 bis y la disposición adicional cuarta de dicha Ley, en un acuerdo extrajudicial de pagos a que se refiere el Título X o como consecuencia de exoneraciones del pasivo insatisfecho a que se refiere el artículo 178 bis de la misma Ley, siempre que las deudas no deriven del ejercicio de actividades económicas.*

La nueva redacción del art. 490 del TRLC ha incorporado un segundo párrafo en el cual se precisa que los acreedores de créditos no exonerables podrán iniciar ejecución judicial o extrajudicial contra el deudor.

La nueva versión del precepto ha añadido innecesariamente la aclaración de que, cuando se trata de créditos no exonerables, el acreedor mantiene sus acciones contra el deudor y podrá seguir promoviendo la ejecución de estos tanto judicial como extrajudicialmente.

Esta última precisión pone de manifiesto que el nuevo sistema se aparta del anterior, donde el crédito no exonerable quedaba sometido también al plan de pagos conforme a lo que disponía el art. 493 del TRLC en su redacción inicial, mientras que el nuevo somete al plan de pagos los créditos exonerables, y deja al margen de éste a los no exonerables, los cuales podrán ser exigidos por los acreedores, como más arriba se ha expuesto.

El nuevo sistema establecido responde, por tanto, a una opción legislativa en la cual subyace un criterio tendente a la protección y al blindaje de la deuda no exonerable, y en especial la de Derecho Público. Sin embargo, la Directiva no impone un modelo que permita la ejecución separada de los créditos no exonerables.

Esta norma, entiende CUENA CASAS[107], solo es aplicable a la exoneración con plan de pagos y en el caso de que el deudor opte por la liquidación y concluya el proceso con la exoneración, los acreedores por pasivo no exonerable podrán ejercitar sus derechos ante el juzgado competente y no ante el juez del concurso.

6.3.2. Efectos de la exoneración respecto de los bienes conyugales comunes

La institución del matrimonio, además del vínculo afectivo y familiar que conlleva, se asienta sobre una base económica; se crea una nueva realidad jurídica al momento de la unión de los cónyuges, dando lugar al nacimiento de un régimen económico matrimonial. El matrimonio, en su vertiente económica y patrimonial, presenta elementos singulares en el supuesto de insolvencia de cualquiera de los cónyuges[108].

---

107 CUENA CASAS, Matilde, *Efectos de la exoneración sobre los acreedores* (art. 490), en Comentario a la Ley Concursal, PULGAR EZQUERRA dir., La Ley, Las Rozas (Madrid), 3ª edición, 2023, tomo 2º, pág. 331.

108 DAMAS ALMAGRO, Sofía, *El concurso de persona física casada en régimen de gananciales*, Revista de Estudios Jurídicos, https://revistaselectronicas.ujaen.es/index.php/rej/article/view/8254/8207, 2 de nov. de 24.

Para iniciar el estudio de los efectos que la exoneración del pasivo insatisfecho produce con respecto a los bienes conyugales comunes, conviene recordar que, dentro de las normas reguladoras de la masa activa del concurso, nos encontramos con el art. 193. 2 del TRLC el cual dispone:

> *Si el régimen económico del matrimonio fuese el de sociedad de gananciales o cualquier otro de comunidad de bienes, se incluirán en la masa, además, los bienes gananciales o comunes cuando deban responder de obligaciones del concursado.*

Pero, como contrapartida de lo dispuesto por el precepto precedentemente reproducido, el art. 251. 2 del mismo texto legal señalado, establece:

> *En caso de concurso de persona casada en régimen de gananciales o cualquier otro de comunidad de bienes, los créditos contra el cónyuge del concursado, que sean, además, créditos de responsabilidad de la sociedad o comunidad conyugal, quedarán de derecho integrados en la masa pasiva.*

En la composición de la masa activa se ha de tener en cuenta el art. 1.347 del CC que regula cuales son los bienes gananciales; y por exclusión, el art. 1346 del mismo cuerpo legal el cual señala cuáles son privativos de cada uno de los cónyuges. Y ello sin olvidar la presunción de ganancialidad contenida en el art. 1361 del CC, según la cual se presumen gananciales los bienes existentes en el matrimonio mientras no se pruebe que pertenecen privativamente a uno de los cónyuges. También, debemos tener en consideración lo dispuesto por el art. 1.369 del CC según el cual *De las deudas de un cónyuge que sean, además, deudas de la sociedad responderán también solidariamente los bienes de ésta.*

Señala el Preámbulo (IV) de la LRTRLC como:

> *Se mantiene el derecho vigente en cuanto a los efectos de la exoneración respecto de los acreedores, los bienes conyugales comunes del deudor, y otros obligados solidarios y fiadores, si bien se amplía este último ámbito a los aseguradores y a quienes, por disposición contractual o legal, vienen obligados a satisfacer total o parcialmente deuda exonerada, de tal forma que la exoneración no*

afectará a los derechos de los acreedores frente a estos colectivos. En sintonía con la regla de responsabilidad del cónyuge contratante de deudas conyugales prevista en el Código Civil, se aclara que la exoneración de deudas conyugales comunes contratadas por ambos cónyuges o por el cónyuge del concursado no beneficia a este, salvo que obtenga él mismo el beneficio de la exoneración.

Las particularidades que plantea el concurso de la persona casada en régimen de gananciales trascienden en el régimen de la exoneración del pasivo insatisfecho.

De las reglas de estos supuestos, de las cuales en la redacción originaria del TRLC se ocupaba el art. 501, tras la reforma ha pasado al art. 491, que mantiene el mismo título de *Efectos de la exoneración respecto de los bienes conyugales comunes*, el cual da una nueva redacción al precepto, pasando a disponer:

Si el concursado tuviere un régimen económico matrimonial de gananciales u otro de comunidad y no se hubiere procedido a la liquidación de ese régimen, la exoneración del pasivo insatisfecho que afecte a deudas gananciales contraídas por el cónyuge del concursado o por ambos cónyuges no se extenderá a aquel, en tanto no haya obtenido él mismo el beneficio de la exoneración del pasivo insatisfecho.

Dicho de otro modo, se afirma por alguna autora[109], *la deuda no se exonera, sólo se exonera al deudor que ha obtenido el beneficio de la exoneración. El cónyuge no exonerado sigue obligado al pago.*

Este art. 491 del TRLC clarifica los efectos de la exoneración respecto de los bienes conyugales comunes: en sintonía con la regla de la responsabilidad del cónyuge contratante respecto de las deudas conyugales bajo el régimen de gananciales establecido en el art. 1365 del CC o de otro tipo de comunidad no liquidado, se aclara que la exoneración de deudas conyugales comunes contratadas por ambos cónyuges o por el cónyuge del concursado no beneficia a éste, salvo que él mismo obtenga el beneficio de la exoneración.

---

109 DAMAS ALMAGRO, *El concurso de persona física casada en régimen de gananciales*, *ob. cit.*

Parece necesario advertir como, con la supresión de los arts. 6 y 7 del Código de Comercio por la disp. der de la LRTRLC y la modificación del último inciso del art. 1365 del CC por la disp. fin. 11.3 de la misma Ley[110], se amplió la responsabilidad de los bienes gananciales por deudas contraídas en el ejercicio ordinario de la profesión, arte u oficio, y de ese modo se dota de mayor amplitud al ámbito de aplicación del art. 491 del TRLC.

6.3.3. Efectos de la exoneración sobre obligados solidarios, fiadores, avalistas, aseguradores y quienes, por disposición legal o contractual, tengan obligación de satisfacer la deuda afectada por la exoneración

Sin duda alguna, resulta de una gran importancia práctica la determinación de los efectos que la concesión del EPI al deudor produce sobre los obligados solidariamente con el deudor y frente a sus fiadores, avalistas, aseguradores, hipotecante no deudor o quienes, por disposición legal o contractual, tengan obligación de satisfacer todo o parte de la deuda exonerada, cuestión que habrá de plantearse en la práctica en gran número de supuestos.

El legislador concursal dispensa el mismo tratamiento a todos ellos, tanto si el EPI le ha sido otorgado al deudor por la vía de un plan de pagos como si lo ha sido por la de la liquidación de la masa activa, así como con independencia de que éste sea o no empresario.

A este respecto, en la regulación actualmente vigente se reproduce con algunos cambios la regla que ya se contenía en el art. 502 del TRLC en su redacción original, procedente del art. 178 bis. 5 de la LC, en el art. 492.1 del TRLC, en la redacción que le fue dada por el art único.130 de la LRTRLC, el cual establece:

---

[110] Artículo 1365 del CC: *Los bienes gananciales responderán directamente frente al acreedor de las deudas contraídas por un cónyuge:*
1.° En el ejercicio de la potestad doméstica o de la gestión o disposición de gananciales, que por ley o por capítulos le corresponda.
2.° En el ejercicio de la profesión, arte u oficio o en la administración ordinaria de los propios bienes.

> *1. La exoneración no afectará a los derechos de los acreedores frente a los obligados solidariamente con el deudor y frente a sus fiadores, avalistas, aseguradores, hipotecante no deudor o quienes, por disposición legal o contractual, tengan obligación de satisfacer todo o parte de la deuda exonerada, quienes no podrán invocar la exoneración del pasivo insatisfecho obtenido por el deudor.*

La nueva redacción del precepto introduce cambios en la relación de los sujetos a los que no afecta la exoneración. El texto anterior del art. 502 del TRLC se refería únicamente a los obligados solidariamente con el deudor, sus fiadores o avalistas, a diferencia del actual art. 492 que señala a los obligados solidariamente con el deudor, a sus fiadores, avalistas, aseguradores, hipotecante no deudor o quienes, por disposición legal o contractual, tengan obligación de satisfacer todo o parte de la deuda exonerada.

Se ha sostenido[111] que:

> *A pesar de que el precepto reproducido habla de "extinción por razón de la exoneración" de los créditos concedidos, debemos entender que no nos hallamos en puridad ante un supuesto de extinción objetiva, sino de "inexigibilidad objetiva" de la deuda. En una correcta comprensión del funcionamiento de la exoneración y de sus efectos, cabe sostener que el crédito no se extingue, sino que deviene inexigible exclusivamente frente al exonerado.*

En relación con la citada postura, se señala por otra autora[112] que no se entiende bien la contundencia de esta afirmación carente de criterio de interpretación y basándose en un hecho que evidencia lo contrario. De ser las cosas como relata la autora citada, no sería precisa una norma referida a la extensión de la exoneración a los garantes.

---

[111] FACHAL NOGUER, Nuria, "¿Cuáles son los efectos que proyecta la exoneración del pasivo insatisfecho sobre los garantes?", La Ley insolvencia, núm. 11, abril-junio 2022.

[112] CUENA CASAS, Matilde, *Efectos de la exoneración sobre obligados solidarios, fiadores, avalistas, aseguradores y quienes, por disposición legal o contractual, tengan obligación de satisfacer la deuda afectada por la exoneración* (art. 492), en Comentario a la Ley Concursal, PULGAR EZQUERRA dir., Ed. La Ley, Las Rozas (Madrid), 3ª edición, 2023, tomo 2º, pág. 337.

La regla que recoge este precepto es lógica y confirma la idea de que la exoneración produce la extinción del derecho de crédito. Precisamente porque hay extinción, se excepciona el principio de accesoriedad de la garantía[113].

De conformidad con el art. 492.1 del TRLC anteriormente reproducido, producida la exoneración en favor del deudor principal, podrá el acreedor dirigirse contra *los obligados solidariamente con el deudor y frente a sus fiadores, avalistas, aseguradores, hipotecante no deudor o quienes, por disposición legal o contractual, tengan obligación de satisfacer todo o parte de la deuda exonerada*, ninguno de los cuales podrá invocar la exoneración obtenida por el deudor.

Lo citado constituye una excepción legal al principio de accesoriedad de la garantía que establece el art. 1847 del CC, la cual resulta lógica teniendo en consideración que la finalidad de toda garantía es que el acreedor pueda reclamar al fiador en caso de no poder cobrar del deudor principal.

Para atender al problema que se plantea cuando el garante atiende al pago de un crédito afectado por la EPI, en cuyo supuesto procederían las acciones de reembolso y subrogación que establecen los arts. 1838 y 1839 del CC, el art. 492.2 del TRLC dispone:

> *Los créditos por acciones de repetición o regreso quedarán afectados por la exoneración con liquidación de la masa activa o derivada del plan de pagos en las mismas condiciones que el crédito principal. Si el crédito de repetición o regreso gozare de garantía real será tratado como crédito garantizado.*

Esta última mención, relativa al crédito de repetición que goza de garantía real, se refiere a los supuestos en que es el propio crédito de repetición el garantizado.

La inclusión del hipotecante no deudor dentro del elenco de obligados a los que no afecta la exoneración constituye una nove-

---

113 CUENA CASAS, art. 490, en ComLC, PULGAR EZQUERRA dir., *ob. cit.*, 3ª ed., tomo 2º, pág. 326.

dad fruto de la aceptación de dos enmiendas presentadas durante la tramitación de la LRTRLC en el Congreso de los Diputados[114].

Con ello se acoge por el legislador la doctrina contenida en la RDGRN de 10 de diciembre de 2019, en el recurso interpuesto contra la nota de calificación del registrador de la propiedad de Castelldefels, por la que suspende la cancelación de una hipoteca (EDD 2019/833086), en la cual se afirma:

> *En definitiva, no puede afirmarse que la extinción de la deuda derivada de la concesión del beneficio de exoneración del pasivo insatisfecho sea absoluta ni definitiva. No es absoluta porque sólo afecta al deudor concursado. La ley tiene en cuenta la situación individual del deudor y su comportamiento, y* ***sólo frente a él resulta inexigible la deuda****, pero no frente a otros obligados solidarios o frente a sus fiadores o avalistas, respecto de los que el acreedor conservará todos sus derechos. Y tampoco puede afirmarse que se trate de una extinción definitiva, pues durante un plazo de cinco años podrá solicitarse del juez la revocación del beneficio, en cuyo caso los acreedores recuperan la plenitud de sus acciones frente al deudor para hacer efectivos los créditos no satisfechos a la conclusión del concurso. Por ello parece más acertado hablar de exoneración inmediata en contraposición a la exoneración diferida en el tiempo, en lugar de exoneración definitiva y exoneración provisional, para referirse a las dos alternativas que prevé la ley en los ordinales cuarto y quinto del apartado 3 del artículo 178 bis Ley Concursal* (la negrita es nuestra).

6.3.4. Efectos de la exoneración sobre las deudas con garantía real

Hemos visto anteriormente como el art. 489.1.8 del TRLC declara no exonerables las deudas con garantía real, *sean por principal, intereses o cualquier otro concepto debido, dentro del límite del privilegio especial.*

Lo regulado por el precepto citado se complementa con lo establecido más adelante en el art. 492 bis del mismo cuerpo legal, el cual se refiere a los *Efectos de la exoneración sobre las deudas con*

114 Enmienda núm. 227 del Grupo Parlamentario Republicano y 288 del Grupo parlamentario Plural.

garantía real y parte de la hipótesis de que la deuda garantizada exceda del valor del bien gravado.

Se trata del supuesto de una hipoteca o cualquier otro derecho real que, por errores en la tasación o por cualquier otro motivo, tras la ejecución de la garantía queda pendiente un remanente de deuda. De regular la situación que se produce cuando en el concurso de acreedores una deuda garantizada con hipoteca u otra garantía real supera el valor del bien gravado, se ocupa el art. 492 bis del TRLC.

El precepto desarrolla tres diferentes situaciones: el alcance de la exoneración cuando se ha producido la ejecución de la garantía; el alcance de la exoneración cuando no se ha producido la ejecución de la garantía; y el supuesto especial de revocación de la exoneración de las deudas con garantía real.

De normar la primera de las materias señaladas, es decir, el alcance de la exoneración cuando se ha producido la ejecución de la garantía, se ocupa el art. 492 bis. 1 del TRLC, disponiendo:

> *Cuando se haya ejecutado la garantía real antes de la aprobación provisional del plan o antes de la exoneración en caso de liquidación, solo se exonerará la deuda remanente.*

Así pues, de acuerdo con lo establecido en el precepto reproducido, en el supuesto de que la garantía real se haya ejecutado antes de la aprobación provisional del plan o antes de la exoneración en caso de liquidación, el remanente de deuda que pueda quedar tras la ejecución se considerará como pasivo exonerable.

A continuación, el art. 492 bis. 2 del TRLC regula el alcance de la exoneración cuando no se ha producido la ejecución de la garantía y el deudor sigue abonando el préstamo hipotecario, acogiéndose al itinerario del plan de pagos y, en consecuencia, no se produce el vencimiento anticipado, que dispone el art. 414 del texto legal citado, estableciendo que:

> *En el caso de deudas con garantía real cuya cuantía pendiente de pago cuando se presenta el plan exceda del valor de la garantía*

calculado conforme a lo previsto en el título V (de la masa pasiva) *del libro primero se aplicarán las siguientes reglas:*

1.ª Se mantendrán las fechas de vencimiento pactadas, pero la cuantía de las cuotas del principal y, en su caso, intereses, se recalculará tomando para ello solo la parte de la deuda pendiente que no supere el valor de la garantía. En caso de intereses variables, se efectuará el cálculo tomando como tipo de interés de referencia el que fuera de aplicación conforme a lo pactado a la fecha de aprobación del plan, sin perjuicio de su revisión o actualización posterior prevista en el contrato.

2.ª A la parte de la deuda que exceda del valor de la garantía se le aplicará lo dispuesto en el artículo 496 bis y recibirá en el plan de pagos el tratamiento que le corresponda según su clase. La parte no satisfecha quedará exonerada de conformidad con lo dispuesto en el artículo 500.

De esa forma, a efectos concursales, en este supuesto se divide la deuda hipotecaria en dos partes, diferenciando entre: la cubierta por el valor de la garantía y la que excede de dicho valor.

La deuda que excede del valor de la garantía se considera deuda exonerable y pasa a formar parte del plan de pagos, suspendiéndose el devengo de intereses, al igual que acontece con todo el pasivo exonerable (art. 496 bis del TRLC *Vencimiento e intereses*).

Se ha manifestado[115] que este sistema genera un incentivo a este itinerario para los deudores puesto que si se acogen al plan de pagos pueden reestructurar su deuda hipotecaria, siempre claro está que sea una hipoteca de alto riesgo (para el acreedor), es decir, que la cantidad de deuda hipotecaria supera el valor de la garantía, lo que, se afirma, merece una valoración muy positiva.

En el ejemplo de los concursos sin masa, regulados en el art. 37 bis d) del TRLC, el art. 501 del mismo texto legal permite al deudor solicitar la exoneración cuando no su hubiera acordado

---

115 CUENA CASAS, Matilde, *Efectos de la exoneración sobre las deudas con garantía real* (art. 492 bis), en Comentario a la Ley Concursal, PULGAR EZQUERRA dir., Ed. La Ley, Las Rozas (Madrid), 3ª edición, 2023, tomo 2º, págs. 347 y sig.

la liquidación. Si no se abre la fase de liquidación, no hay vencimiento anticipado de la obligación y si el deudor sigue pagando el préstamo con garantía real, generalmente hipotecario, parece deducirse del tenor literal de las normas citadas que podría obtener la exoneración sin liquidación. Cabe plantearse si es posible aplicar el art. 492 bis del TRLC a esta modalidad.

Resulta preciso advertir, respecto de la problemática que en este supuesto habrá de plantearse la determinación de la parte de la deuda pendiente de pago que exceda del valor de la garantía, a la cual *se le aplicará lo dispuesto en el artículo 496 bis y recibirá en el plan de pagos el tratamiento que le corresponda según su clase.*

De acuerdo con lo que dispone el propio precepto, el valor de la garantía se calculara *conforme a lo previsto en el título V del libro primero*, el cual, como sabemos, regula la masa pasiva. Dentro de éste, parece que habremos de acudir a la subsección 1ª, de la sec. 2ª, del cap. III, del tít. V del lib. I del TRLC, en el que se regulan los créditos con privilegio especial y, dentro de esta principalmente al art. 273 del mismo texto legal que se ocupa de la *Determinación del valor razonable.*

Es preciso destacar como el legislador, ha establecido por remisión los criterios de valoración de la garantía, pero no ha previsto un procedimiento para la determinación de la parte de deuda pendiente que supere el valor de la garantía.

Atendiendo a la regulación de los concursos sin masa, parece que la única vía de que habrán de disponer los acreedores para combatir la valoración de la garantía será la de solicitar el nombramiento de administrador concursal, con lo que ello supone, para tratar de conseguir que se dicte el auto complementario que regula el art. 37 quinquies del TRLC.

Por último, el art. 492 bis. 3 del TRLC regula un supuesto especial, el de la revocación de la exoneración. señalando:

> *Cualquier exoneración declarada respecto de una deuda con garantía real quedará revocada por ministerio de la ley si, ejecutada la garantía, el producto de la ejecución fuese suficiente para satisfacer, en todo o en parte, deuda provisional o definitivamente exonerada.*

Así pues, si en un futuro se ejecuta la garantía y se obtiene por la misma un valor superior al tenido en cuenta en el plan de pagos, de forma que se hubiera podido satisfacer toda o un mayor porcentaje de la deuda, cualquier exoneración declarada respecto de una deuda con garantía real quedará revocada por ministerio de la ley.

Este precepto, del nuevo art. 492 bis, así como el art. 489.1.8 ambos del TRLC, relativos a los efectos de la exoneración sobre las deudas con garantía real, se inspiran en el principio de que están excluidas de la exoneración hasta el valor de la garantía, es decir, circunscriben los efectos de la exoneración de las deudas con garantía real a *la cuantía pendiente de pago que exceda del valor de la garantía.*

Con ello se deducen las consecuencias oportunas de lo previsto en el Derecho de la UE, concretamente del art. 23.4 de la Directiva sobre reestructuración e insolvencia, el cual permite a los Estados miembros excluir las deudas garantizadas de la exoneración y su considerando núm. 81 precisa que esta posibilidad debe admitirse *solo hasta la cuantía del valor de la garantía que determine la norma nacional, mientras que el resto de la deuda debe considerarse deuda no garantizada.*

Llama la atención la circunstancia de que no se pone plazo para el ejercicio de la acción de revocación, pudiendo afectar tanto a la provisional como a la definitiva, lo que es criticado por la doctrina[116], a nuestro juicio, con razón.

6.3.5. Efectos de la exoneración respecto de sistemas de información crediticia

La reciente reforma del TRLC ha atendido a un problema que resulta muy relevante para poder lograr la reintegración financiera del concursado.

---

116 CUENA CASAS, art. 492 bis, en ComLC, PULGAR EZQUERRA dir., 3ª edición, tomo 2º, pág. 350.

En efecto, como se incluye en el Preámbulo (IV) de la LR-TRLC:

> *Para estimular la pronta reincorporación del deudor exonerado a la vida económica, la sentencia judicial que declare la exoneración supondrá mandamiento a los acreedores afectados por la exoneración para que informen de la exoneración a los sistemas de información crediticia a los que previamente hubieran comunicado el impago o mora de deuda exonerada, al objeto de la actualización de sus registros. El deudor podrá igualmente recabar testimonio de la resolución judicial para dirigirse directamente a los sistemas de información crediticia y requerir la actualización.*

Como sabemos, un Servicio de Información Crediticia fiable es una herramienta fundamental para alcanzar la estabilidad del sistema financiero, pues facilita el cumplimiento de la obligación del prestamista de evaluar la solvencia del eventual prestatario.

De acuerdo con el denominado principio de exactitud, recogido en el art. 5.1 d) del Reglamento (UE) 2016/679 del Parlamento Europeo y del Consejo de 27 de abril de 2016, relativo a la protección de las personas físicas en lo que respecta al tratamiento de datos personales y a la libre circulación de estos datos y por el que se deroga la Directiva 95/46/CE (Reglamento general de protección de datos), *los datos personales serán: exactos y, si fuera necesario, actualizados; se adoptarán todas las medidas razonables para que se supriman o rectifiquen sin dilación los datos personales que sean inexactos con respecto a los fines para los que se tratan (exactitud).*

Extinguida la obligación de pago del deudor por consecuencia del otorgamiento de la EPI procede la rectificación de los SIC por aplicación de la regulación de la protección de datos.

En consecuencia, de lo señalado respecto a la posible aplicación de la regulación legal en materia de protección de datos se desprende que, no hacía falta que la legislación concursal se ocupara de esta cuestión, no obstante, lo cual, el art. 492 ter. 1 del TRLC refuerza este derecho de rectificación, al disponer:

> *La resolución judicial que apruebe la exoneración mediante liquidación de la masa activa o la exoneración definitiva en caso de*

> *plan de pagos incorporará mandamiento a los acreedores afectados para que comuniquen la exoneración a los sistemas de información crediticia a los que previamente hubieran informado del impago o mora de deuda exonerada para la debida actualización de sus registros.*

Como puede observarse, el precepto no utiliza la terminología tradicional de fichero de insolvencia patrimonial, sino el de *sistemas de información crediticia,* del art. 20 de la Ley Orgánica 3/2018, de 5 de diciembre, de Protección de Datos Personales y garantía de los derechos digitales, lo cual no habrá de inducir a error.

Sin duda, atendiendo a la posibilidad de que los acreedores afectados desatiendan este mandato y a que la subsistencia de estos datos negativos de solvencia en los SIC podría seguramente dificultar la obtención de financiación futura para el concursado, el precepto otorga también legitimación para requerir esta actualización al concursado, al disponer en su núm. 2°: *El deudor podrá recabar testimonio de la resolución para requerir directamente a los sistemas de información crediticia la actualización de sus registros para dejar constancia de la exoneración.*

6.4. Revocación de la exoneración

Señaló el dictamen del Consejo de Estado acerca del Anteproyecto de LRTRLC[117] como:

> *La posibilidad de revocar la exoneración obtenida por el deudor insolvente está contemplada en el artículo 23.1 de la Directiva 2019/1023, que faculta a los Estados miembros para mantener o introducir disposiciones que prevean dicha revocación en el caso de que "haya actuado de forma deshonesta o de mala fe, según la normativa nacional, respecto a los acreedores en el momento de endeudarse, durante el procedimiento de insolvencia o durante el pago de la deuda,*

---

[117] https://www.mjusticia.gob.es/es/AreaTematica/ActividadLegislativa/Documents/Dictamen%20CE%20firmado%20APL%20Concursal.pdf, consulta de 12 de agosto de 2024, págs. 57 y sigs.

Dentro de la sec. 2ª, en la cual se regula los elementos comunes de la exoneración, del cap. 2ª, del tít. XI, del lib. I, la subsección 4ª, compuesta por los arts. 493, 493 bis y 493 ter, del TRLC, se ocupa de la revocación de la exoneración, que resulta de aplicación cualquiera que sea el itinerario escogido por el deudor para alcanzar el EPI, la liquidación o el plan de pagos, a diferencia de la regulación anterior, en la cual las causas de revocación de la exoneración eran diferentes en función de que el deudor abonara el umbral mínimo de pasivo o se acogiera a un plan de pagos.

Sin embargo, la uniformidad no es absoluta dado que, como analizaremos a continuación, el art. 499 ter del TRLC regula causas específicas de revocación aplicables cuando el deudor se acoge a la modalidad de plan de pagos y el art. 492. bis. 3 del mismo cuerpo legal afecta a la exoneración de la deuda garantizada respecto de la parte que exceda al valor de la garantía.

Se ha destacado en la doctrina[118] cómo la exoneración obtenida tras la liquidación tiene carácter definitivo, a diferencia del carácter provisional de la obtenida inicialmente en la modalidad de plan de pagos. Técnicamente, la revocación es una causa de ineficacia de actos definitivos, por lo cual no parece un remedio adecuado para el caso de la obtenida mediante un plan de pagos, en el que la exoneración es provisional. En este último caso, en el supuesto de que aconteciera uno de los hechos configurados como causas de revocación, parece que habría sido más razonable que fueran hechos impeditivos para la obtención de la exoneración definitiva.

6.4.1. Supuestos de revocación de la concesión de la exoneración

Para comenzar resulta conveniente destacar que la revocación de la exoneración debe regularse sobre la base de *circunstancias*

---

118 CUENA CASAS, Matilde, *Supuestos de revocación de la concesión de la exoneración* (art. 493), en Comentario a la Ley Concursal, PULGAR EZQUERRA dir., Ed. La Ley, Las Rozas (Madrid), 3ª edición, 2023, tomo 2º, pág. 358.

bien definidas y *debidamente justificadas*, por disponerlo así el art. 23.2 de la Directiva sobre reestructuración e insolvencia. Por ello, los Estados miembros están obligados a concretar con precisión los supuestos en que la misma procede.

Atendiendo a lo dispuesto por la Directiva, afirma el Preámbulo (IV) de la LRTRLC como:

> *La exoneración puede ser revocada totalmente si se acreditase la ocultación por el deudor de bienes, derechos o ingresos. Se mantiene la revocación de la exoneración en caso de mejora sustancial de la situación económica del deudor, no solo para la modalidad de exoneración con plan de pagos (como en el derecho hasta ahora vigente), sino también en caso de exoneración con liquidación, siempre que esa mejora ocurra en los tres años siguientes y tenga causa en herencia, legado o donación, juego de suerte, envite o azar. Si la mejora de fortuna permitiera solo el pago de parte de la deuda exonerada, la revocación será parcial. Este régimen se considera compatible con el objetivo macroeconómico básico de la segunda oportunidad, ya que la mejora de fortuna se acota temporalmente y por referencia solo a circunstancias de azar o con causa gratuita y adicionalmente, y al contrario que en el derecho hasta ahora vigente, la revocación de la exoneración se produce únicamente respecto a la deuda exonerada que pueda satisfacerse con esa mejora de fortuna.*

De regular los supuestos de revocación de la concesión de la exoneración se ocupa el art. 493 del TRLC, modificado por el art único. 130 de la LRTRLC, el cual comienza señalando que la legitimación para el ejercicio de la acción de revocación **corresponde al acreedor afectado por la exoneración** y la competencia para conocer de la misma al juez del concurso.

La legitimación pasiva corresponde al deudor, sin intervención del administrador concursal, el cual habrá cesado en sus funciones, dado que esta acción se plantea cuando ya se ha dictado el auto de conclusión, con la concesión de la EPI.

Siguiendo la senda marcada en el Preámbulo, como analizaremos a continuación, el art. 493.1 del TRLC recoge tres distintos supuestos, de los cuales el primero (ocultación por el deudor de bienes, derechos o ingresos) y el tercero (sentencia penal o resolución administrativa firme que condene o sancione al deudor por determinados delitos o infracciones dentro de los tres años siguientes) guardan relación con la actuación deshonesta o de mala fe del insolvente, mientras que el segundo (mejora de la situación económica del deudor por herencia, legado o donación o por juego de suerte, envite o a azar dentro de los tres años siguientes) está ligado a su eventual mejora de fortuna.

En efecto, de conformidad con lo que dispone el art. 493.1 del TRLC procede *la revocación de la exoneración del pasivo insatisfecho en los siguientes casos:*

> *1.º Si se acreditara que el deudor ha ocultado la existencia de bienes, derechos o ingresos.*

Se mantiene el supuesto consistente en la ocultación de la existencia de bienes, derechos o ingresos que ya anteriormente se preveía en el art. 492.1 del TRLC en su redacción inicial, pero se ha suprimido la salvedad de su carácter inembargable conforme a la LECiv, así como el plazo de cinco años para constatar esta circunstancia que contenidas en la norma anterior.

Esta causa de revocación, cuyo tenor mira al pasado y se refiere a la no inclusión por el deudor de bienes, derechos o ingresos en la masa activa de su solicitud, era la única existente en la legislación derogada.

Hay que señalar que no resulta raro que durante la precrisis se lleve a cabo esta ocultación de bienes, derechos o ingresos por el deudor común, cuya prueba, por lo general, habrá de resultar extremadamente difícil para los acreedores afectados por la exoneración, dado que no suelen disponer de más información que la contenida en la solicitud del concurso.

Nada se indica respecto a la forma en que habrá de efectuarse la ocultación, por lo cual cabe cualquier hipótesis siempre que los bienes, derechos o ingresos que debían formar parte de la masa activa del concurso no lleguen a integrarla, lo cual se consigue por el deudor generalmente a través de contratos simulados, ingresos no declarados, gastos ficticios, etc.

Los bienes ocultados son aquellos que debían formar parte de la masa activa por pertenecer al deudor cuando se produjo la declaración del concurso. No se establece por la norma ningún límite cuantitativo respecto del valor de lo ocultado, por lo tanto, podría entenderse que aun cuando este sea muy escaso permitirá justificar la revocación de la exoneración del pasivo insatisfecho.

> *2.º Si, durante los tres años siguientes a la exoneración con liquidación de la masa activa, o a la exoneración provisional, en caso de plan de pagos, mejorase sustancialmente la situación económica del deudor por causa de herencia, legado o donación, o por juego de suerte, envite o azar, de manera que pudiera pagar la totalidad o al menos una parte de los créditos exonerados. En caso de que la posibilidad de pago fuera parcial, la revocación de la exoneración solo afectará a esa parte.*

Antes de la reforma introducida por la LRTRLC, el art. 498.2 del TRLC ya preveía que cualquier acreedor concursal, durante el plazo fijado para el cumplimiento del plan de pagos, estaba legitimado para solicitar del juez del concurso la revocación de la concesión provisional del BEPI, *Si mejorase sustancialmente la situación económica del deudor por causa de herencia, legado o donación, o por juego de suerte, envite o azar, de manera que, sin detrimento de la obligación de satisfacer alimentos, pudiera pagar todos los créditos exonerados.*

Indica, a este respecto, el dictamen del Consejo de Estado sobre el Anteproyecto de LRTRLC[119] como:

> *Además de la revocación de la exoneración por actuación deshonesta o de mala fe del deudor insolvente, el considerando 80 de la Directiva 2019/1023 precisa que "los Estados miembros deben poder disponer que se pueda revocar el beneficio de esa exoneración si, por ejemplo, la situación financiera del deudor mejora de forma significativa debido a circunstancias inesperadas, como ganar un premio de lotería o recibir una herencia o una donación". Este supuesto de revocación, que nada tiene que ver con la ac-*

[119] https://www.mjusticia.gob.es/es/AreaTematica/ActividadLegislativa/Documents/Dictamen%20CE%20firmado%20APL%20Concursal.pdf, consulta de 19 de julio de 2024, págs. 67 y sigs.

tuación deshonesta o de mala fe del deudor insolvente, no se ha trasladado de la parte dispositiva de la Directiva, aunque se trata indudablemente de una posibilidad admitida por el Derecho de la Unión Europea, a la vista del transcrito considerando 80.

La nueva norma ha ampliado su ámbito de aplicación dado que prevé la revocación de la EPI a todo deudor, no solo si ha obtenido la exoneración por la modalidad de plan de pagos, como en el derecho anterior a la reforma, sino también en caso de exoneración con liquidación, y no requiere que el deudor pueda pagar la totalidad de los créditos exonerados.

Asimismo, ha suprimido la exigencia de que la posibilidad de pago del deudor tenga lugar *sin detrimento de la obligación de satisfacer alimentos,* contenida en la regulación derogada.

A diferencia de la anteriormente examinada, esta causa mira al futuro dado que atiende a una circunstancia que habrá de originarse con posterioridad a la obtención de la exoneración, definitiva en caso de liquidación y provisional cuando el deudor ha escogido la vía del plan de pagos.

Afirma el precepto que la revocación podrá tener lugar *durante los tres años siguientes a la exoneración con liquidación de la masa activa, o a la exoneración provisional, en caso de plan de pagos,* plazo que resulta acorde con lo dispuesto en el art. 21.1 de la Directiva sobre reestructuración e insolvencia.

3.° Si en el momento de la solicitud estuviera en tramitación un procedimiento penal o administrativo de los previstos en los ordinales 1.° y 2.° del apartado 1 del artículo 487, y dentro de los tres años siguientes a la exoneración en caso de inexistencia o liquidación de la masa activa, o a la exoneración provisional en caso de plan de pagos, recayera sentencia condenatoria firme o resolución administrativa firme.

Constituye una novedad la configuración como causa de revocación de la circunstancia de que recaiga sentencia condenatoria firme o resolución administrativa firme, frente a la regulación anterior en la cual el art. 487.2. 2° del TRLC establecía que, *Si existiera un proceso penal pendiente, el juez del concurso deberá suspender la decisión respecto a la exoneración del pasivo insatisfecho hasta que recaiga resolución judicial firme*, previsión que ha desaparecido después de la reforma.

El legislador en la LRTRLC, a diferencia de la regulación derogada, ha optado por permitir la continuación del procedimiento concursal y la evolución de la exoneración, convirtiendo en causa de revocación la eventual sentencia penal o resolución administrativa condenatoria.

A este respecto el art. 21 de la Directiva sobre reestructuración e insolvencia dispone que los Estados miembros garantizarán que el plazo tras el cual los empresarios insolventes pueden obtener la plena exoneración de sus deudas no sea superior a tres años. Esta es la razón por la cual el art. 493.2 del TRLC dispone que

> *La revocación no podrá ser solicitada una vez transcurridos tres años a contar desde la exoneración con liquidación de la masa activa, o desde la exoneración provisional en caso de plan de pagos.*

En otro orden de cosas, como recuerda el dictamen del Consejo del Poder Judicial sobre el Anteproyecto de LRTRLC[120], la Directiva no establece un catálogo cerrado de causas de exclusión de la exoneración que deba ser recogido por los ordenamientos nacionales, y las circunstancias que, como posibles causas de exclusión —pero también de restricción o de revocación—, enumera el art. 23.2, entre las cuales se encuentra el incumplimiento sustancial de las obligaciones asumidas en virtud de un plan de pagos, tienen carácter meramente ejemplificativo.

El mismo art 23.2 de la Directiva sobre reestructuración e insolvencia, recuérdese también, autoriza a los Estados miembros para mantener o introducir disposiciones que denieguen o restrinjan el acceso a la exoneración o la revoquen o para establecer plazos más largos para su obtención.

---

120 Párrafo 295, pág. 91.

Por tanto, cabe que los Estados miembros no incluyan entre las circunstancias que dan lugar a la revocación de la exoneración el incumplimiento de las obligaciones derivadas de un plan de pagos.

6.4.2. Régimen de la revocación

De manera similar a como anteriormente lo hacía el art. 492.2 del TRLC antes de la reforma, en la regulación actual contenida en el art. 493 bis.1 del mismo cuerpo legal, introducido por el art. único 130 de la LRTRLC, dispone:

> *La solicitud de revocación se tramitará conforme a lo establecido para el juicio verbal.*

Como sabemos, el juicio verbal a cuya regulación se remite el precepto reproducido, es un proceso que busca resolver litigios civiles sencillos o de escasa cuantía económica de forma ágil y se regula en el tít. III, que comprende los arts. 437 a 447, ambos inclusive, del lib. II de la LECiv.

A continuación, el art. 493 bis 2 del TRLC prevé que, *Hasta la celebración de la vista, cualquier acreedor podrá personarse para defender la solicitud de revocación de la exoneración.*

Se ha sostenido por una parte de la doctrina[121], en relación con esta norma que no se entiende muy bien qué interés pueden tener en este procedimiento, ya que ahora los acreedores por crédito no exonerable mantienen vivas sus acciones y no se ven afectados por la exoneración.

---

121 CUENA CASAS, Matilde, *Régimen de la revocación* (art. 493 bis), en Comentario a la Ley Concursal, PULGAR EZQUERRA dir., Ed. La Ley, Las Rozas (Madrid), 3ª edición, 2023, tomo 2º, pág. 361; RUBIO VICENTE, Pedro J., "Impugnación y revocación de la exoneración del pasivo insatisfecho en el Anteproyecto de reforma del Texto refundido de la Ley Concursal", Revista General de Insolvencias y reestructuraciones, núm. 4/2021, pág. 198.

La nueva disposición facilita el ejercicio de esta acción revocatoria, cuyo principal obstáculo es la dificultad probatoria, al prever la facultad de cualquier acreedor afectado por la exoneración de poder solicitar averiguación de bienes a través de los medios electrónicos de los que disponga la Administración de Justicia.

En cuanto a las titularidades de bienes inmuebles y derechos reales, se prevé que podrá solicitarse a través de la página web de registradores, o en cualquier registro de la propiedad. Resulta ociosa la mención de los registros públicos a los cuales obviamente puede acceder libremente estos sujetos.

6.4.3. Efectos de la revocación de la concesión de la exoneración

La revocación de la concesión de la exoneración del pasivo insatisfecho acordada provoca la ineficacia de ésta, es como si no se hubiera producido y, en consecuencia, los créditos frente al deudor que habían sido exonerados siguen vivos y los acreedores pueden ejercitar las acciones correspondientes frente al mismo.

La norma del art. 493 ter del TRLC, redactada por el art único 130 de la LRTRLC, en sus distintos numerales regula los efectos específicos que provoca la revocación del EPI en función de las causas que la originan, distinguiendo:

- En los casos de ocultación de bienes, derechos o ingresos o de que recayera sentencia penal condenatoria o resolución administrativa firme, contemplados en el art. 493. 1. 1 y 3 del TRLC, el juez, en la misma resolución en la que revoque la exoneración, acordará la reapertura del concurso de acreedores con simultánea reapertura de la sección de calificación.
- En el supuesto de mejora sustancial de la situación económica del deudor por causa de herencia, legado o donación, o por juego de suerte, envite o azar, recogido en el art. 493.1.2 del TRLC, el juez dictará auto revocando total o parcialmente la exoneración concedida.

Extrayendo la conclusión lógica de lo establecido anteriormente, el precepto señalado se ocupa de disponer también que en este segundo supuesto los *acreedores recuperarán sus acciones frente al deudor para hacer efectivos los créditos no satisfechos a la conclusión del concurso.*

Por último, el art. 493 ter. 3 del TRLC indica que la resolución en la que se revoque total o parcialmente la exoneración se notificará a los acreedores personados en el concurso de acreedores del deudor a los que pudiera beneficiar.

6.5. Efectos del pago por terceros de deuda no exonerable o no exonerada

De regular los efectos que origina el pago por terceros de la deuda no exonerable o no exonerada se ocupa la subsección 5ª, última de la sec. 2ª, del cap. 2º, del tít. XI del lib. I, del TRLC, compuesta exclusivamente por el art. 494.

Conviene recordar que el pasivo no exonerable es el señalado en el art. 489 del TRLC, anteriormente analizado, el cual regula la extensión de la exoneración.

La norma citada del art. 494 del TRLC complementa lo dispuesto anteriormente en el art. 492 de igual texto legal. Mientras este último se refiere a la deuda exonerable y regula los derechos que pudiera tener el acreedor cuya deuda ha sido exonerada frente a fiadores o garantes de esta, el primero se ocupa de regular la deuda no exonerable, es decir, la regulada en el art. 489, y se enfoca desde la perspectiva de los deudores[122].

Dispone el citado art. 494 del TRLC, añadido por el art único. 130 de la LRTRLC, rotulado *Efectos del pago por terceros de deuda no exonerable o no exonerada*:

---

122 CUENA CASAS y FERNANDEZ SEIJO, *La exoneración del pasivo insatisfecho en el concurso de acreedores de persona física, ob. cit.* pág. 146.

Quienes, por disposición legal o contractual, tengan obligación de pago de la totalidad o parte de deuda no exonerable o no exonerada, adquirirán por el pago los derechos de repetición, regreso y subrogación frente al deudor y frente a los obligados solidariamente con el deudor, sus fiadores, avalistas, aseguradores y demás obligados por causa legal o contractual respecto de la deuda.

Por último, la regla señala como lo previsto anteriormente se aplicará igualmente, en los términos establecidos en la legislación civil, en caso de pago voluntario hecho por tercero de deuda no exonerable o no exonerada.

Enseña el dictamen del Consejo de Estado sobre el Anteproyecto de LRTRLC[123] como:

La regulación se ajusta a los principios de derecho común aplicables al pago por tercero establecidos en el Código Civil —se ocupa de este el art. 1158 del CC—*, de los que el mencionado precepto es solo reflejo.*

7. DE LAS MODALIDADES DE LA EXONERACIÓN

De las distintas modalidades, a través de las cuales puede el deudor solicitar la exoneración del pasivo insatisfecho, se ocupa la sec. 3ª, compuesta por los arts. 495 a 502, ambos inclusive, del cap. 2º, del tít. XI, del lib. I, dividida en dos subsecciones, cada una de las cuales regula una de las diferentes formas de obtener la EPI: la primera, mediante un plan de pagos y la segunda, con liquidación de la masa activa.

7.1. Exoneración con plan de pagos

La introducción de un itinerario que permite al deudor obtener el EPI sin necesidad de liquidar previamente su patrimonio y, como señala en su Preámbulo, *con un plan de pagos, permitiendo así que este conserve su vivienda habitual y sus activos empresariales,* es una

[123] Ver pág. 70.

de las más importantes novedades introducidas por la reciente LRTRLC, pues incentiva la declaración temprana del concurso, cuando aún se dispone de masa activa, lo que facilita una mayor satisfacción de los créditos de los acreedores.

El nuevo sistema adoptado nada tiene que ver con el precedente regulado en la sec. 3ª, rotulada *Del régimen especial de exoneración por la aprobación de un plan de pagos*, integrada por los arts. 493 a 499, ambos inclusive, del cap. 2º, del tít. XI, del lib. I del TRLC previo a la reforma.

En el régimen anterior a la última reforma, a diferencia del actual, después de liquidar su patrimonio, cuando no reuniera el presupuesto objetivo establecido para el régimen general que regulaba su art. 488[124], se imponía al deudor un plan de pagos en el que se incluía todo el pasivo no exonerable que actuaba como umbral del pasivo mínimo.

Por el contrario, tras la reforma introducida por la LRTRLC, en esta modalidad no hay liquidación del patrimonio del deudor, ni umbral de pasivo mínimo, sino una restructuración de su pasivo que debe necesariamente cumplir, por entenderse que tiene o tendrá capacidad económica para hacerlo.

En principio, el juez impone un plan de pagos que ha sido propuesto por el deudor a los acreedores, los cuales no deben prestar su consentimiento, siendo esta la diferencia entre un convenio y una exoneración con plan de pagos, que es impuesta.

---

124 *Artículo 488.* ***Presupuesto objetivo.***
1. Para la obtención del beneficio de exoneración del pasivo insatisfecho será preciso que en el concurso de acreedores se hubieran satisfecho en su integridad los créditos contra la masa y los créditos concursales privilegiados y, si reuniera los requisitos para poder hacerlo, que el deudor hubiera celebrado o, al menos, intentado celebrar un acuerdo extrajudicial de pagos con los acreedores.
2. Si el deudor que reuniera los requisitos para poder hacerlo no hubiera intentado un acuerdo extrajudicial de pagos previo, podrá obtener ese beneficio si en el concurso de acreedores se hubieran satisfecho, además de los créditos contra la masa y los créditos privilegiados, al menos, el veinticinco por ciento del importe de los créditos concursales ordinarios.

Así lo entiende el considerando núm. 74 de la Directiva sobre reestructuración e insolvencia al señalar que:

> *Los Estados miembros deben poder permitir la posibilidad de ajustar las obligaciones de reembolso de los empresarios insolventes cuando se produzca un cambio importante en su situación financiera, con independencia de que sea una mejora o un deterioro. La presente Directiva no debe obligar a que el plan de pagos sea apoyado por una mayoría de acreedores.*

7.1.1. Solicitud de exoneración mediante plan de pagos

Conforme a lo que dispone el nuevo art. 495.1 del TRLC en su primer párrafo, modificado por el art único. 130 de la LRTRLC, el deudor podrá solicitar la exoneración del pasivo con sujeción a un plan de pagos y sin liquidación de la masa activa. Insiste el legislador en esta novedosa posibilidad de que podrá el deudor solicitar la EPI sin previa liquidación de la masa activa.

Señala, a continuación, el precepto dentro del mismo numeral sendos requisitos que debe reunir la solicitud de exoneración del pasivo insatisfecho mediante plan de pagos del deudor:

- En primer lugar, exige que en la solicitud el deudor deberá aceptar que la concesión de la exoneración se haga constar en el RPC durante cinco años o el plazo inferior que se establezca en el plan de pagos.

  La publicidad de la exoneración se hará constar en la sec. 3ª del RPC, de conformidad con lo que dispone el art. 561.3 del TRLC, el cual regula la organización de dicho registro.

  De acuerdo con lo que afirmado en el art. 564 del citado texto legal únicamente tendrán acceso a esta sección aquellas personas que justifiquen la existencia de interés legítimo en averiguar la situación del deudor.

  La apreciación de la existencia de interés legítimo se realizará por quién esté a cargo del RPC. Se presumirá interés legítimo en las autoridades y empleados públicos en el ejercicio de sus funciones públicas.

- En según término, con la finalidad de facilitar la valoración por el juez del plan de pagos presentado por el deudor, la norma dispone que deberá acompañar a la solicitud las declaraciones presentadas o que debieran presentarse del Impuesto sobre la Renta de las Personas Físicas correspondientes a los tres últimos ejercicios finalizados a la fecha de la solicitud, y las de las restantes personas de su unidad familiar.

  Se trata de facilitar a los acreedores de la deuda exonerable, y en última instancia, al juez, elementos que les permitan apoyar o, en su caso, cuestionar y rechazar el plan de pagos propuesto.

  Las declaraciones de impuestos pueden servir de gran ayuda para evaluar la entidad de las obligaciones del deudor y de sus ingresos y recursos disponibles y de las cargas familiares[125].

  La norma no aclara como habrá de procederse en relación con esta exigencia cuando el deudor solicitante de la EPI no esté obligado a la presentación de la declaración del impuesto sobre la renta de las personas físicas, lo que no habrá de resultar raro.

  Esta omisión del legislador sin duda habrá de plantear graves problemas en la práctica hasta que se establezca una doctrina jurisprudencial al respecto.

De precisar el momento en el cual podrá el deudor proceder a la presentación de la solicitud de exoneración mediante un plan de pagos se ocupa el art. 495.2 del TRLC, disponiendo que:

> *La solicitud de exoneración mediante plan de pagos podrá presentarse en cualquier momento antes de que el juez acuerde la liquidación de la masa activa.*

---

125 AZOFRA VEGAS, "La exoneración del pasivo insatisfecho tras la transposición de la Directiva 2019/1023", ob. cit., pág. 288.

El deudor puede descartar la posibilidad de un convenio y solicitar directamente la API con plan de pagos.

Dentro de la regulación del procedimiento especial para microempresas, el art. 700 del TRLC, rotulado *Exoneración del pasivo insatisfecho*, se refiere al acceso del deudor persona física a la exoneración en los casos de frustración del plan de continuación, remitiéndose a lo establecido en el lib. I.

Dicho precepto prevé que:

> *En todos los casos de frustración del plan de continuación, si el deudor fuera persona física, podrá solicitar la exoneración del pasivo insatisfecho conforme a lo establecido en el libro primero.*

Esta remisión en bloque realizada por la norma hay que entenderla hecha a los dos itinerarios de manera que el deudor pueda solicitar también el itinerario del plan de pagos a pesar de que haya incumplido el plan de continuación. Podrá proponer otro plan que el juez impondrá a los acreedores[126].

En relación con esta materia, en la SAP de Valencia, sec. 9ª, de 8 de mayo de 2024, núm. 133/2024, rec. 48/2024 (EDJ 2024/664435), se plantea una cuestión de gran interés práctico, cuando se afirma:

> ...
>
> *14. Llegados a este punto, la Sala considera que, si a pesar de que la concursada solicita ser declarada en concurso y que se proceda a la liquidación de sus bienes, el juez, de oficio, declara que estamos ante un concurso sin masa y por ende sin liquidar bien alguno porque ha apreciado que son antieconómicos, no puede solicitarse por la deudora ni interesarse por los acreedores que se apruebe un plan de pagos con las deudas que no resultan exoneradas, y mucho menos puede ser el juez el que conduzca a esta situación, puesto que doña Lisette no tiene bienes con los que atender ese*

---

126 CUENA CASAS, Matilde, *Solicitud de exoneración mediante plan de pagos* (art. 495), en Comentario a la Ley Concursal, PULGAR EZQUERRA dir., Ed. La Ley, Las Rozas (Madrid), 3ª edición, 2023, tomo 2º, págs. 366 y sigs.

> *posible plan de pagos, a la vista del dictado de auto al amparo de los arts. 37 bis c) y 37 ter TRLC.*

7.1.2. Contenido del plan de pagos

Conforme a lo dispuesto en el art. 495 del TRLC de la legislación derogada, el deudor con la solicitud de exoneración del pasivo insatisfecho, debía acompañar una propuesta de plan de pagos *de los créditos contra la masa, de los créditos concursales privilegiados, de los créditos por alimentos y de la parte de los créditos ordinarios que incluya el plan*; añadiendo a continuación que, debía incluir expresamente *el calendario de pagos de los créditos que, según esa propuesta, no queden exonerados*, aclarando que el pago de estos créditos debía realizarse dentro de los cinco años siguientes a la conclusión del concurso, salvo que tuvieran un vencimiento posterior.

Asimismo, la norma citada en el párrafo precedente aclaraba respecto a los créditos de derecho público, que la tramitación de las solicitudes de aplazamiento o fraccionamiento se regían por su normativa específica y, asimismo, que los créditos incluidos en la propuesta de plan de pagos no podían devengar interés.

Tras la última reforma introducida por la LRTRLC, se ocupa de regular el contenido específico del plan de pagos propuesto por el deudor el art. 496.1 del TRLC, modificado por el art único. 130 de la LRTRLC, el cual dispone:

> *En la propuesta de plan de pagos deberá incluir expresamente el deudor el* ***calendario de pagos*** *de los créditos exonerables que, según esa propuesta, vayan a ser satisfechos dentro del plazo que haya establecido el plan* (la negrita es nuestra).

Así pues, la legitimación para proponer el plan de pagos, por tanto, corresponde al deudor común y deberá establecer en el mismo un calendario de pagos de los créditos exonerables, indicando los plazos en que va a satisfacerlos.

Si bien esta resolución se dictó aplicando la regulación en su día contenida en el art. 178 bis de la LC, resulta muy clarificador lo señalado por la STS, civil, de 6 de abril de 2022, núm. 295/2022, rec. 1439/2019 (EDJ 2022/5364889), cuyo tenor parece aplicable al nuevo plan de pagos, la cual en su FD 2° señaló:

> *2. Desestimación del motivo. Efectivamente, la ley no especifica en qué consiste un plan de pagos, pero la propia significación de los términos empleados, así como el contexto de la expresión y la finalidad de la institución permiten delimitar sus contornos. Desde el punto de vista gramatical, "plan de pagos" da idea de cómo se piensan satisfacer unas obligaciones. El contexto, una exoneración de deudas en cinco años, durante los cuales han de satisfacerse una serie de obligaciones no afectadas por la exoneración, muestra que este plan ha de explicar de qué forma se realizará el pago de estas obligaciones durante estos cinco años. Y la finalidad de la institución, que es facilitar la exoneración de deudas después de que el deudor haya hecho un esfuerzo real, durante cinco años, por pagar en la medida de lo posible todos los créditos que no deberían quedar afectados por la exoneración, con arreglo al apartado 5 del art. 178 bis LC (tal y como ha sido interpretado por la jurisprudencia), explica que este plan tenga en cuenta los recursos con los que cuenta o puede contar el deudor, susceptibles de ser destinados al pago de los créditos, y cómo y en qué orden se irían pagando.*
>
> *En relación con los recursos de los podría disponer el deudor, el plan de pagos ha de partir de la situación actual y contemplar las expectativas de obtener ganancias. De acuerdo con esto ha de explicar con qué rendimientos podría realizar los pagos, qué créditos deberían ser satisfechos y por qué orden, así como una propuesta de pagos fraccionados.*
>
> *Conviene recordar que en la sentencia 381/2019, de 2 de julio, declaramos lo siguiente sobre el alcance de la exoneración y la aprobación del plan de pagos: "En principio, la exoneración plena en cinco años (alternativa del ordinal 5ª) está supeditada, como en el caso de la exoneración inmediata (alternativa del ordinal 4°), al pago de los créditos contra la masa y con privilegio general, aunque en este caso mediante un plan de pagos que permite un fraccionamiento y aplazamiento a lo largo de cinco años. Sin perjuicio de que en aquellos casos en que se advirtiera imposible el cumplimiento de este reembolso parcial, el juez podría reducirlo para acomodarlo de forma parcial a lo que objetivamente podría satisfacer el deudor durante ese plazo legal de cinco años, en atención a los activos y la renta embargable o disponible del deudor, y siempre respetando el interés equitativo de estos acreedores (contra la masa y con privilegio general), en atención a las normas concursales de preferencia entre ellos".*

Para llevar a cabo esta acomodación, el juez necesita poder contrastar la propuesta de plan de pagos, con las alegaciones de las partes afectadas; y eso requiere una propuesta real, en un doble sentido: real en cuanto existente, porque contenga un concreto ofrecimiento de pago; y real en cuanto realista, porque este ofrecimiento se base en la realidad de los recursos disponibles, y los que presumiblemente podrían conseguirse durante ese plazo de cinco años, así como de los créditos que deberían ser satisfechos.

A diferencia de lo que sucedía en la legislación derogada, la cual exigía la liquidación previa del deudor y un umbral de pasivo mínimo que el deudor tenía que abonar en el plazo de cinco años, la nueva regulación establece que formaran parte del plan de pagos las deudas exonerables.

Las no exonerables quedan fuera del mismo, si bien se ven afectadas por el plan de pagos en tanto que, como establece el art. 496 bis del TRLC, los créditos no exonerables no devengarán intereses, salvo que gocen de garantía real, hasta el valor de la garantía.

En relación con esta materia nos aclara el Preámbulo (IV) de la LRTRLC como:

El plan de pagos ha de contener una relación detallada de los ingresos y recursos previsibles del deudor para satisfacer la deuda exonerable, deuda no exonerable y las nuevas obligaciones durante el plazo del plan (en especial, las de subsistencia del deudor y las que genere su actividad empresarial o profesional). Al igual que el convenio, el plan de pagos no puede consistir en la liquidación total del patrimonio del deudor, pero puede contemplar la realización o cesión en pago de bienes no necesarios para la actividad del deudor. El plan tampoco puede alterar el orden de pago de los créditos, salvo con el consentimiento de los acreedores afectados. El juez resuelve sobre el plan de pagos propuesto, tras escuchar a los acreedores personados, concediendo la exoneración provisional conforme al plan de pagos presentado por el deudor o con las modificaciones que estime oportunas.

Destaca el principio contenido en el art. 20.2 de la Directiva sobre reestructuración e insolvencia según el cual:

Los Estados miembros en que la plena exoneración de deudas esté supeditada a un reembolso parcial de la deuda por el empresario garantizarán que la correspondiente obligación de reembolso se base en la situación individual del empresario y, en particular, sea proporcionada a los activos y la renta embargables o disponibles del empresario durante el plazo de exoneración, y que tenga en cuenta el interés equitativo de los acreedores.

La idea del legislador europeo es que el deudor pague todo lo que pueda del pasivo exonerable y lo que quede fuera de sus posibilidades es lo que quedará exonerado.

Recoge los criterios hasta aquí señalados en relación con el contenido que debe tener el plan de pagos presentado por el deudor el art. 496.2 del TRLC al disponer:

> *2. La propuesta de plan de pagos deberá también relacionar en detalle los* ***recursos previstos para su cumplimiento****, así como para la satisfacción de las deudas no exonerables y de las nuevas obligaciones por alimentos, las derivadas de su subsistencia o las que genere su actividad, con especial atención a la renta y recursos disponibles futuros del deudor y su previsible variación durante el plazo del plan y, en su caso, el plan de continuidad de actividad empresarial o profesional del deudor o de la nueva que pretenda emprender y los bienes y derechos de su patrimonio que considere necesarios para una u otra.*
>
> *El plan de pagos podrá incluir* ***cesiones en pago*** *de bienes o derechos, siempre que no resulten necesarios para la actividad empresarial o profesional del deudor durante el plazo del plan de pagos; que su valor razonable, calculado conforme a lo previsto en el artículo 273, sea igual o inferior al crédito que se extingue o, en otro caso, el acreedor integrará la diferencia en el patrimonio del deudor; y que se cuente con el consentimiento o aceptación del acreedor.*
>
> *El plan podrá establecer pagos de cuantía determinada, pagos de cuantía determinable en función de la evolución de la renta y recursos disponibles del deudor o combinaciones de unos y otros.*
>
> *El plan de pagos no podrá consistir en la liquidación total del patrimonio del deudor, ni alterar el orden de pago de los créditos legalmente establecidos, salvo con el expreso consentimiento de los acreedores preteridos o postergados* (la negrita es nuestra).

La regulación del contenido del plan de pagos que se establece en el nuevo precepto reproducido es más precisa que la recogida en el anterior art. 495 del TRLC derogado.

Además del calendario de pagos de los créditos exonerables que han de ser satisfechos dentro del plazo legal o el que se establezca en el plan, éste deberá también relacionar en detalle los recursos previstos para su cumplimiento, así como para la satisfacción de las deudas no exonerables y de las nuevas obligaciones por alimentos, las derivadas de la subsistencia del deudor o las que genere su actividad, con especial atención a la renta y recursos disponibles futuros del deudor y su posible variación durante el plazo de duración del plan y, en su caso, el plan de continuidad de la actividad empresarial o profesional del deudor o de la nueva que pretenda emprender y los bienes y derechos de su patrimonio que considere necesarios para una y otra.

Sin embargo, la disposición no cita un porcentaje, ni tampoco criterios objetivos para determinar un aspecto clave: la cantidad de recursos que el deudor debe reservarse para sí.

Dada la laxitud de criterios establecidos, es claro que el deudor dispone de los recursos inembargables a los que habrá que sumar los necesarios para su subsistencia, conforme se ha señalado en la doctrina[127]. No se ha establecido, en consecuencia, ningún criterio objetivo y será el juez el que lo determine atendiendo a las circunstancias del caso concreto.

El plan de pagos, al igual que el convenio, no puede consistir en la liquidación total del patrimonio del deudor, para la cual se articula la vía alternativa de exoneración con liquidación, y así se precisa en el art. 496.2 *in fine* del TRLC; pero puede contemplar la realización de cesiones en pago de bienes o derechos no necesarios para la actividad del deudor durante el plazo del plan de pagos, siempre que su valor razonable, calculado conforme a lo previsto en el art. 273 del TRLC, sea igual o inferior al crédito que se extingue o, en otro caso, integrando el acreedor la diferencia

---

127 CUENA CASAS, Matilde, *Contenido del plan de pagos* (art. 496), en Comentario a la Ley Concursal, PULGAR EZQUERRA dir., Ed. La Ley, Las Rozas (Madrid), 3ª edición, 2023, tomo 2º, pág. 370.

en el patrimonio del deudor, y que cuente con el consentimiento o aceptación del acreedor.

También podrá incorporar pagos de cuantía determinada, pagos de cuantía determinable en función de la evolución de la renta y recursos disponibles del deudor, o combinaciones de unos y otros.

En relación con el contenido mínimo que deberá tener el plan de pagos presentado por el deudor, la SAP de Asturias, sec. 1ª, de 24 de mayo de 2024, núm. 437/2024, rec. 165/2023 (EDJ 2024/671860), en su FD 2º, afirmó:

> *El plan de pagos deberá por tanto tener un contenido mínimo pues con aquella exigencia legal se trata de que el deudor aporte un calendario que recoja con el debido detalle los pagos que puede afrontar durante el plazo de cinco años, así como los créditos no exonerables a los que va a destinar tales pagos, esto es "una propuesta de plan de pagos de los créditos contra la masa, de los créditos concursales privilegiados, de los créditos por alimentos y de la parte de los créditos ordinarios que incluya el plan" (art. 495-1 TRLC). Por lo tanto, deberá hacer constar de un lado las cantidades que puede destinar a tal fin en proporción a su capacidad económica y sus circunstancias personales, teniendo presente que en ningún caso ese importe deberá ser inferior al límite recogido en el art. 499-2 TRLC establecido como umbral mínimo para que el Juez pueda conceder la exoneración definitiva transcurrido aquel plazo. Y de otro lado deberá incluir en el plan de pagos todos y cada uno de los créditos no exonerables a los que se van a imputar tales pagos, pues en caso contrario, es decir si no se detalla qué cantidades prevé el deudor que va a poder destinar a cada uno de tales créditos, se estaría hurtando a los acreedores concernidos la información necesaria para poder solicitar la revocación de la concesión del beneficio por incumplimiento del plan de pagos (art. 498-1º TRLC).*
>
> *Así se expresa la STS 6 abril 2022 cuando, con relación al calendario de pagos que debe contener este plan, declara que "el concursado debería reseñar explícitamente lo siguente:..... la relación de créditos contra la masa y privilegiados que debían ser satisfechos y el orden que se seguiría en el pago, con la previsión que podría lograrse con los recursos actuales y con los que presumiblemente podrían alcanzarse.*

7.1.3. Vencimiento e intereses

Se suele afirmar que el efecto más relevante del itinerario del plan de pagos es precisamente evitar la apertura de la fase de liquidación del concurso, lo cual determina el vencimiento anticipado de los créditos por disponerlo así el art. 414 del TRLC.

Sin embargo, de acuerdo con lo establecido en el art. 496 bis del mismo cuerpo legal, añadido por el art único 130 de la LRTRLC:

> *Los créditos afectados por la exoneración se entenderán vencidos con la resolución judicial que conceda la exoneración provisional, descontándose su valor al tipo de interés legal.*

Por el contrario, esto no sucede con los créditos no exonerables, cuyos importes el deudor podrá seguir abonando, en su caso, de la forma aplazada que tuvieran establecida. Es decir, la forma de pago de los créditos no exonerables no resulta modificada por consecuencia de la aprobación del plan de pagos.

Asimismo, el precepto afirma a continuación que los créditos exonerables no devengarán intereses durante el plazo del plan de pagos y los no exonerables tampoco devengarán intereses, salvo que gocen de garantía real, hasta el valor de garantía, conforme a las reglas establecidas en él. cap. II, del tít. XI, del lib. I.

Se postula en la doctrina[128] que no hay una suspensión de devengo de intereses, sino una prohibición de devengo la cual se extiende también a los créditos no exonerables, salvo que se trate de créditos con garantía real, hasta el valor de la garantía.

---

128 CUENA CASAS, Matilde, *Vencimiento e intereses* (art. 496 bis), en Comentario a la Ley Concursal, PULGAR EZQUERRA dir., Ed. La Ley, Las Rozas (Madrid), 3ª edición, 2023, tomo 2º, pág. 373; así lo entendió con respecto al art. 495.3 del TRLC anterior a la reforma, SENENT MARTÍNEZ, Santiago, *Propuesta de plan de pagos* (art. 495), Comentario a la Ley Concursal. Texto Refundido de la Ley Concursal, PULGAR EZQUERRA dir., Ed. Wolters Kluwer, Madrid, tomo 1º, pág. 2117.

El fundamento de ello, se indica, parece residir en la utilidad de petrificar el pasivo no exonerable de forma que facilite la valoración de la viabilidad del plan de pago.

Añadiendo a continuación la autora que, es una exoneración de crédito no exonerable que es inoponible por los obligados solidarios, fiadores, avalistas a que se refiere el art. 492 del TRLC, quienes deberían abonar la deuda con los intereses pactados.

El citado art. 492 excepciona el art. 1826 del CC a todos los efectos respecto de los beneficios que obtiene el concursado en el trámite de exoneración. Sin embargo, la propia autora no cree que sea esta la postura del TS respecto de la inoponibilidad de la suspensión de devengo de intereses del art. 59 LC (art. 152 TRLC) a los fiadores.

7.1.4. Duración del plan de pagos

El considerando núm. 6º de la Directiva sobre reestructuración e insolvencia prevé que:

> *En muchos Estados miembros, son necesarios más de tres años para que los empresarios que sean insolventes, pero de buena fe puedan obtener una exoneración de sus deudas y empezar de nuevo. La ineficiencia de los marcos de exoneración de deudas y de inhabilitación tiene como consecuencia que los empresarios se vean obligados a trasladarse a otros territorios con objeto de disfrutar de una nueva oportunidad en un período de tiempo razonable, lo que conlleva un elevado coste adicional tanto para sus acreedores como para los propios empresarios. La inhabilitación prolongada que suele ir aparejada a los procedimientos encaminados a la exoneración de deudas supone un obstáculo a la libertad de emprender y ejercer una actividad empresarial por cuenta propia.*

Atendiendo a lo señalado en el Considerando reproducido, el art. 21 de la Directiva se ocupa de regular el plazo de exoneración, a cuyo efecto dispone:

> *1. Los Estados miembros garantizarán que el plazo tras el cual los empresarios insolventes pueden obtener la plena exoneración de*

sus deudas no sea superior a tres años, que empezarán a contar a más tardar a partir de las fechas siguientes:

a) en el caso de los procedimientos que incluyan un plan de pagos, la fecha de la decisión de una autoridad judicial o administrativa de confirmar el plan o el inicio de la aplicación del plan, o

b) en todos los demás procedimientos, la fecha de la decisión de la autoridad judicial o administrativa de abrir el procedimiento, o la fecha en que se determine la masa concursal del deudor.

En nuestro ordenamiento, anuncia el Preámbulo (IV) del TRLC como:

Se ha reducido de cinco a tres años la duración del plan de pagos del deudor, si bien se prevé la extensión a cinco años en algunos casos en los que los acreedores hacen concesiones o esfuerzos más gravosos a favor del deudor o cuando su riesgo de recobro es mayor. El plazo se computa desde la confirmación judicial del plan, sin perjuicio de los recursos que procedan.

Para trasponer a nuestro ordenamiento la norma de la Directiva respecto de la duración del plan de pagos, anteriormente reproducida, el art. 497.1 del TRLC dispone que: *La duración del plan de pagos será, con carácter general, de* ***tres años*** (la negrilla es nuestra).

Sin embargo, en el art. 21.3 de la Directiva sobre reestructuración e insolvencia se expone que:

Como excepción a lo dispuesto en el artículo 21, los Estados miembros podrán prever unos plazos de exoneración más largos en los casos en que:

a) una autoridad judicial o administrativa apruebe u ordene medidas cautelares para salvaguardar la residencia principal del empresario insolvente y, cuando corresponda, de su familia, o los activos esenciales para que el empresario pueda continuar su actividad comercial, industrial, artesanal o profesional, o

b) no se ejecute la vivienda principal del empresario insolvente y, cuando corresponda, de su familia.

Sin duda, atendiendo a lo señalado por la norma reproducida de la Directiva sobre reestructuración e insolvencia, el art.

497.2 del TRLC, tras su modificación por el art único.130 de la LRTRLC, regula:

> *La duración del plan de pagos será de cinco años en los siguientes casos:*
>
> *1.º Cuando no se realice la vivienda habitual del deudor y, cuando corresponda, de su familia.*

i) Realización de la vivienda habitual del deudor y su familia.

Este precepto, resultante de la trasposición de la norma de la Directiva anteriormente reproducida, constituye una importante novedad en nuestra legislación concursal, pues permite una exoneración del pasivo sin necesidad de liquidar el patrimonio del deudor, frente a la legislación derogada, en la cual el acceso a la exoneración era únicamente tras la liquidación de su patrimonio[129].

En efecto, el art. 486 del TRLC antes de su reforma abría el capítulo dedicado a la exoneración supeditando la posibilidad de solicitar la condonación de las deudas a la conclusión del procedimiento por finalización de la liquidación o por insuficiencia de masa activa[130].

Sin embargo, algunas resoluciones judiciales, a partir de la conocida SJM núm. 10 de Barcelona, de 14 de abril de 2015, permitieron que no se ejecutara la hipoteca sobre la vivienda familiar y se concediera la exoneración.

Tras la reforma, la propia ley prevé un escenario en el que puede no ejecutarse la vivienda y es cuando el deudor se acoge al itinerario de la exoneración con plan de pagos.

---

129 CUENA CASAS, Matilde, *Duración del plan de pagos* (art. 497), en Comentario a la Ley Concursal, PULGAR EZQUERRA dir., ed. La Ley, Las Rozas (Madrid), 3ª ed., 2023, tomo 2º, pág. 375.

130 FACHAL NOGUER, Nuria, *Exoneración del pasivo insatisfecho y vivienda habitual del concursado*, Almacén de Derecho, 25 mayo 2022, https://almacendederecho.org/exoneracion-del-pasivo-insatisfecho-y-vivienda-habitual-del-concursado, consultado el 25 de agosto de 2024.

De manera imperativa el art. 497 establece que en este supuesto la duración del plan de pagos será de cinco años. Ya no hay margen judicial en este terreno, la única forma de obtener la exoneración sin liquidación de la vivienda es acogiéndose al plan de pagos.

Esta posibilidad de implementar plazos más largos en los casos en los que no se realice la vivienda principal del empresario insolvente y, en su caso, de su familia —en supuestos de atribución del uso de la vivienda familiar, fundamentalmente— se contempla de forma expresa en el art. 23.3 de la Directiva, junto con el supuesto de la adopción de medidas cautelares para salvaguardar la residencia principal del empresario y su familia.

Si el deudor se acoge al itinerario de liquidación, al igual que lo que acontecía antes de la reforma y ahora con mayor razón, no hay base legal para excluir la vivienda del plan de liquidación. La nueva regulación contempla que no se ejecute la vivienda habitual, pero solo cuando el deudor se acoja al plan de pagos (art. 497 TRLC[131]).

Ahora bien, como se apunta por el mismo autor[132], veremos la aplicación judicial de la norma, pero se sospecha que las mismas razones que motivaron la exclusión de la vivienda de la liquidación se van a utilizar con el nuevo texto.

ii) Concurso sin masa y ejecución de la vivienda.

Antes de la reforma, se pudo comprobar como resulta antieconómica la realización de los bienes hipotecados cuando la deuda garantizada pendiente de pago supera el límite del privilegio especial. Situaciones de estas características dan lugar a que la realización de la vivienda no garantice al acreedor con privilegio

---

131 CUENA CASAS, "Reforma concursal: segunda oportunidad y ejecución de la vivienda habitual", El Notario del siglo XXI, núm. 105, septiembre-octubre, 2022.

132 CUENA CASAS, art. 497, en ComLC, PULGAR EZQUERRA dir., 3ª ed., tomo 2º, *ob. cit.*, pág. 379.

especial el completo cobro de su crédito ni satisfaga, en ninguna medida, el derecho de los restantes acreedores, debido a las nulas perspectivas de existencia de sobrante.

En este sentido, el AAP de Barcelona, sec. 15, de 23 de enero de 2020, núm. 11/2020, rec. 1116/2019 [JUR\2020\54415] (EDJ 2020/508713), argumentó que:

> *... cuando la deuda supera el valor de la garantía, y el crédito no está vencido por estar al corriente en el pago de las cuotas hipotecarias, no tiene sentido realizar el bien mientras estas circunstancias se mantengan, ya que* ***la venta del bien hipotecado no puede beneficiar a los demás acreedores****. Lo único que haríamos es perjudicar al acreedor hipotecario, que está cobrando su crédito, y a los deudores, que pierden su vivienda* (la negrita es nuestra).

Hemos visto como la LRTRLC introdujo un supuesto en el art. 37 bis d) del TRLC de acuerdo con cuya redacción:

> *Se considera que existe concurso sin masa cuando concurran los supuestos siguientes por este orden:*
>
> *...*
>
> *d) Los gravámenes y las cargas existentes sobre los bienes y derechos del concursado lo sean por importe superior al valor de mercado de esos bienes y derechos.*

Y el artículo siguiente señala que, si de la solicitud de declaración de concurso y de los documentos que la acompañen, resultare que el deudor se encuentra en cualquiera de las situaciones a las cuales se refiere el artículo anterior, el juez dictará auto declarando el concurso de acreedores, con expresión del pasivo que resulte de la documentación, sin más pronunciamientos, ordenando la remisión telemática al BOE para su publicación y la publicación en el RPC con llamamiento al acreedor o a los acreedores que representen, al menos, el cinco por ciento (5%) del pasivo a fin de que, en el plazo de quince días a contar del siguiente a la publicación del edicto, puedan solicitar el nombramiento de un administrador concursal para que presente informe sobre los extremos que señala a continuación.

Añadiendo seguidamente que, en el caso de que, dentro de plazo legal, ningún legitimado hubiera formulado esa solicitud, el deudor persona natural podrá presentar solicitud de EPI, lo cual confirma el art. 501 del TRLC tanto para los casos de concurso sin masa en los que no se hubiera acordado la liquidación de la masa activa, como para los de insuficiencia sobrevenida de la masa activa para satisfacer todos los créditos contra la masa y en los que, liquidada la masa activa, el líquido obtenido fuera insuficiente para el pago de la totalidad de los créditos concursales reconocidos.

Tal y como están redactados los preceptos, se permitiría la obtención de la EPI sin ejecución de la hipoteca, sin necesidad de acogerse a plan de pagos y sin esperar cinco años; sin embargo, por parte de la doctrina[133] se sostiene que ni antes de la reforma, ni ahora, es posible llegar a la exoneración por el itinerario de liquidación sin liquidar la vivienda.

Por el contrario, entienden otros autores[134] que, cuando el valor del inmueble es inferior al importe pendiente de pago de la deuda con garantía real, podrá excluirse la vivienda de la ejecución porque no se advierten razones para decir que no.

> *2.º Cuando el importe de los pagos dependa exclusiva o fundamentalmente de la evolución de la renta y recursos disponibles del deudor.*

A diferencia de la regulación derogada, como consecuencia de la trasposición de la Directiva sobre reestructuración e insolvencia, tras la reforma una de las características distintivas del plan

---

133 CUENA CASAS, Matilde, *Duración del plan de pagos (art. 497)*, en Comentario a la Ley Concursal, PULGAR EZQUERRA dir., Ed. La Ley, Las Rozas (Madrid) 3ª ed., 2023, tomo 2º, pág. 384; FACHAL NOGUER, *Exoneración del pasivo insatisfecho y vivienda habitual del concursado, ob. cit.*

134 GARCÍA-VILLARRUBIA, Manuel, "La vivienda habitual y la exoneración del pasivo insatisfecho", Boletín Mercantil, Uría Menéndez, núm. 109, 2022, https://www.uria.com/es/publicaciones/8004-la-vivienda-habitual-y-la-exoneracion-del-pasivo-insatisfecho, consulta el 19 de julio de 2024.

de pagos es que debe adaptarse a la situación específica de cada deudor. Ya no se impone la obligación de abonar un umbral de pasivo mínimo objetivo para todo deudor.

La flexibilidad del nuevo plan permite que el importe de los pagos no sea fijo ni objetivo, dada la eventual irregularidad de los ingresos del deudor.

Para estos casos en los cuales el importe de los pagos dependa de la evolución de la renta del deudor, tras la reforma, se impone por el art. 497.2 del TRLC un incremento de la duración del plan de pagos, la cual pasa a ser de cinco años. Atendiendo al tenor literal del precepto, entendemos que este plazo no puede ser inferior, como se sostiene por alguna prestigiosa autora[135].

La ampliación del plazo en los casos en los que el plan de pagos dependa de la evolución de la renta y recursos disponibles del deudor no se contempla de forma expresa en el art. 23.3 de la Directiva.

No obstante, debe considerarse que se encuentra amparada por las posibilidades abiertas por el art. 23.2 de la Directiva, y que la justificación de la ampliación del plazo se encuentra ínsita en la misma modalidad del plan de pagos propuesta, pues articular los pagos en cuantía determinable en función de la renta y recursos disponibles del deudor conlleva *per se* la necesidad de configurar la planificación en un periodo de tiempo más extenso.

Por último, el art. 497.3 del TRLC se ocupa de determinar el *dies a quo* para el cómputo de los términos que el propio precepto establece, señalando que: el plazo del plan de pagos comenzará a correr desde la fecha de la aprobación judicial.

---

135 CUENA CASAS, art. 497, en ComLC, PULGAR EZQUERRA dir., 3ª ed., 2023, tomo 2º, *ob. cit.*, pág. 385.

7.1.5. Aprobación del plan de pagos

La exoneración con plan de pagos, a diferencia del convenio, se impone a los acreedores, sin necesidad de aprobación por ninguna mayoría, pero ello no significa que éstos sean totalmente preteridos durante su tramitación.

Así, al regular su aprobación, el art. 498.1 del TRLC prevé que el LAJ dará traslado de la propuesta de plan de pagos a los acreedores personados, a fin de que, dentro del plazo de diez días, puedan alegar cuanto estimen oportuno en relación con la concurrencia de los presupuestos y requisitos legales para la exoneración o con la propuesta de plan de pagos presentada.

El precepto incorpora un trámite de alegaciones a todos los acreedores personados, sin limitarlo a los que poseen un crédito exonerable, los cuales son los que habrán de resultar afectados por la concesión de la EPI.

Asimismo, se autoriza por este precepto a continuación que los acreedores personados puedan proponer el establecimiento de medidas limitativas o prohibitivas de los derechos de disposición o administración del deudor, durante el plan de pagos.

La reforma deja mucho margen al juez para valorar la viabilidad del plan, sin establecer criterios objetivos, lo que dificultará la oposición de los acreedores. Técnicamente no se impugna el plan de pagos, sino que se realizan alegaciones al mismo por los acreedores, las cuales el juez del concurso puede tener o no en cuenta. Hagan lo que hagan lo acreedores, el juez debe verificar la concurrencia de los requisitos para que el deudor pueda obtener la exoneración.

Presentadas las alegaciones de los acreedores, o transcurrido el plazo de diez días señalado para ello, el juez, previa verificación de la concurrencia de los presupuestos y requisitos establecidos en el TRLC, del contenido del plan de pagos y de las posibilidades objetivas de que pueda ser cumplido, denegará o concederá provisionalmente la EPI, con aprobación del plan de pagos en los términos de la propuesta o con las modificaciones que estime oportunas, consten o no en las alegaciones de los acreedores.

Desde el punto de vista procedimental, el art. 498.2 del TRLC simplifica la tramitación de la aprobación del plan, ya que elimina el trámite intermedio previsto en el art. 496 del mismo cuerpo legal anterior a la reforma, por virtud del cual se daba traslado al deudor de las alegaciones formuladas por los acreedores a fin de que, a su vista, manifestara si mantenía o modificaba, en todo o en parte, el plan propuesto.

Tras la reforma, este trámite desaparece del art. 498.2 del TRLC, de manera que, tras las alegaciones de los acreedores, o transcurrido el plazo conferido al efecto, el juez, previa verificación de la concurrencia de los requisitos establecidos en la Ley, denegara o concederá la exoneración provisional y aprobará el plan de pagos en los términos de la propuesta o con las modificaciones que estime oportunas.

De analizar la tramitación que habrá de corresponder a la solicitud formulada por el deudor de exoneración de pasivo insatisfecho, después de la reciente reforma, se ocupó el AAP de Valencia, sec. 9ª, de 5 de diciembre de 2023, núm. 103/2023, rec. 192/2023 (EDJ 2023/827063) en cual en su FD 2º, afirmó:

> *11.- Respecto de una solicitud de exoneración de pasivo insatisfecho con arreglo a la legislación vigente y con formulación de una propuesta de plan de pagos, el trámite oportuno es el que se observa en la relación de los artículos 498 y 498 bis TRLC. Para el caso de exoneración tras liquidación de la masa activa o en escenarios de insuficiencia, ese trámite es el de los artículos 501 y 502 TRLC.*
>
> *12.- Aunque la redacción de los artículos 498 y 498 bis TRLC es difícil, hemos abordado sus incertidumbres mediante AAP Valencia, 9ª, núm. 81/2023, de 17 de octubre de 2023, ponente Jorge de la Rúa Navarro. En esa resolución hemos advertido la existencia de diferencias entre los trámites para la obtención de la exoneración con formulación de plan de pagos o tras la liquidación e insuficiencia de masa activa, por añadidura de los presupuestos de aplicación en uno y otro caso en el artículo 486 TRLC. Así, para el caso de la exoneración mediante formulación de plan de pagos, en la interpretación que actualmente asumimos del artículo 498 TRLC*

hay lugar a un trámite de contradicción resuelto mediante la concesión o denegación de la solicitud de exoneración, susceptible de reposición en la conexión de ese régimen con el artículo 546 TRLC. Después, la formulación de incidente concursal, resuelto mediante sentencia tras una contradicción más intensa y susceptible de recurso de apelación, queda reservada a los supuestos de impugnación del auto aprobatorio de un plan de pagos (art 498 bis.2 TRLC).

13.- Ese es igualmente el cauce de contradicción elegido por el legislador para la oposición a la exoneración solicitada tras la liquidación de la masa activa del concurso o en escenarios de insuficiencia de masa (arts. 501-502 TRLC). Aunque en este caso la dicción de los preceptos es mucho más clara y su interpretación más asequible, también sostenemos la admisibilidad de interposición de recurso de apelación cuando la exoneración es rechazada total o parcialmente por el juez del concurso sin previa formulación de oposición de un acreedor, así mediante AAP Valencia, 9ª, núm. 54/223, de 12 de junio de 2023, ponente Jorge De la Rúa Navarro.

14.- Por lo dicho, creemos que concurre el motivo para acordar la nulidad de actuaciones interesada como primer motivo de apelación. Pues se ha omitido el trámite de oposición a la solicitud de exoneración en escenario de insuficiencia de masa activa, sin incoación de incidente concursal.

7.1.6. Impugnación del plan de pagos

La Directiva sobre reestructuración e insolvencia en su considerando núm. 74 afirma que:

> *La presente Directiva no debe obligar a que el plan de pagos sea apoyado por una mayoría de acreedores,*

La directiva es, por lo tanto, consciente de que la exigencia de la aprobación por los acreedores desnaturalizaría la exoneración con plan de pago. Complementando lo señalado por la Directiva, el Preámbulo (IV) de la LRTRLC señala que:

> *Aunque no se requiere la aprobación de los acreedores afectados para la concesión por el juez de la exoneración, cualquiera de ellos podrá impugnarla en los casos previstos. Se considera adecuado conceder recurso de apelación respecto de la sentencia que re-*

suelva la impugnación, sin efectos suspensivos. La exoneración provisional producirá efectos desde el término del plazo para la impugnación, si no se impugna, o desde la fecha de la sentencia judicial que la rechace.

El modelo procedimental se complementa así con un trámite impugnatorio, reservado a los acreedores y con motivos tasados. De regular la *Impugnación del plan de pagos* se ocupa el art. 498 bis del TRLC, el cual comienza disponiendo que:

Dentro de los diez días siguientes, cualquier acreedor afectado por la exoneración podrá impugnarla.

Afirmándose en ese sentido por la doctrina[136] que lo razonable es que este plazo para impugnar fuera previo a la concesión de la exoneración provisional. No tiene sentido que no se conceda un trámite de alegaciones y que el juez resuelva y luego los acreedores vuelvan a impugnar una decisión judicial.

A diferencia de lo que se dispone en el art. 498 del TRLC, para el trámite de alegaciones, que legitima a todos los acreedores personados para formularlas, cuando se trata de la impugnación el art. 498 bis del mismo cuerpo legal sólo legitima a los acreedores afectados por la exoneración, dentro del plazo de diez días a contar desde la notificación de la resolución judicial que conceda la exoneración provisional.

En relación con la restricción de la legitimación para formular impugnación el Informe del CGPJ sobre el Proyecto de reforma del TRLC matizó que:

---

136 RUBIO VICENTE, Pedro J., "Impugnación y revocación de la exoneración del pasivo insatisfecho en el Anteproyecto de reforma del Texto refundido de la ley concursal", Revista General de Insolvencias y Reestructuraciones, núm. 4, 2021, pág. 187; CUENA CASAS, Matilde, "Impugnación del plan de pagos (art. 498 bis)", en Comentario a la Ley Concursal, PULGAR EZQUERRA dir., Ed. La Ley, Las Rozas (Madrid), 3ª edición, 2023, tomo 2º, pág. 389.

> ...
>
> *316- La limitación de la legitimación para impugnar la decisión judicial sobre la exoneración provisional a los acreedores puede resultar en estos casos insuficiente, al impedir al deudor obtener la revisión de una decisión judicial que afecta a sus intereses legítimos, si se tiene presente que el recurso de apelación no suspensivo que prevé el apartado 3 del artículo 498 bis solo se contempla frente a la sentencia que haya resuelto la impugnación, y que el trámite alegatorio del deudor que se prevé en el incidente concursal en el que se resuelve esta lo es sobre las causas de impugnación tasadas establecidas en el artículo 489 bis 1.*

Conforme al art. 498 bis. 1 del TRLC:

> *Dentro de los diez días siguientes, cualquier acreedor afectado por la exoneración podrá impugnarla, y el juez no la concederá, en cualquiera de siguientes casos:*
>
> *1.° Cuando el plan de pagos no le garantizara al menos el pago de la parte de sus créditos que habría de satisfacerse en la liquidación concursal.*

Para que el plan de pagos resulte valido debe de cubrir un mínimo, cuyo importe la norma cifra en la parte de los créditos que habría de satisfacerse al acreedor en la liquidación concursal.

En consecuencia, habrá de calcularse cuanto cobrarían los acreedores en el supuesto de liquidación de la masa activa, lo que no siempre habrá de resultar sencillo, y si el plan de pagos no alcanza ese mínimo, el acreedor podrá impugnarlo y el juez no concederá la exoneración pese haberla concedido ya.

Este motivo de impugnación supone la traslación al marco de la exoneración de deudas de la regla del *interés superior de los acreedores* que rige respecto de los planes de reestructuración consensuados.

La enunciación del motivo impugnatorio conlleva la carga para el acreedor impugnante de acreditar que el pago que ha de recibir conforme al plan de pagos es inferior al que obtendría en un escenario de liquidación: por tanto, que su cuota de exoneración es inferior a la de liquidación.

Así previsto, el motivo de impugnación, que conecta con el *sacrificio desproporcionado del acreedor*, comporta la realización de un cálculo prospectivo del valor de liquidación del deudor, lo que habrá de dificultar la impugnación por este motivo.

> *2.º Cuando el plan de pagos no incluya la realización y aplicación al pago de la deuda exonerable, de la deuda no exonerable o de las nuevas obligaciones del deudor de la totalidad de los activos que no resulten necesarios para la actividad empresarial o profesional del deudor o de su vivienda habitual, siempre que los acreedores impugnantes representen al menos el cuarenta por ciento del pasivo total de carácter exonerable.*

El plan de pagos, como hemos repetido ya, presenta la particularidad de que no exige la liquidación del patrimonio del deudor, pero puede impugnarse la exoneración cuando no se han realizado todos los activos que no resulten necesarios para la actividad empresarial o profesional del deudor o de su vivienda habitual para el pago de la deuda exonerable, de la no exonerable o de las nuevas obligaciones.

La legitimación para esta impugnación corresponde exclusivamente a los acreedores que representen al menos el cuarenta por ciento (40%) del pasivo total de carácter exonerable, porcentaje que no resultará fácil de lograr en gran número de supuestos.

Esto, se afirma[137], no sin razón, que es un consentimiento encubierto para la aprobación del plan de pagos, que desnaturaliza todo el sistema porque no es verdad que la exoneración con plan de pagos se imponga a los acreedores. Los acreedores, en consecuencia, siguen teniendo el poder como si de un convenio se tratara.

> *3.º Cuando se constatara la oposición al plan de pagos por parte de acreedores que representen más del ochenta por ciento (80%) de la deuda exonerable afectada por el plan de pagos, salvo que el juez, atendiendo a las particulares circunstancias del caso, lo imponga.*

---

[137] CUENA CASAS, art. 498 bis, en ComLC, PULGAR EZQUERRA dir., 3ª edición, 2023, tomo 2º, pág. 389.

Se ha sostenido por algún autor que es el caso más claro en el que se evidencia que el plan de pagos requiere el consentimiento de los acreedores disfrazado de no oposición. Sin embargo, en la práctica habrán de resultar muy escasos los supuestos en que se concierte una mayoría tan cualificada como la requerida en el precepto.

Conviene tener presente que la mayoría del ochenta por ciento (80%) exigida por la norma se refiere, no a la totalidad de los créditos, sino únicamente a *la deuda exonerable afectada por el plan de pagos*, es decir, a los acreedores que habrán de ver sacrificado en alguna medida su crédito.

En el sistema establecido no se exige, para la aprobación del plan y la obtención de la exoneración provisional, la aceptación de este por los acreedores afectados o por un porcentaje de estos.

No hay, en rigor, un *efecto de arrastre* de los acreedores disidentes, por cuando la aprobación del plan, ya el propuesto o modificado conforme el criterio del juez, se subordina exclusivamente al cumplimiento de los presupuestos y requisitos exigidos para la exoneración.

Por tanto, la efectividad de la disidencia mayoritaria al contenido del plan se traslada a la fase de impugnación para hacer valer en esa sede la oposición, en la cual, de forma subyacente, cabría apreciar lo que podría calificarse de sacrificio desproporcionado generalizado, si bien bajo un elevado umbral de sacrificio colectivo —el ochenta por ciento (80%) de los acreedores afectados—, y siempre bajo el criterio del juez.

El legislador no ha señalado la forma en que habrá de manifestarse la oposición al plan de pagos señalado por la disposición, debiendo entenderse que, a falta de otra previsión, habrá de considerarse que debe referirse a su impugnación.

En cualquier caso, aunque la mayoría del ochenta por ciento (80%) que la norma requiere se oponga al plan de pagos, el juez del concurso, *atendiendo a las particulares circunstancias del caso,* está facultado para imponerlo.

> *4.° Cuando el plan no destinara a la satisfacción de la deuda exonerable la totalidad de las rentas y recursos previsibles del deudor que excedan del mínimo legalmente inembargable, de lo preciso para el cumplimiento de las nuevas obligaciones del deudor durante el plazo del plan de pagos, siempre que se entiendan razonables a la vista de las circunstancias, y de lo requerido para el cumplimiento de los vencimientos de la deuda no exonerable durante el plazo del plan de pagos.*
>
> *5.° Cuando no concurran los presupuestos y requisitos legales para la exoneración.*

Este numeral reitera lo ya establecido en el art. 498.1 del TRLC, en el cual se prevé, como hemos visto ya, que el LAJ dará traslado de la propuesta de plan de pagos a los acreedores personados, para que, en plazo de diez días, *puedan alegar cuanto estimen oportuno en relación con la concurrencia de los presupuestos y requisitos legales para la exoneración o con la propuesta de plan de pagos presentada*, sobre lo cual, además, *el juez, previa verificación de la concurrencia de los presupuestos y requisitos establecidos en esta ley* ya se ha pronunciado.

La norma se ocupa a continuación, en sus dos últimos numerales, de la tramitación que habrán de seguir las posibles impugnaciones, comenzando por señalar que todas ellas se tramitarán conjuntamente por el cauce del incidente concursal, regulado en el cap. II, del tít. XII, del líb. I del TRLC, dando traslado al deudor, y al resto de acreedores de las impugnaciones presentadas para que puedan formular oposición.

La sentencia que resuelva la impugnación deberá dictarse dentro de los treinta días siguientes a aquel en que hubiera finalizado la tramitación del incidente y será susceptible de recurso de apelación, sin efectos suspensivos.

7.1.7. Efectos de la exoneración provisional

En relación con los efectos del EPI, el Preámbulo (IV) de la LRTRLC afirma:

> *Al igual que con el convenio, con la eficacia de la exoneración, decaen los efectos sobre el deudor de la declaración de concurso,*

que quedan sustituidos por los que, en su caso, contemple el plan y cesa igualmente la administración concursal. Los deberes de información y colaboración del deudor se mantienen, no obstante, hasta la exoneración definitiva.

Siguiendo la senda señalada en el Preámbulo (IV) en el cual se afirma que:

La exoneración provisional producirá efectos desde el término del plazo para la impugnación, si no se impugna, o desde la fecha de la sentencia judicial que la rechace,

El art. 498.1 ter del TRLC dispone que la resolución judicial que conceda la exoneración provisional producirá efectos desde el término del plazo para la impugnación —es decir, trascurridos diez días desde que se dicte la resolución judicial que conceda provisionalmente la exoneración del pasivo insatisfecho, con aprobación del plan de pagos en los términos de la propuesta o con las modificaciones que el juez estime oportunas, si no se hubiera deducido impugnación—, o desde la fecha de la sentencia judicial que la rechace.

Desde que se produce la eficacia de la exoneración provisional, esto es, desde la aprobación del plan de pagos y la concesión de la exoneración provisional, cesarán todos los efectos de la declaración de concurso, los cuales quedarán sustituidos por los que, en su caso, se establezcan en el propio plan de pagos.

La limitación de las facultades patrimoniales del concursado cesa con la resolución que apruebe la exoneración provisional, pero, como hemos visto anteriormente, el art. 498.1 del TRLC permite a los acreedores personados proponer el establecimiento de medidas limitativas o prohibitivas de los derechos de disposición o administración del deudor, durante el plan de pagos.

Expresamente prevé la norma que los deberes de colaboración e información impuestos al concursado subsistirán hasta la exoneración definitiva.

Además, con periodicidad semestral, el deudor informará al juez del concurso acerca del cumplimiento del plan de pagos, de manera similar a la obligación que se impone al concursado en caso de convenio en el art. 400 del TRLC, así como de cualquier alteración patrimonial significativa.

7.1.8. Extensión de la exoneración en caso de plan de pagos

Otra de las principales modificaciones introducidas por la nueva regulación establecida por la LRTRLC respecto de la derogada anterior es que el pasivo incluido en el plan de pagos es el exonerable y el que no lo es no forma parte del mismo, manteniendo los acreedores por créditos no exonerables sus acciones contra el deudor común, los cuales podrán promover la ejecución judicial o extrajudicial de aquéllos, conforme dispone el art. 499.2 del TRLC.

El cambio señalado obedece a que ya no existe un pasivo mínimo objetivo que deba pagar el deudor, a diferencia de la normativa precedente, conforme a la cual para obtener la exoneración los deudores debían abonar una cantidad de su deuda que era igual para todos ellos, al margen de cual fuera su situación económica, por cuyo motivo el pasivo no exonerable formaba parte del plan de pagos.

Esta imposición de la regulación anterior resultaba contraria a lo que dispone el art. 20 de la Directiva sobre reestructuración e insolvencia conforme a cuyo tenor:

> *Los Estados miembros en que la plena exoneración de deudas esté supeditada a un reembolso parcial de la deuda por el empresario garantizarán que la correspondiente obligación de reembolso se base en la situación individual del empresario y, en particular, sea proporcionada a los activos y la renta embargables o disponibles del empresario durante el plazo de exoneración, y que tenga en cuenta el interés equitativo de los acreedores.*

Es decir, de acuerdo a lo incluido en la norma europea, el plan de pagos que se apruebe debe acomodarse a la situación específica del concursado.

Se ocupa de normar la extensión de la exoneración en caso de plan de pagos, siguiendo para ello los criterios señalados en los párrafos precedentes, el art. 499.1 del TRLC, disponiendo:

> *La exoneración se extenderá a la parte del pasivo exonerable que, conforme al plan, vaya a quedar insatisfecha.*

El precepto señalado atribuye al juez del concurso la competencia para resolver las acciones declarativas y de ejecución de los acreedores de deuda no exonerable o de las nuevas obligaciones asumidas por el deudor durante el plazo del plan de pagos, las cuales se ejercitarán por los trámites del incidente concursal.

Esta concentración funcional de competencia en el juez del concurso, y la sujeción a los trámites del incidente concursal, que la norma analizada establece merecen un juicio favorable.

7.1.9. Alteración significativa de la situación económica del deudor

A diferencia de la regulación anterior a la reforma, en la cual únicamente se preveía en el art. 498. 2° del TRLC la revocación de la exoneración por mejora sustancial de la situación económica del deudor, el nuevo art. 499 bis. 1 del citado cuerpo legal, introducido por el art único 130.1 de la LRTRLC, indica:

> *Cuando, tras la eficacia de la exoneración provisional, se produjera una alteración significativa de la situación económica del deudor, tanto este como cualquiera de los acreedores afectados por la exoneración podrán solicitar del juez la modificación del plan de pagos aprobado.*

Así pues, tras la reforma incorporada por la LRTRLC conviven la posibilidad de la modificación del plan, con la de la revocación de la exoneración por mejora sustancial de la situación económica del deudor por causa de herencia, legado o donación o por juego de suerte, envite o azar, de manera que pudiera pagar la totalidad o al menos una parte de los créditos exonerados, anteriormente analizada, que se regula en el art. 493 del TRLC. Sin duda, la nueva regulación resulta más adecuada que la anterior.

A diferencia de la revocación, para que proceda la modificación no se acotan las causas por las que se ha podido producir la alteración económica del concursado.

De esta manera, si la situación del deudor mejora porque su actividad empresarial resulta más productiva, no procederá la revocación total o parcial de la exoneración, pero sí la modificación del plan de pagos aprobado.

Para que proceda la modificación del plan de pagos aprobado es preciso una *alteración* ***significativa*** *de la situación económica del deudor* (la negrita es nuestra), es decir, tiene que ser sustancial, pero puede ser en sentido positivo o negativo y debe afectar al concursado, no a su entorno, aunque pueda indirectamente repercutirle. También puede modificarse el plan para atender a empeoramiento de la situación del deudor, la cual podrá deberse a una disminución de los ingresos o a un incremento de los gastos.

La *alteración significativa* contemplada en el supuesto de hecho de la norma constituye un concepto jurídico indeterminado, es decir, un concepto utilizado por las normas del que no puede deducirse con absoluta seguridad lo que aquellas han pretendido exactamente, siendo difícil alcanzar una solución exacta[138].

Su valoración habrá de realizarse teniendo en consideración las circunstancias concretas del deudor. Deberá de tenerse presente la doctrina del margen de apreciación, la cual deja cierta libertad, o al menos tolerancia jurídica, para que al concretar un concepto normativo puedan seguirse diversas opciones.

El precepto analizado se ocupa de señalar la legitimación para poder solicitar del juez la modificación del plan de pagos aprobado, la cual atribuye tanto al propio deudor, como a cualquiera de los acreedores afectados por la exoneración.

Puede que el deudor sea el más interesado en la modificación del plan de pagos, bien porque ha incrementado sus ingresos y quiere finalizar antes el procedimiento, bien porque disminuyeron y necesita cambios para poder cumplir el plan.

---

138 *Diccionario panhispánico del español jurídico.*

De la solicitud formulada por cualquiera de los legitimados para ello se dará traslado al deudor y a los acreedores afectados. La tramitación, aprobación e impugnación de la modificación del nuevo plan de pagos se realizará en los plazos y en la forma prevista para el plan de pagos original, y producirá los mismos efectos.

Se afirma[139] que la modificación del plan de pagos implicará una novación de la exoneración inicialmente decretada, pero sin que se inicie un nuevo plazo de duración del mismo.

Por último, el precepto dispone que *no podrá aprobarse más de una modificación del plan de pagos conforme a lo previsto en este artículo.* Así pues, tras la modificación del plan de pagos aprobado, no podrá acordarse otra nueva, aunque la situación económica del deudor se modifique otra vez de manera significativa, lo que no parece justificado.

7.1.10. Revocación de la exoneración en caso de plan de pagos

La concesión provisional de la exoneración puede ser revocada por el juez del concurso, de acuerdo con el nuevo art. 499 ter del TRLC, en los supuestos que la norma señala. De esta forma lo entiende la LRTRLC cuando en su Preámbulo (IV) afirma:

> *Como en el derecho hasta ahora vigente, la exoneración provisional puede revocarse en caso de incumplimiento del plan de pagos y, adicionalmente, si se evidenciara que el deudor no hubiera destinado a la satisfacción de la deuda exonerable toda la renta y recursos efectivos en las condiciones que se determinan. La revocación de la exoneración implica la resolución del plan de pagos y de sus efectos sobre los créditos, procediéndose a la apertura de la liquidación. Se conservan, en todo caso, los actos realizados en ejecución del plan, salvo en caso de fraude,*

---

139 CUENA CASAS, Matilde, *Alteración significativa de la situación económica del deudor* (art. 499 bis), en Comentario a la Ley Concursal, PULGAR EZQUERRA dir., Ed. La Ley, Las Rozas (Madrid), 3ª ed., 2023, tomo 2º, pág. 396.

> *alteración de la igualdad de trato de los acreedores o actuación contraria al propio plan.*

Junto con las causas generales de revocación establecidas en el art. 493 del TRLC, analizadas anteriormente[140], el art. 499 ter del mismo texto legal regula otras causas de revocación específicas para el caso de la modalidad de exoneración con plan de pagos.

En primer lugar, conforme a lo que dispone el art. 499 ter. 1 del TRLC:

> *Cualquier acreedor afectado por la exoneración estará legitimado para solicitar del juez del concurso la revocación de la concesión provisional de la exoneración del pasivo insatisfecho si el deudor incumpliere el plan de pagos.*

Aunque nada se dice respecto del plazo para el ejercicio de esta acción, habrá de entenderse que será el del plan de pagos, porque esta causa de revocación especifica únicamente tienen sentido durante el plazo de cumplimiento de éste, finalizado el cual carece de interés su revocación.

Se sostiene por una parte significativa de la doctrina[141] que sea cual sea la causa, culpable o fortuita, del incumplimiento el acreedor tiene viva la acción de revocación.

Por el contrario, se afirma por otro autor[142]: *....que no todo incumplimiento del deudor en sus pagos, supone la revocación de la exoneración provisional concedida, sino que el art. 500 del TRLC, prevé que en caso de accidente o enfermedad, u otros acontecimientos graves e imprevi-*

---

140 Ver epígrafe 6.4. Revocación de la exoneración.

141 CUENA CASAS, Matilde, *Revocación de la exoneración en caso de plan de pagos* (art. 499 ter), en Comentario a la Ley Concursal, PULGAR EZQUERRA dir., Ed. La Ley, Las Rozas (Madrid), 3ª ed., 2023, tomo 2º, pág. 398.

142 HURTADO YELO, Juan José, "El plan de pagos en la exoneración del pasivo insatisfecho. Problemas en su contenido y cumplimiento", El Derecho, https://elderecho.com/plan-de-pagos-exoneracion-pasivo-insatisfecho-problemas.

sibles, que afecten al deudor o a quienes con él convivan, podrá otorgarse la exoneración definitiva aun cuando no se haya cumplido con el plan de pagos, y ello con una condición, que no haya incumplido las limitaciones a disponer o administrar los bienes se le haya impuesto en el plan de pagos, o las normas sobre cesión de bienes.

En efecto, como veremos más adelante, conforme a lo que establece el art. 500 del TRLC, atendiendo a determinadas circunstancias, la exoneración definitiva del pasivo insatisfecho le podría ser concedida incluso si no hubiese cumplido en su integridad el plan de pagos. Sí para decretar la exoneración definitiva se tienen en cuenta las circunstancias que han llevado al incumplimiento, no parece razonable que no se puedan atender cuando se trata de la revocación.

El argumento *a maiori ad minus*[143] nos lleva a considerar que estas circunstancias habrán de tenerse en consideración también en este segundo supuesto. A la misma conclusión habrá de conducirnos tanto la interpretación sistemática como finalista de la norma.

Asimismo, en el caso de que los pagos previstos en el plan dependan exclusiva o fundamentalmente de la evolución de la renta y recursos disponibles del deudor, también podrá revocarse la exoneración provisional a solicitud de cualquiera de esos acreedores si, al término del plazo del plan de pagos, se evidenciase que el deudor no hubiera destinado a la satisfacción de la deuda exonerable la totalidad de sus rentas y recursos efectivos que excedan del mínimo legalmente inembargable, de lo preciso para el cumplimiento de sus nuevas obligaciones durante el plazo del plan de pagos, siempre que se entiendan razonables a la vista de

---

143 El argumento a fortiori *a maiori ad minus* es una forma de razonamiento jurídico que se basa en la comparación entre dos situaciones, una más fuerte (a *maiori*) y otra menos fuerte (*ad minus*), que encontramos en la jurisprudencia, por ej en las SSSTS, civil pleno, de 20 de diciembre de 2022, núm. 942/2022 (EDJ 2022/769878), civil pleno, de 7 de septiembre de 2023, núm. 1216/2023 (EDJ 2023/671647), entre otras.

las circunstancias, y de lo requerido para el cumplimiento de los vencimientos de la deuda no exonerable durante el plazo del plan de pagos.

Se sostiene[144] que esta segunda causa tiene poco recorrido porque exige una prueba muy importante a la que el acreedor difícilmente pueda acceder. Por tanto, la existencia de esta acción de revocación tiene un papel más disuasorio que realista.

Por último, la revocación de la exoneración provisional supondrá la resolución del plan de pagos, de sus efectos sobre los créditos, y la apertura de la liquidación de la masa activa.

No obstante, deberá tenerse en cuenta que los actos realizados en ejecución del plan de pagos producirán plenos efectos, salvo que se probara la existencia de fraude, contravención del propio plan, o alteración de la igualdad de trato de los acreedores.

Una acertada exposición del proceso que puede conducir a la revocación de la concesión provisional la encontramos en el AAP de Valencia, sec. 9ª, de 20 de octubre de 2023, núm. 88/2023, rec. 115/2023 (EDJ 2023/789051) cuando en su FD 2º afirma:

> *El artículo 495 TRLC permite obtener la exoneración del pasivo insatisfecho con conservación de activos relevantes, si bien, condicionada a la aprobación y cumplimiento de un plan de pagos. Por eso, el artículo 495.2 TRLC dispone que la solicitud de exoneración mediante plan de pagos podrá presentarse en cualquier momento antes de que el juez acuerde la liquidación de la masa activa. Al no liquidarse toda la masa activa, el artículo 498 ter.1 y 2 impone que no se concluya el concurso hasta la comprobación del cumplimiento efectivo del plan de pagos. Y ello porque, si se produce el incumplimiento, conforme al artículo 499 ter. 1 y 3 TRLC, se producirá la revocación de la concesión provisional y la apertura de la liquidación que incluirá aquellos bienes que inicialmente se había autorizado conservar.*

---

144 CUENA CASAS, art. 499 ter, en ComLC, PULGAR EZQUERRA dir., 3ª ed., 2023, ob. cit., tomo 2º, pág. 398.

7.1.11. Exoneración definitiva en caso de plan de pagos

Para evitar que la lentitud de los procedimientos judiciales pueda comprometer la eficacia de la segunda oportunidad, el art. 21.2 de la Directiva sobre reestructuración e insolvencia prevé:

> *Los Estados miembros velarán por que los empresarios insolventes que hayan cumplido sus obligaciones, en caso de que tales obligaciones existan en la normativa nacional, obtengan la exoneración de sus deudas al expirar el plazo de exoneración sin necesidad de interponer ante una autoridad judicial o administrativa un procedimiento adicional a los indicados en el apartado 1.*

Sin duda, la supresión de trámites para lograr la exoneración definitiva de deudas contribuye a la mayor eficacia del sistema y puede coadyubar a evitar la sobrecarga de asuntos de los juzgados.

Por ello, ciertamente, el método que parece más eficiente y adecuado para alcanzar la mayor eficacia del procedimiento tendente a lograr la exoneración definitiva es el que prevé el logro automático de ésta por el transcurso del plazo de duración del plan de pagos cuando ningún acreedor insta la revocación de la exoneración provisional.

Atendiendo a lo señalado en los párrafos precedentes, a diferencia de lo que preveía el art. 499 del TRLC en su redacción anterior, que requería expresamente la *petición del deudor*, para dictar auto concediendo la exoneración definitiva del pasivo insatisfecho en el concurso, el nuevo art. 500 del mismo texto legal, rotulado *Exoneración definitiva en caso de plan de pagos*, después de la reforma ha suprimido dicha exigencia al disponer:

> *Transcurrido el plazo fijado para el cumplimiento del plan de pagos sin que se haya revocado la exoneración, el juez del concurso dictará auto concediendo la exoneración definitiva del pasivo insatisfecho.*

Consiguientemente, se entiende que el juez debe decretar de oficio la exoneración definitiva del pasivo insatisfecho del deudor cuando no le consta la presentación de alguna solicitud de revocación por cualquiera de los acreedores.

Señala en este asunto el Preámbulo (IV) de la LRTRLC:

> *Se mantiene la posibilidad ya contemplada en el derecho vigente de que, pese al incumplimiento parcial del plan de pagos, se otorgue al deudor la exoneración definitiva, para el caso de que el juez aprecie que el incumplimiento ha resultado de accidente o enfermedad graves e inesperadas, ya del deudor, ya de las personas que con él conviven.*

En estas condiciones, atendiendo al supuesto de que el incumplimiento del plan de pagos no resulte imputable a supuestos en que medie dolo o culpa del deudor, el art. 500.2 del TRLC, como anteriormente el art. 499.2 anterior a la reforma, prevé que:

> *Aunque el deudor no hubiese cumplido en su integridad el plan de pagos, el juez, previa audiencia de los acreedores, atendiendo a las circunstancias del caso, podrá conceder la exoneración definitiva del pasivo insatisfecho cuando el incumplimiento del plan de pagos resultara de accidente o enfermedad, u otros acontecimientos graves e imprevisibles, que afecten al deudor o a quienes con él convivan, siempre que el deudor hubiera en todo caso cumplido las limitaciones o prohibiciones a las facultades de disposición o administración, así como las medidas de cesión en pago, que se establezcan en el plan de pagos.*

Como puede verse, el precepto reproducido mantiene la previsión recogida precedentemente en el art. 499.2 del TRLC anterior a la reforma, el cual permitía conceder la exoneración definitiva, aunque el deudor no hubiese cumplido íntegramente el plan, si bien elimina el umbral de ingresos aplicados a la satisfacción de los créditos afectados por el plan que se preveía en aquel y simplifica los requisitos para la concesión.

En la norma vigente no se exige que el deudor haya satisfecho un porcentaje mínimo del pasivo. Lo importante para poder alcanzar la EPI por esta vía no es cuánto ha incumplido, sino la causa por la cual ha incumplido.

Esta simplificación de requisitos, si bien introduce un rasgo de cierta indeterminación al hacer referencia a imprecisos *aconteci-*

mientos graves e imprevisibles, resulta sin embargo preferible al establecimiento de los umbrales que se preveían en el anterior art. 499.2 del TRLC, tanto más cuanto este contenía una remisión a las circunstancias previstas en el Real Decreto-ley 6/2012, de 9 de marzo, de medidas urgentes de protección de deudores hipotecarios sin recursos, respecto de los ingresos de la unidad familiar y circunstancias familiares de especial vulnerabilidad, cuya apreciación resulta compleja y excesivamente casuística, y que están sometidas a continuas modificaciones en función de las variables sociales y económicas que justifican esta especial reglamentación protectora.

En este caso, decretada la exoneración definitiva del pasivo insatisfecho, resultará exonerado también el pasivo exonerable que el deudor común se hubiera comprometido a cumplir pero que no pudo satisfacer.

También dispone el art. 500.3 del TRLC que la resolución por la que se conceda la exoneración definitiva del pasivo insatisfecho se publicará en el RPC. Reitera con mayor concreción, está exigencia el art. 561.3ª del texto refundido regulando:

> *En la sección tercera, de exoneración del pasivo insatisfecho, se insertarán, ordenadas alfabéticamente por concursado, las resoluciones judiciales por la que se conceda, con carácter provisional o definitivo, la exoneración, con expresión de la revocación total o parcial de la exoneración concedida.*

Ningún precepto señala específicamente cual habrá de ser la duración de esta publicidad, a falta del cual podrá aplicarse el plazo máximo de cinco años que prevé el art. 20 de la Ley Orgánica 3/2018, de 5 de diciembre, de protección de datos personales y garantía de los derechos digitales.

Por último, el art. 500 del TRLC dispone que *Contra esta resolución no cabrá recurso alguno,* como ya estaba previsto en los arts. 178 bis de la LC y 499.4 del TRLC antes de la reforma. Resulta lógica esta previsión dado que la resolución ya supone que ningún legitimado se ha opuesto previamente.

7.1.12. Cambio de modalidad de exoneración

La redacción actual de este art. 500 bis del TRLC se debe a la propuesta de mejora de la redacción contenida en el Dictamen emitido por el Consejo de Estado sobre el Anteproyecto de LR-TRLC[145], seguida literalmente, sin introducir modificación de clase alguna desde el proyecto remitido por el Gobierno a la Cámara.

El nuevo del art. 500 bis del TRLC, añadido por el art único. 130 de la LRTRLC, permite al deudor que hubiera formulado solicitud y obtenido la exoneración provisional mediante un plan de pagos dejarla sin efecto, solicitando la exoneración con liquidación de la masa activa conforme a lo previsto en la subsección 2ª, de la sec. 3ª, del cap. II, de la que nos ocuparemos a continuación.

Asimismo, el precepto citado admite también a continuación que, si se hubiera revocado la exoneración provisional o no procediera la exoneración definitiva con un plan de pagos, el deudor podrá igualmente solicitar la EPI con liquidación de la masa activa.

Parece positivo que el deudor pueda acceder al itinerario de liquidación directamente, cuando considera que no puede cumplir el plan de pagos aprobado, por ej. por haber empeorado su situación económica y cuando se le ha revocado la exoneración provisional.

Responde a la lógica esta previsión si se tiene en cuenta que este será el camino para seguir, cuando se revoque la exoneración con plan de pagos o se deniegue la exoneración definitiva.

---

145 Ver pág. 73.

7.2. Exoneración con liquidación de la masa activa

La subsección 2ª, compuesta por los arts. 501 y 502, de la sec. 3ª, del cap. 2º, tít. XI, del lib. I del TRLC regula, de manera escueta, la vía alternativa de la exoneración, es decir, la exoneración del pasivo insatisfecho con liquidación de la masa activa.

Esta segunda vía posible para que el deudor pueda obtener la exoneración del pasivo insatisfecho es la que se produce tras la liquidación de su patrimonio. En la regulación anterior a la última reforma del TRLC esta era la única modalidad posible, partiendo de la idea de que el sacrificio de los derechos de los acreedores que el EPI implica, únicamente se justificaba si se dedicaba al pago de los créditos de éstos todo el patrimonio del deudor común, excepto los bienes inembargables, atendiendo a la responsabilidad patrimonial universal que establece el art. 1911 del CC.

Esta modalidad tiene la ventaja de que se puede alcanzar la exoneración sin la necesidad de esperar el plazo de tres o cinco años necesario para obtener la exoneración definitiva del pasivo insatisfecho a través de la exoneración con plan de pagos.

7.2.1. Solicitud de exoneración tras la liquidación de la masa activa

El art. 501 del TRLC regula en diferentes numerales la exoneración del pasivo insatisfecho en los casos de concursos sin masa; de insuficiencia sobrevenida de la masa activa para satisfacer los créditos contra la masa o los créditos concursales reconocidos, los requisitos de la solicitud de exoneración; y el traslado de ésta a los acreedores para formular alegaciones, todo lo cual se expone a continuación.

i) Concurso sin masa.

De la regulación del concurso sin masa o concluido por insuficiencia de masa simultánea a la declaración del concurso, que suponen un porcentaje altísimo de los que se presentan, nos hemos ocupado ya anteriormente con el debido detenimiento[146]. Este supuesto concurre cuando el deudor común carece de bienes y derechos legalmente embargables; o el coste de su realización es manifiestamente desproporcionado respecto a su previsible valor venal; o los que están libres de cargas son de valor inferior al previsible coste del procedimiento; o los gravámenes y las cargas sobre los mismos son por importe superior a su valor de mercado.

El art. 501.1 del TRLC se ocupa de regular la solicitud de la exoneración del pasivo insatisfecho tras la liquidación de la masa activa, disponiendo:

> *En los casos de concurso sin masa en los que no se hubiera acordado la liquidación de la masa activa el concursado* ***podrá presentar ante el juez del concurso solicitud de exoneración del pasivo insatisfecho*** *dentro de los diez días siguientes a contar:*
>
> - *bien desde el vencimiento del plazo para que los acreedores legitimados puedan solicitar el nombramiento de administrador concursal, esto es, quince días a contar desde la publicación del auto de declaración de concurso, con expresión del pasivo, en el BOE y el RPC, sin que lo hubieran hecho;*
> - *bien desde la emisión del informe por el administrador concursal nombrado si no apreciare indicios suficientes para la continuación del procedimiento (la negrilla es nuestra).*

En relación con la preclusión de la solicitud de la EPI en el concurso sin masa donde no se ha solicitado el nombramiento de administrador concursal por los acreedores legitimados para ello el AAP de Cantabria, sec. 4ª, de 24 abril de 2024, núm. 102/2024, rec. 429/2023 (EDJ 2024/611281), en su FD 3º, afirmó:

> *10. El artículo 37 ter TRLC indica en su apartado 1 que "el juez dictará auto declarando el concurso de acreedores (...) ordenando la remisión telemática al "Boletín Oficial del Estado" para su publicación en el suplemento del tablón edictal judicial único y la publicación en el Registro público concursal con llamamiento al acreedor o a los acreedores (...) a fin de que, en el plazo de quince días a contar del siguiente a la publicación del edicto, puedan solicitar el*

146 Ver el cap. II, *La declaración de concurso sin masa.*

nombramiento de un administrador concursal". Según su apartado 2, "[e]n el caso de que, dentro de plazo, ningún legitimado hubiera formulado esa solicitud, el deudor que fuera persona natural podrá presentar solicitud de exoneración del pasivo insatisfecho".

11. El artículo 501.1 TRLC indica que "el concursado podrá presentar ante el juez del concurso solicitud de exoneración del pasivo insatisfecho dentro de los diez días siguientes a contar bien desde el vencimiento del plazo para que los acreedores legitimados puedan solicitar el nombramiento de administrador concursal sin que lo hubieran hecho, bien desde la emisión del informe por el administrador concursal nombrado si no apreciare indicios suficientes para la continuación del procedimiento .".

12. Es cierto, como indica la resolución apelada, que el TRLC no establece la obligación de advertir al deudor de que transcurridos los 15 días desde la publicación no se ha solicitado nombramiento de AC. Ni tampoco, en su caso, de que sí se ha solicitado y se ha emitido informe no apreciando indicios para continuar el procedimiento. El texto legal no prevé (artículos 37 quater y quinquies) el supuesto en que no se formulara solicitud de nombramiento de AC o que su informe no apreciara los indicios antedichos.

13. Ahora bien, aunque nada impediría que el deudor volviera a solicitar su concurso voluntario, dado que la prohibición del artículo 488 TRLC solo opera en el caso de haberse concedido la exoneración, coincidimos con el criterio de la sección 5ª de la AP de Zaragoza expresado en autos nº 61/2023 de 21 de abril, 62/2023 de 27 de abril y 73/2023 de 31 de mayo " la observancia de las reglas procesales no ha de ser tan estricta y ha de hacerse posible el cumplimiento de las mismas con el respeto a las exigencias de la seguridad jurídica y de la economía procesal".

14. Como indican las resoluciones citadas, "[n]o es que los preceptos examinados no sean precisos, es que lo que está sujeto a diversas alternativas es la circunstancia de que alguno de los acreedores interese el nombramiento de administrador concursal. Es esta circunstancia, su existencia o inexistencia, la que determina que la concursada pueda en el primer caso solicitar la exoneración o esperar a la emisión del informe en el segundo.

15. Ciertamente se puede someter a la solicitante a la carga procesal de instar a partir del día decimoquinto hábil diariamente una solicitud al juzgado o, esperar a que se constate mediante la oportuna diligencia de constancia que tal solicitud no se ha producido —que pese a ser lo habitual según la experiencia empírica constatada, tampoco puede presumirse que es esta alternativa la que se ha dado—. Una adecuada dirección del proceso impone la constatación de que estamos bien ante la necesidad de nombrar un Administrador concursal por haberlo solicitado acreedores que cumplen con los requisitos de los arts. 37 y ss TRLCo, o que no se ha producido la solicitud permitiendo el nacimiento del plazo previsto en el art. 501 TRLCo. Con esta solución no solo se satisface el principio de seguridad jurídica sino también el de economía procesal evitando que las partes procesales deban realizar esfuerzos, tal vez innecesarios —aportar la solicitud de DEPI ante la duda de si existen o no solicitud de nombramiento de AC—, las partes en el proceso. ".

16. Esta solución no solo es más acorde con la seguridad jurídica, economía y eficiencia procesal. Es también coherente con la solución ofrecida por la jurisprudencia en supuestos análogos en lo esencial.

17. El artículo 133.1 LEC indica que "[l]os plazos comenzarán a correr desde el día siguiente a aquel en que se hubiere efectuado el acto de comunicación del que la Ley haga depender el inicio del plazo, y se contará en ellos el día del vencimiento, que expirará a las veinticuatro horas." Si bien, según segundo inciso, "[n]o obstante, cuando la Ley señale un plazo que comience a correr desde la finalización de otro, aquél se computará, sin necesidad de nueva notificación, desde el día siguiente al del vencimiento de éste."

18. La derogada Ley Concursal establecía en el art 169.1 para la presentación del informe de calificación culpable por la AC un plazo de 15 días "siguientes al de expiración de los plazos para personación de los interesados" que según el artículo 168 era de 10 días siguientes a la última publicación dada a la resolución acordando la formación de la sección sexta.

19. Ante la pretensión de extemporaneidad de la presentación del informe de calificación por la AC una vez transcurridos los 15 días desde la expiración del plazo de 10 para personación de interesados en la sección sexta "sin necesidad de nueva notificación, pues el administrador concursal debe conocer la fecha de la última publicación", el TS (sentencia 122/2014 de 1 de abril, asunto Casero Hermanos), dijo:

"1. La aplicación del apartado segundo del art. 133.1 de la Ley de Enjuiciamiento civil no puede suponer la preclusión de un plazo que comience a correr desde la finalización de otro cuando sea el órgano judicial el que deba comunicar a la parte interesada, a quien afecta la preclusión del acto procesal, el transcurso del plazo anterior.

Tal es el caso aquí enjuiciado, en que a la administración concursal se le había notificado la resolución judicial de apertura de la fase de liquidación, sin que ello le permita conocer cuándo había tenido lugar la última publicación de dicha resolución, que es el "dies a quo" del inicio del plazo para presentar su informe.

La administración concursal no tiene obligación legal de conocer cuándo se ha producido esa última publicación, en contra de lo afirmado en el recurso, por lo que el conocimiento del plazo cuya finalización determina el nacimiento del plazo para la presentación del informe viene determinado por la notificación que le haga el órgano judicial.

2.- Los plazos establecidos en los arts. 168.1 y 169.1, ambos de la Ley Concursal, están establecidos a diferentes efectos y dirigidos, por así decir, a distintas partes procesales, el primero a los acreedores y demás personas con interés legítimo para personarse en la sección de calificación, el segundo a la administración concursal.

El órgano judicial debe constatar que el primer plazo ha transcurrido, una vez le conste cuándo ha tenido lugar la última publicación del auto que abre la fase de liquidación, debe dictar la resolución en la que se admitan o rechacen los escritos de personación y alegaciones presentados por los acreedores o interesados y, dando traslado de tales escritos, si son admitidos, puesto que pueden aportar información valiosa para el interés del concurso, debe otorgar el plazo de quince días a la administración concursal para que presente el informe de calificación.

3.- Una interpretación como la sostenida por la recurrente, según la cual el segundo plazo comienza a correr automáticamente cuando finaliza el primero, sin necesidad de actuación alguna del órgano judicial, generaría una gran inseguridad y supondría un obstáculo desproporcionado al ejercicio de la acción por parte de la administración concursal, habida cuenta de la brevedad de los plazos en cuestión y las dificultades de la administración concursal para conocer el hecho relevante para el cómputo del plazo de cuyo transcurso se hace depender el inicio a su vez del plazo que se le concede para formular el informe previsto en el art. 169.1 de la Ley de Enjuiciamiento Civil."

La Directiva sobre reestructuración e insolvencia parte de la idea de que los procedimientos nacionales para alcanzar el EPI habrán de basarse en un plan de pagos, en la realización de activos del deudor o en una combinación de ambos sistemas, así resulta de su Considerando núm. 75 y su art. 2.1.10, pero no parece que contemple la posibilidad de una EPI sin plan de pagos y sin realización alguna de bienes del deudor.

De hecho, la matización en el art. 21.3 de la Directiva presume la realización de bienes del deudor, salvo en el caso de la EPI exclusivamente basada en un plan de pagos[147].

Esta misma idea de disyuntiva entre las dos posibles modalidades de EPI, con liquidación o con plan de pagos, afirma AZOFRA VEGAS[148], se enfatiza en el art. 486 del TRLC tras la reforma y en una pléyade de artículos del mismo cuerpo legal introducidos o alterados por la misma. Sin embargo, señala, la reforma ha abierto una cierta vía de agua en la coherencia de ese sistema dual de EPI con liquidación o con plan de pagos al permitir la exoneración también *en los casos de concurso sin masa en los que no se hubiera acordado la liquidación* (art. 501.1).

También se ha ocupado el mismo autor, en otro trabajo[149], de analizar la solicitud de exoneración del pasivo insatisfecho en los diferentes casos de concurso sin masa en los que no se hubiera acordado la liquidación de la masa activa, señalando en relación con cada uno de los regulados en el art. 37 bis del TRLC:

- El apartado a), en ausencia de bienes embargables, parece obvio que debe permitirse al concursado que reúna la buena fe y los demás requisitos legales que exonere sus deudas sin plan de pagos y sin liquidar, dado que no hay bienes embargables que realizar;
- En los dos siguientes apartados, b) y c), no parece que existan objeciones prácticas a una EPI sin plan de pagos y sin liquidación de la masa activa: si el coste de realización de los bienes embargables es desproporcionado respecto al valor venal o si el producto previsiblemente de realización

---

147 AZOFRA VEGAS, Fernando, "¿Es posible la exoneración del pasivo insatisfecho sin liquidación y sin plan de pagos tras la trasposición de la Directiva 2019/1023?", ADCo, núm. extra-58, 2023, pág. 515.

148 "¿Es posible la exoneración del pasivo insatisfecho sin liquidación y sin plan de pagos tras la trasposición de la Directiva 2019/1023?", *ob. cit.*, pág. 516.

149 AZOFRA VEGAS, "La exoneración del pasivo insatisfecho tras la transposición de la Directiva 2019/1023", ob. cit., pág. 292.

de los bienes no alcanza siquiera al coste del procedimiento, ¿qué beneficia a los acreedores de deuda exonerable la realización de esos bienes, como condición para que se conceda al deudor la exoneración? Y ello, aunque también en este caso existiría una contradicción con el modelo de EPI de la Directiva sobre reestructuración e insolvencia;

- Más difícil es el supuesto del apartado d): no existen en la masa activa más que bienes gravados cuyo valor de mercado no alcance a la deuda garantizada. Si ninguno de los legitimados solicita el nombramiento de administrador concursal para la evolución y eventual ejercicio de acciones de reintegración, responsabilidad o calificación de concurso como culpable, concluye el concurso sin liquidación de la masa activa. ¿Puede el deudor pedir una EPI sin plan de pagos y sin liquidación de la masa activa?

La redacción literal de los arts. 501 y 37 ter 2 del TRLC lo permitiría, aunque difícilmente pueden conciliarse con el modelo de la Directiva sobre reestructuración e insolvencia, el resto de la regulación de la EPI tras la reforma o lo previsto para los casos de insuficiencia sobrevenida de masa.

ii) Conclusión por insuficiencia de masa activa.

El art. 501.2 del TRLC, tras su modificación por el art único 130 de la LRTRLC, se ocupa de regular la solicitud de la EPI cuando la insuficiencia de masa activa para el pago de los créditos contra la masa se evidencia en un momento posterior a la declaración del concurso, de la que nos hemos ocupado ya[150].

Conforme al citado precepto:

> *Las mismas reglas se aplicarán en los casos de insuficiencia sobrevenida de la masa activa para satisfacer todos los créditos contra la masa y en los que, liquidada la masa activa, el líquido obtenido fuera insuficiente para el pago de la totalidad de los créditos concursales reconocidos.*

---

[150] Ver III. *La insuficiencia sobrevenida.*

Si el deudor común es una persona física, el *concursado podrá presentar ante el juez del concurso solicitud de exoneración del pasivo insatisfecho dentro del plazo de audiencia*, de quince días establecido en el art. 468.4 del TRLC, *concedido a las partes para formular oposición a la solicitud de conclusión del concurso*, al amparo del art. 469.1 del mismo cuerpo legal.

Previene el art. 21.3 de la Directiva sobre reestructuración e insolvencia que:

> *Los Estados miembros podrán disponer que la plena exoneración de deudas no sea óbice para la continuación de un procedimiento de insolvencia que suponga la ejecución y distribución de los activos de un empresario que formaban parte de la masa de la insolvencia, en la fecha de vencimiento del plazo de exoneración*. Aclarando en el considerando núm. 77 que *En aquellos casos en que la vía procesal conducente a una exoneración de deudas suponga la ejecución de activos de un empresario, los Estados miembros no se deben ver privados de la posibilidad de disponer que la solicitud de exoneración se trate por separado de la ejecución de activos, siempre que dicha solicitud sea parte integrante de la vía procesal conducente a la exoneración con arreglo a la presente Directiva*.

Sin embargo, el legislador español no se ha pronunciado sobre si el juez puede decretar la exoneración mientras están todavía pendiente de ejecución los activos que forman parte de la masa activa, pese a la relevancia práctica de esta cuestión, respecto de lo cual parte de la doctrina[151] se ha pronunciado positivamente, lo cual no compartimos, pese a la autoridad de quien lo sostiene.

iii) Requisitos de la solicitud de exoneración.

De regular los requisitos de la solicitud de la exoneración se ocupa el art. 501.3 del TRLC, el cual dispone que en la misma *el concursado deberá manifestar que no está incurso en ninguna de las causas establecidas en esta ley que impiden obtener la exoneración*, las cuales

---

[151] CUENA CASAS, Matilde, *Solicitud de exoneración tras la liquidación de la masa activa* (art. 501), en Comentario a la Ley Concursal, PULGAR EZQUERRA dir., Ed. La Ley, Las Rozas (Madrid), 3ª ed., 2023, tomo 2º, pág. 412.

aparecen recogidas en los arts. 487 y 488 del mismo cuerpo legal, a cuyo comentario nos remitimos, *y acompañar las declaraciones del impuesto sobre la renta de las personas físicas correspondientes a los tres últimos años anteriores a la fecha de la solicitud que se hubieran presentado o debido presentarse.*

A diferencia de lo normado en el art. 495 del TRLC para la solicitud de exoneración mediante plan de pagos, no se exige que se aporten las declaraciones de los restantes miembros de la unidad familiar.

No se entiende, se señala[152], bien la necesidad de este requisito para el deudor que se acoge al itinerario de liquidación ya que la ley no exige ningún nivel patrimonial específico para que el deudor se acoja a este itinerario. Con esta norma se reproduce la regla contenida en el art. 489.2 del TRLC derogado.

iv) Alegaciones de los acreedores.

Por último, el LAJ dará traslado de la solicitud del deudor a la administración concursal y a los acreedores personados para que dentro del plazo de diez *días aleguen cuanto estimen oportuno en relación a la concesión de la exoneración.*

No parece acertado que la norma conceda este derecho a hacer alegaciones a los acreedores personados y no solo a los titulares de créditos exonerables que son los que, en principio, tienen interés en la exoneración.

No tiene sentido que puedan realizar alegaciones los acreedores por créditos no exonerables dado que la EPI no les afecta cuando se trata del itinerario de liquidación.

7.2.2. Resolución sobre la solicitud

El nuevo art. 502 del TRLC vigente en la actualidad, reproduce literalmente lo dispuesto en el art. 490 del mismo texto refundido

---

152 CUENA CASAS, art. 501, en ComLC, PULGAR EZQUERRA dir., 3ª ed., 2023, ob. cit., tomo 2º, pág. 413.

anterior a la reforma, con la única diferencia de haberse suprimido en el núm. 1° el párrafo que prevenía *que hubiera mantenido la solicitud inicial*, conservando sin modificación los otros dos numerales del precepto.

i) Resolución sobre la solicitud.

El art. 502.1 del TRLC dispone que:

> *Si la administración concursal y los acreedores personados mostraran conformidad a la solicitud del deudor o no se opusieran a ella dentro del plazo legal, el juez del concurso, previa verificación de la concurrencia de los presupuestos y requisitos establecidos en esta ley concederá la exoneración del pasivo insatisfecho en la resolución en la que declare la conclusión del concurso.*

El requisito de la *previa verificación de la concurrencia de los presupuestos y requisitos establecidos en esta ley*, la cual no se contenía en el art. 178 bis. 4 de la LC, se introdujo por el Real Decreto Legislativo 1/2020, de 5 de mayo, por el cual se aprueba el texto refundido de la Ley Concursal.

La carencia de esta especificación en el art. 178 bis. 4 de la derogada LC plateó el problema de si podía el juez hacer un juicio de legalidad ulterior o, por el contrario, si no eran los acreedores los que se habían opuesto, no tenía más remedio que acordar la exoneración.

Con anterioridad se había entendido por alguna jurisprudencia que debía concederse el BEPI cuando la administración concursal y los acreedores personados no se oponían al mismos. Así, la SAP de Barcelona, sec. 15, de 29 de junio de 2018, núm. 475/2018, rec. 1282/2017 (EDJ 2018/525128) en su FD 5 afirmó que:

> ...
>
> *17.- El art. 178.4 LC indica que debe darse traslado de la solicitud del deudor de concesión del beneficio de exoneración al administrador concursal y a los acreedores personados por un plazo de 5 días para que aleguen lo que estimen oportuno y, si muestran su conformidad, el juez del concurso "concederá" con carácter provisional el beneficio de exoneración. Por lo que, si no existe*

> *oposición el juez está obligado a otorgar el beneficio al deudor, trámite que finaliza por auto. Mientras que en el caso de que exista oposición se tramitará mediante incidente concursal, dando nueva audiencia al deudor para que pueda defenderse. En este caso, el trámite finaliza por sentencia.*

En contra se manifestó SJM núm.1 de Oviedo de 9 de mayo de 2018, rec. 344/2017 (EDJ 2018/533558). la cual, en su FD único, afirmó:

> *No cabe residenciar en exclusiva el control de legalidad en la masa de acreedores, cuando el juez carece de un trámite previo de inadmisión y, aunque dispusiera del mismo, seguramente desconozca elementos de hecho necesarios para fundar su juicio (como en el caso de autos, en que este juzgador no conocía, en detalle, las vicisitudes del proceso penal). No olvidemos, además, que el art. 11.2 LOPJ dispone que "[l]os Juzgados y Tribunales rechazarán fundadamente las peticiones, incidentes y excepciones que se formulen con manifiesto abuso de derecho o entrañen fraude de ley o procesal.*

Es preciso señalar que la previa verificación de la concurrencia de los presupuestos y requisitos establecidos en el TRLC de oficio por el juez habrá de resultar sin dada, de gran dificultad, dado que éste, si la administración concursal y los acreedores personados no se oponen, en la gran mayoría de las ocasiones no dispondrá de la información necesaria para realizarla.

ii) Oposición a la solicitud.

La legitimación activa para formular las alegaciones que estimen oportunas en relación con la concesión de la EPI se atribuye a la administración concursal y a los acreedores personados, los cuales podrán realizarlas dentro del plazo de diez días desde que les dé traslado el LAJ de la solicitud del *deudor*.

La oposición se sustanciará por el trámite del incidente concursal, que regula el cap. 2°, compuesto por los arts. 532 a 543, ambos inclusive, del tít. XIII, del lib. I del TRLC, y solo podrá fundarse en la falta de alguno de los presupuestos y requisitos establecidos en el TRLC.

Contra la sentencia dictada por el juez del concurso que resuelva el incidente, cabrá interponer el recurso de apelación, conforme a lo dispuesto en el art. 547 del TRLC.

Por último, la norma prevé que no podrá dictarse auto de conclusión del concurso hasta que gane firmeza la resolución recaída en el incidente concediendo o denegando la exoneración solicitada.

8. EL EPI EN EL SUPUESTO DE MICROEMPRESAS

Sin duda, una de las novedades más relevantes, probablemente la de mayor importancia práctica, de la reforma recientemente introducida por la LRTRLC fue el establecimiento de un novedoso procedimiento especial para los concursos de las microempresas, que constituyen en torno al noventa y cuatro por ciento (94%) de las empresas españolas, y para las que, según afirma el Preámbulo de la Ley, *los instrumentos vigentes no han funcionado satisfactoriamente*, a cuya regulación dedica el TRLC tras la reforma su lib. III, compuesto por los arts.685 a 720, ambos inclusive.

De acuerdo con lo que establece el art. 685 del texto refundido dicho procedimiento especial para microempresas será aplicable de manera imperativa a los deudores, personas naturales o jurídicas, que lleven a cabo una actividad empresarial o profesional y que reúnan las siguientes características:

> *1.ª Haber empleado durante el año anterior a la solicitud una media de menos de diez trabajadores. Este requisito se entenderá cumplido cuando el número de horas de trabajo realizadas por el conjunto de la plantilla sea igual o inferior al que habría correspondido a menos de diez trabajadores a tiempo completo.*
>
> *2.ª Tener un volumen de negocio anual inferior a setecientos mil euros o un pasivo inferior a trescientos cincuenta mil euros según las últimas cuentas cerradas en el ejercicio anterior a la presentación de la solicitud.*

Este procedimiento resulta obligatorio para todos los deudores, ya sean persona física o jurídica, que reúnan las circunstancias señaladas en la norma reproducida[153], los cuales no tienen la posibilidad de optar por acudir al procedimiento ordinario, regulado en el lib. I del TRLC, pudiendo los operadores señalados en primer lugar solicitar la EPI, siempre que cumplan los requisitos legales para ello.

Estos procesos especiales para microempresas permiten que las solicitudes y alegaciones formulados por los concursados se realicen por medios telemáticos, mediante formularios normalizados y se admite que el juez pueda dictar sus resoluciones oralmente.

Para comenzar, debemos señalar como no se regula un régimen especial de exoneración del pasivo insatisfecho para los deudores persona física que tengan la consideración de microempresas por reunir los requisitos previstos en el citado art. 685 del TRLC remitiéndose a lo establecido en el lib. I.

El acceso al EPI desde el procedimiento especial para microempresas plantea algunas dificultades derivas de las peculiaridades que el mismo presenta en el fondo y la forma.

Como sabemos, este procedimiento tiene dos posibles itinerarios:

- un procedimiento de continuación, regulado en los arts. 697 a 704, ambos inclusive, de carácter preconcursal y
- otro de **liquidación** concursal, con o sin transmisión de la empresa en funcionamiento, del cual se ocupan los arts. 705 a 720, ambos inclusive del TRLC.

Dentro de las normas reguladoras del procedimiento especial para concurso de microempresas, contenido en el lib. III del TRLC, se ocupan de la exoneración del pasivo insatisfecho de los deudores persona física los arts. 700, cuando se ha seguido el procedimiento de continuación, y 715, en los supuestos de plan de liquidación, los cuales se limitan a remitir la regulación de la solicitud de exoneración del pasivo insatisfechos dentro de este procedimiento especial a lo establecido en el lib. I respecto de ésta.

---

153 SENENT MARTÍNEZ, *La exoneración del pasivo insatisfecho del deudor concursado persona natural, ob. cit.*, pág. 551.

Para el supuesto de que el deudor común, dentro del procedimiento especial para microempresas, hubiera acudido al procedimiento de continuación, el art. 700 del citado cuerpo legal expone:

> *En todos los casos de* ***frustración del plan de continuación****, si el deudor fuera persona física, podrá solicitar la exoneración del pasivo insatisfecho conforme a lo establecido en el libro primero.* (La negrita es nuestra).

La frustración del plan de continuación se produce, conforme a lo dispuesto en el art. 699 bis del TRLC, en los casos de falta de aprobación, rechazo de la homologación por el juez del concurso, estimación de la impugnación de la homologación o incumplimiento del plan de continuación, cualquiera de los cuales determinará la apertura del procedimiento especial de liquidación, siempre que el deudor se encuentre en insolvencia actual.

Se afirma[154] como, a pesar del difícil encaje que tiene la entrada a la EPI con plan de pagos desde un procedimiento liquidatorio, el art. 700 del TRLC remite a la regulación de la exoneración en bloque y no restringida a la liquidación. Por lo tanto, entiende la autora que: … *es preciso hacer una interpretación correctora y permitir el acceso al itinerario de la EPI con plan de pagos, previa apertura de la fase de calificación. No debe darse entrada a la EPI a un deudor sin apertura de la fase de liquidación.*

Si, por el contrario, el deudor hubiera optado por el procedimiento de liquidación, el art. 715 del TRLC prevé:

> *En caso de deudor empresario o profesional persona física, una vez* ***terminada la liquidación*** *y distribuido el remanente, podrá el deudor que reúna los requisitos legales para ello solicitar la exoneración del pasivo insatisfecho conforme a lo establecido en el libro primero de esta ley.* (La negrilla es nuestra).

---

154 CUENA CASAS, Matilde, *Exoneración del pasivo insatisfecho* (art. 700), en Comentario a la Ley Concursal, PULGAR EZQUERRA dir., Ed. La Ley, Las Rozas (Madrid), 3ª ed., 2023, tomo 2º, pág. 1.682.

Como, sin duda, habrá observado ya el atento lector, ambos preceptos, los arts. 700 y 715 del TRLC, se limitan a remitir la regulación de la solicitud formulada por el deudor de la EPI dentro del procedimiento especial para microempresas a las normas relativas a la exoneración del pasivo insatisfechos del lib. I, anteriormente expuestas.

Lo que no queda claro, se afirma[155], es si puede optar el concursado tanto por la vía del plan de pagos, como por la de liquidación de la masa activa.

En el caso del art. 715 del TRLC, se estima que, dado que ya se ha liquidado la masa activa, las mismas razones que en caso de concurso explicaban porque no era posible el plan de pagos, son de aplicación al procedimiento especial de microempresas.

La aplicación analógica de la normativa del concurso a este ámbito determina que en este concreto supuesto la única opción posible sea la del art. 486.2 del texto legal citado y, en consecuencia, deban seguirse los trámites vinculados a la liquidación de la masa activa de la subsección 2ª, de la sec. 3ª, del cap. II, del tít. XI, del lib. I, compuesta por los arts. 501 y 502 del TRLC.

Por el contrario, la frustración del plan de continuación, en tanto que no haya ganado firmeza la resolución abriendo la liquidación con arreglo a lo establecido en el art. 699 bis del TRLC, que regula la frustración del plan de continuación, parece que debería quedar abierta la posibilidad de solicitar la exoneración del pasivo insatisfecho con arreglo a un plan de pagos en los términos del art. 495.2 del señalado texto refundido.

Se afirma[156] que este precepto no añade nada al sistema y se refiere específicamente al caso de que la empresa haya sido objeto

---

155 SENENT MARTÍNEZ, *La exoneración del pasivo insatisfecho del deudor concursado persona natural, ob. cit.*, pág. 552.

156 CUENA CASAS, Matilde, *Especialidad en caso de deudor persona física* (art. 715), en Comentario a la Ley Concursal, PULGAR EZQUERRA dir., Ed. La Ley, Las Rozas (Madrid), 3ª ed., 2023, tomo 2º, pág. 1.746.

de liquidación. En tales circunstancias, como es obvio, el deudor solo puede acogerse a la exoneración definitiva del itinerario de liquidación (art. 501 y 502 del TRLC)

Toda vez que el procedimiento concursal propiamente dicho es el de liquidación, se sostiene[157], que la apertura de la fase de liquidación es la desencadenante de la posibilidad de apertura de la pieza de calificación como establece el art. 716 del TRLC.

No hay fase de convenio dentro del procedimiento especial. Esto puede dificultar problemas de engarce con la regulación del EPI, pues si el deudor se acoge a plan de pagos, nos encontramos con un deudor que entra en la exoneración sin haber pasado por la fase de calificación.

Entiende esta autora que, dado que tras la reforma la calificación es una pieza de apertura necesaria conforma al art. 446 del TRLC, cuando se entre en proceso ordinario y una microempresa solicita la exoneración sale del procedimiento ordinario y entra en el común y si se acoge a plan de pagos, deberá abrirse la fase de calificación. De lo contrario, afirma, nos encontraríamos con otro supuesto de entrada a la EPI sin valoración de la conducta del deudor, igual que pasa en concurso sin masa.

Como sabemos, en el supuesto de falta de presentación (art. 697 del TRLC) o de frustración del plan de continuación (art. 699 bis del TRLC) se desemboca en el procedimiento especial de liquidación (arts. 705 a 720 del citado texto refundido).

En estas condiciones se ha preguntado alguna autora[158], si la microempresa acogida al procedimiento especial puede solicitar la exoneración con plan de pagos. Respondiendo que, no hay razón técnica para que no pueda, es más, debería existir un incentivo positivo a este itinerario por el impacto económico que tiene la conservación de la empresa y de los puestos de trabajo.

---

[157] CUENA CASAS, art. 700, en ComLC, PULGAR EZQUERRA dir., 2023, ob. *cit.*, tomo 2°, págs. 1.681 y sigs.

[158] CUENA CASAS, art. 700, en ComLC, PULGAR EZQUERRA dir., 3ª ed., 2023, *ob. cit.*, tomo 2°, pág. 1.682.

A este procedimiento de exoneración con plan de pagos no pueden acudir las personas físicas que puedan calificarse como microempresas *ex* art. 685 del TRLC, los cuales deben necesariamente acudir al procedimiento espacial regulado en los arts. 687 y sigs. del mismo texto legal[159].

Merece destacarse por su incidencia en el acceso a la EPI, el establecimiento de especialidades en materia de concurso culpable, previéndose en el art. 718.2 del TRLC una presunción especifica de culpabilidad, al disponer que se considerará, además de las señaladas en el lib. I, al que se remite en el núm. 1°, *como presunción, sin admitir prueba en contrario,* ***la provisión de información o documentación gravemente inexacta o falsa*** *de acuerdo con el art. 688,* (la negrita es nuestra), en el cual se citan las inexactitudes graves *en cualquiera de los formularios normalizados remitidos o en los documentos acompañados a los mismos presentados durante la tramitación del procedimiento especial, o hubiera acompañado o presentado documentos falsos.*

Asimismo, hay que tener presente que una de las particularidades del procedimiento especial de microempresas es que puede no haberse nombrado administración concursal. En tal caso, como sabemos, la liquidación se tramita con arreglo al plan presentado por el deudor (art. 707 del TRLC).

Sólo cuando concluya la liquidación, podrá pedirse la exoneración dentro de los plazos previstos para el régimen general. Así, el art. 501 del texto refundido establece que se podrá pedir la exoneración dentro del plazo de audiencia concedido a las partes para formular oposición a la solicitud de conclusión del concurso, es decir, diez días desde la comunicación del informe final de liquidación presentado por el deudor o, en su caso, por la administración concursal.

---

159 FERNANDEZ PEREZ, La exoneración del pasivo insatisfecho tras la Ley 16/2022, de 5 de septiembre", *ob. cit.*, pág. 63.

Figura número 4. Exoneración con Plan de Pagos

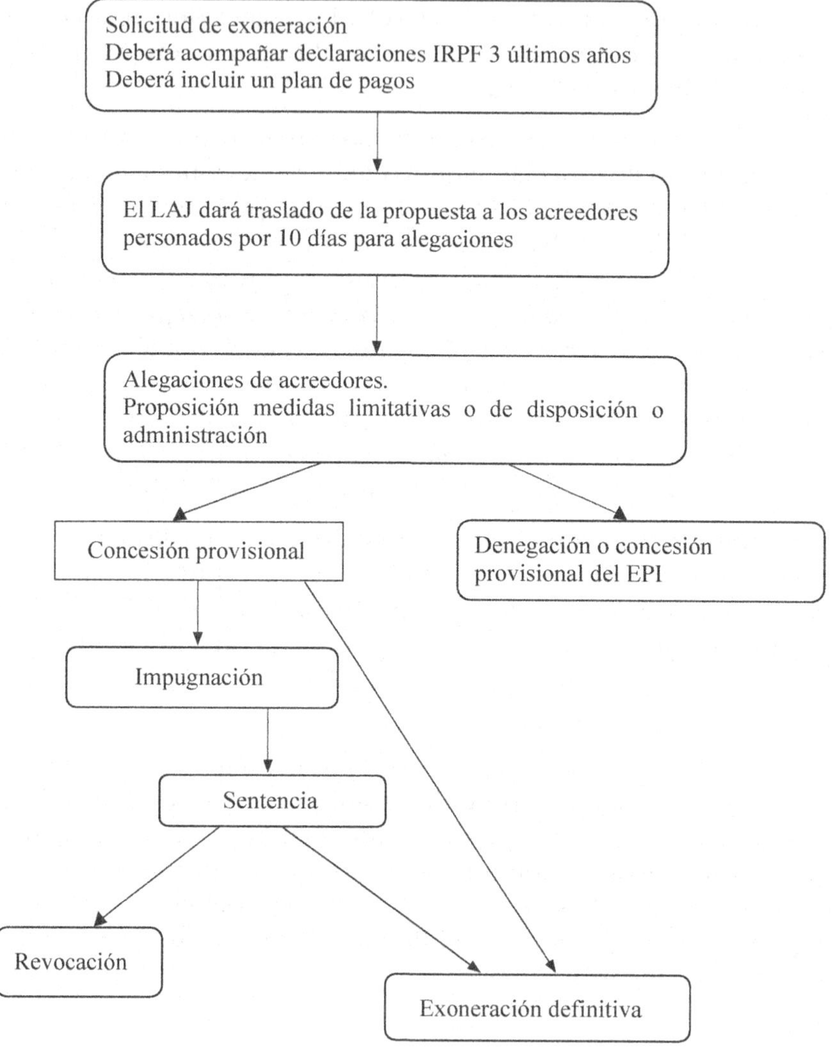

V. El crédito tributario ante el EPI

DOMINGO CARBAJO VASCO

SUMARIO: 1. CONSIDERACIONES PREVIAS. 1.1. Cuestiones preliminares. 1.2. Las razones para la ruptura del principio pars conditio creditorum. 2. LA INDISPONIBILIDAD Y OTROS PRIVILEGIOS DEL CRÉDITO PÚBLICO. 2.1. En general. 2.2. La posición exorbitante del crédito tributario y de la Hacienda Pública. 2.2.i) La indisponibilidad del crédito tributario y sus modulaciones. 2.2.ii) Las prerrogativas procesales de la Hacienda Pública. 2.2.iii) Síntesis. 3. UNA BREVE HISTORIA DE LA CONFRONTACIÓN ENTRE LOS PRINCIPIOS DE LA LC Y LA "POSICIÓN" DE LA HACIENDA PÚBLICA EN LOS CONCURSOS DE ACREEDORES. 3.1. Introducción. 3.2. La versión original de la LC y los privilegios de la Hacienda Pública. 3.3. Los convenios singulares como antecedente de la exclusión del crédito tributario en los EPI. 4. LAS PRIMERAS REFORMAS DE LA LC Y SU IMPACTO EN LOS PRIVILEGIOS DE LA ADMINISTRACIÓN TRIBUTARIA. 4.1. Nota previa. 4.2. Desarrollo y sentido de las primeras reformas de la LC. 4.3. La generalización de las instituciones preconcursales y la incorporación de la nueva filosofía de la UE. 4.4. La aparición de los AEP y la problemática de los créditos públicos. 4.5. Los ajustes en la institución de los AEP. 4.6. El advenimiento normativo de la "segunda oportunidad": el Real Decreto-Ley 1/2015. 4.6. La Ley 25/2015 y sus consecuencias. 5. LA DIRECTIVA DE 2019 DE LA UE SOBRE MARCO PREVENTIVO DE REESTRUCTURACIONES E INSOLVENCIAS. 5.1. Consideraciones preliminares. 5.2. Los principios de la Directiva. 5.3. El sobreendeudamiento de los particulares. 5.4. Los créditos tributarios en la Directiva y la segunda oportunidad. 5.5. Conclusiones generales. 6. A VUELTAS CON LA EXONERACIÓN DEL CRÉDITO PÚBLICO EN LOS AEP EN LA REDACCIÓN DEL TRLC. 7. LA TRASPOSICIÓN DE LA DIRECTIVA 2019 MEDIANTE LA LEY 16/2022. 7.1. Nota previa. 7.2. El fin de los AEP y la exoneración del pasivo insatisfecho. 7.3. El debate continúa: la STJUE de 11 de abril de 2024 y el previsible futuro.

1. CONSIDERACIONES PREVIAS

1.1. Cuestiones preliminares

Históricamente, la quiebra del deudor y algunos de los diversos negocios jurídicos de naturaleza similar o con efectos parejos (convenios, liquidaciones, reestructuraciones y modificaciones estructurales[1], concursos de acreedores, etc.), siempre que conduzcan a la liquidación colectiva de su patrimonio,[2] empresarial o no o, en el caso de conseguir salir de la insolvencia, a un nuevo impulso de su actividad económica, a lo que se conoce ahora bajo la terminología inglesa de *fresh start* (nuevo comienzo), *discharge* o "segunda oportunidad", han sido considerados como un "mal necesario", una respuesta ordenada y desde el Derecho a situaciones sobrevenidas, no queridas por los emprendedores[3] (si hablamos

---

1 Las cuales, a su vez, admiten múltiples negocios jurídicos: fusiones, escisiones, segregaciones, transformaciones, etc.
Ver, en ese sentido, tanto la Directiva (UE) 2019/2121 del Parlamento Europeo y del Consejo de 27 de noviembre de 2019 por la que se modifica la Directiva (UE) 2017/1132 en lo que atañe a las transformaciones, fusiones y escisiones transfronterizas ("Diario Oficial de la Unión Europea"; en adelante DOUE, serie L, núm. 321, de 12 de diciembre, págs. 1 a 44) como su trasposición al Derecho nacional mediante el Libro Primero del Real Decreto-ley 5/2023, de 28 de junio, por el que se adoptan y prorrogan determinadas medidas de respuesta a las consecuencias económicas y sociales de la Guerra de Ucrania, de apoyo a la reconstrucción de la isla de La Palma y a otras situaciones de vulnerabilidad; de transposición de Directivas de la Unión Europea en materia de modificaciones estructurales de sociedades mercantiles y conciliación de la vida familiar y la vida profesional de los progenitores y los cuidadores; y de ejecución y cumplimiento del Derecho de la Unión Europea (BOE núm.154, de 29).

2 Se trata de los definidos en el Derecho Concursal europeo como "procedimientos colectivos de insolvencia", es decir, ...*procedimientos de insolvencia que incluyan la totalidad o una parte significativa de los acreedores del deudor, a condición de que, en este último supuesto, los procedimientos no afecten a los créditos de los acreedores que no sean parte en ellos;* tal y como se delimitan, por ejemplo, en el art. 2. *Definiciones,* 1), del Reglamento (UE) 2015/848 del Parlamento Europeo y del Consejo, de 20 de mayo de 2015, sobre procedimientos de insolvencia (DOUE, serie L, núm. 141, de 5 de junio de 2015, págs. 19-72).

3 La voz "emprendedores" constituye un anglicismo, traducción literal de la expresión *entrepreneur,* cuyo tenor aparece recogido en la Ley 14/2013, de 27 de septiembre, de apoyo a los emprendedores y su internacionalización (BOE núm. 233, de 28), carente de tradición en nuestro Ordenamiento Mercantil y que solo genera confusión jurídica

del concurso de las empresas) o por las personas físicas deudoras (si el afectado por la crisis es una persona natural sin actividad económica alguna, un consumidor final) pero también como una solución razonable ante un resultado insostenible desde el punto de vista patrimonial para el deudor.

Desde la perspectiva económica, estos procesos de reasignación colectiva de recursos se deben a la necesidad de que, con los menores costes posibles y la mayor eficiencia en el resultado de tal reasignación, los agentes económicos de una economía de mercado, fundamentalmente las empresas, puedan distribuir los recursos en manos de acreedores y si los empresarios, incapaces de gestionarlos con los mejores resultados posibles, pasen, de manera ordenada y colectiva, a sus acreedores, para que éstos los dediquen a actividades productivas de mayor beneficio.

Lógicamente, el proceso no es sencillo, afecta a múltiples ramas de la vida económica y social: mercantiles, financieras, laborales, sociales, tributarias, etc. y los intereses implicados en la solución normativa ofrecida por el Estado (la legislación concursal) disponen de visiones diferenciadas y, en muchos casos, enfrentadas acerca de qué perspectivas deben primar y cómo sus planteamientos han de recogerse en la normativa concursal.

De esta manera, la legislación concursal, sometida asimismo al cambio de los marcos ideológicos, sociales, económicos y culturales de cualquier Ley, es siempre sujeto de debates y conlleva un

---

respecto del término clásico "empresario", expresión sustituta, a su vez, de la arcaica "comerciante".

Ese intento (fallido y dañino para la seguridad jurídica) de sustituir la voz "empresario" en la citada Ley no puede, significativamente, desligarse de ser ésta la primera norma en la que se introducen instituciones paraconcursales y preventivas, separadas de la filosofía de los concursos empresariales de la LC y en respuesta al nuevo marco preventivo del Derecho Concursal que, con posterioridad, se consolidará en la UE con la Directiva de reestructuraciones e insolvencia de 2019.

equilibrio inestable entre los diferentes intereses afectados por su existencia y aplicación.[4]

Como ya hemos expuesto en epígrafes anteriores, la institución concursal resulta ser un negocio jurídico complejo, a través de cuyo desarrollo, básicamente, de manera colectiva y en unidad de acto, los acreedores convienen o liquidan el pago de sus deudas respecto de un deudor en estado de insolvencia, empresarial o particular.

Esta institución está presidida tanto por este rasgo de constituir una ejecución colectiva de deudas como por el principio *pars conditio creditorum,* según el cual, todos los acreedores aceptan una situación de igualdad de sus créditos con relación al deudor, cobrando sus deudas conforme a la proporción de éstas en la masa activa con una reducción de su importe nominal o aceptando una espera en los plazos de ejecución o situaciones intermedias ("quita o espera").

Tales negocios jurídicos han sido calificados como un "mal necesario", una respuesta ordenada, sistemática y desde el Derecho, es decir, propia del orden regulador del Estado de Derecho, art. 1.1 de la CE, a situaciones sobrevenidas, no queridas por los emprendedores (si hablamos del concurso de las empresas) o por las personas físicas deudoras (si el afectado por la crisis es una persona natural sin actividad económica alguna, un consumidor final).

Por otro lado, desde la visión económica de estos procesos, su existencia resulta esencial para el buen funcionamiento de la economía de mercado[5] porque, bajo el marco de procedimientos de solución colectiva de insolvencia adecuados, rápidos y eficientes, los deudores tendrían una aversión al riesgo menor ("teoría del

---

4 En general, VAN HEMMEN ALMANZOR, ESTEBAN. "Análisis institucional y económico de la nueva Ley Concursal", Banco de España, Estabilidad Financiera, núm. 6, págs.189 a 210.

5 La cual conforma nuestro modelo económico, según indica el art. 38 de la CE:
Se reconoce la libertad de empresa en el marco de la economía de mercado. Los poderes públicos garantizan y protegen su ejercicio y la defensa de la productividad, de acuerdo con las exigencias de la economía general y, en su caso, de la planificación.

efecto aseguramiento"), aumentando la capitalización de las empresas y las inversiones y, bajo la égida de la doctrina de la "segunda oportunidad", el espíritu empresarial, la *entrepreneurship,* en la terminología anglosajona, no se perdería sino que aumentaría el dinamismo de la economía, reduciendo el desempleo y mejorando los niveles de bienestar general[6].

Para este planteamiento económico, asimismo, es esencial la existencia de las instituciones concursales y asimiladas para seleccionar entre las explotaciones económicas, diferenciando entre las endeudadas e insolventes de manera transitoria de aquellas otras no viables, definitivamente quebradas, cuyo destino es la liquidación y cuya pervivencia en el tiempo constituye un lastre, una carga de eficiencia para la economía en su conjunto, generando deseconomías externas.

No es de extrañar pues que el legislador, en atención a un objetivo de bienestar social conjunto y para evitar las economías externas negativas producidas por la ausencia de algún procedimiento sistemático para eliminar o reducir las insolvencias, haya diseñado procesos colectivos para que el deudor, de manera ordenada, liquide sus deudas entre el conjunto de los acreedores, a través de herramientas concursales colectivas, de naturaleza, normativa y función muy variadas.

Ahora bien, estas posturas genéricas admiten diversos matices y tampoco existe un consenso total entre la doctrina acerca de los principios que deben regir la ejecución colectiva de deudas, su funcionalidad, beneficios y marcos regulatorios; baste señalar que, en el supuesto de los deudores particulares (consumidores), se defienden, incluso, planteamientos contrarios a incorporar la posibilidad de que éstos obtengan una exoneración completa de

---

6 FAN, W.; WHITE, Michelle J (2003). "Personal Bankruptcy and the Level of Entrepreneurial Activity", *Journal of Law and Economics,* 46(2), págs. 543-568; https://econpapers.repec.org/article/ucpjlawec/y_3a2003_3av_3a46_3ai_3a2_3ap_3a543-67.htm (acceso realizado el 13 de septiembre de 2024).

sus deudas pues tal posibilidad acrecentaría el llamado "riesgo moral", incrementando el coste del crédito y desplazando el coste soportado por los acreedores (generalmente, entidades financieras) a sus clientes solventes y a los proveedores que carezcan de un poder de mercado o de un grupo de presión con capacidad política suficiente para solicitar algún tipo de exclusión, privilegio o exoneración para sus deudas.[7]

Esta tesis alternativa a la llamada "segunda oportunidad" justificaría, por ejemplo, otras posturas extremas, caso de la que está detrás de la responsabilidad patrimonial universal del deudor, *con todos sus bienes presentes y futuros,* cuyo tenor figura en nuestro art. 1911 CC, añadiendo el argumento moralista de que es la única fórmula para evitar el "desorden" y la "inmoralidad" del padre de familia ordenado, prototipo del ciudadano responsable, contrario a toda prodigalidad; criterios moralistas que, no lo olvidemos, también están detrás de la visión clásica del término "quebrado", como sujeto inmoral, un delincuente manirroto que debería ser objeto de prisión por deudas[8].

1.2. Las razones para la ruptura del principio pars conditio creditorum

En general, la existencia de diversos intereses, la variedad de concepciones e ideologías económicas y sociales que pugnan en

---

7 Fundación FIDE. *Resumen de la Jornada "Concurso sin masa y exoneración del pasivo insatisfecho"*, 14 de julio de 2024, https://thinkfide.com/resumen-de-la-jornada-concurso-sin-masa-y-exoneracion-del-pasivo-insatisfecho/ (consulta realizada el 14 de septiembre de 2024).

8 Pena que persistió en muchos ordenamientos, supuesto del inglés, hasta bien entrado el siglo XIX. Recordemos, a estos efectos, que el padre del gran novelista victoriano Charles Dickens fue objeto de tal sanción. Asimismo, en el siglo XIX el desarrollo de una nueva visión del capitalismo globalizado y de consumo introdujo otras concepciones éticas, opuestas a la anterior, favorables al endeudamiento de los sujetos; idea que también se encuentra en la literatura de la época, verbigracia, en el texto de Gustave Flaubert citado en esta obra.

un Estado social, democrático y de Derecho, como el regulado por la CE y el modelo social de mercado que sustenta las instituciones y normas de la UE, así como la diversidad y complejidad de las circunstancias económicas en las cuales se desarrolla el Derecho Concursal (verbigracia que exista o no crisis económica), explican que principios básicos del Derecho Concursal, empezando por la clave de bóveda formada por la *pars conditio creditorum*, nunca se hayan cumplido a rajatabla y siempre hayan existido entre los acreedores excepciones, privilegios y procedimientos específicos de ejecución diferenciados para concretas y particulares deudas (discriminación objetiva) o ciertos sujetos (discriminación subjetiva), los conocidos como "privilegios" en los créditos.

En resumidas cuentas, cómo el Derecho Concursal trata a los acreedores de un deudor insolvente, así como los privilegios, preferencias o situaciones excepcionales que estos ameritan a lo largo del procedimiento, sean personales o patrimoniales, objetivas (por la naturaleza de la deuda) o subjetivas (atendiendo a la personalidad del acreedor), constituye un asunto arduo, debatido y cambiante, en atención a la ideología que nutre la normativa concursal, a las instituciones jurídico-económicas del momento y a los objetivos fundamentales del Poder Legislativo cuando implementa las instituciones o las herramientas concursales y asimiladas (pre y paraconcursales).

En ese sentido, la propia historia reciente de nuestra LC manifiesta un ejemplo a estos efectos pues, en principio, la Ley Concursal de 2003 se caracterizaba por una reducción generalizada de los créditos privilegiados[9], mas su propia redacción original, donde los "privilegios" persistían, tanto generales como especia-

---

[9] De acuerdo con su Preámbulo, parte V, párrafos primero y segundo:
La regulación de esta materia de clasificación de los créditos constituye una de las innovaciones más importantes que introduce la ley, porque reduce drásticamente los privilegios y preferencias a efectos del concurso, sin perjuicio de que puedan subsistir en ejecuciones singulares, por virtud de las tercerías de mejor derecho.

les, demostraba que el *desiderátum* de aplicar la *pars conditio creditorum,* sin condiciones, no era más que un deseo, enfrentado en la práctica a muchas restricciones; con posterioridad, los privilegios, tanto sustanciales como procedimentales, no han hecho sino erosionar tal principio en modificaciones posteriores de la LC.

De hecho, siendo el mayor "privilegio" "positivo" posible para una deuda su cobro al 100% y, su reverso, como "privilegio negativo", su quita total, su amnistía o exclusión al 100%, podemos afirmar que la incorporación de la EPI desde 2015 en el seno de nuestra normativa concursal supone una revisión radical de la *pars conditio creditorum,* alteración que, por otro lado, no debería extrañarnos tanto por el incumplimiento de los propósitos fundacionales de la LC, empezando por el fracaso de su objetivo paradigmático: lograr la conservación de las empresas en concurso, cuando, en la realidad, desde su implementación en 2003, la liquidación de las explotaciones económicas han superado el 90% de los concursos[10] como por el cambio que, en el tratamiento de

---

Se considera que el principio de igualdad de tratamiento de los acreedores ha de constituir la regla general del concurso, y que sus excepciones han de ser muy contadas y siempre justificadas.

10 Estos datos se reflejan en cualquiera de las estadísticas utilizadas en España para conocer los resultados del concurso que, básicamente, son tres:

a) Las preparadas por el Instituto Nacional de Estadísticas (en adelante INE).*Estadística del procedimiento concursal,* de carácter mensual, la cual ha sido dejada de elaborar pues, según lo dispuesto en el Plan Estadístico Nacional 2021-2024, el Colegio Oficial de Registradores de la Propiedad y Mercantiles de España elabora esta estadística a partir del primer trimestre de 2021, https://www.ine.es/dyngs/INEbase/es/operacion.htm?c=Estadistica_C&cid=1254736177018&menu=ultiDatos&idp=1254735576550 (último acceso efectuado el 16 de septiembre de 2024).

b) Las *Estadísticas concursales,* elaboradas por el Colegio de Registradores de España, https://www.registradores.org/actualidad/portal-estadistico-registral/estadisticas-concursales (consulta ejecutada el 16 de septiembre de 2024) y

c) Estadísticas del procedimiento concursal, publicadas en el portal del Poder Judicial de España, https://www.poderjudicial.es/cgpj/es/

las insolvencias, ha conllevado el nuevo Derecho Europeo, el cual, entre otras alternaciones, ha supuesto primar el marco preventivo sobre las soluciones *ex post* a la insolvencia empresarial.

Irónicamente, incluso, podríamos afirmar que la EPI es una muestra de la aplicación de la *pars conditio creditorum* pero a la inversa, pues resulta que, una vez utilizado, ninguno de los acreedores cobra, excepto, claro está, aquellos créditos (como el de alimentos) que resultan excluidos de su ámbito de aplicación,

---

Temas/Estadistica-Judicial/Plan-Nacional-de-Estadistica-Judicial/Aspectos-socioeconomicos-relacionados-con-la-actividad-judicial/Estadisticas-del-Procedimiento-concursal (acceso producido el 16 de septiembre de 2024).
También destacamos, por su calidad y cuidada elaboración, el llamado *Atlas Concursal* que, anualmente, publica el Registro de Economistas Forenses (en adelante REFOR) del Consejo General de Economistas de España y cuya última edición corresponde al año 2023, https://refor.economistas.es/atlas-concursal-2023/ (entrada realizada el 10 de octubre de 2024).
En cualquier caso, las estadísticas concursales españolas siguen planteando muchos problemas a la hora de evaluar el impacto de los concursos y negocios asimilados sobre la economía y la sociedad en su conjunto; por ello, adquiere todo su sentido la disposición final decimosexta de la Ley 16/2022, de 5 de septiembre, de reforma de la Ley Concursal y para la transposición de la Directiva (UE) 2019/1023, del Parlamento Europeo y del Consejo, de 20 de junio de 2019, sobre marcos de reestructuración preventiva, exoneración de deudas e inhabilitaciones, y sobre medidas para aumentar la eficiencia de los procedimientos de reestructuración, insolvencia y exoneración de deudas, y por la que se modifica la Directiva (UE) 2017/1132 ("Directiva de reestructuración e insolvencia"), la cual establece la necesaria aprobación de un Reglamento sobre estadística concursal, con el objetivo de determinar, precisamente, las estadísticas que han de elaborarse para analizar adecuadamente la eficacia y eficiencia de los instrumentos preconcursales y concursales, y cumplir con lo dispuesto en el artículo 29 de la citada norma europea.
Sin embargo, en los momentos actuales, seguimos sin que tal Estadística unificada exista, a pesar de haberse desarrollado en consulta pública la propuesta de un Reglamento de Estadística Concursal en 2023.

Si, en teoría, el proceso de ejecución del patrimonio privado del deudor insolvente, procedimiento finalista de la institución concursal o asimilada, parte de una idea de universalidad y de igualdad en el pago de las deudas; de forma tal, que todo acreedor, público o privado y cualquiera que sea la modalidad del crédito poseído, debe ser tratado de manera equivalente en ese proceso de ejecución universal, bajo el principio básico de la *pars conditio creditorum*, lo cierto es que, tanto en la normativa como en la realidad, se reconocen diferentes preferencias o privilegios entre los acreedores, incluyendo, de una forma inversa o "negativa", a la EPI.

Lógicamente, el cómo son clasificados los acreedores, el cómo se desenvuelven sus derechos patrimoniales en el procedimiento concursal y, en especial, en cómo se organizan y estructuran para el cobro de sus créditos (teniendo en cuenta que, teóricamente, su finalidad principal, sería el íntegro pago por el deudor del monto debido), así como el grado de las diferencias entre acreedores, los conocidos "privilegios del crédito", ha sufrido enormes cambios a lo largo de la vida del Derecho Concursal, dependiendo de los propósitos fundamentales con los cuales el legislador, en cada momento histórico, imbuye a ese Derecho[11].

Como hemos apuntado, la propia historia de nuestra LC y de sus modificaciones sucesivas, con la incorporación de instituciones novedosas, supuesto de los planes de reestructuración o de los denominados AEP, ahora derogados, para dar respuesta a la crisis económica, son la adecuada constatación de nuestras afirmaciones anteriores; es más, la incorporación de España a la UE y el desarrollo creciente de un Derecho Europeo mercantil, cuyas disposiciones han entrado de plano en la normativa de las reestructuraciones empresariales, en particular, la Directiva de 2019 ya precitada en numerosas ocasiones, permiten reconocer en la legislación vigente múltiples matices o excepciones a cualquier

---

11 *Passim (*aunque algo desfasado, legislativamente hablando), DÍAZ ECHEGARAY, JOSÉ LUIS. *Manual Práctico de Derecho Concursal,* Eds. Experiencia, Barcelona, 2012.

generalización del mencionado principio de la *pars conditio creditorum* o de la igualdad de todos los acreedores del deudor concursado a la hora de ejecutar sus créditos.

De hecho, la existencia de la EPI no es sino una nueva excepción a tal igualdad, solo que, a la inversa, es decir, ningún acreedor implicado en esta figura cobra su deuda.

En este sentido, principios generales del Derecho Europeo, por ejemplo, su aplicación directa y su superior jerarquía normativa sobre el ordenamiento nacional (*arg. ex.* arts. 93, 94 y 96.1 de la CE), fuerzan a entender que si, como se ha indicado en páginas anteriores de este libro, en la Directiva sobre reestructuración e insolvencia de 2019, la "exoneración de deudas" es contemplada como un instrumento ordinario para solucionar los problemas de endeudamiento de los empresarios, entonces, el comentarista ha de aceptar que principios clásicos del Derecho Concursal ceden ante otros objetivos pues no puede negarse que la exoneración de ciertas deudas es la negación absoluta tanto del principio de responsabilidad patrimonial universal del obsoleto CC como de la clave de bóveda de nuestro Derecho Concursal, la mencionada *pars conditio creditorum,* al constituir el mayor privilegio posible para el deudor y la ruptura evidente de cualquier idea igualitaria entre los acreedores (ver, en este sentido, el Considerando 73 de la precitada Directiva).[12]

---

12 *Por consiguiente, se deben adoptar medidas para reducir los efectos negativos del sobreendeudamiento o la insolvencia sobre los empresarios, permitiendo, en particular, la plena exoneración de deudas después de cierto período de tiempo y limitando la duración de las órdenes de inhabilitación dictadas en relación con el sobreendeudamiento o la insolvencia del deudor. El concepto de «insolvencia» debe ser definido por el Derecho nacional y puede adoptar la forma de un sobreendeudamiento. El concepto «de empresario» en el sentido de la presente Directiva no debe ser relevante para la posición de los directivos o administradores sociales de una empresa, que deben ser tratados de forma acorde con la normativa nacional. Los Estados miembros deben poder decidir cómo se obtiene acceso a la exoneración, en particular el requisito de exigir que el deudor la solicite.* (El subrayado es nuestro).

En otro orden de cosas, como sucede con cualquier institución o negocio jurídico-normativo, propio de las sociedades democráticas, no puede existir en su regulación la aplicación absoluta, indiscriminada e irrestricta de principios generales del Derecho ya que en esa sociedad conviven otros colectivos, otros intereses y aspiraciones y otros principios, distintos a la *pars condition creditorum*, como es, en nuestro supuesto, el interés general, al cual responde la actividad administrativa, art. 103.1 CE[13], cuya coexistencia obliga a modular el carácter absoluto de cualquier principio, para poder dar entrada a otros de igual o mayor relevancia para el legislador.

De esta manera, la historia de nuestro Derecho Concursal (de cualquier Derecho Concursal por extensión) ejemplifica también (y ahí están las páginas dedicadas a una síntesis de tal evolución en los epígrafes anteriores de este trabajo) que la existencia de otros principios y reglas, distintos de la *pars conditio creditorum*, genera el enfrentamiento o la búsqueda de acuerdos entre acreedores dotados de determinadas facultades y potestades, supuesto del Estado y las Administraciones Públicas (en adelante AAPP) en su conjunto y los otros acreedores y es, precisamente, en esta búsqueda de delicados equilibrios entre intereses contrapuestos: los privados y los comunes, generales y superiores, en principio, defendidos por el sector público, donde aparece la problemática de los privilegios de los créditos públicos en el seno de los procedimientos colectivos de ejecución[14].

En cualquier caso, la aparición y el desarrollo de privilegios en el cobro de créditos concursales rompe siempre alguno de los dos grandes principios del procedimiento colectivo de ejecución

---

13 *La Administración Pública sirve con objetividad los intereses generales y actúa de acuerdo con los principios de eficacia, jerarquía, descentralización, desconcentración y coordinación, con sometimiento pleno a la ley y al Derecho.*

14 *Vid.* VVAA, PATÓN GARCÍA, GEMMA; ULAS PATIÑO, GABRIELA (dirs.). *El crédito tributario en el proceso concursal. Perspectivas ante un nuevo escenario económico y legislativo*, Ed. Wolters Kluwers, Bosch, Barcelona, 2022.

de deudas respecto de un patrimonio empresarial o privado: el de ejecución o cobro universal y el de igualdad de trato, unidos bajo las voces clásicas *pars conditio creditorum* y demanda siempre su justificación o motivación adecuada, lo que conduce a una interpretación restrictiva del alcance de tales privilegios.

Las prerrogativas en el procedimiento concursal, lógicamente, se justifican en razones variopintas y, básicamente, consisten en la ruptura de los principios esenciales del mencionado procedimiento; así, o bien, determinados acreedores adquieren posicionamientos exorbitantes a la hora de ejecutar sus deudas, en el tiempo o en las formas, rompiendo el carácter colectivo e igualitario de la institución concursal, privilegios que podemos calificar como procedimentales, permitiéndose, verbigracia, la ejecución singular y separada de sus deudas; o bien, se trata simplemente de que ciertos acreedores o deudas se excluyan de la *pars conditio creditorum,* es decir, que sus créditos se conviertan en privilegiados en el momento de la ejecución.

Estas preferencias, por otra parte, siempre han existido, por ejemplo, en los créditos garantizados o avalados, aunque sean de carácter privado o en la posición predominante otorgada a muchas instituciones, supuesto de las financieras, con el argumento genérico de "proteger el crédito" o evitar el "riesgo moral".

Por otro lado, las motivaciones para apoyar esta desigualdad de tratamiento proliferan, incluso en el terreno de los acreedores privados y son muy variopintas: la mayor inversión de ciertos acreedores en la vigilancia del estado patrimonial de su deudor, la existencia de aseguramientos y garantías sobre algunos bienes adeudados, los intentos de buscar un procedimiento cooperativo entre los propios acreedores, aspectos de eficiencia para tratar de manera uniforme créditos de escasa materialidad[15], reglas *de minimis,* etc.

---

15 En general, los criterios de eficiencia económica no han sido, precisamente, muy tenidos en cuenta en la LC y en sus alteraciones posterio-

El legislador de turno, aunque pueda disponer de una perspectiva liberal e igualitaria del proceso concursal, ha de atender a otros objetivos de interés general, por ejemplo, la protección de los trabajadores de la empresa concursada y al hecho indudable de que, en las economías modernas, no sólo los acreedores tienen intereses en la marcha y solvencia de la empresa, unidad fundamental en la actividad de la economía de mercado, sino que aparecen otros *stakeholders* con intereses diferenciados, más allá de la propia realidad de unos propietarios, *shareholders,* a los cuales, en principio, se margina de este proceso.

Lo mismo puede decirse en el supuesto de un acreedor privado, ya que el sobreendeudamiento o la existencia de dificultades generales en la economía nacional, incrementando el desempleo o reduciendo la renta neta, pueden impedir el recobro de deudas financieras y expulsar de la actividad económica a muchos consumidores y sujetos activos, por lo tanto, el legislador de turno ha de prever algún tipo de adaptación, ajuste o exclusión de los pasivos de aquéllos, para que puedan solventar, siquiera transitoriamente, las situaciones de estrés económico y recuperen, con la mayor rapidez posible, su capacidad de contribuir positivamente a la economía nacional.

Continuando con la exposición, pueden y se desarrollan intereses, opiniones y visiones contrapuestas entre los propios acreedores acerca del destino de la empresa o del patrimonio del concursado aunque, teóricamente, el fin principal (y, desde una visión simplista, casi único) del proceso concursal sería la realización del crédito del acreedor de la manera más rápida e íntegra; sin embargo, existen acreedores más interesados en una recuperación inmediata de su deuda, aun con grandes quitas y otros, por el contrario, aspiran a obtener siquiera en un futuro su deuda de manera completa, por lo cual plantean dar una "segunda oportu-

---

res. Ver, al respecto, VAN HEMMEN ALMAZOR, ESTEBAN."Análisis institucional y económico de la nueva Ley Concursal", *Revista Estabilidad Financiera, Banco de España, op. cit.*

nidad" al prestamista; otros acreedores, por el contrario, son más cooperativos y coordinan sus acciones; otros, incluso, pueden ver en la insolvencia una oportunidad para cambiar la gestión de la empresa y entrar en su capital; otros, por último, valoran considerar que determinadas unidades económicas de la entidad insolvente son rentables y otras, por el contrario, no, buscando la adquisición de las que, a su juicio, disponen de rentabilidad positiva.

Es más, si entre tales acreedores se encuentran entidades públicas, la propia particularidad de atender primigeniamente a un interés público o general, distinto y diferenciado de los acreedores privados, conlleva plantearse si el crédito público no debería ya, por tal razón, distinguirse de los restantes acreedores privados, generando una ruptura inmediata de la universalidad e igualdad en la ejecución de deudas que, teóricamente, produce la aplicación del principio *pars conditio creditorum*.

En cualquier caso, el desarrollo de agentes externos a los acreedores del concurso, la búsqueda de un interés general, las contradicciones entre los diversos *stakeholders* implicados en el procedimiento concursal e, incluso, el reconocimiento de que no todos los acreedores han de tener idéntica visión respecto de la situación y futuro de la empresa concursada, ni acerca de los fines que buscan con su intervención en el procedimiento, justificarían, más que sobradamente, el desarrollo y la existencia de variadas categorías de créditos concursales y la floración de "privilegios" diferenciados entre aquellos.

Es más, tales "privilegios" pueden ser muy distintos y llevar a que ciertos créditos resulten perjudicados (esa sería, por ejemplo, la situación de los denominados "créditos subordinados")[16] y, otros, por el contrario, gozar de privilegios especiales con relación al estándar procesal como sucedería, en grado superlativo, con la exclusión del crédito público de la masa activa.

---

16 VEIGA COPO, ABEL B. "Los créditos subordinados en la Ley Concursal", *RDBB*, núm. 102/abril-junio 2006, págs. 9 a 69.

Incluso, cabe plantearse si el fin de todo el proceso concursal debe consistir, exclusivamente, en repartirse una masa activa entre unos acreedores, cuyo único objetivo fuera obtener el mayor monto posible del nominal de sus créditos o, por el contrario, podrían, incluso, plantearse fórmulas cooperativas entre los propios acreedores que o bien lograsen conservar la empresa, por ejemplo, mediante una reestructuración preventiva de sus deudas, una conversión de deudas en capital o bien maximizasen el rendimiento de aquélla, antes de su definitiva liquidación o bien, por último, transfiriendo a otros acreedores o terceros, más avezados, algunas de las explotaciones económicas.

De hecho, no podemos olvidar a este respecto que la denominada "teoría conservacionista" de los concursos, no busca tanto liquidar las deudas (y, de paso, la empresa), sino mantener la explotación económica y que tal planteamiento está detrás, precisamente, de la versión originaria de nuestra LC, donde el convenio era la solución calificada como óptima, deseada y natural del proceso concursal (ver, en ese sentido, su Preámbulo, parte VI)[17].

Todas las posibilidades anteriormente enunciadas y otras muchas que se deducen del Derecho comparado y de la historia del Derecho Concursal español optimizarían, a juicio del legislador, la cuantía de la deuda a obtener por los acreedores hasta llegar, incluso, a la venta de la unidad productiva del concursado, trasladándola, teóricamente, a su gestión por manos más eficaces y, en consecuencia, se opondrían a la *pars conditio creditorum,* al introducir preferencias diversas en la gestión de los activos, derechos y deudas que integran la masa activa del concurso.

Por otra parte, la aparición de principios jurídicos alternativos y de otros fines constitucionales a proteger en la mente del legislador llevan a que el grado de aplicación del principio *pars conditio creditorum* haya cambiado mucho durante la larguísima historia del Derecho Concursal.

---

17 ZABALETA DÍAZ, MARTA. *El principio de la conservación de la empresa en la Ley concursal,* Ed. Civitas, Madrid, 2006.

Así, de acuerdo con el momento histórico y los diversos marcos (económicos, sociales, técnicos e ideológicos) en los que se desenvuelve ese principio y, por idénticas razones, su aplicación resulta más o menos restringida tanto en su extensión como (y eso es lo que interesa a este trabajo) a la hora de proteger por igual los derechos de todos los acreedores.

2. LA INDISPONIBILIDAD Y OTROS PRIVILEGIOS DEL CRÉDITO PÚBLICO

2.1. En general

Estas exclusiones y privilegios de créditos en materia concursal alcanzan su paroxismo cuando se trata de sustentar los créditos del sector público y lo hacen, motivándolas en alguno de los rasgos que caracterizan al Estado moderno: principio de soberanía, atención al interés general, facultades exorbitantes de ejecución, etc., pero, al igual que nunca ha existido un derecho subjetivo, irrestricto o general a la *pars conditio creditorum*, tampoco los privilegios del sector público en el procedimiento concursal e instituciones parejas se apoyan en criterios uniformes y varían en el tiempo y en el espacio.

Por lo tanto, son razones de oportunidad, interés político, condiciones económico-sociales o ideología del grupo que aprueba la norma concursal, las que determinan y concretan en cada instante y jurisdicción, los procedimientos y créditos privilegiados que rompen la idea central de la *pars conditio creditorum*[18].

De esta manera, el análisis de la denominada "exoneración del crédito público" y, más en particular, el de la "exoneración del

---

18 BLANCO DÍEZ, PATRICIA. *El privilegio del crédito tributario en sede concursal.* Tesis doctoral presentada ante la Facultad de Ciencias Jurídicas y de la Empresa. Departamento de Ciencias Jurídicas Sociales y de la Empresa de la Universidad Católica San Antonio, UCAM, Murcia; directores: ALARCÓN GARCÍA, GLORA; TORRE OLID, FRANCISCO de la; 2015.

crédito tributario", como subconjunto del anterior y con características propias muy intensas, ha de estudiarse al hilo del conocimiento, por un lado, de los diferentes créditos o acreedores privilegiados existentes en nuestro Derecho Concursal a lo largo de su evolución histórica y, en segundo término, de las justificaciones que, tras un largo recorrido, esbozado en páginas anteriores, han llevado a la situación actual.

Hay que tomar en consideración, por otra parte, que el concepto de público es amplio y no siempre fácil de delimitar, al igual que un problema clásico de nuestro Derecho Administrativo es definir los términos "Administraciones Públicas"[19]

Lógicamente, no es ese el propósito de este libro, pero cabe empezar señalando que el principio general, el cual, desde el punto de vista sustantivo, justifica excluir el crédito público de la *pars conditio creditorum*, es el de la indisponibilidad de ese crédito.

La doctrina discute, como no podía ser por menos, si el principio de indisponibilidad del crédito público es una regla o un

---

19 Podemos mencionar al respecto que:

...cuando se menciona el término Administración Pública, nos referimos igualmente a una expresión muy amplia, que identifica, créditos públicos con derechos de naturaleza pública, y de estos, en primer término, con los denominados tributos y a continuación todos los demás derechos de contenido económico cuya titularidad corresponde a la Administración Pública. Por lo tanto, debemos además incluir dentro de los créditos públicos a aquella categoría de derechos económicos de carácter no tributario que se gestionan por la Administración Pública y ocupan una posición acreedora frente a un administrado. Dentro de los mismos, especial consideración merecen los créditos por las cuotas de Seguridad Social y de recaudación conjunta que tradicionalmente ostentan una posición privilegiada y en idénticas condiciones que el crédito tributario en su más estricto sentido. Lo mismo sucede con los créditos gestionados por el Fondo de Garantía Salarial. Es evidente entonces que existe una diversidad conceptual entorno al crédito público incluso en relación con el específico crédito tributario y sin embargo la LC 22/ 2003 sólo se refiere a los créditos en su acepción general.

BLANCO DÍEZ, PATRICIA; *op. cit.*, págs. 147 y 148.

principio[20] pero, en general, se acepta que esta indisponibilidad se fundamenta porque, mientras en el Derecho Mercantil y Civil, las partes privadas disponen de gran autonomía para ordenar y realizar sus intereses, negociando y contratando entre sí, en un marco de autoregulación, *arg. ex.* 1255 CC; en cambio, las AAPP están plenamente sometidas en sus actuaciones al principio de legalidad, art. 9.1 CE[21].

Además, en un contrato entre partes privadas existe la posibilidad de autocomposición, de acuerdos, de pactos, convenios, transacciones, etc.; en cambio, las AAPP, sometidas al principio de legalidad, están excluidas de cualquier autonomía, no pudiendo disponer del objeto del crédito, ni renunciar a la ejecución de éste.

La manifestación legal (propia de un Estado de Derecho) de la exclusión de cualquier transacción, arbitraje, compromiso, renuncia o exclusión al ejercicio de los créditos públicos por parte de las AAPP figura recogida en el art. 7 de la Ley 47/2003, de 26 de noviembre, General Presupuestaria (BOE núm. 284, de 27), la cual afirma:

> ***Límites a que están sujetos los derechos de la Hacienda Pública estatal.***
>
> 1. *No se podrán enajenar, gravar ni arrendar los derechos económicos de la Hacienda Pública estatal fuera de los casos regulados por las leyes.*
> 2. *Tampoco se concederán exenciones, condonaciones, rebajas ni moratorias en el pago de los derechos a la Hacienda Pública estatal, sino en los casos y formas que determinen las leyes, sin perjuicio de lo establecido en el artículo 16 de esta ley.*

---

20 Por todos, GARCÍA NOVOA, CÉSAR. "Indisponibilidad del crédito tributario y situaciones concursales y preconcursales", en PATÓN GARCÍA, GEMMA; ULAS PATIÑO, GABRIELA (directoras). *El crédito tributario en el proceso concursal. Perspectivas ante un nuevo escenario económico y legislativo... op. cit.*, págs. 1 a 59.

21 *Los ciudadanos y los poderes públicos están sometidos a la Constitución y al resto del ordenamiento jurídico.*

> 3. *Sin perjuicio de lo establecido en el apartado 2 del artículo 10 de esta ley, no se podrá transigir judicial ni extrajudicialmente sobre los derechos de la Hacienda Pública estatal, ni someter a arbitraje las contiendas que se susciten respecto de los mismos, sino mediante real decreto acordado en Consejo de Ministros, previa audiencia del de Estado en pleno. (*El subrayado es nuestro*).*

Una lectura literal del precepto anterior impediría toda exclusión, aun de cuantía menor, a la hora de que una AP cualquiera ejercitara sus créditos en un proceso concursal.

Conviene, asimismo, señalar, que si bien la Ley 47/2003 es de aplicación exclusiva en el ámbito de la Hacienda pública "estatal" (sin perjuicio de su utilización como norma de cierre o vehículo interpretativo), las diferentes Leyes reguladoras de las Haciendas públicas de las CCAA reproducen en términos similares, con mayor o menor acierto y precisión, las prerrogativas de sus Haciendas respectivas para el cobro de los créditos de naturaleza pública[22].

Sin embargo, inmediatamente, como sucede con cualquier principio proclamado de manera absoluta y dogmática, se observan grandes modulaciones en su aplicación; en primer lugar, como ya se expone en el apartado 3 del precitado artículo, se permite el sometimiento a arbitraje en determinados supuestos de créditos públicos, mediante *real decreto acordado en Consejo de Ministros, previa audiencia del de Estado en pleno;* en segundo término, inmediatamente, mencionamos que, en el apartado 2 del artículo, se hace una remisión general a otras Leyes, las cuales permitirían,

---

22 Por poner un ejemplo, el art. 19. *Prerrogativas de la Hacienda Pública Regional. Procedimiento de apremio*, apartado 1, del Decreto Legislativo 1/1999, de 2 de diciembre, por el que se aprueba el Texto Refundido de la Ley de Hacienda de la Región de Murcia ("Boletín Oficial de la Región de Murcia", núm.1, marzo de 2000) dice:
Para el cobro de los tributos y demás ingresos de derecho público, la Hacienda Pública Regional gozará de las prerrogativas establecidas legalmente para la Hacienda Pública Estatal, y actuará de acuerdo con el procedimiento administrativo correspondiente.

a sensu contrario, la concesión de *exenciones, condonaciones, rebajas y moratorias* y, en tercer orden, el apartado 1 manifiesta que, en *los casos regulados por las Leyes* (distintas de la Ley 47/2003), expresión genérica y amplísima donde las haya, se pueden incorporar transmisiones, gravámenes o enajenaciones a terceros de los créditos públicos.

Por si esto fuera poco, el propio apartado 2 nos remite, en general, a lo dispuesto en el art. 16 de la mencionada Ley 47/2003, cuyo tenor señala:

> ***Derechos económicos de baja cuantía.***
>
> *El Ministro de Hacienda podrá disponer la no liquidación o, en su caso, la anulación y baja en contabilidad de todas aquellas liquidaciones de las que resulten deudas inferiores a la cuantía que fije como insuficiente para la cobertura del coste que su exacción y recaudación representen.*

Es decir, que una simple Orden Ministerial (en adelante OM) puede generalizar la exclusión de determinados créditos públicos en atención al principio de eficiencia recaudatoria pues se limitaría la exoneración (*anulación y baja)* a los créditos de baja cuantía, inferiores en su importe al *coste que su exacción y recaudación representen.*

En suma, proclamada enfáticamente la indisponibilidad del crédito público como prerrogativa sustantiva de éste, inmediatamente, el propio legislador incorpora dosis de flexibilidad y modulación a tal criterio y se atribuye la posibilidad de modular ese principio dogmático, siempre que esa adaptación (la cual puede llegar a la extinción total del monto del crédito) se apruebe en otra Ley, con igual rango normativo jerárquico respecto de la Ley 47/2003 y esté adecuadamente motivada.

Junto a esta característica esencial del crédito público, puede decirse que otro aspecto exorbitante a la hora de ejecutarlos, es decir, en materia procedimental, es la denominada auto ejecutividad, a saber, que las AAPP no tienen que acudir a un tercero o al Poder Judicial para hacer valer ese derecho y exigir su cumplimiento.

La ejecutividad en sus dos vertientes (declarativa y ejecutoriedad) es una cualidad ínsita a los actos administrativos, como señala el art. 39.1 de la Ley 39/2015, de 1 de octubre, del Procedimiento Común de las AAPP (BOE núm. 236, de 2):

> *Los actos de las Administraciones Públicas sujetos al Derecho Administrativo se presumirán válidos y producirán efectos desde la fecha en que se dicten, salvo que en ellos se disponga otra cosa.*

Por su lado, en la vertiente ejecutiva, la ejecutoriedad del acto administrativo (concepto, como cualquier otro, sometido a debate doctrinal y jurisprudencial), puede entenderse como:

> *... uno de los caracteres esenciales del acto administrativo que faculta al órgano emisor, en ejercicio de su función administrativa, a ejecutarlo por sí mismo, hacer efectivos o poner en práctica sus efectos —excepcionalmente haciendo uso de la fuerza, sin necesidad de acudir previamente a la Justicia— excepto en aquellos casos en que (i) lo impide razonablemente una norma (ii) se hubiere dispuesto la suspensión administrativa o judicial de los efectos del acto administrativo (iii) carezca de presunción de legitimidad o (iv) la naturaleza del acto administrativo obste a ello.*[23]

Tal privilegio procesal, esa prerrogativa a la hora de ejecutar los créditos públicos, se incorpora como regla en el art. 10 de la mencionada Ley 47/2003, cuyo contenido es el siguiente:

> ***Artículo 10. Prerrogativas correspondientes a los derechos de naturaleza pública de la Hacienda Pública estatal.***
>
> *1. Sin perjuicio de las prerrogativas establecidas para cada derecho de naturaleza pública por su normativa reguladora, la cobranza de tales derechos se efectuará, en su caso, conforme a los procedimientos administrativos correspondientes y gozará de las prerrogativas establecidas para los tributos en la Ley General Tributaria, y de las previstas en el Reglamento General de Recaudación.*

---

[23] COMADRIA, JULIO PABLO. *La ejecutoriedad del acto administrativo,* elDIAL.com-DC3132, 02/12/2022, https://www.eldial.com/nuevo/nuevo_diseno/v2/doctrina_a.asp?base=50&id=14701#:~:text=La%20ejecutoriedad%20es%20uno%20de,acudir%20previamente%20a%20la%20Justicia%2C (consultado el 17 de septiembre de 2024).

2. *Serán responsables solidarios del pago de los derechos de naturaleza pública pendientes, hasta el importe del valor de los bienes o derechos que se hubieran podido embargar o enajenar, las personas o entidades en quienes concurra alguna de las circunstancias del artículo 42.2 de la Ley General Tributaria.*

   En este supuesto, la declaración de responsabilidad corresponderá a la Agencia Estatal de Administración Tributaria cuando se trate de créditos de naturaleza pública cuya gestión recaudatoria haya asumido aquella por ley o por convenio.

   El régimen jurídico aplicable a esta responsabilidad será el contenido en la Ley General Tributaria y su normativa de desarrollo.

3. *El carácter privilegiado de los créditos de la Hacienda Pública estatal otorga a ésta el derecho de abstención en los procesos concursales, en cuyo curso, no obstante, podrá suscribir los acuerdos o convenios previstos en la legislación concursal así como acordar, de conformidad con el deudor y con las garantías que se estimen oportunas, unas condiciones singulares de pago, que no pueden ser más favorables para el deudor que las recogidas en el acuerdo o convenio que pongan fin al proceso judicial. Igualmente podrá acordar la compensación de dichos créditos en los términos previstos en la normativa reguladora de los ingresos públicos.*

   Para la suscripción y celebración de los acuerdos y convenios a que se refiere el párrafo anterior se requerirá autorización del órgano competente de la Agencia Estatal de Administración Tributaria cuando se trate de créditos cuya gestión recaudatoria le corresponda, de conformidad con la ley o en virtud de convenio, con observancia, en este caso de lo convenido.

   Cuando se trate de créditos correspondientes al Fondo de Garantía Salarial, la suscripción y celebración de convenios en el seno de procedimientos concursales requerirá la autorización del órgano competente, de acuerdo con la normativa reguladora del organismo autónomo.

   En los restantes créditos de la Hacienda Pública estatal la competencia corresponde al Ministro de Hacienda, pudiéndose delegar en los órganos de la Agencia Estatal de Administración Tributaria.

   Reglamentariamente se establecerán los procedimientos para asegurar la adecuada coordinación en los procedimientos concursales en que concurran créditos de la Hacienda Pública estatal con créditos de la Seguridad Social y del resto de las entidades que integran el sector público Estatal, y en aquellos

> *procedimientos concursales en los que se concurra con procedimientos judiciales o administrativos de ejecución singular correspondientes a las referidas entidades.*

Por lo tanto, es claro, por un lado, que la auto ejecutividad, es decir, la posibilidad que tienen las AAPP de ejecutar sus deudas contra sus acreedores, acudiendo a instrumentos administrativos propios, con sus procedimientos particulares (en nuestro ejemplo, el de apremio) y reglas específicas, sin aguardar la intervención de terceros o de la Administración de la Justicia y, asimismo, el hecho de que esta ejecución se haga con carácter singular, a saber, con la imputación individualizada de cada deuda tributaria en el supuesto del crédito tributario, verbigracia, constituye una prerrogativa procesal tan relevante o más que la derivada de la indisponibilidad del crédito público, conformando lo que la doctrina ha denominado la posición o postura privilegiada de la Hacienda Pública en el cobro de deudas durante los procedimientos concursales[24].

Estos privilegios, como veremos, se acrecientan cuando se trata de créditos tributarios, siendo el tributo un ingreso público, caracterizado, en principio, por constituir el ingreso público más importante de las Haciendas modernas y, en segundo término, por su coactividad, art. 2.1, primer párrafo, LGT[25].

De hecho, la propia singularidad de la legislación fiscal en estos casos y, en consecuencia, su prioridad (*lex specialis*) es reconocida en la citada Ley 47/2003, cuando en su art. 16, en su primer apartado, manifiesta que sobre *las prerrogativas establecidas*

---

24 RIBES RIBES, A. "La posición de la Hacienda Pública en el proceso concursal", en *La fiscalidad del concurso de acreedores,* Ed. CISS, Madrid, 2016, págs. 113 a 152.

25 *Los tributos son los ingresos públicos que consisten en prestaciones pecuniarias exigidas por una Administración pública como consecuencia de la realización del supuesto de hecho al que la ley vinculada el deber de contribuir, con el fin primordial de obtener los ingresos necesarios para el sostenimiento de los gastos públicos.*

para cada derecho de naturaleza pública por su normativa reguladora, la cobranza de tales derechos se efectuará, en su caso, conforme a los procedimientos administrativos correspondientes y gozará de las prerrogativas establecidas para los tributos en la Ley General Tributaria, y de las previstas en el Reglamento General de Recaudación, buen indicador de que, en el campo tributario, las prerrogativas de la Hacienda Pública son superiores a las generales en los restantes créditos públicos, ver *infra*.

También ese mayor rigor en las prerrogativas del crédito tributario, como especie del crédito público, cubierto por su propia normativa fiscal, se ubica en la remisión que hacen los apartados 2 y 3 del citado art. 16 a disposiciones tributarias particulares, comenzando por la norma básica del Ordenamiento Tributario, la Ley 58/2003, de 17 de diciembre, General Tributaria, LGT, a la hora de regular las prerrogativas de la Hacienda estatal en lo que respecta a los créditos públicos de carácter tributario.

2.2. La posición exorbitante del crédito tributario y de la Hacienda Pública

2.2.i) La indisponibilidad del crédito tributario y sus modulaciones

Es decir, los rasgos anteriores de todo crédito público en el procedimiento concursal, cuyo tenor sustenta una posición extraordinaria y exorbitante del crédito público en los procesos concursales y asimilados, excluyéndolos de la *pars conditio creditorum*, alcanzan su paroxismo, cuando hacemos referencia al crédito tributario.

Las causas que apoyan estas características acusadas de la postura privilegiada de la Hacienda Pública, tanto procesal como sustantivamente, a la hora de ejecutar sus deudas, hunden sus raíces tanto en la configuración de una Hacienda democrática, *no taxation without representation*, impidiendo que exacciones coactivas cayeran en manos de grupos sociales concretos, verbigracia, la nobleza o la Casa Real, y atendiesen a todo el cuerpo social y a los intereses generales, pero también para evitar la arbitrariedad en la distribución de la carga tributaria impuesta, impidiendo la negociación o subasta de su *quántum,* modo y tiempo o lo que es peor, su determinación aleatoria, respondiendo exclusivamente a consideraciones particulares, pues el tributo no se regula en procesos de contrato o negociación privada sino a través del debate parlamentario, de manera pública y la carga tributaria, cierta, se plasma en una Ley de conocimiento general y publicidad irrestricta.

En otro orden de cosas, el peso que, en la configuración de la materia tributaria, tiene el principio de legalidad, arts. 31.1 y 3, 133.1 y 3 de la CE, art. 8 LGT, conduce también a la indisponibilidad de los parámetros más significativos de la deuda tributaria, art. 58 LGT[26], pues su determinación se produce *ex lege,* siguiendo una estructura de producción normativa y una jerarquía de fuentes de Derecho específica, art. 7 LGT.

En estas circunstancias, el crédito tributario y sus componentes no son susceptibles, en principio, de transacción o pacto alguno entre las partes, conforme establece el art. 18 de la LGT:

> ***Indisponibilidad del crédito tributario.***
>
> *El crédito tributario es indisponible salvo que la ley establezca otra cosa.*

---

26 ***Deuda tributaria.***
1. La deuda tributaria estará constituida por la cuota o cantidad a ingresar que resulte de la obligación tributaria principal o de las obligaciones de realizar pagos a cuenta.
2. Además, la deuda tributaria estará integrada, en su caso, por:
a) El interés de demora.
b) Los recargos por declaración extemporánea.
c) Los recargos del período ejecutivo.
d) Los recargos exigibles legalmente sobre las bases o las cuotas, a favor del Tesoro o de otros entes públicos.
3. Las sanciones tributarias que puedan imponerse de acuerdo con lo dispuesto en el título IV de esta ley no formarán parte de la deuda tributaria, pero en su recaudación se aplicarán las normas incluidas en el capítulo V del título III de esta ley.

Y no sólo el monto del crédito, cuyo pago es la obligación tributaria principal del obligado tributario en cualquiera de sus formulaciones, art. 19 LGT, sino que los diferentes componentes de la relación jurídico-tributaria tampoco pueden ser objeto de contratación privada, siendo de regulación imperativa.

Esta intangibilidad de la relación jurídico-tributaria se expone claramente en el art. 17 de la LGT:

> ***La relación jurídico-tributaria.***
>
> 1. *Se entiende por relación jurídico-tributaria el conjunto de obligaciones y deberes, derechos y potestades originados por la aplicación de los tributos.*
> 2. *De la relación jurídico-tributaria pueden derivarse obligaciones materiales y formales para el obligado tributario y para la Administración, así como la imposición de sanciones tributarias en caso de su incumplimiento.*
> 3. *Son obligaciones tributarias materiales las de carácter principal, las de realizar pagos a cuenta, las establecidas entre particulares resultantes del tributo y las accesorias. Son obligaciones tributarias formales las definidas en el apartado 1 del artículo 29 de esta ley.*
> 4. *En el marco de la asistencia mutua podrán establecerse obligaciones tributarias a los obligados tributarios, cualquiera que sea su objeto, de acuerdo con lo establecido en el artículo 29 bis de esta Ley.*
> 5. *Los elementos de la obligación tributaria no podrán ser alterados por actos o convenios de los particulares, que no producirán efectos ante la Administración, sin perjuicio de sus consecuencias jurídico-privadas. (El subrayado es nuestro).*

En consecuencia, una hermenéutica puramente literal, *ad paedem literae,* de las disposiciones anteriores, aplicando los criterios de interpretación jurídica del Ordenamiento Tributario, lo cuales remiten, en general, a los del art. 3.1 de nuestro CC, conforme a lo dispuesto en el art. 12.1 de la LGT[27], llevaría a que los créditos

---

[27] **Interpretación de las normas tributarias.**
1. Las normas tributarias se interpretarán con arreglo a lo dispuesto en el apartado 1 del artículo 3 del Código Civil.

tributarios no podrían negociarse de ninguna forma en el proceso concursal ni en todo ni en parte, ni tampoco ninguna de las obligaciones derivadas de ellos, cualquiera que fuera su modalidad (material, formal, accesoria, autónoma, etc.), arts. 23 y ss. de la LGT.

Si a esto añadimos, en materia procedimental, lo dispuesto en los arts. 163[28] y 167 de la LGT[29], resultaría que, en el campo tri-

---

28 ***Carácter del procedimiento de apremio.***
1. El procedimiento de apremio es exclusivamente administrativo. La competencia para entender del mismo y resolver todas sus ncidencias corresponde únicamente a la Administración tributaria.
2. El procedimiento administrativo de apremio no será acumulable a los judiciales ni a otros procedimientos de ejecución. Su iniciación o tramitación no se suspenderá por la iniciación de aquéllos, salvo cuando proceda de acuerdo con lo establecido en la Ley Orgánica 2/1987, de 18 de mayo, de Conflictos Jurisdiccionales, o con las normas del artículo siguiente.
La Administración tributaria velará por el ámbito de potestades que en esta materia le atribuye la Ley de conformidad con lo previsto en la legislación de conflictos jurisdiccionales.
3. El procedimiento de apremio se iniciará e impulsará de oficio en todos sus trámites y, una vez iniciado, sólo se suspenderá en los casos y en la forma prevista en la normativa tributaria. (El subrayado es nuestro).

29 ***Iniciación del procedimiento de apremio.***
1. El procedimiento de apremio se iniciará mediante providencia notificada al obligado tributario en la que se identificará la deuda pendiente, se liquidarán los recargos a los que se refiere el artículo 28 de esta ley y se le requerirá para que efectúe el pago.
2. La providencia de apremio será título suficiente para iniciar el procedimiento de apremio y tendrá la misma fuerza ejecutiva que la sentencia judicial para proceder contra los bienes y derechos de los obligados tributarios.
3. Contra la providencia de apremio sólo serán admisibles los siguientes motivos de oposición:
a) Extinción total de la deuda o prescripción del derecho a exigir el pago.
b) Solicitud de aplazamiento, fraccionamiento o compensación en período voluntario y otras causas de suspensión del procedimiento de recaudación.
c) Falta de notificación de la liquidación.
d) Anulación de la liquidación.
e) Error u omisión en el contenido de la providencia de apremio que impida la identificación del deudor o de la deuda apremiada.

butario, la recaudación de las deudas tributarias viene regida por principios de ejecución singular, actuación administrativa preferente, la cual podemos calificar, incluso, como exorbitante y por la utilización de títulos ejecutivos propios como es la providencia de apremio, de carácter exclusivamente administrativo, para la ejecutoriedad de su acto administrativo típico: la liquidación tributaria, art. 101 LGT; en suma, todo lo contrario de los principios ordenadores de la institución concursal, según pretendía definirlos nuestra LC[30].

---

4. Si el obligado tributario no efectuara el pago dentro del plazo al que se refiere el apartado 5 del artículo 62 de esta ley, se procederá al embargo de sus bienes, advirtiéndose así en la providencia de apremio. (El subrayado es nuestro).

30 La cual reitera como uno de sus rasgos esenciales la unidad de su procedimiento; de esta manera, en su Exposición de Motivos, II, se dice textualmente:

La ley opta por los principios de unidad legal, de disciplina y de sistema.

La regulación en un solo texto legal de los aspectos materiales y procesales del concurso, sin más excepción que la de aquellas normas que por su naturaleza han exigido el rango de ley orgánica, es una opción de política legislativa que venía ya determinada por la nueva Ley 1/2000, de Enjuiciamiento Civil, al excluir esta materia de su ámbito y remitirla expresamente a la Ley Concursal.

La superación de la diversidad de instituciones concursales para comerciantes y no comerciantes es una fórmula que, además de estar justificada por la desaparición del carácter represivo de la insolvencia mercantil, viene determinada por la tendencia a simplificar el procedimiento, sin que ello suponga ignorar determinadas especialidades del concurso de los empresarios sometidos a un estatuto propio (llevanza obligatoria de contabilidad, inscripción en el Registro Mercantil) y de la existencia en la masa activa de unidades productivas de bienes o de servicios, especialidades que son tenidas en cuenta a lo largo de la regulación del concurso, desde su solicitud hasta su solución mediante convenio o liquidación.

La unidad del procedimiento de concurso se consigue en virtud de la flexibilidad de que la ley lo dota, que permite su adecuación a diversas situaciones y soluciones, a través de las cuales puede alcanzarse la satisfacción de los acreedores, finalidad esencial del con curso. A mayor abundamiento, se han previsto reglas especialmente ágiles para los concursos de menor entidad... (Los subrayados son nuestros).

Pero una lectura más amplia de la propia normativa tributaria y una hermenéutica compleja de la misma, aplicando los otros principios inspiradores de la interpretación jurídica de la materia fiscal, citados en los arts. 3.1 CC y 12 LGT, nos dice lo contrario: la indisponibilidad del crédito tributario no es tan absoluta y rígida como parece y la autoejecutividad admite modulaciones con relación, precisamente, a los procedimientos concursales y asimilados.

En lo que hace referencia a la llamada indisponibilidad del crédito tributario, el art. 59 de la propia LGT (cuyo tenor, no es de extrañar, se localiza inmediatamente detrás del artículo que define el concepto de deuda tributaria) nos lleva, inmediatamente, a reconocer que, entre las fórmulas para extinguir la deuda tributaria, legalmente se reconocen expresamente contratos tales como la condonación de deudas, es decir, todo lo contrario de la "indisponibilidad" y, por otro lado, de manera amplia, se prevea la posibilidad de que otras leyes incorporen diversos medios de extinción distintos del pago:

Extinción de la deuda tributaria.

1. *Las deudas tributarias podrán extinguirse por pago, prescripción, compensación o condonación, por los medios previstos en la normativa aduanera y por los demás medios previstos en las leyes.*
2. *El pago, la compensación, la deducción sobre transferencias o la condonación de la deuda tributaria tiene efectos liberatorios exclusivamente por el importe pagado, compensado, deducido o condonado.* (El subrayado es nuestro).

Por su parte, el art. 75 de la LGT admite expresamente la condonación como un mecanismo para pagar la deuda tributaria:

Condonación.

Las deudas tributarias sólo podrán condonarse en virtud de ley, en la cuantía y con los requisitos que en la misma se determinen.

Podría exponerse frente a los argumentos (o, mejor dicho, los fundamentos legales) que apoyan la posibilidad de exonerar, incluso totalmente, deudas tributarias si una Ley así lo prevé (pudiendo ser esta norma la ley concursal o cualquier otra), el que la LGT, entre sus "principios generales" de aplicación, art. 3.1, segundo párrafo, incluye expresamente:

> *A estos efectos, se prohíbe el establecimiento de cualquier instrumento extraordinario de regularización fiscal que pueda suponer una minoración de la deuda tributaria devengada de acuerdo con la normativa vigente.*

Este párrafo fue integrado en la LGT por el art. 13.1 de la Ley 11/2021, de 9 de julio, de medidas de prevención y lucha contra el fraude fiscal, de transposición de la Directiva (UE) 2016/1164, del Consejo, de 12 de julio de 2016, por la que se establecen normas contra las prácticas de elusión fiscal que inciden directamente en el funcionamiento del mercado interior, de modificación de diversas normas tributarias y en materia de regulación del juego (BOE núm. 164, de 10), conocida popularmente como Ley de Prevención y Represión del Fraude Fiscal.

Su contenido, sin embargo, no puede ser visto como un intento de impedir cualquier "amnistía fiscal", reaccionando contra la posibilidad de que una disposición de esta naturaleza (claramente contraria al principio del deber de contribuir, integrado en nuestra Constitución, art. 31.1 CE), así como al principio de igualdad[31] y calificado por nuestro Tribunal Constitucional (en adelante TC) como un deber de obligado cumplimiento, no como un simple principio genérico, vuelva a ser implementada en nuestro Ordenamiento; en suma, trasladando (con mejor o peor fortuna) lo establecido por el propio TC en su sentencia 73/2017, de 8 de junio, en relación con la llamada "declaración tributaria especial" establecida por la disposición adicional primera del Real Decre-

---

[31] SÁNCHEZ SÁNCHEZ, EVA MARÍA. "La conveniencia de la prohibición legal de amnistías fiscales ante el principio constitucional de igualdad", en CHICO DE LA CÁMARA, PABLO; GALÁN RUIZ, JAVIER (dirs.). *Comentarios a la Ley 11/2021, de 9 de julio, de medidas de prevención y lucha contra el fraude fiscal*, Ed. Thomson Reuters Aranzadi, Cizur Menor, Navarra, 2022; págs. 427-452.

to-ley 12/2012, de 30 de marzo[32] [33], pero no es, en absoluto aplicable a nuestro supuesto de exclusión de créditos tributarios de

---

32 Pleno. Sentencia 73/2017, de 8 de junio de 2017. Recurso de inconstitucionalidad 3856-2012. Interpuesto por más de cincuenta diputados del Grupo Parlamentario Socialista en el Congreso de los Diputados respecto de la disposición adicional primera del Real Decreto-ley 12/2012, de 30 de marzo, por el que se introducen diversas medidas tributarias y administrativas dirigidas a la reducción del déficit público. Límites de los decretos-leyes y principio de justicia tributaria: nulidad del precepto legal que introduce un procedimiento de declaración especial para la regularización de la situación tributaria de determinados contribuyentes (BOE núm.168, de 15, págs. 62270 a 62283).
El primer párrafo del Fundamento Jurídico 6) de la STC expone:
En conclusión, la medida prevista en la disposición adicional primera del Real Decreto-ley 12/2012 ha afectado a la esencia del deber de contribuir al sostenimiento de los gastos públicos que enuncia el artículo 31.1 CE, alterando sustancialmente el modo de reparto de la carga tributaria que debe levantar la generalidad de los contribuyentes en nuestro sistema tributario según los criterios de capacidad económica, igualdad y progresividad. Al haberlo hecho así, es evidente que no puede introducirse en el ordenamiento jurídico mediante el instrumento normativo excepcional previsto en el artículo 86.1 CE; esto conduce necesariamente a declarar la disposición impugnada inconstitucional y nula, por contradecir la prohibición prevista en este precepto constitucional.

33 Como reconoce expresamente el Preámbulo de la Ley 11/2021, XI, párrafo segundo a quinto, ambos inclusive:
El deber de contribuir al sostenimiento de los gastos públicos que enuncia el artículo 31.1 de la Constitución española, en palabras del máximo intérprete de la Constitución, el Tribunal Constitucional, implica, de un lado, una exigencia directa al legislador, obligado a buscar la riqueza allá donde se encuentre, y, de otra parte, la prohibición en la concesión de privilegios tributarios discriminatorios, es decir, de beneficios tributarios injustificados desde el punto de vista constitucional, al constituir una quiebra del deber genérico de contribuir al sostenimiento de los gastos del Estado.
El Tribunal Constitucional ya declaró inconstitucional en su sentencia 73/2017, de 8 de junio, la declaración tributaria especial establecida por la disposición adicional primera del Real Decreto-ley 12/2012, de 30 de marzo, por el que se introducen diversas medidas tributarias y administrativas dirigidas a la reducción del déficit público, por afectar a la esencia del deber de contribuir del mencionado artículo 31.1 CE, alterando sustancialmente el modo de reparto de

determinada cuantía en un procedimiento paraconsursal porque no es una amnistía fiscal, cuyo concepto, aun debatible, requiere una generalizada exclusión de deudas tributarias, lo cual no se produce en nuestro caso, donde se individualizan tanto los sujetos afectados (deudores en el procedimiento) como las deudas implicadas.

Pero, es más, el reconocimiento de que, en la relación jurídico-tributaria existen más ámbitos de libertad, tiene una clara manifestación en la dicción del art. 75 LGT, donde, nuevamente, el legislador reconoce la posibilidad de condonar créditos tributarios mediante otra Ley.

Por si esto fuera poco, existe jurisprudencia consolidada de nuestro TS, con el papel de fuente del Derecho que esta circunstancia reiterada conlleva, art.1.6 CC, la cual acepta el traslado de la carga tributaria entre sujetos pasivos en ciertos supuestos y circunstancias.

Tal traslado de la figura del sujeto pasivo, art.36 LGT, componente subjetivo y esencial en la relación jurídico-tributaria, art. 8,a) LGT, ha sido aceptada de manera general, a través de contrato o acuerdo entre las partes, en un gravamen local como es el Impuesto Municipal sobre el Incremento del Valor de los Terrenos Urbanos (en adelante IMIVTU), vulgo Impuesto de Plusvalía y en

---

la carga tributaria que debe levantar la generalidad de los y las contribuyentes en nuestro sistema tributario según los criterios de capacidad económica, igualdad y progresividad, y contradecir así la prohibición establecida en el artículo 86.1 de la Constitución.

Conforme con lo anterior, se reconoce en la Ley General Tributaria la prohibición del establecimiento de cualquier mecanismo extraordinario de regularización fiscal que implique una disminución de la cuantía de la deuda tributaria, y, por tanto, una vulneración de los principios de ordenación del sistema tributario, plasmando así a nivel legal un claro parámetro de constitucionalidad, reconocido ya por el Alto Tribunal.

Se considera que el término «deuda tributaria» incluye todos los conceptos que, como los intereses de demora o los recargos, integran dicha deuda tal como queda definida por el apartado 2 del artículo 58 de la Ley General Tributaria.

las tasas locales, no así en otras exacciones, por ejemplo, la SAN, Sala de lo Contencioso-Administrativo, Sección 6 ª, de 11 de junio de 2012, rec. 341/2011, ha rechazado, en aplicación de lo dispuesto en el precitado art. 17.4 LGT, que el crédito concedido por la entidad recurrente a una mercantil, en cuya garantía se pactó la pignoración de las devoluciones derivadas del IVA sea aceptable de cara a la AT, pues es ésta la titular exclusiva del derecho a la devolución y dicha devolución solamente puede hacerse a la sociedad sujeto pasivo del tributo, quien soportó en sus operaciones comerciales cuotas de IVA superiores a las devengadas[34].

También se acepta de manera estándar que el Impuesto sobre Bienes Inmuebles, otro tributo local de carácter obligatorio y cuyo sujeto pasivo típico es el propietario del bien, puede repercutir su cuantía sobre el arrendatario si así se estipula en correspondiente contrato; sin embargo, la redacción del art. 232.2, d) LGT, excluye expresamente la legitimación para efectuar reclamaciones económico-administrativas, a *los que asuman obligaciones tributarias en virtud de pacto o contrato.*

Por el contrario, la redacción del art. 14.2, 2 º del Texto Refundido de la Ley Reguladora de las Haciendas Locales, aprobado por el Real Decreto-Legislativo 2/2004, de 5 de marzo (BOE núm. 59, de 9), es mucho más flexible en este terreno, al posibilitar recurrir en reposición, a *cualquiera otra persona cuyos inte-*

---

34 Aunque excede de los límites del trabajo, téngase en cuenta que la AT no debía desconocer la posibilidad de traslación del derecho a devolver en el IVA ya que, para evitarlo, incluyó una redacción específica en el art. 131.5, *Ejecución de devoluciones tributarias,* del Real Decreto 1065/2007, de 27 de junio, por el que se aprueba el Reglamento general de las actuaciones y los procedimientos de gestión tributaria y desarrollo de las normas comunes de los procedimientos y aplicación de los tributos (en adelante RGAT), cuyo tenor afirma:
...Salvo lo dispuesto en el apartado anterior, la transmisión del derecho a una devolución tributaria por actos o negocios entre particulares no surtirá efectos ante la Administración, conforme a lo dispuesto en el artículo 17.4 de la Ley 58/2003, de 17 de diciembre, General Tributaria.

reses legítimos y directos resulten afectados por el acto administrativo de gestión y la jurisprudencia, nuevamente en materia del IMIVTU, es partidaria de la legitimación de terceros que hayan asumido por acuerdo privado el pago del gravamen, verbigracia, SSTS de 30 de octubre de 2019, rec. 3738/20218, de 17 de septiembre de 2020, rec. 2863/2020, rec. 991/2019 y de 28 de marzo de 2023, rec, 8419/2021.

En suma, aunque el debate en lo relativo al alcance y las restricciones existentes en las conocidas como "cláusulas libres de impuesto" siga siendo el día a día de nuestra práctica tributaria e incluso siendo la postura general contraria a su generalización, especialmente, en lo relativo al IVA, a partir, precisamente, del significado del mencionado art. 17.4 LGT; lo cierto es que ya existen antecedentes, cuya existencia y persistencia demuestran la posibilidad y legalidad del traslado de una posición tan esencial (y, teóricamente, inamovible) en la relación jurídico-tributaria como es la de su elemento subjetivo, el sujeto pasivo del tributo.

Por si esto fuera poco, la llamada "indisponibilidad" de la relación jurídico-tributaria y de su manifestación cuantitativa, el crédito tributario (liquidación tributaria, art. 101 LGT) es, inmediatamente, desconocida o derogada singularmente por la propia LGT.

Tal derogación se produce de manera significativa mediante la terminación convencional de procedimientos tributarios, supuesto de las denominadas "Actas con acuerdo" que firma la Inspección de los Tributos, art. 155 LGT, cuya propia rúbrica refleja la existencia de un pacto, de un "acuerdo" sobre el crédito a pagar deducido de un procedimiento de inspección tributaria, arts. 141 y ss. LGT, entre la AT y el obligado tributario.

Esa existencia de posibles pactos, acuerdos y convenios entre la AT y los obligados tributarios es todavía más contundente en el procedimiento sancionador, al aceptar la LGT reducciones en la cuantía de las sanciones tributarias (en dos modalidades: por pronto pago y por conformidad), art. 188 LGT.

Por su parte, las reducciones de las sanciones tributarias establecidas en el art. 188 LGT refrendan, aún más, la posibilidad de convenios entre la AT y un sujeto de Derecho privado, pues nos encontramos ante el resultado de la capacidad punitiva del Estado y aunque la sanción tributaria no forma parte de la deuda tributaria, art. 58.3 LGT, pero sí conforma un "crédito tributario", siquiera calificado como subordinado si es de naturaleza concursal.

Y ello sin entrar en la expansión de fórmulas convencionales de acuerdos entre las AATT y los sujetos pasivos, derivadas del Derecho Internacional Tributario, tanto de la UE como del proveniente de otras instituciones, supuesto de la Organización de Cooperación y Desarrollo Económico (en adelante OCDE); las cuales extienden y generalizan los instrumentos conocidos genéricamente por la doctrina como *Alternative Dispute Resolutions System,* ADR, como fórmulas para concluir los conflictos tributarios en sus dos herramientas más conocidas: el arbitraje y el acuerdo amistoso.

Básicamente, la terminación convencional de los procedimientos administrativos es algo ínsito al Derecho Administrativo moderno[35] y aunque con menor intensidad se está plasmando en el Derecho Tributario español, especialmente, en los aspectos internacionales, una vez, que tanto la UE[36] como la OCDE[37] hayan considerado sistemas eficaces y eficientes de solución de conflictos tributarios entre AATT de diferentes jurisdicciones y sus obligados tributarios al arbitraje y al acuerdo mutuo.

---

35 GONZÁLEZ-CUELLAR SERRANO, MARÍA LUISA. *Los procedimientos tributarios: su terminación transaccional,* Ed. COLEX, La Coruña, 1997

36 DIRECTIVA (UE) 2017/1852 DEL CONSEJO de 10 de octubre de 2017 relativa a los mecanismos de resolución de litigios fiscales en la Unión Europea (DOUE, serie L, núm. 265, de 14).

37 Proyecto de la OCDE y del G-20 sobre la Erosión de la Base Imponible y el Traslado de Beneficios. *Hacer más efectivos los mecanismos de resolución de controversias Acción 14: Informe final 2015,* Ed. OCDE, París, 9789264258266-es.pdf (oecd-ilibrary.org) (entrada realizada el 18 de septiembre de 2024).

Nuevamente, la justificación de esta flexibilización del principio de indisponibilidad del crédito tributario y la aceptación, creciente, de mecanismos convencionales para modularlo, radica, en principio, en la propia vigencia del principio de legalidad tributaria, pues éste no es irrestricto, pudiendo modificarse lo regulado en los arts. 17 y 18 LGT por otra disposición y, en segundo orden, por la prevalencia de otros principios y objetivos en la mente del legislador, en especial, el de eficiencia.

2.2.ii) Las prerrogativas procesales de la Hacienda Pública

En el terreno de la prerrogativa procesal de la Hacienda Pública, precisamente, las restricciones a una posición privilegiada en todo caso de ésta se exponen, en primer lugar, en la propia LGT, como veremos, seguidamente, en la jurisprudencia de nuestro TS y, por último, en el propio desarrollo de la LC, caracterizado por continuas discusiones, todavía no concluidas, entre las competencias de las Administraciones Tributarias, en especial, la AEAT, así como la TGSS y la de los JJMM.

No es el propósito central de la obra exponer y debatir la intrincada y cambiante relación entre el procedimiento concursal y las actuaciones y procedimientos de aplicación de los tributos (concepto delimitado por el art. 83.1 y 3 de la norma básica del Ordenamiento Tributario, LGT[38]), así como los constantes enfrentamientos entre la concepción de una jurisdicción exclusiva y excluyente

---

[38] 1. *La aplicación de los tributos comprende todas las actividades administrativas dirigidas a la información y asistencia a los obligados tributarios y a la gestión, inspección y recaudación, así como las actuaciones de los obligados en el ejercicio de sus derechos o en cumplimiento de sus obligaciones tributarias.*
También se considera aplicación de los tributos el ejercicio de las actividades administrativas y de las actuaciones de los obligados a las que se refiere el párrafo anterior, que se realicen en el marco de la asistencia mutua...
3. La aplicación de los tributos se desarrollará a través de los procedimientos administrativos de gestión, inspección, recaudación y los demás previstos en este título.

en manos de los Jueces de lo Mercantil, JJMM, para los concursos y sus fases frente a los poderes y facultades de las AATT, objeto de amplios debates doctrinales y jurisprudenciales[39] y resultado, en última instancia, de la tensión entre los dos principios generales, a los cuales nos hemos referido con anterioridad, es decir, la *pars conditio creditorum* y la indisponibilidad del crédito tributario.

En ese sentido, el art. 79 LGT expone directamente el carácter privilegiado y singular de la Hacienda Pública en el cobro de sus créditos en su apartado 1, al mencionar:

> *La Hacienda Pública tendrá prelación para el cobro de los créditos tributarios vencidos y no satisfechos en cuanto concurra con otros acreedores, excepto que se trate de acreedores de dominio, prenda, hipoteca u otro derecho real debidamente inscrito en el registro correspondiente con anterioridad a la fecha en que se haga constar en el mismo el derecho de la Hacienda Pública, sin perjuicio de lo dispuesto en los artículos 78 y 79 de esta ley.*

E inmediatamente, el art. 163, enmarcado dentro de los trámites de la llamada fase ejecutiva del procedimiento de recaudación, es decir, dentro del trámite de apremio, refuerza el carácter privilegiado y puramente administrativo de la ejecución de los créditos tributarios, al decir:

> ***Carácter del procedimiento de apremio.***
>
> 1. *El procedimiento de apremio es exclusivamente administrativo. La competencia para entender del mismo y resolver todas sus incidencias corresponde únicamente a la Administración tributaria.*
> 2. *El procedimiento administrativo de apremio no será acumulable a los judiciales ni a otros procedimientos de ejecución. Su*

39 El autor se ha referido de manera extensa a esta problemática en: CARBAJO VASCO, DOMINGO. *Cuestiones tributarias en los concursos de acreedores,* Ed. Tirant lo blanch, colecc. Temática, Valencia, 2017 y en las diferentes ediciones de su trabajo de investigación para el Instituto de Estudios Fiscales, *Algunas cuestiones tributarias en los concursos de acreedores,* cuyo último número aparece publicado como Documento de Investigación núm. 4/2020, Documento de Trabajo 4 2020 (ief.es)

> *iniciación o tramitación no se suspenderá por la iniciación de aquéllos, salvo cuando proceda de acuerdo con lo establecido en la Ley Orgánica 2/1987, de 18 de mayo, de Conflictos Jurisdiccionales, o con las normas del artículo siguiente.*
>
> *La Administración tributaria velará por el ámbito de potestades que en esta materia le atribuye la Ley de conformidad con lo previsto en la legislación de conflictos jurisdiccionales.*
>
> *3. El procedimiento de apremio se iniciará e impulsará de oficio en todos sus trámites y, una vez iniciado, sólo se suspenderá en los casos y en la forma prevista en la normativa tributaria.* (Los subrayados son nuestros).

Sucede, asimismo que, inmediatamente y respecto, precisamente, del procedimiento concursal, la prevalencia y la ejecutoriedad del crédito tributario se matizan de varias formas; en primer lugar, por la existencia de garantías reales particulares de la Hacienda Pública, ejemplo de los casos regulados en los arts. 78 (hipoteca legal tácita) y 79 (afección de bienes)[40] y, en segundo orden, por la propia conexión que la norma tributaria básica, la LGT establece entre ella y la Ley concursal, ligazón enormemente discutida a lo largo de la vigencia de la LC.

En ese sentido, exponemos la clave de bóveda de esta vinculación, el vago, impreciso y generalista apartado 2 del precitado art. 77 LGT, cuya interpretación ha sido objeto de múltiples debates[41] y cuyo tenor, desgraciadamente, más que aclarar, confunde:

> *En el proceso concursal, los créditos tributarios quedarán sometidos a lo establecido en la Ley 22/2003, de 9 de julio, Concursal.*

---

40 La doctrina discute si existen otros supuestos, empezando por el llamado "derecho de retención", citado expresamente en el art. 80 de la LGT, pero al cual no se remite por excepción el art. 77.1 de la LGT.

41 Todavía más complicados por la existencia en el seno de la LGT de otra remisión general, imprecisa y que nada aclara a la ley concursal en la DA octava de la LGT, cuyo tenor es como sigue:
Disposición adicional octava. Procedimientos concursales.
Lo dispuesto en esta ley se aplicará de acuerdo con lo establecido en la legislación concursal vigente en cada momento

Lo que sí señalan a las claras las dos disposiciones anteriores de la LGT es que el derecho de prelación en materia de créditos tributarios de la Hacienda Pública sobre cualquier otro procedimiento administrativo, particular o judicial y con sujeción exclusiva a las normas administrativas, tiene una excepción contundente: lo que disponga sobre "prelación de créditos" la ley concursal; más allá de la confusión creada por la caótica y especiosa relación entre la LGT y la LC[42] y de los problemas derivados (y que continúan) acerca de esta relación, pero la ley concursal supone, en materia sustantiva, la ruptura del monopolio de la Hacienda Pública a la hora de ejecutar singularmente y con una prerrogativa administrativa absoluta cualquier crédito tributario si el obligado tributario se encuentra inmerso en un procedimiento concursal.

Desde el punto de vista de los privilegios procedimentales, también a simple vista la redacción del precitado art. 163 LGT hubiera llevado a calificar como prerrogativa exorbitante la "posición de la Hacienda Pública", pero el siguiente artículo, 164, de idéntica norma, objeto de cambios legislativos para, precisamente, mejorar su interpretación coherente con la LC, nos lleva a matizar ampliamente esta prioridad absoluta de la AT, cuando nos encontramos ante un procedimiento concursal.

---

42 *Vid.* Como síntesis de esta ardua relación, MARTÍNEZ ESCRIBANO, CELIA. "La prelación de créditos tributarios en el concurso: intento de coordinación entre la normativa tributaria y la Ley Concursal", *ADC*, núm. 7, 2006, págs..126 y 127:
La Ley Concursal establece un concreto orden de prelación de créditos con el que en principio se define la posición de cada uno de ellos en el concurso, aunque la redacción de las normas ha dado lugar a algún problema exegético. A estas dificultades interpretativas que, como acabamos de exponer, se suscitan en torno a las normas que regulan la prelación de los créditos tributarios en el concurso, particularmente con relación al privilegio general del art. 91. 4º de la Ley Concursal y a los créditos subordinados, se suman otras derivadas de la ulterior aprobación de la Ley General Tributaria que, como exponemos seguidamente, entran en colisión con los planteamientos de la Ley Concursal en torno a la prelación de créditos y que llevan a cuestionar el alcance de la aplicación de la misma,

El art. 164 de la LGT textualmente afirma:

Artículo 164. Concurrencia de procedimientos.

1. Sin perjuicio del respeto al orden de prelación que para el cobro de los créditos viene establecido por la ley en atención a su naturaleza, en caso de concurrencia del procedimiento de apremio para la recaudación de los tributos con otros procedimientos de ejecución, ya sean singulares o universales, judiciales o no judiciales, la preferencia para la ejecución de los bienes trabados en el procedimiento vendrá determinada con arreglo a las siguientes reglas:

1.º Cuando concurra con otros procesos o procedimientos singulares de ejecución, el procedimiento de apremio será preferente si el embargo efectuado en el curso del procedimiento de apremio fuera el más antiguo.

2.º Cuando concurra con otros procesos o procedimientos concursales o universales de ejecución, el procedimiento de apremio será preferente para la ejecución de los bienes o derechos embargados en el mismo, siempre que el embargo acordado en el mismo se hubiera efectuado con anterioridad a la fecha de declaración del concurso.

Para ambos casos, se estará a la fecha de la diligencia de embargo del bien o derecho.

2. En caso de concurso de acreedores se aplicará lo dispuesto en la Ley 22/2003, de 9 de julio, Concursal y, en su caso, en la Ley 47/2003, de 26 de noviembre, General Presupuestaria, sin que ello impida que se dicte la correspondiente providencia de apremio y se devenguen los recargos del período ejecutivo si se dieran las condiciones para ello con anterioridad a la fecha de declaración del concurso o bien se trate de créditos contra la masa.

3. Los jueces y tribunales colaborarán con la Administración tributaria facilitando a los órganos de recaudación los datos relativos a procesos concursales o universales de ejecución que precisen para el ejercicio de sus funciones.

Asimismo tendrán este deber de colaboración, respecto de sus procedimientos, cualesquiera órganos administrativos con competencia para tramitar procedimientos de ejecución.

4. El carácter privilegiado de los créditos tributarios otorga a la Hacienda Pública el derecho de abstención en los procesos concursales. No obstante, la Hacienda Pública podrá suscribir

> *en el curso de estos procesos los acuerdos o convenios previstos en la legislación concursal, así como acordar, de conformidad con el deudor y con las garantías que se estimen oportunas, unas condiciones singulares de pago, que no pueden ser más favorables para el deudor que las recogidas en el convenio o acuerdo que ponga fin al proceso judicial. Este privilegio podrá ejercerse en los términos previstos en la legislación concursal. Igualmente podrá acordar la compensación de dichos créditos en los términos previstos en la normativa tributaria.*
>
> *Para la suscripción y celebración de los acuerdos y convenios a que se refiere el párrafo anterior se requerirá únicamente la autorización del órgano competente de la Administración tributaria (Los subrayados son nuestros).*

Con independencia de cómo interpretemos el funcionamiento de la "posición de la Hacienda Pública" en concurrencia con procesos concursales[43], cuestión muy debatida y objeto de diferentes reformas legales y diversos pronunciamientos del Tribunal de Conflictos de Jurisdicción[44] [45] y de cuándo la prelación temporal en la ejecución del crédito tributario se produce (ahora, en la fecha de emisión de la diligencia de embargo por la AT); la redacción es una buena constatación tanto de la ardua problemática existente en este terreno como de que las prerrogativas en el tiempo y procesales de la Hacienda Pública ceden en algún momento del proceso concursal en favor de la

---

43 La propia AEAT denomina de esta forma su postura en las causas concursales: "La posición de la AEAT en los procedimientos de insolvencia", https://sede.agenciatributaria.gob.es/Sede/normativa-criterios-interpretativos/doctrina-criterios-interpretativos/criterios-caracter-general-aplicacion-tributos/posicion-aeat-procesos-concursales.html (acceso realizado el día 17 de septiembre de 2024).

44 Uno de los últimos puede encontrarse en: Conflicto de Jurisdicción n.º 2/2023, suscitado entre la Agencia Estatal de Administración Tributaria y el Juzgado de lo Mercantil n.º 2 de Madrid (BOE núm.79, de 30 de marzo de 2024, págs. 37052 a 37061).

45 CALVO VÉRGEZ, JUAN. "La concurrencia de los procedimientos tributario y concursal", *Anuario de Derecho Concursal,* número 27, 2012, págs. 11 a 44.

jurisdicción exclusiva y excluyente de los JJMM, buen reflejo, por enésima vez, de que los privilegios en la ejecución de los créditos tributarios admiten excepciones, matices y modulaciones por parte del legislador.

2.2.iii) Síntesis

De esta manera, podíamos calificar la exoneración de determinados créditos tributarios en el seno, antiguamente, de un AEP y, ahora, del EPI, como algo, no solo legalmente posible sino tampoco extraordinario o fuera de lo común, porque las prerrogativas excepcionales de la Hacienda Pública, tanto sustantivas como procesales, a la hora de ejecutar sus créditos tributarios se enfrentan tanto el principio de la *pars conditio creditorum* como a otra serie de principios e intereses, pudiendo el legislador, perfectamente, renunciar, de manera parcial o total, temporal o indeterminadamente, a los privilegios del crédito tributario y de su ejecución, en atención a otros principios o criterios que evalúe como superiores o, valga la redundancia, como preferentes.

En cualquier caso, esta renuncia legal a posiciones privilegiadas por parte de la Hacienda Pública, así como la posibilidad de convenir o reducir el crédito tributario por medio de negocios jurídicos variados (condonación, reducción, arbitraje, etc.), constituye una actitud conocida de la propia legislación tributaria y admitida por ella, aunque su articulación histórica ha sido y es conflictiva, pues la Hacienda Pública pretende exacerbar al máximo sus poderes, negando cualquier minoración del crédito tributario y ejecutando de manera expedita y con poderes exclusivamente administrativos sus deudas tributarias, mientras que los JJMM tratan, por lo contrario, de consolidar la generalidad e igualdad que predica la LC entre los créditos tributarios y, asimismo, su jurisdicción exclusiva y excluyente.

No es de extrañar, en conclusión, que las relaciones entre crédito tributario, privilegios de la Hacienda Pública y el concurso de acreedores y potestades de los JJMM estén presididas a la manera heraclitana[46] por la guerra y el conflicto y no, como debería ser para el mejor resultado para la economía y la sociedad española en su conjunto, por el acuerdo y la colaboración.

De hecho, creemos sinceramente que uno de los factores esenciales tras el relativo fracaso de nuestra normativa concursal de 2003, el cual, desgraciadamente, sigue perpetuándose en el tiempo, a pesar de las múltiples reformas posteriores, es la total carencia de compromiso, pacto o convenio entre la "posición de la Hacienda Pública" en los concursos, reacia a todo tipo de modulación o cesión de su prerrogativas y la tendencia de los JJMM a olvidar y marginar la existencia de normas tributarias que instan a respetar la prelación de los créditos tributarios.

Es más, la propia redacción de este trabajo y las disputas en curso, doctrinales y jurisprudenciales, acerca del alcance de la exoneración de créditos tributarios en los EPI, no son sino un precipitado de ese irresuelto conflicto, cuyo desarrollo nada favorece que la normativa concursal española pueda, por fin, cumplir sus finalidades.

---

46 El filósofo presocrático Heráclito en el fragmento 53 de sus obras afirma que: *La guerra es padre y rey de todos, ha creado dioses y hombres; a algunos los hace esclavos, a otros libres,* https://encyclopaedia.herdereditorial.com/wiki/Recurso:Fragmentos_de_Her%C3%A1clito (acceso ejecutado el 17 de septiembre de 2024).
Recogido en Hipólito, *Refutación de todas las herejías,* IX, 9, 4.:
Πόλεμος πάντων μέν πατήρ έστι, πάντων δέ βασιλεύς, καὶ τοὺς μὲν θεοὺς ἔδειξε τοὺς δὲ ἀνθρώπους, τοὺς μὲν δούλους ἐποίησε τοὺς δὲ ἐλευθέρους.
Por su parte, en *La Celestina,* este pensamiento se traduce como sigue: *Todas las cosas ser criadas a manera de contienda o batalla, dice aquel gran sabio Heráclito en este modo: «Omnia secundum litem fiunt», sentencia a mi ver digna de perpetua y recordable memoria.*
Texto que aparece en el "Prólogo" de la obra.

3. UNA BREVE HISTORIA DE LA CONFRONTACIÓN ENTRE LOS PRINCIPIOS DE LA LC Y LA "POSICIÓN" DE LA HACIENDA PÚBLICA EN LOS CONCURSOS DE ACREEDORES

3.1. Introducción

La LC nació, entre otras cosas, para reducir los privilegios de todo tipo existentes en los dispersos procedimientos concursales que, con nombres variopintos, existían en nuestro Derecho antes de su entrada en vigor en el ya lejano ejercicio 2003.

Sus invocaciones a *los principios de unidad legal, de disciplina y de sistema* son constantes (ver EM, II, primer párrafo y ss.), asimismo, su pretensión de superar los arcaicos, dispersos y pluriformes textos y procedimientos todavía vigentes en nuestra normativa concursal (empezando por el derelicto Código de Comercio de 1829), conforman un motivo esencial para justificar la propia reforma (ver, en particular, su EM, I), la cual, en particular, pretendía minorar los diferentes privilegios en los créditos concursales de manera sustancial.

En este sentido, la redacción de su EM constituye una manifestación contundente de tal propósito, clave de bóveda de la norma:

> *La regulación de esta materia de clasificación de los créditos constituye una de las innovaciones más importantes que introduce la ley, porque reduce drásticamente los privilegios y preferencias a efectos del concurso, sin perjuicio de que puedan subsistir en ejecuciones singulares, por virtud de las tercerías de mejor derecho.*
>
> *Se considera que el principio de igualdad de tratamiento de los acreedores ha de constituir la regla general del concurso, y que sus excepciones han de ser muy contadas y siempre justificadas.*
>
> *Las excepciones que la ley admite son positivas o negativas, en relación con los créditos ordinarios. Las primeras se concretan en los privilegios, especiales o generales, por razón de las garantías de que gocen los créditos o de la causa o naturaleza de éstos. A los acreedores privilegiados, en principio, sólo afectará el convenio con su conformidad y, en caso de liquidación, se les pagará con prioridad respecto de los ordinarios. Pero esos privilegios se*

reducen en número e incluso se limitan en su cuantía a algunos de los tradicionalmente reconocidos, como los tributarios y los de cuotas de la Seguridad Social (hasta el 50 por ciento de su importe en cada caso). Por su parte, los salarios de los últimos 30 días de trabajo anteriores a la declaración del concurso y en cuantía que no supere el doble del salario mínimo interprofesional, y los devengados con posterioridad a la declaración de concurso, así como los de indemnización por extinción del contrato de trabajo, acordada por el juez del concurso, tendrán la consideración de créditos contra la masa y serán satisfechos con preferencia respecto de los créditos concursales; los salarios del artículo 32.1 del Estatuto de los Trabajadores serán satisfechos con anterioridad al resto de créditos concursales; y los salariales del artículo 32.3 del mismo texto gozarán de privilegio general, al igual que las indemnizaciones derivadas de accidente de trabajo y los recargos sobre las prestaciones por incumplimiento de las obligaciones en materia de salud laboral devengadas con anterioridad a la declaración del concurso. Se pretende así evitar que el concurso se consuma con el pago de algunos créditos, y, sin desconocer el interés general de la satisfacción de éstos, conjugarlo con el de la masa pasiva en su conjunto, a la vez que se fomentan soluciones de convenio que estén apoyadas por los trabajadores y la Administración pública en la parte en que sus créditos no gozan de privilegio.

Las excepciones negativas son las de los créditos subordinados, una nueva categoría que introduce la ley para clasificar aquellos que merecen quedar postergados tras los ordinarios, por razón de su tardía comunicación, por pacto contractual, por su carácter accesorio (intereses), por su naturaleza sancionadora (multas) o por la condición personal de sus titulares (personas especialmente relacionadas con el concursado o partes de mala fe en actos perjudiciales para el concurso). A estos efectos, conviene precisar que la categoría de créditos subordinados incluye los intereses devengados y sanciones impuestas con ocasión de la exacción de los créditos públicos, tanto tributarios como de la Seguridad Social. Los titulares de estos créditos subordinados carecen de derecho de voto en la junta de acreedores y, en caso de liquidación, no podrán ser pagados hasta que hayan quedado íntegramente satisfechos los ordinarios.

La subordinación por motivo de especiales relaciones personales con el concursado no sólo se basa en las de parentesco o de convivencia de hecho, sino que, en caso de persona jurídica, se extiende a los socios con responsabilidad por las deudas sociales o con una participación significativa en el capital social, así como a los

> *administradores de derecho o de hecho, a los liquidadores y a las sociedades del mismo grupo. En todo caso, la clasificación afecta también a los cesionarios o adjudicatarios de créditos pertenecientes a personas especialmente relacionadas con el concursado si la adquisición se produce dentro de los dos años anteriores a la declaración de concurso.* (Los subrayados son nuestros).

Por último, el procedimiento concursal, cuya conclusión podía ser dual: convenio o liquidación, optaba por una perspectiva conservacionista, tratando de salvar la explotación económica y su dinamismo, como mecanismo más apropiado para desarrollar la actividad económica y asegurar el empleo; por ello, se dice que ... *la ley procura la conservación de las empresas o unidades productivas de bienes o servicios integradas en la masa...*, EM, VII, párrafo quinto) y, a tal fin, se supeditaban todos los elementos e instituciones del procedimiento concursal, incluyendo la calificación de los créditos y los privilegios del crédito público.

De ahí, que la doctrina haya unánimemente afirmado que, en la LC, se produjo una auténtica poda de los privilegios tradicionales de nuestro sector público en los procedimientos concursales[47].

Sin embargo, esta "poda", a nuestro juicio y, como después han revelado las posteriores modificaciones de la LC, expuestas de manera sintética *up supra,* ni fue tan radical como algunas corrientes igualitarias pretendían, en aras de cumplir *strictu sensu,* el principio *pars conditio creditorum,* ni pudo considerarse consolidada u objeto de aceptación generalizada por parte de las autoridades hacendísticas, además, de que la redacción del alcance de alguno de la calificación de algunos créditos tributarios[48] y del momento en el cual comenzaban los privilegios de la autoejecutividad de

---

47 Por todos, PULGAR EZQUERRA, JUANA (dir.); GUTIÉRREZ GILSANZ, ANDRÉS; MEGÍA LÓPEZ, JAVIER; RECAMÁN GRAÑA, EVA. *Manual de Derecho Concursal,* Ed. La Ley, Madrid, 1 ª edición, 2006, pág. 90.

48 *Passim.* Calvo Vérgez, Juan. "La calificación del crédito tributario en el concurso de acreedores: principales cuestiones conflictivas (I) y (II)", *Carta Tributaria,* núms. 172/2019, págs. 7 a 57 y 173/2019, págs. 37 a 75, respectivamente.

la AT y de la SS, estuvo sometida a constantes debates, seguidos posteriormente de cambios legislativos.

En principio, la afirmación apodíctica de que la LC cumple el principio de generalidad y universalidad en la ejecución de los créditos concursales *porque reduce drásticamente los privilegios y preferencias a efectos del concurso, sin perjuicio de que puedan subsistir en ejecuciones singulares, por virtud de las tercerías de mejor derecho* (EM, V, primer párrafo), se enfrenta directamente a la pervivencia de créditos concursales privilegiados, los créditos con privilegio general (art. 90 LC) y los que gozan de un privilegio especial (art. 91 LC), entre los cuales, los tributarios y los adeudados a la SS ya tenían un peso significativo (puntos 2 ° y 4° del art. 91 LC)[49].

Asimismo, como reconoce directamente la propia EM, V, hay privilegios "negativos", por la aparición de los llamados "créditos subordinados", art. 92 LC, reconocimiento palpable de que los "privilegios", entendidos como normas ajenas a la generalidad del proceso, pueden operar tanto favorable como negativamente; es más, el carácter "positivo" o "negativo" de cualquier privilegio dependerá de la perspectiva personal de quien establezca o corresponda el calificativo.

En nuestro ejemplo, las prerrogativas de las que goza la Hacienda Pública serán calificadas como "positivas" y defendidas, en consecuencia, por las AATT y, viceversa, como "negativas" por el particular y sus representantes; sin embargo, si este "privilegio",

---

[49] En su versión original:

...

2.° Las cantidades correspondientes a retenciones tributarias y de Seguridad Social debidas por el concursado en cumplimiento de una obligación legal....

4.° Los créditos tributarios y demás de Derecho público, así como los créditos de la Seguridad Social que no gocen de privilegio especial conforme al apartado 1 del artículo 90, ni del privilegio general del número 2.° de este artículo. Este privilegio podrá ejercerse para el conjunto de los créditos de la Hacienda Pública y para el conjunto de los créditos de la Seguridad Social, respectivamente, hasta el cincuenta por ciento de su importe...

esa derogación del orden general del procedimiento, como sucede con la exclusión del crédito tributario en el EPI, genera una ventaja singular para el beneficiado (el deudor concursado), será un elemento "positivo" para él y será calificado negativamente por las AATT.

3.2. La versión original de la LC y los privilegios de la Hacienda Pública

La LC nació para lograr la unidad de los procesos, hacer primar la generalidad y universalidad de la *pars conditio creditorum* en la ejecución de la masa activa y reducir los privilegios de los créditos, incluyendo los del crédito público.

Tales principios informan la LC, como proclama enfáticamente su Exposición de Motivos, II, primer párrafo[50] y, en particular, en el V[51].

---

50 *La ley opta por los principios de unidad legal, de disciplina y de sistema.*

51 *La regulación de esta materia de clasificación de los créditos constituye una de las innovaciones más importantes que introduce la ley, porque reduce drásticamente los privilegios y preferencias a efectos del concurso, sin perjuicio de que puedan subsistir en ejecuciones singulares, por virtud de las tercerías de mejor derecho.*

Se considera que el principio de igualdad de tratamiento de los acreedores ha de constituir la regla general del concurso, y que sus excepciones han de ser muy contadas y siempre justificadas.

Las excepciones que la ley admite son positivas o negativas, en relación con los créditos ordinarios. Las primeras se concretan en los privilegios, especiales o generales, por razón de las garantías de que gocen los créditos o de la causa o naturaleza de éstos. A los acreedores privilegiados, en principio, sólo afectará el convenio con su conformidad y, en caso de liquidación, se les pagará con prioridad respecto de los ordinarios. Pero esos privilegios se reducen en número e incluso se limitan en su cuantía a algunos de los tradicionalmente reconocidos, como los tributarios y los de cuotas de la Seguridad Social (hasta el 50 por ciento de su importe en cada caso). Por su parte, los salarios de los últimos 30 días de trabajo anteriores a la declaración del concurso y en cuantía que no supere el doble del salario mínimo interprofesional, y los devengados con posterioridad a la declaración de *concurso, así como los de indemnización por extinción del*

Sin embargo, tanto el conocimiento histórico de los debates vinculados a la redacción de la LC como su contenido, matizan enormemente tales formulaciones apodícticas; por un lado, los créditos privilegiados concursales "positivos" siguen siendo abundantes, tanto los relacionados bajo la rúbrica de "créditos

---

contrato de trabajo, acordada por el juez del concurso, tendrán la consideración de créditos contra la masa y serán satisfechos con preferencia respecto de los créditos concursales; los salarios del artículo 32.1 del Estatuto de los Trabajadores serán satisfechos con anterioridad al resto de créditos concursales; y los salariales del artículo 32.3 del mismo texto gozarán de privilegio general, al igual que las indemnizaciones derivadas de accidente de trabajo y los recargos sobre las prestaciones por incumplimiento de las obligaciones en materia de salud laboral devengadas con anterioridad a la declaración del concurso. Se pretende así evitar que el concurso se consuma con el pago de algunos créditos, y, sin desconocer el interés general de la satisfacción de éstos, conjugarlo con el de la masa pasiva en su conjunto, a la vez que se fomentan soluciones de convenio que estén apoyadas por los trabajadores y la Administración pública en la parte en que sus créditos no gozan de privilegio.

Las excepciones negativas son las de los créditos subordinados, una nueva categoría que introduce la ley para clasificar aquellos que merecen quedar postergados tras los ordinarios, por razón de su tardía comunicación, por pacto contractual, por su carácter accesorio (intereses), por su naturaleza sancionadora (multas) o por la condición personal de sus titulares (personas especialmente relacionadas con el concursado o partes de mala fe en actos perjudiciales para el concurso). A estos efectos, conviene precisar que la categoría de créditos subordinados incluye los intereses devengados y sanciones impuestas con ocasión de la exacción de los créditos públicos, tanto tributarios como de la Seguridad Social. Los titulares de estos créditos subordinados carecen de derecho de voto en la junta de acreedores y, en caso de liquidación, no podrán ser pagados hasta que hayan quedado íntegramente satisfechos los ordinarios.

La subordinación por motivo de especiales relaciones personales con el concursado no sólo se basa en las de parentesco o de convivencia de hecho, sino que, en caso de persona jurídica, se extiende a los socios con responsabilidad por las deudas sociales o con una participación significativa en el capital social, así como a los administradores de derecho o de hecho, a los liquidadores y a las sociedades del mismo grupo. En todo caso, la clasificación afecta también a los cesionarios o adjudicatarios de créditos pertenecientes a personas especialmente relacionadas con el concursado si la adquisición se produce dentro de los dos años anteriores a la declaración de concurso. (Los subrayados son nuestros).

con privilegio especial", art. 90, como bajo la denominación de "créditos con privilegio general", art. 91, entre los cuales (como sabemos), su punto y discutido punto 4ª, incorporaba a los créditos tributarios[52] y, por otra parte, la vertiente negativa de ese privilegio, cuya existencia conformaba la categoría de créditos concursales subordinados, art. 92, de carácter subsidiario.[53]

En otro orden de cosas, la LGT, norma básica del Ordenamiento tributario, la cual había sido objeto de una redacción original, sustituyendo al obsoleto texto de 1963, había sido nuevamente redactada por la Ley 58/2003, de 17 de diciembre, es decir, en idéntico año al de la LC y conservaba en su interior las prerrogativas propias de la indisponibilidad del crédito tributario y de la auto ejecutoriedad, ya comentadas en epígrafes anteriores, modulando siquiera su utilización por la ambigua redacción de su DA 8 ª, *lo dispuesto en esta ley se aplicará de acuerdo con lo establecido en la legislación concursal vigente en cada momento,* cuyo tenor confundía más que precisaba las relaciones procesales entre los procedimientos de aplicación de los tributos, dado su contenido jurídicamente indeterminado, incluyendo el de recaudación (prototipo claro de ejecución singular y ejecutiva de los derechos de la Hacienda Pública) y las potestades exclusivas y excluyentes de los JJMM.

Y esta situación ambigua, de equilibrio inestable, era producto de una compleja negociación entre las autoridades del Ministerio de Hacienda y el legislador concursal.

---

52 Concretamente, *los créditos tributarios y demás de Derecho Público, así como los créditos de la Seguridad Social que no gocen de privilegio especial conforme al apartado 1 del artículo 90, ni del privilegio general del número 2 º de este artículo. Este privilegio podrá ejercerse para el conjunto de los créditos de la Hacienda Pública y para el conjunto de los créditos de la Seguridad Social, respectivamente, hasta el cincuenta por ciento de sus importes.*

53 En general, LUQUE CORTELLA, ANA. *La Hacienda Pública y el crédito tributario en los procesos concursales,* Ed. Marcial Pons, Madrid, Barcelona, Buenos Aires, 2008.

En principio, la Hacienda Pública deseaba acabar con el estatus anterior a 2003, con procedimientos de quiebra arcaicos, confusos y totalmente inadecuados para proceder a la solución colectiva de las insolvencias empresariales en el siglo XXI (no podemos olvidar al respecto, que seguía vigente buena parte del Código de Comercio de 1829[54]) y, sobre todo, con el hecho reciente de que los fenómenos de adaptación y reestructuración de nuestra industria al acceso a la, entonces, Comunidad Económica Europea, se hicieron a costa de pactos, acuerdos o convenios singulares, en los cuales la Hacienda Pública renunció a grandes cantidades de dinero público con su subsiguiente incidencia negativa en las arcas del Tesoro.

Las autoridades del Ministerio de Hacienda deseaban, en principio, acabar con esta sangría recaudatoria individual y, para ello, estaban dispuestas, en principio, a incorporar en la LC una flexibilización de sus prerrogativas.[55]

Pero esa dejación se hizo de manera reluctante y no, a cambio de concesiones, como demuestra, en especial, la incorporación en la LGT de una nueva responsabilidad tributaria, siquiera subsidiaria, sobre una de las dos instituciones esenciales que la LC diseñó para su adecuado funcionamiento.

---

54 Gráficamente, la EM, I, tercer párrafo, de la LC dice:
Aún más se agrava la situación del derecho concursal español con fenómenos tan anacrónicos como la actual vigencia de un buen número de artículos de nuestro primer Código de Comercio, promulgado por Fernando VII el 30 de mayo de 1829, en virtud de la invocación que de ellos hace la Ley de Enjuiciamiento Civil de 3 de febrero de 1881, anterior al Código de Comercio de 22 de agosto de 1885, y vigente en esta materia, conforme al apartado 1 de la disposición derogatoria única de la Ley 1/2000, de 7 de enero, de Enjuiciamiento Civil, hasta la entrada en vigor de esta Ley Concursal

55 Una explicación de este hecho y una exposición de los motivos que se encuentran detrás de esta postura pactista se encuentran desarrollados en un artículo de un alto cargo del Ministerio de Hacienda de aquella época: URÍA FERNÁNDEZ, FRANCISCO. "La Hacienda Pública ante la reforma concursal", *Crónica Tributaria,* núm. 102/2002, págs. 97 a118.

Nos referimos al administrador concursal[56] y a la responsabilidad tributaria del art. 43.1, c) LGT, a saber:

> *Serán responsables subsidiarios de la deuda tributaria las siguientes personas o entidades:*
>
> ...
>
> *c) Los integrantes de la administración concursal y los liquidadores de sociedades y entidades en general que no hubiesen realizado las gestiones necesarias para el íntegro cumplimiento de las obligaciones tributarias devengadas con anterioridad a dichas situaciones e imputables a los respectivos obligados tributarios. De las obligaciones tributarias y sanciones posteriores a dichas situaciones responderán como administradores cuando tengan atribuidas funciones de administración...*

Esta nueva garantía en el cobro de la deuda tributaria (si aceptamos la opinión más generalizada acerca de la naturaleza de la responsabilidad tributaria) supone la configuración de un nuevo privilegio del crédito tributario[57].

La incorporación de este nuevo tipo de responsabilidad[58] supuso una contraprestación a la minoración de la posición exorbitante de la Hacienda Pública, que le permitía antes de la LC, haciendo uso de su potestad de autotutela ejecutiva, hacer efectivo el crédito tributario sin someterse en situación de igualdad con otros acreedores ni a las rigideces y limitaciones propias de proce-

---

56 Sobre el carácter de la administración concursal, como órgano necesario en el procedimiento, junto con el JM, se demora la parte IV de la EM de la LC.

57 Ratificado porque la letra siguiente, d), afirma también como otro caso de responsabilidad tributaria subsidiaria a:
Los adquirentes de bienes afectos por ley al pago de la deuda tributaria, en los términos del artículo 79 de esta ley.
Cuando el derecho de afección, art. 79 LGT, es otro ejemplo de las posibilidades de ejecución singular de sus créditos con los que cuenta la AEAT y de su poder ejecutivo autónomo.

58 *Passim.* CARBAJO VASCO, DOMINGO; DÍAZ ECHEGARAY, JOSÉ LUIS. *La responsabilidad general y tributaria de los administradores concursales,* Ed. Tirant lo blanch, colecc. Concursal, Valencia, 2 ª edición, 2021.

sos de ejecución universal, como son los concursos de acreedores, ni a los controles del poder judicial a través de las funciones del JM; pero no olvidemos que la Hacienda Pública fue muy reacia a esta aceptación, debida a los negativos resultados de los procedimientos de quiebra industriales habidos antes de la entrada en vigor de la LC y, en cuanto la LC entró en vigor, inició un proceso, constante y sucesivo de recuperación de su posición.

Todo ello, revela que la aparición de una exclusión del crédito tributario, aunque sea con la restringida cifra de 10.000 euros máxima en la vigente institución de la exclusión del pasivo insatisfecho, no ha sido querida por la AT, sino impuesta por factores externos a ella, fundamentalmente, la trasposición de la Directiva europea de 2019.

Si a esto unimos que la legislación reguladora de las relaciones entre la LC y la normativa tributaria ha distado de ser coherente, empezando por el hecho de que las "nuevas " LC y LGT se tramitaron en paralelo, pero con fechas diferentes de entrada en vigor; así, la Ley 58/2003, LGT, se aplicó desde el 1 de julio de 2024, no es de extrañar los graves problemas de interpretación que, tanto la calificación de los créditos tributarios como aspectos sustantivos para conocer la posición de la Hacienda Pública, supuesto del momento del inicio de la preferencia del proceso concursal y del título que genera tal preferencia, la interpretación del art. 55. 2 ° de la LC, relativa a la suspensión de los procedimientos de ejecución en curso al declararse el concurso, la posible compensación de créditos tributarios con los créditos de la masa, el alcance de la afectación de los bienes necesarios para la actividad empresarial y su exclusión del embargo de la AT, etc. hayan sido (y, en muchos casos, sigan constituyendo) puntos de fricción doctrinal y jurisprudencial.

En cualquier caso, en lo que a nosotros nos afecta, conviene resaltar que, desde el punto de vista de la AT (y de su AP pareja, la Tesorería General de la Seguridad Social; TGSS), la historia de la LC no es sino la historia de los esfuerzos necesarios para recuperar su posición exorbitante, por lo cual, cualquier "flexibilización" y menos todavía exoneración del crédito tributario resultaba inaceptable y, en segundo lugar, que la doctrina ha solido resaltar (debido al hecho de que, en los concursos, la AT y la TGSS suelen ser acreedores necesarios) que esta ausencia de flexibilidad es una de las razones que explica el fracaso de la LC y de sus reformas posteriores, aunque, a nuestro juicio, más allá de afirmaciones genéricas, la doctrina haya sido incapaz de demostrar que ésta haya sido la "causa" fundamental del fracaso de la LC o, al menos, uno de sus factores más significativos ya que las múltiples reformas que esta LC ha sufrido a la largo de la historia responden a factores e influencias múltiples.

3.3. Los convenios singulares como antecedente de la exclusión del crédito tributario en los EPI

Pero vale la pena también subrayar, aunque solamente sea como antecedente histórico, art. 3.1 CC[59] y demostración de que la LC y las normas tributarias generales sí disponen de instituciones jurídicas que hubiesen permitido una flexibilización de los privilegios de la Hacienda Pública e, incluso, una quita del crédito tributario, sin violar la normativa vigente, hacer referencia a la figura de los "convenios singulares" (mencionados de manera cursoria en el art. 164.4 LGT), cuyo tenor, de haber actuado la Hacienda Pública de manera "flexible" en los concursos de acreedores, hubiera permitido una "quita" del crédito tributario concursal y haberse constituido, en consecuencia, en un antecedente preciso del EPI[60].

---

59 *Las normas se interpretarán según el sentido propio de sus palabras, en relación con el contexto, los antecedentes históricos y legislativos, y la realidad social del tiempo en que han de ser aplicadas, atendiendo fundamentalmente al espíritu y finalidad de aquéllas.* (Los subrayados son nuestros).

60 SANZ GÓMEZ, RAFAEL, "Medios alternativos para la solución del conflicto por la Administración Pública ante el concurso de acreedores: acuerdos singulares y acuerdos de aplazamiento o fraccionamiento", en PATÓN GARCÍA, GEMMA; ULAS PATIÑO, GABRIELA. *El crédito tributario en el proceso concursal. Perspectivas ante un nuevo escenario económico y legislativo,* Ed. Wolters Kluwer, Bosch, Madrid, 2022, págs. 221 a 300.

Asimismo, interesa reseñar, nuevamente, que la exoneración del crédito tributario en el EPI, siquiera restringida al reducido monto máximo de 10.000 euros, sigue siendo un "privilegio" para la Hacienda Pública, de carácter negativo, es decir, a través de ella, la Hacienda Pública renuncia plenamente a su derecho al cobro singular de un crédito tributario en favor del obligado tributario, en atención a otros intereses generales o a la flexibilización de elementos propios de su posición privilegiada.

Dentro de lo que la propia AEAT afirma es "la posición de la AEAT en los procesos concursales"[61], donde se recogen, precisamente, algunas posturas "particulares" de la AT en los tales procesos, se incluye este negocio jurídico transaccional.

De hecho, su carácter convenido, de acuerdo entre la AT y los deudores privados, tal y como se deduce de su propia rúbrica, parecería, en principio, no solo un ejemplo de ruptura de la indisponibilidad del crédito tributario sino también de que nos encontramos ante una posibilidad de que el contenido de este acuerdo llegará a la total condonación del crédito tributario, resultado reconocido legalmente en el apartado 4 del art. 164 de la LGT:

> *...la Hacienda Pública podrá suscribir en el curso de estos procesos los acuerdos o convenios previstos en la legislación concursal, así como acordar, de conformidad con el deudor y las garantías que se estimen oportunas, unas condiciones singulares de pago, que no pueden ser más favorables para el deudor que las recogidas en el convenio o acuerdo que ponga fin al proceso judicial...*

A través de esta herramienta, la Hacienda Pública (también para los créditos públicos, el art. 10.3 de la Ley 47/2003 prevé un sistema similar) conserva el "privilegio" ... *del derecho de abstención en los procesos concursales...*

---

61 AEAT. "La posición de la AEAT en los procesos concursales", https://sede.agenciatributaria.gob.es/Sede/normativa-criterios-interpretativos/doctrina-criterios-interpretativos/criterios-caracter-general-aplicacion-tributos/posicion-aeat-procesos-concursales.htm, *op. cit.*

El propio artículo califica a estos "convenios singulares" como un "privilegio", cuyo tenor, de acuerdo con nuestra clasificación binaria, sería de los "negativos", pues favorecería "singularmente" al deudor concursado con quitas, esperas o condiciones particulares (en principio, se supone que más beneficiosas) para el sujeto afectado suscriptor del mencionado convenio.

La legalidad de esta medida, pudiendo añadirse lo dispuesto en el art. 123 de la LC, es contundente.

Esta figura es definida por la AEAT como:

> *...un instrumento para facilitar el cobro por parte de la AEAT, pero también para facilitar el pago de las deudas al concursado. A la propia AEAT le interesa su suscripción y ha tratado de potenciar su utilizado, hasta el punto de que se ha convertido en el marco general de las condiciones para la satisfacción del crédito tributario con calificación de privilegiado dentro del proceso concursal.* (El subrayado en el original)[62].

En otro orden de cosas, esta posibilidad (legalmente otorgada por la propia Ley Concursal de otorgar "convenios singulares") también podría ser calificada como un nuevo ejemplo de ruptura del dogma de la disponibilidad del crédito tributario ya que, de no preverse esa herramienta, la Hacienda Pública tendría que seguir la normativa general, no admitiéndose ninguna flexibilización o ruptura de la universalidad del procedimiento concursal.

Sin embargo, bajo esa posibilidad, la AEAT ha manifestado, por enésima vez, su inflexiblidad y negativa a aceptar cualquier exoneración del crédito tributario; por un lado, son criticables las carencias de información acerca de estos "convenios" y sus resultados, pues ni siquiera se ha podido encontrar su número, sujetos afectados, volúmenes de créditos concernidos, etc.[63]; ello, a pesar de que

---

62 AEAT, https://sede.agenciatributaria.gob.es/Sede/normativa-criterios-interpretativos/doctrina-criterios-interpretativos/criterios-caracter-general-aplicacion-tributos/posicion-aeat-procesos-concursales/acuerdos-singulares.html, *op .cit.* (entrada realizada el 20 de septiembre de 2024).

63 No aparece, por ejemplo, ninguna información cuantitativa en las *Memorias de la Agencia Tributaria*, https://sede.agenciatributaria.gob.es/

las declaraciones de la AEAT parecían conducir a que se tratase de la manera "general" con la cual la AT española más importante resuelve el pago de los créditos concursales privilegiados[64].

En segundo término, la oscuridad sobre estos convenios se extiende a su normativa, la cual hubo de esperar a 2014, es decir, a la entrada en vigor de una modificación significativa de la LC, el RDL 11/2014, de 5 de septiembre, de medidas urgentes en materia concursal (BOE núm. 217, de 6), para que la AEAT emitiese una regulación común, con pretensiones de uniformización de estos convenios.

Es radicalmente criticable la carencia de publicidad de este tipo de acuerdos, de gran relevancia social y económica.

Nos referimos a la Instrucción 3/2014, de 19 de noviembre, de la Directora del Departamento de Recaudación de la Agencia Estatal de Administración Tributaria, para la suscripción de acuerdos singulares con obligados declarados en concurso de acreedores; disposición de rango muy inferior, *ad intra*, de arduo acceso y ya derogada[65] [66], cuyo objetivo fundamental era, precisamente,

---

Sede/informacion-institucional/memorias.html (acceso ejecutado el 20 de septiembre de 2024).

En cualquier caso, debe afirmarse que la información existente en el Portal de la AEAT sobre concursos lo es todo menos significativa para efectuar cualquier evaluación, https://sede.agenciatributaria.gob.es/Sede/deudas-apremios-embargos-subastas/preconcursos-concursos-procedimientos-especiales-microempresas/concurso-acreedores.html (ejecutada el 20 de septiembre de 2024).

64 Hemos conseguido estudiar, como ejemplo, el Acuerdo Singular firmado entre la AEAT y el Elche Club de Fútbol SAD de 7 de noviembre de 2017.

65 De hecho, ya no se ubica ni en el Portal de Transparencia de la Administración General del Estado, https://transparencia.gob.es/servicios-buscador/contenido/normativainstruccion.htm?id=NORMAT_422&lang=gl&fcAct=Tue%20Aug%2003%2014:44:28%20CEST%202021, ni en el de la Agencia Tributaria, Agencia Tributaria: Inicio (entradas ejecutadas el 20 de septiembre de 2024).

66 Para localizarla, ha de acudirse a portales de Internet de entidades privadas, verbigracia, de la Fundación FIDE, www.https://thinkfide.com

conforme a su Preámbulo, sistematizar los criterios en la materia para homologar y coordinar las actuaciones de los órganos de recaudación de la Agencia Tributaria, estableciendo las condiciones generales para la suscripción de acuerdos singulares con obligados declarados en concurso de acreedores, para conocimiento además de todos los interesados.

Ahora bien, si leemos atentamente la Instrucción, observaremos que la "flexibilización" aportada por estos convenios al crédito tributario es más bien escasa; ello, a pesar de afirmaciones enfáticas de la AEAT como:

> *A la propia AEAT le interesa su suscripción y ha tratado de potenciar su utilización, hasta el punto de que se ha convertido en el marco general de las condiciones para la satisfacción del crédito tributario con calificación de privilegiado dentro del proceso concursal.*
>
> *Precisamente para facilitar su suscripción, el acuerdo singular podrá contener aquellas condiciones y garantías que se estimen necesarias para la mejor recuperación del crédito público (al tratarse de un acuerdo especial, en él caben distintos tipos de pactos y cláusulas relativos a plazos, periodicidad de pagos, garantías y su formalización, etc.).* (El énfasis en el origen).[67]

Nos revela lo opuesto, el "convenio singular" es todo lo contrario del negocio jurídico de la transacción, art. 1809 CC[68], constituyendo una nueva herramienta para favorecer los intereses de la AT.

En este sentido, se convierte, en primer término, en una forma de evitar que los interesados arrastren otros créditos públicos me-

---

67 AEAT. *Acuerdos singulares*, https://sede.agenciatributaria.gob.es/Sede/normativa-criterios-interpretativos/doctrina-criterios-interpretativos/criterios-caracter-general-aplicacion-tributos/posicion-aeat-procesos-concursales/acuerdos-singulares.html *op. cit.* (acceso ejecutado el 20 de septiembre de 2024).

68 *Un contrato por el cual las partes, dando, prometiendo o reteniendo cada una alguna cosa, evitan la provocación de un pleito o ponen término al que había comenzado.*

diante el convenio general del concurso[69]; en segundo lugar, se prevé entre las condiciones, Instrucción Segunda, que solamente afectará a los créditos privilegiados, no incidiendo ni en el crédito ordinario ni en los subordinados; además, *...incluirá unas condiciones singulares de pago que no pueden ser más favorables para el deudor que las recogidas en el convenio de acreedores,* Instrucción Segunda.3 y aunque puede incluir "quitas", es evidente que el objetivo basal de la AEAT es aceptar, como máximo, esperas y flexibilizar los aplazamientos y fraccionamientos de pago, reduciendo a lo sumo el pago de los intereses de demora (lo cual ya de por sí, implica un ataque directo al pretendido dogma de la indisponibilidad del crédito pues si bien el interés de demora es una obligación tributaria accesoria, art. 27 LGT; no por ello, deja de ser un parámetro componente de la deuda tributaria, art. 58.2, a) LGT).

En realidad, lo mollar de este antecedente (más teórico que práctico) de la exoneración del crédito tributario es la flexibilización en las "esperas" de los créditos tributarios privilegiados mediante acuerdos "singulares" de aplazamientos y fraccionamientos del pago de deudas tributarias, mejorando eso sí la situación anterior a la Instrucción 3/2014, ya que las predecesoras: Instrucción 6/2013 y su antecesora, la Instrucción 1/2009, venían a reforzar el carácter inaplazable de las deudas relativas a la Hacienda Pública en virtud del art. 65.2 de la Ley General Tributaria, a excepción de lo estipulado en el art. 44 del Reglamento General de Recaudación en relación con el art. 82.2.b) de la Ley General Tributaria.

En tales condiciones normativas, claramente abiertas y centradas en la idea de "acuerdo" o "convenio" entre las partes, es decir, en una terminación convencional de la relación jurídico-tributaria, idea totalmente opuesta a los principios embebidos en los arts. 17 y 18 LGT, podemos señalar que, dada su flexibilidad, el convenio concursal puede ser considerado como un antecedente de la exoneración de los créditos tributarios, solo que, al contrario de la normativa vigente, se inscribía en el marco del concurso de

---

69 Ver, en ese sentido, el párrafo octavo del Preámbulo de la Instrucción.

acreedores, carecía de una regulación más detallada y puede ser acerbamente criticado por la excesiva subjetividad y capacidades de flexibilización (de práctica discrecionalidad, afirmamos) que otorgaba a la AT; además de que, en la práctica, las restricciones al "convenio singular" eran tales que su carácter "transaccional" quedaba en agua de borrajas, empezando por la limitación básica de que *el acuerdo en cuestión incluirá unas condiciones singulares de pago que no pueden ser más favorables para el deudor que las recogidas en el Convenio o Acuerdo que ponga fin al proceso concursal.*

Esa actitud de la AEAT, contraria a toda flexibilización, ha vuelto a expresarse en el plano concreto de los "convenios singulares", al haber negado expresamente su aplicación en cuanto a las situaciones preconcursales, pues los créditos de Derecho Público no podían verse según la AT afectados por el acuerdo extrajudicial de pagos (mecanismo previsto para las situaciones preconcursales).

En realidad, lo que la AEAT concede es un aplazamiento y fraccionamiento de las deudas vigentes, de acuerdo con la regulación prevista en la LGT y su normativa de desarrollo.

Asimismo, la propia limitación de estos convenios singulares a ciertos créditos tributarios privilegiados y la pretensión de que su firma impida el arrastre de otros créditos públicos, produce un reconocimiento expreso de que, dentro de la categoría genérica de "crédito público" y sus prerrogativas en el seno de los procedimientos concursales, los créditos tributarios disponen, podíamos decir, de un posición reforzada, todavía más renuente a otorgar cualquier modalidad de flexibilización en favor de deudores de naturaleza privada.

Por último, resulta hasta irónico pensar que los llamados "convenios singulares", si bien, dada su singularidad *(sic)*, potenciaban el alejamiento entre la privilegiada Hacienda Pública y el resto de los acreedores concursales sometidos a las reglas generales del convenio, hubieran, sin embargo, abierto el paso, con su redacción normativa y una aplicación administrativa más laxa, dar pie a una posible reducción de los privilegios de los créditos tributarios e, incluso, a su exoneración, pero la actitud de la AEAT en su aplicación impidió dar cabida a tal potencialidad y, sencillamente, los convirtió en una nueva arma para reforzar su posición privilegiada.

4. LAS PRIMERAS REFORMAS DE LA LC Y SU IMPACTO EN LOS PRIVILEGIOS DE LA ADMINISTRACIÓN TRIBUTARIA

4.1. Nota previa

Como proclama en su frontispicio, I, párrafo primero, el TRLC:

La historia de la Ley Concursal es la historia de sus reformas. Es difícil encontrar una ley que, en tan pocos años, haya experimentado tantas y tan profundas modificaciones. Las esperanzas que había suscitado ese derecho de nueva planta, con la lógica aspiración a la estabilidad normativa, pronto se desvanecieron: desde la fecha de promulgación de esta ley, sucesivas leyes y decretos-leyes, con un ritmo acentuado en la décima legislatura, han sustituido principios y enmendado normas legales, a la vez que han constituido el cauce para la inclusión de nuevas instituciones y de nuevas soluciones.

No es éste el lugar apropiado ni para explicitar las causas de tan repetidos cambios de la LC ni para describir o comentar ampliamente su número, desarrollo y naturaleza, así como sus consecuencias, más allá de que la precipitación de muchas de estas alteraciones dificultó su interpretación, la seguridad jurídica y su aplicación, aspectos esenciales en una rama económica tan delicada como es la concursal y de tamaña incidencia en la actividad económica; siendo ésta, a nuestro juicio, otras de las razones que explicita el fracaso de la LC, con mucha mayor impacto, dicho sea de paso, que cualquier "privilegio" reconocido en su seno para el crédito tributario.

En cualquier caso, las reformas fueron insuficientes para contrarrestar tanto la inadecuación de la LC de 2003 para hacer frente a la crisis económica como para solventar las deficiencias observadas en su aplicación.

Sin efectuar una exposición exhaustiva, podemos sintetizar las causas que provocaron el mal resultado de la LC en circunstancias diversas, unas, de tipo estructural y externas, entre las cuales destaca, lógicamente, la incidencia de la conocida como crisis financiera de 2008, la Gran Depresión 2.0., para cuyos efectos sobre la actividad empresarial no estaba preparada la LC; otras, también exteriores, estaban ligadas al nacimiento de una nueva perspectiva de la crisis empresarial (como se verá seguidamente), de carácter preventivo y de búsqueda de una "segunda oportunidad"; con una filosofía incompatible en muchos aspectos con los principios de la LC, empezando por la preferencia otorgada a las soluciones preventivas, *ex ante,* del concurso provocado por la insolvencia inminente del deudor, por calificarlas como menos costosas para la actividad económica frente al desarrollo de un procedimiento concursal universal y general *ex post* y por entender que lo importante era salvar el espíritu empresarial, el *entrepreneurship,* el espíritu empresarial y no tanto la explotación económica.

Interesa, en cualquier caso, mencionar, en lo que respecta a las causas de las reformas de la LC entre el período 2003, fecha de su primera redacción y la aprobación del TRLC, Real Decreto Legislativo 1/2020, de 5 de mayo, por el que se aprueba el texto refundido de la Ley Concursal (BOE núm. 127, de 7) que el legislador español, a la hora de mencionar o justificar las causas de la voracidad reformadora, cuyo devenir ha caracterizado (y dañado, por su precipitada redacción, sucesión de normas y motorización legislativa) a la normativa concursal española moderna, no pone el énfasis en los problemas derivados de las deficiencias de la propia LC o de materias vinculadas al defectuoso cumplimiento en la práctica de algunos de sus principios inspiradores, caso del desarrollo inadecuado de la relevante figura del administrador concursal o de su escasa profesionalización[70] .

---

70 Problemas que, por cierto, siguen pendientes en los momentos de redactar esta obra, como demuestra la incapacidad para aprobar un Reglamen-

to sobre esta figura con anterioridad a la entrada en vigor del propio TRLC y, ahora, la ausencia también de esta regulación, considerando, asimismo, que la muy reciente Ley Orgánica 1/2025, de 2 de enero, de medidas en materia de eficiencia del Servicio Público de Justicia (BOE nú.3, de 3), ha vuelto a alterar cuestiones muy importantes para la función del administrador concursal, verbigracia, su retribución.

De hecho, siguen vigentes disposiciones parciales, desfasadas e inapropiadas para los momentos actuales, supuesto del Real Decreto 1860/2004, de 6 de septiembre, por el que se establece el arancel de derechos de los administradores concursales (BOE núm. 216, de 7), el cual no se compadece bien con los dispuesto, a su vez, en los arts. 84 a 93 del TRLC, teniendo en cuenta también lo regulado en la disposición transitoria única.1 del propio TRLC, según la cual, el contenido de los artículos 57 a 63, 84 a 89, 560 a 566 y 574.1, que corresponda a las modificaciones introducidas en los artículos 27, 34 y 198 de la Ley 22/2003, de 9 de julio, Concursal, por la Ley 17/2014, de 30 de septiembre, por la que se adoptan medidas urgentes en materia de refinanciación y reestructuración de deuda empresarial, entrarán en vigor cuando se apruebe el reglamento a que se refiere la disposición transitoria segunda de dicha ley.

Entre tanto permanecerán en vigor los artículos 27, 34 y 198 de la Ley Concursal en la redacción anterior a la entrada en vigor de dicha Ley 17/2014, de 30 de septiembre.

Todo ello, con su correspondiente problemática interpretativa, *vid.* GONZÁLEZ NAVARRO, BLAS A. *La retribución de la administración concursal tras la entrada en vigor del nuevo Texto refundido de la Ley Concursal: el límite anual en fase de liquidación*, Otrosí, 15 de septiembre de 2020, https://www.otrosi.net/la-retribucion-de-la-administracion-concursal-tras-la-entrada-en-vigor-del-nuevo-texto-refundido-de-la-ley-concursal-el-limite-anual-en-fase-de-liquidacion/ (último acceso realizado el 25 de septiembre de 2024).

Por otro lado, tenemos el Real Decreto 1333/2012, de 21 de septiembre, por el que se regula el seguro de responsabilidad civil y la garantía equivalente de los administradores concursales (BOE núm. 641, de 6 de octubre).

Por último, el Ministerio de Justicia tiene publicado, para su conocimiento y debate público, un Proyecto de Real Decreto por el que se desarrolla el Reglamento de la administración concursal, desde el 4 de octubre de 2023, adaptado a la nueva normativa concursal, sin que exista consenso sobre el mismo, ni parece que haya voluntad de publicación inmediata.

Asimismo, la reluctancia a reconocer la incidencia, directa (pues sus normas son jerárquicamente superiores a las del ordenamiento interno, arts. 93,94 y 96.1 de la CE) e indirecta del Derecho Europeo y también de otras disposiciones internacionales, supuesto de las emanadas de la Comisión de las Naciones Unidas para el Desarrollo Mercantil Internacional[71], más conocida por sus siglas en inglés UNCITRAL[72], es palpable y es aquí, donde sin duda tiene sus orígenes la flexibilización en la ejecución del crédito tributario que se incorporó en la figura del AEP hoy derogado.

De hecho, en el excelente, por otra parte, resumen de las causas y sentido de las vastas modificaciones de la LC de 2003 que figura en la EM del RDL 1/2020, de 5 de mayo, del TRL, se afirma:

> *Pero, a poco de promulgada la ley, la profunda crisis duradera por la que atravesó la economía española, evidenció los defectos y las insuficiencias de la nueva normativa, y el correlativo aumento de los procedimientos concursales no tardó en colapsar los juzgados de lo mercantil. Al mismo tiempo, comenzaron a apreciarse síntomas de la «huida de la Ley Concursal». En efecto, algunas importantes sociedades españolas en situación de crisis, en lugar de solicitar el concurso por razón de una insolvencia real o inminente, acudían, siempre que era posible, a foros extranjeros, con buenos resultados, para beneficiarse de soluciones de las que carecía la legislación española.*
>
> *El legislador español se sintió constreñido a intervenir, con frecuencia, invocando razones de extraordinaria y urgente necesidad, para tratar de dar solución adecuada a lo que no la tenía, aunque ello comportara, en ocasiones, la sustitución de elementos básicos del recién estrenado sistema concursal y la ampliación de las posibilidades que originariamente ofrecía la nueva ley con el fin de conseguir una más adecuada, más flexible y más justa solución de los intereses en conflicto. Entre otras modificaciones fundamentales, pueden mencionarse la incorporación del criterio del valor razonable del bien o del derecho sobre el que se hubiere constituido la garantía como límite del privilegio especial del crédito garantizado,*

---

71 *Guía Legislativa de la CNUDMI sobre el Régimen de la Insolvencia,* https://uncitral.un.org/es/texts/insolvency/legislativeguides/insolvency_law (última entrada del día 25 de septiembre de 2024).

72 https://uncitral.un.org/es/about (acceso realizado el 25 de septiembre de 2024)

el reconocimiento del derecho del deudor a solicitar en cualquier momento la apertura de la liquidación, el régimen de los concursos sin masa suficiente para hacer frente a los costes el procedimiento y la introducción del beneficio de la exoneración del pasivo insatisfecho del que, en ciertas condiciones, puede gozar el deudor persona natural.

Junto con reformas estables, aquellas que, una vez introducidas, no han sido objeto de reconsideración, ha habido casos de reformas de lo reformado, en un proceso continuado de diseño y rediseño, como sucedió con el régimen de los acuerdos de refinanciación, a medida que se manifestaban las insuficiencias de las primeras soluciones, acentuando así la inestabilidad de la normativa. De aquel derecho que aspiraba a ser estable se pasó así a un derecho en perpetua refacción.

Es decir, la problemática acerca de la conveniencia o no de una quita en los créditos tributarios para lograr la reincorporación a la vida económica (deudores empresariales) y económica y social (deudores privados) es producto de su generalización y aceptación en el Derecho comparado y no, provocada por una reflexión interna, de un análisis pausado y con base cuantitativa de las causas de fracaso de la LC y sus reformas posteriores y, asimismo, nunca constituyó un factor fundamental para introducir las sucesivas reformas de la LC.

Lo que es debatible, y más ante la carencia de datos estadísticos de contraste fiables, es que hayan sido los privilegios exorbitantes de los créditos públicos y, en especial, los del crédito tributario, los responsables directos de que la LC no consiguiera su fin fundamental, el cual, a nuestro juicio, era doble, primero, que las empresas con problemas de crisis financiera acudieran de manera estandarizada y ordinaria al procedimiento concursal y, en segundo término que las implicadas en este proceso mantuvieran su actividad económica.

Por otra parte, creemos que la fragmentación del tejido empresarial español y su estructura minifundista, plagado de PYME y autónomos, así como una cultura empresarial, la cual sigue viendo al concurso o fórmulas similares como un baldón, una especie de pena o delito, están detrás del escaso número de empresarios que acuden a los concursos en España y pensamos, asimismo, que esta "cultura empresarial" no se resuelve en un corto plazo y menos con la sucesión atropellada y, a veces, poco meditada de Leyes tendentes a alterar la redacción de la LC.

Lógicamente, en este contexto, las dificultades para lograr una flexibilización en el pago de los créditos públicos de las entidades en concurso no ayudan, precisamente, a cambiar este ambiente empresarial reacio a utilizar el sistema colectivo de ejecución de deudas, pero también pensamos que no es ésta la razón fundamental para el fracaso sucesivo y continuado de la normativa concursal española.

Respecto al contenido y dirección de las primeras modificaciones de la LC, en páginas anteriores de este libro, ya hemos considerado algunos comentarios sintéticos, centrados en lo relevante: la búsqueda de antecedentes de la exoneración del crédito tributario en el EPI[73] y a ellos nos remitimos en consecuencia.

Sin embargo, antes de la entrada en vigor de la figura de los AEP, a través de la ya citada Ley 14/2013, de 27 de septiembre, de apoyo a los empresarios y su internacionalización (BOE núm. 233, de 28) y de la generalización de las instituciones paraconcursales en nuestro Derecho Concursal, es preciso destacar un aspecto de la compleja e inacabada lucha entre la "posición de la Hacienda Pública" y los intentos de lograr la universalidad e igualdad en el tratamiento de los créditos, incluyendo los públicos y, en particular, los tributarios, que contenía a la LC.

Nos referimos a que la Hacienda Pública, mediante prácticas administrativas, actuaciones jurisprudenciales, por ejemplo, con reiterados Autos del TCJ y, si lo consideró necesario, con alteraciones normativas, no solo nunca concedió ninguna renuncia o

---

73 Una exposición razonada de estas reformas, antes de la aprobación de los AEP, puede localizarse en: DÍAZ ECHEGARAY, JOSÉ LUIS. *El Acuerdo Extrajudicial de Pagos,* Ed. Civitas, Thomson Reuters, Cizur Menor, Navarra, 2014.

"quita" del crédito tributario en un concurso de acreedores, sino que mejoró ampliamente su posición y privilegios procedimentales desde la entrada en vigor de la LC.

4.2. Desarrollo y sentido de las primeras reformas de la LC

Aunque el Derecho Concursal de la UE de carácter material es de épocas recientes y, de hecho, la conocida como Directiva de reestructuración e insolvencia se publica en 2019[74], lo cierto es que las propuestas de las instituciones europeas (en especial, de la Comisión y del Parlamento Europeo) acerca de las características de este Derecho Concursal resultaban ser muy

---

74 Y con un período de trasposición a los ordenamientos nacionales posterior, tal y como se señala en su artículo 34:
Transposición
1.Los Estados miembros adoptarán y publicarán, a más tardar el 17 de julio de 2021, las disposiciones legales, reglamentarias y administrativas necesarias para dar cumplimiento a lo establecido en la presente Directiva, a excepción de las disposiciones necesarias para dar cumplimiento al artículo 28, letras a), b) y c), que se adoptarán y publicarán a más tardar el 17 de julio de 2024, y las disposiciones necesarias para dar cumplimiento al artículo 28, letra d), que se adoptarán y publicarán a más tardar el 17 de julio de 2026. Comunicarán inmediatamente a la Comisión el texto de dichas disposiciones.
Aplicarán las disposiciones legales, reglamentarias y administrativas necesarias para dar cumplimiento a la presente Directiva a partir del 17 de julio de 2021, con la excepción de las disposiciones necesarias para dar cumplimiento al artículo 28, letras a), b) y c), que se aplicarán a partir del 17 de julio de 2024 y de las disposiciones necesarias para dar cumplimiento al artículo 28, letra d), que se aplicarán a partir del 17 de julio de 2026.
2.Como excepción a lo dispuesto en el apartado 1, los Estados miembros que experimenten especiales dificultades para aplicar la presente Directiva podrán disfrutar de una prórroga máxima de un año del plazo de aplicación previsto en el apartado 1. Los Estados miembros notificarán a la Comisión la necesidad de hacer uso de dicha posibilidad de prorrogar el período de aplicación a más tardar el 17 de enero de 2021.
3. Los Estados miembros comunicarán a la Comisión el texto de las principales disposiciones de Derecho interno que adopten en el ámbito regulado por la presente Directiva.

anteriores en el tiempo, verbigracia, el llamado "Libro verde sobre las modalidades alternativas de solución de conflictos en el ámbito del derecho civil y mercantil", COM/2002/0196 final, de 19 de abril[75] y sus principios y filosofía no hicieron sino reforzarse como respuesta ante la crisis económica de 2008, caso de la necesidad de realizar actuaciones *ex ante,* preventivas, de cualquier crisis de insolvencia empresarial, por calificarlas como más eficaces y menos costosas o de potenciar las soluciones no judiciales, a través de la mediación y otros negocios jurídicos similares.

En especial, tiene relevancia la Recomendación 2014/135/UE de 12 de marzo de 2014 sobre un nuevo enfoque frente a la insolvencia y el fracaso empresarial (DOUE, serie L., núm. 74, de 14, págs. 65 y ss.), la cual anticipa plenamente, eso sí, de manera voluntaria, el contenido de la precitada Directiva de 2019.

Este nuevo marco de los concursos, unido a las reformas internacionales que, en el mismo sentido, se estaban desarrollando desde principios del siglo XX, en la línea de favorecer soluciones alternativas a los empresarios que se enfrentaban a dificultades financieras, en varios países europeos (Francia, Bélgica, Italia, etc.)[76], son los que explican las reformas de la LC posteriores al impacto de la crisis, comenzando por el Real Decreto-ley 3/2009, de 27 de marzo, de medidas urgentes en materia tributaria, financiera y concursal ante la evolución de la situación económica (BOE núm. 78, de 31), cuyo tenor ya integra procedimientos preconcursales, con autocomposición del deudor con sus acreedores, solución alternativa al modelo judicial de la LC[77], introdu-

---

75 file:///C:/Users/docav/Downloads/libro%20verde%20sobre%20las%20modalidades%20alternativas%20de-com2002_0196es01.pdf (acceso realizado el 26 de septiembre de 2024).

76 DÍAZ ECHEGARAY, JOSÉ LUIS. *El Acuerdo Extrajudicial de Pagos; op. cit.*, págs. 20 y ss.

77 Los párrafos cinco y seis de su Exposición de Motivos justifican el carácter parcial, urgente y necesitado de posteriores reformas de la LC de la siguiente manera:

ciendo en el Derecho español los acuerdos de refinanciación (DA 4 ª LC)[78].

Estos *scheme of arrangements,* con sus distintas variedades (generales o particulares) dieron la entrada a los procedimientos paraconcursales y extrajudiciales en el Derecho Concursal español, de raigambre europea; siendo, inmediatamente, modificados por la también ya citada *ut supra* Ley 38/2011, sin duda, la primera gran alteración estructural de la LC y calificada por el propio legislador como "ambiciosa".

Con respecto a la legislación concursal, la vigente ley se dictó en el año 2003 en un entorno económico completamente distinto al actual, y no ha sido hasta que la crisis financiera internacional se ha trasladado a las empresas cuando se ha podido comprobar la inadecuación de algunas de sus previsiones. Sin perjuicio de que en el futuro sea necesario revisar en profundidad la legislación concursal a la luz de la intensa experiencia vivida en los tribunales como consecuencia de la crisis, en este momento es preciso acometer ya una serie de reformas en aquellos aspectos concretos cuyo tratamiento normativo se ha revelado más inconveniente. Las modificaciones contenidas en el presente Decreto-ley pretenden facilitar la refinanciación de las empresas que puedan atravesar dificultades financieras que no hagan ineludible una situación de insolvencia, además de, agilizar los trámites procesales, reducir los costes de la tramitación, y mejorar la posición jurídica de los trabajadores de empresas concursadas que se vean afectados por procedimientos colectivos.

Es necesario subrayar que las medidas adoptadas, fundamentalmente en materia concursal, revisten una gran complejidad técnica, máxime cuando se trata de lograr su aplicación sin demora a múltiples procesos judiciales en curso, caracterizados por la presencia de numerosas partes procesales, y respecto de acuerdos financieros alcanzados entre las partes bajo la autonomía de su voluntad. En estas circunstancias, resulta imprescindible conjugar la necesaria seguridad jurídica, que precisan los agentes económicos para la adopción de decisiones económicas tan relevantes como las concernidas en los procesos concursales, con la necesidad de que se puedan beneficiar de inmediato de las posibilidades que se les abren con la entrada en vigor de la presente norma. Ello justifica plenamente, no sólo la utilización de la figura del Real Decreto-ley, sino también el juego de las disposiciones transitorias en él recogidas.

78 GACIAMARTÍN ELVIRA, ANDREA. *El acuerdo de refinanciación,* Universidad de Valladolid, Facultad de Ciencias Sociales, Jurídicas y de la Comunidad, Grado de Derecho; Trabajo de Grado, julio de 2016, Tutor: GONZÁLEZ PADRÓN, LAURA.

El cambio jurídico más relevante de la LC, con anterioridad a la precitada Ley 14/2013, fue la Ley 38/2011, de 10 de octubre, de reforma de la Ley Concursal (BOE núm. 245, de 11), siendo evidente y así lo reconoce su Exposición de Motivos, I, párrafo tercero,[79] la razón fundamental para esta significativa modificación de la LC fue la reacción ante la crisis económica, conocida popularmente como crisis Lehman Brothers de 2008, crisis financiera de una enorme entidad en la economía mundial, tanto es así que también se ha denominado como la Gran Depresión 2.0., a imitación de su antecedente el *crack* de 1929[80].

Junto a esta causa principal, aparecen otras ligadas a problemas internos o estructurales de la LC: ausencia de profesionalización entre los administradores concursales, lentitud en los procesos concursales, insuficiencia de medios en los JJMM, etc. y, sobre todo, a un hecho constatable: el fracaso del espíritu conservador de la LC, pues las empresas en concurso, en más del 90%, acababan en liquidación.

Sin embargo, en ninguno de los antecedentes de las reformas primeras de la LC aparece como razón o motivo, siquiera de carácter secundario, para realizarlas la ausencia de flexibilidad en el cobro de los créditos tributarios[81]; ello, a pesar de que la doctrina,

---

79 *...el deterioro de la situación económica ha acentuado determinados aspectos de la legislación que han resultado disfuncionales y ha puesto de manifiesto el incumplimiento de uno de los propósitos principales de la ley, que es la conservación de la actividad profesional o empresarial del concursado. Hoy por hoy, la mayor parte de los concursos que se tramitan concluyen con la liquidación de la empresa, el cese de actividades y el despido de los trabajadores. Realidad que tensiona el sistema legal, al que se acude menos y, en su caso, más tarde que en otros países, habida cuenta del estigma que pesa todavía sobre el concurso, como consecuencia de una concepción histórica y cultural, y sin que se haya conseguido aumentar el grado de satisfacción de los acreedores ordinarios*

80 GARCÍA NORBERTO, E.; RUESGA BENITO, SANTOS M. (coordinadores). ¿Qué ha pasado con la economía española? La Gran Recesión 2.0 (2008 a 2013), Ed. Pirámide, Madrid, 2014.

81 A estos antecedentes hace referencia la propia Exposición de Motivos de la mencionada Ley 38/2011, I, último párrafo:

calificando a la Hacienda Pública y la TGSS como "acreedores necesarios", consideraba (desgraciadamente, sin información estadística contrastable, más allá de algún hecho puntual) a esta carencia de reducciones en los créditos tributarios a pagar como una de las causas explicativas del fracaso de la LC, tampoco los antecedentes de la Ley 38/2011 entran a valor este aspecto como origen de sus cambios normativos.

Con independencia de lo anterior y de que la Ley 38/2011 tratará de reforzar (por influencia europea) las soluciones para concursales, pues *ante todo, la ley profundiza en las «alternativas» al concurso o los denominados institutos preconcursales, ofreciendo a las empresas una solución más ágil y económica a sus crisis, a través de acuerdos de refinanciación*[82], lo cierto es que la Ley 38/2011 *no es una reforma radical de la misma ni supone un giro copernicano del texto legal vigente, sino que parte del reconocimiento de sus principios esenciales, en concreto, la triple unidad legal, de disciplina y de procedimiento, ya señalada*[83] y sus insuficiencias, así como su inadecuación de la nueva filosofía del Derecho concursal de la UE y, en general, de las reformas de carácter anglosajón, pronto llevarían a demostrar su insuficiencia y su incapacidad para hacer frente a una crisis económica global que, en España, se agu-

---

El Real Decreto-ley 3/2009, de 27 de marzo, de medidas urgentes en materia tributaria, financiera y concursal, ante la evolución de la situación económica, efectuó una importante modificación de la Ley Concursal, tratando de dar respuesta a los problemas más urgentes que la misma tenía planteados. La Ley 13/2009, de 3 de noviembre, de reforma de la legislación procesal para la implantación de la nueva oficina judicial, también modificó 49 preceptos de la Ley Concursal. En cualquier caso, estas normas abrían paso a un proceso de reforma más amplio y ambicioso de la legislación concursal. Para ello se constituyó en el Ministerio de Justicia, en el seno de la Comisión General de Codificación, una Sección especial compuesta por todos los sectores implicados: judicatura, catedráticos, economistas y abogados, con el encargo de abordar las reformas, a la cual se pidió un esfuerzo enorme en un período de tiempo más reducido de lo que suele ser habitual para este tipo de proyectos. La documentación y el borrador elaborados por la Sección han servido de base a la reforma que se contiene en esta ley.

82 Exposición de Motivos, III, primer párrafo.

83 *Ibídem*, II, primer párrafo.

dizó por las nefastas consecuencias del "boom" inmobiliario y el sobreendeudamiento de las familias creado por el primero, factores para los cuales resultó totalmente inapropiado en Derecho Concursal como el embebido en la LC, empezando porque ésta no preveía un régimen ágil de concurso o institución similar para las personas físicas no empresarios, colectivo afectado más directamente por el fenómeno del sobreendeudamiento.

Evidentemente, podríamos afirmar que este intento, vano e ilusorio, de mantener, de manera copernicana, una filosofía de la LC, centrada en la conservación de la empresa concursada, cuando los resultados reflejaban más de un 90% de empresas en liquidación cuando optaban por el concurso de acreedores, era contraproducente, especialmente, cuando en los momentos de las modificaciones de los años 2009/2011, la finalidad de las reestructuraciones empresariales en el seno de la UE cambiaban radicalmente, verbigracia, pasando de un proceso *ex post*, donde la empresa se encontraba en peligro de insolvencia inminente[84],

---

[84] Recuérdese que el presupuesto objetivo del concurso, según la redacción original de la LC, art. 2.2, era el "estado de insolvencia":

La declaración de concurso procederá en caso de insolvencia del deudor común.

2. Se encuentra en estado de insolvencia el deudor que no puede cumplir regularmente sus obligaciones exigibles.

3. Si la solicitud de declaración de concurso la presenta el deudor, deberá justificar su endeudamiento y su estado de insolvencia, que podrá ser actual o inminente. Se encuentra en estado de insolvencia inminente el deudor que prevea que no podrá cumplir regular y puntualmente sus obligaciones.

4. Si la solicitud de declaración de concurso la presenta un acreedor, deberá fundarla en título por el cual se haya despachado ejecución o apremio sin que del embargo resultasen bienes libres bastantes para el pago, o en la existencia de alguno de los siguientes hechos:

1.º El sobreseimiento general en el pago corriente de las obligaciones del deudor.

2.º La existencia de embargos por ejecuciones pendientes que afecten de una manera general al patrimonio del deudor.

3.º El alzamiento o la liquidación apresurada o ruinosa de sus bienes por el deudor.

4.º El incumplimiento generalizado de obligaciones de alguna de las clases siguientes: las de pago de obligaciones tributarias exigibles durante los tres meses

a un marco preventivo, tratando, sin duda, de impedir esa insolvencia y el acceso prácticamente automático al concurso de acreedores.

Pero estas reformas no solo no alteraron la posición privilegiada de la Hacienda Pública; por el contrario, los efectos de la crisis económica fueron aprovechados por las autoridades del Ministerio de Hacienda español para reforzar la protección de los créditos tributarios.

Sin embargo, a pesar de la extensión de la reforma y su cuidada elaboración, a partir de los trabajos de una Comisión creada *ad hoc*[85], no supuso una LC de nueva planta y, de hecho, su falta de ambición era notable, por ejemplo, en lo que respecta a la ausencia de incorporación decidida de las nuevas corrientes del Derecho Concursal internacional y europeo, porque *no es una reforma radical de la misma ni supone un giro copernicano del texto legal vigente, sino que parte del reconocimiento de sus principios esenciales, en concreto, la triple unidad legal, de disciplina y de procedimiento, ya señalada* (Exposición de Motivos, II, primer párrafo).

Conllevó, eso sí, un nuevo impulso a los institutos pre concursales[86], especialmente, a los acuerdos de refinanciación (nuevo

---

anteriores a la solicitud de concurso; las de pago de cuotas de la Seguridad Social, y demás conceptos de recaudación conjunta durante el mismo período; las de pago de salarios e indemnizaciones y demás retribuciones derivadas *de las relaciones de trabajo correspondientes a las tres últimas mensualidades.*

En cualquier caso, la interpretación de cuándo se producía esa "insolvencia inminente" no dejó de plantear debates en los JJMM.

85 *Para ello se constituyó en el Ministerio de Justicia, en el seno de la Comisión General de Codificación, una Sección especial compuesta por todos los sectores implicados: judicatura, catedráticos, economistas y abogados, con el encargo de abordar las reformas, a la cual se pidió un esfuerzo enorme en un período de tiempo más reducido de lo que suele ser habitual para este tipo de proyectos. La documentación y el borrador elaborados por la Sección han servido de base a la reforma que se contiene en esta ley.* Exposición de Motivos, I, cuarto párrafo, inciso final.

86 *Ante todo, la ley profundiza en las «alternativas» al concurso o los denominados institutos preconcursales, ofreciendo a las empresas una solución más ágil y eco-*

art. 5 bis; art. 71.6, nueva redacción DA Cuarta, DA quinta, ...)[87] e introdujo múltiples alteraciones en la LC, intentando, por ejemplo, agilizar los concursos, mejorar la cualificación de la administración concursal o regular de forma más detallada la insuficiencia de la masa (concursos sin masa)[88], pero, a nuestro juicio, manteniendo una filosofía "conservativa" de la LC, totalmente desfasada por el impacto de la crisis económica y muy alejada de los objetivos de las reformas de Derecho Concursal de nuestro entorno económico y político, incluyendo la flagrante ausencia de una respuesta a los problemas del sobreendeudamiento de los particulares, es decir, la falta de una solución "concursal" específica para las personas naturales no empresariales[89].

En suma, esta reforma se quedó a medio camino pues sigue viendo al concurso como una solución conservadora de la empresa y

---

nómica a sus crisis, a través de acuerdos de refinanciación.
La ley se ocupa de la comunicación formal de que se están iniciando negociaciones con los acreedores, regula con detalle los deberes de las partes que negocian el acuerdo y, sobre todo, establece la homologación judicial de tal acuerdo, que, en consecuencia, y dentro de ciertos límites, se extiende a los acreedores disidentes.
Además, se incorpora a nuestro ordenamiento el llamado «privilegio del dinero nuevo». Con estos cambios, se perfecciona la reforma llevada a cabo por el Real Decreto-ley 3/2009, de 27 de marzo.
Exposición de Motivos, III.

87 OLAIZOLA, FERNANDO, "Los acuerdos de refinanciación tras la Ley 38/2011, de reforma concursal", *Notario del Siglo XXI*, núm. 40, noviembre-diciembre 2011, https://www.elnotario.es/index.php/hemeroteca/revista-40/634-los-acuerdos-de-refinanciacion-tras-la-ley-38-2011-de-reforma-de-la-ley-concursal-1-0-07561637747624551 (fecha última de acceso: 26 de septiembre de 2024).

88 La Exposición de Motivos, VIII, párrafo tercero, equipara a las dos instituciones.

89 Una visión moderada y crítica de la Ley, puede encontrarse en: FERNÁNDEZ FEIJO, JOSÉ MARÍA. "La reforma concursal y las incógnitas sobre su eficacia", *Notario del Siglo XXI*, núm. 41, enero-febrero de 2012, https://www.elnotario.es/index.php/hemeroteca/revista-41/580-la-reforma-concursal-y-las-incognitas-sobre-su-eficacia-0-6197637316023593 (acceso realizado el 26 de septiembre de 2024).

profundizó en el deterioro de la armonía del sistema ya que, si bien conllevó modificaciones significativas del texto de la LC, no alteró su filosofía básica (ver su EM, II) y, en ningún caso, se planteó como medida para agilizar o solucionar los problemas de insolvencia empresarial una flexibilización en el cobro de los créditos tributarios.

Es más, en esa Ley 38/2011 y, de manera más contundente en la precitada Ley 7/2012, la Hacienda Pública, como hemos anticipado, mejoró su posición; de esta manera, se alteró la redacción del art. 164 LGT, relativo a la concurrencia de procedimientos, por otro lado, dejaba clara la ejecutividad de la AT para todo lo relacionado con los créditos tributarios e incorporaba el régimen de "inversión del sujeto pasivo" en el IVA derivado de las ejecuciones de bienes inmuebles en los procedimientos concursales, mecanismo que reduce ampliamente el fraude fiscal en esta fase e impide que la Hacienda Pública se convirtiera, en el fondo, en la pagadora del concurso, objetivo que, como hemos asimismo mencionado en páginas anteriores, era la gran preocupación del Fisco en estos años.

En otro orden de cosas, la citada Ley 38/2011 sí afecta a la situación de los créditos de la Hacienda Pública en otros aspectos, por ejemplo, intentando dejar clara la relación entre la competencia mercantil "exclusiva" de los JJMM, arts. 8 y 9 LC, y las competencias del Fisco, objeto de amplios debates y diversos autos del TCJ.

También trató de aclarar exactamente el alcance del privilegio general de los créditos tributarios restringido a un 50% de su importe, objeto de grandes debates, art. 91. 4 º LC y de precisar el título administrativo que, emitido con anterioridad a la declaración del concurso, significaba el fin de la potestad de ejecución singular en manos de las autoridades tributarias, dejando en la redacción del art. 55 LC, de manera meridianamente clara, que era la emisión de la diligencia de embargo (y no la providencia de apremio)[90].

---

[90] *1. Declarado el concurso, no podrán iniciarse ejecuciones singulares, judiciales o extrajudiciales, ni seguirse apremios administrativos o tributarios contra el patrimonio del deudor.*

Asimismo, en lo que respecta a los créditos contra la masa, la prevención de la Hacienda Pública contra la posible postergación en el pago de los créditos tributarios con esta naturaleza, experimentada durante los primeros años de aplicación de la LC, llevó a la Ley 38/2011 a la redacción del vigente art. 254.3 TRLC, según la cual, el administrador concursal puede alterar "en interés del concurso" la regla del pago de los créditos contra la masa, cuyo tenor es la fecha del vencimiento, excepto, precisamente, para los créditos tributarios, art. 245.3 *in fine* TRLC ya que *la postergación del pago de los créditos contra la masa no podrá afectar a los créditos por alimentos, a los créditos laborales, a los créditos tributarios ni a los de la seguridad social.*

Ese reforzamiento de los poderes recaudatorios de la Hacienda Pública era coherente con la Política de la UE vigente en esos momentos históricos para resolver la gran crisis financiera de 2008, la cual consistió, básicamente, en reforzar sus principios de estabilidad financiera inscritos en el llamado "Programa de Estabilidad" para el logro de la Unión Económica y Monetaria,

---

Hasta la aprobación del plan de liquidación, podrán continuarse aquellos procedimientos administrativos de ejecución en los que se hubiera dictado diligencia de embargo y las ejecuciones laborales en las que se hubieran embargado bienes del concursado, todo ello con anterioridad a la fecha de declaración del concurso, siempre que los bienes objeto de embargo no resulten necesarios para la continuidad de la actividad profesional o empresarial del deudor.
2.Las actuaciones que se hallaran en tramitación quedarán en suspenso desde la fecha de declaración de concurso, sin perjuicio del tratamiento concursal que corresponda dar a los respectivos créditos.
3.Cuando las actuaciones de ejecución hayan quedado en suspenso conforme a lo dispuesto en los apartados anteriores, el juez, a petición de la administración concursal y previa audiencia de los acreedores afectados, podrá acordar el levantamiento y cancelación de los embargos trabados cuando el mantenimiento de los mismos dificultara gravemente la continuidad de la actividad profesional o empresarial del concursado. El levantamiento y cancelación no podrá acordarse respecto de los embargos administrativos.
4. Se exceptúa de las normas contenidas en los apartados anteriores lo establecido en esta ley para los acreedores con garantía real. (El subrayado es nuestro)

según el cual, los Estados miembros de la UE se comprometían a cumplir unos objetivos de Política Fiscal, centrados en la restricción presupuestaria consistente en no superar el 3% del PIB sus déficits públicos y un volumen de Deuda Pública inferior al 60% del PIB.

En estas condiciones, la obsesión por la cifra del déficit público, llevó, entre otras medidas, a las AATT a solicitar medidas fiscales para reducir lo que calificaba como la sangría recaudatoria derivada de los concursos de acreedores, la cual se manifestaba en cifras como que, en 2012, el riesgo recaudatorio en estos procedimientos fue estimado por la AEAT en 4.000 millones de euros[91] y a reforzar los controles no solo sobre el procedimiento y su recaudación sino sobre los sujetos intervinientes en ellos, empezando por los administradores concursales.

De esta manera, en los Programas de Control Tributario de la AEAT, los cuales han de publicarse de manera anual, según lo regulado en el art. 116 LGT[92], el control, seguimiento y, en su caso, recaudación ejecutiva sobre los créditos tributarios calificados como de "riesgo", fue uno de los mantras y casi una obsesión de las autoridades hacendísticas y, dentro de esos créditos, los concursales eran un colectivo de los más significativos.

Como ejemplo de las afirmaciones anteriores, ponemos citar el contenido de la Resolución de 2 de febrero de 2011, de la Dirección General de la Agencia Estatal de Administración Tributaria, por la que se aprueban las Directrices Generales del Plan General de Control Tributario de 2011 (BOE núm.32, de 7 de febrero), tomando en consideración que los puntos más álgidos de la crisis económica española de aquel período no se produjeron en el bienio 2007/2008 sino entre los ejercicios 2011 y 2013.

---

91 CARBAJO VASCO, DOMINGO. *Cuestiones tributarias en los concursos de acreedores; op. cit,* pág.46.

92 *La Administración tributaria elaborará anualmente un Plan de control tributario que tendrá carácter reservado, aunque ello no impedirá que se hagan públicos los criterios generales que lo informen.*

En estas condiciones, en el punto 5 del apartado II de la mencionada Resolución. *Control en la fase recaudatoria,* afirma:

> *Control de procesos concursales.*
>
> *El aumento del número de procesos concursales exige potenciar acciones específicas con el objeto de impedir actuaciones de defraudación que tratan de aprovechar la protección otorgada por la legislación concursal para eludir el pago de las deudas tributarias o evitar incurrir en los supuestos de responsabilidad previstos por la normativa tributaria. Así pues, se intensificarán las siguientes actuaciones de control en materia concursal:*
>
> *Oposición a la aprobación de cuentas en concursos en los que se detecten alteraciones en el orden de pago de los créditos y en los que existan créditos contra la masa de naturaleza tributaria pendientes de pago.*
>
> *Impulso del control de responsabilidades de los administradores concursales.*
>
> *Potenciación de una participación más activa en la fase de calificación con la finalidad de obtener y aportar aquellas pruebas que permitan una calificación de concurso culpable cuando se estime que concurren los supuestos recogidos en el artículo 164 de la Ley Concursal.*

Y que expresiones similares figuran en las Resoluciones de periodos próximos en el tiempo.

Por si esto fuera poco, en el ciclo de adjudicación de bienes inmuebles cuyos créditos hipotecarios habían resultado impagados a las entidades bancarias o Cajas de Ahorro prestamistas, la AEAT detectó conductas en el campo del IVA, tendentes a que, en la adjudicación de inmuebles, en especial, de empresas constructoras y promotoras, endeudadas con las entidades financieras e incapaces de atender a sus compromisos de repago, los IVA repercutidos sirvieron no para abonar el gravamen a la Hacienda Público sino para, siquiera de forma marginal, se abonará la deuda del crédito hipotecario con el banco, resultando la AT la "pagadora del concurso".

Estas maniobras y la búsqueda de mayores recursos recaudatorios, en cumplimiento de las instrucciones de las instituciones europeas, condujeron a la AEAT a exigir modificaciones legislativas que mejorasen su posicionamiento en los concursos de acreedores y redujesen las posibilidades de planificación fiscal abusiva en su desarrollo.

El ápice de esta recuperación de prerrogativas de la Hacienda Pública en materia concursal lo supuso la Ley 7/2012, de 29 de octubre, de modificación de la normativa tributaria y presupuestaria y de adecuación de la normativa financiera para la intensificación de las actuaciones en la prevención y lucha contra el fraude (BOE núm. 261, de 10), la cual incorporó en su seno un conjunto de disposiciones tendentes directamente a *perfeccionar las normas que garantizan el crédito tributario con el fin de actualizarlas o de aclarar su correcta interpretación* (EM, I, segundo párrafo), es decir, a reforzar la posición de la AT en los procedimientos concursales.[93]

Los múltiples cambios legales introducidos en la precitada Ley 7/2012[94]: ampliación de los supuestos de inversión del sujeto pasivo en el IVA, modificaciones en el devengo del IVA en casos de concurso de acreedores y ruptura de los períodos de liquidación tributaria y alteraciones conexas en la mecánica del IVA para reforzar la postura de la AT en los concursos de acreedores[95], mayores poderes para evitar la prescripción de las deudas tributarias en supuestos de concurso[96], restricciones al aplazamiento y fraccio-

---

93 *Passim.* CALVO VÉRGEZ, JUAN. *La Ley 7/2012, de medidas de lucha contra el fraude fiscal,* Ed. Aranzadi, Thomson-Reuters, Cizur Menor, Navarra, 2013.

94 Un comentario de tales alteraciones legislativas puede hallarse en: CARBAJO VASCO, DOMINGO. *Cuestiones tributarias de los concursos de acreedores; op. cit.* y, en especial, una descripción de la nueva postura de la AT ante los concursos se resume en el Cuadro núm. 3, págs. 48 y 49 de este texto.

95 Ver, en general, Exposición de Motivos, V.

96 *...se modifica el momento en que se reinicia el plazo de prescripción interrumpido por la declaración de concurso para que coincida con el momento en que la Administración recupera sus facultades de autotutela ejecutiva, introduciendo una*

namiento de deudas tributarias para los créditos contra la masa[97], etc., no hicieron sino potenciar la posición exorbitante de la AT en el proceso concursal y supusieron una nueva negativa a flexibilizar cualquier reducción del crédito tributario.

Todo ello, no podemos olvidarlo, en un contexto económico donde la legislación europea tendía, por el contrario, a considerar la exoneración de deudas, la "quita" del deudor, como una herramienta ordinaria y necesaria, ver *infra*, para lograr la recuperación de las empresas en crisis y donde en otras áreas de la actividad económica afectadas por la pésima situación económica directamente, supuesto del sector inmobiliario, se empezaron a generalizar los expedientes de dación en pago y asimilados, los cuales suponían, en mayor o menor medida, un reconocimiento de la imposibilidad de aplicar el principio de responsabilidad patrimonial universal del art. 1911 del CC y una flexibilización, más o menos acusada, en el pago del préstamo hipotecario, el cual siempre había sido objeto de privilegios específicos en el seno del concurso.[98]

En cualquier caso, hasta 2013, la tendencia en el mundo de los procedimientos concursales en España era no solamente conservar la posición privilegiada de la Hacienda Público sino, además,

---

mejora estrictamente técnica para dotar de seguridad jurídica a las relaciones de la Hacienda Pública con los deudores concursados.
Asimismo, se aclaran los efectos de la suspensión del cómputo del plazo de prescripción por litigio, concurso y otras causas legales, explicitando que los efectos de dicha suspensión se extienden a todos los obligados tributarios. (Exposición de Motivos, II, párrafos octavo y noveno).

97 *Se elimina la posibilidad de aplazamientos o fraccionamientos de los créditos contra la masa en las situaciones de concurso para evitar la postergación artificiosa del crédito público como consecuencia de la simple solicitud de aplazamiento o fraccionamiento.* (Exposición de Motivos, II, quinto párrafo).

98 Un paradigma de esta filosofía de flexibilización de ciertos créditos privados en un contexto de grave crisis financiera se inicia con el Real Decreto-ley 6/2012, de 9 de marzo, de medidas urgentes de protección de deudores hipotecarios sin recursos (BOE núm. 60, de 10).

potenciarla, como forma de incrementar la recaudación para hacer frente a los déficits públicos, cumplir el programa de convergencia europeo e impedir, teóricamente, que la pagadora última de los concursos fuera la Hacienda Pública.

Esta situación de mejora de la "posición de la Hacienda Pública", otro paso más en la inacabada lucha entre los privilegios del crédito público y el principio *pars conditio creditorum*, alcanzó un nuevo vértice con la publicación de la Instrucción 6/2013, de 9 de diciembre, de la Directora del Departamento de Recaudación sobre gestión de aplazamientos y fraccionamientos de pago de retenciones e ingresos a cuenta y de deudores en situación de concursos de acreedores.

Esta Instrucción[99] constituye una auténtica vuelta de tuerca a la hora de negar cualquier flexibilización en el tratamiento del crédito tributario en los concursos de acreedores, precisamente, cuando (como hemos puesto de manifiesto con anterioridad) la herramienta del aplazamiento y fraccionamiento de las deudas tributarias era, prácticamente, la única que la AT dejaba a los deudores en concurso de acreedores para facilitar el pago de los créditos tributarios.

Pues bien, con una justificación más que discutible, llegando a manifestar que era fraudulenta, *la conducta consistente en solicitar, de manera recurrente y sistemática, el aplazamiento de las deudas tributarias...* (Preámbulo, párrafo tercero) y aprovechando las modificaciones incorporadas por la precitada Ley 7/2012 en el art. 65 de la LGT, lo cierto es que la Instrucción convierte en "excepcional" el aplazamiento y fraccionamiento de los pagos a cuenta, sin duda, uno de los créditos tributarios de mayor significado en el mundo empresarial, interpretando, además, las causas transitorias para conceder estas herramientas de forma muy restrictiva y tramitándolas, por otro lado, de forma separada e independiente de las restantes solicitudes.

---

99 Puede encontrarse en: Instruccio_6_2013[1].pdf (fiscal-impuestos.com) (acceso realizado el 25 de septiembre de 2024)

En la Instrucción número Cuatro, dedicada específicamente a los aplazamientos y fraccionamientos en caso de concurso de acreedores, se reitera la prohibición legal para los créditos contra la masa, art. 65.2 LGT, aclarándose que las deudas devengadas tras las fechas de la eficacia del convenio concursal serán tratadas como deudas ordinarias, pero, inmediatamente (Instrucción número Cuatro, a), segundo guion), se subraya que, en el supuesto de apertura de la fase de liquidación por finalización del convenio, todas las deudas tributarias devengadas desde la fecha de declaración del concurso adquirirán la calificación de créditos contra la masa y serían inaplazables.

Este endurecimiento de la postura de la AT en medio de una crisis económica sin precedentes (y téngase en cuenta que, en España, la parte más aguda de aquélla se produjo entre 2011 y 2013) se veía agravada por la afirmación siguiente, respecto de los créditos tributarios cuyo aplazamiento se encontraba en tramitación antes de la declaración de concurso y los solicitados con posterioridad, al indicar que aquellos carecían manifiestamente de objeto y, en consecuencia, resultaban inadmisibles.

Esta inadmisibilidad de las solicitudes, *arg. ex.* 89.4 de la Ley 30/1992, de 26 de noviembre, de Régimen Jurídico de las Administraciones Públicas y del Procedimiento Administrativo Común, vigente en aquellas fechas, donde las AAPP podían resolver la inadmisión de las solicitudes de aplazamiento y fraccionamiento de deudas tributarias, *carentes de fundamento*, tenía un fundamento jurídico más que discutible, a pesar de los cambios legales introducidos por la tantas veces citada Ley 7/2012.

En otro orden de cosas, su fundamento económico no parecía el apropiado ya que suponía, en la práctica, que las empresas en concurso de acreedores no pudieran solicitar siquiera el aplazamiento de sus deudas tributarias, avocándolas directamente al cierre y a la extinción, todo lo contrario de lo que, teóricamente, era la finalidad fundamental de la LC: conservar la explotación económica.

Por ello, no es de extrañar la escasa duración temporal de esa exorbitante Instrucción, siendo sustituida por la Instrucción 4/2014, de 9 de diciembre, de la Directora del Departamento de Recaudación, sobre gestión de aplazamientos y fraccionamientos de pago[100], cuyo tenor, si bien dice haberse dictado en consonancia con la anterior Instrucción 6/2013 (ver párrafo quinto de su Preámbulo), lo cierto es que normalizó las peticiones de aplazamiento y fraccionamiento de deudas tributarias, además de haber servido para anunciar el lanzamiento del sistema de solicitudes de tramitación automática (conocidas como RAM) de pequeñas cuantías.

Esta Instrucción fue, a su vez, modificada por la[101] Instrucción 6/2015, de 20 de octubre, para adaptarse a los nuevos límites de petición de aplazamientos y fraccionamientos por particulares sin necesidad de garantizar el pago de las deudas tributarias (30.000 euros) por la Orden HAP/2178/2015, de 9 de octubre, por la que se eleva el límite exento de la obligación de aportar garantía en las solicitudes de aplazamiento o fraccionamiento a 30.000 euros (BOE núm.251, de 20) y cuya entrada en vigor conllevó una indudable (y muy aceptada, social y doctrinalmente hablando) mejora en el pago de las deudas tributarias de particulares y PYME en la actualidad, el monto del límite son 50.000 euros).

4.3. La generalización de las instituciones preconcursales y la incorporación de la nueva filosofía de la UE

Por otra parte, era palpable que esta carencia absoluta de flexibilidad a la hora, ya no de ofrecer una "quita" (exoneración al 100% o reducción en un porcentaje) del crédito tributario en los procesos concursales sino, por lo menos, una "espera" (a la cual puede asimilarse el régimen de aplazamiento y fraccionamiento de deudas tributarias), no podía mantenerse por mucho tiempo, tanto por la carencia de sólidas razones económicas tras esta rigidez

---

100 NFL017225.pdf (fiscal-impuestos.com) (acceso realizado el día 25 de septiembre de 2024).

101 NFL017662.pdf (fiscal-impuestos.com) (entrada ejecutada el 25 de septiembre de 2024).

como por las modificaciones que, derivadas de la crisis económica de 2008 y de las reflexiones acerca de los medios para salir de ella, se estaban produciendo en los Estados occidentales, incluyendo los pertenecientes a la UE; reflexiones que condujeron a reformas de enorme calado en la inmensa mayoría de los Ordenamientos concursales de la zona, las cuales, de una manera u otra, se "filtraron" a nuestra normativa concursal, empezando por la aparición y proliferación de instituciones preconcursales, a saber planes de refinanciación, programas de reestructuración de deudas y AEP.

En cualquier caso, más allá de críticas o manifestaciones de la doctrina privada *lege ferenda,* nunca la problemática de la posición de la Hacienda Pública en el procedimiento concursal, incluyendo la ausencia de flexibilización en el tratamiento de las ejecuciones de los créditos tributarios, ha sido una palanca definitiva, vertebradora, de las reformas de la LC; por el contrario, la Hacienda Pública realizó desde el nacimiento mismo de la entrada en vigor de la LC multitud de actuaciones, incluyendo las legislativas[102], para reforzar su posición privilegiada y, en general, a la postre resultó favorecida de este conflicto.

4.4. La aparición de los AEP y la problemática de los créditos públicos

En este panorama, la entrada en vigor de la mencionada Ley 14/2013, más allá de sus defectos técnicos como texto jurídico,[103]

---

102 *Passim.* CARBAJO VASCO, DOMINGO. *Cuestiones tributarias en los concursos de acreedores; op. cit.*, págs. 181 y ss.

103 Se la ha denominado, gráficamente, como *una norma densa, prolija, dispersa y asimétrica, que recorre con diferentes criterios e intención ámbitos del derecho mercantil, administrativo, social y laboral, lo que por desgracia constituye ya una costumbre poco afortunada de nuestro legislador, Así pues, sin demasiado orden, la LE afecta a los más diversos lugares de nuestro ordenamiento jurídico, como el societario, el concursal, el fiscal, el laboral, etc., con la declarada pretensión de promover la reactivación de la economía y crear empleo,* en DÍAZ ECHEGARAY, JOSÉ LUIS. *El Acuerdo Extrajudicial de Pagos; op. cit.*, págs. 22 y 23.

conllevó no solo la integración de una nueva institución concursal, ahora, claramente refrendada en el Derecho europeo, el AEP, pero suprimida en nuestra última reforma concursal, sino también una nueva posibilidad de plantearse el tratamiento del crédito público en ese negocio jurídico, solución alternativa al sistema judicial de la LC, heterocompositivo y claramente pensado para solventar los problemas de operadores mercantiles de escasa dimensión.

No es, obviamente, nuestro propósito comentar ampliamente la regulación del AEP en esta norma, la cual, además, ha sido modificada significativamente en disposiciones posteriores hasta su reciente derogación, sino centrarnos en la filosofía del AEP, art. 21 de la Ley 14/2013 (cuyo desarrollo legal se incorporaba en un nuevo Título X de la LC, compuesto de los arts. 231 a 242, ambos inclusive, más otros cambios en el articulado conexos) respecto al tratamiento del crédito público, teniendo siempre en mente que, nuevamente, la Ley desaprovechaba la ocasión para resolver los problemas de endeudamiento de los particulares y el AEP, en principio, se destinaba únicamente a los empresarios y operadores económicos de poca entidad económica, nuevo art. 231 LC.[104]

---

[104] ***Presupuestos.***

1.El empresario persona natural que se encuentre en situación de insolvencia con arreglo a lo dispuesto en el artículo 2 de esta Ley, o que prevea que no podrá cumplir regularmente con sus obligaciones, podrá iniciar un procedimiento para alcanzar un acuerdo extrajudicial de pagos con sus acreedores, siempre que aportando el correspondiente balance, justifique que su pasivo no supera los cinco millones de euros.

A los efectos de este Título se considerarán empresarios personas naturales no solamente aquellos que tuvieran tal condición de acuerdo con la legislación mercantil, sino aquellos que ejerzan actividades profesionales o tengan aquella consideración a los efectos de la legislación de la Seguridad Social, así como los trabajadores autónomos.

2. También podrán instar el mismo acuerdo cualesquiera personas jurídicas, sean o no sociedades de capital, que cumplan las siguientes condiciones:

a) Se encuentren en estado de insolvencia.

b) En caso de ser declaradas en concurso, dicho concurso no hubiere de revestir especial complejidad en los términos previstos en el artículo 190 de esta Ley.

Pues bien, como era de esperar, el legislador concursal de la época destina una gran parte de sus esfuerzos legislativos (redacción de los arts. 231.5, 232.2, 234.1, 235.2, 236.1. 242.5 de la LC y, concretamente, la nueva DA 7 ª LC) para incluir, de una manera u otra, la no afectación de los créditos públicos por la concesión del AEP y sus dos modalidades.

---

c) Que dispongan de activos líquidos suficientes para satisfacer los gastos propios del acuerdo.
d) Que su patrimonio y sus ingresos previsibles permitan lograr con posibilidades de éxito un acuerdo de pago en los términos que se recogen en el apartado 1 del artículo 236.
3. No podrán formular solicitud para alcanzar un acuerdo extrajudicial:
1.º Quienes hayan sido condenados en sentencia firme por delito contra el patrimonio, contra el orden socioeconómico, de falsedad documental, contra la Hacienda Pública, la Seguridad Social o contra los derechos de los trabajadores.
2.º Los sujetos a su inscripción obligatoria en el Registro Mercantil que no figurasen inscritos con antelación.
3.º Las personas que, en los tres ejercicios inmediatamente anteriores a la solicitud, estando obligadas legalmente a ello, no hubieren llevado contabilidad o hubieran incumplido en alguno de dichos ejercicios la obligación del depósito de las cuentas anuales.
4.º Las personas que, dentro de los tres últimos años, hubieran alcanzado un acuerdo extrajudicial con los acreedores, hubieran obtenido la homologación judicial de un acuerdo de refinanciación o hubieran sido declaradas en concurso de acreedores.
4. No podrán acceder al acuerdo extrajudicial de pagos quienes se encuentren negociando con sus acreedores un acuerdo de refinanciación o cuya solicitud de concurso hubiera sido admitida a trámite.
5. Tampoco será posible iniciar el acuerdo extrajudicial si cualquiera de los acreedores del deudor, que necesariamente debieran verse vinculados por el acuerdo, hubiera sido declarado en concurso.
Los créditos de derecho público no podrán verse afectados por el acuerdo extrajudicial. Los créditos con garantía real únicamente podrán incorporarse al acuerdo extrajudicial y verse afectados por el mismo si así lo decidiesen los acreedores que ostentan su titularidad, mediante la comunicación expresa prevista por el apartado 4 del artículo 234.
No podrán acudir al procedimiento previsto en este Título las entidades aseguradoras y reaseguradoras.

La contundencia de la mencionada DA 7 ª LC es especialmente notable[105], convirtiendo el cobro de los créditos de Derecho Público, tributarios o no, en una prioridad absoluta también en los AEP,

---

105 ***Tratamiento de créditos de derecho público en caso de acuerdo extrajudicial de pagos.***
1. Lo dispuesto en el Título X de esta Ley no resultará de aplicación a los créditos de derecho público para cuya gestión recaudatoria resulte de aplicación lo dispuesto en la Ley 58/2003, de 17 de diciembre, General Tributaria, en la Ley 47/2003, de 26 de noviembre, General Presupuestaria o en el Real Decreto legislativo 1/1994, de 20 de junio, por el que se aprueba el Texto Refundido de la Ley General de la Seguridad Social.
2. El deudor persona natural o jurídica al que se refiere el artículo 231 que tuviera deudas de las previstas en el apartado anterior, una vez admitida la solicitud de acuerdo extrajudicial de pagos regulada en el artículo 232, deberá solicitar de la Administración Pública competente un aplazamiento o fraccionamiento de pago comprensivo de las deudas que, a dicha fecha, se encontrasen pendientes de ingreso, siempre que no tuviera previsto efectuar el mismo en el plazo establecido en la normativa aplicable.
3. Tratándose de deudas con la Hacienda Pública la tramitación de las solicitudes de aplazamiento o fraccionamiento a que se refiere el apartado anterior se regirá por lo dispuesto en la Ley General Tributaria y en su normativa de desarrollo, con las siguientes especialidades:
a) El acuerdo de resolución del aplazamiento o fraccionamiento sólo podrá dictarse cuando el acuerdo extrajudicial de pagos haya sido formalizado. No obstante, será posible resolver antes de la concurrencia de tal circunstancia si transcurren tres meses desde la presentación de la solicitud sin que se haya publicado en el «Boletín Oficial del Estado» la existencia de tal acuerdo o se declarara el concurso.
b) El acuerdo de concesión del aplazamiento o fraccionamiento, salvo que razones de cuantía discrecionalmente apreciadas por la Administración determinen lo contrario, tendrá como referencia temporal máxima la contemplada en el acuerdo extrajudicial de pagos, si bien la periodicidad de los plazos podrá ser diferente.
Los aplazamientos y fraccionamientos de pago en su día concedidos y vigentes a la fecha de presentación de la solicitud de aplazamiento o fraccionamiento a que se refiere el apartado 2 anterior continuarán surtiendo plenos efectos, sin perjuicio de las peticiones de modificación en sus condiciones que puedan presentarse, en cuyo caso las deudas a que las mismas se refiriesen se incorporarán a la citada solicitud. En todo caso se incorporarán a la solicitud de aplazamiento o fraccionamiento las deudas que a la fecha de presentación de la misma estuvieran incluidas en solicitudes pendientes de resolución.

lo cual ya era contradictorio con la pretensión heterocompositiva y de mediación que se encontraba detrás de la creación de esta nueva figura: la del mediador concursal, inspiradora de los AEP, así como la de su experiencia comparada más próxima: la francesa.

Teóricamente, se ofrecía al deudor con AEP una alterativa de flexibilización: los acuerdos de aplazamiento y fraccionamiento de deudas tributarias; es más, con una expresión imperativa, *deberán,* DA 7 ª, 2, LC; pero, inmediatamente, se descubre que, más allá del error terminológico (nuevo ejemplo de la pésima redacción de la Ley 14/2013) de esta falsa imperatividad, en realidad, en la disposición se recuerda simplemente al deudor que dispone de la vía del art. 65 LGT; con el agravante, diríamos, que la Ley 7/2012, ver arriba, ya se había encargado de restringir el acceso a ese camino de muchas deudas tributarias y concursales y de que las Instrucciones posteriores del Departamento de Recaudación complicaron todavía más este acceso, específicamente, para los empresarios.

---

4. Tratándose de deudas con la Seguridad Social la tramitación de las solicitudes de aplazamiento o fraccionamiento a que se refiere el apartado 2 anterior se regirá por lo dispuesto en el Texto refundido de la Ley de la Seguridad Social y en su normativa de desarrollo, con las siguientes especialidades:
a) El acuerdo de resolución del aplazamiento sólo podrá dictarse cuando el acuerdo extrajudicial de pagos haya sido formalizado. No obstante, será posible resolver antes de la concurrencia de tal circunstancia si transcurren tres meses desde la presentación de la solicitud sin que se haya publicado en el «Boletín Oficial del Estado» la existencia de tal acuerdo o se declarara el concurso.
b) El acuerdo de concesión del aplazamiento, salvo que razones de cuantía discrecionalmente apreciadas por la Administración determinen lo contrario, tendrá como referencia temporal máxima la contemplada en el acuerdo extrajudicial de pagos, si bien la periodicidad de los plazos podrá ser diferente.
En el caso de que el sujeto responsable tuviese aplazamiento de pago vigente a la fecha de la presentación de la solicitud del acuerdo extrajudicial, el mismo continuará surtiendo plenos efectos, sin perjuicio de las reconsideraciones o modificaciones que puedan solicitarse a efectos de incluir en el aplazamiento algún periodo de deuda corriente o de alterar alguna de las condiciones de amortización, respectivamente. (El subrayado es nuestro).

No podemos asegurar que esta no inclusión de los créditos públicos en el ámbito de los AEP fuera la causa de su fracaso, en general, para los empresarios pues otros problemas dificultaron su funcionamiento, verbigracia, el escaso interés en encontrar mediadores concursales interesados en no llevar los AEP a concursos de acreedores o su restrictivo ámbito subjetivo, pero el número de AEP e instituciones paraconcursales en los primeros años de su entrada en vigor no invitaba al optimismo; así, en 2013, hubo 184 acuerdos de refinanciación[106] y, en el período 2013-2015, donde, como veremos, se trató, nuevamente, de perfilar esta figura, potenciándola, el número de personas jurídicas implicadas en AEP fue, sencillamente, ridículo: 12 solicitudes antes de la modificación de 2015 y 18 después[107].

---

106 COLEGIO DE REGISTRADORES DE ESPAÑA. *ESTADÍSTICA CONCURSAL, 2013,* páginas 126 s 136, https://www.registradores.org/actualidad/portal-estadistico-registral/estadisticas-concursales (acceso ejecutado el 26 de septiembre de 2024).

107 Ver al respecto la amplísima información estadística y en análisis cualitativo de sus datos incluido en:
COLEGIO DE REGISTRADORES DE ESPAÑA. *ESTADÍSTICA CONCURSAL, 2015,* epígrafe 7, Anexo, págs. 124 y ss., de la cual destacamos, asimismo, dos conclusiones:
Desde su introducción en 2013 hasta la reforma de 2015, el ámbito subjetivo del AEP se limitó a empresarios personas físicas (incluidos los trabajadores autónomos) y a personas jurídicas. La reforma de 2015 añadió a personas naturales no empresarios, en cuyo caso se aplica un procedimiento simplificado con solicitud al notario, quien puede actuar como impulsor del acuerdo con funciones de mediador, a menos que nombre a un mediador por solicitud del deudor o porque lo estime conveniente y
Especialmente tras la reforma, al menos en lo concerniente a las personas jurídicas, se concluye que la nueva institución preconcursal se configura más como medio para retrasar el inicio del concurso que como mecanismo alternativo al mismo, pág. 137.
https://www.registradores.org/actualidad/portal-estadistico-registral/estadisticas-concursales (acceso ejecutado el 26 de septiembre de 2024).

4.5. Los ajustes en la institución de los AEP

Como era de prever, ante la avalancha legislativa y ante una realidad económica complicada, como era la existente en España y, en general, en toda la UE, a principios de la primera década de este siglo XXI, los ajustes en la regulación de los AEP y las alteraciones en todos los procedimientos concursales, una vez que se constató claramente el fracaso de la LC, versión original, para lograr sus finalidades, su inadecuación al nuevo entorno económico y social (sobreendeudamiento de las familias, incapacidad de abonar los créditos hipotecarios contratados durante el "boom" inmobiliario, etc.) y, por último, la necesidad de adaptarse al nuevo marco de respuesta a la insolvencia empresarial de la UE, fueron factores todos ellos que presionaron para implementar nuevos cambios legislativos.

De esta manera, nos encontramos con una sucesión de normas, cuyo tenor responde a diferentes ajustes de los AEP para, teóricamente, hacerlos efectivos.

En apenas un ejercicio, el Real Decreto-ley 4/2014, de 7 de marzo, por el que se adoptan medidas urgentes en materia de refinanciación y reestructuración de deuda empresarial (BOE núm. 58, de 8), podemos decir que supuso la entrada en nuestra realidad legislativa de la problemática del apalancamiento empresarial y de intentos para solucionar específicamente este problema; soluciones iniciadas, en lo relativo a los préstamos personales, generalmente, de raíz hipotecaria, por disposiciones como eran los Real Decreto-ley 6/2012, de 9 de marzo, de medidas urgentes de protección de deudores hipotecarios sin recursos (BOE núm. 60, de 10), el Real Decreto-ley 27/2012, de 15 de noviembre, de medidas urgentes para reforzar la protección a los deudores hipotecarios (BOE núm. 276, de 16) y en la Ley 1/2013, de 14 de mayo, de medidas para reforzar la protección a los deudores hipotecarios, reestructuración de deuda y alquiler social (BOE núm. 115, de 15).

Todas estas modificaciones normativas, si bien permitieron dar una respuesta equilibrada respecto a este conjunto de deudores, fundamentalmente, mediante el negocio jurídico de la dación en pago del inmueble hipotecario a la entidad de crédito acreedora por el valor del crédito hipotecario impagado en el momento de la dación, no se incluyeron dentro de lo que hubiese parecido más coherente, necesario y general, como era la configuración de un mecanismo de concurso o institución paraconcursal pareja para los supuestos de particulares, personas físicas, sobreendeudados y dejaron al margen a muchos empresarios ajenos a la actividad inmobiliaria.

En cualquier caso, el precitado RDL 4/2014 volvió a incorporar un espíritu conservativo a la hora de tratar la empresa endeudada[108] y se preocupó (al igual que la reestructuración financiera, impulsada desde el ejercicio 2012) en la reestructuración empresarial, desarrollando el impulso a las instituciones preconcursales, es decir, los planes de refinanciación[109] y de reestructuración,

---

[108] Como indica su EM, I, primer párrafo:
Con frecuencia, empresas realmente viables desde un punto de vista operativo (es decir susceptibles de generar beneficios en su negocio ordinario) se han tornado en inviables desde un punto de vista financiero. Ante esta situación existen dos alternativas: o bien liquidar la empresa en su conjunto, o bien sanearla desde un punto de vista financiero, con el fin de que la deuda remanente sea soportable, permitiendo así que la empresa siga atendiendo sus compromisos en el tráfico económico, generando riqueza y creando puestos de trabajo. Parece evidente que la segunda alternativa es preferible a la primera, siendo en consecuencia obligación de los poderes públicos adoptar medidas favorecedoras del alivio de carga financiera o «desapalancamiento».

[109] Nos remitimos a la EM, III, donde se exponen los deseos del legislador respecto de los planes de refinanciación, aunque, en nuestra opinión, fue más importante para lograr el impulso de estos planes la regulación del Banco de España, a partir de la autorización concedida en la DA primera del citado Real Decreto Ley (en adelante RDL) 4/214, la cual encomendaba al Banco de España para que, en el plazo de un mes, estableciera e hiciera públicos criterios homogéneos para la clasificación como riesgo normal de las operaciones refinanciadas o restructuradas en virtud de acuerdos de refinanciación homologados judicialmente, reduciendo el peso de estos acuerdos en los coeficientes de riesgo de las entidades de crédito.

pero olvidándose lamentablemente del sobreendeudamiento de las familias (preocupación creciente en la UE).

Es decir, se creó una especie de doble *corpus* legislativo, mucho más flexible para determinadas personas particulares y un sector económico concreto, el inmobiliario y donde, por el contrario, la creación de instituciones preconcursales se restringió a los empresarios.

En estas circunstancias, el AEP, aún incipiente en su formación y con escasa experiencia práctica, recibió una nula atención por parte de sus potenciales beneficiarios.

Los resultados siguieron, en cualquier caso, demostrando la incapacidad de la LC reformada, en lo relativo a los tradicionales concursos, mientras que las nuevas instituciones paraconcursales (acuerdos de refinanciación y planes de reestructuración) sí demostraron su utilidad, ver abajo.

En cualquier caso, aunque se incluyeron algunas disposiciones para reducir los problemas causados en los concursos por la normativa tributaria, por ejemplo, estableciendo la exención en el Impuesto sobre Transmisiones Patrimoniales y Actos Jurídicos Documentados para las escrituras que contuvieran quitas o minoraciones de... *las cuantías o minoraciones de las cuantías de préstamos, créditos u otras obligaciones del deudor que se incluyan en los acuerdos de refinanciación o en los acuerdos extrajudiciales de pagos...* (art. 45.1, B)

En ese sentido, nos remitimos a la Comunicación del Banco de España para la aplicación de la Circular 4/2004 en materia de operaciones reestructuradoras como consecuencia de acuerdos de refinanciación previstos en la Ley Concursal, de 18 de marzo de 2014, https://www.bde.es/wbe/es/noticias-eventos/actualidad-banco-espana/criterios-para-aplicacion-circular-4-2004-materia-operaciones-reestructuradas-como-consecuencia-acuerdos-refinanciacion-previstos-ley-concursal.html# (acceso hecho el día 28 de septiembre de 2024).

Asimismo, es muy significativa la norma incluida en la DA segunda, *Vigencia del régimen de los nuevos ingresos de tesorería,* de ese idéntico RDL 4/2014, cuyo tenor permitía un tratamiento especial para el llamado "dinero nuevo".

19 ª del Texto Refundido de la Ley del Impuesto)[110], lo esencial seguía manteniéndose, a saber que los créditos tributarios quedaban excluidos de cualquier política de suspensión, reducción o exoneración también en los acuerdos de refinanciación.

Ello, a pesar de que no eran éstas las recomendaciones ni de las instituciones económicas más representativas, caso del Fondo Monetario Internacional o, en el plano estrictamente tributario, del IBFD, *International Bureau of Fiscal Documentation,* Oficina Internacional de Documentación Fiscal[111] [112] y, en especial, de la UE, la cual se encontraba en pleno proceso de altear su perspectiva ante los concursos y negocios jurídicos asimilados.

Destacamos al respecto, la publicación de la Recomendación de la Comisión de 12 de marzo de 2014 sobre un nuevo enfoque frente a la insolvencia y el fracaso empresarial (DOUE, serie L, núm. 74, de 14 de marzo de 2013), cuyo contenido inspira, sin duda, las reformas de nuestro Derecho Concursal durante estos años, siendo sus mantras la prevención de las crisis empresariales, la introducción de criterios de segunda oportunidad en los esquemas nacionales de concurso y parejos, etc. y que no es sino la continuación de la previa Comunicación de la Comisión titulada «Nuevo enfoque europeo frente a la insolvencia y el fracaso empresarial», de 12 de diciembre de 2012, COM(2012) 742 final.[113]

El Considerando 3 de esta Resolución ya deja claro que sería conveniente la integración a escala europea de alguna modalidad de condonación de deudas (sin distinguir entre la naturaleza pública o privada de éstas) para solventar adecuadamente las crisis empresariales colectivas:

---

110 Para un mayor detalle, nos remitimos a nuestro trabajo: CARBAJO VASCO, DOMINGO. *Cuestiones tributarias en los concursos de acreedores,* op. cit., Capítulos 17 y 18, págs. 321 y ss.

111 https://www.ibfd.org/ (entrada ejecutada el 28 de septiembre de 2024).

112 IBFD, *Tax issues in Consensual Debt Reestructuring, Derivatives & Fiscal Instruments, special issue,* vol. 14, *September* 2012.

113 https://eur-lex.europa.eu/legal-content/ES/TXT/?uri=celex:-52012DC0742 (acceso realizado el 28 de septiembre de 2024).

> *...las normas nacionales que ofrecen una segunda oportunidad a los empresarios, en particular la condonación de las deudas contraídas en el curso de la actividad empresarial, varían en lo que respecta a la du ración del período de condonación y las condiciones en que esta puede concederse.*

En otro orden de cosas, la Comunicación mencionada reitera: *La extinción de las deudas a menudo se considera fundamental para la oportunidad de volver a empezar,* sin que, nuevamente, diferencie entre las modalidades de deudas a eliminar.

Los resultados de estas últimas reformas parecieron dar la razón a los que calificaban como un fracaso el mantenimiento del modelo concursal y judicial de la LC y esperaban mejores resultados (siempre dentro de la modestia que, debido a la idiosincrasia del empresariado española, cabe aguardar de sistemas colectivos de ejecución de deudas, especie de baldón intachable para cualquier empresario que se precie) de los nuevos procedimientos paraconcursales.

De esta forma, en el año 2014, las estadísticas concursales afirmaron que el 94,95% de las empresas que solicitaron concurso de acreedores, acababan en liquidación, habiendo, asimismo, esta ratio empeorada en el tiempo ya que, en 2009, este porcentaje fue del 90,43%; en 2011, del 90,43% y, en 2013 (año de aplicación íntegra de la primera gran modificación de la LC, ver arriba), resultó ser del 90,8%.

También otra información estadística dejaba pocas dudas acerca del fracaso de la LC y de sus primeras reformas, por ejemplo, en 2014, el 64,28% de las empresas que iniciaron concursos, no generaron resultado positivo alguno.

Y la minoración en el número de concursos comenzados que se constató en el ejercicio 2014, del 28,8% respecto del período anterior (9.680 en 2013, 7.038, en 2014) donde se alcanzó una cifra máxima; conforme a los datos del INE, se debió más a que la crisis económica encontró su *turning point* en 2013; por el contrario, la situación financiera de las empresas concursadas siguió empeorando en ese año pues, en 2014[114], solamente el 9,37% de las empresas exhibía una capacidad suficiente para liquidar sus deudas concursales en menos de 10 años, teniendo en cuenta que era de 5 ejercicios el límite establecido en la LC para las esperas en los convenios no anticipados con voto favorable del pasivo ordinario inferior al 65% pero igual o superior al 50% (art. 124.1, a) LC).

Es decir, no solo las empresas concursadas se liquidaban inmisericordemente y sus acreedores apenas recuperaban sus créditos, es que el fracaso de la LC era todavía más manifiesto: las empresas "huían del concurso" como mecanismo para solventar su insolvencia.

De esta manera, los economistas forenses, especialistas en concursos, agrupados en torno al REFOR, Registro de Economistas Forenses, no hacían sino reiterar la necesidad de alterar la filosofía y finalidades de la LC, incluyendo una flexibilización de los créditos tributarios para permitir la salvación del mayor número de empresas; es más, el propio REFOR ha señalado contundentemente que, en España, el *gap* entre empresas en concurso de acreedores y empresas que carecen de toda viabilidad para pagar sus deudas (y, en puridad, deberían encontrarse en liquidación), las conocidas popularmente como empresas *zombies,* siempre se ha situado en el entorno de las 50.000 unidades productivas.

Por último, los datos estadísticos también expresaban que los acuerdos de reestructuración, art. 5 bis en la nueva redacción de la LC, sí que parecían haber logrado su consolidación:

---

114 Consejo General del Poder Judicial. España (Varios años). https://www.poderjudicial.es/cgpj/es/Temas/Estadistica-Judicial/Estadistica-por-temas/Datos-penales–civiles-y-laborales/Civil-y-laboral/Estadistica-del-Procedimiento-concursal/ (ejecutados varios accesos durante el mes de septiembre del año 2024).

Cuadro número número 1. Evolución de los acuerdos de reestructuración

AÑOS	NÚMERO
2013	5.437
2014	4.627
2015	4.256

Fuente: Elaboración propia, a partir del "Boletín de Información Estadística" núm. 74, 2020, del CONSEJO GENERAL DEL PODER JUDICIAL

En cambio, los acuerdos de refinanciación homologados no lograron tampoco un gran recorrido:

Cuadro número 2. Evolución de los acuerdos de refinanciación

AÑOS	NÚMERO
2013	393
2014	284
2015	232

Fuente: Elaboración propia, a partir del "Boletín de Información Estadística" núm. 74, 2020, del CONSEJO GENERAL DEL PODER JUDICIAL.

Sin práctica solución de continuidad, la publicación del Real Decreto-ley 11/2014, de 5 de septiembre, de medidas urgentes en materia concursal (BOE núm. 217, de 6, págs. 69767 a 69785), fue una nueva constatación, dado su rango jurídico y su precipitación, de cómo el legislador intentaba adaptar, con mejor o peor fortuna, la legislación concursal para hacer frente a las circunstancias derivadas de la crisis económica.

El mencionado Decreto-ley integra muchos cambios legislativos, de enjundia diversa, por ejemplo, un elenco de disposiciones tendentes a favorecer la transmisión de la unidad productiva o de las ramas de actividad del concursado, sin duda, para conservar así la continuación de la actividad empresarial, con independencia de la supervivencia del resto del patrimonio de la explotación (véase, en ese sentido, la EM, II), combinando esta política con reformas en materia de liquidación (EM, IV); mejoras en la redacción de la LC para reducir los problemas interpretativos surgidos, por ejemplo, en lo relativo al concepto de "clase" de los créditos, lo que incide lógicamente en la clasificación de estos créditos concursales (arts. 89 a 92, ambos inclusive, LC), etc.

Sin embargo, el tratamiento del crédito tributario no es objeto de cambio o adaptación y si acaso puede resultar de interés, como anticipo de alteraciones futuras, que la EM del Real Decreto-Ley ya incluyera la necesidad de que el sobreendeudamiento del consumidor final y, en consecuencia, el tratamiento de las personas privadas con problemas de insolvencia ameritase una solución específica, diferente y diferenciada del de las deudas empresariales, pero tal "anticipo" no pasa de la creación (cuyos trabajos son absolutamente desconocidos, si es que tuvieron alguna consecuencia) en su DA segunda de una *Comisión de seguimiento de prácticas de refinanciación y reducción de sobreendeudamiento,* cuyas funciones solo tenían un contenido muy impreciso. DA segunda. 4[115], refiriéndose a ellas la EM, VI, cuarto párrafo, de la siguiente forma:

> *La disposición adicional tercera establece la creación de una Comisión de seguimiento de prácticas de refinanciación y reducción de sobreendeudamiento, con funciones de verificación del cumplimiento de las medidas adoptadas por este real decreto-ley y de propuesta al Gobierno de modificaciones normativas para facilitar la reestructuración preconcursal o concursal de deuda de empresas económicamente viables.*

---

115 *La comisión de seguimiento tendrá atribuidas las siguientes funciones:*
a) Realizar un seguimiento de la efectividad de las medidas adoptadas por este real decreto-ley en materia concursal y de refinanciación preconcursal de deuda y sobre la evolución del endeudamiento del sector privado y sus implicaciones macroeconómicas.
b) Evaluar su aplicación y, en su caso, proponer al Gobierno las reformas que resulte conveniente acometer para facilitar la reestructuración preconcursal o concursal de deuda de empresas económicamente viable.
c) Verificar el cumplimiento de los códigos de buenas prácticas que se puedan adoptar en materia de refinanciación preconcursal de deudas.

Calificado como una continuidad y mejora del previo RDL 4/2014[116], sin embargo, la creación de la citada Comisión y la ausencia de medidas tendentes a perfeccionar la aplicación de los AEP, así como su precipitación normativa y el impulso que, en el exterior, se estaba dando a la nueva filosofía relacionada con los concursos de acreedores por parte de las instituciones europeas, solo hacían prever, como así sucedió, otro cambio sustantivo en la LC, reiterando los problemas jurídicos e interpretativos que todo aluvión de cambios legislativos, sin tiempo para estudiar sus efectos, ni medidas coetáneas para aplicarlos, conlleva en una norma, la reguladora de concursos, necesitada, precisamente, de lo contrario: consolidación jurídica e implantación pausada.

4.6. *El advenimiento normativo de la "segunda oportunidad": el Real Decreto-Ley 1/2015*

El Real Decreto-ley 1/2015, de 27 de febrero, de mecanismo de segunda oportunidad, reducción de carga financiera y otras medidas de orden social (BOE núm. 28, de 28), nos da la pauta de lo que pretende desde su propia rúbrica: la incorporación

---

116 En su Preámbulo, I, se dice textualmente:

El Real Decreto-ley 4/2014, de 7 de marzo, por el que se adoptan medidas urgentes en materia de refinanciación y reestructuración de deuda empresarial flexibilizó el régimen de los convenios pre-concursales de acuerdo con algunas premisas básicas. La primera de ellas es considerar que la continuidad de las empresas económicamente viables es beneficiosa no sólo para las propias empresas, sino para la economía en general y, muy en especial, para el mantenimiento del empleo. La segunda de las premisas era acomodar el privilegio jurídico a la realidad económica subyacente, pues muchas veces el reconocimiento de privilegios carentes de fundamento venía a ser el obstáculo principal de los acuerdos pre-concursales. La tercera de las premisas era respetar en la mayor medida posible la naturaleza jurídica de las garantías reales (pero siempre, y tomando en cuenta la segunda premisa, de acuerdo con su verdadero valor económico).

Este real decreto-ley aborda la extensión de las premisas anteriores al propio convenio concursal.

del mecanismo de la "segunda oportunidad" y para las personas físicas, abordando, de manera integral, la problemática de su sobreendeudamiento[117].

Como afirma su EM, I, párrafo tercero a quinto, ambos inclusive, a saber:

> *En este ámbito se enmarca de manera muy especial la llamada legislación sobre segunda oportunidad. Su objetivo no es otro que permitir lo que tan expresivamente describe su denominación: el que una persona física, a pesar de un fracaso económico empresarial o personal, tenga la posibilidad de encarrilar nuevamente su vida e incluso de arriesgarse a nuevas iniciativas, sin tener que arrastrar indefinidamente una losa de deuda que nunca podrá satisfacer.*
>
> *La experiencia ha demostrado que cuando no existen mecanismos de segunda oportunidad se producen desincentivos claros a acometer nuevas actividades e incluso a permanecer en el circuito regular de la economía. Ello no favorece obviamente al propio deudor, pero tampoco a los acreedores ya sean públicos o privados. Al contrario, los mecanismos de segunda oportunidad son desincentivadores de la economía sumergida y favorecedores de una cultura empresarial que siempre redundará en beneficio del empleo.*

---

117 Como demuestra también el hecho de que en ese mismo RDL 1/2015, se mejora también el «Código de Buenas Prácticas para la reestructuración viable de las deudas con garantía hipotecaria sobre la vivienda habitual», introducido por el Real Decreto-ley 6/2012, de 9 de marzo, de medidas urgentes de protección de deudores hipotecarios sin recursos, cuyo contenido había supuesto, en el fondo, una "quita" de créditos privados de carácter hipotecario en favor de particulares vulnerables (la propia EM del RDL cifra en más de 14.000 familias en 2015 el número de éstas beneficiadas).

En otro orden de cosas, también confronta nuevas disposiciones en favor de las familias sobreendeudadas por hipotecas, al referirse a la ampliación por un plazo adicional de dos años de la suspensión de los lanzamientos sobre viviendas habituales de colectivos especialmente vulnerables, contenido en la Ley 1/2013, de 14 de mayo, de medidas para reforzar la protección a los deudores hipotecarios, reestructuración de deuda y alquiler social, así como del colectivo que puede beneficiarse de esta medida.

> *A esta finalidad responde la primera parte de este real decreto-ley, por el cual se regulan diversos mecanismos de mejora del Acuerdo Extrajudicial de Pagos introducido en nuestra legislación concursal por la Ley 14/2013, de 27 de septiembre, de apoyo a los emprendedores y su internacionalización, y se introduce un mecanismo efectivo de segunda oportunidad para las personas físicas destinado a modular el rigor de la aplicación del artículo 1911 del Código civil. Conviene explicar brevemente cuáles son los principios inspiradores de la regulación introducida a este respecto.*[118]

No pretendemos, ni es la finalidad de esta obra, desarrollar cómo el RDL 1/2015 configuró, nuevamente, el AEP, ni un comentario a su procedimiento, características y problemas interpretativos, materias ampliamente desarrolladas por la doctrina[119].

---

118 Importa también mencionar la amplia erudición histórica incluida en la parte I de la EM para demostrar que la redacción del art. 1911 del CC no era, ni mucho menos, una parte sustancial e inamovible de nuestro Derecho Civil, al hilo de lo dispuesto en su art. 1920, versión original, derogada, precisamente, por la LC:
No mediando pacto expreso en contrario entre deudor y acreedores, conservarán éstos su derecho, terminado el concurso, para cobrar, de los bienes que el deudor pueda ulteriormente adquirir, la parte de crédito no realizada.

119 Entre otros, por el coautor de esta obra, DÍAZ ECHEGARAY, JOSÉ LUIS. *El acuerdo extrajudicial de pagos; op. cit.*
Para una mayor información en este terreno nos remitimos también a:
— GÓMEZ AMIGO, LUIS. *El nuevo régimen de los acuerdos extrajudiciales* de pagos, 2016. 1ª edición. Madrid: ed. Reus, 2016,
— MARTÍN MOLINA, Pedro B.; DEL CARRE DÍAZ-GÁLVEZ, JOSÉ MARÍA; LOPO LÓPEZ, MARÍA ANTONIA (coords.). *La Ley concursal y la mediación concursal. Un estudio conjunto realizado por especialistas.* 1ª edición. Madrid. Ed. Dykinson, 2014.
— PUIGCERVER ASOR, Carlos; ADAN DOMENECH, Federico. *La aplicación práctica de la segunda oportunidad: problemas y respuestas.* 1ª edición. Barcelona. Ed. J.B. Bosch, 2019.
— SENDRA ALBIÑANA, Álvaro. *El beneficio de exoneración del pasivo insatisfecho.* 1ª edición. Valencia. Ed. Tirant lo Blanch, febrero de 2018,
— SENÉS MOTILLA, Carmen. «El acuerdo extrajudicial de pagos: ¿Alternativa efectiva al concurso de acreedores?». *Revista de Derecho Civil de Notarios y Registradores,* enero-marzo de 2014, vol. I, núm. 1.

En lo que sí coincide toda la doctrina es, como aspecto positivo, en la inclusión de las personas físicas no empresarios en los mecanismos para salir de una crisis financiera y en la ampliación de las instituciones preconcursales, así como en la adaptación a la nueva doctrina de la UE en este terreno[120] pero también hay unanimidad en la crítica a una regulación que se califica como confusa en muchos aspectos procedimentales, en los problemas derivados de la ambigüedad de la figura, papel y funciones del "mediador concursal" y en su previsible falta de éxito por el tratamiento dado en el AEP, precisamente, a los créditos tributarios.

Si bien las novedades fundamentales del RDL 1/2015 en materia de AEP, como establece su EM, III, párrafo sexto, fueron:

> *Por lo que se refiere a los acuerdos extrajudiciales de pago regulados en el título X de la Ley 22/2003, de 9 de julio, Concursal, las modificaciones contenidas en este real decreto-ley tienen por finalidad flexibilizar su contenido y efectos, asimilando su regulación a la de los acuerdos de refinanciación de la disposición adicional cuarta. Como elementos principales del nuevo régimen están la ampliación de su ámbito de aplicación a las personas naturales no empresarios, regulándose además un procedimiento simplificado para éstas; la posibilidad de extender los efectos del acuerdo a los acreedores garantizados disidentes, lo que supone un avance frente al régimen de sometimiento voluntario vigente con anterioridad; y la potenciación de la figura del mediador concursal, introduciendo la posibilidad de que actúen como tal las Cámaras de Comercio, Industria, Navegación y Servicios, si el deudor es empresario, o los notarios, si se trata de personas naturales no empresarios.* (El subrayado es nuestro).

Y, además, III, párrafo séptimo a noveno, ambos inclusive:

> *Como novedad fundamental, se instaura un régimen de exoneración de deudas para los deudores persona natural en el marco*

[120] Incluso, hubo un claro intento de alterar lo que, a nuestro juicio, fue una de las causas fundamentales para el fracaso del AEP en esos tiempos, nos referimos a la pobrísima regulación y remuneración de la institución imprescindible para su funcionamiento, el mediador concursal. A estos intentos (fallidos, dicho sea de paso) se destinaron las DDAA primera y segunda del RDL 1/2015.

> *del procedimiento concursal. El sistema de exoneración tiene dos pilares fundamentales: que el deudor sea de buena fe y que se liquide previamente su patrimonio (o que se declare la conclusión del concurso por insuficiencia de masa).*
>
> *Cumplidas las anteriores condiciones, el deudor podrá ver exoneradas de forma automática sus deudas pendientes cuando haya satisfecho en su integridad los créditos contra la masa, los créditos concursales privilegiados y, si no ha intentado un acuerdo extrajudicial de pagos, el 25 por ciento de los créditos concursales ordinarios.*
>
> *Alternativamente, cuando no hayan podido satisfacer los anteriores créditos y siempre que acepte someterse a un plan de pagos durante los 5 años siguientes, el deudor podrá quedar exonerado provisionalmente de todos sus créditos, excepto los públicos y por alimentos, contra la masa y aquéllos que gocen de privilegio general. Para la liberación definitiva de deudas, el deudor deberá satisfacer en ese período las deudas no exoneradas o realizar un esfuerzo sustancial para ello.* (El subrayado es nuestro).

Y aquí aparece lo fundamental, a nuestros efectos: los créditos públicos no quedan exonerados, técnicamente, no forman parte de la llamada "exoneración del pasivo insatisfecho", quedando la indisponibilidad del crédito tributario puesta de manifiesto nuevamente[121].

Desde ese momento, las críticas y los problemas derivados de la interpretación y, posteriormente, adecuación al Derecho Europeo del nuevo art. 178 bis de la LC[122], cuya redacción introdu-

---

121 CARBAJO VASCO, DOMINGO. "Cuestiones tributarias del acuerdo extrajudicial de pagos", *YIP-ONLINE,* 28 de mayo de 2019.

122 ***Artículo 178 bis. Beneficio de la exoneración del pasivo insatisfecho.***
1. El deudor persona natural podrá obtener el beneficio de la exoneración del pasivo insatisfecho en los términos establecidos en este artículo, una vez concluido el concurso por liquidación o por insuficiencia de la masa activa.
2. El deudor deberá presentar su solicitud de exoneración del pasivo insatisfecho ante el Juez del concurso dentro del plazo de audiencia que se le haya conferido de conformidad con lo establecido en el artículo 152.3.
3.Solo se admitirá la solicitud de exoneración de pasivo insatisfecho a los deudores de buena fe. Se entenderá que concurre buena fe en el deudor siempre que se cumplan los siguientes requisitos:

cía el precitado RDL 1/2015, no pararon de desarrollarse en la doctrina y la jurisprudencia, como ya hemos expuesto, siquiera limitadamente, en epígrafes anteriores de este libro.

1.º Que el concurso no haya sido declarado culpable.
2.º Que el deudor no haya sido ni condenado en sentencia firme por delitos contra el patrimonio, contra el orden socioeconómico, falsedad documental, contra la Hacienda Pública y la Seguridad Social o contra los derechos de los trabajadores en los 10 años anteriores a la declaración de concurso. Si existiera un proceso penal pendiente, el juez del concurso deberá suspender su decisión respecto a la exoneración del pasivo hasta que exista sentencia penal firme.
3.º Que, reuniendo los requisitos establecidos en el artículo 231, haya celebrado o, al menos, intentado celebrar un acuerdo extrajudicial de pagos.
4.º Que haya satisfecho en su integridad los créditos contra la masa, y los créditos concursales privilegiados y, si no hubiera intentado un acuerdo extrajudicial de pagos previo, al menos, el 25 por ciento del importe de los créditos concursales ordinarios.
5.º Que, alternativamente al número anterior:
i) Acepte someterse al plan de pagos previsto en el apartado 6.
ii) No haya incumplido las obligaciones de colaboración establecidas en el artículo 42.
iii) No haya obtenido este beneficio dentro de los diez últimos años.
iv) No haya rechazado dentro de los cuatro años anteriores a la declaración de concurso una oferta de empleo adecuada a su capacidad.
v) Acepte de forma expresa, en la solicitud de exoneración de pasivo insatisfecho, que la obtención de este beneficio se hará constar en la sección especial del Registro Público Concursal con posibilidad de acceso público, por un plazo de cinco años.
4.De la solicitud del deudor se dará traslado por el Secretario Judicial a la Administración concursal y a los acreedores personados por un plazo de cinco días para que aleguen cuanto estimen oportuno en relación a la concesión del beneficio.
Si la Administración concursal y los acreedores personados muestran su conformidad a la petición del deudor o no se oponen a la misma, el Juez del concurso concederá, con carácter provisional, el beneficio de la exoneración del pasivo insatisfecho en la resolución declarando la conclusión del concurso por fin de la fase de liquidación.
La oposición solo podrá fundarse en la inobservancia de alguno o algunos de los requisitos del apartado 3 y se le dará el trámite del incidente concursal. No podrá dictarse auto de conclusión del concurso hasta que gane firmeza la resolución que recaiga en el incidente reconociendo o denegando el beneficio.

5.El beneficio de la exoneración del pasivo insatisfecho concedido a los deudores previstos en el número 5.º del apartado 3 se extenderá a la parte insatisfecha de los siguientes créditos:
1.º Los créditos ordinarios y subordinados pendientes a la fecha de conclusión del concurso, aunque no hubieran sido comunicados, y exceptuando los créditos de derecho público y por alimentos.
2.º Respecto a los créditos enumerados en el artículo 90.1, la parte de los mismos que no haya podido satisfacerse con la ejecución de la garantía quedará exonerada salvo que quedara incluida, según su naturaleza, en alguna categoría distinta a crédito ordinario o subordinado.
Los acreedores cuyos créditos se extinguen no podrán iniciar ningún tipo de acción dirigida frente al deudor para el cobro de los mismos.
Quedan a salvo los derechos de los acreedores frente a los obligados solidariamente con el concursado y frente a sus fiadores o avalistas, quienes no podrán invocar el beneficio de exoneración del pasivo insatisfecho obtenido por el concursado.
Si el concursado estuviera casado en régimen de gananciales u otro de comunidad y no se hubiera procedido a la liquidación del régimen económico conyugal, el beneficio de la exoneración del pasivo insatisfecho se extenderá al cónyuge del concursado, aunque no hubiera sido declarado su propio concurso, respecto de las deudas anteriores a la declaración de concurso de las que debiera *responder el patrimonio común.*
6. Las deudas que no queden exoneradas conforme a lo dispuesto en el apartado anterior, deberán ser satisfechas por el concursado dentro de los cinco años siguientes a la conclusión del concurso, salvo que tuvieran un vencimiento posterior. Durante los cinco años siguientes a la conclusión del concurso las deudas pendientes no podrán devengar interés.
A tal efecto, el deudor deberá presentar una propuesta de plan de pagos que, oídas las partes por plazo de 10 días, será aprobado por el juez en los términos en que hubiera sido presentado o con las modificaciones que estime oportunas.
Respecto a los créditos de derecho público, la tramitación de las solicitudes de aplazamiento o fraccionamiento se regirá por lo dispuesto en su normativa específica.
7.Cualquier acreedor concursal estará legitimado para solicitar del juez del concurso la revocación del beneficio de exoneración del pasivo insatisfecho cuando el deudor, durante los cinco años siguientes a su concesión:
a) Incurriese en alguna de las circunstancias que conforme a lo establecido en el apartado 3 hubiera impedido la concesión del beneficio de la exoneración del pasivo insatisfecho.
b) En su caso, incumpliese la obligación de pago de las deudas no exoneradas conforme a lo dispuesto en el plan de pagos.

En el otro lado de la balanza, la Hacienda Pública y, especialmente, la AEAT continuó con su cruzada para defender sus privilegios y, específicamente, con la renuncia a cualquier "flexibilización" en lo que respecta a la minoración o reducción de los créditos tributarios.

Nuevamente, la razón material (además de la ideología de la indisponibilidad del crédito tributario) detrás de esta resistencia numantina de la Hacienda Pública era el elevado peso de las deudas concursales en la gestión recaudatoria de la AEAT:

---

c) Mejorase sustancialmente la situación económica del deudor de manera que pudiera pagar todas las deudas pendientes sin detrimento de sus obligaciones de alimentos, o

d) Se constatase la existencia de ingresos, bienes o derechos ocultados.

La solicitud se tramitará conforme a lo establecido en la Ley de Enjuiciamiento Civil para el juicio verbal. En caso de que el Juez acuerde la revocación del beneficio, los acreedores recuperan la plenitud de sus acciones frente al deudor para hacer efectivos los créditos no satisfechos a la conclusión del concurso.

8. Transcurrido el plazo previsto en el apartado anterior sin que se haya revocado el beneficio, el Juez del concurso, a petición del deudor concursado, dictará auto reconociendo con carácter definitivo la exoneración del pasivo insatisfecho en el concurso.

También podrá, atendiendo a las circunstancias del caso y previa audiencia de los acreedores, declarar la exoneración definitiva del pasivo insatisfecho del deudor que no hubiese cumplido en su integridad el plan de pagos pero hubiese destinado a su cumplimiento, al menos, la mitad de los ingresos percibidos durante dicho plazo que no tuviesen la consideración de inembargables.

A los efectos de este artículo, se entiende por ingresos inembargable los previstos en el artículo 1 del Real Decreto-ley 8/2011, de 1 de julio, de medidas de apoyo a los deudores hipotecarios, de control del gasto público y cancelación de deudas con empresas y autónomos contraídas por las entidades locales, de fomento de la actividad empresarial e impulso de la rehabilitación y de simplificación administrativa.

Contra dicha resolución, que se publicará en el Registro Público Concursal, no cabrá recurso alguno. (El subrayado es nuestro).

Cuadro núm. 3. Deuda suspendida por concursos de acreedores

AÑOS	PROCESO CONCURSAL	CONCURSOS
2014	7.629.220	7.280
2015	7.227.230	5.746
2016	6.871.920	5.253
2017	5.861.280	5.753
2018	5.664.970	6.398

Fuente: "Plan Estratégico de la Agencia Tributaria 2020-2023", 28 de enero de 2020, pág. 60, https://sede.agenciatributaria.gob.es/Sede/planificacion/plan-estrategico-agencia-tributaria-2020-2023/adenda-2023-plan-estrategico.html (acción realizada el 28 de septiembre de 2024).

Pues bien, el argumento, vistos los datos, no parece consistente: el porcentaje de deuda tributaria "no gestionable" o de ardua gestión por parte de la AEAT, derivada de situaciones concursales, veía ir disminuyendo su importe, a medida que se producía la recuperación económica, se reducía el número de concursos[123] y se continúa intensificando el control sobre los deudores en concurso, como reitera el Plan de Control Tributario del período 2017[124].

---

123 Es significativo que, en las "Adendas" anuales al mencionado Plan Estratégico de la Agencia Tributaria, no aparezca ninguna referencia a los concursos como "problema" central de la gestión recaudatoria de la AEAT.
SANZ GÓMEZ, RAFAEL, "Medios alternativos para la solución de conflictos por la Administración Pública ante el concurso de acreedores: acuerdos singulares y acuerdos de aplazamiento o fraccionamiento", en PATÓN GARCÍA, GEMMA; ULAS PATIÑO, GABRIELA (dirs.). *El crédito tributario en el proceso concursal…; op. cit.*, págs. 221 a 252.

124 Resolución de 19 de enero de 2017, de la Dirección General de la Agencia Estatal de Administración Tributaria, por la que se aprueban las directrices generales del Plan Anual de Control Tributario y Aduanero de 2017 (BOE núm. 23, de 27).
II. Control en la fase recaudatoria, 2, b), tercer párrafo:
....
Control de deudores en proceso concursal: Se intensificarán las actuaciones de control en materia concursal, buscando una mayor gestión de su deuda pen-

La AEAT, pues, seguía ofreciendo como única salida a los deudores en concurso o en situaciones paraconcursales, incluyendo a los implicados en los AEP, los "convenios singulares", art. 164.4 LGT, facultad discrecional de la AT (STS de 4 de noviembre de 2009, rec. 3870/2003), de cuya "flexibilidad" poco puede añadirse a lo ya indicado en epígrafes anteriores y los aplazamientos y fraccionamientos de pago, cuyo desarrollo, en el fondo, era incluso más restrictivo que para un obligado tributario estándar.

Ello, en un contexto de recuperación económica, donde el número de concursos empezaba a disminuir:

Cuadro número 4. Concursos presentados ante los JJMM

AÑOS	NÚMEROS
2010	7.136
2011	8.027
2012	10.290
2013	10.949
2014	8.132
2015	6.288
2016	5.461
2017	5.357
2018	5.842
2019	6.945

Fuente: Elaboración propia, a partir de las estadísticas sobre concursos publicadas por el CONSEJO GENERAL DEL PODER JUDICIAL.

---

diente, así como el seguimiento del concurso. Para ello se potenciarán acciones específicas con el objeto de impedir conductas defraudatorias que tratan de aprovechar la situación en que se encuentran dichos deudores para eludir el pago de las deudas tributarias y se procurará detectar los supuestos de responsabilidad tributaria que específicamente puedan afectar a este tipo de deudores.

La minoración observada en 2016 se debe también a una modificación de las competencias judiciales pues, a partir del 1 de octubre de 2015, la Ley Orgánica 7/2015 atribuyó la competencia para conocer de los concursos de persona natural que no fuera empresario a los juzgados de primera instancia.

Competencia, dicho sea de pago, justificada como un intento de desatascar a los JJM y cuyo evidente fracaso ha llevado (sin acto de contrición o enmienda y sin un fundamento analítico, cuya evidencia sustentase el fracaso de tal atribución) a volver, prácticamente, a la situación anterior en 2022.

En estos juzgados, los concursos de personas físicas presentados cada año fueron por su parte.

Cuadro número 5. Concursos de personas físicas

AÑOS	2016	2017	2018	2019
NÚMERO	1.579	2.237	3.273	5.086

Fuente: Consejo General del Poder Judicial. *Boletín de Información Estadística,* número 74, junio de 2020, file:///C:/Users/docav/Downloads/Bolet%C3%ADn%20n%C2%BA%2074%20-%20Evolucion%20concursal%20(4).pdf (acceso ejecutado el 28 de septiembre de 2024).

A partir del Cuadro anterior, es interesante observar como lenta, pero inexorablemente, los problemas derivados del sobreendeudamiento de los particulares empiezan a penetrar el anteriormente inexplorado mundo del concurso, otrora reducido a los empresarios; manifestándose en este crecimiento la necesidad de procedimientos específicos para atender a la crisis financiera de las familias, de forma tal que, ya a finales de este período, su número se aproximaba a los del concurso "empresarial".

Hay que tener en consideración, en este sentido, que la inmensa mayoría de los AEP y de su resultado ordinario: el concurso consecutivo correspondió a particulares no empresarios sobre endeudados, demostrando el leve, pero constante, incremento de sus cifras que la sociedad española necesitaba, demandaba, una institución pensada específicamente para solventar la insolvencia de estos sujetos particulares.

En otro orden de cosas, las solicitudes del art. 5 bis LC seguían también siendo significativas:

Cuadro número 6. Evolución del número de solicitudes art. 5 Bis LC

AÑOS	2010	2011	2012	2013	2014	2015	2016	2017	2018	2019
NÚMERO	1.266	3.124	5.644	5.437	4.621	4.256	3.258	3.308	3.587	4.198

Fuente: Consejo General de Poder Judicial, *Boletín Estadístico; op. cit.*

Por último, el resultado de los AEP fue anémico, incrementándose levemente, pero al igual que el modelo clásico, concursal, de la LC puede tildarse de fracasado, al concluir en más de un 90% en liquidación; también puede decirse lo mismo de los AEP, pues solían concluir con la incoación de concursos consecutivos, los cuales pasaron de 194 en 2016, a 1.400 en 2019, mientras que las comunicaciones de inicio de expediente tuvieron esta evolución:

Cuadro número 7. Evolución comunicaciones inicio de AEP

AÑOS:	2016	2017	2018	2019
COMUNICACIONES:	206	317	337	504

Fuente: Consejo General de Poder Judicial, *Boletín Estadístico; op. cit.*

Podemos debatir las causas de este ínfimo número, mas la ausencia de "flexibilización" en el pago de los créditos tributarios era solo una de ellas, aunque no la única y no se dispone de información estadística o cualitativa que permita calificarla como la más importante o causante del relativo fracaso de esta institución.

En otro orden de cosas, las estadísticas anteriores también enseñan que el modelo "concursal", como institución estándar para solucionar los problemas de insolvencia empresarial, seguía fracasando en España, mientras que las instituciones extrajudiciales, si bien de manera lenta, iban constituyéndose en una alternativa viable, a espera de su conocimiento y consolidación, perpetuándose la conocida como "huida del procedimiento concursal" y volviéndose a constatar el fracaso del modelo conservacionista y judicial de la LC: caro, lento, complejo, tardío en su iniciación y resolución e incapaz de salvar a la explotación económica.

En cualquier caso, el endeudamiento excesivo de las personas particulares seguía siendo una asignatura pendiente de nuestro Derecho Concursal y el AEP como institución preconcursal pensada para solventar los problemas de insolvencia de las PYME no estaba resultando exitoso y ello, sin entrar a debatir otras materias previas, como puede ser el problema del "riesgo moral", cuyo desconocimiento en la Ley puede causar una exoneración masiva de deudas para personas pródigas o con una clara irresponsabilidad en la gestión ordenada de sus ingresos, inmersas en el consumismo perspicuo y persistente, característico de las sociedades de mercado moderna, como ya el economista Veblen teorizó en su concepción de la clase ociosa[125] o los graves problemas procesales e interpretativos que la alocada sucesión de normas reguladoras de la AEP estaban provocando en su práctica y consolidación, ante la ausencia de una seguridad jurídica apropiada.

Todo ello, también, en un contexto de continuada "diarrea legislativa", con grave daño a la seguridad jurídica, continuando el alud de reformas de la normativa concursal con la Ley 17/2014, de 30 de septiembre, por la que se adoptan medidas urgentes en materia de refinanciación y reestructuración de deuda empresarial (BOE núm. 238, de 1 de octubre), cuyo tenor derivaba de la tramitación en forma de Ley del precitado RDL 4/2014 y, después, la Ley Orgánica 7/2015, de 21 de julio, de modificación de la Ley Orgánica del Poder Judicial (BOE núm. 74, de 22), la cual atribuyó a los Juzgados de Primera Instancia la competencia para conocer de los concursos de persona natural no empresario, como forma para reducir la presión sobre los JJMM pero, dados los crónicos problemas de nuestro Poder Judicial, cuya clave de bóveda es la dilación

---

125 VEBLEN, THORSTEIN. *Teoría de la clase ociosa.* Ed. Alianza, Madrid, 2008.

en los procesos (y ya se sabe: *justice delayed, justice denied*)[126] y la falta de preparación de los Juzgados de Primera Instancia para instruir estos procesos, no solo no resolvió el problema sino que, por el contrario, pudo agudizarlo, pues parecía ir en contra de la tesis, según la cual los procesos de sobrendeudamiento de los consumidores no pueden resolverse en procedimientos concursales o similares sino mediante disposiciones *ad hoc*.[127]

Por su parte, la Ley 9/2015, de 25 de mayo de 2015, de medidas urgentes[128] en materia concursal (BOE núm. 125, de 26) constituye un nuevo instrumento jurídico en esta alocada sucesión de normas, la cual, por un lado, ampliaba las premisas de la precitada Ley 17/2014 al convenio concursal e introdujo modificaciones fundamentales sobre el preconcurso, la clasificación de créditos, el contenido del convenio y las mayorías necesarias para su aprobación o la trasmisión de unidades productivas en concurso y la calificación del concurso, entre otras medidas.

Esa Ley, a nuestro juicio, supuso una reducción en uno de los puntos problemáticos de la eterna discusión de las competencias entre la Hacienda Pública y los JJMM, a saber, quién puede calificar un bien empresarial como necesario o no para la continuidad

---

126 Desde nuestro punto de vista, el párrafo primero de la parte I de la EM de esta Ley es una auténtica burla, dado el estado catatónico de la Justicia española, aunque lo reproducimos *iocunda causa*:
La sociedad actual exige un alto grado de eficiencia y agilidad en el sistema judicial, pues no puede olvidarse que una Justicia eficaz, además de garantizar el respeto de los derechos fundamentales de todos y de facilitar con ello la paz social, es un elemento estratégico para la actividad económica de un país y contribuye de forma directa a un reforzamiento de la seguridad jurídica y, en paralelo, a la reducción de la litigiosidad.

127 MORCECIAN, RUBÉN. "Sobreendeudamiento del Consumidor y los créditos de Derecho Público. El sobreendeudamiento del consumidor y su incidencia sobre el sistema económico y financiero de la sociedad. Análisis desde el Derecho Argentino y Español", en PATÓN GARCÍA, GEMMA; ULAS PATIÑO, GABRIELA. *El crédito tributario en el proceso concursal; op. cit.*, págs. 253 a 300.

128 Invitamos al lector a contar el número de disposiciones de reforma concursal etiquetadas con el adjetivo calificativo de "urgentes". Sería instructivo.

de la actividad del empresario, nueva constatación de que la pugna entre los dos poderes se conservaba en el tiempo y que cualquier equilibrio en este terreno es siempre transitorio e inestable.

El hecho de que esta Ley atribuyese de manera exclusiva la competencia en este ámbito al JM, conllevó una mella en la posición de la Hacienda Pública, más importante de lo que pudo parecer a simple vista y reflejo, asimismo, de que no siempre el Fisco ha sido el ganador (si puede hablarse en estos términos) de tan dilatado y complejo pugilato.

4.6. La Ley 25/2015 y sus consecuencias

En cualquier caso, la verdadera reforma significativa en el área que nos afecta, la trajo consigo la Ley 25/2015, de 28 de julio, de mecanismo de segunda oportunidad, reducción de la carga financiera y otras medidas de orden social (BOE núm. 180, de 29), la cual podemos calificar como la primera redacción consolidada y completa de esta figura, cuyo contenido establece el mecanismo de segunda oportunidad en España y donde, de manera definitiva, se reguló la posibilidad de que el deudor persona natural pudiera obtener el beneficio de la exoneración del pasivo insatisfecho, llevando al terreno legal los aspectos del AEP ya planteados en el mencionado RDL 1/2015, ver *supra.*

Podemos señalar que, tanto por su denominación como por las finalidades que la *mens legislatoris* atribuye a esta norma, así como por el carácter de su fuente jurídica: la Ley, más allá de su antecedente: un Real Decreto-ley, norma cuyo presupuesto de hecho ha de ser la "extraordinaria y urgente necesidad", art. 86.1 de la CE, es ésta la Ley que implementa de manera definitiva nuestro "modelo" de segunda oportunidad, fundado a partir de disposiciones ya probadas en otros Estados de nuestro entorno, de carácter mixto, al diferenciar la situación del deudor, conforme a su buena o mala fe (conceptos jurídicos, no lo olvidemos, indeterminados que requieren una adecuada prueba ante el JM y la visión flexible de cada caso por parte del Magistrado) y, en consecuencia, ajustado con matices a la filosofía de la UE en esta materia.

Por ello, es desde 2016, cuando la validez de la AEP para responder a los problemas del sobreendeudamiento del consumidor hubiera podido testarse con rigor, de no haber el legislador (en otro de los giros de guion a los cuales nos tiene acostumbrados), haber suprimido recientemente esta figura y, evitando comprobar de esta forma, si sus fines (EM, I, párrafos tercero y cuarto) se habían cumplido o no:

> *En este ámbito se enmarca de manera muy especial la llamada legislación sobre segunda oportunidad. Su objetivo no es otro que permitir lo que tan expresivamente describe su denominación: que una persona física, a pesar de un fracaso económico empresarial o personal, tenga la posibilidad de encarrilar nuevamente su vida e incluso de arriesgarse a nuevas iniciativas, sin tener que arrastrar indefinidamente una losa de deuda que nunca podrá satisfacer.*
>
> *La experiencia ha demostrado que cuando no existen mecanismos de segunda oportunidad se producen desincentivos claros a acometer nuevas actividades e incluso a permanecer en el circuito regular de la economía. Ello no favorece obviamente al propio deudor, pero tampoco a los acreedores ya sean públicos o privados. Al contrario, los mecanismos de segunda oportunidad son desincentivadores de la economía sumergida y favorecedores de una cultura empresarial que siempre redundará en beneficio del empleo.*

La doctrina, por su parte, ha analizado con detalle el AEP y, en especial, su posible desenvolvimiento: el acuerdo de exoneración de pasivo insatisfecho, aunque, sorprendentemente (y este libro trata, siquiera limitadamente, de cubrir esta ausencia), ha prestado menos atención a la conclusión del fracaso procesal del AEP, nos referimos al concurso consecutivo[129].

De hecho, la doctrina, con sus diversos matices, si bien consideró de manera generalmente positiva la incorporación de esta

---

[129] En general, DÍAZ ECHEGARAY, JOSÉ LUIS. *Acuerdos extrajudiciales de pago, concurso consecutivo y segunda oportunidad tras la promulgación del Texto Refundido*. Ed. Tirant lo Blanch, colecc. Concursal, Valencia, 2021.

solución paraconcursal,[130] se mostró muy escéptica acerca de su eficacia para solucionar el problema del sobreendeudamiento, debido a los defectos procesales del AEP, los problemas de la ambigüedad de las funciones del mediador concursal, de los escasos incentivos diseñados para esta profesión, de su ausencia de cualificaciones, de las múltiples dificultades interpretativas que de la pobre regulación se derivaban, etc.[131] y, por último, que la exclusión de los créditos públicos de su ámbito objetivo de aplicación, así como su confusa normativa, hacían poco interesante para muchos deudores potenciales acudir a esta vía.

Ya en páginas anteriores nos hemos referido también a varias de estas materias, así como al interés con el cual fue recibido el mecanismo de AEP y su posible final: el acuerdo de exoneración del

---

130 Ver, por ejemplo:
— HERNÁNDEZ RODRÍGUEZ, MARÍA DEL MAR "La segunda oportunidad en el Real Decreto-Ley 1/2015", *El Derecho. Com. Noticias jurídicas y actualidad,* 1 de abril de 2015, https://elderecho.com/la-segunda-oportunidad-en-el-real-decreto-ley-12015 (entrada realizada el 29 de septiembre de 2024).
— ESTEBAN RAMOS, LUIS MARÍA. "El acuerdo extrajudicial de pagos: una opción a disposición de pymes y consumidores", *RDC y PC,* julio de 2016, págs. 1 y 20.

131 Los debates respecto de la AEAT abarcaron, prácticamente, todas las áreas del Derecho y reflejaron el enorme interés y el atractivo con el que, al principio, se recibió esta institución.
Ver, por ejemplo, Registradores de la Comunidad Valenciana, *RESUMEN DE LAS CUESTIONES TRATADAS EN LA REUNIÓN DE LUNES 4.30 DE 25 DE MAYO DE 2015 RELATIVAS AL ACUERDO EXTRAJUDICIAL DE PAGOS Y LAS NOVEDADES INTRODUCIDAS CON EL REAL DECRETO-LEY, DE 27 DE FEBRERO DE 2015, DE MECANISMO DE SEGUNDA OPORTUNIDAD, REDUCCIÓN DE CARGA FINANCIERA Y OTRAS MEDIDAS DE ORDEN SOCIAL,* www. https://chrome-extension://efaidnbmnnnibpcajpcglclefindmkaj/https://registradorescomunidadvalenciana.org/wp-content/uploads/2018/03/Resumen-de-las-cuestiones-relativas-al-acuerdo-extrajudicial-de-pagos-y-las-novedades-del-R.D.-Ley-de-27-de-febrero-de-2015.-Inmaculada-Garcia-Alicia-de-la-Rua.pdf (fecha de acceso: 29 de septiembre de 2024).

pasivo insatisfecho, ante la necesidad social existente y por compartir la tendencia general del Derecho Concursal de la UE hacia una solución negociada, preventiva y extrajudicial de los problemas financieros de familias y PYME, conceptuándola como más eficiente, más rápida y menos costosa para la sociedad en su conjunto.

Y, sin embargo, tras esta maraña sucesiva de disposiciones, donde la entrada en vigor de los AEP, como solución preconcursal para las PYME, autónomos y personas naturales, parecía diseñada como óptima por el legislador, seguía existiendo (junto a los problemas ya expuestos con anterioridad, ver *supra)* un obstáculo más y contundente: la no exoneración de los créditos tributarios en los acuerdos de pasivo insatisfecho.

La clave para el éxito de los AEP era, para muchos autores (insistimos sin una base cuantitativa que refrendase esta opinión), la interpretación de los apartados 5 y 6 del art. 178 bis de la LC, es decir:

> *El beneficio de la exoneración del pasivo insatisfecho concedido a los deudores previstos en el número 5.º del apartado 3 se extenderá a la parte insatisfecha de los siguientes créditos:*
>
> *1.º Los créditos ordinarios y subordinados pendientes a la fecha de conclusión del concurso, aunque no hubieran sido comunicados, y exceptuando los créditos de derecho público y por alimentos.*
>
> *2.º Respecto a los créditos enumerados en el artículo 90.1, la parte de los mismos que no haya podido satisfacerse con la ejecución de la garantía quedará exonerada salvo que quedara incluida, según su naturaleza, en alguna categoría distinta a la de crédito ordinario o subordinado.*
>
> *Los acreedores cuyos créditos se extingan no podrán iniciar ningún tipo de acción dirigida frente al deudor para el cobro de los mismos.*
>
> *Quedan a salvo los derechos de los acreedores frente a los obligados solidariamente con el concursado y frente a sus fiadores o avalistas, quienes no podrán invocar el beneficio de exoneración del pasivo insatisfecho obtenido por el concursado ni subrogarse por el pago posterior a la liquidación en los derechos que el acreedor tuviese contra aquél, salvo que se revocase la exoneración concedida.*
>
> *Si el concursado tuviere un régimen económico matrimonial de gananciales u otro de comunidad y no se hubiere procedido a la liquidación de dicho régimen, el beneficio de la exoneración del*

> *pasivo insatisfecho se extenderá al cónyuge del concursado, aunque no hubiera sido declarado su propio concurso, respecto de las deudas anteriores a la declaración de concurso de las que debiera responder el patrimonio común.*
>
> *6. Las deudas que no queden exoneradas conforme a lo dispuesto en el apartado anterior, deberán ser satisfechas por el concursado dentro de los cinco años siguientes a la conclusión del concurso, salvo que tuvieran un vencimiento posterior. Durante los cinco años siguientes a la conclusión del concurso las deudas pendientes no podrán devengar interés.*
>
> *A tal efecto, el deudor deberá presentar una propuesta de plan de pagos que, oídas las partes por plazo de 10 días, será aprobado por el juez en los términos en que hubiera sido presentado o con las modificaciones que* estime oportunas.
>
> *Respecto a los créditos de derecho público, la tramitación de las solicitudes de aplazamiento o fraccionamiento se regirá por lo dispuesto en su normativa específica*. (Los subrayados son nuestros).

Mientras que, para las autoridades hacendísticas, la redacción era precisa, prístina y contundente y los créditos de Derecho Público no entraban nunca en la exoneración del pasivo insatisfecho, quedando solamente al deudor la vía de la flexibilización consistente en acudir al aplazamiento y fraccionamiento de deudas tributarias, arts. 65 y 82 LGT; la doctrina y, seguidamente, la jurisprudencia manifestaron otra posición, a partir de interpretaciones digamos "extensivas" u originales y cuya difusión y generalización, favorable a que los créditos públicos podrían ser objeto de exoneración, se fundaron en criterios hermenéuticos muy variados: el preámbulo de la Ley 25/2015, los antecedentes normativos, los instrumentos internacionales adoptados antes y después de esta regulación y, en particular, los objetivos perseguidos por la Directiva sobre marcos de reestructuración preventiva y exoneración de deudas, si bien, debemos considerar que esta norma de la UE solo se publicó en 2019, aunque sus principios ya estaban incorporados en disposiciones del Derecho Europeo *soft Law*, en particular, de la Recomendación de 2014 previamente expuesta en este epígrafe.

Pues bien, la conocida y reiterada STS de 21 de julio de 2019, núm. 2253/2019, ID CENDOJ: 28791192201900022, pareció zanjar, con la legislación vigente en el período que estamos analizando en este epígrafe, la cuestión, afirmando que los créditos públicos no podían excluirse de la exoneración del pasivo insatisfecho, lo cual hacía más atractivo el negocio jurídico.

Aunque, a nuestro juicio, y con todo el respeto que nos merece la jurisprudencia del Alto Tribunal[132] [133], la sentencia cae en el *ultra vires* claramente pues es aplicación el brocardo *in claris no fit*

---

132 Se le ha llegado a calificar como de interpretación "necesaria" (desconocemos en qué texto jurídico-normativo se utiliza esta voz como criterio hermenéutico).
Ver, por ejemplo, VALENCIA GARCÍA, FEDRA. "COMENTARIO DE LA SENTENCIA DEL TRIBUNAL SUPREMO DE 2 DE JULIO DE 2019 (381/2019) El beneficio de la exoneración del pasivo insatisfecho: interpretación del artículo 178 bis de la Ley Concursal", https://www.boe.es/biblioteca_juridica/comentarios_sentencias_unificacion_doctrina_civil_y_mercantil/abrir_pdf.php?id=COM-D-2019-2_Comentarios_a_las_Sentencias_de_Unificacion_de_Doctrina__Civil_y_Mercantil__El_beneficio_de_la_exoneraci%C3%B3n_del_pasivo_insatisfecho:_interpretaci%C3%B3n_del_art%C3%ADculo_178_bis_de_la_Ley_Concursal (fecha del acceso: 7 de octubre de 2024).
La "Nota del Gabinete Técnico, Sala de lo Civil, del TS", titulada: EXONERACIÓN DE PASIVO INSATISFECHO. CONCEPTO DE DEUDOR DE BUENA FE. POSIBILIDAD DE UTILIZAR SOBREVENIDAMENTE LA ALTERNATIVA DEL 178 bis 3 5º LC. APROBADO JUDICIALMENTE UN PLAN DE PAGOS, EL 178 bis 6 NO PUEDE CONDICIONAR SU EFICACIA A LA RATIFICACIÓN DEL ACREEDOR PÚBLICO, se reafirma en el contenido de la STS citada y remite el fundamento de la STS a la Directiva de reestructuraciones.
file:///C:/Users/docav/Downloads/Nota%20Sala%20de%20lo%20Civil%2011%20de%20julio%202019.pdf (entrada realizada el 7 de octubre de 2024).

133 BECEIRO CAGIAO, SIMON. "Afectación del crédito público al plan de pagos y beneficio de exoneración del pasivo insatisfecho; comentario a la STS 2 julio 2019", *Legal Today*, 2 de septiembre de 2019, legaltoday.com/practica-juridica/derecho-civil/civil/afectacion-del-credito-publico-al-plan-de-pagos-y-beneficio-de-exoneracion-del-pasivo-insatisfecho-comentario-a-la-sts-2-julio-2019-2019-09-02/
(entrada ejecutada el 7 de octubre de 2024).

interpretatio, pero su emisión y su extensión en la jurisprudencia menor[134], así como su apoyo doctrinal[135], supusieron un aldabonazo en el frágil principio de la indisponibilidad del crédito tributario y podrían haber constituido un auténtico motivo de impulso a los AEP, hasta esa fecha al ralentí.

Si no fue así, se debió, a juicio de los autores, tanto a la falta de conocimiento de la institución como al desinterés de los "mediadores concursales" por utilizarla, dada la magra retribución de sus servicios y a otros defectos procesales ya citados en páginas anteriores; teniendo en cuenta, asimismo, que las AEP se pensaron para particulares y sus deudas, en general, se producían con entidades de crédito, las cuales disponen de muchos más recursos para pleitear y seguir oponiéndose a cualquier reducción de sus derechos de crédito que un simple y, generalmente, poco avezado consumidor final.

En general, el fundamento para aceptar la quita de los créditos públicos en igualdad de condiciones con los créditos privados era, en la inmensa mayoría de las sentencias, el Derecho Europeo[136],

---

134 La cita de las sentencias que sigue este criterio es casi interminable y continúa hasta la fecha, dada la aplicación del régimen transitorio; verbigracia, JM n ° 124/2021, de 5 de marzo de 2021, marginal 72063469; Audiencia Provincial (en adelante AP) de Murcia núm. 215/2019, de 14 de marzo de 2019; P de Barcelona, sentencia número 718/2021, de 22 de abril, marginal 72063468; AP de Barcelona, sentencia núm. 293/2015, de 8 de septiembre de 2015, marginal 719422112, y así sucesivamente.
En general, nos remitimos a: BERGADÁ MINGUELL, MARTA. "Declaración de concurso consecutivo de persona natural y exoneración de pasivo insatisfecho", *Economist & Jurist*, 5 de octubre de 2024, https://www.economistjurist.es/casos-juridicos-reales/declaracion-de-concurso-consecutivo-de-persona-natural-y-exoneracion-del-pasivo-insatisfecho/ (entrada ejecutada el 7 de octubre de 2024).

135 VERDÚ CAÑETE, MARÍA JOSÉ. "*EXCLUSIÓN DEL CRÉDITO PÚBLICO DEL BENEFICIO DE EXONERACIÓN DE PASIVO EN EL TEXTO REFUNDIDO DE LA LEY CONCURSAL*", *Revista Lex Mercatoria,* Vol. 16, 2020, artículo 1.

136 HAZIQUIN AZAHAF, ALÍ. *El beneficio de exoneración del pasivo insatisfecho,* trabajo de grado, Universidad de Valladolid, Facultad de Ciencias

el cual, insistimos, carecía hasta la Directiva de marco preventivo de una norma vinculante al respecto[137]; es más, como seguidamente veremos, es más que dudoso que la Directiva obligue a una condonación parcial de los créditos públicos, tal y como señala la jurisprudencia del TJUE.

Respecto a la posición de la AEAT, hubiéramos debido encontrarnos con una visión más flexible, al menos, en apariencia, en lo que respecta al tratamiento de los créditos concursales en aplazamientos y fraccionamientos del pago de deudas tributarias.

De esta forma, la Instrucción 1/2017, de 18 enero, de la Directora del Departamento de Recaudación de la Agencia Estatal de Administración Tributaria sobre gestión de aplazamientos y fraccionamientos de pago[138], aparentemente, produce una estan-

---

Políticas, Sociales, Jurídicas y de la Comunicación, Grado en Derecho, tutor: JOSÉ LUIS POZO MARTÍNEZ, 2022.

137 No toda la doctrina (a nuestro juicio, con razón) estuvo de acuerdo con esta interpretación extensiva del acuerdo de exoneración del pasivo insatisfecho.
Nos remitimos, por ejemplo, a: CUENA CASAS "La exoneración del pasivo insatisfecho en la Directiva (UE) 2019/1023 de 20 de junio de 2019. Propuesta de trasposición al derecho español". *Revista de Derecho Concursal y Paraconcursal*, número 32, Ed. Wolkers Kluwer y, en particular, de la misma autora: "Segunda oportunidad y crédito público", *Notario del siglo XXI*, núm. 87, septiembre-octubre de 2019, https://www.elnotario.es/hemeroteca/revista-87/opinion/opinion/9628-segunda-oportunidad-y-credito-publico (visto el 29 de septiembre de 2024), donde, acertadamente a nuestro entender, se dice:
Yo defiendo la doctrina que se deduce de la sentencia del Tribunal Supremo que comento, pero no es el Tribunal Supremo el encargado de establecerla, sino el legislador. Nuestros tribunales tienen el papel que tienen y la extralimitación supone una quiebra del Estado de Derecho. Desde la Fundación Hay Derecho es lo que defendemos. Los jueces no pueden legislar.
Ya se reclama por el colectivo de Autónomos una reforma de la Ley de segunda oportunidad tras la sentencia del Tribunal Supremo que comento. No hace ninguna falta: ya la ha cambiado el Tribunal Supremo.

138 Aunque ya está derogada, puede localizarse, verbigracia, en: https://cissfiscal.laleynext.es/Content/DocumentoGratis.

darización en el tratamiento de las deudas concursales bajo esta herramienta, integrándolas con las restantes deudas tributarias, es decir, normalizándolas; sin embargo, el contenido material de su norma Duodécima no deja lugar a dudas sobre su falta de aplicación a las deudas concursales[139], pues *En la medida que el pago de los créditos tributarios queda sometido al proceso judicial en virtud de la declaración de concurso, una petición de aplazamiento carece manifiestamente de fundamento. Por tanto, dicha solicitud carece, desde el inicio de objeto.*

No se pude sino observar una continua contradicción entre unas Leyes concursales que, al menos, en apariencia tratan de encontrar medidas e instituciones, supuesto de los AEP, con ánimo de flexibilizar el pago de las deudas, en especial, de las personas naturales, autónomos y PYME, bajo el paraguas de un Derecho de la UE que, teóricamente, así lo recomienda y, luego, desde 2019, lo exige y una AT totalmente reacia a ceder cualquier poder de ejecución singular y facultades de autoejecutividad sobre sus créditos tributarios; ello, a pesar del elenco de medidas cautelares, art. 81 LGT y responsabilidades tributarias, arts. 41 a 43, ambos inclusive, LGT que el Derecho Tributario le otorga para poder perseguir en terceros, generalmente, los antiguos administradores societarios, deudas tributarias impagadas en el concurso de acreedores, especialmente, por personas jurídicas societarias,

Mientras tanto, los datos estadísticos sí empezaban a manifestar que los concursos de personas físicas iban aumentando, a pesar de la recuperación económica de esos años:

---

aspx?params=H4sIAAAAAAAEAFWPTwvCMAzFP409d_5BPfS0eRBUR-HeXrM0k2CXSdsK-vdWCYE7J74W8lzix8DSYNoyoyDlz2Olcq812uV-qoF4ZIwmauq7WudKVYHLZNbUZ22BOjUxAjxVo4BfF7Z3adyCNv-FJ6BLl07PdEcMUEZL8B3zFo2oH5qxH71HnxEhZ8TfzluP_8EXTx-QTGbPjiyeA7GlJ_jZfDlb2-vYDchj0XRhxwxOEgZI9IKMlPUIoYGENX-hkB-H7-xuBEWENCAEAAA==WKE (fecha de acceso: 29 de septiembre de 2024).

139 Téngase en cuenta que la LGT prohíbe directamente el aplazamiento y fraccionamiento de los créditos contra la masa, art. 65.2, c).

Cuadro número 8. Concursos de personas físicas

AÑO	NÚMERO
2017	1.546
2018	1.727
2019	1.824

Fuente: INE. https://www.ine.es/jaxiT3/Datos.htm?t=3181 (dato tomado el 28 de septiembre de 2024).

Una tendencia similar se produjo en los AEP, donde los datos revelan este repunte:

Cuadro número 9. Acuerdos extrajudiciales de pago

AÑO	NÚMERO PJ (1)	NÚMERO PF (2) (3)
2017	1.546	1.722
2018	1.727	1.394
2019	1.824	5.313

Fuente: REGISTRADORES DE LA PROPIEDAD DE ESPAÑA. ESTADÍSTICAS CONCURSALES, https://www.registradores.org/actualidad/portal-estadistico-registral/estadisticas-concursales (acceso ejecutado el 29 de septiembre de 2024).

(1) Personas Jurídicas.

(2) Personas Físicas.

(3) El número hace referencia a las personas físicas afectadas, sean o no empresarios; pues los expedientes iniciados son menos: 1.393, 1.146 y 4.421, respectivamente.

En general, puede decirse que este leve éxito (pues las cifras anteriores no pasan de ser muy modestas, en cualquier caso) no se debe a la mejora legal (más que dudosa, dados los conflictos de interpretación que suponía la sucesión de normas) o a la situación económica (que, por el contrario, iba mejorando) ni mucho menos a la jurisprudencia favorable a la inclusión de los créditos tributarios dentro del acuerdo de pasivo insatisfecho (auténtico arcano para la inmensa mayoría de los sujetos potencialmente afectados y tardía en su publicación) sino a algo tan sencillo como era el hecho de que los profesionales del Derecho y algunos economistas empezaron a considerar un nicho de mercado a la aplicación del EPI para las personas físicas[140] pero no, en definitiva, porque el régimen de "segunda oportunidad", tal y como se reguló de manera consolidada en 2015, fuera, realmente, atractivo para el potencial deudor.[141]

Pero ¿Qué dice a este respecto el Derecho de la UE?

5. LA DIRECTIVA DE 2019 DE LA UE SOBRE MARCO PREVENTIVO DE REESTRUCTURACIONES E INSOLVENCIAS

5.1. Consideraciones preliminares

De esta forma, lo primero que debemos exponer y plantearnos es qué afirma la mencionada Directiva sobre reestructuración e insolvencia acerca de los créditos tributarios y su posible exclusión, ya no solamente de la regla general de la *pars conditio creditorum,* sino de cualquier obligación de reembolso por parte del deudor "reestructurado".

En principio, cabe advertir que la Directiva, acto típico jurídico del Derecho de la UE, es obligatoria para los Estados miembros, pero solo en su resultado, es decir, *la directiva obligará al Estado miembro destinatario en cuanto al resultado que deba conseguirse, dejando, sin embargo, a las autoridades nacionales la elección de la forma y de*

---

140 Nuevamente, coincidimos con una de las grandes expertas en la materia: CUENA CASAS, MATILDE. "La "generosa" aplicación judicial del régimen de segunda oportunidad y su posible impacto en el mercado de crédito.", *Notario siglo XXI, núm. 80, julio-agosto 2018, págs. 34-39,* https://www.elnotario.es/index.php/hemeroteca/revista-80/opinion/opinion/8789-la-generosa-aplicacion-judicial-del-regimen-de-segunda-oportunidad-y-su-posible-impacto-en-el-mercado-de-credito

141 Por enésima vez, tenemos que ratificarnos en lo indicado por la profesora CUENA CASAS, MATILDE "El nuevo régimen de la segunda oportunidad. Pocas luces y muchas sombras.", *ADC,* núm. 37, 2016, págs. 11 a 63.

los medios, art. 288, tercer párrafo, del Tratado de Funcionamiento de la Unión Europea[142].

De esta forma, la naturaleza imperativa de la Directiva se deriva de su trasposición al derecho nacional que, en España (de manera retrasada, como permitía la propia Directiva), se produjo con la publicación de la Ley 16/2022, de 5 de septiembre, de reforma del texto refundido de la Ley Concursal, aprobado por el Real Decreto Legislativo 1/2020, de 5 de mayo, para la transposición de la Directiva (UE) 2019/1023 del Parlamento Europeo y del Consejo, de 20 de junio de 2019, sobre marcos de reestructuración preventiva, exoneración de deudas e inhabilitaciones, y sobre medidas para aumentar la eficiencia de los procedimientos de reestructuración, insolvencia y exoneración de deudas, y por la que se modifica la Directiva (UE) 2017/1132 del Parlamento Europeo y del Consejo, sobre determinados aspectos del Derecho de sociedades (Directiva sobre reestructuración e insolvencia) (BOE núm. 214, de 6).

Ahora bien, a pesar de esta ausencia de carácter imperativo directo, sin mediar transposición al Derecho Concursal español, nadie duda de su influencia, así como de las de sus antecedentes, en el Derecho nacional, en la doctrina y la jurisprudencia[143] y, en

---

142 Lógicamente, la eficacia de las Directivas es más compleja de lo expuesto en el párrafo; en ese sentido, nos remitimos al planteamiento oficial de las autoridades europeas, incluido en: *El efecto directo del Derecho de la Unión Europea,* https://eur-lex.europa.eu/ES/legal-content/summary/the-direct-effect-of-european-union-law.html (acceso ejecutado el 7 de octubre de 2024).

143 Y así también lo reconoce expresamente la EM de la precitada Ley 16/2022, en su parte I, tres últimos párrafos, al mencionar:
El antecedente directo en el ámbito europeo, a través del soft law, de dicha Directiva es la Recomendación de la Comisión Europea de 12 de marzo de 2014, sobre un nuevo enfoque frente a la insolvencia y el fracaso empresarial, que puso de relieve la diferente regulación de las normas nacionales en materia de insolvencia en cuanto a procedimientos de que disponen los deudores con dificultades financieras para reestructurar sus empresas y enfatizó la necesidad de fomentar

consecuencia, de existir en la Directiva una obligación jurídica, dictada con carácter imperativo, para que los créditos tributarios fueran objeto de algún tipo de flexibilización (condonación total o parcial, mejoras en los plazos, reducciones, etc.), entonces, tanto la precitada STS como la doctrina española que reivindicaba la igualdad en el tratamiento de los créditos privados y los públicos

---

una mayor coherencia entre los marcos nacionales de insolvencia para reducir divergencias e ineficacias que obstaculizan la reestructuración temprana de empresas con dificultades financieras y la posibilidad de la segunda oportunidad para los empresarios honrados y así reducir el coste de la reestructuración, tanto para deudores como para acreedores.

La necesaria armonización de las diferencias entre las normativas nacionales fue el objeto de la Directiva sobre reestructuración e insolvencia, para contribuir al correcto funcionamiento del mercado interior y eliminar los obstáculos al ejercicio de las libertades fundamentales, tales como la libertad de circulación de capitales y la libertad de establecimiento. Los ejes de la reforma que supone esta Directiva son tres: garantizar que las empresas y empresarios viables que se hallen en dificultades financieras tengan acceso a marcos nacionales efectivos de reestructuración preventiva que les permitan continuar su actividad; que los empresarios de buena fe insolventes o sobreendeudados puedan disfrutar de la plena exoneración de sus deudas después de un período de tiempo razonable, lo que les proporcionaría una segunda oportunidad; y que se mejore la eficacia de los procedimientos de reestructuración, insolvencia y exoneración de deudas, en particular con el fin de reducir su duración.

Se trata de una ley muy ambiciosa, inspirada con el objetivo de conseguir, de acuerdo a los ejes de reforma marcados por la Directiva, cuando sea objetivamente posible, una reestructuración de activos y pasivos para evitar la insolvencia o solucionar la ya acaecida; la decisión de convertir el beneficio de la exoneración de las deudas, cuando concurran determinadas circunstancias, en un derecho de la persona natural deudora; y la decidida voluntad legislativa de simplificar el concurso de acreedores en aras de las siempre deseadas rapidez de la tramitación y eficiencia institucional, con algunos mecanismos de alerta temprana que permitan al deudor responsable detectar la necesidad de actuar para evitar o para encauzar la insolvencia. El contenido de la Directiva es heterogéneo, y, por consiguiente, heterogéneo también tiene que ser el contenido de la norma de transposición. Al mismo tiempo, para evitar algunas disfunciones e incoherencias con las nuevas normas en que se materializa la transposición, se procede a reformar la Ley Concursal en las materias directamente relacionadas.

en procesos concursales y asimilados, incluyendo los AEP, hubiese sido vindicada.

5.2. Los principios de la Directiva

Si nos atenemos a la literalidad de esta Directiva, el primer lugar en el que se incluye la filosofía de ésta en lo relacionado con la materia de nuestra tesis es en el Considerando (5):

> *En muchos Estados miembros, son necesarios más de tres años para que los empresarios que sean insolventes pero de buena fe puedan obtener una exoneración de sus deudas y empezar de nuevo. La ineficiencia de los marcos de exoneración de deudas y de inhabilitación tiene como consecuencia que los empresarios se vean obligados a trasladarse a otros territorios con objeto de disfrutar de una nueva oportunidad en un período de tiempo razonable, lo que conlleva un elevado coste adicional tanto para sus acreedores como para los propios empresarios. La inhabilitación prolongada que suele ir aparejada a los procedimientos encaminados a la exoneración de deudas supone un obstáculo a la libertad de emprender y ejercer una actividad empresarial por cuenta propia.*

Como se observa, de la redacción anterior se deduce que la Directiva admite, prevé y, de alguna manera, exige la implementación en los 27 Estados miembros de un instrumento de "exoneración de deudas" general para "empezar de nuevo", el mecanismo conocido en la terminología anglosajona como *fresh start*, aplicable, en principio, a todo empresario (nada se dice sobre los particulares, lo cual es coherente con el hecho de enfrentarnos ante una Directiva de carácter empresarial) "de buena fe".

Pero, con posterioridad, el Considerando (21) ya incorpora como problema específico a solventar por la Directiva, a saber, el sobreendeudamiento de los consumidores e, inmediatamente, parece asimilar su situación a la de los empresarios, planteándose, asimismo, la extensión generalizada de mecanismos de exoneración de sus deudas (sin distinción de modalidades) en igualdad de condiciones a las deudas empresariales.

En este sentido, el precitado Considerando (21) indica:

> *El sobreendeudamiento de los consumidores constituye un asunto de gran importancia económica y social y está estrechamente relacionado con la reducción del exceso de deudas. Además, a menudo no es posible establecer una distinción clara entre las deudas del empresario derivadas de su actividad comercial, industrial, artesanal o profesional y aquellas en que haya incurrido fuera del marco de esas actividades. Los empresarios no disfrutarían efectivamente de una segunda oportunidad si tuviesen que pasar por procedimientos distintos, con diferentes condiciones de acceso y plazos de exoneración, para obtener la exoneración de sus deudas empresariales y de sus otras deudas fuera del marco de su actividad empresarial. Por tales razones, aunque la presente Directiva no incluye normas vinculantes en materia de sobreendeudamiento de los consumidores, conviene recomendar a los Estados miembros que apliquen también a los consumidores, en el plazo más breve posible, las disposiciones de la presente Directiva en materia de exoneración de deudas (*El subrayado es nuestro).

Esto justifica que sea en el marco del sistema del "acuerdo de exoneración de pagos" y de las instituciones para o preconcursales, cuya esencia se sitúa en los prolegómenos del concurso, donde se integre nuestro problema especial; lo cual, lleva también a no tratarlo en el cuadro del procedimiento general del concurso de acreedores, planteándose la duda razonable de por qué existe una "exoneración de deudas" limitada a este instrumento limitado y restringido y no, para el procedimiento concursal general y tampoco para las instituciones o procesos de reestructuración empresarial que con tanto empeño e interés defiende la Directiva de reestructuración e insolvencia. Sobre esto volveremos seguidamente.

En cualquier caso, queda claro que una de las finalidades de la Directiva es que exista algún tipo de institución jurídica para solventar, de manera extrajudicial y con carácter convenido, las deudas de una persona insolvente. La AEP, por lo tanto, dio cumplimiento a ese mandato y, con posterioridad, el programa de reestructuración, en el cual se incluye el mecanismo de pasivo insatisfecho (en adelante PI), cuyo tenor también responde a la necesidad de dar cumplimiento a esta obligación del Derecho Europeo.

En otro orden de cosas, se observa inmediatamente que el legislador europeo prevé un marco de exoneración para toda modalidad de deudas, sean éstas públicas o privadas, sin distinción alguna, es decir, que el crédito público no puede quedar al margen de ese tratamiento preconcursal o asimilado; de hecho, la Directiva habla de "exoneración de deudas", de manera genérica, sin cualificarlas por la naturaleza pública o privada del acreedor.

Asimismo, lo que parece preocuparle al legislador europeo (como seguidamente se desarrolla en los Considerandos (7) y (8) de la Directiva[144], con alguna referencia indirecta en el Considerando (15), es la posible existencia de un *fórum shopping* entre las diferentes jurisdicciones, explicable por las grandes variedades

---

144 ...

(7) *Las diferencias entre los Estados miembros por lo que respecta a los procedimientos de reestructuración, insolvencia y exoneración de deudas se traducen en costes adicionales para los inversores a la hora de evaluar el riesgo de que los deudores vayan a sufrir dificultades financieras en uno o más Estados miembros o el riesgo de invertir en empresas viables en dificultades financieras, así como en costes de reestructuración de empresas con establecimientos, activos o acreedores en otros Estados miembros. Ese es principalmente el caso de la reestructuración de grupos internacionales de empresas. Los inversores mencionan la incertidumbre sobre las normas en materia de insolvencia o el riesgo de largos o complejos procedimientos de insolvencia en otro Estado miembro como una de las razones principales para no invertir o no mantener una relación comercial con un socio fuera del Estado miembro en el que tengan su base. Esa incertidumbre tiene un efecto disuasorio que obstaculiza la libertad de establecimiento de las empresas y el fomento del espíritu empresarial y perjudica el correcto funcionamiento del mercado interior. En particular, las microempresas y las pequeñas y medianas empresas (conjuntamente, en lo sucesivo, «pymes») no disponen, por lo general, de los recursos necesarios para evaluar los riesgos relacionados con las actividades transfronterizas.*

(8) *Las diferencias entre los Estados miembros por lo que respecta a los procedimientos de reestructuración, insolvencia y exoneración de deudas dan lugar a disparidades en las condiciones de acceso al crédito y a disparidades en los porcentajes de recuperación de los Estados miembros. Un mayor grado de armonización en materia de reestructuración, insolvencia, exoneración de deudas e inhabilitación es, por lo tanto, esencial para el buen funcionamiento del mercado interior en general y de la Unión de los Mercados de Capitales en particular, así como para la resiliencia de las economías europeas, y en particular para el mantenimiento y la creación de puestos de trabajo.*

entre los 27 países miembros de la UE a la hora de regular los marcos de exoneración de deudas.

El papel que el legislador europeo quiere atribuir a la exoneración de deudas, en aras de mejorar el mercado único, la libre circulación de capitales y, en general, de potenciar la actividad económica se engloba como beneficio u objetivo fundamental de esta Directiva en su Considerando (16)[145].

Ahora bien, aunque la Directiva se centre en la actividad empresarial, reconoce inmediatamente que sus principios e instrumentos se deben extender también a los deudores privados, cuyo sobreendeudamiento representa un problema para las economías europeas y a los cuales "recomienda" extender la utilización de la "segunda oportunidad" y los mecanismos de exoneración de deudas (Considerando 21)[146].

---

145 *La eliminación de los obstáculos a la reestructuración preventiva efectiva de deudores viables en dificultades financieras contribuye a minimizar la pérdida de puestos de trabajo y las pérdidas de valor para los acreedores en la cadena de suministro, permite preservar los conocimientos técnicos y las capacidades y, por lo tanto, beneficia a la economía en general. Facilitar la exoneración de deudas a los empresarios contribuiría a evitar su exclusión de la actividad económica y les permitiría reanudar las actividades empresariales, aprendiendo de su experiencia anterior. Además, la reducción de la duración de los procedimientos de reestructuración contribuiría a incrementar los porcentajes de recuperación de los acreedores, ya que el paso del tiempo normalmente solo se traduce en una mayor pérdida de valor del deudor o de su empresa. Por último, unos marcos eficientes de reestructuración preventiva, insolvencia y exoneración de deudas permitirían evaluar mejor los riesgos de las decisiones sobre préstamos y créditos, y facilitarían la adaptación de los deudores insolventes o sobreendeudados, al reducir al mínimo los costes económicos y sociales derivados de sus procesos de desapalancamiento. La presente Directiva debe permitir a los Estados miembros flexibilidad para aplicar principios comunes, respetando al mismo tiempo los ordenamientos jurídicos nacionales. Los Estados miembros deben poder mantener o introducir en sus ordenamientos jurídicos nacionales marcos de reestructuración preventiva distintos de los previstos en la presente Directiva* (El subrayado es nuestro).

146 Ver nota a pie de página anterior:
El sobreendeudamiento de los consumidores constituye un asunto de gran importancia económica y social y está estrechamente relacionado con la re-

Es decir, no puede existir (como en el fondo sucedía en la redacción original de la LC de 2003) un olvido o marginación del sobreendeudamiento de las personas físicas, hay que crear, bien dentro de un marco jurídico concursal general bien con su propia estructura normativa, unas herramientas jurídicas que solventen este problema.

Pero, a la hora de encontrar alguna mención específica a los créditos tributarios entre los Considerandos de la Directiva, debemos esperar al Considerando número 73, es decir que, en los planes de restructuración (sin duda, la herramienta preconcursal estrella, la más incentivada y desarrollada en la Directiva, al centrarse en los sujetos empresariales) no se prevé ninguna exoneración, sino que tal "privilegio" se traslada a situaciones de sobreendeudamiento de personas físicas, empresarios o profesionales.

5.3. El sobreendeudamiento de los particulares

De esta manera, queda claro que, como luego hará la normativa española concursal, las exoneraciones de cualquier clase de deudas, incluyendo las de naturaleza tributaria, son propias de la figura conocida en nuestro Derecho como "acuerdo extrajudicial de pagos", AEP, cuando se introdujo en nuestras disposiciones na-

---

ducción del exceso de deudas. Además, a menudo no es posible establecer una distinción clara entre las deudas del empresario derivadas de su actividad comercial, industrial, artesanal o profesional y aquellas en que haya incurrido fuera del marco de esas actividades. Los empresarios no disfrutarían efectivamente de una segunda oportunidad si tuviesen que pasar por procedimientos distintos, con diferentes condiciones de acceso y plazos de exoneración, para obtener la exoneración de sus deudas empresariales y de sus otras deudas fuera del marco de su actividad empresarial. Por tales razones, aunque la presente Directiva no incluye normas vinculantes en materia de sobreendeudamiento de los consumidores, conviene recomendar a los Estados miembros que apliquen también a los consumidores, en el plazo más breve posible, las disposiciones de la presente Directiva en materia de exoneración de deudas. (El subrayado es nuestro).

cionales reguladoras del concurso y de "Segunda Oportunidad", como de manera genérica las denomina la Directiva y se conocen también en la doctrina *ad usum*.

Con posterioridad, como veremos, el AEP será suprimido, sin que el legislador motive adecuadamente su desaparición, siendo sustituido por otra fórmula preconcursal, ver *infra*.

De esta forma, el mencionado Considerando 73 de la Directiva afirma:

> *Por consiguiente, se deben adoptar medidas para reducir los efectos negativos del sobreendeudamiento o la insolvencia sobre los empresarios, permitiendo, en particular, la plena exoneración de deudas después de cierto período de tiempo y limitando la duración de las órdenes de inhabilitación dictadas en relación con el sobreendeudamiento o la insolvencia del deudor. El concepto de «insolvencia» debe ser definido por el Derecho nacional y puede adoptar la forma de un sobreendeudamiento. El concepto «de empresario» en el sentido de la presente Directiva no debe ser relevante para la posición de los directivos o administradores sociales de una empresa, que deben ser tratados de forma acorde con la normativa nacional. Los Estados miembros deben poder decidir cómo se obtiene acceso a la exoneración, en particular el requisito de exigir que el deudor la solicite.* (Los subrayados son nuestros)

Se observa, en primer lugar que, desde la perspectiva de la Directiva, los Estados miembros han de implementar algún sistema que permita la "exoneración de deudas" de manera íntegra, sin distinción alguna en su clase, ni en la naturaleza, para los empresarios, aunque desde este segundo punto de vista subjetivo, la Directiva observa que el mecanismo de exoneración de deudas ha de ser obligatorio para los empresarios, mientras que, para los particulares, se recomienda, tratando de igualar la situación entre los dos grupos de individuos (anótese que la Directiva tiene su fundamento en la búsqueda del mercado único y en la libre circulación de capitales, por lo que, en general, no buscaba afectar de manera directa e inmediata a las personas naturales, sino que su blanco principal eran los empresarios, personas físicas o jurídicas, tal y como de su propio contenido se deduce[147]), cuya causa se identifica con el "sobreendeudamiento" de los deudores y que lo buscado es un procedimiento con cierta uniformidad entre los 27 Estados miembros de la UE, para restringir el *fórum shopping,* limitar los plazos para su ejecución a un máximo de tres años y permitir al deudor un *fresh start,* una nueva oportunidad.

De hecho, las autoridades de la UE prevén para un futuro más o menos próximo la incorporación al Derecho Europeo de una propuesta legislativa centrada, de manera exclusiva, en la insolvencia de las personas naturales[148], como menciona el propio Considerando 98 de la Directiva.[149]

---

147 En este sentido, aunque en el rótulo de la Directiva no aparezca expresamente voces como "empresa", "empresariales", "profesionales," etc. que limitasen directamente su ámbito de aplicación a la actividad económica, su Considerando (1) así nos lo ratifica, al decir:
El objetivo de la presente Directiva es contribuir al correcto funcionamiento del mercado interior y eliminar los obstáculos al ejercicio de las libertades fundamentales, tales como la libertad de circulación de capitales y la libertad de establecimiento, resultantes de las diferencias entre las normativas y los procedimientos nacionales en materia de reestructuración preventiva, insolvencia, exoneración de deudas e inhabilitación. La presente Directiva pretende eliminar tales obstáculos sin que ello afecte a los derechos fundamentales y libertades de los trabajadores, garantizando que: las empresas y empresarios viables que se hallen en dificultades financieras tengan acceso a marcos nacionales efectivos de reestructuración preventiva que les permitan continuar su actividad; que los empresarios de buena fe insolventes o sobreendeudados puedan disfrutar de la plena exoneración de sus deudas después de un período de tiempo razonable, lo que les proporcionaría una segunda oportunidad; y que se mejore la eficacia de los procedimientos de reestructuración, insolvencia y exoneración de deudas, en particular con el fin de reducir su duración. (El subrayado es nuestro).

148 Siendo empresario, *a sensu contrario, toda persona física que ejerza una actividad comercial, industrial, artesanal o profesional,* de acuerdo con la definición integrada en el art. 2.1, 9) de la propia Directiva.

149 *Es preciso que la Comisión lleve a cabo un estudio para valorar la necesidad de presentar propuestas legislativas para tratar la insolvencia de las personas que no ejercen una actividad comercial, industrial, artesanal o profesional, y que, en su condición de consumidores, de buena fe, no disponen temporal o permanentemente de los medios para pagar las deudas al vencimiento de estas. Dicho estudio*

Por ello, el ámbito de aplicación de la Directiva, artículo 1.1, deja muy claro que son:

> *...b) los procedimientos para la exoneración de las deudas contraídas por empresarios insolventes...*

Y excluye de su campo de aplicación, expresamente, art. 1.2, h):

> *La presente Directiva no se aplicará a los procedimientos a que se refiere el apartado 1 anterior del presente artículo en el caso de deudores que constituyan:*
>
> *... personas físicas que no tengan la condición de empresarios.*

Para, inmediatamente, art. 1.4, primer párrafo, permitir:

> *Los Estados miembros podrán ampliar la aplicación de los procedimientos previstos en el apartado 1, letra b), a personas físicas insolventes que no sean empresarios.*

Es decir, la Directiva piensa en los empresarios, resulta obligatoria para los procedimientos de los empresarios y no obliga a adoptar los procesos que regula para la solución de los problemas deudores de los particulares, aunque permite y, de alguna manera, incentive y recomiende a los Estados nacionales hacerlo y, si estos adoptan este sistema de asimilación entre deudas de consumidores y deudas de empresarios o profesionales, entonces, quedan obligados a cumplir los preceptos de la Directiva los dos colectivos en los Estados miembros

Al igual que también la Directiva acepta que los Estados miembros restrinjan su ámbito personal de aplicación, art. 1.4, segundo párrafo:

> *Los Estados miembros podrán limitar la aplicación del apartado 1, letra a), a las personas jurídicas.*

---

debe investigar si necesita protegerse el acceso de esas personas a bienes y servicios básicos, con el fin de garantizarles unas condiciones de vida dignas.

5.4. Los créditos tributarios en la Directiva y la segunda oportunidad

Una vez que se ha optado, como España, por regular un procedimiento concursal específico para los empresarios personas físicas y los deudores particulares que, en principio, podíamos identificar en el período 2019, fecha de la Directiva, con el AEP para estos últimos y en la nueva redacción del TRLC, tras la Ley 16/2022, en el procedimiento especial para las microempresas el primero, se nos plantea si los créditos públicos o los tributarios quedan excluidos de este régimen o gozan de algún tipo de especialidad.

De los Considerandos de la Directiva, cuyo valor es equivalente a las EM de nuestros textos legales, no cabe deducir la existencia de una finalidad en la Directiva tendente a permitir la exoneración o exclusión de créditos tributarios en el procedimiento de Segunda Oportunidad, al contrario, su perspectiva es igualitaria, es decir, todas las deudas, de cualquier naturaleza y en manos de cualquier tipo de acreedor, han de ser tratadas de manera idéntica, en principio, no citando esta modalidad como algo al margen de los principios generales de la Directiva.

Sin embargo, esta perspectiva pretendidamente igualitaria, quiebra en el cuerpo jurídico de la Directiva, la cual, en su art. 1.5 y 6 menciona textualmente:

> *... Los Estados miembros podrán disponer que los siguientes créditos queden excluidos o no se vean afectados por los marcos de reestructuración preventiva a que se refiere el apartado 1, letra a):*
>
> *a) los créditos existentes o futuros de antiguos trabajadores o de trabajadores actuales;*
>
> *b) las obligaciones de alimentos derivadas de relaciones de familia, de parentesco, de matrimonio o de afinidad, o*
>
> *c) créditos derivados de la responsabilidad extracontractual del deudor;*
>
> *6. Los Estados miembros garantizarán que los marcos de reestructuración preventiva no repercutan en los derechos de pensión de jubilación devengados.*

De la redacción anterior, se deduce seguidamente que la Directiva de reestructuraciones no prevé expresamente ninguna especialidad para excluir o no afectar en el proceso de Segunda Oportunidad a determinada modalidad de deuda, ni tampoco regla de *minimis* alguna de exclusión; es más, en el otro instrumento regulado por las disposiciones UE, los marcos o planes de reestructuración, tampoco las deudas de carácter público, tributarias o no, gozan de tales exclusiones.

La redacción del citado art. 1.5 es restrictiva; por lo tanto, los créditos públicos no podrían ser excluidos de los marcos de reestructuración preventiva a los cuales se refiere el art.1, letra a), es decir:

> *Los marcos de reestructuración preventiva disponibles para los deudores en dificultades financieras cuando la insolvencia sea inminente, con objeto de impedir la insolvencia y garantizar la viabilidad del deudor.*

Pero, inmediatamente, cabe observar que nada dice respecto de los otros procedimientos citados en idéntico art. 1.1, *Objeto y ámbito de aplicación de la Directiva*; los cuales son:

> *b) Los procedimientos para la exoneración de las deudas contraídas por empresarios insolventes, y*
>
> *c) Las medidas para aumentar la eficiencia de los procedimientos de reestructuración, insolvencia y exoneración de deudas.*

Los Considerandos 75 y siguientes, dedicados ya por la Directiva a exponer las líneas generales de su "Segunda Oportunidad", para cuyo desarrollo, a su vez, admite varias posibilidades: plan de pagos, ejecución de activos, combinación de los anteriores, etc., mencionan siempre la existencia de una "exoneración de deudas" del deudor para lograr ese objetivo de vuelta a la actividad económica con la mayor rapidez posible, aunque se establezcan limitaciones, restricciones (verbigracia si el deudor ha actuado de mala fe), etc. pero, en ningún momento, se distingue entre la naturaleza u origen de las deudas a exonerar, aunque se permite a los Estados miembros (Considerando 81):

> *Cuando exista una razón debidamente justificada con arreglo al Derecho nacional, podría ser conveniente limitar la posibilidad de exoneración para determinadas categorías de deuda. Los Estados miembros deben poder excluir las deudas garantizadas de la posibilidad de exoneración solo hasta la cuantía del valor de la garantía que determine la normativa nacional, mientras que el resto de la deuda debe considerarse deuda no garantizada. Los Estados miembros deben poder excluir otras categorías de deudas cuando esté debidamente justificado.* (Los subrayados son nuestros).

En suma, la aparente negativa a excluir deudas de carácter público del ámbito de utilización de los procedimientos de reestructuración no se extiende a los casos de "Segunda Oportunidad", donde se permite expresamente a los Estados miembros excluir de este procedimiento específico cualquier tipo o modalidad de deuda, limitando tal ampliación a que la exclusión, *esté debidamente justificado.*

Es decir, todo lo contrario de una exoneración generalizada de las deudas de Derecho Público, pues lo permitido es excluir, por una *razón debidamente justificada con arreglo al Derecho nacional… para determinadas categorías de deuda,* sin mayores calificaciones.

Por lo tanto, *prima facie,* el cuerpo de la Directiva de reestructuración, si bien no parece prever la posibilidad de incorporar en los planes de Segunda Oportunidad ningún tipo de distinción entre las deudas que deben ser exoneradas, criterio general reforzado en nuestra opinión por lo expuesto en su art. 2. *Definiciones,* letra 10:

> *… "Plena exoneración de deudas": la exclusión de la ejecución frente a los empresarios del pago de las deudas pendientes exonerables o la cancelación de las deudas pendientes exonerables como tales, en el marco de un procedimiento que podría incluir la ejecución de activos o un plan de pagos o ambos;*

Lo cierto es que tampoco regula de manera imperativa esa exoneración.

Dentro, por su parte, del Título III de la Directiva, destinado específicamente a la *Exoneración de Deudas e Inhabilitaciones,* arts.

20 y siguientes, también se anota que el legislador prevé siempre que la Segunda Oportunidad incluya una exoneración plena de deudas; así, el art. 20. *Acceso a la exoneración,* apartado 1, primer párrafo, afirma expresamente:

> *Los Estados miembros velarán por que los empresarios individuales tengan acceso al menos a un procedimiento que pueda desembocar en la plena exoneración de deudas de conformidad con la presente Directiva* (el subrayado es nuestro).

Y, entre la categoría de las excepciones, a esta posición tan radical respecto al campo de exoneración de las deudas, art. 23, además incorporar restricciones por cuestiones cualitativas, de ardua concreción por el Derecho nacional, supuestos de la actitud deshonesta o mala fe del deudor, es decir, elementos subjetivos, desarrolla las categorías de deudas que pueden sustraerse a este principio de "plena" exoneración de deudas.

Estas modalidades de deuda se citan en el apartado 4 y en ninguna de las citadas se prevé que el carácter público de las mismas impida o restringa su "plena" exoneración"[150].

Pero, nuevamente, el articulado posterior de la Directiva habilita a los Estados miembros a restringir la aplicación de la exoneración de deudas a un amplio elenco de éstas, empezando, precisamente, por las citadas en el apartado 4 del art. 23.

---

150 *Los Estados miembros podrán excluir algunas categorías específicas de la exoneración de deudas, o limitar el acceso a la exoneración de deudas, o establecer un plazo más largo para la exoneración de deudas en caso de que tales exclusiones, restricciones o prolongaciones de plazos estén debidamente justificadas, en los siguientes casos:*

a) deudas garantizadas;

b) deudas derivadas de sanciones penales o relacionadas con estas;

c) deudas derivadas de responsabilidad extracontractual;

d) deudas relativas a obligaciones de alimentos derivadas de relaciones de familia, de parentesco, de matrimonio o de afinidad;

e) deudas contraídas tras la solicitud o la apertura del procedimiento conducente a la exoneración de deudas, y

f) deudas derivadas de la obligación de pagar los costes de un procedimiento conducente a la exoneración de deudas.

Ahora bien, el grado de libertad, concedido por el apartado 4 del mencionado art. 23, en lo relativo a la concesión a los Estados nacionales de diferentes posibilidades para poder hacer más flexible el principio de "exclusión plena" de las deudas del sujeto a una Segunda Oportunidad, así como la ambigüedad de alguno de sus términos, nos debe llevar a concluir que la Directiva de marcos de reestructuración permite a las diferentes jurisdicciones europeas incluir algún tipo de modulación en la exclusión de deudas de carácter público y no obliga, de ninguna forma, a incorporar de manera generalizada y sin restricciones o matices un mecanismo de exoneración de esta clase de deudas, incluso, en el supuesto de que el proceso preconcursal previera una exoneración de créditos de carácter privado.

De todas maneras, estas posibilidades de flexibilización para *excluir algunas categorías específicas de la exoneración de deudas o limitar el acceso a la exoneración de deudas o establecer un plazo más largo para la exoneración de deudas,* es decir, la inclusión de matices, restricciones o prolongaciones de plazo (siempre debidamente justificadas) a la exoneración generalizada de deudas para un plan de pagos, se dirigen a, precisamente, restringir o flexibilizar el acceso a la exoneración, no a su ampliación o mejora, como sucede en el supuesto español de "amnistiar" hasta 10.000 euros en los créditos tributarios de la Segunda Oportunidad.

Si, además, nos centramos en las variadas categorías de deudas que el precitado apartado 4 del art. 23 de la Directiva permite integrar en los casos genéricos de flexibilización o exclusión de la exoneración generalizada de deudas, observamos, en primer lugar, que ninguna de las seis modalidades expuestas se centra en el carácter público de la deuda y que solo, de manera indirecta, podrían tener carácter tributario las sanciones ligadas a la comisión de algún delito económico, incluyendo el fiscal (*deudas derivadas de sanciones penales o relacionadas con estas)* o tratarse de una cuestión temporal, es decir, tratarse de deudas tributarias *contraídas tras la solicitud o la apertura del procedimiento conducente a la exoneración de deudas,* letra e).

Esto es coherente con el Considerando 81 de la propia Directiva, el cual señala:

> *Cuando exista una razón debidamente justificada con arreglo al Derecho nacional, podría ser conveniente limitar la posibilidad de exoneración para determinadas categorías de deuda. Los Estados miembros deben poder excluir las deudas garantizadas de la posibilidad de exoneración solo hasta la cuantía del valor de la garantía que determine la normativa nacional, mientras que el resto de la deuda debe considerarse deuda no garantizada. Los Estados miembros deben poder excluir otras categorías de deudas cuando esté debidamente justificado.* (El subrayado es nuestro).

Es decir, se deja un alto grado de libertad a los Gobiernos nacionales para que, siempre con una motivación suficiente, no integrar determinadas deudas en la posibilidad de la exoneración; lógicamente, al no distinguirse entre las diversas modalidades de deudas, entre ellas, se encuentran las deudas de carácter público.

Todo ello, a pesar de que, aparentemente, la Directiva se construye desde una perspectiva general, donde la exoneración de deudas ha de incorporarse en cualquier proceso de reestructuración empresarial o de institución de un mecanismo de Segunda Oportunidad para los particulares y sin distinción entre las diversas clases, sean subjetivas u objetivas, de tales deudas,

5.5. Conclusiones generales

A nuestro juicio, si bien el espíritu del legislador europeo era, en sus orígenes, tratar los créditos públicos de manera totalmente idéntica con los de carácter privado y prever en los instrumentos concursales y paraconcursales algún tipo de mecanismo de flexibilización, de manera igualitaria entre los dos, pudiendo llegar a la exoneración total de deudas, como indica, entre otros, el Considerando 70 de la Directiva[151]; lo cierto es que en la redacción

---

151 *Los procedimientos que incluyan un plan de pagos, una ejecución de activos o una combinación de ambos deben prever la opción de una exoneración de deudas. Al aplicar tales normas, los Estados miembros deben poder elegir libremente entre*

final de la Directiva, en su "corpus" jurídico (el único con valor imperativo ya que los Preámbulos o Consideraciones son válidos, exclusivamente, como instrumentos de interpretación), éste habilita a los Estados nacionales a excluir categorías de créditos de la herramienta de exoneración de deudas, bajo criterios enunciados de manera amplia e incluyendo entre los susceptibles de no ser exonerados a los públicos, aunque no se cite esta modalidad de manera concreta, de tal tipo de "flexibilización", cualquiera que sea el desarrollo de ésta.

En estas condiciones, en nuestra opinión, no es solo que la Directiva europea de marcos de reestructuración preventiva no prevea por ninguna parte de forma imperativa la obligación, impuesta a los Estados nacionales, de exonerar el pago de deudas tributarias (en una u otra cantidad) en un plan de pagos, herramienta esencial de la llamada Segunda Oportunidad, sino que tampoco concede expresamente a los Estados nacionales la posibilidad de "flexibilizar" tal plan de pagos para incluir esa exoneración.

Al contrario, la idea de la Directiva es dejar en manos de los Estados disposiciones que éstos permitan, en general, ampliar o restringir el alcance de la exoneración plena de deudas del empresario o del particular concursado o sometido a un procedimiento preconcursal, idea eje de la Segunda Oportunidad y no, de generalizarla.

---

esas opciones. Si en el Derecho nacional se dispone de más de un procedimiento conducente a la exoneración de deudas, los Estados miembros deben garantizar que al menos uno de dichos procedimientos ofrezca al empresario insolvente la oportunidad de lograr la plena exoneración de deudas dentro de un plazo que no sea superior a tres años. En el caso de los procedimientos que combinan una ejecución de activos y un plan de pagos, el plazo de exoneración debe empezar a más tardar a partir de la fecha en que el plan de pagos sea confirmado por una autoridad judicial o empiece a ser aplicado, por ejemplo, a partir del primer plazo con arreglo al plan, pero también podría empezar antes, por ejemplo, en el momento de adoptarse la decisión de abrir el procedimiento. (Los subrayados son nuestros).

Ahora bien, tampoco existe en la Directiva de reestructuración ningún artículo que prohíba expresamente a las deudas tributarias, de cualquier cuantía, clase u origen, ser incorporadas dentro de la exoneración generalizada de deudas, lo cual es mucho más amplio que restringir (como hace la norma española) el monto exonerado a una cuantía de *minimis* como son 5.000 euros con carácter básico y general y hasta 10.000 euros con determinadas reglas de aplicación, tal y como establece el Derecho Concursal español vigente, ver abajo.

En consecuencia, es una opción del legislador nacional adoptar una u otra postura, siempre que ésta, eso sí, esté adecuadamente motivada por razones de interés general o de interés público y fundada en la Directiva; todo ello, a pesar de lo manifestado por determinada doctrina y del apoyo en ese sentido de la STS de 2 de julio de 2019 ya citada y de la jurisprudencia subsiguiente, en el sentido de que la Directiva "obligaba" a los Estados miembros a exonerar los créditos públicos en el supuesto de que existiera esa medida de flexibilización en los ordenamientos nacionales[152].

La Directiva era, en consecuencia, una norma de mínimos y, como veremos, la jurisprudencia del TJUE emitida hasta la fecha no ha hecho sino darnos la razón, es decir, los Estados miembros pueden excluir a las deudas de carácter pública, de manera total o parcial, de los beneficios de la Segunda Oportunidad siempre, eso sí, que motiven adecuadamente tal restricción, pero también pueden no integrar esa exclusión entre sus normas nacionales o modularla, siempre que motiven tal opción.

---

152 CUENA CASAS, MATILDE. "Segunda oportunidad y crédito público (A propósito de la mal entendida sentencia del Tribunal Supremo de 2 de julio de 2019", en Hay Derecho, 28 de julio de 2019, CUENA CASAS, MATILDE. "Segunda oportunidad y crédito público (A propósito de la mal entendida sentencia del Tribunal Supremo de 2 de julio de 2019", en Hay Derecho, 28 de julio de 2019, — Búsqueda (bing.com) (acceso ejecutado el 30 de septiembre de 2024).

6. A VUELTAS CON LA EXONERACIÓN DEL CRÉDITO PÚBLICO EN LOS AEP EN LA REDACCIÓN DEL TRLC

El caos normativo provocado por la existencia de hasta 28 modificaciones legales en la LC desde su publicación en 2003 y que hemos denunciado en páginas anteriores, no solo por constituir un atentado al principio de seguridad jurídica, art. 9.3 de la CE, sino por el daño directo que la inestabilidad jurídica produce en los operadores económicos, al ser incapaces éstos de conocer con exactitud la vigencia de las normas reguladoras de sus negocios jurídicos, trató de ser suplido mediante la publicación de un Texto Refundido[153].

En ese sentido, la DA 8 ª de la ya mencionada Ley 9/2015, de 25 de mayo, dispuso:

> ***Habilitación para aprobar un texto refundido de la Ley 22/2003, de 9 de julio, Concursal.***
>
> *Al efecto de consolidar en un texto único las modificaciones incorporadas desde su entrada en vigor, a la Ley 22/2003, de 9 de julio, Concursal, se autoriza al Gobierno para elaborar y aprobar, a propuesta de los Ministros de Justicia y de Economía y Competitividad, en un plazo de doce meses a contar desde la entrada en vigor de esta Ley, un texto refundido de la citada norma. Esta autorización incluye la facultad de regularizar, aclarar y armonizar los textos legales que deban ser refundidos.*

Nos encontramos, en consecuencia, ante una autorización para "regularizar, aclarar y armonizar los textos legales que deban ser refundidos", es decir, a ejecutar la segunda modalidad de

---

153 El último párrafo de la parte I del Preámbulo del Real Decreto-legislativo 1/2020, de 5 de mayo, por el que se aprueba el texto refundido de la ley concursal (BOE núm. 127, de 7), no es sino un pleno reconocimiento de esta caótica situación normativa:
En pocos casos la necesidad de un texto refundido es más necesaria. Las dificultades que, tras tantas reformas, suscita la lectura y la interpretación de las normas legales e incluso la comprensión de la lógica interna del sistema concursal vigente exigían no posponer por más tiempo esa tarea que, aunque delicada, resulta insoslayable afrontar

textos refundidos que autoriza nuestra CE, art. 82.5[154]; en consecuencia, el control posterior afecta al alcance de esta delegación y, de hecho, éste ha sido uno de los puntos más debatidos respecto del TRLC, a pesar del esfuerzo de sus redactores en manifestar que se habían limitado a cumplir estrictamente el alcance de la delegación.[155]

En lo que respecta al Derecho preconcursal[156] y, en particular, con relación al AEP, el TRLC dedica a esta materia, en especial, la

---

154 *La autorización para refundir textos legales determinará el ámbito normativo a que se refiere el contenido de la delegación, especificando si se circunscribe a la mera formulación de un texto único o si se incluye la de regularizar, aclarar y armonizar los textos legales que han de ser refundidos.* (El subrayado es nuestro).

155 No se necesita sino acudir a la parte II del Preámbulo para comprobar tal hecho, así como a lo expuesto en su DA tercera, para facilitar a los operadores jurídicos la labor de comprobar el alcance de la refundición emprendida:
Tabla de correspondencias.
Dentro del mes siguiente a la publicación en el «Boletín Oficial del Estado» de este real decreto legislativo se divulgará a través de la página web de los Ministerios de Justicia y de Asuntos Económicos y Transformación Digital, con efectos meramente informativos, una tabla de correspondencias de los preceptos de la Ley 22/2003, de 9 de julio, Concursal, con los del texto refundido que se aprueba mediante este real decreto legislativo.
Una amplia documentación relativa al TRLC puede ubicarse en: *Notarios y Registradores,* https://www.notariosyregistradores.com/web/cuadros/cuadros-normas/tabla-de-correspondencias-entre-leyes-concursales/#:~:text=tabla%20de%20correspondencias%20Ley%20 22/2003,%20de%209%20de%20julio,%20Concursal. (acceso hecho el 30 de septiembre de 2024).
Por su parte, la precitada Tabla de correspondencias, puede encontrarse en: *Tabla de correspondencias entre Leyes Concursales,* Notarios y Registradores, 23/07/2020, https://www.notariosyregistradores.com/web/cuadros/cuadros-normas/tabla-de-correspondencias-entre-leyes-concursales/ (último acceso generado el 7 de octubre de 2024).

156 Passim. PULGAR EZQUERRA, JUANA (DIR.); GUTIÉRREZ GILSANZ, ANDRÉS (COORD.); MEGÍAS LÓPEZ, JAVIER (COORD.), RECAMÁN GRAÑA, EVA (coord..), Comentario a la Ley Concursal. Texto refundido a la Ley Concursal. Tomos I y II, Ed. La Ley, Madrid, 3 ª edición, 2023.

Subsección 3 ª. *De la extensión de la exoneración del pasivo insatisfecho,* Capítulo II. *Del beneficio de la exoneración del pasivo insatisfecho,* del Título XI, *De la conclusión y reapertura del concurso de acreedores* y su Título III[157], arts. 631 a 694, ambos inclusive[158], pero la clave en nuestro asunto se encontraba recogida en el ya mencionado en este texto art. 491:

> ***Extensión de la exoneración.***
>
> *1. Si se hubieran satisfecho en su integridad los créditos contra la masa y los créditos concursales privilegiados y, si el deudor*

---

157 Para los AEP: VVAA. PRENDES CARRIL, PEDRO (dir.), FACHAL NOGUER, NURIA (dir.), *Comentario al Texto Refundido de la Ley Concursal,* Ed. Aranzadi, Thomson-Reuters, Cizur Menor, Navarra, 2021, 2 volúmenes, volumen 2, Título III, págs.1303 a 1598.

158 El Título III disponía de la siguiente estructura:
Título III. Del acuerdo extrajudicial de pagos.
Capítulo I. De los presupuestos.
Capítulo II. Del nombramiento de mediador concursal.
Sección 1.ª De la solicitud de nombramiento de mediador concursal.
Sección 2.ª Del nombramiento de mediador concursal.
Subsección 1.ª Del nombramiento.
Subsección 2.ª De la aceptación.
Sección 3.ª De la comunicación del nombramiento.
Sección 4.ª Del régimen supletorio.
Sección 5.ª Del deber de solicitar aplazamiento o fraccionamiento de la obligación de pago de los créditos de derecho público.
Capítulo III. De los deberes de comprobación.
Capítulo IV. Del acuerdo extrajudicial de pagos.
Sección 1.ª De la convocatoria a los acreedores.
Sección 2.ª De la propuesta de acuerdo extrajudicial de pagos.
Subsección 1.ª De la propuesta.
Subsección 2.ª De los documentos adjuntos a la propuesta.
Sección 3.ª De la aceptación de la propuesta.
Subsección 1.ª Del deber de asistencia.
Subsección 2.ª De las mayorías.
Sección 4.ª De la formalización del acuerdo.
Capítulo V. De la eficacia del acuerdo.
Capítulo VI. De la impugnación del acuerdo.
Capítulo VII. Del cumplimiento del acuerdo.

que reuniera los requisitos para poder hacerlo hubiera intentado un previo acuerdo extrajudicial de pagos, el beneficio de la exoneración del pasivo insatisfecho se extenderá a la totalidad de los créditos insatisfechos, exceptuando los créditos de derecho público y por alimentos.

2. *Si el deudor que reuniera los requisitos para poder hacerlo no hubiera intentado un previo acuerdo extrajudicial de pagos, el beneficio de la exoneración del pasivo insatisfecho se extenderá al setenta y cinco por ciento de los créditos ordinarios y a la totalidad de los subordinados.* (El subrayado es nuestro).

Por su parte, la Sección 5 ª del Capítulo II del Título III, establecía en los siguientes artículos[159]:

Sección 5.ª Del deber de solicitar aplazamiento o fraccionamiento de la obligación de pago de los créditos de derecho público

Artículo 655. El deber de solicitar aplazamiento o fraccionamiento de los créditos de derecho público.

1. *Una vez nombrado el mediador concursal, el deudor que tuviera deudas tributarias o de seguridad social para cuya gestión recaudatoria resulte de aplicación lo dispuesto en la Ley 58/2003, de 17 de diciembre, General Tributaria, en la Ley 47/2003, de 26 de noviembre, General Presupuestaria, o en el texto refundido de la Ley General de la Seguridad Social, aprobado por el Real Decreto legislativo 1/1994, de 20 de junio, deberá solicitar de la administración pública competente el aplazamiento o el fraccionamiento de pago de aquellas que, a la fecha del nombramiento del mediador, se encontrasen pendientes de ingreso, salvo que tuviera previsto y pudiera efectuar el pago de dichas deudas en el plazo establecido en la normativa que resulte de aplicación.*
2. *A la solicitud de aplazamiento o fraccionamiento se acompañará la relación de aquellas otras deudas de derecho público que a la fecha de presentación estuvieran incluidas en solicitudes pendientes de resolución.*

---

159 A los cuales se remitía el art. 497.2 TRLC:
Las solicitudes de aplazamiento o de fraccionamiento del pago de los créditos de derecho público se regirán por lo dispuesto en su normativa específica.

Artículo 656. Régimen aplicable al aplazamiento o fraccionamiento.

1. *La tramitación de las solicitudes de aplazamiento o de fraccionamiento de las deudas tributarias se regirá por lo establecido en la Ley 58/2003, de 17 de diciembre, y en la normativa que la desarrolla.*
2. *La tramitación de las solicitudes de aplazamiento o de fraccionamiento de las deudas de seguridad social se regirá por lo establecido en el texto refundido de la Ley General de la Seguridad Social, aprobado por Real Decreto legislativo 1/1994, de 20 de junio, y en la normativa que la desarrolla.*

Artículo 657. Resolución sobre la solicitud.

1. *El acuerdo de resolución del aplazamiento o fraccionamiento de las deudas tributarias o de seguridad social solo podrá dictarse cuando el acuerdo extrajudicial de pagos haya sido formalizado. No obstante, la administración pública competente podrá resolver antes la solicitud si hubieran transcurrido tres meses desde que se hubiera presentado sin que se haya publicado en el Registro público concursal el acuerdo extrajudicial de pagos o si el deudor hubiera sido declarado en concurso de acreedores.*
2. *Salvo que razones de cuantía, discrecionalmente apreciadas por la administración pública determinen lo contrario, el acuerdo de concesión del aplazamiento o fraccionamiento tendrá como referencia temporal máxima la contemplada en el acuerdo extrajudicial de pagos, si bien la periodicidad de los plazos podrá ser diferente.*

Artículo 658. Aplazamientos o fraccionamientos anteriores.

1. *Los aplazamientos y fraccionamientos de pago de las deudas tributarias o de seguridad social en su día concedidos y vigentes a la fecha de presentación de la solicitud continuarán surtiendo plenos efectos.*
2. *En el caso de que, junto con el aplazamiento o del fraccionamiento de las nuevas deudas, se solicitase la modificación de las condiciones de los ya concedidos, la solicitud se tramitará conjuntamente. (Los subrayados son nuestros).*

La lectura literal de los artículos anteriores resultaba clara y contundente: la exoneración del pasivo insatisfecho, la EPI, cualquiera que fuera la modalidad elegida para lograr este beneficio, BEPI, no alcanzaba en el TRLC nunca a los créditos públicos[160].

Es más, la única "flexibilización" concedida por la AEAT (y la TGSS) en este punto era acudir a los aplazamientos y fraccionamientos de deudas tributarias; de hecho, tal y como estaba redactado el art. 655.1, *in fine*, del TRLC, ver *supra*, no es que el legislador contemplase para los deudores con un AEP la vía de los aplazamientos y fraccionamientos de deudas tributarias como una forma de reducir la carga financiera de sus créditos tributarios, una "espera", sino que convertía este camino en una obligación, al incorporar al texto del articulado expresamente la voz "deberá".

Esta última redacción imperativa resultaba absurda, pues el fraccionamiento y aplazamiento es una potestad del deudor y una facultad discrecional de la AT, arts. 65 y 82 LGT, conforme reiterada jurisprudencia y, en consecuencia, nuevamente, una interpretación estricta del articulado del TRLC hubiera colocado en posición peor al deudor que hubiese obtenido el "beneficio" del BEPI que a un obligado tributario cualquiera sin, al menos, tener la contrapartida de que, al primero, la AEAT u otra AT[161] le tuviera que conceder tal solicitud.

Nuevamente, cabe manifestar que, desde la aprobación de la versión original de la LC, esta redacción es una nueva muestra de cómo la Hacienda Pública ha ido ganando posiciones frente al principio *pars conditio creditorum* en su eterna lucha por recuperar su privilegio de autotutela ejecutiva y conservar intacta la indisponibilidad del crédito tributario; pugna constante en la cual ha tenido también el apoyo de la jurisprudencia, por ejemplo, las sentencias del Tribunal de Conflictos de Jurisdicción (en

---

160 Otra visión general de la EPI bajo la égida del TRLC puede encontrarse en. FERNÁNDEZ SEIJO, JOSÉ MARÍA, *La exoneración del pasivo satisfecho en el Texto Refundido de la Ley Concursal*, Ed. Bosch, Barcelona, septiembre de 2023.

161 Incluyendo las Haciendas de las Diputaciones Forales.

adelante TCJ) núm. 1/2021, en el Conflicto de Jurisdicción n.° 4/2020, suscitado entre el Juzgado de lo Mercantil n.° 3 de Pontevedra y el Delegado del Gobierno en Galicia (BOE núm. 107, de 5 de mayo), el núm. 1/2022, en el Conflicto de jurisdicción n.° 1/2022, suscitado entre la Agencia Estatal de la Administración Tributaria —AEAT— y el Juzgado de lo Mercantil n.° 2 de Madrid (BOE núm. 290, de 3 de diciembre)[162] y, en su caso, a través de los oportunos cambios legales[163].

Inmediatamente, multitud de voces de la doctrina surgieron para calificar como un ejemplo de refundición *ultra vires* y, en consecuencia, contraria a Derecho y nula la expuesta redacción del art. 491 TRLC, apoyándose tanto en los antecedentes, concretamente, en la versión del art. 178 bis LC como en los borradores y precedentes del propio texto refundido[164], en la Directiva de la UE de 2019, aunque ésta todavía no había sido traspuesta al De-

---

162 CID, MÓNICA. "La potestad de autotutela de la Administración tributaria en el seno del concurso de acreedores. A propósito de la Sentencia del Tribunal de Conflictos de Jurisdicción n.° 2/2022", *Hay Derecho, blog,* 6 de marzo de 2023.

163 En general, MIGUEL ARIAS, SABINA DE, "El fortalecimiento de la potestad de autotutela ejecutiva de la Administración Tributaria tras las últimas medidas de lucha contra el fraude fiscal", *Revista española de Derecho Financiero,* núm. 165, enero-marzo 2015.

164 Un resumen general de las críticas, con recopilación de argumentos para calificar como "ultra vires", la exclusión de los créditos públicos en los BEPI puede encontrarse en:
REBOLLO DÍAZ, PEDRO. "La exoneración del crédito público con la entrada en vigor del Real Decreto Legislativo 1/2020, de 5 de mayo, por el que se aprueba el Texto Refundido de la Ley Concursal", *Revista de Derecho, Empresa y Sociedad,* núms. 18-19, núm. 121, págs. 183 a 194.
También podemos mencionar los siguientes artículos centrados alrededor de idéntica cuestión:
— CUENA CASAS, M., "La exoneración del pasivo insatisfecho", *Cuadernos de Derecho y Comercio,* n.° extra-1, 2016, págs. 575 a 639.
— GADEA SOLER, E., "El Beneficio de la Exoneración del Pasivo Insatisfecho. Tratamiento de los créditos públicos y por alimentos en las primeras resoluciones dictadas después de la entrada en vigor del Texto

recho nacional como, en especial, en el informe del Consejo de Estado al proyecto de TRLC[165] [166].

Refundido de la Ley Concursal", *Revista de Derecho, Empresa y Sociedad*, núm. 17, 2020, págs.20 a 36.

165 Emitido por su Comisión Permanente el 26 de marzo de 2020, el cual, en su pág.91, afirmaba con relación al alcance de la refundición respecto del art. 178 bis LC, lo siguiente:
...En esta misma sección 2ª, dedicada al régimen general, el artículo 491 TR, rubricado "Extensión de la exoneración" establece, en su apartado 1, que, en los casos en que se haya intentado el citado acuerdo extrajudicial, "el beneficio de la exoneración del pasivo insatisfecho se extenderá a la totalidad de los créditos insatisfechos, exceptuando los créditos de derecho público y por alimentos"; y, en su apartado 2, que, cuando no se hubiera intentado tal acuerdo, el beneficio "se extenderá al setenta y cinco por ciento de los créditos ordinarios y a la totalidad de los subordinados". Ninguna de estas dos previsiones se recoge en el artículo 178 bis LC. La delimitación de la extensión del beneficio efectuada en el artículo 491.2 TR (para casos en que no se haya intentado el acuerdo extrajudicial de pagos) es consecuencia lógica de la definición del presupuesto objetivo en este caso (artículo 488.2 TR y artículo 178 bis.3. 4º LC); su inclusión responde, por tanto, a las facultades de aclaración.
En cuanto a la delimitación que realiza el artículo 491.1 TR (en particular, en cuanto excluye del beneficio los créditos de derecho público y por alimentos), puede considerarse una adecuada armonización, en la medida en que tal acotación se hace en el artículo 178 bis.5. 1º LC (artículo 497.1. 1º TR) en los casos de exoneración por la aprobación de un plan de pagos.
BOE.es CE-D-2019-1127 (accedido el 30 de septiembre de 2024).
Tras su lectura, sin embargo, creemos que el Consejo de Estado no se manifiesta de manera contundente en favor del pretendido carácter "ultra vires" de la refundición.

166 Curiosamente, el informe al proyecto de Real Decreto Legislativo del Consejo General del Poder Judicial, de 26 de septiembre de 2019, a lo que se mostraba contrario era a la prevista exclusión de los créditos públicos en los AEP, cuando el deudor se acogiese a la modalidad de abono de un umbral del pasivo mínimo, de la siguiente forma:
...465.- En relación al artículo 490 del proyecto de texto refundido, señala la MAIN que "se ocupa de explicitar el pasivo exonerable en los supuestos en los que el deudor se acoge a la modalidad de abono de umbral de pasivo mínimo. Este extremo se da por sobreentendido en el artículo 178 bis.3.4° a diferencia de lo que acontece para el deudor que se acoge al plan de pagos donde sí hay una referencia

En otro orden de cosas, hay que considerar que las críticas a la redacción del TRLC por *ultra vires*, no solo se limitaron al art. 491 y a la exclusión de todo crédito público del EPI, sino que se extendieron a otras materias, verbigracia, en el área laboral.[167]

Los JJMM y, en general, la jurisprudencia, la cual había sido "creadora", como hemos mencionado con anterioridad, a la hora de incluir bajo la redacción del primitivo art. 178 bis LC a los créditos públicos bajo la sombra de la EPI, plantearon idéntica batalla, es decir, el TRLC, su art. 491, era nulo de pleno derecho, pues su labor refundidora excedía de los límites previstos en el art. 82.5 CE, no era esa la intención del legislador, como se deducía del texto del proyecto de texto refundido, sus antecedentes históricos y teniendo en cuenta la jurisprudencia del TS; los cuales eran con-

---

explícita al pasivo exonerable en el artículo 178 bis.5 de la Ley Concursal. A diferencia del artículo 178 bis de la Ley Concursal, expresamente se dispone que la exoneración se extiende al crédito público ordinario y subordinado". 466.- Como expone la MAIN, el artículo 490 TR "[e]xtensión de la exoneración", incorpora, ex novo, un nuevo apartado 3 del siguiente tenor literal: "3. En todo caso, la exoneración incluirá a los créditos de Derecho público". 467.- Sin entrar a valorar la posible incidencia en los privilegios de los créditos de Derecho público, esta nueva declaración excedería del mandato recibido para regularizar, aclarar y armonizar los textos legales que deban ser refundidos, al estar vedada la introducción de nuevos mandatos jurídicos inexistentes con anterioridad. Sin perjuicio de lo anterior, se ha de admitir que la inclusión de los créditos de Derecho público sirve, funcionalmente, en mayor medida a las finalidades a las que está anudado este instituto, y coadyuva a su operatividad dentro del sistema del concurso.
20190926 Informe proyecto RD Legislativo que aprueba texto refundido Ley Concursal 09.19.pdf (acceso ejecutado el 30 de septiembre de 2024)

167 MOLINA NAVARRETE, CRISTÓBAL. "Del (dulce) sueño de los ERTE al (abrupto) despertar del concurso: impacto laboral de una «codificación» ultra vires. A propósito del Real Decreto legislativo 1/2020, de 5 de mayo, por el que se aprueba el texto refundido de la Ley concursal", *Revista de Trabajo y Seguridad Social, CEF*, núm. 455, febrero de 2021, págs. 167 a 209, https://revistas.cef.udima.es/index.php/rtss/issue/view/188 (acceso ejecutado el 30 de septiembre de 2024).

trarios a lo expuesto en la nueva redacción del art. 491 TRLC y se oponía a la Directiva de 2019 de la UE[168].

La exposición de esta doctrina jurisprudencial, cuyo antecedente, como hemos reiterado, es la STS de julio de 2019, basada en la normativa anterior, empezó por el Juzgado Mercantil de Barcelona, el cual dictó Auto, de 20/9/2020 (veinte días apenas desde la entrada en vigor del TRLC), inaplicando el inciso del artículo 491 del TRLC, el cual versa "exceptuando los créditos de derecho público y por alimentos" y acordando la exoneración de los créditos de Derecho Público[169], Auto de la Audiencia Provincial de Barcelona 112/2021, Sección 15.ª, de 17 de junio de 2021 (ECLI:ES:APB:2021:5058ª)[170]; Sentencia 169/2021, del Juzgado

---

168 La exposición de textos doctrinales en ese sentido resultaría interminable, de manera puramente ejemplificativa, mencionamos los siguientes:
— BUFETE MARROQUÍN. *REFLEXIONES SOBRE EL NUEVO TEXTO REFUNDIDO DE LA LEY CONCURSAL Y LA FIGURA JURÍDICA "ULTRA VIRES"*, 16 de diciembre de 2020, https://marroquinabogados.com/reflexiones-texto-refundido-ley-concursal-figura-juridica-ultra-vires/ (acceso efectuado el 30 de septiembre de 2024).
— SANCHÓN LÓPEZ, ALEJANDRO. *La exoneración de pasivo insatisfecho en el concurso de acreedores,* Tesis doctoral presentada por ALEJANDRO SANCHÓN LÓPEZ para optar al Grado de Doctor en Derecho Privado por la Universidad de Salamanca, Dirigida por Prof. Dr. RAFAEL LARA GONZÁLEZ, Salamanca 2022.

169 ATARÉS PARIS, GEMMA. "Consecuencias de la posible extralimitación "ultra vires" del Texto Refundido de la Ley Concursal", *El Economista,* 23 de febrero de 2021; https://www.eleconomista.es/opinion-legal/noticias/11067333/02/21/Consecuencias-de-la-posible-extralimitacion-ultra-vires-del-Texto-Refundido-de-la-Ley-concursal.html (descarga del día 30 de septiembre de 2024).

170 CERVERA MARTÍNEZ, MARTA. "Comentario a la resolución de la Audiencia Provincial de Barcelona, Sección 15ª, de 17 de junio de 2021 sobre la extralimitación del TRLC en la exoneración pasivo insatisfecho", *Revista General de Insolvencias & Reestructuraciones,* número 4, 2021, págs. 445-454.
JUAN GÓMEZ, MATEO. El mecanismo de segunda oportunidad: un nuevo comienzo", *Diario La Ley,* N° 10008, Sección Tribuna, 11 de febre-

de lo Mercantil nº1 de Valladolid; Auto 722/2021, del Juzgado de lo Mercantil nº3 de Barcelona, o la Sentencia 164/2021, del Juzgado de lo Mercantil nº6 de Logroño, etc.; llegándose al Acuerdo 8/2021 de 24 de junio, establecido por los cinco Jueces de lo Mercantil de Sevilla, fijando el criterio a seguir en pro de la exoneración del crédito público.

Y esa jurisprudencia, la cual, en algunos casos, sigue aplicando la normativa anterior al TRLC y, en otras, se redacta bajo la vigencia de éste, parece seguir calificando al crédito público como un "lastre" para la obtención del BEPI [171], llegando tal línea jurisprudencial, consistente en incluir a los créditos públicos bajo el paraguas del BEPI, a pesar de la dicción *ad pedem litterae* del art. 491 TRLC, hasta estos momentos, cuando los Juzgados se encuentran todavía aplicando la normativa anterior a la alterada por la Ley 16/2022, ver abajo, por ejemplo, en los AATS 20.9.23, recursos nº 378/2022 y 4165/2021[172].

Incluso, se llegó a hablar de un efecto "anticipativo" o retroactivo de la Directiva de la UE de 2019, partiendo siempre de la base de que su contenido (lo cual, como hemos indicado, ya era discutible, dada su redacción, ver arriba) obligaba a introducir algún tipo de procedimiento concursal o paraconcursal que supusiese

---

ro de 2022, Wolters Kluwer, https://diariolaley.laleynext.es/Content/Documento.
aspx?params=H4sIAAAAAAAEADVPwWrDMAz9mvk4siRsvuiS5hLYym-jD7oojEoNrp7ac1X8_rd0ED_HE03vSNVMsI90Yzh-DSsUHXy4wxkyK-cUrQtE9vphK8CGq (entrada hecha el 30 de septiembre de 2024).

171 De esta forma contundente y gráfica lo califica MORATA SÁNCHEZ-TARAZAGA. DANIEL. "El lastre del crédito público", *Abogacía Española, Consejo General*, 23 de junio de 2022, https://www.abogacia.es/actualidad/opinion-y-analisis/el-lastre-del-credito-publico/ (entrada ejecutada el 7 de octubre de 2024).

172 RODRÍGUEZ RUIZ DE VILLA, DIEGO. *Crédito público y exoneración del pasivo insatisfecho*, Almacén de Derecho, junio 15, 2024, https://almacendederecho.org/credito-publico-y-exoneracion-del-pasivo-insatisfecho (entrada ejecutada el 7 de octubre de 2024).

una exoneración total de créditos, sin distinguir a los de carácter público.

En esta línea argumental se situaron también varios Juzgados, caso de los Autos 117/2021, del Juzgado de lo Mercantil nº1 de Cádiz, de 7 de mayo de 2021; Auto 205/2021, Juzgado de lo Mercantil nº1 de Sevilla, de 25 junio 2021; o el Auto de 9 de julio, del Juzgado de lo Mercantil nº1 de Sevilla, (Proc. nº 10504/2020)[173].

Sin embargo, la posición jurisprudencial no fue unánime y otros Autos y sentencias fueron favorables a la legalidad y literalidad del art. 491 TRLIC; por ejemplo, en el Auto 1/2021 del Juzgado de lo Mercantil n º 1 de Oviedo, de 13 de enero. Asimismo, en este Auto se añade una interpretación integradora del art. 491 TRLC, por cuanto entiende que la excepción del crédito público se debe aplicar, se haya intentado o no el acuerdo extrajudicial de pagos.

La base de esta argumentación se centra en que:

> *La labor de contraste debe realizarse entre la ley derogada y el Real Decreto Legislativo, y si bien es posible sostener (haciendo nuestras las palabras de la Abogacía del Estado en su escrito de oposición al recurso de inconstitucionalidad que dio origen a la STC 166/2007) que "no puede reputarse exceso alguno el que el poder ejecutivo aclare el sentido de los preceptos con el mismo alcance hecho por los Tribunales de Justicia, puesto que por definición, la labor de estos últimos no puede tampoco tener un contenido innovador, sino meramente interpretativo de lo que está implícito en la Ley", ello no implica que, a sensu contrario, cuando el refundidor opte, dentro de los límites de la regularización, aclaración o armonización, por plasmar en el Real Decreto Legislativo una solución contraria a la adoptada por la jurisprudencia, ello suponga automáticamente que haya incurrido en un exceso en la delegación, máxime cuando la opción jurisprudencial orillada tenga tanto o más de innovación*

---

173 *Vid.* un resumen de estas posturas jurisprudenciales en: MERA QUINTANA, PATRICIA A. *La exoneración del crédito público en el mecanismo de segunda oportunidad,* Universidad de Valladolid, Faculta de Derecho, Máster de la Abogacía; trabajo de fin de máster, tutelado por: RUBIO VICENTE, J., 14 de febrero de 2022.

que de interpretación [...] Si la ley, dentro de los límites constitucionales, decide autocompletarse, es la jurisprudencia, que ya ha cumplido su función, la que deviene inaplicable, por innecesaria, al haber cambiado el marco normativo. Entenderlo de otra manera supone alterar el sistema de fuentes, introduciendo en el juicio de comparación un elemento (la jurisprudencia) que constitucionalmente no forma parte de él"[174].

También hubo doctrina que calificó al art. 491 TRLC como plenamente legal y acorde con la delegación legislativa.[175]

Como era de esperar, esta dicotomía doctrinal y jurisprudencial acabó con la presentación de, hasta la fecha, cuatro recursos prejudiciales ante el único órgano jurisdiccional con capacidad para interpretar de manera uniforme, auténtica e imperativa la Directiva de 2019, es decir, el Tribunal de Justicia de la Unión Europea, TJUE, teniendo en consideración que tales cuestiones prejudiciales se formularon después de la publicación del TRLC; dado que, por un lado, la inmensa mayoría de los autores y jurisprudencia que consideraba a los créditos públicos como exonerables bajo la cobertura de los BEPI incluía como argumento sustantivo la Directiva de 2019, concretamente, su art. 23 y, en segundo término, por el carácter del Derecho Europeo, cuyo rango jerárquico en el sistema de fuentes jurídica es superior al español y por su aplicación directa, aunque en este último caso, cabe matizar que la "aplicación directa" de una Directiva es más que discutible, ver arriba; sobre todo si tenemos en cuenta que su trasposición al ordenamiento nacional solo se produjo en 2022, tras la entrada en vigor de la Ley 16/2022, siendo más que debatibles las posiciones favorables a un pretendido efecto anticipado o retroactivo de

---

174 LEONARDO, ALBERTO, "Dicotomía del criterio judicial respecto de la liberación de créditos de derecho público con la 'nueva' Ley de Segunda Oportunidad", *Legal Today,* núm. 975, de 24 de junio de 2021, https://www.legaltoday.com/revista-aja/975/articulos/2/index.html (entrada ejecutada el 30 de septiembre de 2024).

175 VVAA. *El Texto Refundido de la Ley Concursal,* Ed. FIDE, enero-junio de 2021.

esa Directiva, criterio que creemos falto de toda base jurídica en el Derecho de la UE, como luego (ver abajo) corroboró la única STJUE dictada a estos efectos.

En todo caso, todo el mundo era consciente de que debería producirse una clarificación del asunto con la trasposición de la Directiva marco de 2019 sobre reestructuraciones y procedimientos de insolvencia.

En otro orden de cosas, la necesidad de aclarar la situación jurídica del crédito público ante el BEPI se acrecentó por efectos de que, por diferentes causas no explicitadas suficientemente (aunque nosotros las centramos en un mayor conocimiento de la institución y la aparición de un nicho de mercado para algunos profesionales del Derecho, los cuales empezaron a difundir las bondades de la BEPI), el número de personas físicas implicadas tanto en concursos como en AEP aumentó en este período.

Cuadro número 10. Número de concursos de personas físicas

AÑOS	NÚMERO
2019	2.541
2020	3.127
2021	4.660

Fuente: REFOR. *ADELANTO SELECCIÓN 4 ESTADÍSTICAS DE VARIABLES CONCURSALES 2021 A PARTIR DE DATOS DE ESTADÍSTICAS DEL CGPJ Y SU COMPARACIÓN CON DATOS 2020 Y 2019 (POSTCOVID/PRECOVID)*, mayo de 2022, https://refor.economistas.es/ (accesos realizados el 30 de septiembre de 2024).[176]

176 Como ya hemos mencionado en una nota a pie de página anterior, uno de los problemas centrales para conocer científicamente la eficacia y eficiencia de nuestras instituciones concursales y asimiladas es la diversidad e insuficiencia de las fuentes estadísticas existentes.

En este punto, cabe señalar que el informe, a nuestro juicio, más completo y elaborado sobre Estadísticas Concursales, es el redactado y publicado por los Registros de la Propiedad; sin embargo, éste se centra

Cuadro número 11. Número de AEP

AÑOS	NÚMERO
2019	504
2020	573
2021	1.058

Fuente: REFOR. *ADELANTO SELECCIÓN 4 ESTADÍSTICAS DE VARIABLES CONCURSALES 2021 A PARTIR DE DATOS DE ESTADÍSTICAS DEL CGPJ Y SU COMPARACIÓN CON DATOS 2020 Y 2019 (POSTCOVID/PRECOVID),* mayo de 2022, https://refor.economistas.es/ (accesos realizados el 30 de septiembre de 2024).

Pero, mientras tanto, la posición de la Hacienda Pública, sin variar en su esencial y objetivo final, simplemente, alteró su ritmo de oposición a renunciar a sus prerrogativas por varias sencillas razones: la disminución del número de concursos empresariales, la recuperación económica y un mayor y mejor control de estos institutos jurídicos y de responsables (administradores concursales, liquidadores, miembros de los Consejos de Administración de las empresas concursadas, etc.).

Ciertamente, en el Plan de Control Tributario para 2017 se reproducen, de manera casi mimética respecto del año anterior, las prevenciones acerca del control recaudatorio en los concursos[177]

---

en los concursos de las personas jurídicas y, desde 2020, no proporciona información sobre los AEP.

En cualquier caso, para el año 2019, último en el cual edita un Anexo 7 a su reporte anual, los AEP iniciados correspondieron 25 a personas jurídicas, PJ y 4.421 a personas físicas, PF, los cuales supusieron 5.313 personas implicadas.

Obsérvese que los datos no son coincidentes con los incluidos en otras fuentes estadísticas referidas a los concursos e instituciones similares, por lo cual se insiste en la necesidad de disponer de estadísticas homogéneas y cualificadas al respecto.

177 *Control de deudores en proceso concursal: Se intensificarán las actuaciones de control en materia concursal, buscando una mayor gestión de su deuda pen-*

pero este asunto desaparece como prioritario para los ejercicios 2018[178] y siguientes, aunque indirectamente sí puede incidir en otras áreas del control de la fase recaudatoria (insolvencias aparentes, responsabilidad de administradores, gestión de deuda en ejecutiva, etc.).

Conviene también destacar que los AEP durante su limitada vigencia temporal, 2016-2022, no parece constituyeran una gran preocupación para las autoridades del Ministerio de Hacienda, sin duda, porque su número no era todavía muy alto y por afectar a sujetos, personas físicas, de escasa capacidad contributiva e impacto recaudatorio limitado.

En general, la mejora de la actividad económica (y no una reflexión, cuya existencia hubiese sido imprescindible, en lo relativo a la incidencia de la posición privilegiada de la AT en los procesos concursales y asimilados), permitió a la AEAT facilitar los aplazamientos y fraccionamientos de deudas tributarias, ampliando sus supuestos de concesión sin garantías y la facilidad en su otorgamiento, los cuales son el remedio general, desde su punto de vista, a estos problemas, conservando en todas las demás áreas su posición inflexible en defensa de los privilegios del crédito tributario.

---

diente, así como el seguimiento del concurso. Para ello se potenciarán acciones específicas con el objeto de impedir conductas defraudatorias que tratan de aprovechar la situación en que se encuentran dichos deudores para eludir el pago de las deudas tributarias y se procurará detectar los supuestos de responsabilidad tributaria que específicamente puedan afectar a este tipo de deudores. II. Control del fraude en fase recaudatoria, letra b), párrafo quinto.
Resolución de 19 de enero de 2017, de la Dirección General de la Agencia Estatal de Administración Tributaria, por la que se aprueban las directrices generales del Plan Anual de Control Tributario y Aduanero de 2017 (BOE núm. 23, de 27).

178 Resolución de 8 de enero de 2018, de la Dirección General de la Agencia Estatal de Administración Tributaria, por la que se aprueban las directrices generales del Plan Anual de Control Tributario y Aduanero de 2018 (BOE núm. 20, de 23).

Esto se demuestra acudiendo al documento (insuficiente y en algunas de sus respuestas de discutida interpretación jurídica[179]) de la AEAT, denominado de manera muy significativa, "La posición de la AEAT en los procedimientos de insolvencia"[180] y donde no existe ninguna referencia específica a los institutos paraconcursales: acuerdos de refinanciación, planes de reestructuración y AEP; de hecho, solo aparece una remisión cursoria a los "planes de reestructuración"[181], lo cual demuestra su marginalidad para la AT, al menos hasta la fecha.

7. LA TRASPOSICIÓN DE LA DIRECTIVA 2019 MEDIANTE LA LEY 16/2022

7.1. Nota previa

La doctrina confiaba de manera prácticamente unánime en que la trasposición al ordenamiento nacional de la Directiva de 2019 de la UE sobre reestructuraciones e insolvencias iba a solucionar, de una vez por todas, la problemática del crédito público, al menos, en lo que respecta a los procedimientos preconcursales

---

179 Ver, por ejemplo, la interpretación oficial dada la por la Resolución del Tribunal Económico-Administrativo Central (en adelante TEAC), de fecha 18 de octubre de 2021, R.G. 1877/2021, dictada en recurso extraordinario de alzada para la unificación de criterio, en materia de compensación de créditos contra la masa.

180 https://sede.agenciatributaria.gob.es/Sede/normativa-criterios-interpretativos/doctrina-criterios-interpretativos/criterios-caracter-general-aplicacion-tributos/posicion-aeat-procesos-concursales/compensacion-oficio.html (última entrada realizada el 30 de septiembre de 2024).

181 Concretamente, de la siguiente forma: *Postura de la AEAT ante las propuestas de convenio, planes de continuación y reestructuración,* https://sede.agenciatributaria.gob.es/Sede/normativa-criterios-interpretativos/doctrina-criterios-interpretativos/criterios-caracter-general-aplicacion-tributos/posicion-aeat-procesos-concursales.html (acceso del día 11 de octubre de 2024).

pues, curiosa y significativamente, ya nadie parecía exigir que, en el procedimiento concursal estándar, la Hacienda Pública flexibilizara su postura en este terreno o tendiera a minorar alguna de sus prerrogativas, reflejo éste de que la lucha de la Hacienda Pública había resultado exitosa para ella y el *statu quo*, arropado por la lucha contra el fraude fiscal y la búsqueda de ingresos públicos para reducir el déficit público[182].

La postura doctrinal y jurisprudencial mayoritaria era, resumiendo lo expuesto con anterioridad en esta obra, que los créditos públicos deberían ser objeto de exoneración (otra cuestión era en qué porcentajes, cuantías y condiciones) para facilitar la Segunda Oportunidad y, de hecho, como hemos visto, la jurisprudencia que se seguía emitiendo en aplicación de los AEP, "interpretaba" que estos créditos públicos formaban parte siempre del alcance de los BEPI, con nulidad absoluta de la redacción del art. 491 TRLIC, por ser ésta "ultra vires".

Pues bien, la Ley 16/2022, de 5 de septiembre, de reforma del texto refundido de la Ley Concursal, aprobado por el Real Decreto Legislativo 1/2020, de 5 de mayo, para la transposición de la Directiva (UE) 2019/1023 del Parlamento Europeo y del Consejo, de 20 de junio de 2019, sobre marcos de reestructuración preventiva, exoneración de deudas e inhabilitaciones, y sobre medidas para aumentar la eficiencia de los procedimientos de reestructuración, insolvencia y exoneración de deudas, y por la que se modifica la Directiva (UE) 2017/1132 del Parlamento Europeo y del Consejo, sobre determinados aspectos del Derecho de sociedades (Directiva sobre reestructuración e insolvencia) (BOE núm. 214, de 6)[183], fue la Ley encargada de la trasposición.[184]

---

182 Significativamente, España no ha obtenido un superávit público en los últimos 25 años.

183 La cual va unida a la Ley Orgánica 7/2022, de 27 de julio, de modificación de la Ley Orgánica 6/1985, de 1 de julio, del Poder Judicial, en materia de Juzgados de lo Mercantil (BOE núm. 180, de 28 de julio), cuyo contenido, en lo que a nosotros respecta, consiste básicamente,

En general, los debates, consultas públicas e informes, así como las opiniones doctrinales vertidas durante el proceso de redacción de la Ley ya advirtieron que, en principio, se pretendía mantener un criterio estricto, de defensa a ultranza de la integridad e indisponibilidad del crédito tributario y de la SS, tesis oficial cuyo contenido, poco a poco, se fue flexibilizando a lo largo de los debates sobre el proyecto de Ley, aunque de manera ciertamente cicatera, así, en algunas versiones anteriores a la publicación de la citada Ley 16/2022, la franquicia exonerada del crédito tributario se limitaba a 1.000 euros, monto ciertamente ridículo.

Ciertamente, una de las grandes finalidades de la Ley 16/2022, cuyo tenor se plantea como una "reforma ambiciosa"[185], fue inte-

---

como afirma su EM, I, penúltimo y último párrafos (cambiando el criterio de la anterior modificación competencial), en:

...La reducción competencial de los Juzgados de lo Mercantil se contrapone volver a residenciar en estos juzgados el conocimiento de los concursos de acreedores de aquellas personas naturales que no sean sujetos mercantiles. Se recupera así una competencia original perdida. Si la especialización es un logro, lo tiene que ser para toda clase de deudores. La condición civil del deudor no constituye argumento consistente para continuar atribuyendo a jueces no especializados la competencia para conocer de estos concursos. Además, la nueva concepción de la exoneración del pasivo insatisfecho de la que parte la Directiva 2019/1023, de 20 de junio de 2019, que de ser un beneficio ha pasado a ser un derecho cuando concurran determinadas condiciones, aconseja que sean especialistas los que conozcan de estas solicitudes.

Esa sustitución de concepciones en favor de una segunda oportunidad se acompaña de una medida complementaria, a fin de conseguir la homogeneidad deseable en este ámbito. Así, en todas aquellas provincias en las que exista más de un Juzgado de lo Mercantil, los concursos de deudores personas naturales deben repartirse a uno solo; y, si fueran más de cinco, a dos o más igualmente determinados. En aquellas provincias en que así se ha hecho, los resultados han sido positivos.

184 *Passim.* VVAA. FORTEA GORBE, J.L. (dir.); TALENS SEGUÍ, JACINTO (dir.); LÓPEZ APARICIO, JORGE (coord..); AZNAR GINER, EDUARDO (coord.) *La Reforma Concursal de la Ley 16/2022 a debate. Un nuevo paradigma en el tratamiento de la insolvencia,* Ed. Tirant lo Blanch, Valencia, 2023.

185 *Se trata de una ley muy ambiciosa, inspirada con el objetivo de conseguir, de acuerdo a los ejes de reforma marcados por la Directiva, cuando sea objetivamen-*

grar, alterándoles de manera sustancial, los procedimientos preconcursales previstos en la Directiva, incluyendo el AEP, dentro de un instrumento unitario; de esta manera, los AEP fueron suprimidos por la reforma legislativa de una manera radical y, a nuestro juicio, inesperada, cuando, precisamente, los datos avalaban un progresivo conocimiento y utilización de este negocio jurídico; es más, puede señalarse que una de las grandes finalidades de la norma es integrar de manera armónica todos los instrumentos jurídicos preventivos previstos en la Directiva de 2019.

En este blanco insiste su EM, III, cuyo párrafo primero establece:

> *La Directiva exige la introducción en la legislación nacional de uno o varios marcos o procedimientos de reestructuración preventiva. La finalidad de estos marcos o procedimientos es asegurar la continuidad de empresas y negocios que son viables pero que se encuentran en dificultades financieras que pueden amenazar la solvencia y acarrear el consiguiente concurso.*

Sustituyendo completamente el Libro Segundo de la LC[186], la Ley 16/2022, entre otras múltiples reformas que escapan al pro-

---

te posible, una reestructuración de activos y pasivos para evitar la insolvencia o solucionar la ya acaecida; la decisión de convertir el beneficio de la exoneración de las deudas, cuando concurran determinadas circunstancias, en un derecho de la persona natural deudora; y la decidida voluntad legislativa de simplificar el concurso de acreedores en aras de las siempre deseadas rapidez de la tramitación y eficiencia institucional, con algunos mecanismos de alerta temprana que permitan al deudor responsable detectar la necesidad de actuar para evitar o para encauzar la insolvencia. El contenido de la Directiva es heterogéneo, y, por consiguiente, heterogéneo también tiene que ser el contenido de la norma de transposición. Al mismo tiempo, para evitar algunas disfunciones e incoherencias con las nuevas normas en que se materializa la transposición, se procede a reformar la Ley Concursal en las materias directamente relacionadas (EM, I, último párrafo).

186 *A los efectos de llevar a cabo la transposición, la ley opta por una sustitución completa del libro segundo de la Ley Concursal. El nuevo libro segundo se divide en cinco títulos. El título I se ciñe a determinar los presupuestos subjetivo y objetivo. El título II regula la comunicación de la apertura de negociaciones con los acreedores con el fin de alcanzar un plan de reestructuración. El título III se ocupa de los planes de reestructuración, su aprobación, su homologación judicial*

pósito de nuestro trabajo y que siguen, en general, manteniendo los privilegios de los créditos públicos, deroga los AEP y los sustituye, sustancialmente, por el instituto preventivo del concurso que se erige como protagonista ahora del proceso: los planes de reestructuración.

7.2. El fin de los AEP y la exoneración del pasivo insatisfecho

Es interesante señalar que el legislador observa el ya derogado AEP con escepticismo, dándole por fracasado e irrelevante, cuando apenas acababa de tomar impulso tras la avalancha legislativa anterior y comenzaban a tomar cuerpo tanto el número de sujetos interesados en su aplicación como la jurisprudencia y la doctrina relativa a esta institución jurídica[187]; de hecho, este "escepticismo" se utiliza, precisamente, para justificar su derogación en la Ley 16/2022.

Este punto de vista puede contraponerse, sin embargo, con otras informaciones; de esta forma, como indican los últimos datos del REFOR sobre resultados de la Segunda Oportunidad:

> *Si bien hasta el año 2020 eran escasos (573), en 2021 su cifra llegó a 1.058 (crecimiento del 185% de 2021 sobre 2020; y del 209% de 2021 (postcovid) sobre 2019 (precovid), más del doble. Se concentran en Cataluña y Comunidad Valenciana especialmente. Curiosamente en Madrid su número es reducido y su crecimiento es lento. En 2021 han crecido especialmente en Cataluña, Comunidad Valenciana, Galicia, Andalucía y Castilla La Mancha.*[188]

---

y el régimen de impugnación. El título IV trata del nombramiento y del estatuto del experto encargado de la reestructuración, nueva figura cuyo nombramiento contempla la Directiva en determinados supuestos. Y, por último, el título V establece ciertas especialidades para deudores que no alcancen determinados umbrales (EM, III, cuarto párrafo).

187 CABANAS TREJO, RICARDO. "La desaparición del acuerdo extrajudicial de pagos", 14/7/22, *Notarios y Registradores,* https://www.notariosyregistradores.com/web/secciones/oficina-notarial/otros-temas/la-desaparicion-del-acuerdo-extrajudicial-de-pagos/ (acceso ejecutado el 30 de septiembre de 2024).

188 REFOR. *Atlas Concursal 2022,* noviembre de 2022, pág. 50,

También suben los concursos de empresarios autónomos, 4.006, las personas naturales empresarios fueron en el ejercicio 2022, 15.522 y, en ese mismo año, los AEP (último de su aplicación) alcanzaron los 1.511, es decir:

> *En 2022 se produce un crecimiento muy importante del número de concursos de acreedores de autónomos, fundamentalmente por la búsqueda de la segunda oportunidad. Por el contrario, los concursos de micropymes se reducen, y pasan a la segunda posición tras los de autónomos*[189].

En suma, siguiendo una característica típica (y, a nuestro juicio, errónea, al no permitir la consolidación de instrumentos jurídicos que necesitan estabilidad y años para evaluar su funcionamiento) del legislador español, se opta en la Ley 16/2022 por una postura radical: la supresión del AEP e integración de esta institución en otra herramienta preconcursal.

De esta manera, también el BEPI cambia de naturaleza e, incluso, en su nomenclatura, rubricándose ahora como "exoneración del pasivo insatisfecho", EPI, sin duda, por varias razones, verbigracia, para evitar la identificación del mecanismo con cualquier ayuda de Estado, pública o subvención[190] y porque deja de considerarse como un "beneficio", transformándose en un derecho del deudor, siendo objeto de modificaciones trascendentales, cuya motivación y finalidad quedan ampliamente detalladas en la prolija parte IV de la EM.[191]

---

189 *Ibídem. Atlas Concursal 2023,* noviembre de 2023, págs. 16, 28 y 48, respectivamente.

190 AHEDO AEÑA, OLGA. "La Ley 16/2022 de reforma del texto refundido de la ley concursal como «solución» a los «desajustes» de la exoneración del pasivo insatisfecho.", *El Derecho. Com. Noticias jurídicas y de actualidad,* 19 de octubre de 2022, https://elderecho.com/reforma-concursal-como-solucion-desajustes-exoneracion-pasivo-insatisfecho (entrada ejecutada el 30 de septiembre de 2024).

191 *Dentro de los cambios introducidos en el libro primero destacan los que tienen que ver con la exoneración del pasivo insatisfecho, institución que prescinde del sustantivo «beneficio» en su propia definición. Aunque la Directiva no lo impone, sí*

aconseja, y de hecho se ha optado, por mantener la regulación de la exoneración también para el caso de personas naturales cuyas deudas no provengan de actividades empresariales (consumidores).

La recuperación del concursado para la vida económica, tras el fracaso que el concurso supone, permite al deudor volver a emprender reincorporándose con éxito a la actividad productiva, probablemente sacando enseñanza de la crisis sufrida, en beneficio de la sociedad en general e incluso de los propios acreedores que tampoco obtendrían satisfacción a la legítima pretensión de cobro en ausencia de un expediente como el de la exoneración si el deudor, como la experiencia reiteradamente ha demostrado, se mantenía en situaciones de economía sumergida.

Los beneficios macroeconómicos de la «segunda oportunidad» han sido enfatizados en reiterados estudios de organismos económicos internacionales, como el Fondo Monetario Internacional o el Banco Mundial. Del mismo modo, un número creciente de legislaciones acogen ya la figura del fresh start, incorporado a nuestro derecho por primera vez mediante la Ley 25/2015, de 28 de julio, de mecanismo de segunda oportunidad, reducción de la carga financiera y otras medidas de orden social.

Pero las estadísticas demuestran que en España se ha hecho un escaso uso de la exoneración del pasivo insatisfecho si se compara con lo que sucede en otros Estados de la Unión Europea. La explicación de esa menor incidencia en la práctica de este instituto en nuestro país ha de buscarse, quizá, en dos desajustes básicos que presenta la normativa vigente: por una parte, la modalidad básica de exoneración presupone el pago de un umbral mínimo de deuda, que se fija normativamente sin ninguna consideración de las circunstancias personales y patrimoniales del deudor. Por otra parte, el modelo hasta ahora vigente de exoneración del pasivo insatisfecho tiene como base o presupuesto la previa liquidación del patrimonio del deudor, lo cual resulta ilógico respecto del deudor que aspira a mantener una parte de sus bienes —precisamente aquellos que le permitirían desarrollar la actividad empresarial o profesional de la que resultarán esas rentas o ingresos futuros. Resulta indispensable superar esta limitación de nuestro sistema de exoneración, de modo que el deudor pueda optar entre una exoneración inmediata con previa liquidación de su patrimonio y una exoneración mediante plan de pagos, en la que destine sus rentas e ingresos futuros durante un plazo a la satisfacción de sus deudas, quedando exonerada la parte que finalmente no atienda y sin necesaria realización previa de todos sus bienes o derechos.

La Directiva 2019/1023 obliga a todos los Estados miembros al establecimiento de un mecanismo de segunda oportunidad para evitar que los deudores se vean tentados a deslocalizarse a otros países que ya acojan estos institutos, con el coste que esto supondría tanto para el deudor como para sus acreedores. Al tiempo, la homogeneización en este punto se considera imprescindible para el funcionamiento del mercado único europeo.

Uno de los cambios más drásticos de la nueva normativa es que, en lugar de condicionar la obtención de la exoneración a la satisfacción de un determinado tipo de deudas (como ha venido a recoger el artículo 487.2 del texto refundido de la Ley Concursal), se acoge un sistema de exoneración por mérito en el que cualquier deudor, sea o no empresario, siempre que satisfaga el estándar de buena fe en que se asienta este instituto, puede exonerar todas sus deudas, salvo aquellas que, de forma excepcional y por su especial naturaleza, se consideran legalmente no exonerables. Se mantiene la opción, ya acogida por el legislador español en 2015, de conceder la exoneración a cualquier deudor persona natural de buena fe, sea o no empresario.

En todo caso, dada la singularidad que todo mecanismo de segunda oportunidad supone en cualquier sistema legal que, como el nuestro, consagra la responsabilidad del deudor con todos sus bienes presentes y futuros para la satisfacción de sus deudas, se ha considerado oportuno seguir brindando la segunda oportunidad solo al deudor insolvente, sin extenderlo a deudores apenas aquejados, de momento, de sobreendeudamiento.

Sí que se ha considerado oportuno derogar la regla que imponía al deudor que quería beneficiarse de la exoneración haber intentado infructuosamente un acuerdo extrajudicial de pagos, al considerar, por una parte, que de ella resultaba una discriminación injustificada entre los distintos tipos de deudores y, por otra, que no parece que beneficie al deudor, a sus acreedores o a la economía en general que el deudor proponga una solución preconcursal en aquellos casos en los que esté completamente convencido de la imposibilidad de llegar a un acuerdo con una mayoría suficiente de sus acreedores. De esta forma, el deudor persona natural que se encuentre en insolvencia actual o inminente deberá acudir al concurso para poder beneficiarse de la exoneración, pero sin necesidad de perder tiempo o incurrir en el coste de intentar una solución preconcursal en cuyo éxito no confíe.

Se articulan dos modalidades de exoneración: la exoneración con liquidación de la masa activa y la exoneración con plan de pagos. Estas dos modalidades son intercambiables, en el sentido de que el deudor que haya obtenido una exoneración provisional con plan de pagos puede en cualquier momento dejarla sin efecto y solicitar la exoneración con liquidación. Con estas dos rutas o itinerarios para la exoneración del pasivo, nuestro derecho se aproxima a otros como el derecho norteamericano, en el que cabe una exoneración inmediata para deudores que carecen de recursos (en el denominado Chapter 7 del Bankruptcy Code) y una exoneración con plan de pagos y sin obligatoria liquidación de la masa activa (en el Chapter 13), el derecho francés (art. L 742-24 del Código de Consumo/Code de la Consommation), o el derecho finlandés (art. 36.1 de la Ley de reestructuración de deudas de la persona natural), en los que el deudor puede obtener una exoneración tras un plan de reembolsos, manteniendo parte de sus bienes.

La buena fe del deudor sigue siendo una pieza angular de la exoneración. En línea con las recomendaciones de los organismos internacionales, se establece una delimitación normativa de la buena fe, por referencia a determinadas conductas objetivas que se relacionan taxativamente (numerus clausus), sin apelación a patrones de conducta vagos o sin suficiente concreción, o cuya prueba imponga una carga diabólica al deudor. Se elimina el requisito para poder gozar de la exoneración consistente en que el deudor no haya rechazado oferta de empleo en los cuatro años anteriores a la declaración de concurso. Y también se elimina la obligación de haber celebrado, o haber al menos intentado, un acuerdo extrajudicial de pagos.

Se ha considerado igualmente oportuno reducir el plazo mínimo hasta ahora vigente de diez años que debía mediar entre una solicitud de exoneración y la exoneración anteriormente concedida al mismo deudor.

Se amplía la exoneración a todas las deudas concursales y contra la masa. Las excepciones se basan, en algunos casos, en la especial relevancia de su satisfacción para una sociedad justa y solidaria, asentada en el Estado de Derecho (como las deudas por alimentos, las de derecho público, las deudas derivadas de ilícito penal o incluso las deudas por responsabilidad extracontractual). Así, la exoneración de deudas de derecho público queda sujeta a ciertos límites y solo podrá producirse en la primera exoneración del pasivo insatisfecho, no en las sucesivas. En otros casos, la excepción se justifica en las sinergias o externalidades negativas que podrían derivar de la exoneración de cierto tipo de deudas: la exoneración de las deudas por costes o gastos judiciales derivados de la tramitación de la propia exoneración podría desincentivar la colaboración de ciertos terceros con el deudor en este objetivo (por ejemplo, los abogados), lo cual perjudicaría el acceso del concursado al expediente. De la misma forma, la exoneración de deudas que gocen de garantías reales socavaría, sin fundamento alguno, una de las piezas esenciales del acceso al crédito y, con ello, del correcto funcionamiento de las economías modernas, cual es la inmunidad del acreedor que disfrute de una garantía real sólida a las vicisitudes de la insolvencia o el incumplimiento del deudor. Por último, de forma excepcional, se permite al juez que declare la no exonerabilidad total o parcial de ciertas deudas cuando ello sea necesario para evitar la insolvencia del acreedor.

Se mantiene el derecho vigente en cuanto a los efectos de la exoneración respecto de los acreedores, los bienes conyugales comunes del deudor, y otros obligados solidarios y fiadores, si bien se amplía este último ámbito a los aseguradores y a quienes, por disposición contractual o legal, vienen obligados a satisfacer total o parcialmente deuda exonerada, de tal forma que la exoneración no afectará a los derechos de los acreedores frente a estos colectivos. En sintonía con la regla de responsabilidad del cónyuge contratante de deudas conyugales prevista en el Código Civil, se aclara que la exoneración de deudas conyugales comunes contratadas por ambos cónyuges o por el cónyuge del concursado no beneficia a este, salvo que obtenga él mismo el beneficio de la exoneración.

Para estimular la pronta reincorporación del deudor exonerado a la vida económica, la sentencia judicial que declare la exoneración supondrá mandamiento a los acreedores afectados por la exoneración para que informen de la exoneración a los sistemas de información crediticia a los que previamente hubieran comunicado el impago o mora de deuda exonerada, al objeto de la actualización de sus registros. El deudor podrá igualmente recabar testimonio de la resolución judicial para dirigirse directamente a los sistemas de información crediticia y requerir la actualización.

La exoneración puede ser revocada totalmente si se acreditase la ocultación por el deudor de bienes, derechos o ingresos. Se mantiene la revocación de la exoneración en caso de mejora sustancial de la situación económica del deudor, no solo para la modalidad de exoneración con plan de pagos (como en el derecho hasta ahora vigente), sino también en caso de exoneración con liquidación, siempre que esa mejora ocurra en los tres años siguientes y tenga causa en herencia, legado o donación, juego de suerte, envite o azar. Si la mejora de fortuna permitiera solo el pago de parte de la deuda exonerada, la revocación será parcial. Este régimen se considera compatible con el objetivo macroeconómico básico de la segunda oportunidad, ya que la mejora de fortuna se acota temporalmente y por referencia solo a circunstancias de azar o con causa gratuita y adicionalmente, y al contrario que en el derecho hasta ahora vigente, la revocación de la exoneración se produce únicamente respecto a la deuda exonerada que pueda satisfacerse con esa mejora de fortuna.

Se ha reducido de cinco a tres años la duración del plan de pagos del deudor, si bien se prevé la extensión a cinco años en algunos casos en los que los acreedores hacen concesiones o esfuerzos más gravosos a favor del deudor o cuando su riesgo de recobro es mayor. El plazo se computa desde la confirmación judicial del plan, sin perjuicio de los recursos que procedan.

El plan de pagos ha de contener una relación detallada de los ingresos y recursos previsibles del deudor para satisfacer deuda exonerable, deuda no exonerable y las nuevas obligaciones durante el plazo del plan (en especial, las de subsistencia del deudor y las que genere su actividad empresarial o profesional). Al igual que el convenio, el plan de pagos no puede consistir en la liquidación total del patrimonio del deudor, pero puede contemplar la realización o cesión en pago de bienes no necesarios para la actividad del deudor. El plan tampoco puede alterar el orden de pago de los créditos, salvo con el consentimiento de los acreedores afectados. El juez resuelve sobre el plan de pagos propuesto, tras escuchar a los acreedores personados, concediendo la exoneración provisional conforme al plan de pagos presentado por el deudor o con las modificaciones que estime oportunas. Aunque no se requiere la aprobación de los acreedores afectados para la concesión por el juez de la exoneración, cualquiera de ellos podrá impugnarla en los casos previstos. Se considera adecuado conceder recurso de apelación respecto de la sentencia que resuelva la impugnación, sin efectos suspensivos. La exoneración provisional producirá efectos desde el término del plazo para la impugnación, si no se impugna, o desde la fecha de la sentencia judicial que la rechace.

Basta la lectura de esa larga y alambicada parte IV de la EM de la Ley 16/2022, para darse de cuenta de que los cambios son de un enorme calado y, además de los típicos problemas interpretativos que cualquier modificación legislativa conlleva, necesitarán desarrollo reglamentario (totalmente ausente en materias clave, derivadas de la Ley 16/2022, verbigracia, desarrollar reglamentariamente la administración concursal o concretar la incidencia de la Ley en el Registro Público Concursal) y una adecuada consolidación jurisprudencial[192].

No es nuestro fin entrar en ese complejo e incierto mundo, sino mencionar que, con todos sus límites y, a pesar de que, en

---

Al igual que con el convenio, con la eficacia de la exoneración, decaen los efectos sobre el deudor de la declaración de concurso, que quedan sustituidos por los que, en su caso, contemple el plan y cesa igualmente la administración concursal. Los deberes de información y colaboración del deudor se mantienen, no obstante, hasta la exoneración definitiva.

Como en el derecho hasta ahora vigente, la exoneración provisional puede revocarse en caso de incumplimiento del plan de pagos y, adicionalmente, si se evidenciara que el deudor no hubiera destinado a la satisfacción de la deuda exonerable toda la renta y recursos efectivos en las condiciones que se determinan. La revocación de la exoneración implica la resolución del plan de pagos y de sus efectos sobre los créditos, procediéndose a la apertura de la liquidación. Se conservan, en todo caso, los actos realizados en ejecución del plan, salvo en caso de fraude, alteración de la igualdad de trato de los acreedores o actuación contraria al propio plan.

Se mantiene la posibilidad ya contemplada en el derecho vigente de que, pese al incumplimiento parcial del plan de pagos, se otorgue al deudor la exoneración definitiva, para el caso de que el juez aprecie que el incumplimiento ha resultado de accidente o enfermedad graves e inesperadas, ya del deudor, ya de las personas que con él conviven. Se han eliminado, sin embargo, los supuestos que el derecho hasta ahora vigente contemplaba para poder acceder a la exoneración no obstante el incumplimiento del plan de pagos, por dos razones: en primer lugar, porque eran situaciones excesivamente casuísticas; en segundo, porque resultaban herramientas o instrumentos adicionales —y de alguna forma, incongruentes— con los beneficios que la especial normativa de protección de los deudores hipotecarios ha venido incorporando desde el año 2013 en nuestro derecho. (Los subrayados son nuestros).

192 JIMÉNEZ PARÍS, TERESA ASUNCIÓN. "La exoneración del pasivo insatisfecho tras la reforma concursal por Ley 16/2022, de 5 de septiembre.", *Revista Crítica de Derecho Inmobiliario,* núm. 797, 2023, págs..1866 a 1907.

general, los créditos públicos siguen disponiendo de un importante grado de protección[193], se rompe en la redacción de la Ley 16/2022 y para instrumentos preconcursales el dogma de la indisponibilidad del crédito tributario (y de la SS), siquiera con montos reducidos y limitándose a la configuración de la exoneración del pasivo insatisfecho, EPI.[194]

La regulación de la EPI se encuentra ahora contenida en el Capítulo II del Título XI del Libro Primero, formado por los artículos 486 a 502 TRLC y la clave de la reforma en nuestro ámbito se ubica en el art. **489. Extensión de la exoneración.**

> *1.La exoneración del pasivo insatisfecho se extenderá a la totalidad de las deudas insatisfechas, salvo las siguientes:*
>
> ....
>
> *5.° Las deudas por créditos de Derecho público. No obstante, las deudas para cuya gestión recaudatoria resulte competente la Agencia Estatal de Administración Tributaria podrán exonerarse hasta el importe máximo de diez mil euros por deudor; para los primeros cinco mil euros de deuda la exoneración será integra, y a partir de esta cifra la exoneración alcanzará el cincuenta por ciento de la deuda hasta el máximo indicado. Asimismo, las deudas por créditos en seguridad social podrán exonerarse por el mismo importe y en las mismas condiciones. El importe exonerado, hasta el citado límite, se aplicará en orden inverso al de prelación legalmente establecido en esta ley y, dentro de cada clase, en función de su antigüedad.*

Podrá criticarse la cicatería de los importes exonerados, pero pensemos que esta redacción supone una ruptura radical frente a

---

193 O de "sobreprotección", conforme a otra visión doctrinal: ALMUDÍ CID, JOSÉ MANUEL. "La sobreprotección del crédito público tras la finalización del concurso de acreedores: exoneración del pasivo insatisfecho y sucesión tributaria en los concursos con insuficiencia de masa activa", *Revista Técnica Tributaria,* núm. 143, octubre-diciembre 2023, páginas 7 a 22.

194 *Passim,* AZOFRA VEGAS, FERNANDO. *Exoneración del Pasivo Insatisfecho. Del BEPI a la EPI,* Uría Menéndez, *blog,* 15/10/22; https://www.uria.com/es/publicaciones/8136-exoneracion-del-pasivo-insatisfecho-del-bepi-a-la-epi (acceso ejecutado el 7 de octubre de 2024).

la situación anterior y una quiebra, siquiera limitada, de la otrora inflexible posición de la Hacienda Pública y de la TGSS en este terreno; además, cumple perfectamente con el espíritu de la Directiva y es de fácil interpretación.

7.3. El debate continúa: la STJUE de 11 de abril de 2024 y el previsible futuro

Ahora bien, los debates *lege ferenda* y doctrinales acerca de las prerrogativas de los créditos públicos en los concursos de acreedores e instituciones asimiladas no pueden darse por terminados, ni mucho menos tras la entrada en vigor de la Ley 16/2022 y la nueva versión del TRLC, que integra las alteraciones normativas de la Ley, porque, como hemos pretendido demostrar a lo largo de nuestra sintética exposición histórica y legislativa, estas discusiones y enfrentamientos responden a la contradicción irresoluble entre los principios de indisponibilidad del crédito tributario y la *pars conditio creditorum*; es más, los resultados sincrónicos, el estado del arte, solo puede conducir a situaciones de equilibrio inestable[195].

En este sentido, cabe señalar que todavía está abierta (por razones temporales) la discusión acerca del alcance del art. 178 bis LC y, posteriormente, si el contenido del art. 491 TRLC es *ultra vires* o no ya que la jurisprudencia recientemente emitida en este terreno lo ha sido de casos, en muchos supuestos, presentados bajo la vigencia, incluso, del primero de los artículos mencionados[196] [197].

---

195 La posición de la AEAT se expone como hemos reiterado en notas anteriores en: *La exoneración del crédito público insatisfecho,* 10 de junio de 2023, https://sede.agenciatributaria.gob.es/Sede/normativa-criterios-interpretativos/analisis/La_exoneracion_del_credito_publico_insatisfecho.html (acceso realizado el 7 de octubre de 2024).

196 RODRÍGUEZ RUIZ DE VILLA, DANIEL. *Crédito público y exoneración del pasivo insatisfecho, op. cit.*

197 Otra sentencia reciente, de idéntico tenor, se comenta en: *Exoneración del pasivo insatisfecho de los créditos de derecho público. Sentencia Juz-*

En otro orden de cosas, las esperanzas puestas por la doctrina y la jurisprudencia en el sentido de que la EPI, en su redacción original, violaba la Directiva de 2019 y sus principios, convicciones que habían llevado a plantear hasta cuatro cuestiones prejudiciales ante el TJUE, pueden considerarse que, hasta estos momentos, no han sido refrendadas por este Tribunal europeo, dando la razón a aquellos (entre los cuales nos encontramos, ver arriba) partidarios, *lege data, de* que la Directiva solamente tenía efectos directos desde su trasposición al ordenamiento nacional y, en ningún caso, podría aplicarse como si su redacción obligase a una exoneración generalizada de deudas públicas en instituciones preconcursales; teniendo en cuenta, además, que la Directiva solo tenía efectos directos desde su trasposición al derecho interno, lo cual se ha realizado, precisamente, por la mencionada Ley 16/2022.

Pues bien, la sentencia del Tribunal de Justicia de la UE de 11 de abril de 2024, identificada de la siguiente manera: *Document 62022CJ0687,* Sentencia del Tribunal de Justicia (Sala Segunda) de 11 de abril de 2024. Julieta y Rogelio contra Agencia Estatal de la Administración Tributaria. Petición de decisión prejudicial planteada por la Audiencia Provincial de Alicante.

Procedimiento prejudicial — Cooperación judicial en materia civil — Directiva (UE) 2019/1023 — Procedimientos de reestructuración, insolvencia y exoneración de deudas — Artículo 20 — Acceso a la exoneración de deudas — Artículo 20, apartado 1 — Plena exoneración de deudas — Artículo 23 — Excepciones — Artículo 23, apartado 4 — Exclusión de la exoneración de deudas de categorías específicas de créditos — Exclusión de los

---

gado Mercantil nº 8 Madrid 169/2023 de 20 de Septiembre. TOL9749456 (TOL9.749.456), Tirant Prime, noviembre, 7, 2023, https://prime.tirant.com/es/boletin-novedades/exoneracion-del-pasivo-insatisfecho-de-los-creditos-de-derecho-publico-sentencia-juzgado-mercantil-no-8-madrid-169-2023-de-20-de-septiembre-tol9749456-tol9-749-456/ (acceso hecho el 7 de octubre de 2024).

créditos de Derecho público —Justificación con arreglo al Derecho nacional — Efectos jurídicos de las directivas — Obligación de interpretación conforme.

Asunto C-687/22, *ECLI identifier: ECLI:EU:C:2024:287*[198], ha dejado meridianamente claro, en primer lugar, en sus conclusiones que los hechos juzgados se produjeron antes de la expiración del plazo de interpretación de la Directiva y de la transposición de ésta al Derecho nacional y, en consecuencia, la Directiva no tiene efectos retroactivos.

Además, el art. 23. 4 de la Directiva 2019/1023 no posee, frente a la posición doctrinal dominante en España, carácter exhaustivo y, por lo tanto, los…*Estados miembros tienen la facultad de excluir de la exoneración de deudas categorías específicas de créditos distintas de las enumeradas en esa disposición, siempre que tal exclusión esté debidamente justificada con arreglo a Derecho nacional* (declaración 2 del Tribunal), conclusiones que, en otro orden de cosas, concuerdan con el dictamen previo del Abogado General, Sr. J. Richard de la Tour[199].

Es decir, que la normativa española reguladora de los AEP antes de la entrada en vigor de la Ley 16/2022 (la cual, no lo olvidemos tampoco, derogó esa figura) podía excluir del EPI (en el caso tratado en la STJUE, el BEPI) a los créditos de Derecho Público, siempre que esa exclusión se encontrase "debidamente justificada"; es más, a nuestro juicio, esta sentencia refrenda la redacción de la Ley 16/2022 ya que nada empecé a que la exclusión de los créditos públicos de cualquier exoneración del pasivo insatisfecho, se cualifique como beneficio del deudor, BEPI, antes de la entrada en vigor de la Ley 16/2022 o como un derecho de la per-

---

198 https://eur-lex.europa.eu/legal-content/es/TXT/?uri=CELEX:-62022CJ0687 (último acceso realizado el día 30 de septiembre de 2024).

199 Presentadas el 14 de diciembre de 2023, *ECLI identifier: EU: C: 2023: 995*, www.https://enclaveconcursal.com/uploads (acceso ejecutado el 30 de septiembre de 2024).

sona afectada, EPI, sea total, parcial o se restringa a determinadas cuantías, siempre que el legislador fundamente la opción elegida por la Ley concursal.

Cierto es que, nuestro TS y la jurisprudencia en general, tanto de los órdenes civiles como los JJMM, sigue manteniendo en jurisprudencia reciente su doctrina de 2019, STS, Civil pleno, de 2 de julio de 2019, núm. 381/2019, rec. 3669/2016 (EDJ 2019/639018), respecto del alcance del antiguo 178 bis de la LC, incluyendo en el ámbito de la exclusión de los originarios AEP a los créditos tributarios; cierto también que algunos autores también esperan que la jurisprudencia del TJUE cambie cuando resuelva las restantes cuestiones prejudiciales todavía no resueltas; otros discuten ahora si la normativa anterior a la reforma de 2022 estaba o no "debidamente justificada", pero nuestra conclusión no varía: el art. 491 LC no permitía la inclusión de ningún crédito tributario en los BEPI y lo verdaderamente "ultra vires" era nuestra jurisprudencia dictada bajo la vigencia del TRLC antes de la redacción alterada por la Ley 16/2022.

En cualquier supuesto, restan diversas sentencias del TJUE para cerrar el asunto, las cuales (no lo olvidemos) hacen referencias a casos producidos antes de la entrada en vigor de la reforma incorporada por la Ley 16/2022; asimismo, la doctrina contraria a la restricción del crédito público argumenta en estos momentos que la motivación para las restricciones del crédito público no está adecuadamente expuesta en el TRLC y, en consecuencia, no cumple con la Directiva de 2019.

Por ello, no es de extrañar que, en un informe reciente donde se sintetiza el estado de la cuestión, se manifieste taxativamente:

> *En cualquier caso, es crucial subrayar que la decisión emitida respecto a la cuestión prejudicial C-687/22 no agota por completo las complejidades inherentes al tratamiento del crédito público en el mecanismo de segunda oportunidad. Por ende, queda abierta la posibilidad de futuras interpretaciones por parte del TJUE. Esto implica que aún persiste una vía de esperanza para los empresarios con deuda pública en España, cuya situación podría evolucionar*

> *conforme se clarifiquen y se resuelvan todas las cuestiones planteadas.*[200]

En otro orden de cosas, la sociedad y la economía siguen avanzado y las últimas estadísticas concursales y de instituciones preconcursales (ver la Introducción de este libro), parecen reflejar que, por fin, las personas físicas particulares han empezado a utilizar los instrumentos ofrecidos por la Ley para solventar sus crisis financieras, lo cual nos vuelve a llevar a la genérica reflexión de que tanto cambio legislativo en nuestra normativa concursal no facilita, precisamente, un uso eficaz y eficiente de estas herramientas.

Y, por último, pensemos que, a su vez, la UE está en pleno proceso de reflexión sobre su Derecho Concursal y los efectos que está produciendo en la economía y la sociedad en su conjunto porque la Directiva de 2019 responde a unos presupuestos de crisis económica y social, la crisis Lehman Brothers de 2008, ya periclitados; lógicamente, el proceso político y legislativo de la UE es muy premioso, pero no lo podemos olvidar para servir de guinda a nuestra conclusión final: los conflictos entre la Hacienda Pública y los procesos concursales y asimilados continuarán.[201]

---

200 AGUIRRE REDONDO, JUAN MIGUEL. *Dossier. El TJUE aclara los límites de la Ley de Segunda Oportunidad y el crédito público,* DOSSIERES, Aranzadi La Ley, mayo de 2023.

201 Ver: *Dictamen del Comité Económico y Social Europeo sobre "Reforzar la resiliencia financiera de las microempresas y pymes y promover las segundas oportunidades para los empresarios", Dictamen de la iniciativa, C/2024/869;* publicado en DOUE, serie C, de 6 de febrero de 2024.

Bibliografía[1]

AURIOLES GÁLVEZ DEL POSTIGO Paloma y AZOFRA VEGAS, Fernando , *Exoneración del Pasivo Insatisfecho. Del BEPI a la EPI,* Uría Menéndez, *blog,* 15/10/22; https://www.uria.com/es/publicaciones/8136-exoneracion-del-pasivo-insatisfecho-del-bepi-a-la-epi (acceso ejecutado el 7 de octubre de 2024).

FACHAL NOGUER, Nuria, *Exoneración del pasivo insatisfecho y vivienda habitual del concursado, Almacén de Derecho,* 25 mayo 2022, https://almacendederecho.org/exoneracion-del-pasivo-insatisfecho-y-vivienda-habitual-del-concursado

BELTRAN, Emilio, "Los problemas del Derecho concursal español", en *El Notario del siglo XXI,* enero-febrero 2012, núm. 41.

AGENCIA ESTATAL DE ADMINISTRACIÓN TRIBUTARIA, AEAT. *La posición de la AEAT en los procedimientos de insolvencia,* https://sede.agenciatributaria.gob.es/Sede/normativa-criterios-interpretativos/doctrina-criterios-interpretativos/criterios-caracter-general-aplicacion-tributos/posicion-aeat-procesos-concursales/compensacion-oficio.html (última entrada realizada el 30 de septiembre de 2024).

AGUIRRE REDONDO, Juan Miguel, *Dossier. El TJUE aclara los límites de la Ley de Segunda Oportunidad y el crédito público, DOSSIERES,* Aranzadi La Ley, mayo de 2023.

AHEDO PEÑA, Olga, "La Ley 16/2022 de reforma del texto refundido de la ley concursal como «solución» a los «desajustes» de la exoneración del pasivo insatisfecho", *El Derecho. Com. Noticias jurídicas y de actualidad,* 19 de octubre de 2022., https://elderecho.com/reforma-concursal-como-solucion-desajustes-exoneracion-pasivo-insatisfecho.

ALCOVER GARAU, Guillermo, "Aproximación al régimen jurídico de los concursos sin masa", *ADCo,* núm. 28, enero- abril 2013.

---

1 En las notas a pie de página de este trabajo se incluyen referencias a otros libros, artículos, informes, documentos, etc., utilizados para su redacción.
Esta bibliografía pretende, simplemente, exponer algunos de los textos más significativos con ánimo de invitar a los lectores a acudir a los documentos incluidos en ella para obtener una mayor información en esta materia.

ALMUDÍ CID, José Manuel, "La sobreprotección del crédito público tras la finalización del concurso de acreedores: exoneración del pasivo insatisfecho y sucesión tributaria en los concursos con insuficiencia de masa activa", *Revista Técnica Tributaria,* núm. 143, octubre-diciembre 2023, páginas 7 a 22.

ATARÉS PARIS, Gemma. "Consecuencias de la posible extralimitación "ultra vires" del Texto Refundido de la Ley Concursal", *El Economista,* 23 de febrero de 2021; https://www.eleconomista.es/opinion-legal/noticias/11067333/02/21/Consecuencias-de-la-posible-extralimitacion-ultra-vires-del-Texto-Refundido-de-la-Ley-concursal.html (descarga del día 30 de septiembre de 2024).

AZOFRA VEGAS, Fernando, "La exoneración del pasivo insatisfecho tras la transposición de la Directiva 2019/1023", *Revista General de Insolvencias & Reestructuraciones: Journal of Insolvency & Reestructuring,* núm. extra-7, 2022, (Ejemplar dedicado a: Reforma del Texto refundido de la Ley Concursal para la transposición de la Directiva (UE) 2019/1023).

— *Ibídem.* "¿Es posible la exoneración del pasivo insatisfecho sin liquidación y sin plan de pagos tras la trasposición de la Directiva 2019/1023?", *ADCo,* núm. extra 58, 2023.

— *Ibídem.* "Exoneración del Pasivo Insatisfecho. Del BEPI a la EPI", *Uría Menéndez, blog,* 15/10/22; https://www.uria.com/es/publicaciones/8136-exoneracion-del-pasivo-insatisfecho-del-bepi-a-la-epi (acceso ejecutado el 7 de octubre de 2024).

BALLESTEROS JIMÉNEZ, Maia, *La insuficiencia de masa activa tras la declaración de concurso,* https://zaguan.unizar.es/record/89253/files/TESIS-2020-054.pdf.

BASTANTE GRANELL, Víctor, "La necesaria configuración de un "plan de pagos forzoso ex ante" a favor del consumidor insolvente", *RDCyPC,* núm. 24, 2016.

BECEIRO CAGIAO, Simón, "Afectación del crédito público al plan de pagos y beneficio de exoneración del pasivo insatisfecho; comentario a la STS 2 julio 2019", *Legal Today,* 2 de septiembre de 2019, legaltoday.com/practica-juridica/derecho-civil/civil/afectacion-del-credito-publico-al-plan-de-pagos-y-beneficio-de-exoneracion-del-pasivo-insatisfecho-comentario-a-la-sts-2-julio-2019-2019-09-02/ (entrada ejecutada el 7 de octubre de 2024).

BELTRÁN SÁNCHEZ, Emilio, "Insolvencia de las familias en la ley concursal española", en *El futuro de la protección jurídica de los* consumidores (actas del I Congreso Euroamericano de Protección Jurídica de los Consumidores), en ROMILLO URBINA y ÁLVAREZ RUBIO coor., Ed. Civitas, 2008.

— *Ibídem.* "Los problemas del Derecho concursal español", en El notario del siglo XXI, enero-febrero 2012, núm. 41.

BERGADÁ MINGUELL, Marta, "Declaración de concurso consecutivo de persona natural y exoneración de pasivo insatisfecho", *Economist & Jurist,* 5 de octubre de 2024, https://www.economistjurist.es/casos-juridicos-reales/declaracion-de-concurso-consecutivo-de-persona-natural-y-exoneracion-del-pasivo-insatisfecho/ (entrada ejecutada el 7 de octubre de 2024).

BLANCO DÍEZ, Patricia, *El privilegio del crédito tributario en sede concursal.* Tesis doctoral presentada ante la Facultad de Ciencias Jurídicas y de la Empresa. Departamento de Ciencias Jurídicas Sociales y de la Empresa de la Universidad Católica San Antonio, UCAM, Murcia; directores: Alarcón García, Gloria, Torre Olid, Francisco de la; 2015.

BLANCO SARALEGUI, José María, "*Conclusión y reapertura del* concurso", en *Tratado judicial de la insolvencia,* PRENDES CARRIL, P.y MUÑOZ PAREDES, A. dirs., Aranzadi, 2012, tomo II.

CABALLERO GARCÍA, Fernando, "La especialidad de la conclusión del concurso por insuficiencia de masa activa," en *La aplicación práctica de la nueva Ley Concursal tras un año de vida,* MARTIN MOLINA dir., Ed. Dykinson, Madrid, 2013

CABANAS TREJO, Ricardo, "La desaparición del acuerdo extrajudicial de pagos", 14/7/22, *Notarios y Registradores.*

CALVO VÉRGEZ, Juan, "La concurrencia de los procedimientos tributario y concursal", *ADCo,* núm. 27, 2012.

— *Ibídem.* "La calificación del crédito tributario en el concurso de acreedores: principales cuestiones conflictivas (I) y (II), *Carta Tributaria,* núms. 172/2019, págs., 7 a 57 y 173/2019, págs. 37 a 75, respectivamente.

CARBAJO VASCO, Domingo, *Cuestiones tributarias en los concursos de acreedores,* Ed. Tirant lo blanch, colecc. Temática, Valencia, 2017 y en las diferentes ediciones de su trabajo de investigación para el Instituto de Estudios Fiscales.

— *Ibídem.* "Cuestiones tributarias del acuerdo extrajudicial de pagos", *YIP-ONLINE,* 28 de mayo de 2019.

— *Ibídem. Algunas cuestiones tributarias en los concursos de acreedores,* cuyo último número aparece como Documento de Investigación núm. 4/2020, Documento de Trabajo 4 2020 (ief.es)

CANDELARIO MACIAS, María Isabel y PACCHI, Stefania, *La Directiva de la (UE) 2019/1023 sobre insolvencia (Estudios desde diferentes ordenamientos)*, Ed. Tirant lo blanch, Valencia, 2021.

CARBAJO VASCO, Domingo; DÍAZ ECHEGARAY, José Luis, *La responsabilidad general y tributaria de los administradores concursales,* Ed. Tirant lo blanch, coelcc. Concursal, Valencia, 2 ª edición, 2021.

CARNELUTTI, Francesco,"Espropriazione del. Creditore", *Rivista di Diritto* Commerciale, fascicolo 10-11,1930.

CERVERA MARTÍNEZ, Marta, "Comentario a la resolución de la Audiencia Provincial de Barcelona, Sección 15ª, de 17 de junio de 2021 sobre la extralimitación del TRLC en la exoneración pasivo insatisfecho", *Revista General de Insolvencias & Reestructuraciones,* número 4, 2021, págs. 445-454.

CID, Mónica. "La potestad de autotutela de la Administración tributaria en el seno del concurso de acreedores. A propósito de la Sentencia del Tribunal de Conflictos de Jurisdicción n.º 2/2022", *Hay Derecho, blog,* 6 de marzo de 2023.

CUENA CASAS, Matilde, "Conclusión del concurso de acreedores de persona física y exoneración del pasivo pendiente (A propósito del Auto del Juzgado Mercantil nº 3 de Barcelona de 26 de octubre de 2010)", en *RDBB.* Ed. Lex Nova, núm. 125, 2012.

— *Ibídem.* "Reformas de la Ley Concursal e insolvencias de la Persona física. La persona física insolvente, de nuevo olvidada", *Revista CESCO de Derecho de Consumo,* 11, 2014.

— *Ibídem.* "El nuevo régimen de la segunda oportunidad, Pocas luces y muchas sombras", ADCo, 37, 2015.

— *Ibídem.* "Régimen Jurídico e impacto económico del aparente régimen de "segunda oportunidad" introducido por la Ley 25/2015, de 28 de Julio", en *Presente y futuro del Mercado Hipotecario y Ley de Segunda Oportunidad para consumidores y empresarios/as,* Ed. Aranzadi, Thomson Reuters, 2015.

— *Ibídem.* "El nuevo régimen de la segunda oportunidad. Pocas luces y muchas sombras.", *ADCo,* núm. 37, 2016, págs. 11.63.

— *Ibídem.* "La exoneración del pasivo insatisfecho", *Cuadernos de Derecho y Comercio,* núm. extra-1, 2016.

— *Ibídem.* "La "generosa" aplicación judicial del régimen de segunda oportunidad y su posible impacto en el mercado de crédito", *Notario siglo* XXI, núm. 80, julio-agosto 2018.

— *Ibídem.* "Segunda oportunidad y crédito público (A propósito de la mal entendida sentencia del Tribunal Supremo de 2 de julio de 2019)", en *Hay Derecho,* 28 de julio de 2019

— *Ibídem.* "Segunda oportunidad y crédito público", *Notario del siglo XXI,* núm. 87, septiembre-octubre de 2019.

— *Ibídem.* "Reforma concursal: segunda oportunidad y ejecución de la vivienda habitual", *El Notario del siglo XXI,* núm. 105, septiembre-octubre, 2022.

— *Ibídem.* "Ámbito de aplicación (art. 486)", en *Comentario a la Ley Concursal,* en PULGAR EZQUERRA dir., Ed. La Ley, Las Rozas (Madrid), 3ª edición, 2023, tomo 2º.

— *Ibídem.* "Excepción (art. 487)", en *Comentario a la Ley Concursal,* PULGAR EZQUERRA dir., Ed. La Ley, Las Rozas (Madrid), 3ª edición, 2023, tomo 2º.

— *Ibídem. "Prohibición* (art. 488)", en *Comentario a la Ley Concursal,* PULGAR EZQUERRA dir., Ed. La Ley, Las Rozas (Madrid), 3ª edición, 2023, tomo 2.

— *Ibídem. "Extensión de la exoneración* (art. 489)", en *Comentario a la Ley Concursa*l, PULGAR EZQUERRA dir., Ed. La Ley, Las Rozas (Madrid), 3ª ed., 2023, tomo 2º.

— *Ibídem.* "Efectos de la exoneración sobre los acreedores (art. 490)", en *Comentario a la Ley Concursal,* PULGAR EZQUERRA dir., Ed. La Ley, Las Rozas (Madrid), 3ª ed., 2023, tomo 2º.

— *Ibídem.* "Vencimiento e intereses (art. 496 bis"), en *Comentario a la Ley* Concursal, PULGAR EZQUERRA dir., Ed. La Ley, Las Rozas (Madrid), 3ª ed., 2023, tomo 2º

— *Ibídem.* "Impugnación del plan de pagos (art. 498 bis)", en *Comentario a la Ley Concursal,* PULGAR EZQUERRA dir., Ed, La Ley, Las Rozas (Madrid), 3ª edición, 2023, tomo 2º.

— *Ibídem.* "Efectos de la exoneración sobre obligados solidarios, fiadores, avalistas, aseguradores y quienes, por disposición legal o contractual, tengan obligación de satisfacer la deuda afectada por la exoneración (art. 492)", en *Comentario a la Ley Concursal,* PULGAR EZQUERRA dir., Ed. La Ley, Las Rozas (Madrid), 3ª ed., 2023, tomo 2º.

— *Ibídem.* "Efectos de la exoneración sobre las deudas con garantía real (art. 492 bis)", en *Comentario a la Ley Concursal,* PULGAR EZQUERRA dir., ED, La Ley, Las Rozas (Madrid), 3ª ed., 2023, tomo 2º.

— *Ibídem.* "Supuestos de revocación de la concesión de la exoneración (art. 493)", en *Comentario a la Ley Concursal,* PULGAR EZQUERRA dir., Ed. La Ley, Las Rozas (Madrid), 3ª ed., 2023, tomo 2º.

— *Ibídem.* "Régimen de la revocación (art. 493 bis)", en *Comentario a la Ley* Concursal, PULGAR EZQUERRA dir., Ed. La Ley, Las Rozas (Madrid), 3ª ed., 2023, tomo 2º.

— *Ibídem.* "Solicitud de exoneración mediante plan de pagos (art. 495)", en *Comentario a la Ley Concursal,* PULGAR EZQUERRA dir., Ed. La Ley, Las Rozas (Madrid), 3ª ed., 2023, tomo 2º.

— *Ibídem.* "Contenido del plan de pagos (art. 496)", en *Comentario a la Ley Concursal,* PULGAR EZQUERRA dir., Ed, La Ley, Las Rozas (Madrid), 3ª ed., 2023, tomo 2º.

— *Ibídem.* "Vencimiento e intereses (art. 496 bis)", en *Comentario a la Ley Concursal,* PULGAR EZQUERRA dir., Ed. La Ley, Las Rozas (Madrid), 3ª edición, 2023, tomo 2º

— *Ibídem.* "Duración del plan de pagos (art. 497)", en *Comentario a la Ley Concursal,* PULGAR EZQUERRA dir., Ed. La Ley, Las Rozas (Madrid), 3ª ed., 2023, tomo 2º.

— *Ibídem.* "Impugnación del plan de pagos (art. 498 bis)", en *Comentario a la Ley Concursal,* PULGAR EZQUERRA dir., Ed. La Ley, Las Rozas (Madrid), 3ª ed., 2023, tomo 2º.

— *Ibídem.* "Alteración significativa de la situación económica del deudor (art. 499 bis)", en *Comentario a la Ley Concursal,* PULGAR EZQUERRA dir., Ed. La Ley, Las Rozas (Madrid), 3ª ed., 2023, tomo 2º.

— *Ibídem. "Revocación de la exoneración en caso de plan de pagos* (art. 499 ter)", en *Comentario a la Ley Concursal,* PULGAR EZQUERRA dir., Ed. La Ley, Las Rozas (Madrid), 3ª ed., 2023, tomo 2º.

— *Ibídem.* "Solicitud de exoneración tras la liquidación de la masa activa (art. 501)", en *Comentario a la Ley Concursal,* PULGAR EZQUERRA dir., Ed. La Ley, Las Rozas (Madrid), 3ª ed., 2023, tomo 2º.

— *Ibídem.* "Exoneración del pasivo insatisfecho (art. 700)", en *Comentario a la Ley Concursal,* PULGAR EZQUERRA dir., Ed. La Ley, Las Rozas (Madrid), 3ª ed., 2023, tomo 2º

— *Ibídem.* "Especialidad en caso de deudor persona física (art. 715)", en *Comentario a la Ley Concursal,* PULGAR EZQUERRA dir., Ed. La Ley, Las Rozas (Madrid), 3ª ed., 2023, tomo 2º, pág. 1.746.

CUENA CASAS, Matilde y FERNÁNDEZ SEIJO, José María, *La exoneración del pasivo insatisfecho en el concurso de acreedores de persona física,* Ed. Aranzadi, Cizur Menor (Navarra), 2023.

DE BALZAC, Honoré, *El arte de pagar sus deudas sin gastar un céntimo,* Ediciones Espuela de Plata, 4ª ed., 2014.

DÍAZ ECHEGARAY, José Luis, *Manual Práctico de Derecho Concursal,* Eds. Experiencia, Barcelona, 2012.

— *Ibídem. Deberes y responsabilidad de los administradores de sociedades de capital,* Editorial Aranzadi, Pamplona, 2004;

— *Ibídem. Acuerdos extrajudiciales de pago, concurso consecutivo y segunda oportunidad. Conforme al nuevo texto refundido de la Ley Concursal,* Ed. Tirant lo blanch, Valencia, 2021.

— *Ibídem.* "La reactivación de las sociedades de capital después de acordada la liquidación en el concurso de acreedores", *El Notario del siglo XXI,* enero/febrero 2022, núm. 101.

— *Ibídem. Calificación del concurso. Doctrina y jurisprudencia,* Ed. Civitas, Madrid, 2023, 2ª ed.

— *Ibídem. La responsabilidad de los administradores de la sociedad anónima,* Editorial Montecorvo, Madrid, 1995;

— *Ibídem. Deberes y responsabilidad de los administradores de sociedades de capital,* Editorial Aranzadi, Pamplona, 2004.

— *Ibídem. El Acuerdo Extrajudicial de Pagos,* Ed. Civitas, Thomson Reuters, Cizur Menor, Navarra, 2014.

— *Ibídem.La responsabilidad civil, en La responsabilidad de los administradores de las sociedades de cápita, civil, concursal, fiscal, laboral y penal,* DÍAZ ECHEGARAY coord.., Eds. Thomson Reuters Aranzadi, Navarra, 2022

— *Ibídem.Responsabilidad en el supuesto de concurso de la sociedad, en La responsabilidad de los administradores de las sociedades de capital, Civil, concursal, fiscal, laboral y penal,* DÍAZ ECHEGARAY coord., Eds. Thomson Reuters Aranzadi, Navarra, 2022

— *Ibídem.* "Régimen de responsabilidad de los administradores en los grupos de sociedades ", en *De iure mercatus. Libro homenaje al Prof. Dr. h. c. Alberto Bercovitz Rodríguez Cano,* Ed. Tirant lo blanch, Valencia, 2023.

ESTEBAN RAMOS, LUIS MARÍA. "El acuerdo extrajudicial de pagos: una opción a disposición de pymes y consumidores", *RDC y PC,* julio de 2016, págs. 1 y 20.

FACHAL NOGUER, Nuria, "¿Cuáles son los efectos que proyecta la exoneración del pasivo insatisfecho sobre los garantes?", *La Ley insolvencia,* núm. 11, abril-junio 2022.

— *Ibídem.* "Exoneración del pasivo insatisfecho y vivienda habitual del concursado ", *Almacén de Derecho,* 25 mayo 2022, https://almacendederecho.org/exoneracion-del-pasivo-insatisfecho-y-vivienda-habitual-del-concursado.

FAN, W.; WHITE, Michelle J (2003). "Personal Bankruptcy and the Level of Entrepreneurial Activity", *Journal of Law and Economics,* 46(2), págs. 543-568, https://econpapers.repec.org/article/ucpjlawec/y_3a2003_3av_3a46_3ai_3a2_3ap_3a543-67.htm (acceso realizado el 13 de septiembre de 2024).

FERNÁNDEZ GONZÁLEZ, Víctor; BLANCO GARCÍA- LOMAS, Leandro; DÍAZ REVORIO, *El concurso de los acreedores de la persona física,* Ed. La Ley, Madrid, 2016.

FERNÁNDEZ PÉREZ, Nuria, "La exoneración del pasivo insatisfecho tras la Ley 16/2022, de 5 de septiembre", *ADCo,* núm. 58, enero de 2023

FERNÁNDEZ SEIJO, José María, "Los efectos del reconocimiento del derecho a la exoneración del pasivo insatisfecho en los procedimientos judiciales seguidos contra el deudor", *Hay Derecho,* 16 de enero de 2023, https://www.hayderecho.com/2023/01/19/los-efectos-del-reconocimiento-del-derecho-a-la-exoneracion-del-pasivo-insatisfecho-en-los-procedimientos-judiciales-seguidos-contra-el-deudor/.

— *Ibídem.* "La exoneración del crédito público en los procedimientos de «segunda oportunidad»", *Almacén de Derecho,* junio 2020, https://almacendederecho.org/la-exoneracion-del-credito-publico-en-los-procedimientos-de-segunda-oportunidad

— *Ibídem. La reestructuración de las deudas en la Ley de segunda oportunidad,* Ed. Bosch, Barcelona, 2015.

— *Ibídem. La exoneración del pasivo satisfecho en el Texto Refundido de la Ley Concursal,* Ed. Bosch, Barcelona, septiembre de 2023.

FUNDACIÓN FIDE. *Resumen de la Jornada "Concurso sin masa y exoneración del pasivo insatisfecho",* 14 de julio de 2024, https://thinkfide.com/resumen-de-la-jornada-concurso-sin-masa-y-exoneracion-del-pasivo-insatisfecho/ (consulta realizada el 14 de septiembre de 2024).

GABINETE TÉCNICO, SALA DE LO CIVIL, TRIBUNAL SUPREMO. Nota titulada: "EXONERACIÓN DE PASIVO INSATISFECHO. CONCEPTO DE DEUDOR DE BUENA FE. POSIBILIDAD DE UTILIZAR SOBREVENIDAMENTE LA ALTERNATIVA DEL 178 bis 3 5º LC. APROBADO JUDICIALMENTE UN PLAN DE PAGOS, EL 178 bis 6 NO PUEDE CONDICIONAR SU EFICACIA A LA RATIFICACIÓN DEL ACREEDOR PÚBLICO,", julio de 2019.

GADEA SOLER, E., "El Beneficio de la Exoneración del Pasivo Insatisfecho. Tratamiento de los créditos públicos y por alimentos en las primeras resoluciones dictadas después de la entrada en vigor del Texto Refundido de la Ley Concursal", *Revista de Derecho, Empresa y Sociedad*, núm. 17, 2020, págs. 20 a 36.

GARCÍA CRUCES, José Antonio, "El fracaso del proceso concursal ya declarado", *ADCo*, núm. 30, septiembre- diciembre 2013.

GARCÍA NOVOA, César. "Indisponibilidad del crédito tributario y situaciones concursales y preconcursales", en PATÓN GARCÍA, GEMMA; ULAS PATIÑO, GABRIELA (directoras). *El crédito tributario en el proceso concursal. Perspectivas ante un nuevo escenario económico y legislativo*... *op. cit.*, págs. 1 a 59.

GACIAMARTÍN ELVIRA, Andrea. *El acuerdo de refinanciación*, Universidad de Valladolid, Facultad de Ciencias Sociales, Jurídicas y de la Comunidad, Grado de Derecho; Trabajo de Grado, julio de 2016, Tutor. GONZÁLEZ PADRÓN, LAURA.

GARCÍA-VILARRUBIA, Manuel, "Incertidumbres del nuevo concurso sin masa, tras la Ley 16/2022", *URIA-MENENDEZ, Boletín Mercantil*, núm. 113, https://www.uria.com/es/publicaciones/8242-incertidumbres-del-nuevo-concurso-sin-masa-tras-la-ley-162022

— *Ibídem*. "Dos cuestiones sobre el concurso de personas físicas: el «archivo exprés» en el concurso de persona física y la extensión del beneficio de exoneración del pasivo insatisfecho", en *El Derecho. Revista de Derecho Mercantil*, núm. 96, 2021.

— *Ibídem*. "La vivienda habitual y la exoneración del pasivo insatisfecho", Boletín Mercantil, *Uría Menendez*, núm. 109, 2022, https://www.uria.com/es/publicaciones/8004-la-vivienda-habitual-y-la-exoneracion-del-pasivo-insatisfecho.

GONZÁLEZ VÁZQUEZ, José Carlos, "Informes sobre la liquidación (art. 152)", en *Comentario a la Ley Concursal*, PULGAR EZQUERRA dir., Ed. La Ley, Las Rozas (Madrid), 2016.

GÓMEZ AMIGO, Luis. *El nuevo régimen de los acuerdos extrajudiciales de pagos*, 2016. 1ª edición. Madrid: Ed. Reus, 2016.

GÓRRIZ LÓPEZ, C., "La extinción de los créditos concursales no satisfechos durante el concurso (AJM 3 Barcelona 26.10.2010)", ADCo, núm. 26, 2012.

HAZIQUIN AZAHAF, ALÍ. *El beneficio de exoneración del pasivo insatisfecho*, trabajo de grado, Universidad de Valladolid, Facultad de Ciencias Políticas, Sociales, Jurídicas y de la Comunicación, Grado en Derecho, tutor: JOSÉ LUIS POZO MARTÍNEZ, 2022.

HERNÁNDEZ RODRÍGUEZ, MARÍA DEL MAR "La segunda oportunidad en el Real Decreto-Ley 1/2015", *El Derecho. Com. Noticias jurídicas y actualidad,* 1 de abril de 2015.

HURTADO YELO, Juan José, *El plan de pagos en la exoneración del pasivo insatisfecho. Problemas en su contenido y cumplimiento, El Derecho,* https://elderecho.com/plan-de-pagos-exoneracion-pasivo-insatisfecho-problemas

IBFD, *Tax issues in Consensual Debt Reestructuring, Derivatives & Fiscal Instruments, special issue,*_vol. 14, *September* 2012.

JIMÉNEZ PARÍS, Teresa, "El *fresh start* o nueva oportunidad para el deudor sobreendeudado de buena fe. A propósito del Auto del Juzgado de lo Mercantil núm. 3 de Barcelona, de 26 de octubre de 2010", *Revista Critica de Derecho Inmobiliario,* núm. 729, 2012.

— *Ibídem.* "La exoneración del pasivo insatisfecho tras la reforma concursal por Ley 16/2022, de 5 de septiembre.", *Revista Crítica de Derecho Inmobiliario,* núm. 797, 2023, págs..1866 a 1907.

JUAN GÓMEZ, Mateo, "El mecanismo de segunda oportunidad: un nuevo comienzo", *Diario La Ley,* núm. 10008, Sección Tribuna, 11 de febrero de 2022, https://diariolaley.laleynext.es/Content/DocumentoRelacionado.aspx?params=H4sIAAAAAAAEAC2NQW_CMAyFf81ymTS1Y0Avvp-QeEZq2anc3sdJIIYbE6ei_xxtYerKf_NnvWimvI90ELLvg-fVCCaMpa-K0n-mHMlYzgVKB52dtW9W7QSsU4sIV982fCQiNO0BjOjnK_6iQsGL-oQN-tut6bM_HvCJXiUwKnH_HgbnINhbLQ2H12368xCuSgAP8FTEjJz8PNR-JQ–EGY7f6In0PB6VobfsFxuz01fRfR6kvT9742N2gcUOmCk5J65d-Ph0uz-yAAAAWKE

LEONARDO, ALBERTO, "Dicotomía del criterio judicial respecto de la liberación de créditos de derecho público con la 'nueva' Ley de Segunda Oportunidad", *Legal Today,* núm. 975, de 24 de junio de 2021.

LUQUE CORTELLA, ANA. *La Hacienda Pública y el crédito tributario en los procesos concursales,* Ed. Marcial Pons, Madrid, Barcelona, Buenos Aires, 2008.

LLEDO YAGÜE, Francisco, *La ley de segunda oportunidad en Europa y algunas consideraciones notables en la legislación norteamericana, en Presente y futuro del Mercado Hipotecario y Ley de Segunda Oportunidad para consumidores y empresarios/as,* Eds. Aranzadi, Thomson Reuters, 2015.

MARÍN DE LA BARCENA, Fernando, "Causas (art. 465)", en *Comentario a la Ley Concursal,* PULGAR EZQUERRA dir., Ed. La Ley, Las Rozas (Madrid), 2023, tomo 2°.

MARTÍN MOLINA, Pedro B.; DEL CARRE DÍAZ-GÁLVEZ, José María; LOPO LÓPEZ, María Antonia (coords.). *La Ley concursal y la mediación concursal. Un estudio conjunto realizado por especialistas.* 1ª edición. Madrid. Ed. Dykinson, 2014.

MARTÍNEZ ESCRIBANO, CELIA. "La prelación de créditos tributarios en el concurso: intento de coordinación entre la normativa tributaria y la Ley Concursal", *ADC,* núm. 7, 2006.

MERA QUINTANA, PATRICIA A. *La exoneración del crédito público en el mecanismo de segunda oportunidad,* Universidad de Valladolid, Facultad de Derecho, Máster de la Abogacía; trabajo de fin de máster, tutelado por: RUBIO VICENTE, J., 14 de febrero de 2022.

MOLINA HERNÁNDEZ, Cecilio, "La controvertida revocación del beneficio de exoneración del pasivo insatisfecho", *CEF Legal: revista practica de* Derecho, núm. 190, 2016.

MORATA SÁNCHEZ-TARAZAGA. Daniel. "El lastre del crédito público", *Abogacía Española, Consejo General,* 23 de junio de 2022, https://www.abogacia.es/actualidad/opinion-y-analisis/el-lastre-del-credito-publico/ (entrada ejecutada el 7 de octubre de 2024).

MORCECIAN, RUBÉN. "Sobreendeudamiento del Consumidor y los créditos de Derecho Público. El sobreendeudamiento del consumidor y su incidencia sobre el sistema económico y financiero de la sociedad. Análisis desde el Derecho Argentino y Español", en PATÓN GARCÍA, GEMMA; ULAS PATIÑO, GABRIELA. *El crédito tributario en el proceso concursal;* págs. 253 a 300.

MOYA, Jorge, "El tratamiento del crédito público en el beneficio de exoneración del pasivo insatisfecho, comentario de la Sentencia del Tribunal Supremo (1ª) de 2 de julio de 2019", *ADCo,* núm. 49, enero-abril 2020.

MUÑOZ PAREDES, Alfonso, *El concurso sin masa: una palabra más, Diario La Ley,* núm. 10.194, Wolters Kluwer, 22 de diciembre de 2022,

https://diariolaley.laleynext.es/Content/Documento.

aspx?params=H4sIAAA

AAAAEAMtMSbF1CTEAAmMzQwMjI7Wy1KLizPw8WyMgxxCI1PLyU1J-DXJxtS_NSUtMy81JTQEoy0ypd8pNDKgtSbdMSc4pT1VKT8vOzUU-yKh5kAAOGNXbNjAAAAWKE.

— *Ibídem.* "El concurso sin masa: *sunt lacrimae rerum*"", en *Diario La Ley,* n.º 10165, de 8 de noviembre de 2022, https://www.google.com/search?client=safari&rls=en&q=MU%C3%91OZ+PAREDES%2C+El+concurso+sin+masa%3A+sunt+lacrimae+rerum%E2%80%9D%2C+en+Diario+La+Ley%2C+n.%C2%BA+10165%2C+de+8+de+noviembre+de+2022&ie=UTF-8&oe=UTF-8.

— *Ibídem.* "Cuestiones sobre la reforma concursal (I): Cronología de la insolvencia", *Diario La Ley, núm. 10126, Sección Cuestiones de práctica concursal,* 8 de septiembre de 2022, Wolters Kluwer, http://www.icaoviedo.es/res/comun/biblioteca/4477/ARTICULO%20DOCTRINAL%20MUÑOZ%20PAREDES.1.pdf

— *Ibídem. La insuficiencia de bienes para sufragar los créditos contra la masa y la rendición de cuentas,* https://www.icjce-euskadi.com/IVforoconcursal/S6-Munoz.pdf.

— *Ibídem.* "Prosa de la ley o poesía del resultado. De nuevo sobre la exoneración del pasivo", *Diario La Ley,* núm. 9707, octubre 2020.

ORRICO, Ignacio, "La nueva segunda oportunidad regulada por la Ley 16/2022, de 5 de septiembre", *RDM,* núm. 330, octubre diciembre 2023

PADRÓN VILELLA, Andrea. "Acuerdos extrajudiciales de pago: nueva regulación y evaluación de su eficacia", *Anales de la Facultad de Derecho,* núm.33, diciembre de 2016, págs. 127 a 144.

PUIGCERVER ASOR, Carlos; ADAN DOMENECH, Federico. *La aplicación práctica de la segunda oportunidad: problemas y respuestas.* 1ª edición. Barcelona, Ed. J.B. Bosch, 2019.

PAVÍA, Yvonne y MAGADALENA, Miriam, *El concurso sin masa,* Ed. Sepin, Las Rozas (Madrid), 2023.

PEREZ BENÍTEZ, Jacinto José, "Incertidumbres del nuevo concurso sin masa tras la Ley 16/2022", *El Derecho. Com.*

PUELLES VALENCIA, José M., *Guía práctica de la segunda oportunidad de las personas físicas,* Ed. Sepin, Las Rozas (Madrid), 2019.

PULGAR EZQUERRA, Juana, "Concurso y consumidores en el marco del Estado Social del Bienestar", *RDCyP,* núm. 9, 2008

PULGAR EZQUERRA, JUANA (dir,); GUTIÉRREZ GILSANZ, ANDRÉS; MEGÍA LÓPEZ, JAVIER; RECAMÁN GRAÑA, EVA. *Manual de Derecho Concursal,* Ed. La Ley, Madrid, 1 ª edición, 2006.

PULGAR EZQUERRA, JUANA (DIR.); GUTIÉERE GILSANZ, ANDRÉS (COORD.); MEGÍAS LÓPEZ, JAVIER (COORD.), RECAMÁN GRAÑA, EVA (coord..), *Comentario a la Ley Concursal. Texto refundido a la Ley Concursal. Tomos I y II,* Ed. La Ley, Madrid, 3 ª edición, 2023.

RECAMÁN GRAÑA, Eva, "Conclusión del procedimiento especial (art. 720)", en *Comentario a la Ley Concursal,* PULGAR EZQUERRA dir., Ed. La Ley, Las Rozas (Madrid), 2023, tomo 2º,

RAMIREZ, José, *La quiebra. Derecho concursal español,* tomo III, Ed. Bosch, 1998.

RECAMÁN GRAÑA, Eva, "Informe final de liquidación (art. 710)", en *Comentario a la Ley Concursal,* PULGAR EZQUERRA dir., 3ª edición, Ed. La Ley, Las Rozas (Madrid), 2023, tomo 2º.

— *Ibídem.* "Conclusión del procedimiento especial (art. 720)", en *Comentario a la Ley Concursal,* PULGAR EZQUERRA dir., 3ª edición, Ed. La Ley, Las Rozas (Madrid), 2023, tomo 2º.

ROJO, Ángel, "Las opciones del Anteproyecto de Ley Concursal de 1983", *Revista de la Facultad de Derecho de la Universidad Complutense,* núm. Extra-8, 1985, págs. 89 a 131.

REBOLLO DÍAZ, Pedro. "La exoneración del crédito público con la entrada en vigor del Real Decreto Legislativo 1/2020, de 5 de mayo, por el que se aprueba el Texto Refundido de la Ley Concursal", *Revista de Derecho, Empresa y Sociedad,* núms. 18-19, núm. 121, págs. 183 a 194.

RIBES RIBES, A. "La posición de la Hacienda Pública en el proceso concursal", en *La fiscalidad del concurso de acreedores,* Ed. CISS, Madrid, 2016.

RODRÍGUEZ RUIZ DE VILLA, DIEGO. *Crédito público y exoneración del pasivo insatisfecho, Almacén de Derecho,* junio 15, 2024, https://almacendederecho.org/credito-publico-y-exoneracion-del-pasivo-insatisfecho (entrada ejecutada el 7 de octubre de 2024).

RUBIO VICENTE, Pedro J., "A vueltas con la exoneración del pasivo restante en el concurso", *RDCyP,* núm. 6, 2007.

— *Ibídem.* "La exoneración del pasivo, entre la realidad judicial y el mito legislativo: a propósito del Auto del Juzgado Mercantil núm. 3 de Barcelona, de 26 de octubre de 2010, sobre conclusión del concurso y extinción de deudas (asunto 671/2007- C 4, concurso sección 1a)", RcPC, La Ley núm. 14/2011.

— *Ibídem.* "Impugnación y revocación de la exoneración del pasivo insatisfecho en el Anteproyecto de reforma del Texto refundido de la Ley Concursal", *Revista General de Insolvencias y Reestructuraciones* núm. 4/2021.

SACRISTÁN BERGIA, Fernando, "Liquidación concursal y reactivación de la sociedad disuelta de pleno derecho", *Revista General de Insolvencia & Reestructuraciones: Journal of insolvency & Reestructuring,* núm. 6, 2022, págs. 65-96.

SALA SANJUNTA, A., *La culpabilidad en el concurso deal deudor persona natural y la concesión del BEPI culpable, La insolvencia del deudor persona natural ante la transposición de la Directiva 2019/1023,* GOMEZ ASENSIO (dir.), Ed. Aranzadi, Cizur Menor, 2021.

SANCHO GARGALLO, Ignacio, "Prólogo al libro de PAVÍA, Yvonne y MAGADALENA, Miriam", El concurso sin masa, Ed. Sepin, Las Rozas (Madrid), 2023.

— *Ibídem.* El requisito de la buena fe para obtener la exoneración del pasivo insatisfecho, *Revista General de Insolvencias & Reestructuraciones: Journal of Insolvency & Reestructuring*, núm. 5, 2022, págs. 31-46

SANCHÓN LÓPEZ, ALEJANDRO. *La exoneración de pasivo insatisfecho en el concurso de acreedores,* Tesis doctoral presentada por ALEJANDRO SANCHÓN LÓPEZ para optar al Grado de Doctor en DERECHO PRIVADO por la Universidad de Salamanca, Dirigida por Prof. Dr. RAFAEL LARA GONZÁLEZ, Salamanca 2022.

SANJUÁN Y MUÑOZ, Enrique, *Reestructuración y liquidación de microempresas en crisis. El procedimiento especial para microempresas y su régimen transitorio,* Ed. Tirant lo Blanch, Valencia, 2022.

SANZ GÓMEZ, RAFAEL, "Medios alternativos para la solución del conflicto por la Administración Pública ante el concurso de acreedores: acuerdos singulares y acuerdos de aplazamiento o fraccionamiento", en Patón García, Gemma; Ulas Patiño, Gabriela. *El crédito tributario en el proceso concursal. Perspectivas ante un nuevo escenario económico y legislativo,* Ed. Wolters Kluwer, Bosch, Madrid, 2022, págs. 221 a 300.

SENDRA ALBIÑANA, *El beneficio de exoneración del pasivo insatisfecho,* Ed. Tirant lo Blanch, Valencia, 2018

SENENT MARTÍNEZ, Santiago, "La reforma de la ley concursal y la conclusión y reapertura del concurso", RDCyP, núm. 16, 2012.

— *Ibídem.* "Conclusión y reapertura del concurso", en *Tratado Práctico del Derecho Concursal y su Reforma,* MARTÍNEZ SANZ, F. (dir.) y PUETZ, A. (Coordinador), Madrid, 2012.

— *Ibídem. Exoneración del pasivo insatisfecho y concurso de acreedores,* Tesis Doctoral, Universidad Complutense de Madrid, 2015, http://eprints.ucm.es/28133/1/T35661.pdf, 13/08/2020.

— *Ibídem.* "La exoneración del pasivo insatisfecho del deudor concursado persona natural", en Manual de Derecho Concursal, PULGAR EZQUERRA dir., 4ª edición, ED. La Ley, Las Rozas (Madrid), 2022.

— *Ibídem.* "Conclusión y reapertura del concurso", en *Manuel de Derecho concursal*, 4ª edición, PULGAR EZQUERRA dir., Ed, La Ley, Las Rozas (Madrid), 2022

— *Ibídem.* "De la declaración de concurso sin masa (art. 37 bis)", en *Comentario a la Ley Concursal,* PULGAR EZQUERRA dir., Ed. La Ley, Las Rozas (Madrid), 2023, tomo 1º.

— *Ibídem.* "Deber de comunicación de la insuficiencia de la masa activa (art. 249)", en Comentario a la Ley Concursal, PULGAR EZQUERRA dir., ED. La Ley, Las Rozas (Madrid), 2023, tomo 1º,

— *Ibídem.* "Informe de la administración concursal sobre la insuficiencia sobrevenida (art. 473)", en Comentario a la Ley Concursal, PULGAR EZQUERRA dir., Ed. La Ley, Las Rozas (Madrid), 2023, tomo 2º.

— *Ibídem.* "Presupuesto de la solicitud (art. 474)", en *Comentario a la Ley Concursal,* PULGAR EZQUERRA dir., Ed, La Ley, Las Rozas (Madrid), 2023, tomo 2º

— *Ibídem.* "Oposición a la conclusión (art. 475)", en *Comentario a la Ley Concursa*l, PULGAR EZQUERRA dir., Ed. La Ley, Las Rozas (Madrid), 2023, tomo 2º.

— *Ibídem. "Solicitud de continuación del concurso* (art. 476)", en *Comentario a la Ley Concursal,* PULGAR EZQUERRA dir., Ed. La Ley, Las Rozas (Madrid), 2023, tomo 2º.

— *Ibídem.* "Rendición de cuentas (art. 478)", en *Comentario a la Ley Concursal,* PULGAR EZQUERRA dir., Ed. La Ley, Las Rozas (Madrid), 2023, tomo 2º.

— *Ibídem.* "Oposición y resolución (art. 479)", en Comentario a la Ley Concursal, PULGAR EZQUERRA dir., Ed. La Ley, Las Rozas (Madrid), 2023, tomo 2º.

— *Ibídem.* "Efectos generales (art. 483)", en *Comentario a la Ley Concursal,* PULGAR EZQUERRA dir., Ed. La Ley, Las Rozas (Madrid), 2023, tomo 2º.

— *Ibídem.* "Efectos específicos en caso de concurso de persona jurídica (art. 485)", *en Comentario a la Ley Concursal,* PULGAR EZQUERRA dir., Ed. La Ley, Las Rozas (Madrid), 2023, tomo 2º.

— *Ibídem. "Prohibición* (art. 488), en *Comentario a la Ley Concursal,* PULGAR EZQUERRA dir., Ed. La Ley, Las Rozas (Madrid), 3ª edición, 2023, tomo 2º.

— *Ibídem. Propuesta de plan de pagos* (art. 495), Comentario a la Ley *Concursal. Texto Refundido de la Ley Concursal,* PULGAR EZQUERRA dir., Ed. La Ley, Wolters Kluwer, Madrid, 2023.

SENÉS MOTILLA, Carmen. «El acuerdo extrajudicial de pagos: ¿Alternativa efectiva al concurso de acreedores?». *Revista de Derecho Civil de Notarios y Registradores,* enero-marzo de 2014,

TAGLIAVINI SANSA, R y J. AZAGRA MALO, "Conclusión. El concurso sin masa no es con masa insuficiente", en *Apuntes sobre la reforma concursal, Uría Menéndez,* septiembre-octubre 2022.

URÍA FERNÁNDEZ, FRANCISCO. "La Hacienda Pública ante la reforma concursal", *Crónica Tributaria,* número 102/2002, págs. 97 a118.

VALENCIA GARCÍA, FEDRA. "COMENTARIO DE LA SENTENCIA DEL TRIBUNAL SUPREMO DE 2 DE JULIO DE 2019 (381/2019) *El beneficio de la exoneración del pasivo insatisfecho: interpretación del artículo 178 bis de la Ley Concursal,* https://www.boe.es/biblioteca_juridica/comentarios_sentencias_unificacion_doctrina_civil_y_mercantil/abrir_pdf.php?id=COM-D-2019-2_Comentarios_a_las_Sentencias_de_Unificacion_de_Doctrina__Civil_y_Mercantil__El_beneficio_de_la_exoneraci%C3%B3n_del_pasivo_insatisfecho:_interpretaci%C3%B3n_del_art%C3%ADculo_178_bis_de_la_Ley_Concursal (fecha del acceso: 7 de octubre de 2024).

VALERO FERNÁNDEZ-REYES, Ángel, *Las últimas reformas legislativas en materia de préstamos hipotecarios y su repercusión en el futuro de la hipoteca en España, en Presente y futuro del mercado hipotecario y ley de segunda oportunidad,* Cizur Menor, Ed. Aranzadi, 2016.

VÁZQUEZ LÉPINETTE, Tomás, "Estudio de la remisión legal de la deuda en sede concursal", en *Estudios sobre el futuro Código Mercantil: Libro homenaje al profesor Rafael Illescas Ortiz,* ed. Universidad Carlos III (Madrid, 2015).

VELA PÉREZ, "El procedimiento especial de microempresas", *ADC,* núm. 58, 2022.

VERDÚ CAÑETE, MARÍA JOSÉ. "*EXCLUSIÓN DEL CRÉDITO PÚBLICO DEL BENEFICIO DE EXONERACIÓN DE PASIVO EN EL TEXTO REFUNDIDO DE LA LEY CONCURSAL*", *Revista Lex Mercatoria,* Vol. 16, 2020, artículo 1.

YANES YANES, Pedro, "*Especialidades de la conclusión por insuficiencia de masa activa* (art. 176 bis)", en Comentario a la Ley Concursal, PULGAR EZQUERRA dir., Ed. La Ley, Las Rozas (Madrid), 2016.

— *Ibídem.* "Efectos de la conclusión del concurso (art. 178)", en *Comentario a la Ley Concursal,* PULGAR EZQUERRA dir., Ed. La Ley, Las Rozas (Madrid), 2016.

— *Ibídem.* "Beneficio de exoneración del pasivo insatisfecho (art. 179 bis)", en *Comentario a la Ley Concursal,* PULGAR EZQUERRA (dir.), Ed. Wolters Kluwer, Las Rozas (Madrid), 2016,

— *Ibídem.* "Rendición de cuentas (art. 181)", en *Comentario a la Ley Concursal,* PULGAR EZQUERRA dir., Ed. La Ley, Las Rozas (Madrid), 2016.

YAÑEZ VIVERO, Fátima, *La exoneración judicial de deudas del consumidor vulnerable. Perfiles jurídicos ya avatares de un nuevo derecho a no pagar las deudas,* Ed. Marcial Pons, Madrid, 2024.

VVAA. *El Texto Refundido de la Ley Concursal,* Ed. FIDE, enero-junio de 2021.

VVAA, PATÓN GARCÍA, GEMMA; ULAS PATIÑO, GABRIELA (dirs.). *El crédito tributario en el proceso concursal. Perspectivas ante un nuevo escenario económico y legislativo,* Ed. Wolters Kluwer, Bosch, Barcelona, 2022.

VAN HEMMEN ALMAZOR, ESTEBAN." Análisis institucional y económico de la nueva Ley Concursal", *Revista Estabilidad Financiera, Banco de España,* núm. 6, mayo de 2004. Págs. 189 a 201.

VVAA. PRENDES CARRIL, PEDRO (dir.), FACHAL NOGUER, NURIA (dir.), *Comentario al Texto Refundido de la Ley Concursal,* Ed. Aranzadi, Thomson-Reuters, Cizur Menor, Navarra, 2021, 2 volúmenes.

VVAA. FORTEA GORBE, J.L. (DIR.); TALENS SEGUÍ, JACINTO (dir.); LÓPEZ APARICIO, JORGE (coord..); AZNAR GINER, EDUARDO (coord.) *La Reforma Concursal de la Ley 16/2022 a debate. Un nuevo paradigma en el tratamiento de la insolvencia,* Ed. Tirant lo Blanch, Valencia, 2023.

Fuentes estadísticas utilizadas

— COLEGIO DE REGISTRADORES DE ESPAÑA, https://www.registradores.org/actualidad/portal-estadistico-registral/estadisticas-concursales)

— CONSEJO GENERAL DEL PODER JUDICIAL, *Estadísticas del procedimiento concursal,* publicadas en el portal del Poder Judicial de España, https://www.poderjudicial.es/cgpj/es/Temas/Estadistica-Judicial/Plan-Nacional-de-Estadistica-Judicial/Aspectos-socioeconomicos-relacionados-con-la-actividad-judicial/Estadisticas-del-Procedimiento-concursal

— INSTITUTO NACIONAL DE ESTADÍSTICA, INE. *Estadística del procedimiento concursal,* de carácter mensual, la cual ha sido dejada de elaborar, pues según lo dispuesto en el Plan Estadístico Nacional 2021-2024, el Colegio Oficial de Registradores de la Propiedad y Mercantiles de España elabora esta estadística a partir del primer trimestre de 2021, https://www.ine.es/dyngs/INEbase/es/operacion.htm?c=Estadistica_C&cid=1254736177018&menu=ultiDatos&idp=1254735576550

— REFOR, REGISTRO DE ECONOMISTAS FORENSES. Proporciona información estadística muy variada, así como estudios técnicos al respecto de nuestras instituciones concursales y análisis de todo tipo, de gran relevancia e interés, aunque la mayoría de ellos solo se encuentran accesibles para sus asociados, https://refor.economistas.es/ (accesos realizados el 30 de septiembre de 2024).

De esta institución conviene destacar su "Atlas Concursal", publicación de carácter anual, iniciada en 2017.

Jurisprudencia

SUMARIO: I. ANTECEDENTES HISTORICOS. II. LA DECLARACIÓN DE CONCURSO SIN MASA. III. LA INSUFICIENCIA SOBREVENIDA. IV. EXONERACIÓN DEL PASIVO INSATISFECHO. V. CRÉDITO TRIBUTARIO. Tribunal de Justicia de la Unión Europea. Tribunal de Conflictos de Jurisdicción (TCJ). Tribunal Supremo. Juzgados de lo Mercantil (JJMM). Audiencias Provinciales. Tribunal Económico-Administrativo Central.

I. Antecedentes históricos

— STS. Civil, de 4 de noviembre de 2014, núm. 592/2014, rec. 94/2013 (EDJ 2014/208184).

II. La declaración de concurso sin masa

— AAP de Valencia, sec. 9, 10 de mayo de 2022, núm. 79/2022 rec. 263/2022 (EDJ 2022/625640)

— AJM núm. 6 de Madrid de 13 de abril de 2023, rec. 131/2023, (EDJ 2023/566797)

— AJM de Madrid, núm. 6, de 29 de marzo de 2023, rec. 16/2023 (EDJ 2023/567320).

— STS de 21 de diciembre de 2015

— AJM núm. 6 de Madrid de 11 de octubre de 2022, (EDJ 2022/828375)

— AJM de A Coruña núm. 1 de 25 de octubre de 2023, rec. 358/2023 (EDJ 2023/804442)

— AJM núm. 2 de Valencia, de 15 de noviembre de 2022

— AJM núm. 19 de los de Madrid, de 3 de julio de 2024, núm. 415/2024

— AJM núm. 6 de Madrid de 11 de octubre de 2022, (EDJ 2022/828375)

— AAP de Murcia, sec. 4º, de 16 de noviembre de 2023, núm. 262/2023, rec. 720/2023 (EDJ 2023/836354)

— AAP de Murcia, sec. 4ª, de 16 de noviembre de 2023, núm. 262/2023, rec. 720/2023 (EDJ 2023/836354)

— AAP de Valencia, sec. 9ª de 12 de junio de 2023, núm. 54/2023 rec. 79/2023, (EDJ 2023/78123)

III. La insuficiencia sobrevenida

— SSTS de 10 de junio de 2015, 11 y 18 de marzo de 2016,

— STS, civil de 9 de junio de 2015, núm. 306/2015, rec. 1665/2013 (EDJ 2015/111126),

— SSTS, civil, de 11 de junio de 2015, núm. 310/2015, rec. 1796/2013 (EDJ 2015/122588), de 18 de marzo de 2016, núm. 187/2016, rec. 2636/2013 (EDJ 2016/23784) y de 8 de junio de 2016, núm. 390/2016, rec. 126/2014 (EDJ 2016/81974). La STS, civil, de 10 de junio de 2015, núm. 305/2015, rec. 1644/2013 (EDJ 2015/160219)

— STS, civil, de 11 de marzo de 2016, núm. 152/2016, rec. 1862/2013 (EDJ 2016/20748)

— STS civil, de 6 de abril de 2017, núm. 225/2017, rec. 2383/2014, (EDJ 2017/37051) (RJ 2017/2674)

— STS, civil, de 13 de septiembre de 2017, núm. 501/2017, rec. 298/2015 (EDJ 2017/184863)

— STS, civil, de 8 de junio de 2016, núm. 390/2016, rec. 126/2014 (EDJ 2016/81974)

— STS, civil, de 15 de septiembre de 2020, núm. 467/2020, rec. 190/2018 (EDJ 2020/660983)

— STS, civil, de 9 de diciembre de 2022, núm. 865/2022, rec. 2769/2019 (EDJ 2022/767317),

— SAP de Baleares, sec. 5ª, de 2 de noviembre de 2023, núm. 731/2023, rec. 508/2023 (EDJ 2023/786156)

— SAP de Baleares, sec. 5ª, de 20 de diciembre de 2023, núm. 873/2023, rec. 1000/2022 (EDJ 2023/841971),

— SJDO de lo mercantil, núm. 7 de Barcelona, 8 d noviembre de 2022, núm. 752/2022 rec. 79/2022 (EDJ 2022/749888)

— STS civil de 4 de noviembre de 2014, núm.9 592/20214 rec. 94/2013 (EDJ 2014/ 208184)

— AAP de Barcelona, sec. 15, de 29 de junio de 2023, núm. 81/2023, rec. 77/2023 (EDJ 2023/731332)

- SAP de Cádiz, sec. 5ª, de 7 de julio de 2023, núm. 576/2023, rec. 328/2022 (EDJ 2023/717849)
- STS, civil de 22 de junio de 2015, núm. 424/2015 rec. 2003/2013 (RJ 2015, 3289) (EDJ 2015/136049)
- SAP de Barcelona sec. 15, 23 de diciembre 2020, núm. 2842/2020 rec. 1775/2020 (EDJ 2020/768499)
- SAP de Barcelona sec. 15, 23 de diciembre 2020, núm. 2842/2020 rec. 1775/2020 (EDJ 2020/768499)
- SAP de Madrid sec. 28, de 12 de marzo de 2024 núm. 93/2024 rec. 1203/2022 (EDJ 2024/571957)
- SAP de Madrid sec. 28 de 25 de septiembre de 2023, núm. 572/2023 rec. 1738/2022 (EDJ 2023/732659)
- SAP de Castellón, sec. 3ª, de 20 de julio de 2023, núm. 328/2023, rec. 158/2022 (EDJ 2023/716519)
- SAP de Vizcaya, sec. 4ª, de 16 de febrero de 2024, núm. 92/2024, rec. 687/2023 (EDJ 2024/599056)
- STS, civil, de 6 de abril de 2017, núm. 225/2017, rec. 2383/2014, (EDJ 2017/37051)
- SAP de Granada, sec. 3ª, de 30 de junio de 2023, núm. 130/20223, rec. 917/2022 (EDJ 2023/870039)
- SAP de Madrid sec. 13, de 7 de julio de 2023, núm. 107/2023, rec. 915/2022 (EDJ 2023/722787)
- SAP de Cuenca, sec. 1ª de 16 de abril de 2024, núm. 191/2024, rec. 63/2024, (EDJ 2024/591276)
- STS, civil pleno, de 24 de mayo de 2017, núm. 324/2017, rec. 197/2015 (EDJ 2017/ 72659)
- AAP de Asturias sec. 1ª, de 14 de abril de 2021, núm. 60/2021, rec. 197/2021 (EDJ 2021/640029)

IV. Exoneración del pasivo insatisfecho

- STS (Civil pleno) de 2 de julio de 2019, núm. 381/2019, rec. 3669/2016 (EDJ 2019/639018)
- AJM núm. 3 de Barcelona de 26 de octubre de 2010, dictado en el concurso voluntario 671/2007 (EDJ 2010/290931)
- AAP de Navarra de 17 de diciembre de 2010, núm. 111/2010, rec. 74/2010 (EDJ 2010/297286)

— AJM núm. 1 de a Coruña, de 14 de noviembre de 2023, rec. 348/2023, (EDJ 2023/787702)

— SSTS, de 13 de marzo de 2019, núm. 150/2019 (EDJ 2019/536559)

— STS, civil pleno, de 2 de julio de 2019, núm. 381/2019 (EDJ 2019/639018)

— SAP de Zaragoza, sec. 5ª de 5 de junio de 2024, núm. 422/2024, rec. 62/2024, (EDJ 2024/667348)

— AJM de la Coruña, núm.1, de 13 noviembre de 2023, rec. 289/2023, (EDJ 2023/787967)

— AJM de Santander, núm. 2, de 6 de noviembre de 2023, núm. 53/2023, (EDJ 2023/738324)

— AAP de Alicante, sec. 8ª, de 11 de octubre de 2022, rec. 1769/2021, (EDJ 2022/714456)

— STJUE, sala 2ª, de 11 de abril de 2024, núm. C-687/22, (EDJ 2024/527771)

— SAP de Murcia sec. 4ª, de 4 julio de 2024, núm.717/2924 rec. 809/2023 (EDJ 2024/700393)

— SAP de Valencia, sec. 9ª de 8 de mayo de 2024, núm. 133/2024, rec. 48/2024 (EDJ 2024/664435)

— STS, civil, de 6 de abril de 2022, núm. 295/2022, rec. 1439/2019 (EDJ 2022/5364889)

— SAP de Asturias, sec. 1ª, de 24 de mayo de 2024, núm. 437/2024, rec. 165/2023 (EDJ 2024/671860)

— SJM núm. 10 de Barcelona, de 14 de abril de 2015

— AAP de Barcelona, sec. 15, de 23 de enero 2020, núm. 11/2020, rec. 1116/2019 [JUR\2020\54415] (EDJ 2020/508713)

— AAP de Valencia, sec. 9ª, de 5 de diciembre de 2023, núm. 103/2023, rec. 192/2023 (EDJ 2023/827063)

— AAP de Valencia, sec. 9ª, de 20 de octubre de 2023, núm. 88/2023, rec. 115/2023, (EDJ 2023/789051)

— AAP de Cantabria, sec. 4ª, de 24 abril de 2024, núm. 102/2024, rec. 429/2023 (EDJ 2024/611281)

— SAP de Barcelona, sec. 15, de 29 de junio de 2018, núm. 475/2018, rec. 1282/2017 (EDJ 2018/525128)

— SJM núm. 1 de Oviedo, de 9 de mayo de 2018, rec. 344/2017, (EDJ 2018/533558)

V. Crédito tributario

Tribunal de Justicia de la Unión Europea

— STJUE, Sala Segunda, de 11 de abril de 2024, asunto 687/2021, *Julieta y Rogelio contra la Agencia Tributaria de España.*

Tribunal de Conflictos de Jurisdicción (TCJ)

— Conflicto de jurisdicción número 4/2020, suscitado entre el JM número 3 de Pontevedra y el Delegado del Gobierno en Galicia (BOE número 107 de 5 de mayo).

— Conflicto de jurisdicción suscitado entre la AEAT y el Juzgado de lo Mercantil número 2 de Madrid (BOE número 290 de 3 de diciembre de 2022).

— Conflicto de jurisdicción número 2/2023, suscitado entre la AEAT y el JM número 2 de Madrid (BOE número 79, de 30 de marzo de 2024).

Tribunal Supremo

— STS de 21 de julio de 2019, número 2253/2019.

— STS de 2 de julio de 2019, número 381/2019, rec. 3699/2016.

— STS de 30 de octubre de 2019, rec. 3738/2018.

— STS de 17 de septiembre de 2020, rec. 2863/2020

— STS de 28 de marzo de 2023, rec, 8419/2021

— Autos del TS números 358/2022 y 4165/2021, de 20 de septiembre de 2023.

Juzgados de lo Mercantil (JJMM)

— Sentencia número 169/2021 del Juzgado de lo Mercantil número 1 de Valladolid.

— Auto número 722/2021, del JM número 3 de Barcelona

— Sentencia número 164/2021, del JM número 6 de Logroño.

— Auto número 1/2021, del JM número 1 de Oviedo, de 13 de enero,

— Auto número 117/2021, del JM número de Cádiz, de 7 de mayo de 2021,

— Auto número 205/2021, del JM número 1 de Sevilla, de 25 de junio de 2021.

Audiencias Provinciales

— Auto de la AP de Barcelona número 2/2021, Sección 15ª, de 17 de junio de 2021.

Tribunal Económico-Administrativo Central

— RTEAC de 18 de octubre de 2021, RG 1877/2021.